Ferdinand Avenarius

Der Kunstwart

Halbmonatsschau über Dichtung, Theater, Musik, bildende und angewandte

Künste

Ferdinand Avenarius

Der Kunstwart
Halbmonatsschau über Dichtung, Theater, Musik, bildende und angewandte Künste

ISBN/EAN: 9783742868183

Hergestellt in Europa, USA, Kanada, Australien, Japan

Cover: Foto ©Thomas Meinert / pixelio.de

Manufactured and distributed by brebook publishing software
(www.brebook.com)

Ferdinand Avenarius

Der Kunstwart

Der Kunstwart

Halbmonatsschau über Dichtung, Theater, Musik,
bildende und angewandte Künste

Herausgeber
Ferdinand Avenarius

Zwölfter Jahrgang, zweite Hälfte
April bis Oktober 1899

München
Georg D. W. Callwey

Inhalt

11

Bildende und angewandte Künste

Lose Blätter

Noten

Bilder

12. Jahrg. Erstes Aprilheft 1899. Heft 13.

„Gesundheit!“

Das Verlangen nach Gesundheit in der Literatur ist aus der Mode gekommen und beinahe schon in Verruf. „Gesundheit?“, antwortete das neue Geschlecht, „Gesundheit sagt gar nichts, gesund ist jede Kuhmagd.“ Und ein kräftiger Widerspruch gegen das Trumpfen auf Gesundheit war auch wirklich am Platze, denn es hatte sich ein Gesundheitsprozentum in der Kritik entwickelt, das jeden Menschen, der Nerven hatte, eben deshalb schon verächtlich ansah. Behandelte einer das Leid eines Kranken — „Gesundheit!“, forderte man im Chor, als ständen nicht Hamlet und Werther und so viele andere große Dichtersöhne als starke Eideshelfer neben dem angeklagten Poeten. Es war ein Streit, oberflächlich wie der um schön und häßlich und unfruchtbar wie er. Jetzt aber sind die Forderer von Gesundheit so schweigsam geworden, daß man wohl einmal fragen darf: hatten sie denn in nichts recht?

Ueberprüfen wir das im stillen, so werden wir wohl zunächst daran festhalten: soweit die Aelteren beikam, die Behandlung von irgend etwas Krankem als Stoff der Dichtung von vorn herein verbieten zu wollen, hatten sie sicherlich unrecht. Es gibt nichts Krankes in der Welt, das sich nicht in einer Dichtung darstellen ließe, ernst oder scherzend, tragisch oder humoristisch oder in irgend einer zusammengefaßten Weise, ohne daß uns daraus die Lustgefühle erwachsen könnten, die wir von echter Poesie her kennen. Gewiß, sie brauchen nicht in jedem Fall sofort beim Lesen hervorzuspringen: es gibt körperliche und seelische Krankheitserscheinungen, die uns schon in der Vorstellung so unerquicklich sind, daß uns zunächst verletzt und abstößt, wer sie uns vorführt. Aber nur beim schlechten Schriftsteller bleibt es dabei. Zwar, auch der wirkliche Dichter zwingt uns wohl, ja, er vielleicht zwingt uns häufiger als andre dazu: das häßliche Wirklichkeitsbild der Krankheit nahe bis zum Ekeln oder Grausen zu sehn, denn er wird häufiger als andre das Bedürfnis nach starker Anschaulichkeit seines Bildes befriedigen können. Aber wenn er verkörpert hat, so stark ers kann, so beleuchtet er mit seinem

Licht, und nun sofort zeigt er uns auch diesen Teil der Welt als orga=
nisches Glied im organischen Ganzen des Seins. Er ordnet es ein in
die großen Werte des Alls. Und dadurch veredelt er von nun ab für
uns nicht nur sein Abbild der Sache in der Dichtung, sondern die Sache
selbst in der Wirklichkeit, adelt er also auch das Kranke im realen Sein
um uns her durch die Taufe mit dem Geist seiner Kunst.

Wie immer und überall in der Kunst ist auch hier viel wichtiger
als das Was, als der Gegenstand — die Behandlung, das Wie, ja bei
der Beurteilung des Kunstwertes einer Dichtung kommt es bekanntlich
auf dieses Wie allein an. Ist im Poem das Wie gesund, die Behand=
lung, so ist das ganze Werk gesund, und zeigte es uns nur Sterbende.
Aber ganz einfach liegt die Sache doch nicht. Schildert einer immer und
immer wieder Krankheit in seinen Schriften, so muß er so oder so im
Geist mit Krankheit viel beschäftigt sein. Das kann aus äußern Be=
ziehungen kommen, z. B. aus seinem Beruf als Arzt — dann freilich
ists einfach erklärt. Oder daher, daß er selbst körperlich leidend ist, etwa
lungenkrank, und deshalb von erhöhter Teilnahme auch für seine Leidens=
genossen. Auch dann mag ja sein geistiges Ich noch völlig gesund sein.
Trifft aber keiner dieser Fälle zu, so läßt eine Vorliebe für Krankes mit
Recht vermuten, daß in der Psyche des Dichtenden irgend etwas nicht
ganz „intakt" sei, denn der ganz Gesunde bevorzugt den Umgang mit
Kranken nicht. Aus derselben Seele aber mit dieser Vorliebe für Nicht=
gesundes fließt auch sein Dichten. Es ergibt sich also: begegnen wir
ungewöhnlich häufig Krankheitsschilderungen und bleiben die anderen
Erklärungen für diese Häufigkeit aus, so dürfen wir in der That auch
gegen die Gesundheit des Wie, der Dichtung als solcher, der Kunst als
solcher mißtrauisch sein.

Nun wird von zwei Uebeln auch in der Kunst das klarere das
minder gefährliche sein. Wissen wir von vornherein oder merken wir
schnell, daß eine Dichtung von einem kranken Geiste geschrieben ist, so ist
die Möglichkeit, daß sie uns schädige, daß sie zu vorübergehendem oder
gar dauerndem Leiden „anstecke", wesentlich vermindert. Welchen ge=
sunden Geist könnten z. B. die Gedichte aus Hölderlins irrer Zeit ge=
fährden? Sogar im ernsten Sinne nährenden Genuß könnten uns die
Vorstellungen von Geisteskranken vermitteln: locken doch die einseitigen
Ueberreizungen ihres Gehirns Erscheinungen zur Sichtbarkeit hervor, die
auch beim Gesunden da sind aber drunten im Unbewußten gehalten
bleiben von tausend darüber flutenden Wellen. Sie sind dann aus
demselben Grunde und in derselben Weise wertvoll für uns, diese Vor=
stellungen, wie die des Traumes, des großen Mystikers, der in die
tiefsten Geheimnisse unsres Seelenlebens hineinahnen läßt. Aber wir
dürfen nicht wie der Schläfer dem Traume oder dem Kranke dem
Wahne anheimgegeben sein, wir müssen uns jeden Augenblick im stande
halten, das Goethische „verschwinde, Traum!" zu rufen. Das Bewußt=
sein, mit eindeutig Krankem zu thun zu haben, sorgt dafür, daß wirs
können.

Die Gefahr der geistigen Ansteckung vergrößert sich also im wirk=
lichen Leben wie im Umgang mit Dichtungen, wenn uns der Kranke als
als gesund erscheint, als unseres gleichen; die Bedingungen der soge=
nannten „Personalsuggestion" sind dann weit günstigere, da wir uns

dem „Suggereur" nicht von vornherein in diesen Beziehungen als geistig überlegen fühlen. Klare Krankheitsbilder weit ausgebreiteter psychischer Ansteckungen geben z. B. die „Psychopathien", die schon der berühmte Mediziner Hecker behandelt hat, die Tanzwut und die Kinderfahrten des Mittelalters. Auch viele der geistigen „Zeitkrankheiten", die man nur vergleichsweise Krankheiten zu nennen glaubt, sind ja wirkliche psychische Ansteckungskrankheiten. Und stets übertragen sie sich je leichter, je weniger man das Wesen des Erregers, und damit seine Gefährlichkeit erkennt. Diese Gefährlichkeit wechselt zwischen weiten Grenzen. Man vergleiche Selbstmordmanien mit Gassenhaueransteckungen, die nur, sozusagen, psychische Schnupfen bedeuten.

Gegenwärtig aber geht unter uns eine ziemlich schwere psychische Seuche um, die Dekadenz. Wir wollen diese Krankheit heute nicht aber= mals beschreiben, Weigand und Bartels haben das ja recht gut gethan. Sehr bezeichnend ist schon, daß ihr Name „Décadence" von den meisten der Dekadenten selbst angenommen worden ist: sie f ü h l e n sich als Menschen des Verfalls, sie kämpfen nicht gegen ihre Erkrankung, sie geben sich ihr hin, sie belauschen sie, sie gewinnen ihr Reize ab, sie sind wohl gar stolz darauf und fühlen sich, wie so viel der ihnen so nahe verwandten Hysteriker, als etwas „Feineres" als die Gesunden. Das Ge= sunde ist ihnen unangenehm, weil es sie nicht genug reizt, die doch der Reizungen stätig bedürfen; sie brauchen das Uebertriebene, Grelle, Rohe, „Sensationelle", das sie aufpeitsche. Wenn aber die Aufgeregtheit ihnen das Scheingefühl der Kraft ein Weilchen lang vorgetäuscht hat, so sind sie in ihrer Ermattung überempfindlich, und vertragen und lieben nun= mehr nur das Leiseste. Daher ist ihre Dichtersprache für gewöhnlich ein Lispeln, Säuseln und Stammeln. Wenn sie aber kräftig sein soll, ein Schreien.

Die Dichtungen der begabten unter den Dekadenten sind auch für die Gesunden keineswegs immer ohne Werte. Ueberreizte Nerven werden dies oder jenes stärker empfinden, als gesunde, und wenn durch die Dar= stellung ihres Fühlens für die Gesunden häufig nur eine Disharmonie und eine Unruhe ersteht, so wird doch auch vorkommen, daß die erhöhte Empfind= lichkeit eine wesentliche und daher wertvolle Eigenschaft bewußt macht, die gewöhnlichen Sinnen verborgen bliebe. Ein gesunder Kopf nimmt das eben auf, über das andere sieht er weg. Anders der schon ange= kränkelte — oder auch der schwache, wenn er für kräftige Gesundheit hält, was ihm hier vielleicht als ungewöhnlich imponiert. Er „steckt sich an" — und kann dann der ruhigen Harmonie der Lebensführung und Weltanschauung bis zu seiner Heilung Lebewohl sagen.

Die Dekadenz, die für die deutsche Literatur ihr Hauptlager in Wien aufgeschlagen hat, ist jetzt dabei, ihrer neuen Heilsarmee auch im Deutschen Reich Kriegslager zu erbauen und Kriegsruf=Blätter einzu= richten. Wir haben heute nicht über sie zu schreiben, sondern über eine allgemeinere Erscheinung, zu der sie nur ein Beispiel gab. Mit dem Bewußtsein, daß sie keine g e s u n d e Kunst bringt, werden wir ruhig das manche Hübsche mitnehmen können, das sie t r o t z d e m bringt, ohne Sorge und ohne Ueberschätzung. Aber gerade sie weist wohl darauf hin, daß wir recht thun, den Unterschied von gesunder und kranker Kunst

doch wieder etwas entschiedener ins Auge zu fassen, als im letzten Jahr=
zehnt geschehen ist.

Allerdings, zu unterscheiden auf Gesundheit oder Krankheit ist nicht
immer leicht. Es ist besonders schwer bei Neuartigem und wird sogar
unmöglich nach der Grenze hin, wo gesund und krank in einander über=
gehn. Aber das schadet gar nicht so viel, beachtet man die Frage ein=
mal, so wird man in zweifelhaften Fällen skeptisch gegen die Gesund=
heit sein, und das genügt schon. Und bei einer großen Menge von
Kunstwerken wird die Beantwortung der nützlichen Frage leicht. Ge=
sunde Werte sind die, welche in letzter Folge der Erhaltung des Lebens
dienstbar sind, gesund ist also auf unserm Gebiete, was unsre geistigen
Organe stärkt, verfeinert und im rechten Ausgleich, im rechten Wechsel=
leben erhält, gesund ist, was nicht schwächt und zerrüttet, sondern übt
und erzieht. Auch durch Unlust geschieht das, auch durch Schmerz, aber
mit dem Ziel der großen Freude, mit der ein gesunder Starker seiner
selbst, seines Menschengeschlechts und der Welt genießt, wenn er in Saft
und Kraft verwandelt, was immer er aus den Tiefen des Lebens zum
Tranke heraufhebt. Gesund sind deshalb alle die reinen Gefühle, deren
Merkmal die Ruhe ist, Ruhe, wie sie sowohl der echte Humorist erreicht
wie der echte Tragiker. Fehlt das und bejaht uns unser unmittelbares
Empfinden doch, daß hier Kunst sei, so wird's kranke Kunst sein. Leide
sie auch nur an einer Entwicklungskrankheit, die sich ausheilen kann. A.

Gute Romane und Novellen.

Es ist schwer, die moderne Romanliteratur immer unter größeren oder
gar neuen Gesichtspunkten zu betrachten. Auch wer sich stets vor Augen hält,
daß der Roman außer der seinem Charakter entsprechenden ästhetischen auch
noch eine soziale Aufgabe zu erfüllen, die Bewegungen und Probleme einer
Zeit, die Zustände eines Landes, zuletzt das Wesen eines Volkes darzustellen
hat, auch wer sich also nicht zur Soll=Aesthetik, sondern einfach zum praktischen
Leben mit seinen Forderungen stellt, wer ferner die literarischen Schulen und
Richtungen kennt, wer es liebt und versteht, die Physiognomien der einzelnen
Werke durch sorgfältige Vergleichung mit andern deutlich zu machen, auch der
ist dem modernen Roman gegenüber oft in Verlegenheit. Denn unser Roman
ist eben so vielgestaltig und bewegt wie das moderne Leben selbst und wiederum
auch ohne scharf ausgeprägten Charakter wie dieses, kurz, er scheint oft ein
reines Erzeugnis der Gesamtkultur und weniger das eines dichterischen Indivi=
duums zu sein. Daß die englische und französische Romanproduktion, im Ganzen
gesehen, längst diesen Eindruck machte und dadurch, durch die Vorzüge, die sie
als Allgemeingut von der Kultur empfing, unserer deutschen überlegen war,
ist bekannt genug; nun, dünkt mich, ist auch bei uns das Stadium der Ent=
wicklung eingetreten, wo sich eine der erreichten Kulturhöhe entsprechende Mindest=
höhe für den Roman ein für allemal festsetzt, unter der in Zukunft kein für
gebildete Leser bestimmtes Werk mehr stehen darf. Wir fangen an, einen guten
Roman zu haben, trotzdem in dem Feuilleton zahlreicher Zeitungen immer noch
sogar Natalie von Eschstruth haust und trotzdem die Neigung zum Extremen und
Schrankenlosen bei vielen Talenten, männlichen wie weiblichen, noch nicht ganz

— 4 —

überwunden ist. Ich verhehle mir nicht, daß die eingetretene Entwicklung auch ihre Schattenseiten haben kann, wie denn z. B. bei den Engländern aus der großen Masse gutgeschriebener Werke nur wenige wirklich eigenartige hervorzuragen pflegen, doch aber müssen wir ihr einstweilen wohl dankbar sein: eine bestimmte nationale „Zucht" that unserer Romanproduktion sehr not, für die Masse der Leser ist der Zustand, daß der gesamte Durchschnitt eine gewisse vornehme literarische Höhe festhält, dem, daß der ungeheuren Menge des Schunds einige wahrhaft dichterische Werke gegenüberstehen, gewiß vorzuziehen. Man braucht sich jetzt nicht mehr zu schämen, mit einem deutschen Roman in der Hand betroffen zu werden; auch Werke weniger berühmter Autoren pflegen jetzt eine anständige literarische Haltung zu haben.

Adolf Wilbrandt, mit dem ich meine diesmalige Uebersicht beginne, ist freilich ein „berühmter Autor", aber er schreibt in den letzten Jahren sehr, sehr viel, und so fallen doch manche seiner Werke in den Rahmen, den wir soeben festgelegt haben. Ein Werk von ihm, das die Jahreszahl 1899 trägt, ist der „Vater Robinson" (Stuttgart, Cotta), mit den bedeutendsten Zeitromanen des Autors nicht zu vergleichen, aber doch ein gutes Buch: vortrefflich erfunden, gut komponiert, anziehend geschrieben und mit so viel Zeit- und allgemein menschlichem Gehalt, daß wir ihm ohne Gewissensbisse einige Stunden widmen können. Das Thema, das es behandelt, ist das der Väter und Söhne, in der Charakteristik kommt es wenigstens bei der Hauptperson über das Konventionelle weit hinaus, der Hauptfehler des Buches ist in den Augen eines Modernen wahrscheinlich das Ueberwiegen des kompositorischen Elements, aber mich stört das nicht weiter, da dabei doch auch wieder die Vorzüge des Verfassers zu Tage treten. — Von einem weniger bekannten Autor stammt „Du bist mein", Zeitroman in zwei Büchern von Carl Worms (ders. Verlag). Dies Werk spielt in Kurland und im angrenzenden Lithauen, hat vortreffliche Lokalfarbe, einige ungewöhnlich gut gezeichnete, den Eindruck des Neuen machende Charaktere, daneben freilich auch sensationelle Elemente, die an Sudermann und Richard Voß („die neue Zeit") denken lassen. Aber im Ganzen ist auch dieser Roman ein gutes Buch, dessen Lektüre sich lohnt. — Ida Boy=Ed ist ja längst „ein Liebling der deutschen Frauenwelt". Aber sie verdient es auch zu sein; denn in der Regel behandelt sie ein wichtigeres Zeitproblem, das unsere Frauen interessiert, und sie behandelt es mit jener Sicherheit, die eine tüchtige realistische Beobachtungsgabe und viel Lebenserfahrung verleihen. Ihr neuer Roman „die Schuldnerin" (Velhagen & Klasing, Bielefeld und Leipzig) stellt dar, wie ein minderwertiges Weib einen wertvollen Mann unter allen Umständen herabziehen muß, stellt es in wohlgetroffenem Milieu (Hamburger Kaufmanns= und Berliner Schauspielerkreise) dar — man kann seine Freude an dem Buche haben, wenn man's auch nicht für ein bleibendes Werk erklären wird. — Femina nova ist Elisabeth Gnade, deren Roman „Sarkoschin" (Dresden und Leipzig, Meißner) nichts Geringeres unternimmt, als die Entwicklung eines begabten, etwas verwöhnten Kindes zur Dichterin zu geben. Es gelingt der Verfasserin in der That, die Entwicklung plausibel zu machen und sie zugleich in sehr intimer Verbindung mit der westpreußischen Heimat der Heldin zu halten, so daß denn ein wirklich lebendiges Werk entsteht. Hier und da ist zwar die moderne Genialitätssucht der Frau und auch die moderne Phrase zu finden, aber vielleicht gehören die auch zum Zeitbild. Gerade dies nicht bedeutende, aber erfreuliche, sympathische Buch einer Anfängerin ist mir eine Bestätigung dafür, daß ich mit meiner Auffassung der modernen Roman=

1. Aprilheft 1899

— 5 —

produktion auf dem rechten Wege bin. Vor einem Menschenalter wäre ein solches Werk anders als von einem sehr großen Talent noch nicht möglich gewesen.

Der historische Roman unterliegt dem Zeitgeist, den allgemeinen Kultur= einflüssen seiner Natur nach weniger. Aber auch er ist, wie das z. B. der „Pater Maternus" von Adolf Hausrath (Georg Taylor) zeigt (Leipzig, S. Hirzel), weiter gekommen. Hausrath war unter den archäologischen Poeten wohl immer der schlichteste und gesundeste; nun hat er sich an eine wahrhaft bedeutende Aufgabe, nämlich die, Luthers Aufenthalt in Rom und seine Wirkung an einer Parallelgestalt darzustellen, herangemacht und sie im Ganzen sehr tüchtig gelöst. Ein geniales Produkt ist der Roman nicht (ich könnte mir wohl denken, daß die Aufgabe ein Genie reizte), aber er ist ebensowenig ein hohles Scheinprodukt, wie so manches Werk der archäologischen Periode, vielmehr wahr empfunden, ehrlich gearbeitet. Also auch hier eine Hebung des Niveaus! — In die Zeit der Befreiungskriege führt Bernhardine Schulze=Smidts Familiengeschichte „Aus eiserner Zeit" (Velhagen & Klasing). Ihr liegen ohne Zweifel Familienbriefe und =Erinnerungen zu Grunde, und so ist der Geist der Zeit und auch das ostpreußische Milieu, in das wir versetzt werden, zunächst sehr treu zur Erscheinung gekommen. Doch auch die Charaktere werden lebendig, und so wage ich das Werk zwar nicht mit Fontanes „Vor dem Sturm", das feiner, vielseitiger, bestimmter ist, wohl aber mit den besten Erzählungen Ed= mund Höfers, die sich in derselben Zeit abspielen, zu vergleichen. Natürlich steht das Werk der modernen Verfasserin sehr viel moderner aus als die nun halbverschollenen Erzählungen Höfers, aber es hat von ihrem Geiste.

Zum Schluß seien dann noch einige gute Novellensammlungen erwähnt. Adolf Pichlers „Allerlei Geschichten aus Tirol" (Leipzig, G. H. Meyer) ge= hören ja freilich einer viel früheren Zeit an und sind — sie liegen jetzt in dritter Auflage vor — nur zu neuem Leben erweckt worden, auch gehen sie über den Durchschnitt hinaus und müssen als Erzeugnisse einer sehr bestimmt geprägten Persönlichkeit gelten. Aber sie passen doch auch wieder recht gut in unsere Zeit, die die Freude am besonderem Volkstum wieder gewonnen, die Darstellung des Hervorwachsens der Menschen und Schicksale aus dem Heimat= boden und ganz bestimmt gegebenen Verhältnissen gelernt hat. — Wenigstens glücklich lokalisiert sind auch die „Grazer Novellen" von Wilhelm Fischer (ders. Verlag), die im übrigen noch unter dem Einflusse Heyses stehen. Doch sind es feine, von großem Können zeugende Arbeiten. — Sehr viel Freude be= reitet haben mir wieder zwei Weimar=Jenaer Geschichten von Helene Böhlau „Verspielte Leute" (Engelhorn, Stuttgart). Sie vermag die intimste kultur= historische Stimmung der guten alten Zeit wachzurufen und zugleich ihr Klein= leben durch Herzensgewalt in die Region wahrer Dichtung emporzuheben. Wo die moderne Stoffe behandelt, unterliegt sie freilich leicht der Gefahr, ihre Kraft an Sackgassen=Probleme wegzuwerfen und für angebliche Bestandteile der sogenannten modernen Weltanschauung ein Pathos zu entwickeln, das sie schwerlich verdienen.   Adolf Bartels.

Eugen d'Alberts „Abreise".

Eugen d'Alberts „Abreise" war die letzte Neuheit der Berliner Opern=
bühne. D'Albert hat sich bekanntlich schon früher auf dem Gebiet der Oper
versucht und zwar mit großen Stoffen wie „Der Rubin", „Ghismonda" und
„Gernot". Erfolg hat ihm dabei nicht gelacht; Erfolg im g r o b e m Sinne des
Wortes wird auch der „Abreise" nicht beschieden sein, denn dafür ist dieses
entzückende Werkchen viel zu feinsinnig, viel zu intim; es ist in des Wortes
wahrer Bedeutung „Kaviar fürs Volk" — ähnlich wie Quartett=Musik.

Die Handlung spielt zur Zeit des Rokoko. Er und sie sind kurze Zeit
verheiratet. Eine ganz kleine Kühle ist im ehelichen Verhältnis entstanden;
beide möchten wieder die süße Flitterwochenstimmung haben und werfen sich
im Innern gegenseitig vor, daß der eine den andern vernachlässigt. „Er" denkt:
ich reise ab, dann wird „sie" sich schon sehnen; „sie" denkt, ich kokettiere etwas
mit seinem Freund, dann wird „er" sich schon sehnen; es kommt zur Aussprache,
beide lieben sich mehr denn je, und der „Dritte", der im Eisenbahnkoupee, wie
Ibsen in Hedda Gabler sagt, mitfahren wollte, muß abreisen. Fürwahr, der
Vorwurf ist einfach; er ist auch absolut nicht komisch; aber er ist heiter, lustig,
harmlos; man kommt in eine angenehme, warme Stimmung dabei. Daß die
beiden sich herzlich lieben, sehen wir von vornherein; daß absolut keine Ge=
fahr für die eheliche Treue ist, sehen wir gleichfalls; nun wird aber diese
Sicherheit, in der wir uns befinden, etwas gefährdet durch den Hausfreund;
aber bei Leibe nicht ernstlich, nur lustig; zum Schluße könnte man sagen:
„was sich liebt, das neckt sich". Die Zeitungskritik ist über den „schlechten Text"
hergefallen, das ist mir völlig unverständlich. Der Text — vom Grafen Spord
redigiert — ist gut: die Verse sind leichtflüssig, einfach, ohne Ansprüche; ent=
sprechend der damaligen Zeit etwas geistreichelnd und sentimental; das Ganze
ist ein feines „Lustspiel", in dem gar nichts „Komisches" zu suchen ist. Aber
im allgemeinen hat der Deutsche nicht das Verständnis für das elegante Lust=
spiel mit seinen leichten Pointen; er will etwas „Komisches" haben; er muß
„lachen"; still in sich herein „lächeln", sich „amüsieren" bei einer kleinen „causerie"
das kann er nicht gut. Deshalb werden auch die eleganten Spielopern eines
Auber und Boieldieu ihm nicht vorgesetzt, wie sie sind: einige dicke und plumpe
Witze, über die man „lachen" kann, müssen ihm die Sache erst schmackhaft
machen. Die Davidis, bei der man „kochen" lernt, ist sein Ideal, aber
Brillat=Savarin, bei dem man „dinieren" lernt, bleibt ihm unverständlich. Die
Musik, mit der d'Albert das kleine Lustspielchen ausgestattet hat, ist in gerade=
zu vollendeter Weise dem einfachen, heiteren, das Pikante mit dem Aermel
streifenden Inhalte angepaßt. Die Hauptmotive — er verwendet sie diskret
als Erinnerungsmotive — hat er in der Ouverture, die allerdings etwas zu
lang geraten ist, zusammengefaßt. Es sind leichtfaßliche, melodiöse Eingebungen
mit scharfer, klarer Rhythmisierung; vor allem zeichnen sie sich durch Behendig=
keit und — man verzeihe das Wort — Leichtflüssigkeit aus; sie erscheinen im
höchsten Grad natürlich, sind aber dabei niemals banal oder gar vulgär, —
vielmehr zeigt sich bei näherem Zusehen, daß sie trotz scheinbarer Einfachheit
ganz pikant erfunden sind. Es ist überhaupt eine besondere Eigenschaft des
d'Albertschen Werkes, daß alles sich ungemein natürlich und einfach ansieht,
dabei aber doch im Grunde recht verzwickt und schwierig ist. So steht es z. B.
mit der Kontrapunktik der „Abreise". Den großen, schweren Apparat, vor dem
man schon Ehrfurcht hat, wenn man ihn nur ankommen sieht, den verwendet

1. Aprilheft 1899

der Komponist nicht; er kontrapunktiert nur so oben hinspielend, graziös, wie der Stoff es mit sich bringt. Auch die Instrumentierung ist sehr einfach und feinsinnig. Er läßt alle Instrumente des modernen großen Orchesters zu Worte kommen, aber er vermeidet jede Massigkeit, alles Dicke; man hat das Gefühl, ein Mozartsches Orchester zu hören, und doch ist es thatsächlich das mit höchstem Raffinement gesuchter Einfachheit auftretende „große" Orchester. Aber schließlich sind Kontrapunkt, Instrumentierung u. s. w. Sachen, die sich mehr oder weniger lernen lassen. Was sich nicht lernen läßt, das ist Erfindung und Melodie. In der Beziehung hat d'Albert bei der „Abreise" manche glückliche Stunde gehabt. Ganz erstaunlich versteht er es, die graziösen, tändelnden, mit hundert Pointen versehenen Textesworte wiederzugeben; er unterstreicht die feinen Spitzen nie, aber er hebt sie so hervor, daß man sie gerade bemerkt; ganz köstlich deckt sich bei ihm Wort und Ton; ein besonderes Talent hat der Komponist, Wortspiele musikalisch wiederzugeben, es sind einzelne wahre Lecker= bissen darunter. Die schummerige, eine Spur wehmütige Stimmung, die den Text beherrscht, ist auch die Grundfarbe der Musik; man hat das Gefühl, als ob man zartes Silbergrau sähe.

Gleich der erste Auftritt ist in seinem natürlichen Sprachgesang ganz reizend. „Er" fragt das Knopforakel, ob er reisen soll. „Das Herz des Weibes hört, der Blick des Freundes spricht; das beste Weib ist schwach — (zählt die Knöpfe) — Was sagt es? (das Orakel) — Reise nicht." Dann kommt mit einem sehr lustigen, trällernden Motiv der Freund, und es entwickelt sich ein geistreiches Geplänkel zwischen ihm und dem Ehemann. Wer allerdings für die Feinheit und den leisen Witz dieser Dichtung keinen Sinn hat, der kann auch unmöglich die dazu gehörende Musik schätzen, denn beide decken sich gerade hier vollkommen. Daran schließt sich die erste Szene zwischen Luise und dem Freund, in dem sie diesem, vor dem Spinett sitzend und wie in Gedanken ab und zu einen Akkord anschlagend, eine sehr zarte Belehrung über das Herz des Weibes gibt. „Das Herz verrät so leicht auf Kosten seiner Pflicht, und diese kennt das Weib; Ihr lebt es ernst und still, und fragt sich, was es darf, und selten, was es will." Dann ist Luise allein und singt ein Lied, zu dem sie sich selbst begleitet, über den Mann, wie er zu Anfang der Ehe ist und wie er später wird. Im Ton unserer Altvorderen gehalten, ist es mit seiner stillen Resignation eine Perle der Partitur. Der Mann hat den Gesang gehört, und es kommt zwischen ihm und ihr zu einem Gespräch, das so charak= teristisch für die ganze Art der Dichtung und Musik ist, daß wir einen kleinen Teil wiedergeben wollen. Er: „Ich hörte singen"; Sie: „Ja, die Wahrheit sang mit mir""; „Singt die so laut? das darf sie nur bei dir. Was sang sie denn?" „Ihr Ton ist hart und rauh"", „und sagt?" „Geheimnisse"", „und spricht mit einer Frau?" „und nur mit ihr. Der Mann begreift sie nicht, selbst wenn der Ton im Schmerz der Sehnsucht spricht, er hört sie, lacht und — reist"", „und die Entfernung lehrt dem Weibe, was es will, und was das Herz entbehrt. Das Leben scheint ihm neu, dem Neuen bleibt es treu." Komik ist darin nicht zu finden; wer aber Sinn für eine feine, geist= volle causerie hat, kommt auf seine Rechnung. Wie sich unter der Maske des gleichgiltigen Scherzes der tiefe Ernst birgt und wie aus jedem Wort eine leise Wehmut und Resignation herauszuhören ist, dafür muß man allerdings feiner empfinden können, als für Lortzingsche Späße. Die Musik zu diesen Worten ist von ausgesuchter melodischer Feinheit. Sehr zart empfunden ist auch Luisens Lob auf die Einsamkeit; eine Glanzstelle der Partitur ist jene lange Unterredung zwischen Mann und Frau, in der sie ihm die Tiefe des weiblichen Herzens klar zu machen sucht, „es hängt an ihm mit allen seinen Schwächen, wenn alles ihn verläßt, wenn jede Stütze bricht, wenn seines Glückes Pfeiler brechen – des Weibes Herz verläßt ihn nicht." D'Albert hat da Töne gefunden, die so echt und wahr sind, daß er uns wirklich im Innersten bewegt und, ich möchte beinahe sagen, sittlich läutert; es ist eine Musik, die auch n a c h dem Anhören noch in uns mahnend wiederklingt. Als notwendiger Gegensatz kommt dann eine amüsante Soloszene des Freundes, der über das pikante Thema Tugend redet, und „er spricht wie ein Franzos!": „zwar sträubt die Tugend sich; das thun die Tugenden beim ersten Angriff alle; sie fiel, sie fällt; sie fallen und ich falle; die erste Tugend fiel und nach ihr fallen alle; der arme Mensch ist schwach; wohin er fliehen will', folgt ihm die Schwäche nach." Wenn man sich hierzu eine pikante, prickelnde Musik und gute Darstellung denkt, dann begreift man das allgemeine, behagliche Schmunzeln, das sich bei dem Publikum denn doch während dieser Stelle zeigt. Daß ein Komponist seine besten und schönsten Gaben erst am Schlusse bringt, kommt — außer bei Wagner — selten vor; d'Albert hat es gethan; die Perle der Partitur ist näm- lich die letzte Szene zwischen Mann und Frau, in der sich ihre Herzen ganz öffnen, in der sie der schönen Zeit der ersten Liebe gedenken. Zuerst wird die Sache noch etwas neckisch betrieben; da ist gleich das entzückende: „ich kenne einen Mann, der will und weiß nicht was? der kommt und weiß nicht wie? der geht und weiß nicht wann?" Auber und Boieldieu brauchten sich nicht zu schämen, wenn dieses kleine Ding in ihren Partituren stünde. Dann aber wird es ernster bei dem Denken an vergangene und zukünftige Tage; die Melodik wird breiter und getragener; die Instrumentierung arbeitet mit reichen Mitteln und die Höhepunkte krönt der Komponist mit einer Kantilene, die in ihrer ganzen Art und Verwendung lebhaft an Tschaikowsky erinnert, während die Melodie selbst ihre Verwandtschaft mit einer Melodie im zweiten Akt Lohen- grins nicht verleugnen kann.

Ueberblicken wir kurz d'Alberts Werk, so müssen wir zugestehen, daß es ihm durchaus gelungen ist, ein musikalisches Lustspiel zu schreiben; vielleicht wird es einmal als ein grundlegendes Werk des musikalischen Konversations= stückes zu betrachten sein. Ob diesem die Zukunft gehört, ob hier die Musik, um nach Wagner Neues zu bringen, ansetzen wird, das ist ja zweifelhaft. Sicher ist, daß es nur sehr fein empfindende Musiker wagen dürfen, dieses Ge- biet zu betreten. Pathos und Phrasen sind sehr billig; „komische" Opern eben- falls; das vornehme Lustspiel dagegen verlangt einen Feinschmecker als Kom- ponisten wie als Hörer.   A. Bischoff.

Kunstpflege im Mittelstande.

13. Pflanzen und Haustiere.

Pflanzen sind nichts Seltenes in unseren Häusern. Aber die Thatsache, daß Pflanzen da sind, bedeutet noch keine ästhetische Bereicherung. Es gibt ein Gewächs, das sich deshalb seiner großer Beliebtheit erfreut, weil es ohne jede Pflege überall gedeiht und überhaupt nicht tot zu kriegen ist. Vielleicht ist seine Heimat felsiger und sandiger Wüstenboden; jedenfalls gedeiht es in jedem Zimmer, gleichviel ob's warm oder kalt, hell oder den ganzen Tag mit Gas beleuchtet ist — alles bekommt ihm. Ich kann mir denken, daß in gewissen trostlosen Fällen auch diese Spur von Leben ein Gewinn ist. Aber es greifen auch Leute, die alle anderen Pflanzen zur Verfügung hätten, mit Vorliebe nach diesen freudlosen Stachelgewächsen, die ohne viel Mühe und Pflege dahin= vegetieren. Manche thun das vielleicht deshalb, weil die Pflanzen „apart" sind, die meisten jedoch aus Bequemlichkeit und Interessclosigkeit. Aber warum überhaupt Pflanzen, die keine Pflege brauchen? Erst durch die Pflege kommt man ja zur Freude, kommt man zum intimen Verhältnis. Im allge= meinen haben unsere Damen Zeit dazu, es sind nur Ausnahmen, haben sie keine. Und wie thöricht ist dieses Streben, immer was „Apartes" zu haben — die häufigsten Pflanzen können für uns die besten sein. Wo kein besonderes botanisches Interesse vorliegt, kommt es nur darauf an, daß sich ein anmutiges Blätter= und Blütengerank irgendwo dem Innenraum anpaßt, daß man gleichsam Fühlung nimmt mit der Natur vom Zimmer aus.

Ich meine, in unsere heimischen Räume gehören vor allen Dingen auch heimische Pflanzen. Alle jene exotischen Gewächse, auch Palmen, haben für uns etwas Kaltes, Spitzes, Stimmungsloses. In eine von exotischen Momenten befruchtete Innenarchitektur, wie sie etwa van de Velde gibt, mögen sie eher hineinpassen; für unseren Begriff eines traulichen Raumes bedarf es zunächst schlechtweg des grünen Blattes, der traulichen Blüte. Freilich, wie wenig kennen die meisten den Reichtum unserer heimischen Flora, wie wenig wissen sie von der Mannigfaltigkeit ihrer Formen!

Der zweckmäßige und schöne Blumentisch war lange Zeit eines der Möbel, die sich auch der reichste Mann nicht kaufen konnte, weil es ihn näm= lich nicht gab. Die moderne kunstgewerbliche Bewegung hat da Besserung ge= bracht, wenn mir auch bis jetzt noch kein ganz einwandfreier Tisch zu Gesicht gekommen ist. Sonderbarer Weise scheinen bisher die Fabrikanten der Ansicht gewesen zu sein: der Blumentisch müsse möglichst leicht umfallen, möglichst viel wackeln und klappern und möglichst viel gebogene Eisenstangen zeigen. Gerade dies so stark und unregelmäßig belastete Möbel sollte nicht allein der Kon= struktion halber, sondern auch fürs Auge allerseits stark unterstützt sein. Nicht den mindesten Grund gibt es, außer einem haltlosen Vorurteile, ihn n i c h t vierbeinig zu machen. So lange noch in den Köpfen die Idee spukt, ein Blumentisch müsse unbedingt die Pilzform zeigen und man müsse aus dem Ganzen einen steifen würdigen Aufbau, der von einer Palme bekrönt würde, machen, ist an eine feinsinnigere Verwendung der Pflanze nicht zu denken. Man fasse getrost den Blumentisch eben als einen Tisch wie jeden andern auf, einen Tisch, der halt B l u m e n tragen soll. Eiserne Möbel sind nicht besonders behaglich; ein dauerhaftes Holz mit Metalleinlage auf der Platte ist genau so praktisch, hat mans mit Ablaufrohr und Hahn versehen. — Pflanzenkübel hat man mehr und besser konstruiert, als Tische; auch ihre Grundbedingung ist äußerste Stabilität. Sehr empfehlen darf man Blumenkübel, die auf dem Boden stehen; man kann sie z. B. mit geschickt gefärbten Holzarten künstlerisch ausbilden. Eine hohe Pflanze, wie etwa ein Laurus Tinus, gibt mit solchem Kübel einen wundervollen Schmuck.

Noch ein Wort über die zweite Art von pflanzlichem Schmuck: die a b g e s c h n i t t e n e n Blumen. Vom April bis zum November sind sie auf dem Lande und in den kleinen Städten fast kostenlos und in den großen Städten in Markthallen für wenige Pfennige zu haben. Es kommt nirgends in erster Linie auf die Kostbarkeit an; auch bei der Blume nicht, denn die einfachste Feld= und Wiesenblume offenbart dem, der sie richtig zu betrachten und zu verwenden weiß, Schönheiten, wie sie eine kostbare Garten= oder Treibhausblume nicht reicher besitzt. Nicht, als ob ich die Reize jener raffinierten Blumen unterschätzte, deren Verfeinerungen nur mit dem sensibelsten Empfinden überhaupt wahrzunehmen sind. Gibt es doch z. B. Orchideen, die geradezu etwas Berauschendes haben. Ich weiße nur die Leute, so da sagen, man könnte sich den Luxus nicht gestatten, beständig Blumen im Hause zu haben, darauf hin, daß es der Geldpunkt nicht ist, um den es sich dreht, sondern höchstens die Zeitfrage. Aber welche Stimmungsmomente bringt man mit den Blumen ins Haus! Wie geben sie dem Wohnraum Leben und gleichsam die letzte Vollendung im Arrangement. Und zwar schon mit Gewächsen, die wir Bauernblumen nennen. Wenn man freilich dabei unter bäuerisch sich Plumpes und Reizloses denkt, so wäre der Name schlecht gewählt. Richtig verwendet ergeben diese einfachen Blumen die vornehmsten Klänge. Man denke sich als Beispiel folgendes: Eine zart blaugraue Vase aus glasiertem Thon, darin einige matte gelbe Blüten — Bauernblumen — stehen. Nun stellt man das Ganze an den rechten Platz, meinetwegen gegen eine dämmerige Wand auf ein dunkles poliertes Möbel — mit dem entstehenden farbigen Klang wird eine Augenweide geschaffen sein, die für erzogene Augen dasselbe bedeutet, wie für seine Ohren Musik. Wer sich damit abgibt, wird bald sehen, daß auch hier die Möglichkeiten gar nicht zu erschöpfen sind. Nur so aufs Geradewohl nenne ich: eine rotglühende Blüte in einem Väschen mit schwarzer Glasur, ein blaßblauer Klang auf mattweiß, graugrüne Blätter in dunkelblau. Denn das sind die Punkte, auf die zu achten ist: man muß arbeiten wie der Maler, der die Klänge zu seinen Bildern zusammenstellt. Läßt man sich dieses Moment entgehen, so verzichtet man auf die im besten Sinne malerische Wirkung, die Blumen haben können. Also nicht allein hinstellen sollte man sie, sondern man sollte sie dem Ganzen einverleiben, dann erst schmückt man ja mit ihnen. Als Tafelschmuck findet die Blume in unserem gesellschaftlichen Leben ausreichende Verwendung. Leider sucht man auch da das Neue und Aparte in ewigen Künsteleien, anstatt die Blume in ihren natürlich gegebenen Momenten wirken zu lassen. Auf die Gefäße, in denen sie stehen, kommt es in erster Linie ja gar nicht so sehr an. Je weniger diese Gefäße auffallen, je mehr sie zurücktreten, desto besser. Immer passend und immer künstlerisch wirken die einfachsten, unverzierten Glasgefäße in hohen Formen oder flachen Schalen, bei denen der Reiz aus dem Material hervorgeht. Hohe Stengelgläser mit hochgewachsenen Pflanzen, flache Gefäße mit den am Boden wachsenden kurzen Blümchen oder auch lose auf den Tisch verstreuten Blumen oder Zweige werden ohne viel Raffinement immer neue Anregung bieten, an der man sich nie „über"sieht. Nur muß das Ganze Stil haben. Es gibt heute Diners, bei denen die Blumenarrangements den Platz zum Essen verfperren und einen hindern, sein Gegenüber zu sehen. Ich halte das für einen Mangel am eigentlichen künstlerischen Takt. Zur römischen Orgie paßt diese sinnlose Blumenfülle; unser förmliches Essen aber verbietet, sich mit den Blumen zu werfen, wenn sie einem nicht mehr passen oder sich auf sie zu legen. Nicht im Ueberbieten, sondern im geschmackvollen Zusammenstimmen der Blume mit der Umgebung liegt die Aufgabe. Die Richtung, in der der Hausfrau Gelegenheit zu eigenartigen Arrangements gegeben ist, weist also zunächst auf farbige Zusammenstellungen. Man denke sich einen Tisch, dessen Erscheinung durchaus auf gelb

1. Aprilheft 1899

— 11 —

gestimmt ist, das natürlich durch einen matteren Nebenton gehoben, gleichsam erklärt wird. Ein buntes Chaos wird keine Gesamtwirkung ergeben. Wer da Studien machen will, der mache sie getrost in der Natur, die auch die Blumen aufs feinste abgestimmt nebeneinander wachsen läßt. Da finden wir ganze Felder von blauen Blumen, die auf einem Graugrün stehen, dort wieder gesondert davon andere Töne, aber immer so „arrangiert", wie es vom feinsten Künstler nicht besser ausgedacht werden kann. Nie sprossen die Blumen bunt zusammengewürfelt durcheinander, sondern in der Bodenbedingung scheint schon das System dieser erwähnten Harmonie zu liegen. Das sind Dinge, die die Japaner sehr fein beobachtet haben, worüber vor Jahren das „Studio" interessante Mitteilungen brachte.

Auch die getrockneten Pflanzen verachte man nicht. Sie können nichts dafür, daß man mit ihnen vor Jahren das schreckliche Makartbouquet zusammenband. Es gibt getrocknete Blatt- und Riedgrasarten mit Knospenansätzen und kleinen Früchten, die wundervolle Formen und Farben zeigen und zu der mannigfaltigsten Zusammenstellung auffordern. Man reiße nur einmal im Herbst bunte Blätter im Vorübergehen ab und stecke sie in eine schlichte Vase, Wunder kann man damit wirken, hat man Geschmack und Geschick dazu.

Schließlich gehört ja alles unter künstlerische Gesichtspunkte, was Freude macht. Nietzsche sagt: „alles Tröstende ist Kunst". Gerade nur erwähnen möchte ich dabei unsere Haustiere. Wenn Tiere auch nicht Kunst, sondern Natur sind, so bieten sie doch dem, der sehen gelernt hat, eine Menge, was zur wichtigsten künstlerischen Anregung dient.

Das Geschenk eines gütigen Schicksals ist für uns der Hund. Die Tatsache gehört nicht hieher, daß er ein Freund werden kann dem, der in ihm nicht nur das „Vieh" sieht, sondern das Mitgeschöpf, das anders organisiert ist als wir, aber verschwenderisch ausgestattet mit seelischen Eigenschaften, wie sie uns einen Menschen lieb machen würden. Dadurch, daß man ein nahestehendes Haustier viel genauer kennen lernt und beobachtet als ein fremdes Tier, dem man nur auf der Straße begegnet, entsteht eine Intimität der Betrachtung, welche dem Kunstgefühl unmittelbar zu gute kommt. Es braucht sich dabei nicht einmal um besonders auffallend schöne Rassen oder Exemplare zu handeln, wie etwa bei der ornamental zu nennenden Schönheit der Barsois, der russischen Windhunde, oder bei den Kraft und Grazie so herrlich vereinigenden edlen Doggen mit ihrer wundervollen Muskulatur, sondern jeder Spitz oder Schnauzel kann seinem Herrn diesen Dienst thun. Oder gar die viel verkannte Katze, dieses graziöseste, stärkste, eleganteste, kühnste, kindlichste und komischste Tier, das die imponierenden Seiten des Raubtieres mit dem Humor des vollendeten Hanswurstes so harmonisch vereinigt, ohne dabei seine Würde und Selbstsicherheit zu verlieren. Wer sich einmal so recht in die liebevolle Beobachtung einer Katze — ich meine eines einzelnen Exemplars — versenkt hat, für den bedeutet das, richtig verstanden, eine wirkliche Bereicherung fürs Leben. Es werden ja auch Besuche in Zoologischen Gärten mittelbar zur Kunstpflege gehören. Aber wer die Muße hat, sich selbst Tiere zu halten, wird stets tausendmal mehr davon haben, als von dem doch nur flüchtigen Betrachten, sei's auch der seltensten und schönsten „Exemplare", wenn sie ihm persönlich fremd sind. Ich hielt mir einmal — es ist schon lange her — eine zahme Eule, die in einem großen Zimmer frei umherflog und mich genau kannte. Was für Genüsse künstlerischer Art mir das verschafft hat, begreift man schwer, wenn man dergleichen nicht aus Erfahrung kennt. Es wäre ein Ziel meiner Sehnsucht, einmal Muße und Gelegenheit dafür zu finden, einen Uhu zu halten, dem so viel Raum zur Verfügung steht, daß er sich leiblich entfalten kann. Wer in ihm nur ein schmutzig gefärbtes Federvieh stumpfsinnig auf der Stange hocken sieht, der hat freilich nichts davon; bei guter Bekanntschaft zeigt er sich uns als eines der imponierendsten Geschöpfe, die wir kennen. Man muß eben die wundervolle Harmonie, die wir bei aller und jeder Gelegenheit in der Natur sehen können, zu verstehen lernen, um künstlerische Vorteile davon zu haben. So sehe ich auch im Halten von Aquarien und Terrarien weit mehr als eine naturwissenschaftliche Spielerei. Es ist kein Zufall, daß viele Künstler, besonders dekorative, halb bewußt, halb unbewußt in ihnen Anregung suchen. Auch hier ist es im allgemeinen wohl das nächstliegende und beste, sich mit der heimischen Fauna vertraut zu machen, denn ganz gewiß entspricht das auf unserem Boden Gewachsene uns, die wir selbst diesem Boden entstammen, am besten. Leider sind wir ja durch unsere verkehrte Jugenderziehung der Natur in einer Weise entfremdet, daß wir uns ihr mit Mühe Schritt für Schritt wieder nähern müssen. Jedes Stück, das wir uns dabei zurückerobern, ist auch künstlerisch ein Gewinn. Schultze-Naumburg.

Vom Tiergarten in Berlin.

Ehe noch der Frühling sein erwneues Locken anhebt, sind die Berliner heuer zu ihrem Tiergarten hinausgepilgert, um unter großer Aufregung von dem „Vandalismus" Kenntnis zu nehmen, der dort von der königlichen Verwaltung im Winter verübt sein soll. Auch unter den weisen Vätern der Stadt, die es an Kunstsinn, also auch Natursinn, von je mit den schwärzesten Reichstags-Abgeordneten aufnehmen konnten, hat man sich mit der Frage der Ausholzungen beschäftigt; aber die Städtische Park-Deputation — übrigens bislang die einzige Stadtbehörde, die wirklich Sehenswertes geleistet hat — zuckte nur die Achseln; trotzdem die Stadt einen Beitrag für den Tiergarten zahle, sei gegen die Vernichtung so vieler Bäume nicht einzuschreiten, denn sie sei vernünftig — so ungefähr hieß es. Immerhin bedeuten die Ausholzungen durchaus einen Systemwechsel, und man kann überdies nicht sicher sein, ob nicht das Gerücht von der Anlage eines großen Korsoweges doch noch Wirklichkeit wird. Und so lohnt sich's denn vielleicht, gerade jetzt einmal den Tiergarten darauf anzusehen, was er ist und was er sein könnte. Das wird uns auch über die Abholzungen zu einem sachlichen Urteil verhelfen.

Der Berliner behauptet mit Vorliebe, daß sein Tiergarten der größte und schönste Park aller Hauptstädte sei. Es ist müßig, zu vergleichen; aber wer vorurteilslos zu sehen weiß, der findet auch ohne Vergleiche, daß es dem Tiergarten ungefähr so geht wie der Reichshauptstadt selbst: er hat keinen ausgeprägten künstlerischen Charakter. Vor dreißig Jahren war's noch anders; da hatte er etwas vom Urwald mit einigen park- und gartenartigen Einschlüssen — am „Schneckenberg", am Denkmal Friedrich Wilhelms III., an der Rousseau-Insel, an der Baumschule, am neuen See und an der Löwenbrücke — Teile, die noch immer in ihrem malerischen Reiz den Stolz des Berliners rechtfertigen.

1. Aprilheft 1899

Und neben diesen, ein Bild gebenden Teilen bot der Urwald mit seinen ausgetretenen laubbedeckten Schlängelwegen, dem dichten Unterholz mit Farren=büscheln und Brombeergerank den wundersamen Eindruck lebenstrotzender un=gebändigter Natur, die sich wie mit tausend liebenden Armen erquickend um die Seele legte.

Da hob nach den großen Siegen das — Zivilisierungswerk an. Sieges= und Friedensallee kündeten den Triumph der geraden Linie, die „Schlupfwinkel nächtlichen Gesindels" wurden mehr und mehr durch neue saubere Kieswege verkleinert, das Unterholz aufgelichtet.

Ich gehöre gar nicht zu denen, die in Anlehnung an Camillo Sitte von der ästhetischen Wirkung der „Schlußstückanlage" (einer geraden Straße mit bedeutsamem Abschluß) nichts wissen wollen. Der lange gerade Laub=gewölbegang hat entschiedenen Reiz; nur schade, daß das Motiv im Tiergarten bereits früher zu Tode gehetzt war und daß der Samowarumriß der Sieges=säule zu geistlos ist, um durch eine vorgelegte Allee die Spannung auf dieses Schlußstück noch reger machen zu dürfen. Augenblicklich wird ja nun freilich die Siegesallee zu einer ganz eigenartigen Anlage umgestaltet. Es ist ein echter roi-soleil-Gedanke, eine Uebertrumpfung aller Spät=Renaissance=Garten=kunst, die Marmorbilder aller brandenburgisch=preußischen Herrscher hier in langer Reihe inmitten des reichsten Grüns aufzustellen; aber ganz abgesehen von der Ausführung im einzelnen, von der volksschulelesebuchmäßigen Ge=schichtsauffassung, die aus dem System spricht, ist auch diese sehr bewunderte Anlage nicht so getroffen, wie sie die großen Gartenkünstler der Spätrenaissance ausgeführt hätten. Es ist mehr der Geist der Parade als der Monumentalität, mehr der ästhetische Triumph der sächsischen Landesfarben (Laub und weißer Marmor) als der Kunst, der hier wirkt. Wohl ausgerichtet ragen die Herrscherbilder über die von der Tiergartenbau=verwaltung angeordneten Laubnischen hervor; ihre Menge soll wirken; die Gärtner haben nicht bedacht, daß sie dadurch den Eindruck des einzelnen Bild=werkes im höchsten Maße schädigten, daß sie das Einzeldenkmal zur dekorativen Puppe machten, während bei vollkommener Abschließung in Nischen der Ueber=blick über zwei, drei Denkmäler eine ästhetisch wirkende Erwartung auf noch weitere Kunsteindrücke erregt und das einzelne Bildwerk zu einem abgeschlossenen Ganzen erhoben hätte — wobei freilich das Theatralische einzelner Gruppen noch übler herausgekommen wäre. Nun, vielleicht ist das letzte Wort über die gärtnerische Ausgestaltung noch nicht gesprochen; es wäre zu hoffen, obwohl ein besonderes Kunstgefühl aus den übrigen Schöpfungen der Tiergartenbau=verwaltung auch nicht gerade herauszulesen ist.

Gleich der erste Blick vom Brandenburger Thor aus, sozusagen der Empfangsraum des Parkes, bestätigt dies. Von irgend einer einheitlichen Idee, einer künstlerischen Zusammenfassung, einer Platzbildung ist da gar keine Rede; die vier dürftigen Speibecken, euphemistisch Brunnen genannt, die an kurzen Wänden zwischen den Hauptalleen wirken durch ihr Mißverhältnis eher fratzenhaft als verschönend. Und nun wandle man den Hauptspaziergang halblinks hinab: hat man jemals kastriertere Natur gesehen als hier? Mittel=starke Bäumlein, hübsch lustig gestellt, damit man zwischen je zwei Stämmen in der Ferne nur ja immer wieder noch einen dritten oder ein wandelndes Kinder=mädchen sehen kann; darunter ein stets etwas mangelhafter Rasen; das Ganze weder Wald noch Park, noch Baumschule, noch Garten; „jriene Beeme", das genügt ja dem Berliner; Bäume wie aus der Spielzeugschachtel, immer von derselben Nummer, aufgebaut ohne Unterholz, ohne festes Laubgewölbe, das jenes erſeten würde, wie im Buchenhochwald mit ſeinen ſtarken dichtſtehenden Stämmen; ohne Natur und doch auch ohne Regel. Nur ein Jdeal herrſcht, ein Jdeal von erſchreckender künſtleriſcher Dürre: Sauberkeit. Da wird geharkt und gejätet, damit nur ja kein Blättlein verrät, daß es ſich obrigkeitlicher Kontrole entzieht. Darum ſind auch alle Hauptwege fein ſäuberlich ummährt.

Dieſe wohlgepflegten niedrigen eiſernen Abgrenzungen reden Bände für den, der ſehen gelernt hat. Sie können einem die ganze Natur verleiden mit ihrem polizeieifrigen, philiſtröſen Ordnungsfanatismus; ſie erinnern fortwährend entweder an die Rüpelhaftigkeit des die Natur ſchimpfierenden Berliners oder an die „Anſchnauzerei" preußiſcher Unterbeamten. Vor allem aber: ſo geringfügig dieſe Ummährungen ſcheinen, ſo ungemein beeinflußt ihre eigenſinnige gerade Linie den äſthetiſchen Eindruck, weil ſie ein greuliches Zwitterweſen zwiſchen genauem, ſpärlichem Menſchenwerk und freiem Naturſchaffen erzeugt. Mitten in die Natur drängt ſich ein dürres geometriſches Gebilde, das von menſchlicher Unzulänglichkeit geradezu kreiſcht. Und es geht doch ganz gewiß auch o h n e dieſe Stangen. Jch habe niemals ſchöneren Raſen geſehen als in amerikaniſchen Parkanlagen, über den das Volk unbehindert hinweggehen darf. Und wer den Unterſchied in der Wirkung des ungehegten zum eingefriedeten Raſens nicht anerkennen will, der vergleiche mit unſeren Erbbegräbniſſen längs der Charlottenburger Chauſſee, wie bei der Hauptallee des Dresdener Großen Gartens der mittlere breite Raſenſtreif — dort gehts ſogar zwiſchen Fahrwegen ohne automatiſche Büttel — erſt recht eigentlich ein äſthetiſches Zuſammenwachſen dieſer herrlichen „Schlußſtückanlage" erzeugt. Dort ſieht der Raſen am Standort gewachſen aus, bei Einhegung wirkt er wie irgendwo anders hergeliehen.

Es iſt nötig, bei ſolchen ſcheinbar geringfügigen Dingen zu verweilen, denn ſie geben ein ABC künſtleriſcher Eindrücke; erſt wer derartiges ſehen und fühlen kann, wird auch für verwickeltere Kunſteindrücke Sinn haben. Die ſtarre Linie im Gartenbau bedingt ſogleich eine vollſtändig ſtiliſierte Kunſt, wie ſie das Rokoko ja mit kühner Laune durchgeführt hat; nicht einmal die niedrigſte Buchsbaumhecke kann neben parkartiger Behandlung beſtehen; ſie bedingt die geometriſche Beetanlage, die gartenmäßige Ausbildung.

Dieſe für den ganzen Tiergarten zu fordern, wäre lächerlich; aber das Jdeal ſcheint jetzt allerdings die vorgeſchilderte durchſichtige Baumaufſtellung à la Spielzeugſchachtel zu ſein, Sonnenſchutz, mäßige Waldluft, blanke Spazierwege für Toilettenſchauſtellung — praktiſche Hygiene ohne maleriſche Ankränktelung. Dort, wo man das Unterholz noch belaſſen, wo ſogar noch hie und da ein Weg nicht durch den Spaten abgeſtochen iſt, hat man dennoch faſt durchgehends dem lieben Publikum zu viel nachgegeben, damit es nur ja keinen Grasfrevel begehe, und zu viele und zu breite Wege angelegt. So kommt auch der „Wald" nicht zum Ausdruck; es ſind mehr „mit Bäumen umſtandene Wege", als daß es ein Waldmaſſiv wäre, durch welches ſich ein Weg mit ſeinen wechſelnden Lichtern, ſeinen leiſen Durchblicken und überraſchenden Windungen zieht. Zur Abwechſelung ſieht man zwiſchen Bäumen und Bäumen nur — Wege und Wege, und die ſind auch alle nur anſcheinend der Zweckmäßigkeit, nicht der Schönheit zu liebe geſchaffen. Wohl gibt es Ausnahmen: zwiſchen Baumſchule und Charlottenburger Chauſſee, längs der Waſſerläuſe, der zwiſchen der Zoologiſche=Gartenbrücke und der Schleuſe iſt vielleicht ſogar der maleriſch

1. Aprilheft 1899

schönste Teil des ganzen Parkes; aber diese Ausnahmen sollten lehren, in welcher Richtung gebessert werden könnte.

Hiernach ergibt sich, wie man sich zu den Ausholzungen stellen sollte. Gilt es, neue Wege zu schaffen, so sollte man dem Grundsatz des alten Kaisers folgen, der keinen Baum des Tiergartens ohne Not opfern wollte. Nur wenn die neuen Wege schöner sind als alte, und man dann diese alten dafür beseitigt, werden sie den Tiergarten nicht schädigen. Noch ein breiter großer Korsoweg wäre in der That nichts anderes als Vandalismus, denn der Park ist fast überall schon durch Fahrwege zersetzt. Die Teile nun, die durch große Alleen schon scharf zerschnitten sind, können nur dann noch wirken, wenn sie waldartig gehalten werden, so daß man aus kleinen Schlängelwegen zwischen Unterholz und Baumriesen erst wieder in die lichten Alleen tritt und so die einzelnen Teile größer schätzt, als sie sind. Wo ungeteilte größere Flächen noch zur Verfügung stehen, da freilich könnte die Axt noch neue Reize schaffen, denn es fehlt an freien Rasenflächen mit schöner Umkränzung und somit an bedeutenhaften Wirkungen. Die wundervollen Bilder an der Rousseauinsel, am neuen See, zwischen Löwenbrücke und Chaussee könnten noch um viele vermehrt werden, wenn man den Parkcharakter bewußt herausbrächte, da mans offenbar mit dem Walde nicht mehr recht zu thun haben will. Die offene Fläche mit Gebüschkulissen und Hochwaldhintergrund mit ihren tausend Mannigfaltigkeiten wird zu einer um so größeren Notwendigkeit, als eine Abwechselung aus der Bodengestaltung mit Höhen und Schluchten gänzlich fehlt.

Und dann wird man freilich auch endlich einmal darüber nachdenken müssen, ob der Hauptpark einer Weltstadt nicht hier und da eine Gipfelung künstlerischer Wirkung durch Architektur erfahren müßte. Die Plastik ist ja — ganz abgesehen von der Siegesallee — an einzelnen Stellen sehr gut zu Worte gekommen; wenigstens darf man die Aufstellungsart der Denkmäler für Friedrich Wilhelm III., die Königin Luise und für Goethe als Meisterstücke der Gartenkunst ansehen; auch dürften noch immer wieder neue Standbilder im Grünen abseits vom banausischen Großstadttreiben die beste Weihestätte finden. Aber mit den kleinen netten Schutzdächern auf einigen Kinderspielplätzen sollte die Architektur doch eigentlich nicht abgemacht sein, um so weniger, als ein praktisches Bedürfnis nach Ruheplätzen, Schutzstätten und Erfrischungshallen längst sehr lebhaft empfunden wird. Bei dem jetzigen Fiskalismus, der alle Eisenbahngebäude mit schreienden Reklamen bedeckt und aus den Hoftheatern reine Geschäftsunternehmungen gemacht hat, ist es eigentlich verwunderlich, daß noch kein Pachtkonsortium zur Anlage einiger „hochfeiner Restaurationen" aufgetaucht ist. Man könnte hiergegen auch nicht einmal vom ästhetischen Standpunkte etwas einwenden. Den Platz für zwei oder drei „Waldschenken" und etwa eine größere kurhausartige Anlage könnte man durch Aufgabe einiger überflüssiger Queralleen, z. B. der vom Flora- und Zeltenplatz aus, wieder einbringen — und die Kosten sicherlich auch. Der Charakter des Tiergartens aber würde dadurch nicht verdorben, denn — er ist schon genug verdorben. Ein Glück nur, daß seine Hauptschönheiten gar nicht totzukriegen sind. So viel aber ist gewiß, daß ein bewußter Systemwechsel eintreten muß, wenn er seinen Ruf mit Recht behalten will.　　Hans Schliepmann.

Lose Blätter.

Aus „Entsagen und Finden" von Heinrich Steinhausen.

Vorbemerkung. Hand aufs Herz: welcher künstlerisch feinfühlige Leser bekommt nicht einen geheimen Schreck, wenn er Geschichten aus Urväter= zeiten lesen soll? Ebers, Wolff, Lauff und ihre Genossen haben eine große Ge= folgschaft gehabt, den ernsteren Leuten aber haben sie die Freude am Anhören altertümlicher Geschichten verdorben. Man ist mißtrauisch geworden zumal gegen Altertümelndes, so mißtrauisch, daß man mit ungünstiger Stimmung, befangen also, aus Lesen geht und dann die allbekannten Mängel auch wohl da findet, wo sie gar nicht sind. Wir sprechen nächstens einmal über das Altertümeln als solches, heut möchten wir nur an einem Beispiele zeigen, was man beinahe vergessen hat: daß es auch trotz altertümlicher Sprache gute Erzählungen gibt. Heinrich Steinhausens bei Ad. Bonz & Co. in Stuttgart erschienenes Buch „Entsagen und Finden" enthält ihrer sogar gleich drei. Der ersten entnehmen wir unsre Probe. „Schwarzbärbels Bräuterei" spielt zur Zeit des dreißigjährigen Krieges und schildert das Leben einer Dorf= schönen, die sich aus einem koketten Ding durch Not und Gefahr zu demütiger Reinheit durchbildet. Sie selber erzählt uns das, und so wird das altertüm= liche Deutsch ihrer Sprache ein berechtigtes Kunstmittel, uns in die Illusion jener Zeit zu versetzen. Die unheimliche Stimmung, als es heißt: „Der Schwed' kommt", wir leben sie in der That hier mit, die Unruhe des Mädchens, das nicht recht dran glauben mag, daß ihr leichtfertiger „Herr Basil" sie in der Gefahr allein gelassen, bis es fast zu spät ist, wir sehen ihr zu; prächtig ein= gliedert in das Ganze der Zeit und als warmer Organismus wieder gegliedert in sich, so steht das Mädchenbild vor unsern Augen. Lesen wir selber. Sie hat den Thoms, der's ehrlich mit ihr meint, stehen lassen und ist wieder ins Haus gegangen:

•

In der Stub' aber, wie ich da alles überdachte und was nu in der wachsenden Not zu thun, begunnt' es mir im Kopf zu schwirren, daß ich bei mir selbst nicht wußt', was halb und ganz war. Beinahe überkam's mich mit größerem Schreck, wann ich mir fürhielt, der Basil könnte mich verschmähen und also vor Thoms demütigen, als wann ich an die ob uns schwebende Ge= fahr dachte, damit die Bauerschen uns bedrohten, und während ich immer von Weile zu Weile mit meinen Sinnen dahin gerichtet war, er würd' hereintreten, daß ich mich fürders könnt' mit ihm vor den Leuten und besonderlich vor'm Thoms zeigen, so stellt' ich in der Stub' ein sein närrisch Wesen an, vor lauter Widerstreit in meinem Herzen, gestalten ich jetzund an die Lade kniecte, meine silberne Halskette und was ich sonsten an besten Stücken verwahrte, heraus= zulangen, jetzund wieder alles hineinwarf an seinen Ort, dieweil mir's ganz nichtig dünkte und läppisch, bei meiner großen Sorge darnach zu kramen. Unter so während Hast und Unruh kam ich auch wohl dem Spieglein vorüber, so an der Wand über meinem Bette hing. Alsdann trieb mich's mit 'm Licht in der Hand mein Gesicht drin zu beschauen, und darbei sagt' ich dann zu mir: „Da, eine solche hat sich ihm zugesprochen, und er flieget nicht zu ihrer Seite?" — „Ich dachte, das könnt' nicht sein, und wollt dann wie vorhin vor die Haus= thür treten und nach ihm sehen, aber ich besorgte mich, Thoms möchte solches mein vergeblich Warten wahrnehmen, schämete mich dessen und blieb dergestalt, wo ich war.

Plötzlich bringet da ein starkes Geschrei zu mir von der Gasse herein, wie von vielen Stimmen durcheinander, und alsofort reißt der alte Jakob, was unser Meisterknecht war und auf unserm Hofe wirtschaftete, die Thür auf, rufend: „Sie kommen, sie kommen, und nu geschwind da hinaus!", weist darbei nach der Diele, und springt alsdann in höchster Eile nach'n Ställen. Darnach so treibt mich auch der Schrecken hinaus über die Diele, nach der Hausthür, wie ich war; und ich hör' von weiter unten die Straße herauf ein verworren Getöse und Stimmen von Menschen und Vieh durcheinander, vor mir aber ist alles leer und wie gefeget, nur allein grabüber vor des alten Straalmann sein' Kathen ist's mir, als luge jemand hinterm Pappelbaum, der vorm Hause gepflanzt war. Wie ich so stehe und weiß nicht was davon zu halten, noch ob ich bleiben soll oder wohin mich wenden, so krachen oben von der Schulzenwiese her hintereinander unterschiedliche Schüsse, und alsogleich darauf sprengen zwei oder drei Reiter herein, die ich an den Feuerrohren, im Mondschein blitzend, auch an ihren Monturen Soldaten zu sein erkannte, nämlich als die von der schwedischen Partie Pferde überkommen hatten und derwegen so viel desto zeitiger zu uns gedrungen waren, als männiglich sich die Rechnung gemacht hatte. Diese nun stoßen grimmige Soldatenflüche aus, darum daß aus'm Hinterhalt auf sie Feuer gegeben war, und jagen das Dorf hinunter. „Ach", denk' ich bei mir, „jetzund werden sie den mehrsten Haufen auf der Flucht einholen, und wie willst du da hinaus?" Ich buck' mich derwegen hinter die Thür, es schien ohnedas kein Licht aus'm Hause nach der Straße, und denk', du willst lauschen, wohin sie sich wenden und was sie fürnehmen. Aber schon ergießt sich ein andrer Trupp desselben Weges herein, alle beritten und zumeist zween auf einem geraubten Bauernpferde. Die Soldaten springen, wie sie sich im Dorfe sehen, auch sogleich von ihren Rossen zur Erde und treten zusammen, um sich zu beraten, welchergestalt sie's mit'm Dorf halten wollen, nachdem ihnen, wie ich nachgehends erfuhr, ein Kamerad unterm Vortrapp erschossen war. Während diesem wend' ich mich geschwind ins Haus zurück nach'm Jakob zu sehn und den andern; aber weder in der Stub', noch sonst find' ich keinen und vermerk' zu meinem Schrecken, daß sie schon allbereits darvon sind, ohn' Zweifel übern Nachbarhof nach der Straß und in der Meinung, ich sei auch bei den übrigen und da würden sie mich antreffen. So bin ich denn seelenallein zurückblieben, und wie ich mir solches überdenke und übersinne meine Not, so hör' ich's auch allbereits an der Hausthür krachen, wie wenn sie soll eingeschlagen werden. Da merk' ich, daß es nunmehro nicht mehr zuschlage, hinterm Berge hucken und alles Gezauder, und wische so wie ich bin zur Hinterthür hinaus, nicht anders gericht, als etwan im Heuboden oder sonst 'nem verborgenen Winkel einen Schlupf zu suchen, bis sich weiter zeigte, wie die Sachen liefen. Aber da hör' ich schon die Soldaten ins Haus trappen und desgleichen auch andere hinter der Scheune sich zurufen, — daß ich derwegen quer übern Hof renne, was ich nur vermag, und auch im Grasgarten dahinter noch nicht nachlaß im Laufen, maßen mir's nicht anders dünket, als sei die Soldateska allbereits hinter mir her. So gerat' ich, wie ich das Geschrei der Eingedrungenen immer lauter werden höre, auch wie sogleich ein Schießen sich ganz dicht vorm Dorf anhebt, in meiner Hast auf'n Fußweg, der durch die Gärten hinterm Dorf gerad nach'm Kirchhof führt, nicht nämlich in die Pforte, denn ja der kann man von der Straße her, sondern vielmehr von hinten zu 'nem kleinen Eingang, durch die niedergelegte Feldsteinmauer, dahin die Leute pflegten zu gehen, wann sie die Gräber im Sommer begießen wollten, weil's vom Fließ aus so nähender war. Wie ich so auf'm Friedhof bin und mich umbreh' nach'm Dorf, so seh' ich auch allbereits das Kriegsunheil ausgebreitet und da und dort schlägt 'ne Flamme, mit schwarzem Rauch vor sich, in die Höh. „Hilf Gott," denk' ich da, „was nu?" Indem hör' ich auch schon am Küsterhause, das zunächst dem Kirchhofe stund, rumoren, und ich muß mich jeden Augenblick besorgen, die Soldaten werden etwan in die Kirch' bringen, sie auszurauben oder anzuzünden. Ach, ja! da springt's auch allbereits den Kirchhofsweg herauf, und ist's ein Soldat, der 'nem Kerl nachsetzt, vielleicht weil von diesem auf ihn das Feuerrohr angelegt oder schon geschossen ist. So in meinem Schrecken mich umsehend wohin entrinnen, maßen mir der allerärgste Greuel ganz nahe zu sein dünkte, fällt mein Blick auf's Beinhäuslein, so kaum zehn Schritt von mir entfernt lag. Ich spring' hin, reiß an der Thür und richtig, sie geht auf, so daß ich hineinwisch' und die Pforte alsofort wieder zuschlag'. —

Dergestalt war ich nu von der Welt draußen verborgen und eingethan, wie ein versperret Kind, oder auch wie ein solches, das sich vor Nachtgespenster fürchtet und derhalben mit'm Kopf unter die Bettdecke kriecht. So zum wenigsten waren die ersten Gedanken, so ich mir damals vom Orte machte, in den ich hineingehuschet war. Denn es hatte mich nach meiner anfänglichen verwegenen Trotzigkeit in der ungedacht auf mich bringenden Gefahr eine so viel besto größere Angsthaftigkeit überkommen, von der freilich auch noch jetzund, da ich diese Verborgenheit gefunden hatte, mir die Glieder bebeten. Aber es machte mich doch ruhiger, was sonsten ehender die Furchtsamkeit vermehret, dies nämlich, daß dieser mein erwählter Ort ganz finster war, als der kein Fenster nicht hatte noch sonst ein Loch fürs Licht, daher denn ich also nicht mehr brauchte, wie eben draußen geschehen war, von jeder Seite her mich eines neuen drohenden Uebels zu besorgen.

So viel besto eifriger lauschte ich hinaus, maßen ich ja die Thür auch nicht im mindesten aufklemmen durfte, auch nicht einen Finger breit, dadurch ich dann hätte vielleicht meinen Versteck verraten, wenn sie etwan in den rostigen Angeln knarrte; also horch' ich mit aller Macht, ob ich vom Kirchhof her, was vorging, vernehmen könnte. Ja, ich hörte die beiden deutlich näher kommen, jetzund mußten sie an die Kirch' angelanget sein, und jetzund krachte ein Schuß und einer rief mit 'nem Fluch: „Da lieg, du Hund! hast genug!", und darnach sprang's eilend über den Kirchhof von dannen. Darnach ward's eine Weile stiller, aber nur eine kurze; so hör' ich vom Dorf herüber ein groß Getöse, verworrenes Geschrei, Gebrüll vom Vieh und aufheulende Hunde; darein gab's ein Geknatter, das ich von Musketen her zu kommen erkannte, die jetzund einzeln, jetzund wieder zu mehreren abgefeuert wurden. Solches Getümmel und wüster Lärmen, so zu Zeiten sich minderte, zu Zeiten wiederum anschwoll, wie wann's kochende Wasser mit Brausen und Zischen im Topfe höher steigt, dauerte ich weiß nicht wie lange fort und dünkte mich bald ferner bald näher von der Dorfstraße herzukommen. Und wie ich so darauf horchte, und jeglichem Schalle nachspürete, so kamen mir je länger je mehr in dichten Haufen die Gedanken an all das Schreckliche, wasgestalt das Verderben da draußen wütete. Und was ich mit Augen nicht sehen konnte, das malete ich mir in Gedanken viel deutlicher aus: ich gedachte der Reihe nach an all die Leutlein im Dorfe, an die Alten und an die Kinder besonderlich, ich bildete mir die Männer für und die Knechte, so etwan im Handgemenge wären; ich durchging mit meinen inwendigen Sinnen all die Wohnungen, so mir bekannt waren, wie.

1. Aprilheft 1899.

sie vielleicht würden wüste gelegt, die Habe zerschlagen und zerstreuet, und
sagte mir in Gedanken: jetzund kommt das Geschrei von diesem Hof, jetzund
von jenem und bildete mir gar wohl ein, aus dem Gebrause einzelne Stimmen
herauszuerkennen, und darbei kamen mir Leute ein, an die ich sonst gar nim=
mer gedacht hatte.

Solcherlei auf mich stürmende Gedanken beklemmten mir die Brust also,
daß ich, wie ihrer ledig zu werden, tief Luft holete; darbei besann ich mich
zum zweitenmale des dumpfen Modergeruchs, der hier in der Luft schwebete,
und meine umschweifenden Gedanken lenkten sich zu dem grauslichen Ort her,
in den ich geraten war. Aber seltsamlich zu sagen, wie ich mir all die von
den Wänden ringsumher übereinander gehäuften Gebeine in Gedanken fürbilde
(derer ich aber vor großer Finsternis keines mit Augen erblickte), so grauet's
mir darüber ganz nicht so sehr, sondern vielmehr ich muß denken: „zu diesen
Schädeln bringet doch gleicherweise wie auch zu dir jetzund der Jammerschall
von drüben her und er gehet sie nicht minder nahe an; maßen es ihre Enkel
oder sonst die nächsten Blutsfreunde sind, die da vom Unglück überstürzt werden.
Auch ist's eben das Eigentum, Häuser, Vieh und Habe, was diese Toten hier
mit so viel Mühe, Sorg' und Plag' aufgebaut, erhalten, gemehrt und als sie
dahin fuhren, mit festen Testamenten ihren hinterbleibenden Erben zugewiesen
haben: soll sie es nun so gar nicht kümmern, da es vielleicht alles zu Trüm=
mern geht, und manch einer von ihnen hätte doch vor 20, 30 oder 50 Jahren
um den tausendsten Teil solches Verlustes Tage und Nächte durchgeheulet!"
Unter derlei Betrachtung fang' ich an, mich an diesem Orte ganz nicht mehr
so verlassen fürzukommen, sondern mir ist's nicht anders, als sei ich zu rechter
Stund in diese Gesellschaft geraten, als die meine Sorg, Kümmernis, Trauer
und Angst, alles mit mir teile, und ich müß auch ihnen recht sein, daß ich als
eine Lebende mich so zu ihnen gesippt hätte.

Hingegen wieder als ich solches gedachte, kam mir's ein, wie ja die, so
weg und begraben sind, gemeiniglich von den Nachlebenden so balde vergessen
werden, ja für ihre aufgewandte Müh und Arbeit statt Dank nur groben Un=
dank bei ihnen finden, dergestalt, daß es ein gemein Sprichwort ist: aus den
Augen, aus'm Sinn! und oft kaum die Grub' zugeschüttet ist, so thun sie den
Hingestorbenen den größten Tort mit Hadern und Eifern (besonderlich wann
was zu erben da ist) oder mit ihrer Verachtung und Kränkung an, legen nieder,
was eben sie mit heißer Müh' aufgerichtet, wurzeln aus, was sie mit Bedacht
gepflanzet haben, kümmern sich darzu ganz nicht um sie und wenden auch von
der Trauer nur den Schein für. Da war mir's nicht anders, als ob hier die
Toten, unter die ich geraten war, ehender ihren Spott hätten über das uns
zugestoßene Uebel als einiges Mitleid und Betrübnis, und als sagten sie: Ihr
fraget nach uns nicht, was denn wir nach euch; und erinnerten mich ihrer
unordentlich herumgeworfnen Gebeine, und mancher Enkel hätt' vielleicht mit
andern Knochen im Lumpensack seines Ahnen Kinnbacken hieher geschleppet,
ebendessen der bloß um seinen Kindern den Acker zu vermehren sich mit 'nem
falschen Schwur zwischen seinen Zähnen um die Seligkeit gebracht.

Jedoch ich gab solchen Einbildungen, so sich eine um die andere in
meinem Hirn jagten, bald wiederum den Abschied, hegte bessere Vernunft und
gedachte, daß der erste Wahn so thöricht wäre wie der andere, maßen der Tod
ja den Menschen allen irdischen Wesen gänzlich entrücke, derwegen also auch
die hier auf'm Kirchhof zu Ruh kommen wären im geringsten nicht gestört
würden in ihrem Schlaf, wie bös, wild, greulich es auch herginge unterm

Kunstwart

Himmel. Von solcher Betrachtung kam mir ein Schaudern an, daß ein Menschen=
kind nach kurzem Rumoren, Gott gebe wie laut es gewest, jeden Augenblick
könne in die Stille gesetzt werden, und etwan bloß ein Aeberlein zu zerspringen
braucht, so ist alles Getös des Lebens, Freudengeschrei und Geächze verstummt;
ja, was uns allhier wie ein groß Meer fürkommt mit brausenden Wellen,
das ist alsbann mit eines verdampfet wie wann ein Tröpflein auf'nen glühen=
den Ziegelstein zischt. —

Ja, wo kamen mir nur solcherlei Gedanken her, mit denen ich mich vor
diesem mein Lebtag nicht abgegeben, daß ich jetzund so bei mir selbst diskutierte
wie'n Pfarrer oder Buchschreiber, und das Toben und der Aufruhr draußen
machte dazu die Musique, die mir's in die Ohren rief: „Jetzund, Bärbel, ergeht
es dir mit ehestem gleich also, daß du hinweg und davon mußt, dann ist dir
auch im Hui die Welt vergangen, wie diesen Toten." O, wie bebete ich bei
solchem Gedanken; denn ich ja dies zeitliche Leben so stark in mir fühlte und
hielt mich auch mit der gegenwärtigen Angst ganz zähe fest daran.

So dann dünkte mich die dichte Finsternis umher selbst bereits wie ein
gähnend Grab und wünschte mir sehnlichst nur irgend etwas mit meinen
Augen zu erblicken, daß ich so noch aus'm Leben nicht weggestoßen zu sein
vermerken möchte. Aber so weit ich sie aufsperrete, so vermochte ich in der
schwarzen Nacht, die mich hier umgab, nichts, auch keinen Schimmer nicht zu
unterscheiden.

Horch, da drang mir ein noch nicht so vernommenes Rauschen zu den
Ohren, daß es hohl klang wie wann der Wind durch 'nen Schlott fährt, und
wie's stärker ward, so sah ich oben durch den Spalt der Pforte einen Dämmer=
schein, der war erst ganz gering, verschwand und leuchtete darnach wiederum
heller, bis er den Nachthimmel draußen anmalete mit blutrotem Glanze.
„Hilf, Gott!" dacht ich da, „jetzund brennt das Dorf, und die Feuersbrunst
rücket näher!"

Darnach so vernehm' ich auch schon ein Knistern und Prasseln, wie wann
die Flamme nahe ein Strohdach verzehret und 's Gebälk frißt, und ich denk':
das muß drüben 's Küsterhaus sein, so sie angezündt haben. Und dieses Ge=
sauche, das immer zunimmt, hat schrecklich geklungen, samt dem Geschrei vieler
Stimmen, den darzwischen knatternden Feuerrohren, daß ich mir dichte die
Ohren zuhalt' und hefte darbei meinen Blick nur immer hinaus nach 'm Feuer=
schein, wie er wechselnd heller und heller wird; aber nun seh ich die Funken
herniederschweben, häufig, als regnete der Himmel darmit; und solcher Anblick
dünket mich auch fürchterlich, sintemal er mir bezeugt, wie die Flamme die
Kirch' ergriffen hat. So dann, mir solches Schrecknis zu verbergen, wend' ich
mich um, der Thür den Rücken zu, und lauer' mich zur Erde, so kalt und
feucht sie war. Ich erwähl' mir aber die Stelle so viel möglich ganz nah der
Pforte, daß ich von den Wänden ferne blieb. So ist nun mein Angesicht der
Wand zugekehrt gewest, der Pforte gegenüber, und ich seh nu zum erstenmale
all die Gebeine, die bis oben geschichtet sind, wie die Lohe darüber streift, daß
die Schädel und Knochen sichtbar werden; hernach aber immer tauchen sie
wieder ins Dunkel, daß ich nichts unterscheiden kann, bis dann über sie eine
neue Helle geworfen wird. So grauslich solch Spiel ist, als in welchem diese
Gerippe den Schein des Lebens an sich nehmen, so muß ich doch in ge=
zwungener Neugier ihm zuschen und fang' schon an, die Totenköpfe, wieviel
ihrer ich unterscheiden kann, zu zählen: zu oberst sind's acht, nein: neun! und
dort in der Ecke ist noch einer, von 'nem Kinde gewiß, hat noch seine Zähnlein.

1. Aprilheft 1899

— 21 —

Aber, halt, was ist das dort? Eiskalt fährt mir's über'n Schopf: Ein Schädel, wie wann er sich vorgebeugt hätt', grad zu mir niederknieend, sitzet auch noch auf seinen Halswirbeln und die Schulterknochen sind gleicherweise darbei: er hat die Kinnladen weit aufgesperret und, ha, wirklich von seinen Zähnen hängt ihm an Fäden, die durcheinander gestrubelt sind, mein Knäuel* herab!! — Wie ich dasselbe ohn' Zweifel vom hereinwehenden Luftzuge hin und wieder schwanken und schweben seh', so kommt mir's nicht anders für, als ob der Schädel, der den Faden im Maul hielt, darmit spiele und spreche zu mir: „Sieh, Bärbel, sieh mein Knäul, ich hab' ihn von dir!"

Da bin ich aufgesprungen vor Entsetzen und hab' mich rückwärts gegen die Pforte gedrückt, wär' gewißlich vor 'm Unhold entflohen, wann nicht eben jetzund die Brunst von draußen mit großer Helligkeit hereingeleuchtet hätte, dazu ein Getümmel ganz nah sich erhoben, daß ich besorgen muß beim ersten Schritt so ich hinaus wage, bin ich den Soldaten in die Hände gefallen. So steh' ich denn also wie festgemacht, und der Totenkopf grinset mich an; meine Gedanken wirbeln mir durcheinander, und ich hör' ihn sagen: „Jetzund bist mein, Bärbel! und meinetwegen bist du hieher gekommen, gelt? Denn du hast mir ja dein Herz zugeworfen mit diesem Knäul, nach deiner eignen Rede; willst auch Freier haben, die's auf Leben und Tod mit dir wagen und fürchtst dich auch gar nicht, mit uns deine Kurzweil zu haben. Ha, nun halt ich dein Knäul fest, Bärbel, dein Herz auch, und das ist heint 'ne lust'ge Hochzeit.

Mir nu schlottern die Kniee, weiß nicht mehr in meiner erhitzten Angst was ich red' und ruf' mit bebender Stimme: „Du lügst, Gespenst! Was hab' ich mit dir, hohler Knochen, zu thun?" Aber sogleich ist's mir, als wäl' er mir auf solch' Scheltwort zu und spreche wie vorhin: „Ja, Bärbel, du bist 'ne Schöne, 's ist wahr, aber ich bin doch auch so gar garstig nicht. Ueber Thoms, freilich, mit sei'm breiten Flatschengesicht und darzu das fuchsrote Strubelhaar hast dich geschämet — nach Recht; dagegen wird dir meine überall weiße Farb', darzu die schmalen Wangen desto baß gefallen. — Dein erwählter Kavalier ist dir davongewischt, und so wohlgestalt wie er bin ich freilich nicht, noch vermag ich ihm gleich manierlich die Worte setzen — aber meine Zähne sind ohn' Tadel und lassen nicht los, was sie gefaßt haben."

Darmit seh ich seine Zähne im Feuerschein schneeweiß blicken, und das von ihnen gehaltene Garn wehet mir vor Augen hin und wieder, wie vorhin; darzu fähret jetzund Licht, jetzund Schatten um seinen Totenkopf, daß die hohlen Augen das Ansehn haben, Blicke herumzuwerfen, und immer nach mir; bergestalt, daß ich aufschrein will, bring' aber keinen Laut heraus, weil mir die Luft versagt. So will ich dann mit Gewalt meine Augen weglenken, als mir bei 'ner neu auflodernden Feuergarbe von der Wand aus'm Gebeine was entgegenglänzet, das ich bis dahin nicht wahrgenommen hatte; sogleich erkenne ich's als einen silbernen Ring, der grad unterm aufgewickelten Zwirn an 'nem Knöchlein hängt, als wär' er rausgesteckt. „Ach Gott", denke ich da, „das ist's, davon Thoms gesagt hat, er hab' was eingewickelt in' Zwirn vor mich, und dieser Ring ist mein." Darbei ist mir all meine Hoffährtigkeit und Leichtfertigkeit gegen ihn einkommen, und die Gedanken sind mir rundum im Kopfe gegangen, daß ich nicht mehr hab' unterscheiden können, was wirklich um mich war und was bloß mein wirblichter Sinn mir einbildete, daß ohn' Zweifel

---

* Sie hatte den Knäuel, ein Angebinde Thoms' vom Jahrmarkt, im gefallsüchtigen Spiel dem „Herrn Basil" zu lieb, weggeworfen, daß er ins Beinhaus fiel.

nicht viel gefehlet hat, so wär' ich darzumal hinschellig und unwitzig worden von all dem Schrecknis. So hör' ich denn, daß das Gespenst mir allsogleich auf meine Gedanken Antwort gibt und sagt mit Grinsen: „Ja, Bärbel, der Ring hat dir gehört; aber jetzund ist er mein; denn sieh' nur hin, er steckt an 'nem Finger, just meinem, Bärbel, demselben, an dem Hochzeiter immer ihre Ringlein gesteckt kriegen."

Auf solche Rede ist's mir gewesen, als wenn all die Totenköpfe ringsum an den Wänden auch anfingen ihm beizustimmen, daß er Recht hätt', und sie sprächen mir zu, ich sollt' mich nicht so gegen ihn sperren, trüge doch auch so 'nen Schädel mit mir herum unter der Haut und sie wollten erst abwarten, ob er so schön ließe, wie manch einer unter ihnen. Und mir war's zu Sinne, als rief mir jetzund der, jetzund jener zu: „Schau mich an, Bärbel — nein mich, — sag', Schöne, wie gefall' ich dir?"

So sind sie auf mich eingedrungen, und darzu hab' ich immer den Finger mit'n Ring gegen mich winken sehen und den Schädel mit'n Garn im Munde sprechen hören: „Ja 's sind auch hübsche drunter, Bärbel, beinahe wie du selber; aber mein bist du doch, so gewiß ich diesen deinen Ring hab'." Ich hab' aber, indem mir's immer wie Eis unter der Haut lief und mir darzu die Zähn' klapperten, mit großer Müh' den Alb vom Herzen gewälzt, der's mir zusammendrückte und laut geschrien: „Nein, und tausendmal nein!" und bin (weiß noch nicht wie ich darzu die Kurasch gefunden hab') nach dem Gebeinhaufen herangegangen, hab' die zuckende Hand nach 'm Ringlein ausgestreckt und mit 'nem Ruck ihn vom Knochenfinger heruntergezogen. Darbei aber sind ohn' Zweifel von meiner Hast, mit der ich hinlangte, die Gebeine ringsum etlichermaßen aufgelöst worden, haben sich gegeneinander geschoben, und oben der Totenkopf mit 'n Garnwickel ist mit Gepolter hernieder und auf mich zugerollt.

Solches hat eine so grausame Furcht mir eingejagt, maßen es mich gedünkt hat, als wollte das Gerippe mich packen, daß mir die Sinne geschwunden sind, bin zu Boden gesunken und hab' da für tot gelegen.

Wie lange, weiß ich nicht, aber es hat manche Stunde gedauert, bis das Lebenslicht in mir durch Gottes sonderbare Gnade wiederum, gleichsam aus der Aschen, angeglommen ist; sintemal als ich aus meiner Ohnmacht erwachte und nach langem Besinnen wie aus 'nem fremden Lande den Weg zurückgefunden hatte, daß ich mir auskannte wie und was mit mir geschehen, so schien der helle Tag in meinen Zufluchtsort. Ich horchte hinaus: Draußen war alles still. Ganz von Kräften und matt in den Gliedern schleppte ich mich an die Pforte, schob den Pflock zurück, öffnete und trat ins Freie.

Da lag vor mir die Kirch' in rauchenden Trümmern und drüben das Küsterhaus war auch niedergebrannt. Noch züngelten über verkohlten Balken häufige Flammen, und ein schwälender Qualm, der wie ein dicker Nebel umherlagerte, benahm mir den Blick in die Runde. Darzu spürte ich einen noch andern brenzlichen Geruch, vor dem mir schauderte, in der Luft, ob ich gleich nicht wußt', woher er kam. Dennoch lief mir bei diesem allen keine Thräne, obwohl mir 's Herz so zentnerschwer war und meine Augen brannten, daß mir 's Weinen gewißlich, ach, so wohlgethan hätte: aber nach allem, so ich in dieser Nacht hier durchgemacht, fühlt' ich nur den einen Trieb, auf all die Todesbilder was Lebendem zu begegnen, und eilte bewogen, so geschwinde ich vermochte, denn ich konnt' öfters vor schwachen Kräften nur kriechend vorwärts, den früher bemeldten Fußsteig unsrem Hofe zu. Ja, den Weg kannt'

 1. Aprilheft 1899

ich ja wohl von Kindesbeinen an, aber je näher ich meinem Ziele kam, desto weniger fand ich mich aus. An Stelle der Hausgiebel und Dächer sah ich den freien Himmel, grau und bleiern von den dunklen Rauchwolken bezogen und, wie ich darkam, sah ich Scheun und Stall und Wohnhaus alles wüst und in Schutt geleget. Dennoch, wann ich still stund, so geschah's nicht vor Schrecken über solchen Anblick, sondern vielmehr weil ich nach 'm Laut, nach 'm Ruf, nach der Spur eines lebenden Menschen horchte. Aber es blieb still, grabes= still, nur das etwan ein Gemäuer nachstürzte oder ein angebranntes Gebälke zerborst.

So klomm ich weiter über's immer höher gehäufte Getrümmer, während= dem der brenzliche Geruch, den ich allbereits vorhin gespürt hatte, immer stechender ward. Nun war ich bis nach der Dorfstraße vorgedrungen, ach, und vermerkte bald, woher der Geruch kam, von dem mir 's Herz erstarrte. Denn dort über'm Schutt sah ich ein halbverbranntes Pferd oder sonst ein Vieh und dort auch, was von 'nem verkohlten Menschen übrig geblieben war. Und wie ich alsdann meine Augen aufhub die Straße entlang, so lagen Tote umher, die hier im wütenden Kampfe erschlagen waren.

Da saß ich in grausamlichem Jammer auf die Erde nieder, rief zu Gott um Erbarmen und wünschte, ich wär' im Beinhäuslein nie wieder zu diesem Leben erwacht; denn mich hier allerorten der Tod anstarrte, wie dort auch, und 's Dorf war ein großer Kirchhof geworden.

Doch, wie? kam da nicht von dort, gerade vor dem Getrümmer unseres Hauses ein Gewimmer da? Alsofort geh' ich dahin, wenn auch wankenden Schrittes, und unter zwei erschlagenen Soldaten find' ich 'en Menschen, aus= gestreckt, um den ist, wo er liegt, das Gras rot vom Blut, das aus 'ner breiten Wunde quer über seine Stirn geriefelt ist. Wie bleich sein Gesicht ist und ganz entstellt, so erkenn' ich ihn mit'm ersten Blick, kniee zu ihm nieder und ruf' voll Angst: „Thoms, Thoms!", sintemal ich denk', er sei tot. Er aber fähret mit'm linken Arm nach'm Herzen (rühret sich sonst nicht), schlägt die Augen zu mir auf, und sieht mich mit 'nen langen fremden Blick an, während dem ich mich ganz nah zu ihm bück.

Rundschau.

Literatur.

* Die Stimmung der Großen. Es kroch da vor einigen Jahren (und kriecht noch) ein literarischer Katzenjammer durch Europa, der sich in allerlei Künstlerromanen erleich= terte, deren gemeinsames Thema den Seelenekel eines an seiner Kunst irre= gewordenen Künstlers bildete. Den Anlaß gab Zola mit seinem Oeuvre. Dieses Dokument darf literarhistorischen Wert beanspruchen, doch nicht in dem Sinne, wie es der Verfasser meinte, als Probe der Seelenkämpfe eines genialen Künstlers, sondern als war= nendes Exempel der Stimmung der gottverlassenen Mittelmäßigkeit, des unheilbaren geborenen Stümpers.

Niemals verzweifelt, ja niemals zweifelt auch nur ein Großer an der Kunst. An sich selbst, ich meine an seinem Verhältnis zur Kunst mag er zweifeln oder verzweifeln, die Kunst selber hingegen stellt er nie in Frage. Wehmut und Gram, Verdüsterung bis zum Wahnsinn mögen ihn heimsuchen, allein Ekel vor seinem Werkzeug, nein, den verspürt kein Meister. Jeder tüch= tige Geiger, ob ihm auch Gott und Welt abhanden kämen, glaubt doch an seine Geige. An die tastet ihn keine Skepsis.

Kunst, wenn sie Einer kann, ver= leiht das Gefühl der Kraft, zeugt Selbstbewußtsein und Selbstgefühl. Und Selbstgefühl, wenn es begründet ist, macht glücklich. Freilich ist die Kunst eine Last und zwar eine schwere Last, auch mag Einer wohl zeitweilig darunter ächzen und stöhnen, wie Sindbad, als er den Riesen trug, immerhin es ist ein göttlicher Riese und eine beseligende Knechtschaft.

Darum noch einmal: künstlerische Stärke und Größe zeugt Glück, wehmütiges ernstes Glück, zugegeben, immerhin das höchste Glück, das auf dieser Erde zu finden ist. Haltlos ist nur der Schwächling, und Ekel verspürt bloß der Erbärmliche.
Carl Spitteler.

* „Waschzettel" — es ist von diesem großen Mittel zum Beeinflussen der öffentlichen Meinung schon sehr viel im Kunstwart die Rede gewesen, aller paar Tage beweist uns aber eine Zuschrift, daß besonders unsern neu eingetretenen Lesern Waschzettel noch so mystische Wesen sind, wie Nicht-Medizinern Bazillen. Kein Wunder, daß dem so ist: wüßte man im Publikum von den Waschzetteln mehr, so erkennte man ihre Spur häufiger, folglich wirkten sie nicht, und (da sie nur da sind, um zu wirken) folglich wären sie nicht.

„Waschzettel" also nennt man im Zeitungswesen Mitteilungen von beteiligter Seite, die im Druck als Mitteilungen von unbeteiligter Seite erscheinen. Das ist der wesentliche Punkt. Ohne Weiteres sind Mitteilungen von „Beteiligten" selbstverständlich nicht zu verwerfen; sie haben den Mangel der Parteilichkeit, aber zumeist den Vorzug besonderer Sachkenntnis und können über die Absichten der betreffenden Erscheinung häufig am besten unterrichten. Fragte man mich, was ich vorzöge: selbstgemachte Fa-presto-Rezensionen irgend eines Reporters für Alles oder unterzeichnete Selbstanzeigen der Autoren, wie sie der Kunstwart in seinen ersten Jahrgängen und dann auch die Zukunft brachte — ich würde unbedenklich zu Gunsten der Selbstanzeigen stimmen. Aber unsre Zeitungen drucken besonders die Begleitzettel der Bücher ab, als gäben sie redaktionelle Besprechungen, und versetzen ihre Leser dadurch in die Täuschung, eine unparteiische Meinung zu lesen, wo eine Selbstempfehlung des Verlegers oder gar des Autors vorliegt. Es ist ein reinliches Geschäft auf Gegenseitigkeit: Autor und Verleger bekommen ganz nach Wunsch ihr öffentliches Lob, während die Redaktion keine Besprechung fürs Buch zu honorieren braucht und das Rezensionsexemplar als Bezahlung für Abdruck der Rezension bekommt. Die Leser freilich werden einfach betrogen, die öffentliche Meinung freilich wird einfach gefälscht.

Wie weit die Waschzettelwirtschaft sich verbreitet hat, seit das Zeitungsherausgeben mehr und mehr ein bloßes Geldgeschäft geworden ist, davon haben selbst besser Unterrichtete immer noch keine rechte Vorstellung. Jedenfalls schätzt man eher zu tief, als zu hoch, wenn man sagt: drei Vierteile aller in deutschen Zeitungen erscheinenden Buchbesprechungen sind Abdrücke von Waschzetteln. Wir haben früher einmal eine Liste von waschzettelbringenden großen Zeitungen veröffentlicht: es waren die Namen weitestverbreiteter und angesehener Blätter dabei, und selbst der „Deutsche Reichs- und königlich preußische Staatsanzeiger" mußte sich der Beteiligung an diesem großen Betrug unwidersprochen zeihen lassen. Eine vollkommene Unterdrückung der „Mitteilungen von beteiligter Seite" ist nun weder für erreichbar, noch sonst für wünschenswert. Was wir erstreben, ist: deutliche Kennzeichnung solcher Mitteilungen als dessen, was sie sind, durch Mitabdruck der Unterschrift oder, wo diese fehlt, durch einleitende Worte, wie z. B.: „Der Verleger schreibt". Das ließe sich erreichen, und es würde genügen, um den größten Unfug mit Waschzetteln, die Irreführung über den Ursprung, unmöglich zu machen. A.

Theater.

* Soll ich von den wichtigern Berliner Erstaufführungen dieser „Berichtszeit" sprechen, so habe ich zunächst mitzuteilen, daß Otto Erich Hartlebens „Erziehung zur Ehe" über die Neue Freie Volksbühne nun in die Oeffentlichkeit des Lessingtheaters gekommen ist. Die bitterböse Satire von der verwittweten Frau Bankdirektor Günther, die ihren Sohn für die reiche Heirat erzieht (entsetzt, wenn ihre Tochter das Wort „Geliebte" in den Mund nimmt, und ebenso entsetzt, wenn ihres Sohnes gern gebildete Neigung zu einer Nichtstandesgemäßen „ernsthaft" werden will), diese bitterböse Satire mit ihren kleinen

Schwächen und großen Vorzügen kam hier denn doch noch besser zur Geltung.

Dann wäre von Hugo von Hofmannsthal zu sprechen, dessen Geist zu den Berlinern vom „Deutschen Theater" her sprach. Wer seine Kunst und zumal ihre Sprache mit dem zweiten Teile des „Faust" in Verbindung bringt, scheint mir recht oberflächlich zu urteilen; gräbt man nur ein wenig tiefer, so findet man die Wurzeln dieser Sprache viel eher gerade im ersten Teile des „Faust". Nur daß sich das Hofmannsthalsche Deutsch zum Goetheschen verhält, wie ein dreimal ausgewaschenes Abbild zu seinem Vorbilde im Leben. Die Sprache des zweiten Faust ist begrifflich, reflektiert, die Hofmannsthalsche strebt gleich der des ersten nach Sinnlichkeit, nach Anschaulichkeit, aber es fehlt die Kraft, welche die erfaßten Anschauungen zur Belebung der Sprache am Platze hält, so lange man sie braucht; es reicht nur an, sie „anzuziehn", dann verflüchtigen sie sich zu schnell wieder, machen andern Platz, erblassen und verwirren sich. Aus dieser Not machen die begabten Schwächlinge ihre Tugend. Um bei unserm Vergleich zu bleiben: verwasche ich ein Bild, so können auch neue Reize entstehen, gewiß, die Sache kann sogar sehr viel „feiner" und zumal „malerischer" aussehen, als, da alles seine frischen Naturfarben hatte. Es fragt sich nur, ob dieser Gewinn mehr wert ist, als was dafür verloren ging. Bei den Versuchen Hofmannsthals und der Seinen geht freilich nichts verloren, es wird bei dieser Dramatik des Halbschlafs, dem kein Wachen folgt, bei dieser durchaus weiblichen Dämmerpoesie so und so viel gar nicht erst erstrebt, weil man's ja doch nicht erreichen kann. Und die Ohnmacht, die sich mit netten Theorieen vor der Selbsterkenntnis schützt, wird hier zur Entschuldigung. Denn sollte man eine Dichterei ernsthaft nehmen, die an Stelle des innigen Bemühens, das Leben in seinen Tiefen aufzuhellen, ein hypnotisierendes Schattenrißgegaukel setzt, wie müßte man ihre Weichlichkeit kennzeichnen?

Auch Grabbes „Don Juan und Faust" entstieg wieder einmal den Grüften der Bibliothek, und wandelte über das Schillertheater. Bekanntlich ist darin vom „Uebermenschen" die Rede, und so belehrte uns einer: im „Faust" sei hier Max Stirner vorausgeschaut und im Don Juan — Friedrich

Nietzsche. Zu solchen Schlüssen kommt man, wenn nicht die Gedanken die Worte tragen, sondern die großen Worte die Gedanken. Auch im „Don Juan und Faust" Christian Grabbes ist ja mitunter der Donner stärker als der Blitz. Und was bei einer Dichtung noch schlimmer ist: selten sind es Menschen, die da schreiten und schreien, häufig fehlt auf den begrifflichen Knochen das lebendige Fleisch. Und wo es ist, sitzt es mitunter an falscher Stelle — von den Hauptpersonen zu schweigen: die weiße Gans Donna Anna und der Hanswurst Leporello mögen „lebendig" sein, aber Gestalten, wie sie hierhin gehörten, sind auch sie nicht. Trotzdem war es recht vom Schillertheater, unsrer nach großer Kunst so hungrigen Zeit dies Werk wieder vorzuführen, und wär es nur, weil es sich und also die Zuhörer wenigstens auf weitführenden Ideengängen beschäftigt. Welchem unsrer neuen „Gedankendramen" kann mit gutem Gewissen mehr nachgesagt werden?   X.

* In Dresden hatte ein Schauspiel „Gewißheit" von „Heinrich Ernst" einen guten Erfolg beim Publikum. Diese Thatsache rechtfertigt auch für uns eine kurze Beschäftigung damit, denn sie regt die immerhin interessante Frage an: was weckte das Wohlgefallen an einer durch und durch schülerhaften Arbeit? That das die platte Alltäglichkeit, das breite, geschwätzige Auskramen der Alltagssorgen, das Behagen an Klatsch und Tratsch, der seichte Dialog, der jeden tieferen Gedanken sorgsam vermeidet, war es das Durcheinander von Onkeln, Tanten, Kindern, Dienstboten, oder was hat denn eigentlich gefallen? Vielleicht war es die sorglose Natürlichkeit, mit der hier einer von ihren Leuten zu der Menge redet, wie der oder jener aus ihr am Bier- oder Kaffeetische ein nettes Familienstaudätchen den begierig aufhorchenden Vettern und Basen erzählt. Es geht alls durcheinander; der Erzähler will nichts vergessen, keine Person, die irgend welchen Anteil daran hatte, auslassen, er ist ja

* Erich Schlaikjer hat die Berichterstattung für den Kunstwart und die beiden andern von ihm vertretenen Blätter niedergelegt, um mehr Kraft und Zeit für eigene dichterische Arbeiten zu gewinnen, wird aber in unserm Mitarbeiterkreise verbleiben.   K.-L.

genau unterrichtet, und das macht die Sache doppelt interessant. Schließlich aber findet er doch ein Ende, und die furchtbare Spannung ist ausgelöst. Das scheint mir die Psychologie dieses Erfolges nach der Seite des Geschmackes hintanzudeuten. Für jeden Bühnenerfolg bei der Masse kommt aber noch ein anderer Faktor in Betracht, der ethische; die Tugend muß triumphieren, sie muß glänzend aufleuchten, das Laster schwarz sein und seine Strafe abbekommen. Kann das Schauspiel „Gewißheit" in dieser Beziehung befriedigen? Doch wohl nicht so ganz. Das Laster flieht zwar von Haus und Hof, aber es nimmt sich einen Genossen und auch Geld genug mit, um sich des Lebens zu erfreuen. Der betrogene Träger der Tugend aber ist gestorben. Es bleibt also wohl nicht viel mehr Grund des Wohlgefallens als das Interesse an einer ziemlich trübseligen, etwas aufregsamen Familiengeschichte.

Jeder Dramenschreiber hat die Pflicht, seinen Zuschauer über die Voraussetzungen der Handlung, die er zu entwickeln gedenkt, genau zu unterrichten. Er hat uns nicht nur zu erzählen: so oder so war es, wir wollen — oder sollten doch wollen — die Gründe erfahren, warum es so kam. Darum muß uns die Vorgeschichte der Handlung, müssen die Charaktere, die sie schaffen, klar vor uns gelegt werden. In dem Schauspiel „Gewißheit" fehlt es nun an jeder Gewißheit über diese Grundvoraussetzungen, ja der einzige Kniff des Verfahrens besteht darin, daß er uns diese Gewißheit zu geben bis zur letzten Szene des letzten Aktes zögert; sein Kunstgeheimnis ist also geradezu die Aufhebung jeder dramatischen Kunst. Man hätte nach Beseitigung dieses Hauptfehlers die übrigen Beweise seines Dilettantismus mit mehr Nachsicht hinnehmen dürfen. Das Drama ist kein Kunststück, wo es gilt, durch einen unerwarteten Effekt zu überraschen, sondern ein Spiel, bei dem der Zuschauer jeden Zug verfolgen will. Von jedem dichterischen Werke muß ein Moment ausgehen, das unsere Phantasie in mitschöpferische Thätigkeit versetzt. Wer dieses Moment auszuüben nicht versteht oder vermeidet, ist ein Dilettant und erweckt bei jedem, der im Kunstwerke den Rohstoff sucht, Langeweile. Aber noch in anderer Beziehung fehlt Heinrich Ernst gröblich. Er versteht nicht das Unwesentliche vom Wesentlichen zu trennen

nen und die Motive auseinander zu halten. Man findet sich aus dem Wirrwarr von Motiven, die aufgegriffen und fallen gelassen werden, nicht heraus, dabei kann die Hälfte der Personen gestrichen werden, ohne daß das „Ganze" Schaden leidet. Hat uns Ernst nun geistig, sittlich irgend etwas zu sagen? Nicht das geringste. Wir vermögen daher in dem Werke nicht einmal die Probe irgend welchen eigenartigen oder auch nur landläufigen Talentes zu erkennen und stehen angesichts der Frage: „Warum ein solches Werk aufführen?" (während so viele bedeutendere fehlen) vor dem dunkeln Rätsel, das der Kritik schon so oft aufgegeben worden ist.

Ueber den Inhalt des Stückes kurz zu berichten, ist nicht möglich. Sagt man, es handele sich darum, ob Frau von Hallberg-Marlin ihren Mann betrügt, so sagt man viel zu wenig. Denn erstens hat sie ihn — wer weiß es? — vielleicht schon vor der Ehe betrogen, mit Vetter Luchs, zweitens mit einem Hausarzt, Papa Beck, drittens mit dessen Nachfolger, Dr. Neubauer; außerdem fahndet sie noch auf das Geld und Gut ihres Gatten, kurz, sie ist ein wahres Scheusal von einem Frauenzimmer, nur daß sie gar bieder zu scheinen versteht und damit auch den Zuschauer täuscht, bis sie sich redlich selbst benunziert. L. L.

„Wie's gemacht wird".
Im elften Heft brachten wir zum Kapitel von den Erfolgs-Telegrammen einen Beitrag aus dem Berner „Bund". Auf dessen Darstellung sendet uns nun der Rechtsbeistand des Musikverlages J. Schuberth & Co. in Leipzig die folgende Antwort:
„Der Brief der Firma J. Schuberth & Co. an den Berner »Bund« datiert vom 11. Februar 1899. Er ist an demselben Tage an den Berner »Bund« abgesendet worden und wird bei dem anzunehmenden normalen Beförderungsgang am 13. Februar 1899 beim »Bund« eingegangen sein. Dem Briefe sind im Abdruck drei Zeitungsberichte beigegeben worden und zwar:
1. ein solcher über die Aufführung des Ballets »Vergißmeinnicht« von Goldberger, des Inhalts, daß das bezeichnete Ballet gestern (d. i. am Tage vor Erscheinen der bezeichneten Nr. 37) an der Berliner Hofoper durchschlagenden Erfolg erzielt habe;
2. ein solcher über die Aufführung Max Schillings Oper »Ingwelde«,

1. Aprilheft 1899

des Inhalts, daß das Bremer Stadt=
theater mit bezeichneter Oper einen
glänzenden Erfolg erzielt habe;

3. ein solcher über die Erstauf=
führung Karl Goldmarks Oper »Die
Kriegsgefangene«, welche am Prager
Deutschen Landestheater am 16. d. Mts.
stattfinde.

Von diesen Zeitungsberichten durch
einen Strich ist mitgeteilt: »Ein Tele=
gramm aus Bremen meldet: Am
Montag Abend erzielte unser Stadt=
theater einen glänzenden Erfolg mit
der trefflichen Aufführung der Oper
Ingwelde' von Schillings.«

Unrichtig ist die Behauptung, daß
bei dieser letzten Mitteilung ein Datum
vermieden worden sei. Es ergibt das
Datum des Briefs (11. Februar 1899),
daß dieses Telegramm über die am
Montag den 6. Februar 1899 thatsäch=
lich erfolgte Aufführung und zwar
erst nach der Aufführung er=
gangen ist.'

Nun sind beide Teile gehört, der
„Bund" als Kläger, der Rechtsanwalt
als Verteidiger. Unsre Leser können ver=
gleichen. Vielleicht schließen sie sich mit
uns der Meinung an, daß sich der Vor=
wurf des „Bundes" gegen Schuberth &
Co. nicht aufrecht erhalten läßt, soweit er
unehrenhaftes Gebahren betrifft. Sehr
belehrend aber wird für weite Kreise
die hier erwiesene Bearbeitung der
Oeffentlichkeit durch sogenannte „Wasch=
zettel" bleiben. Die Firma Schuberth &
Co. hat da nicht mehr gethan, als sie
aus geschäftlichen Rücksichten vielleicht
thun mußte — zugegeben also, daß
sie kein Vorwurf trifft. Sie muß wahr=
scheinlich das Urheberrecht nach Mög=
lichkeit verwerten, das sie erworben
hat. Aber gesund sind diese Zustände
nicht, gesund ist dieser ganze Zwang
zu geschäftlicher Verwertung des Ur=
heberrechts, der solche Mittel nötig
macht, gewiß nicht. Sprechen wir
davon ein andermal wieder. Für heute
stellen wir nur fest, daß ob Beschul=
diger oder Beschuldigter im Rechte
seien, eines gewiß bleibt: der Kom=
ponist Max Schillings hat mit der
ganzen Sache nichts zu thun.

Musik.

* Karl Goldmarks neue Oper
„Die Kriegsgefangene" ist nun in Wien,
Köln und Prag gegeben worden und
erweist sich immerhin als ein Werk,
von dem man an dieser Stelle reden
kann. Goldmark ist ja gewiß kein
Pfadfinder der Kunst, sondern stets

beinahe ängstlich hinter dem Zuge der
Mode her. Als Wagners „Parsifal"
das öffentliche Interesse aufs mystische
Tondrama lenkte, schrieb er seinen
„Merlin"; als Humperdinck mit seinem
Märchenspiel Triumphe feierte, klappte
er nach mit dem „Heimchen"; und da
Bungerts „Homerische Welt" neue Hoff=
nungen auf Erfolge in Griechenopern
zu erwecken schien, beeilte er sich, ins
hellenische Fahrwasser zu kommen.
Aber trotz dieser Unselbständlichkeit im
Ergreifen seiner Stoffe fordert die Art
der Behandlung bei der „Kriegsge=
fangenen" zu einem Respekt vor dem
Künstler Goldmark heraus, den man
sich seit seinem „Heimchen" bereits
abgewöhnt hatte. Was ihm sein
Textdichter lieferte, ist eine mehr als
fragwürdige Leistung. Vielleicht kann
man den Gedanken: ein Achilles von
der Anmut seiner Kriegsgefangenen
selbst in Bande geschlagen, zu einer
hübschen Lustspielszene verarbeiten.
Vielleicht läßt er sich auch — pathetisch
wenigstens — unter der Voraussetzung
gestalten, daß der Held eben von der
Bestattung seines vielgeliebten Freun=
des kommt. Unter des Librettisten
Feder entstand aber ein dilettantisches
Quintanerpoem voll psychologischer
Ungeheuerlichkeiten und Widersprüche.
Dieser Weh= und Achilles (Verzeihung,
der Witz ist wie die Sache) ist sozu=
sagen ganz Ferse; er schreit nach Offen=
bach. Briseïs, die Kriegsgefangene,
präsentiert sich als ein wunderliches
Mittelding zwischen Unschuld vom
Lande, Lagerdirne und Ueberweib.
Und solches Zeug konnte Goldmark
mit vollem künstlerischen Ernst kom=
ponieren! Nicht einen schielenden
Seitenblick hat er dabei aufs Publi=
kum geworfen. Die Musik zeugt jeden=
falls von edelster Intention und wenn
auch die schöpferische Kraft des fast
siebzigjährigen Komponisten nachläßt,
so bleibt sie doch sehr tüchtig, wie man
sich schon durch einen Blick in den bei
Schuberth & Co. in Leipzig erschienenen
Klavierauszug überzeugen kann.

Gleich der Anfang entrollt ein
packendes Stimmungsbild: die Toten=
feier des Patroklus, musikalisch ein
Gemisch von Händel und Parsifal,
aber eigentümlich im Kolorit. Es fol=
gen öde, rezitatorische Mono= und
Dialoge, die offenbar „wagnerisch" sein
sollen, wiewohl sie mit dem Vorbilde
kaum mehr gemeinsam haben als die
Absicht. Das Goldmarksche Rezitativ
ist eben nicht frei melodisch, sondern

psalmodisch = formelhaft; es erblüht nicht aus dem natürlichen Tonfall der Rede, sondern bewegt sich in natürlichen Intervallen, oft streckenlang auf einem Tone hämmernd und in falschen Akzenten und sonstigen Deklamations= schnitzern geradezu schwelgend. Erst mit dem schönen Terzett „Wie wunder= sam, mir das ein Weib" kommt erquicken= der melodischer Fluß in die eintönige Wüstenei des Secco. Leider sind wir damit schon am Ende des ersten Aktes angelangt. Die Schlußattitüde, womit Brisëis die Göttin der Liebe um das Herz ihres Helden fleht, ist Gluckschen Szenen nachgebildet, nur daß der Mei= ster der „Armida" dergleichen doch weit „klassischer" plastisch machte als der Komponist der „Königin von Saba", troß des reizenden Orchestermotivs, das ihm hier einfiel. Der Vorhang senkt sich und wir dürsten eigentlich immer noch nach Musik. Das an= schließende symphonische Intermezzo ist drum willkommen, wiewohl es dramatisch keinen Sinn hat, all zu reichlich aus wagnerschen Fonds schöpft und wohl auch etwas allzu viel Zeit in Anspruch nimmt. Daraufhin gehts im flotteren Tempo weiter. Achill wagt an der Stelle „dein Auge be= rauscht" wiederum eine warme Kan= tilene und bald stehen wir vor der Hauptnummer des Werkes, wenn in dieser streng modern durchkomponier= ten Oper von Nummern gesprochen werden darf. Brisëis singt eine Bal= lade von Achilles Jugendzeit zur Harfe (sehr schön namentlich die Vor= und Zwischenspiele), und es entspinnt sich ein lebhaftes Duo. Kaum fangen wir an, selbst mit in Bewegung zu geraten, so naht Priamus, um die Herausgabe der Leiche Hektors zu er= flehen, und sofort tritt vages Rezitativ mit Betonungsfehlern in Permanenz. Der Jammer des königlichen Greises wirkt mehr durch die Situation und durch die Worte als durch ihren Aus= druck in der Musik. Nur wie das Orchester herb die Empfindungen Achills beim Appell an seine Sohnesgefühle malt, ist bemerkenswert. Ein folgen= des Sextett wirft uns in den Stil der alten Oper zurück; dann aber spielt Goldmark der Musiker in rascher Folge seine besten Trümpfe aus. Er bringt die Melodie aus dem Terzett bereichert in dem weichen Gesang des Achill „Nur sie allein, Brisëis . . ." wieder, er läßt den Helden mit leidenschaft= lichem Feuer sein glühendes Werben

vorbringen, Brisëis jauchzt ihm ent= gegen und die Stimmen beider ver= einigen sich in hinreißender Steige= rung zum Zwiegesange. Da ist Glut, da ist Glanz, und das Publikum müßte Fischblut in den Adern haben, wenn es da nicht mit spontanem Beifall einfiele, mag man ihm auch zehnmal vordemonstrieren, wie dieses dithyram= bische Finale seine besten Wirkungen aus dem Schluß des „Siegfried" zieht. Das sehr diskrete, meist homophone Orchester enthält viel feine Züge und aparte Harmonien; echt dramatisch — d. h. Verkündiger der unausgesproche= nen Seelenregungen der Handelnden oder Regulator des Rhythmus, in dem sich die Vorgänge, Schritte, Geberden u. s. w. auf der Bühne abwickeln sollen — ist es wohl selten. Aber alles in allem, ich wiederhole es, wird man diesem von edlem Gesinnungsernst er= füllten, in seiner antik=einfachen Struk= tur höchst würdigen Tondrama wenig= stens was den musikalischen Part anlangt, mit Respekt begegnen müssen.

R. B.

* Berliner Musik. (Schluß.)
All diese Konzerte waren ja sehr interessant, aber sie enthielten nichts staubaufwirbelndes; das sollte uns erst der Wagner=Verein mit Richard Strauß' Don Quixote bringen. In Köln hatte auch dieses Werk seine Feuertaufe unter Wüllner erhalten, und interessant genug war ja, was man vom Rheine her darüber gehört hatte. Es herrschte hier Premièren= stimmung erster Klasse, und mancher Hörer wird schließlich wohl auch zu seinem Nachbarn gesagt haben: „Kunz Vogelgesang, Freund Nachtigall, hört doch, welch' ganz besonderer Fall". Ja, ja, „merkwürd'ger Fall"!

Programmmusik ist ein heftig an= gefeindetes Erzeugnis seit jeher ge= wesen, auch Wagner liebte sie nicht. Man hat gesagt, sie sei nicht daseins= berechtigt, sie gehe über die der Musik gezogenen Grenzen hinaus. Sind diese Grenzen denn durch Pfähle so sicher bestimmt? Wo steht denn „bis hierhin und nicht weiter"? Wenn jemand das flackernde Feuer oder die in Riesen= flammen ruhig wabernde Lohe dar= stellen kann, wie Wagner, dann ist es auch erlaubt, das Feuer musi= kalisch darzustellen, und war das bis dahin in der Musik nicht möglich, so hat er eben die der Musik bis dahin gezogenen Grenzen erweitert; in der Kunst ist erlaubt, was einer kann,

1. Aprilheft 1899,

und nur das **Können** zieht der Kunst Grenzen. Die Grenzen sind nicht absolut, sondern relativ. Ferner hat man gesagt: Musik muß an und für sich verständlich sein. Ist denn die Musik der Oper ohne den Text verständlich? In der Oper höre ich doch nicht nur die Musik, sondern bringe sie in unmittelbare Abhängigkeit vom Text; ohne ihn kann ich über die Musik gar nicht gerecht urteilen. Ist etwa die Musik zu der Stelle im Tannhäuser „hast du so böse Lust geteilt u. s. w." rein an sich so schön? Keineswegs; sie wird erst so hervorragend schön und ergreifend durch die Worte bezw. durch die Situationen, die vorhergegangen sind. Wenn nun der eine Komponist verlangen kann, daß man nicht nur seine Musik höre, sondern auch seine Worte höre und auf die diesem zu Grunde liegende Handlung genau achte, warum soll dann der andere nicht verlangen dürfen, daß man sich zuerst mit dem seiner Musik zu Grunde liegenden literarischen Werke befasse? Er will ja gar keine absolute Symphoniemusik schreiben; er will uns ja gerade zeigen, welche musikalische Form ein bestimmtes Literaturprodukt bei ihm angenommen hat. Sind denn in dieser Beziehung die großen stummen Szenen bei Wagner nicht auch Programmmusik? Verstehen wir sie denn, wenn wir nicht im Klavierauszug die genaue Erklärung der Vorgänge lesen oder sie auf der Bühne sehen? Kann ich etwa schon aus der Musik an sich erkennen, warum ein bestimmtes Motiv ertönt? Daß z. B. das Schwertmotiv erklingt, weil Sieglinde eine weisende Bewegung nach dem Schwert hin macht und weil der Schein des Feuers plötzlich dessen Knauf erglänzen läßt? Kann ich der Musik anriechen, daß mit einem bestimmten Motiv das Schwert genannt ist? Wenn die erläuternden Worte, das „Programm" nicht vorhanden wären, könnten die Töne doch gerade so gut etwas anderes bezeichnen. Eine Berechtigung hat also selbst die allerstrengste Programmmusik. Don Quixote gehört hierzu; ohne Kenntnis des Cervantesschen Romans oder kurze übersichtliche Erklärungen ist er total unverständlich. Hat man aber diesen Schlüssel, dann gewinnt man das Verständnis für diese Musik leicht, „wie im Kinderspiel". Dramatisch ist dem Don Quixote schwer beizukommen, weil er keine Entwickelung hat. Es ist immer dasselbe Thema des „Ritter-

wahnsinns", der in tausenderlei Art in die Erscheinung tritt, aber er ist nicht das eine Mal größer, das andere Mal kleiner, er entwickelt sich nicht; es ist stets, wie man zu sagen pflegt, derselbe Faden, nur eine andere Nummer; das gleiche Thema in verschiedenen Variationen. So hat Strauß den Don Quixote auch ganz richtig behandelt als: „Variationen über ein Thema ritterlichen Charakters". Im Vorspiel stellt er dies Thema, das Don Quixote-Thema, klar und sicher fest; nachher variiert er dasselbe entsprechend den Variationen, die Don Quixotes Verrücktheit erleidet. Als zweites Thema nimmt er dann ein spießbürgerlich, dumm-schlaues Motiv, um den Sancho Pansa zu charakterisieren. Don Quixote wird durch das Cello, Sancho Pansa durch die Bratsche dargestellt. Die Einleitung zeigt uns Don Quixote noch zuerst als verständigen Mann; da erscheinen ihm im Traum die Gestalten aus seinen Ritterbüchern; zunächst sein Frauenideal, Dulcinea, nebenbei eine ganz wundervolle Melodie, dann ein kühner Ritter u. s. w. Aber diese Gestalten verwirren ihn; mächtig bäumt sein gesunder Sinn sich auf, er kämpft (verlängertes Don Quixote-Motiv im ff) gegen den Wahnsinn an, dann ein Harfenglissando, ein paar Akkordschläge — Don Quixote ist rite verrückt geworden. Und nun legt Strauß los! Das rhythmisch verschobene Don Quixote = Thema und das trottelige Motiv Sanchos ziehen selbander die Straße; schon sieht der edle Don gewaltige Ritter — thatsächlich Windmühlen —; er reitet an und bums liegt er, von einem Flügel getroffen, am Boden; dann kommt der vielerörterte Kampf mit der Hammelherde. Das war ein Leckerbissen für den „Virtuosen auf dem Orchester"; so einen kapitalen Orchesterwitz konnte Strauß ja nicht unkomponiert lassen! Wie Don Quixote langsam anreitet, der alten Rosinante die Sporen gibt, und wie dieser Klepper dann einen Dreischlaggalopp riskiert, das hat Strauß vollendet wiedergegeben; man sieht nicht, nein, man hört die halblahmen, immer schnelleren Galoppbewegungen; Sancho läuft polternd mit seinem Motiv hinterher und ruft immer „he, he!" Verlorene Liebesmüh; bal ein tremolo — und dann ein Mordsskandal; die sämtlichen Bläser mit dem Dämpfer versehen toben wie wild; „mäh, mäh, mäh", so tönt es aus allen Ecken; Rosinante springt wie toll, der Ritter schlägt um sich, die Hammel schreien! Das ist ein Orchesterwitz, bei dem eigentlich alles aufhört; es ist eben ein Witz und kein Ernst! Im Till Eulenspiegel habe ich manchmal ruhig gelacht, aber bei dieser Szene, die ziemlich lang ist und sich riesig steigert, sind mir die Thränen vor Lachen die Backen heruntergelaufen. Solche Witze darf man aber nur ein- mal in seinem Leben machen! Ganz ausgezeichnet ist die folgende Varia- tion. Die Beiden sind am Wandern, und der philisterhafte Sancho gibt seinem Herrn allerlei trockene Ermah- nungen; Don Quixote ärgert das, aber Sancho plärrt immer weiter; dagegen entwickelt ihm der Ritter in einem wundervollen Satz die Freuden und Ehren des Rittertums, aber Sancho will mit seiner mißmutigen Baßclari- nette ihn wieder belehren, da haut ihm Don Quixote kurzer Hand eine herunter — jetzt ist Sancho still! Köstlich sind auch die betenden Mönche, die der Ritter von der traurigen Gestalt elend verprügelt. Wohl das Schönste ist die Waffenwacht mit der herrlichen, leiden- schaftlichen Dulcinea-Melodie; ein mäch- tiger Orgelpunkt gibt dieser Variation noch einen besonderen Reiz. Endlich trifft Don Quixote einen richtigen Ritter, bändelt mit ihm an und wird völlig besiegt; diese Schmach kann er nicht ertragen; er zieht zurück in seine Hei- mat; sein Mut, seine Kühnheit ist da- hin; aber diese traurige Niederlage übt einen guten Einfluß auf ihn aus; sein Verstand hellt sich auf; immer klarer und ruhiger (D-dur) wird die Musik, in beinahe erhabener Schön- heit und Reine ziehen sie noch einmal an seinem Geiste vorüber, alle die Rittergestalten, denen einst all' sein Sehnen, all' sein Streben galt, sein Verstand ist wieder völlig klar; jetzt kann er sterben. Was Strauß dem Orchester zumutet, ist unbeschreiblich; durch seine fabelhafte Kenntnis der Polyphonie läßt er sich zu den größten Schwierigkeiten verleiten; es ist völlig unmöglich, das Stimmgewebe ganz zu verfolgen, dafür deckt ein Instru- ment viel zu sehr das andere. Eine Folge der kontrapunktischen Witzchen ist aber, daß der Klang des Orchesters manchmal nichts weniger als schön ist; „mich dünkt, so passen Ton und Wort"! Strauß' Don Quixote ist ohne Zweifel ein bis in die letzte Note ge- niales Werk, aber es ist doch zu wün- schen, daß ein Mann mit der moder- nen Begabung eines Strauß, jetzt, nach- dem er in Till und Don sich gründ- lich amüsiert hat, wieder etwas ruhiger wird, und die Erfahrungen, die er und die musikalische Welt in diesen beiden Werken gemacht haben, zu einem Meisterwerke ernstester Art be- nutzte; die komische Ader darf nicht zu oft zum Vorschein kommen.

Wir kämen schließlich zur Oper. In der Königlichen wird „fortgewur- stelt". Mit dem Personal ist es eigen- artig bestellt. Erster Tenor ist Herr Strauß; der befindet sich aber schon wieder auf der Jagd nach dem Dollar; ob die zweite amerikanische Tournée seiner Stimme nicht sehr arg zusetzt, wollen wir einmal abwarten; ferner besitzen wir Herrn Grüning. Möchten diese beiden Tenöre doch auch etwas anderes singen als Wagner und immer wieder Wagner; Opern zweiter Klasse mit Sängern erster Klasse sollen näm- lich ganz hübsch sein. Eine Prima- donna haben wir nicht; die genialste Künstlerin, Rosa Sucher, hat ihren Kontrakt nicht erneuert. Im vorigen Jahre pumpten wir Tenöre, heuer pumpen wir Primadonnen; das eine mal war es Frau Gulbranson, das andere mal Frau Senger-Bettaque, die den Ring und den Tristan ermöglichte. In Richard Strauß als Kapellmeister ist uns eine Kraft allerersten Ranges zugewachsen. An Neuheiten haben wir in sechs Monaten nur den durchge- fallenen Don Quixote von Kienzl er- lebt. Versprochen sind goldene Berge! Briseis, die Entführte, Ingwelde, Re- gina, und weiß Gott was alles; von Neueinstudierungen verhieß man Eu- ryanthe, Armida, die zwei Iphigenien, Benvenuto Cellini, Othello, Falstaff u. s. w., u. s. w. Einstweilen ist nur Fal- staff mit dem beinahe ganz abgesunge- nen Mauret von der großen Oper in Paris gegeben worden. Seit der Fran- zose fort ist, hat der entzückende Fal- staff sich auch wieder verkrochen, und es ist die alte Leier: Don Juan, Ca- valleria, Lohengrin, Prophet, Afrika- nerin, Tannhäuser und Lortzing. Der Mann hat ein Glück! Man sollte glau- ben, er wäre der größte Komponist der Gegenwart; Undine, Wildschütz, Czar, Waffenschmied, beide Schützen, alles, alles ist auf dem Spielplan; um einem tiefgefühlten Bedürfnis nachzukommen, gräbt man auch noch seine Regina aus: der vormärzliche Biedermeier kann wirklich stolz sein. Das Theater des Westens kultiviert ihn nämlich auch!

1. Aprilheft 1899

Herr Hofpauer gibt sich redliche Mühe, leider gibt er zu viele Opern, die auch in der Königlichen auf dem Spielplan stehen. Mit seinen Neuheiten hatte er wenig Glück. Nur Tschaikowskys schöner Eugen Onegin hält sich; dagegen wanken der Strike der Schmiede, Lohses Prinz wider Willen und vermutlich auch Giordanos André Chénier Nieten. Letzteres Werk ist ein Produkt der abgewirtschafteten jung = italienischen Gesellschaft. Näher auf die Werke an dieser Stelle einzugehen, lohnt sich nicht; es waren Eintagsfliegen. Gleichwohl muß man es Herrn Hofpauer danken, daß er neue Werke überhaupt bringt; es ist doch immer mehr als nichts, bezw. als die Königliche Oper.

Ueberblickt man die erste Hälfte der musikalischen Wintersaison, so kann man wohl zufrieden sein. Drei ständige Dirigenten, wie Strauß, Weingartner und Nikisch, sorgen schon infolge der gesunden Konkurrenz, die sie sich gegenseitig machen, daß rüstig gearbeitet wird. Es ist ganz sicher, daß in keiner Stadt der Welt so viele und so gute Musik gemacht wird, wie in Berlin. Daß auch sehr viel Minderwertiges herauskommt, ist nicht abzustreiten. Anstatt sich aus der Provinz nach Berlin hinaufzuarbeiten, möchten junge Talente lieber mit einem guten Zeugnis von Berlin aus die Provinz bereisen; es ist dies durchaus verkehrt und ungesund. Leider wird es aber wohl so lange bleiben, wie die Tageskritiker sich veranlaßt sehen, über jedes noch so unbedeutende Konzertchen zu berichten. Würde man die Anfänger einfach totschweigen, so würden sie wohl Berlin mit ihrem unreifen Können nicht belästigen. A. Bischoff.

Bildende Kunst.

* Félicien Rops soll nach seinem Tode in Deutschland populär gemacht werden. Ausstellungen von Ropsschen Blättern wandern bei uns von Stadt zu Stadt; keine Tageszeitung, die etwas auf sich hält, hat in der letzten Zeit versäumt, über ihn zu „plaudern"; je „literarischer" und „artistischer" sich der betreffende Herr Referent aber vorkam, je mehr stellte er Rops als geradezu den größten Griffelkünstler dieses Jahrhunderts hin. Diese bis zum hellen Wahnsinn auftreibende Schätzung eines unzweifelhaft sehr bedeutenden Künstlers weckt wieder einmal die Bitte: Abstände zu halten, Grad=Unterschiede in der Wertschätzung zu bewahren. Achtet man darauf nicht, so reizt man den Widerspruch, der dann ebenso kritiklos unterschätzen und ablehnen wird. Was ist denn bedeutend an Rops? Zunächst seine Technik, ganz ohne Frage, und zwar seine Technik in jeder Beziehung. Dann seine Kühnheit, die ihn rücksichtslos sagen läßt, was er sagen will. Und drittens ist es die Fülle seiner Einfälle; Rops ist unzweifelhaft einer der geistreichsten Zeichner, die je gelebt haben. Immerhin ist das Geistreiche kaum das Letzte und Höchste in bildender Kunst, sondern das „Gesichtreiche" ist es wohl, die Phantasiekraft, körperhaft vorzustellen, ein Bild herauszubannen, in dem des Beschauers Seele wie in einer realen Welt leben kann. Auch dieses Letzte, dieses wahrhaft Visionäre erreicht Rops in einzelnen Blättern, aber gerade wir Deutschen haben einen Künstler, der es weit häufiger und weit gewaltiger kann, Max Klinger. Ferner: Wer, wie es jetzt so häufig geschieht, Rops auf eine Stufe mit Klinger stellt, hat auch den großen geistigen Abstand zwischen den beiden nicht erfaßt. Schon die Einseitigkeit bei Rops muß hier doch beachtet werden; unter seinen wirklich bedeutenden Werken sind nur ganz wenige, die ein anderes Thema behandeln, als das Thema Weib — man vergleiche damit die Fülle der Ideen bei Klinger. Nun, vielleicht ersetzte Rops durch die Tiefe seines Eindringens, was ihm an Weite fehlt? Sehen wir zu. Ein Pornograph im gewöhnlichen Sinne ist er gewiß nicht. Ich kann auch nicht finden, daß er „auf Erregung von Lüsternheit spekuliere", ich kann mir nicht einmal vorstellen, daß seine Blätter auf einen irgendwie reifen und gesunden Menschen lüstern wirken könnten, sie sind viel zu schonungslos deutlich dazu. Aber ebenso wenig kann ich in Rops den großen Ueberwinder sehen, der die Männermörderin Weib mit der Ueberlegenheit des Siegers schilderte. Nur recht selten, sagen wir's offen, kommt Rops darüber hinaus, mit seinem Stoffe künstlerisch zu spielen. In seinen Gedanken liegt im Hintergrunde immer das Weib und lenkt die Phantasie auf sich zurück, Bilder vorgaukelnd, — gestaltet er jedoch diese Bilder, so mischt sich die Lust am Malerischen und Zeichnerischen mit dem Stoff und läßt oft genug aus dem Vorwurf einen Vorwand werden zu seinem Linien= und Töne= und Gedankenspiel. So geht

es nicht zu, wenn alle Kraft des ethi=
schen Wollens einen Stoff mit in=
brünstigem Sehnen erfaßt, um sein
letztes Innerstes zu ergründen: „ich
lasse dich nicht, du segnetest mich denn."
Man vergleiche einmal mit Rops die
abschließenden Blätter von Klingers
Zyklus „Ein Leben", deren Stoffe ganz
nahe denen des Halbfranzosen liegen,
und man wird den ungeheuren Unter=
schied im Schaffen dieser Griffelkünst=
ler sofort erkennen. Bei Klinger ver=
gessen wir den Künstler, weil wir er=
schüttert versinken in die Vision, die ihn
erschüttert hat, in die Idee selber, die ihn
begeisterte. Félicien Rops in allen hohen
Ehren, aber mit der Gestaltungskraft
und mit der ethischen Größe Klingers
darf er nicht gleich gewertet werden. U.

* Die Berliner Stadtvertretung hat
beschlossen, man werde in Zukunft
„Kunstgeschenke" erst nach An=
hörung der städtischen Kunstdeputation
annehmen. Uns erscheint es recht
wünschenswert, daß ähnliche Beschlüsse
auch anderwärts in deutschen Landen
zur That werden, wie sie's an einigen
Stellen ja allerdings schon geworden
sind. Vielfach nämlich macht man's
noch immer einem Maler oder Bild=
hauer möglich, auch ein „zweifelhaftes"
Werk an hervorragender Stelle auf=
zustellen, wenn er's nur dahin „stiftet".
„Man stellt in der Oeffentlichkeit kein
geschenktes Kunstwerk auf, das
man bei zureichenden Mitteln nicht
kaufen würde", — wir glauben,
das etwa könnte als Grundsatz gelten.

* Die berüchtigte Kunstdebatte
im Reichstage ist in einer Menge
von Aufsätzen und sonstigen Kund=
gebungen besprochen worden, aber
weitaus die meisten kamen nicht über
das entrüstete Schelten auf diesen
Reichstag hinaus. Es ist sehr erklär=
lich, dieses Schelten, es beruht auf
einer vollkommen berechtigten Gering=
schätzung und es erleichtert das Gemüt
derer, so da schelten, aber man sollte
sich doch nicht verhehlen, daß es zur
Klärung der Frage nicht das mindeste
beiträgt. Man braucht in den heu=
tigen Reichstage noch nicht das Parla=
ment in der Paulskirche, man braucht
mit einem heutigen Einzelstaatsland=
tag noch nicht z. B. das schwäbische Par=
lament aus Uhlands Zeit zu verglei=
chen, um die Verarmung unsrer Volks=
vertretungen an höheren Intelligenzen
vor Augen zu sehen. Aber sind die
Gewählten dafür verantwortlich,
daß sie sind, wie Gott sie geschaffen

hat? Sollten wir uns nicht an die
Wähler halten? So liegt es, daß
andere, aber zumal die wirtschaftlichen
Interessen heute fast allein bei den
Wahlen entscheiden, es liegt so, daß
die Interessen, die man früher die
höheren nannte, hier kaum mehr mit=
reden. Beklagt man das, so muß man
doch auch verstehen, wie es kam: weil=
aus die meisten Aufgaben unsrer Parla=
mente fordern Lösungen praktischer
Fragen, und Gelehrte und Künstler
sind da bekanntlich nicht immer die
bestgeeigneten Beschließer. Mit Ge=
lehrten= und Künstlerparlamenten wärs
also auch nichts. Die besten Volks=
vertreter gäben wohl: intellektuell,
ethisch und ästhetisch wirklich erzogene
Männer aus dem praktischen Leben.
Wie kann man sie anders erhalten,
bei aller Zeit und Arbeit, die das
kosten mag, als durch intellektuelle,
ethische und ästhetische Erziehung des
Volkes, das jene, aus sich selber, will?
So ist es diese Erziehung, was uns
auch das Kunstgeschwätz im Reichstage
als letztes Ziel erweist. Bis unsre
Ururenkel ihm näher kommen, werden
wir zweierlei Gutes vielleicht schon
erlangt haben, was uns den Weiter=
weg ebener zeigt. Bei den Künstlern:
äußere und innere Unabhängigkeit
von Parlamenten und Obrigkeiten,
von allen politischen Autoritäten
also, wo diese auch in künstlerische
Dinge sich mischen wollen. Beim
Volke: wenigstens so viel Verständnis
in Kunstdingen, wie erforderlich ist,
um zwischen persönlichem Geschmack
und sachlicher Bewertung zu unter=
scheiden. Darauf sollte man, meinen
wir, hinarbeiten. Man sollte auch bei
sich selber nachsehn, wie weit man dem
etwa bisher so oder so entgegengewirkt
hat. Ein noch so allgemeines Schelten
auf den Reichstag allein, das thut's
doch wirklich nicht. U.

Vermischtes.

* Soll man Druckfehler be=
richtigen? Der gewitzte Redakteur sagt:
mit nichten, denn die meisten merken
ja erst, daß ein Bock geschossen wor=
den ist, wenn er zur Strecke gebracht
wird. Führen wir den unsern trotz=
dem an! In dem Aufsatz „Dekadenz
in der Unterhaltungsliteratur",
im elften Hefte, ist ein mystischer Dich=
ter „Glut" bezichtigt worden, Ver=
fasser des Buches „Moderne und an=
dere Novellen" zu sein. Der Schuldige
heißt aber Ohlert.

1. Aprilheft 1899

Unsre Beilagen.

Unsere Musikbeilage bringt diesmal Proben volksmäßiger Gesänge, die einer besonderen umständlichen Einführung nicht bedürfen. Das erste Stück ist ein altdeutsches Volkslied, von Martin Plüddemann gesetzt, das wir hiemit aus seinem Nachlasse mitteilen. Karl Maria von Weber ist als Liederkomponist schon ziemlich vergessen, aber dies eine Lied verdient, daß man sich's merke. Wie da mit den einfachsten harmonischen und figurativen Mitteln die geheimnisvolle, sozusagen kosmische Stimmung des Gedichtes wiedergegeben und verstärkt wird, das bleibt bewundernswürdig. Nur halte man auf Ruhe und Feierlichkeit des Vortrags, da die pochenden Akkorde sehr leicht zur Beschleunigung des Tempos verleiten, wodurch der ganze mystische Charakter des Liedes verloren ginge. Den Beschluß bilden — mit Rücksicht auf die nahe Osterzeit — zwei schöne Choräle von Joh. Sebastian Bach. Diesen Meister der Meister in unsrer Hausmusik immer lebendig zu erhalten, ist unsrer Meinung nach eine wichtige Aufgabe der modernen Kunstpflege.

Auf unsren Bilderbeilagen zeigen wir den Lesern zunächst zwei schöne Radierungen von Hermann Gattiker in Karlsruhe. Die Kunstentwicklung Karlsruhes hat in den letzten Jahren besonders auf graphischem Gebiet gute Früchte gezeitigt. Die zahlreichen Schwarz-Weiß-Ausstellungen von Karlsruher Künstlern sind überall gut aufgenommen worden und haben ihr gut Teil dazu beigetragen, den Namen Karlsruhes als einer Kunststadt, der eine Zeit lang im Sinken war, wieder in besseres Ansehen zu bringen. Im vergangenen Jahre fielen im Münchener Glaspalast besonders zwei Radierungen durch die feine Beseelung ihrer landschaftlichen Motive auf. Sie kamen von Hermann Gattiker. Das eine Blatt mit dem Titel „Wolkenschatten" weiß in das schlichte Motiv der beiden flachen Abfälle der Thalenhang ein solches Leben zu bringen, daß es uns den Eindruck einer reichen Komposition macht. Leider kann in unserer Wiedergabe der zarte Gesamtton der mächtigen Wolkenschatten, die über das Land hinkriechen, nicht so zum Ausdruck kommen, wie in der mit großer Sorgfalt gedruckten Radierung selbst. Aber den Eindruck der großartigen Oede, der Weite des Landes, die man hinter den Höhenzügen mit ihren trüben hinziehenden Wolkenmassen ahnt, wird wohl ein jeder auch hier empfinden. Das andere Blatt, eine einsam liegende Felsklippe, auf deren Rücken Schafe das magere, kurze Gras weiden, ist wohl ohne weiteres verständlich. Gattiker versteht es dabei wie nicht viele Radierer, große, einfache Massen aus der Natur herauszusehen, die Wucht ihrer Wirkungen dann zu belassen, aber sie doch bis ins Einzelne zu beleben. Dann fügen wir noch ein köstliches Blatt von Craig Annan bei, das Bildnis einer „kleinen Prinzeß", eines jungen Mädchens, photographiert nach der Natur. Keine Art bildlicher Darstellung verbreitet Einzelblätter so weit, wie die Photographie, keine ist deshalb so wichtig für die Bildung des Kunstsinns wie diese, die nach gelegentlichen Aufnahmen der Berufs- wie der Amateurphotographen ihre Gaben in alle Paläste, Häuser und Hütten streut. Je mehr wirklich künstlerischer Aufnahmen, gleich der Craig Annans, gemacht werden, je eher wird der Geschmack des Publikums gegenüber den heut noch beliebten Bildern der „Berufsphotographen" sich wandeln. Und das gereicht der ganzen Kunstbetrachtung im Volke zum Heil.

Verantwortl.: der Herausgeber Ferdinand Avenarius in Dresden-Blasewitz. Mitredakteure: für Musik: Dr. Richard Batka in Prag-Weinberge, für bildende Kunst: Paul Schultze-Naumburg in Berlin. Sendungen für den Text an den Herausgeber, über Musik an Dr. Batka.
Verlag von Georg D. W. Callwey. — Kgl. Hofbuchdruckerei Kastner & Lossen, beide in München.
Bestellungen, Anzeigen und Geldsendungen an den Verlag: Georg D. W. Callwey in München.

ALTDEUTSCHES LIED.

Gesetzt von M. PLÜDDEMANN.
Erster Druck nach dem Manuscript.

Mässig.
Mit vollem Ton.

GESANG.

PIANO.

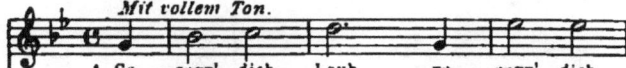

1. Ge - segn' dich Laub, ge - segn' dich
2. Ihr lie - ben Eng - lein steht mir

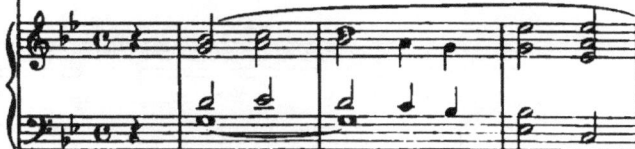

Gras, ge - segn' dich al - les, was da was!
bei, weil Leib und Seel' bei - nan - der sei,

Ich muss von hin - nen schei - den.
das mir mein Herz nicht bre - che.

3.Ge -

Verlag von GEORG D. W. CALLWEY, München.

45659

Etwas breiter und voller.

segn' dich Mond, ge - segn' dich Sonn', ge -

segn' dich Traut - lieb, _____ mei - ne

Wonn', da ich _____ von hin - nen fah -

- re.

C. M. v. WEBER.

DIE ZEIT
von J. L. Stoll.

GESANG.

Adagio ma non troppo.

Es sitzt die Zeit im wei - ssen

PIANO.

Kleid und webt und singt und

webt; sie sitzt ü - ber ein of - fe-nes Grab, es
so sitzt sie sin-gend viel tau - send Jahr und

rol - len ihr lä - chelnd die Thrä-nen her-ab.
weint und lä - chelt und webt im-mer-dar, im - merdar.

CHORÄLE.

I.

Gesetzt von JOH. SEB. BACH.

O Haupt voll Blut und Wunden, voll Schmerz und vol-ler Hohn!
O Haupt, zu Spott ge-bun-den mit ei - ner Dornen-kron? O

Haupt, sonst schön ge - zie - ret mit höch-ster Ehr und Zier, jetzt

a - ber hoch schim - pfie - ret: ge - grü - sset seist du mir.

II.

Gesetzt von JOH. SEB. BACH.

Wer hat dich so ge-schla-gen, mein Heil, und dich mit Pla - gen so

ü-bel zu - ge - richt't? Du bist ja nicht ein Sün - der, wie

wir und uns're Kin - der, von Mis-se - tha - ten weisst du nicht.

Stich u. Druck v. Oscar Brandstetter, vorm. F.W. Garbrecht, Leipzig.

HERMANN GATTIKER

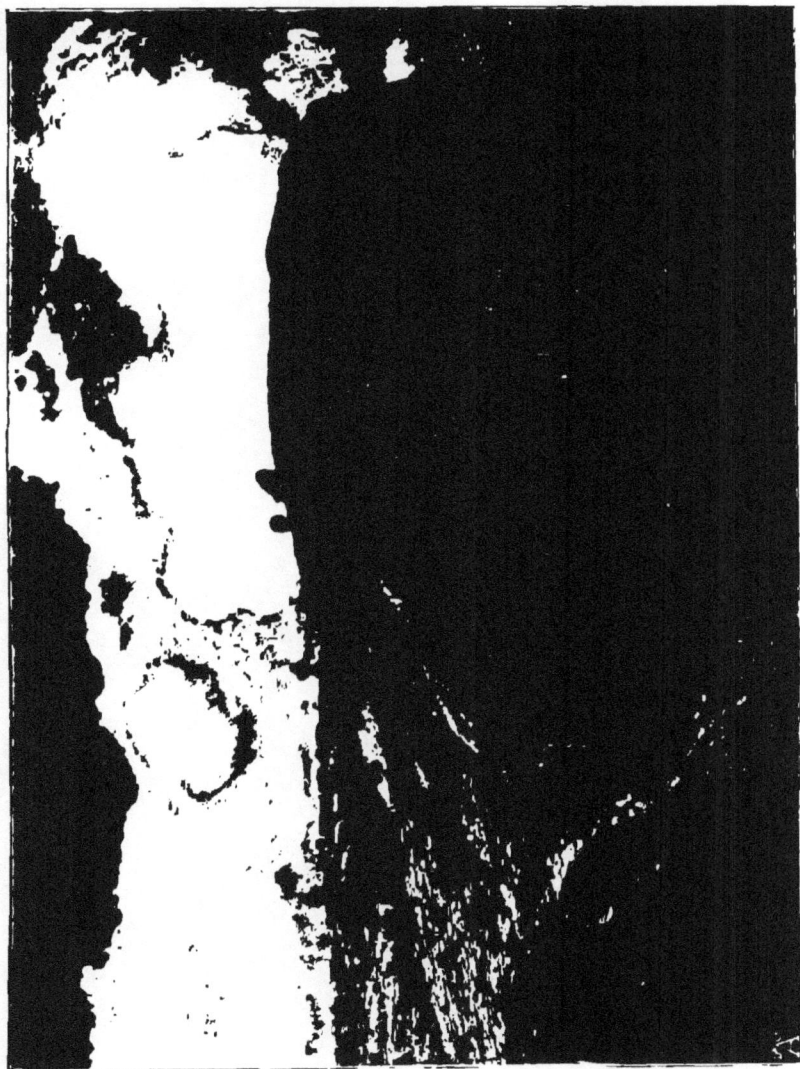

HERMANN GATTIKER

KL/

DER KUNSTWART

Klaus Groth und die Volkskunst.

Zum achtzigsten Geburtstage des Dichters.

Unter Friedrich von Sallets Gedichten ist eins „Das Volkslied"
überschrieben:

> Ein wandernder Geselle
> Zieht munter durch den Wald,
> Vorüber rauscht die Quelle,
> Das Lied der Vögel schallt.
>
> Und was ihn da durchdrungen,
> Als er ans Lied gedacht,
> Das hat er frisch gesungen,
> Nicht lange nachgedacht . . .

Nun folgt das Lied, und dann wird geschildert, wie es sich verbreitet:
die Welle trägt's zum Jägersmann, dem singt's ein Dirnchen nach, diesem
der Hirt am Bergeshang, und von dem hört's mancher gute Gesell, so
daß es bald von Lande zu Lande klingt.

> „Da kam des Weges gegangen
> Ein feines Herrlein mit magern Wangen,
> Von Staub beschmutzt den feinen Rock
> Und hinkend sehr am zierlichen Stock.
> Das Ränzel schief auf dem Rücken saß,
> Und eine Brill' auf der krummen Nas'."

Der vernimmt das Lied von einem wandernden Burschen und fragt ihn:
„Mein Lieber, sagen Sie, wer machte dies Lied?" „Meiner Treu", ant=
wortet der Bursch, „es fiel mir noch niemals ein, daß so etwas gemacht
sein könnte." Der Herr notiert dann das Lied, und

> „Mocht kaum ein Monat verstrichen sein,
> Da war's gedruckt zu sehn gar fein,
> Und sehr gelahrt war zu lesen am Schluß:
> Der Autor sei ein Anonymus."

Es gab eine Zeit, wo man über die Entstehung des Volksliedes ziemlich allgemein so dachte wie Sallet, und noch heute findet man vielfach die Anschauung, daß in einer früheren Zeit so ziemlich jeder, der das Glück hatte, zum Volke zu gehören, der reisende Handwerksbursch vor allem, dann aber auch der „Reuter", der Jäger u. s. w., die Gabe besaß, „zu singen wie der Vogel singt", ja, man sagt wohl gar, das Volk als ganzes gleichsam habe gedichtet. Die Wahrheit ist natürlich, daß die wirklich poetischen Volkslieder auch von wirklichen Poeten aus dem Volke gedichtet sind, die niemals allzu häufig waren und von den modernen Kunstpoeten nur den Vorzug hatten, Anschauung und Sprache frischer und unmittelbarer überliefert zu erhalten — soweit sich da überliefern läßt — und durch Bildungs= und Buchpoesie nicht beirrt zu werden. Der Art ihrer Begabung nach unterschieden sich die namenlosen Volkspoeten schwerlich von unseren Robert Burns und Klaus Groth, wie sich diese auch wieder nicht von Goethe, Uhland und Mörike unterscheiden, es sei denn in der Stärke und Richtung des Talents. Kurz, der Unterschied von Kunst= und Volkspoesie ist illusorisch und höchstens aus Bequemlichkeitsrücksichten hier und da zu machen; in Burns und Klaus Groth haben wir die Nachfolger unserer alten Volkssänger, und es steht mit ziemlicher Sicherheit zu erwarten, daß die sogenannte Volkspoesie, wenigstens die lyrische, niemals aussterben wird. Was ihr gegenüber= steht, sollte man nicht Kunst=, sondern rein individuelle oder meinetwegen subjektive Lyrik nennen. Vom Volksepos und Volksdrama (wenn es das letztere überhaupt gibt) sehe ich hier ganz ab; die sind, soweit sie künstlerische Kompositionen sind, natürlich erst recht von wirklichen Poeten geschaffen. Den Unterschied zwischen Volks= und Höhenkunst lasse ich eher bestehen, man soll aber nicht übersehen, daß Volkskunst hier Kunst für das Volk, „volkstümliche" Kunst bedeutet, Höhenkunst aber Kunst für ästhetisch hochentwickelte Menschen. Schillers Dramen sind bis zu einem gewissen Grade Volkskunst, aber doch sicher nicht Volksdichtung.

Klaus Groth nun halte ich für den deutschen Dichter, bei dem die Begriffe Volkspoesie, d. h. individuell geschaffene Poesie aus dem Volke, und Volkskunst, d. h. Kunst fürs Volk am vollständigsten und natür= lichsten zusammen fallen. Darin finde ich seine unvergleichliche Bedeutung. Man kann an Klaus Groths Dichtung die strengsten ästhetischen Maß= stäbe anlegen, und doch findet sich wenig oder nichts in ihr, was nicht vom Volke voll aufgefaßt werden könnte, nein, viel mehr, was nicht dem Volke als vollendeter Ausdruck seines Empfindens erschiene. Ich stehe nicht an, ihn als die Erfüllung des Ideals eines Volksdichters zu be= zeichnen, das Schiller in seiner berühmten Rezension der Bürgerschen Gedichte aufgestellt hat. Er hat den nach Schiller ungeheuren Abstand, der sich zwischen dem großen Haufen und der gebildeten Klasse befindet, durch die Größe seiner Kunst aufgehoben, hat dem „edeln" Geschmack des Kenners Genüge geleistet, ohne dadurch dem großen Haufen unge= nießbar zu sein, sich an den Kinderverstand des Volkes angeschmiegt, ohne der Kunst etwas von ihrer Würde zu vergeben. Und zwar hat er dies auf dem Wege gethan, den Schiller angibt: durch glückliche Wahl des Stoffes und höchste Simplizität in der Behandlung. Ich setze die berühmte Schillersche Ausführung noch weiter hierher, da sie auf Klaus Groth und seinen „Quickborn" zum größten Teil wörtlich angewendet

werden kann: „Den Stoff müßte der Dichter ausschließend nur unter
Situationen und Empfindungen wählen, die dem Menschen als Menschen
eigen sind. Alles, wozu Erfahrungen, Aufschlüsse, Fertigkeiten gehören,
die man nur in positiven und künstlichen Verhältnissen erlangt, müßte
er sich sorgfältig untersagen und durch diese reine Scheidung dessen, was
im Menschen bloß menschlich ist, gleichsam den verlorenen Zustand der
Natur zurückrufen. In stillschweigendem Einverständnis mit den Vor-
trefflichsten seiner Zeit würde er die Herzen des Volkes an ihrer weichsten
und bildsamsten Seite fassen, durch das geübte Schönheitsgefühl den sittlichen Trieben eine Nachhilfe geben und das Leidenschaftsbedürfnis, das
der Alltagspoet so geistlos und oft so schädlich befriedigt, für die Reinigung der Leidenschaft nutzen. Als der aufgeklärte, verfeinerte Wort-
führer der Volksgefühle würde er dem hervorströmenden, Sprache suchen-
den Affekte der Liebe, der Freude, der Traurigkeit, der Hoffnung u. a. m.
einen reinern und geistreichern Text unterlegen; er würde, indem er ihnen
den Ausdruck lieh, sich zum Herrn dieser Affekte machen, und ihren rohen,
gestaltlosen, oft tierischen Ausbruch noch auf den Lippen des Volkes veredeln. Selbst die erhabenste Philosophie des Lebens würde ein solcher
Dichter in die einfachen Gefühle der Natur auflösen, die Resultate des
mühsamsten Forschens der Einbildungskraft überliefern und die Geheimnisse des Denkens in leicht zu entziffernder Bildersprache dem Kindersinn
zu erraten geben." Es würde mir nicht schwer fallen, durch Proben
aus Klaus Groths „Quickborn" im Einzelnen zu belegen, daß der Dichter
dieses alles, soweit es möglich, gethan hat. Freilich, Schiller als Sohn
des achtzehnten Jahrhunderts, als Rousseauschüler, als aristokratische
Natur, als ästhetischer Dogmatist, als Nichtlyriker hatte nicht die richtige
Anschauung vom Volke und der Volkspoesie. Der „gemeine Haufe",
das wissen wir heute, ist im allgemeinen für Poesie empfänglicher als
die gebildeten Kreise, sein Leben enthält rein poetische Elemente genug,
der Ausbruch seiner Affekte ist nicht immer roh, gestaltlos, oft tierisch,
sondern vielfach das Gegenteil, die erhabenste Philosophie des Lebens
findet sich auch in der Volksseele bereits vor, und der Dichter braucht sie
nur herauszuholen; hineintragen kann er überhaupt nichts, da sein
Schaffen ja größtenteils nicht bewußt, da es elementar ist. Klaus Groth
hatte dann noch das Glück, einem Volke zu entstammen, auf das die Bezeichnung „gemeiner Haufe" in keinem Betracht paßt, dem Volke der Dithmarscher, das eine große Geschichte, eine freie Verfassung, ein eigentümliches reiches Volksleben, geringe Klassenunterschiede besaß. Und wenn
er sich auch selber durch seine ausgebreitete und tiefe Bildung weit über
sein Volk erhob, los löste er sich nie von ihm, brauchte sich dann also
auch nicht zu ihm herabzulassen, konnte aus seinem Volke herausdichten.
Da nun aber diese Dithmarscher, niedersächsischen Gebläts, für alle
andern Niedersachsen, ja, Niederdeutschen typisch, ja vorbildlich waren,
gewann er, indem er ihr Leben poetisch darstellte, sofort auch die allgemeine Bedeutung und hob zugleich den Abstand zwischen Volk und Gebildeten
auf. Kein Geringerer als Karl Müllenhoff, der Germanist, der nicht zum
Volke gehörte, hat in dem Schließen der „Kluft, die in ganz Norddeutschland Gebildete und Volk trennte", Klaus Groths größtes Verdienst erblickt.

Für einen Oberdeutschen ist es schwer, Klaus Groths Größe zu
würdigen. Man findet daher die seltsamsten Urteile über ihn in den

Literaturgeschichten. Namentlich wird er stets gegen Reuter zurückgestellt, der als der Normalplattdeutsche angesehen wird und als Erzähler und Humorist vor dem Lyriker und lyrischen Epiker in der Gunst der Menge natürlich leicht einen großen Vorsprung erreichen konnte. Aber Reuters Volkstümlichkeit ist doch mehr Popularität im gewöhnlichen Sinne, er leistet dem „edeln Geschmack des Kenners" doch nur selten Genüge, er will Wirkung, Lachen und Weinen, aber sein Mittel ist nicht die „höchste Simplizität", es ist ihm jedes Mittel recht. Dabei ist er freilich ein gesunder, prächtiger Kerl, aber nichts weniger als ein wirklicher oder gar großer Künstler. Klaus Groth ist das. Ist er trotzdem dem Volke vertraut geworden und geblieben, so gibt das den glänzendsten Beweis dafür, daß wir's bei ihm mit edelster Volkspoesie zu thun haben. Man wird mich als Dithmarscher, der dem niederen Volke entstammt, wohl als kompetent in dieser Beziehung gelten lassen müssen: Ich habe Klaus Groths Dichtungen, nicht bloß die humoristischen, auch die ernsten, die rein lyrischen in den Tagen meiner Kindheit aus Mutter= und Freundes= mund zuerst kennen gelernt, und wenn ihre Verbreitung im Volke seit jener Zeit eher ab= als zugenommen hat, so erklärt sich das einzig und allein aus der Verwüstung, die nach 1870 über unser Volksleben ge= kommen ist. Fremde, die eben auch von der Anschauung ausgehen, als sei der zugleich derbe und sentimentale Reuter der Normalplattdeutsche, finden Klaus Groths Lyrik oft zu fein für das Volk und den Dialekt, den Klaus Groths Poesie als Gemütspoesie natürlich wählen mußte. Aber die wissen eben nicht, daß es Volksstämme gibt, die von Natur sehr fein sind. Die Niedersachsen, denen auch Wilhelm Raabe ganz und Theodor Storm halb angehören, sind es nun einmal.

Klaus Groths Kunst also ist echte Volkspoesie, Poesie aus dem Volke und für das Volk — nur etwa die Schwaben Uhland und Mörike hier und da (seine Größe liegt auf individuellem Gebiete) haben Aehn= liches. Ich will hier keine ästhetischen Untersuchungen anstellen,* aber man sehe einmal, wie Klaus Groths erotische Lyrik immer volksliedartig gerät und doch keine Anklänge an das alte Volkslied hat, realistisch=modern ist, wie seine Gespensterballaden, die den Stoff stets dem Volksmunde ent= nehmen, geradezu unheimlich anschaulich werden, ohne daß er je durch die bekannten Balladeneffekte wirkte, man sehe, wie seine Kinderlieder so sicher den Kinderton treffen und dabei doch tief sind, wie seine Tier= bilder voll selbständigen Humors und wieder von einer großartigen Selbstverständlichkeit sind, die sie dem Volke als Selbstgeschautes vor die Augen stellt — ja, da erkennt man denn doch, was ein wahrer Künstler vermag, wenn er den festen Volksboden unter sich hat, daß Volkspoesie auch in unserer Zeit kein Traum, daß sie aber eben auch nur im Bunde mit höchster Kunst möglich ist. Und dabei hat sich Klaus Groth seine poetische Sprache, all seine Töne erst selbst schaffen müssen, er hat fast nichts überliefert bekommen, außer hier und da etwas von Burns. Als Sammlung, als Ganzes gesehen steht der „Quickborn" einzig in unserer Literatur da. Gibt er doch ein ganzes Volksleben und doch auch wieder so viel Individuelles, daß auch von dieser Seite gesehen, der Dichter groß dasteht, wenn er hier auch nicht an die allerersten, Goethe und Mörike,

* Für diese verweise ich auf mein soeben erschienenes Büchlein über Klaus Groth (Leipzig, Ed. Avenarius).

heranreicht. Groths Gesamtwerke mit den großen lyrisch=epischen Dich=
tungen des zweiten Teiles von „Quickborn" und den Prosaerzählungen
erweitern dann die ursprüngliche Welt des Quickborns nach allen Rich=
tungen, ergeben einen zweiten, weiteren, aber konzentrischen Kreis. Fällt
die Sonne auf ihn nicht so leuchtend, wie auf den engern, so walten
doch auch hier gute Geister, in deren Reich es uns wohl wird.

Für mich als Landsmann haben Klaus Groth und seine Dichtung
natürlich immer eine ausgeprägte besondere Physiognomie gehabt, ich
habe nicht erst zu forschen brauchen, um sie zu bekommen. Jedesmal,
wenn ich den Quickborn oder ein anderes Grothisches Werk zur Hand
nehme, sehe ich die weite Marsch meiner Heimat sich vor mir ausbreiten,
unendlich, völlig eben, blaugrün, wenn nicht die Rappsaat blüht oder das
Korn reift; die Lerchen singen, das Vieh wandelt schwerfällig dahin,
groß, ruhig, schweigsam schreiten die Marschbauern über ihre Marsch=
felder, zu den Wurtdörfern, wo ihre stattlichen Höfe unter hohen Bäumen
liegen. Schöner freilich ist's auf der Geest, wo auch Klaus Groth mehr
zu Hause ist: da wechselt Berg und Thal, da leuchtet der gelbe Sand,
da locken die blühende Heide, der grüne Wald, da schreckt das Moor,
da murmelt der Bach — und die Dörfer liegen traulicher zusammen,
die Menschen sind heiterer, gutmütiger. Diese Natur, diese Menschen
hat Klaus Groth, vom Blute und dem schönen Gefühl des unauflös=
lichen inneren Zusammenhanges getrieben, in sich aufgenommen, er, der
Müllerssohn von Heide, der in seiner Jugend selber im väterlichen Moor den
Torf stach, der als munterer, wandernder Knabe und als botanisieren=
der Volksschullehrer jeden Weg und jeden Steg und jede Pflanze und
Menschen jeder Art und ihr Thun und Treiben, ihr Denken und Em=
pfinden bis ins Einzelne kennen lernte, und hat dann alles aus dem
Herzen wiedergeboren, nach langem unermüdlichem Ringen um seine
Kunst, wie jeder echte Dichter. Ich sehe ihn jetzt deutlich vor mir stehen,
den Alten, die lange, schmale, zähe Gestalt mit den frischen Farben im
Antlitz und den treuen blauen Augen, die auch so schalkhaft blicken
können, ich höre seinen Erzählungen von den „olen Tiden" zu, die Einzel=
heit auf Einzelheit häufen, eine anschaulicher als die andere, die nicht
auf Pointen ausgehen, und in denen doch der Humor immer durchbricht.
Wahrlich, dieser Mann ist die Verkörperung des niedersächsischen Stam=
mes, der da in großem Bogen um die Nordsee herum wohnt und viel=
leicht von allen Deutschen am zähesten am Heimatboden haftet. Und
das große Werk, die poetische Darstellung der Natur des Stammes
und seines Sonderlebens, weiter aber eines echten, vom „Modernen"
noch nicht angefressenen Volkslebens, er hat es vollbracht, für sein Volk,
für alle Deutsche, die sich da einleben können und wollen.

Nicht alle Kunst ist Volkskunst, manches Individuum drängt über
sein Volkstum empor, aus der Heimat hinaus, löst sich vom eigentlichen
Volke — auch den Dichter haben die Niedersachsen, auch ihn hat das kleine
Dithmarschen hervorgebracht, den Dichter der Leidenschaft, der gewaltigen
Leidenschaft, des bitteren Ernstes, des tiefgründigen Problems. Er heißt
Friedrich Hebbel. Zu ihm ist Klaus Groth, der weiche Gemütsdichter, dessen
Liebe alles vergoldet, der echte Stammes=, Volks= und Heimatdichter, der
Gegensatz oder besser die Ergänzung. So ungefähr muß man den Verfasser
des Quickborns sehen, und man sieht ihn richtig.   Adolf Bartels.

Grundsätze moderner Literaturgeschichtschreibung.

Man könnte sagen, das Thema sei noch nicht spruchreif. Aber wie es überhaupt das Kennzeichen einer krankhaft eiligen Zeit ist, sich möglichst schnell in geschichtlichen Zusammenfassungen zu begraben — man könnte höflicher schreiben: „sich über sich selbst in historischen Ueberblicken klar zu werden" —, so haben auch wir in der neuesten Literatur schon Ansätze zu einer Geschichtschreibung, die im Folgenden ein wenig an einem Beispiel geprüft werden soll.

Dabei denke ich, um zunächst beim Allgemeinen zu bleiben, nicht vorwiegend an das, was man in den letzten Jahren über den Zeitgeist hat lesen können. Greifen doch diese Darstellungen in der Regel bis auf Kant zurück, betonen auch die rein philosophischen Entwickelungen mit seltenen Seitenblicken auf ihre literarische Ausgestaltung zu sehr. Es ist doch sehr fraglich, ob man zum Verständnis unserer Literaturbewegung über die Jungdeutschen weit hinauszugehen braucht. Sicher aber ist, daß sie bis in die jüngste Gegenwart verfolgt werden muß, weiter also als die Geschichten des Zeitgeistes, die am liebsten mit dem Untergang der Hegelschen Schulen aufhören möchten, zu thun pflegen. Die Anforderungen an den idealen Literarhistoriker von heute sind andere. Sie sind darum nicht minder hoch, nein, sie sind von den Wenigsten erreichbar. Hat sich doch das Arbeitsgebiet in den letzten Jahrzehnten bedeutend erweitert, zunächst innerhalb der Literatur selbst, dann, so paradox es klingt, über sie hinaus. Damit käme ich zu meinem ersten Grundsatz: die moderne **Literaturgeschichte kann keine nationale, sie kann nur noch eine europäische sein.** Eines Beweises dafür bedarf es für den einigermaßen in literarischen Dingen Bewanderten nicht mehr. Man braucht nur daran zu erinnern, daß für unsere moderne Bewegung der Anstoß nicht nur, sondern auch die dauernde Befruchtung aus dem Auslande kam; daß auch heute noch, so deutlich ihre Tendenz, national zu werden, ist, Motive aus Kopenhagen, Moskau und Paris recht hörbar mitanklingen, daß endlich der deutsche Zweig dieser jungen Weltliteratur zum mindesten nicht der bedeutendste ist. Einmal die Notwendigkeit einer universalen Literaturgeschichte anerkennend, sieht sich der Arbeiter vor einem unermeßlichen Gebiet. Es ist so groß und reich, daß er bei mangelnden Vorarbeiten Anderer allein nicht fertig zu werden vermag, daß er vieles aus zweiter Hand nehmen und sich zunächst auf die Grundzüge beschränken muß. Dem deutschen Spezialistentum kann das am Ende nichts schaden. Damit soll natürlich eine bestimmte Art nationaler Literaturgeschichtschreibung nicht zum Tode verurteilt sein. Jede Nation muß vielmehr für sich eine Art Statistik ihrer literarischen Landesprodukte anfertigen und dabei das Eigentümliche, national Bedingte gerade ihrer Stoffwahl und Stoffbearbeitung ans Licht stellen. Wer aber die Entwickelung ganz verstehn und auf den ganzen komplizierten Apparat moderner Geschichtschreibung nicht verzichten will, muß sein Arbeitsfeld auch jenseits der Grenzpfähle suchen. Ein Trost ist immerhin, daß jede Nation mit der Zeit das Bedürfnis nach universaler Darstellung der Literaturgeschichte empfinden und ihrerseits die gleiche Aufgabe in Angriff nehmen wird; so arbeiten sie einander in die Hände und man darf auch den besten Erfolg hoffen.

Doch es ist damit nicht genug. Die Grundzüge einer einheitlichen Weltanschauung müssen nicht nur durch die Literaturen der modernen Kulturvölker hindurch verfolgt werden, sie sind ebenso fühlbar und in bedeutsamen Varianten in ihrer Kunst zu finden. Nicht als ob diese Beobachtung nur für die Gegenwart Geltung hätte; ist es doch vielmehr gerade die Aufgabe einer historischen Schule der Gegenwart, den Kulturzusammenhang des geistigen Schaffens gerade für das Verständnis der Vergangenheit nutzbar zu machen. Aber es ist nicht zu leugnen, daß die Einsicht in diesen Zusammenhang eine Errungenschaft von heute ist, wie sie nur eine Zeit haben kann, die überall nach Analogien sucht und, auf der Kausalität fußend, die Einheit in der Mannigfaltigkeit des Geschehens erblickt. Zu vergessen ist aber dabei auch nicht, daß eine größere Annäherung der verschiedenen Gebiete künstlerischer Produktion thatsächlich stattgefunden hat. Man strebt nach einer Universalität der Darstellung des künstlerischen Inhalts, welche die Ausdrucksfähigkeit der einzelnen Kunstzweige längst überschreitet. Es ist ja oft darauf hingewiesen worden, daß heute die Literatur mit Worten Stimmung machen will, daß die Malerei schwer an Gedanken und Symbolen trägt, daß die Musik sich müht um eine konkrete Individualisierung, wie sie nur das Wort erreichen kann.

Es bedarf des Hinweises kaum, daß die so erweiterte Aufgabe des Literaturhistorikers die höchsten Anforderungen stellt. Ist er wohl zu einem tieferen Verständnis der Malerei und Plastik im Stande, so wird, fürchte ich, das musikalische Verständnis auch bei der schönsten Begabung und dem treuesten Fleiß oft unzureichend sein, eine übrigens nicht zufällige, sondern psychologisch wohlbegründete Thatsache. Gewiß kann auch ein musikalischer Barbar über die Literatur und Kunst von heute viel Gescheites sagen, aber wäre es nicht eine entschiedene Bereicherung für das Verständnis des Zeitgeistes, wenn der Historiker für die Darstellung des Pessimismus z. B. eine Wagnersche Figur, für die Komik den Straußschen Eulenspiegel, für die Neigung zu starken Gegensätzen die Berliozsche phantastische Symphonie oder César Francks „Seligpreisungen" heranziehen könnte? Doch wird man sich hier nach der jeweiligen Begabung eben bescheiden müssen und darf auch mit der Forderung der Universalität kein pedantischer Prinzipienreiter sein.

Ist man über die Fragen des Umfangs einer modernen Literaturgeschichte einmal einig, so können bezüglich ihres Inhalts über den zu wählenden Standpunkt und die zu befolgenden Grundsätze noch recht verschiedene Meinungen Platz finden. In dem üblichen Verfahren einer Darstellung der Kunstformen und Stoffe, Inhaltsangaben und biographischen Notizen läßt sich mit Rücksicht auf die so ganz veränderten Verhältnisse nur eine Verirrung sehn. Es muß unbedingt in den meisten Fällen neben dem ästhetischen Maßstab der ethische angelegt, die Literaturgeschichte muß mit andern Worten zur Darstellung des ethischen Zeitgeistes werden. Ich verstehe die gegen dieses Verfahren erhobenen Einwände: „l'art pour l'art", „die Kunst diskutiert keine ethischen Fragen, und ihre Geschichtschreibung kümmert sich nicht um deren Lösungen", „ist eine literarische Arbeit ästhetisch gerichtet, so gibt es für sie keine höhere Instanz". Das ist aber ein Standpunkt, der bestimmte Thatsachen nicht sieht. Die erste Frage eines gewissenhaften Betrachters ist doch die nach dem Warum dieser auffallenden Herrschaft des Ethischen in der Literatur. Wir verdanken sie der plötzlichen Erschütterung des philosophischen, besonders ethischen Dogmatismus in der Philosophie nach dem Sturze des Hegelianismus. Damit wurde auf einmal alles unsicher, und eine Fülle von Problemen that sich auf, deren sich die damals gar hungrige Literatur als brauchbaren Stoffes bemächtigte. Hätte die Kirche sich den neuen Bedürfnissen rascher angepaßt, hätte die Wissenschaft einen Sprechsaal zu gemeinverständlicher Erörterung dieser Fragen besessen, so wäre eine unkünstlerische Belastung der Literatur mit halbwegs unverdautem Stoff vermieden worden. Mit andern Worten: die Vermischung von Dichtung und Wissenschaft, wie die ganze Tendenz„poesie" sind nur Symptome der Ohnmacht in der Bewältigung des Stoffes, „Verdauungsstörungen der Literatur", wenn man eine Formel im Geschmack der Milieutheorie will. Ist es einmal gelungen, dieser Gedankenmasse künstlerisch Herr zu werden, wie das doch schon vielfach bei Ibsen geschehen ist, so wird man mit einer rein ästhetischen Beurteilung schon weniger ängstlich sein müssen. Hat man sich einmal gewöhnt an den Uebergangscharakter unserer Literatur zu glauben, so wird man auch mit den berühmten Vorwürfen der Einseitigkeit, des Zynismus, der Pornographie viel sparsamer sein. War es nicht immer so, daß ein für Kunst oder Wissenschaft neu erobertes Gebiet in den geblendeten Augen der glücklichen Entdecker eine unerhörte Bedeutung gewann, ja eine Revolution zu beschwören schien, — bis es mit der Zeit dem guten Alten als ein zwar bedeutsames, aber doch nicht so einzig wichtiges Glied des Ganzen sich anreihte? Ein wenig Geduld, meine Herrschaften, und die moderne Literatur wird bei gutem Willen beiderseits diesen Zusammenhang gefunden haben, ohne ihrem eigentümlichen Charakter dadurch irgend etwas zu vergeben. Weiteste Nachsicht und weiteste Entwickelungsfreiheit sind die besten Mittel, diesen Vorgang zu beschleunigen.

Damit wäre die schwierige Frage nach dem persönlichen ethisch-ästhetischen Standpunkt des Literaturhistorikers berührt. Hier, wie überall, läßt sich das Negative am leichtesten sagen. Man gruppiere nicht nach Schulbegriffen, noch werfe man mit Schlagworten um sich oder messe mit den „ewig grünenden", in Wahrheit längst zerbrochenen und verfaulten Maßstäben. Nicht minder hüte man sich vor Entrüstungskundgebungen. Es ist das ein gefährlicher Affekt, ebenso wie seine Folie, die Begeisterung: zu beiden gehört Geschmack, wer den nicht hat, wird leicht lächerlich, zum mindesten langweilig. Wird man doch auch auf diesem Wege selten den Erscheinungen gerecht und macht es nicht besser, als jene Kritiker, die mit einem Interesse, das man sonst den wilden Volksstämmen in den zoologischen Gärten entgegenbringt, sozusagen die Parade über die moderne Literatur abnehmen, um sich, wenn alles defiliert hat, kopfschüttelnd zurückzuziehen.

Eine der unentbehrlichsten Eigenschaften eines jeden kritischen Arbeiters auf diesem Gebiete scheint mir neben der Liebe zur Sache — die Literaturgeschichte ist kein Hochgericht! — eine große Assimilationsfähigkeit zu sein. Sie ist nötiger als je, denn unzweifelhaft bietet sich der eigentümliche Gehalt unserer jungen Literatur in oft seltsamen, schwer zu erfassenden Formen dar. Haben doch diese schon Manchen zur Verzweiflung gebracht, der es ehrlich meinte. Jene Anpassungskraft ist nichts anderes, als ein möglichst hoher Grad von Vorurteilslosigkeit in der Beurteilung auch des Fremdartigsten. So etwas findet sich in ästhetischen Fragen leichter als in ethischen, denn hier sind mehr Lebensinteressen im Spiel als dort, und folglich gibt es mehr Dogmatiker. So kommt es wohl, daß von den Jungen der Grundsatz aufgestellt wird, nur ein „moderner Mensch" könne ihre Geschichte schreiben, eine Forderung, die abgesehen von der Problematik des Begriffs „modern" die Produktion dieser Schule als eine Art Geheimwissenschaft hinstellt und ein unbilliges Mißtrauensvotum gegen bewährte Kräfte vom alten Schlage enthält. Verlangen kann man aber doch von dem Literaturhistoriker ein bescheidenes Maß der Einsicht in die Gründe des ethischen und ästhetischen Skeptizismus in der Literatur, und die Annahme der lautersten Motive bei gegnerischen Ansichten bis zum: Beweise des Gegenteils. Wie viel in diesem

Punkt gegen unsere Jungen in bester und schlechtester Absicht gesündigt wurde, weiß man zur Genüge. Wer sich diesen Bedingungen nicht fügen will oder kann, sollte sich nicht zu sehr erzürnen, wenn man ihn gelegentlich ignoriert.

(Schluß folgt.)   Eduard Platzhoff.

Zur Musikpflege.

3. Vom Balladensingen.

Eine viel zu wenig gepflegte Gattung ist die Singballade, ein uraltes germanisches Erbgut, das wir neu erwerben müßten, um es zu besitzen. Zwar sind dem modernen Konzertleben Balladenabende nichts ganz Fremdes mehr, ja wir haben sogar vorzügliche „Spezialisten" auf diesem Gebiete, aber eben darin steckt der Fehler, daß ihr Auftreten immer nur als eine Ausnahmeerscheinung aufgefaßt wird, daß man also kommt, nicht um Balladen zu hören, wie Gura sie singt, sondern um Gura zu hören, wie er Balladen vorträgt. Und wenn es auch sonst gar häufig geschieht, daß das Publikum über der vorübergehenden Aufführung das bleibende Werk vergißt, so bleibt es doch für die Singballade bezeichnend, daß man sie eigentlich nur durch die persönliche Virtuosität einzelner Künstler in der großen Kunstwelt für lebens- und mit andern Gattungen, besonders mit lyrischem Gesange sozusagen für konkurrenzfähig hält.

In früheren Zeiten war die epische Kunst der lyrischen durchaus ebenbürtig, ja das rein stoffliche Interesse, die „neue Märe", die sie brachte, verlieh ihr zu Zeiten, die keine Tagespresse kannten, sogar noch ein starkes Uebergewicht. Heutzutage hat in der häuslichen oder konzertmäßigen Musikpflege das Lied, und innerhalb dieses Genres das erotische, eine Alleinherrschaft errungen, die alle Gattungen unterdrückt und verkümmern läßt. Nun spielt in der Kunstpflege die häufige Uebung einerseits und die Gewöhnung anderseits eine weit größere Rolle, als man gemeiniglich annimmt. Wer immerzu Lieder und sehr selten Balladen hört, bei dem verfeinert sich wohl das lyrische Kunstempfinden, stumpft aber das Gefühl für die intimen Wirkungen, für den eigentlichen Stil der Epik ab, und damit verliert sich auch die Fähigkeit und mit ihr die Lust, sie zu genießen. Man spricht allerdings in schönen Redensarten von Barden, uralten Heldenliedern u. dgl., aber als vor kurzem ein echter Rhapsode, der Schwede Scholander, herüber kam und sich hören ließ, wirkten seine Vorträge mehr als Kuriosa, denn als unmittelbare Kunsteindrücke. Eine lebhaftere Pflege der epischen Gattung, um der zunehmenden Einseitigkeit des Geschmackes zu wehren, bildet darum einen wichtigen Programmpunkt gesunder Kunstpolitik.

Und dies umso mehr, als hier eine fast unerschöpflich reiche Literatur vorliegt. Es jammert einen, so kostbares Gut als totes Kapital in den Behältern der Bibliotheken verstauben und modern zu wissen. Heraus damit an das Licht, sei's der Konzertsäle, sei's der Familienzimmer! Ich will ja nicht verlangen, daß man den alten Zumsteeg mit ausgrabe, obwohl er ein starkes Talent war und z. B. seine Komposition der „Pfarrerstochter von Taubenhain" musikalisch fesselnde, beinahe moderne Züge enthält. Aber Karl Loewe ist mit der Mehrzahl seiner Balladen und Legenden noch lange nicht genug bekannt. Viele seiner Melodien müßten die Jungen auf der Straße pfeifen, seine

— 65 —

vollstümlichen Sachen, die technisch auch eben nicht schwer sind, müßten dem festen Bestande der Hausmusik angehören. Loewes Erbe trat Martin Plüdde= mann an, jener allzu früh Verstorbene, der wohl zuerst die hohe Bedeutung des Balladengesanges in voller Klarheit erkannt hat. Ich benütze die Gelegen= heit, um die Besitzer seiner ersten Balladenhefte auf die soeben bei Schmid in Nürnberg erschienenen drei Hefte aus dem Nachlaß hinzuweisen. Stücke wie „Niels Finn" (das zuerst im Kunstwart gedruckt ward) oder „Lord William und schön Margret" gehören zu dem Besten der ganzen Gattung. Des Grafen Eulenburg Balladen, die gleichfalls der volkstümlichen Loeweschen Art ange= hören und von beachtenswerter Seite gerühmt werden, kenne ich noch nicht.

Loewe und Plüddemann haben einen Balladengesangstil eingehalten, der den Ausführenden, die meist vom Opern=, Lied= oder Kirchengesang her an ihn herantreten, bedeutende, fast unüberwindliche Schwierigkeiten macht. Die Opernsänger verfügen erfahrungsgemäß nicht über den erforderten schnellen Wechsel des Tones, sie bringen alles zu grob und drastisch heraus; sie geben sich zu theatralisch=affektvoll, um nicht zu sagen affektiert. Die Liedersänger aber leiden an einer Uebergefühligkeit, welche bei um einige Grade kühlerer Temperatur, dem gehaltenen Wesen der Ballade schlecht entspricht. Am wenig= sten ist den Oratoriensängern jene sprühende Lebhaftigkeit des Vortrages er= reichbar, den der epische Stil auch in der Musik erfordert. Der Balladen= gesang muß von dem Grundsatze ausgehen, daß die Ballade kein Monolog, sondern ein Vortragsstück ist und sich an ein größeres Publikum wendet. Darin kommt er überein mit dem Drama, wogegen er der äußeren Aktion fast gänz= lich entbehrt. Es muß also das erste Bestreben des Sängers sein, jene Momente, in denen die Handlung gipfelt, mit allergrößter Deutlichkeit zum Ausdrucke zu bringen. In den individuellen Ausbrüchen der Empfindung hat er sich aber im Verhältnis zum Bühnensänger ein gewisses Maß aufzuerlegen, weil er eben als Nacherzähler, nicht als unmittelbar sich äußernde Persön= lichkeit auftritt. Ferner: auf dem Theater wirkt Dekoration, Vorgang und Mimik auf die Phantasie ein, und der Balladensänger muß trachten, seinen Nachteil durch seinere Nuancierung auszugleichen. Er muß gleichsam drei Vortragsweisen bereit halten, von denen er je nach Erfordernis abwechselnd Gebrauch macht: eine für die erzählenden Stellen, für die Einleitung und erste Entwickelung, wo die Leidenschaften noch nicht losgelassen sind; eine zweite, gesteigerte für die dramatischen Momente, für die entscheidenden Handlungen und jene Stellen, wo Rede und Gegenrede heftig aneinanderprallen. Eine dritte noch, eine zart oder breit ausströmende, eigentlich gesangvolle für die lyrischen Ruhepunkte. Endlich muß der Sänger die einzelnen Personen im Dialog maßvoll charakterisierend auseinanderhalten. Dazu kommt die Be= gleitung, bald bloß stützend, bald — wie in den Zwischenspielen — reich und selbständig loslegend, bald als drängender, treibender Faktor wirkend. Das alles zu beachten und praktisch durchzuführen ist nicht leicht, aber ich hoffe, daß die vorstehenden Sätze Manchem fürs Erste genügende Anregung geben, damit er sehe, worauf es hier ankommt.

Loewe und Plüddemann sind nicht die Einzigen, die Balladen kompo= niert, aber doch wohl diejenigen, die ihre Kompositionen am strengsten im Sinne dieses Vortragstils angelegt haben; Loewe mehr naiv, Plüddemann mit absichtsvollem Bewußtsein. Dagegen sind Balladen anderer großen Kom= ponisten von allgemein musikalischen Gesichtspunkten zu betrachten. Sie treffen aber durch genialen Instinkt zuweilen auch ganz den Balladenstil, wie Schubert im „Erlkönig", gegen den Schumann in den populären „Beiden Grenadieren" zurücksteht, nicht aber in der „Löwenbraut". Die meisten neueren Balladen sind leider teils so unvolkstümlich, teils technisch so schwierig, daß eine Einbürgerung in der häuslichen Musikpflege kaum zu erhoffen ist. Umso willkommener werden sie im Konzertsaal sein. Ich nenne Liszts „Loreley" und „Vätergruft", Draesekes „König Helge", Alexander Ritters „Belsazar" und Hugo Wolfs herrlichen „Feuerreiter". Ueber die Balladen von Hans Sommer, die in dieselbe Gruppe gehören und sehr bedeutend sein sollen, kann ich leider noch nicht urteilen. Wertlos, weil ganz nur auf den Sängereffekt berechnet, ohne feinere und tiefere künstlerische Absichten, sind die Pseudoballaden von Henschel, Heinrich Vogel u. a. m.

Es war ein Lieblingsgedanke Plüddemanns, mit der Ballade den Kunstfreunden kleinerer Städte oder auf dem Lande einen Ersatz für die dort schwer zugänglichen Wirkungen der Oper zu bieten. Ein Ensemble, ein Orchester, eine Bühne und das Dekorationswerk ist nicht so leicht beschafft und einstudiert; ein Sänger und ein Klavierspieler sind ohne große Kosten überall aufzutreiben. Es müßte viel, viel mehr Balladensänger geben, welche die vorhandenen Schätze unter das Volk bringen. Ist es doch überhaupt an der Zeit, die öffentliche Kunstpflege von unten herauf zu reformieren, statt sich in vergeblichem Kampf gegen das hohle Amüsementsbedürfnis der oberen Zehntausend in den Großstädten aufzureiben. Wenn es wahr ist, daß die Einzelnen und Kleinen das Treiben der unverbesserlichen Großen und Vielen nachahmen, dann emanzipiere man sie von diesen schlechten Mustern. Bei dem bildsamen, für Anregungen sehr empfänglichen Material gelingt das überraschend schnell, sobald man nur das bessere Wo und Wie sehen läßt. Nicht an dem Publikum würde also eine thatkräftige, zielbewußte Bewegung zu Gunsten regerer Balladenpflege scheitern, sondern wie ich fürchte — an den Sängern. Wir besitzen nicht viele Interpreten, die den vorhin geschilderten Stil inne haben und dem ersten Erfordernis epischen Vortrags, der deutlichen Aussprache auch nur einigermaßen genügen. Dies führt mit Notwendigkeit zu der Frage nach einer deutschen Singweise und Gesangschule, und so wird eine ganze Kette von Problemen bei der Berührung des Balladenthemas mit aufgerollt. Genau zu zu erkennen, wo die Schwierigkeit liegt, ist aber das Wichtigste zu ihrer Ueberwindung.

Ich habe bisher nur von der Ballade für den Einzelvortrag gesprochen. Dagegen kann ich der sogenannten Chorballade, die von Schumann eröffnet und von Hegar in der Absicht fortgebildet wurde, dem Bedürfnis nach kräftigeren Akzenten inmitten der süßlich-sentimentalen Liedertafelei zu entsprechen, nicht das Wort reden. Ihre geschichtliche Sendung hat sie erfüllt, wenn auch noch in neuerer Zeit Podbertsky, Plüddemann und Anderen mancher glückliche Wurf gelungen ist. Aber es erscheint mir als Unnatur, eine Erzählung von einem Chor der Hörerschaft mit der Lebendigkeit eines Einzelsängers vortragen zu lassen, ganz abgesehen davon, daß darunter gerade dasjenige leidet, was bei der epischen Kunst allezeit das Wesentlichste bleiben muß: die klare Verständlichkeit des Wortlautes. Etwas anderes ist es, wenn eine ganze Versammlung, ein Chor ohne Publikum, zu seinem eigenen Vergnügen eine Ballade anstimmt und absingt, um sich selbst an ihrem Inhalte zu erfreuen. Leider wird — so sehr ist der epische Sinn schon geschwunden! — diese Art fast nie gepflegt, und die geläufigen Gesangbücher weisen nur wenige (zumeist „humoristische" oder parodistische) erzählende Lieder auf. Es wäre sehr ersprießlich, das gesellige

2. Aprilheft 1899

Balladensingen neu zu beleben und dabei etwa auf die Form der nordischen (dänischen, skandinavischen) Balladen zurückzugreifen, wo der Vortrag zwischen einem Vorsinger und dem Chor, der mit dem ständigen Refrain einfällt, von Vers zu Vers regelmäßig wechselt. Für unsere Dichter und Komponisten ergäbe sich hieraus wohl manche fruchtbare Anregung.   Richard Batka.

Zur Kunstpflege.

14. Die Kultur des menschlichen Körpers. I.

Die Kultur des menschlichen Körpers hängt nur scheinbar mit der Folge unserer Aufsätze bloß äußerlich zusammen. Sie ist innig mit der Bildung des Schönheitsgefühls verbunden.

Nun genießen wir in der Kunst ja freilich das Geistige des Menschen. Aber wir genießen es durch den Anblick des Körperlichen. Wie falsch ist die Behauptung: das Aeußere trügt, das Aeußere hat mit dem Innern nichts zu schaffen. Ich meine im Gegenteil, daß nichts mehr miteinander zu schaffen hat und die kleinste geistige Eigentümlichkeit gleichsam ihre leibliche Manifestation findet. Jeder Mensch trägt genau das, und nur das, was er ist, in seinem Aeußern öffentlich zur Schau. Der Versuch, dieses Aeußere zu verdecken, ist nur eine weitere geistige Eigenschaft, die im wörtlichen Sinne ihre Verkörperung findet. Damit ist nicht gesagt, daß nun ein jeder in dieser Sprache der Form zu lesen verstehen müsse. Wenn einer folgert, ein hübsches Gesicht müsse nun auch auf einen guten Menschen schließen lassen, so ist das eben eine oberflächliche Folgerung.

Eben weil Körper und Geist eine Einheit sind, muß aber auch jede geistige Aeußerung, sobald sie sichtbare Gestalt findet, dem Körperlichen in gewissem Sinne „ähnlich" sehen. Es ist nicht schwer zu beobachten, wie wir in jeder und jeder, der alltäglichen wie der künstlerischen Aeußerung unserer Persönlichkeit im Banne unseres eigenen Körpers stehen. Stets sind wir uns selbst Maßstab und zwar wir als individuelle Einheit, von welcher der Körper ein Teil ist. Wer davon ein deutliches Beispiel haben will, der beobachte, wie oft ein Künstler, wenn er überhaupt imstande ist, eigene Typen, eigene Gestalten zu schaffen, nach seinem eigenen „leiblichen Prinzipe"* schafft. Wem diese Thatsache neu ist, der beobachte daraufhin. Ich wollte ein paar Dutzend Künstler nennen, bei denen man, soweit man sie persönlich oder aus Bildern kennt, die Verwandtschaft ihres eigenen Habitus mit ihren Haupttypen, ja auch mit jeder Form überhaupt, die sie geschaffen, klar zu Tage treten sieht. Man denke als Beispiel an Rubens, dessen massige aber schwammige Figuren immer und immer wiederkehren, selbst da, wo er zarte Gestalten schaffen will, und wie diese genau dem Typus entsprechen, den wir von ihm selber kennen. Die vornehme, hohe Gestalt des Velasquez kehrt stets in seinen Bildern wieder, und bei Rembrandt nähert sich fast jeder Kopf dem Selbstportrait mit seinen gedrungenen charakteristischen Zügen. Noch viel deutlicher wird es, wenn man bei lebenden Künstlern Vergleiche anstellt; hier braucht man sich nicht auf gemalte Bildnisse zu berufen, bei denen man ja ebenfalls auf eine individuelle Umwertung schließen könnte. Hier geht meine eigene Beobachtung so weit, daß ich früher, ehe mir der Gedanke dieses ursächlichen Verhältnisses gekommen war, auf beständige Studien nach dem eigenen Körper schloß, was sich nachher gar

* Ich wähle dieses Wort, um nicht so mißverstanden zu werden, als ob der Künstler etwa seinen eigenen Körper nachzeichnete.

nicht bestätigte. Wie die leiblichen Kinder, so sehen eben auch die geistigen Kinder dem Vater ähnlich. Natürlich darf man das so wenig pedantisch nehmen, wie bei der Handschrift, deren Verhältnis zum Menschen sich auch nicht so plump ausdrückt, daß etwa ein großer Mensch unbedingt auch groß schreiben müßte. Die Nüancierungen sind feinerer Art, aber mit guter Beobachtung finden wir das Körperliche eines Architekten in seinen Häusern, ja jeden Menschen in seiner Einrichtung, seiner toten Umgebung, seiner Kleidung u. s. w., wo überhaupt seine eigene Wahl maßgebend war. Da sich nun der Körper so deutlich im Schaffen ausdrückt, so wird sich vielleicht ein Geschlecht, das seinen Körper verkommen läßt, durch ein unfreudiges, verquältes Formenschaffen kennzeichnen?

Es ist unmöglich, eine Generation zu wahrer Schönheitsfreude zu erziehen, wenn sie sich nicht früh eines schönen und gepflegten Leibes erfreuen kann. Man redet so viel von den Zeiten Griechenlands, in der die Kunst sich genau in Uebereinstimmung mit der Pflege des Körpers befunden hätte. Man redet und redet, und die am meisten davon reden, die Pädagogen, denken nicht daran, daß die Ueberlieferung eine Lehre für uns in sich trägt. Nämlich die: aus der Pflege unseres Körpers eben auch einen „Kultus“ zu machen.

Wir pflegen heute alles Mögliche und Unmögliche, was uns die Natur verliehen hat und was wir schätzen; mit dem vornehmsten Naturprodukt, das uns auch räumlich am nächsten steht, gehen wir um, als ob es irgend ein gleichgiltiges Anhängsel wäre. Von einer ästhetischen Körperpflege steht bei uns kaum etwas auf dem Papier, geschweige denn, daß in Wirklichkeit etwas geschähe. Nur, wenn das Gespenst der Krankheit als letzte Folge der Vernachlässigung aufsteigt, kommen wir zur Besinnung, holen den Arzt, und lassen uns aus Gesundheitsrücksichten raten, was wir aus Schönheitsrücksichten längst hätten thun sollen. Ist ein Mensch wirklich schönheitsdurstig, so ist's ihm keine Liebhaberei, sondern ein Lebensbedürfnis, alles, was er als schön empfindet, nicht zu Grunde gehen zu lassen, sondern zu pflegen, und wie aus einer Naturnotwendigkeit heraus wird er vor allem sich selbst, seinen Leib (nicht seine Kleider, die kommen auch, aber erst in dritter Reihe) in Einklang mit seinen ästhetischen Bedürfnissen setzen wollen. Wer aber im übrigen jene ästhetischen Forderungen stellt, seinen eigenen Leib jedoch von ihnen ausschließt, hat im Innern ein Stücklein vom Barbaren oder, wie wir heute sagen, vom Spießbürger.

Es muß wieder ein Teil der Aufgabe der Jugenderziehung sein, den heranwachsenden Menschen zum Bewußtsein seines Körpers, zur Freude an seiner Schönheit zu bringen, nicht zur eiteln Selbstbewunderung, sondern zur Freude am schönen Gotteswerk seines Menschengeschlechts. Der moderne Mensch geht nicht im Bewußtsein seines nackten Körpers einher. Es ist bei uns so gang und gäbe geworden, die geradezu frivole Ansicht zu hegen, daß es auf den Körper selbst so genau nicht ankäme, da man sich ja doch nur nach den Kleidern fühlt, die man trägt. Auch unter den Gebildeten ist es garnichts Seltenes mehr, daß sie einen schönen, d. h. gesunden, kräftigen, harmonischen von einem unschönen, d. h. verkommenen, Körper überhaupt nicht unterscheiden können. Selbst da, wo es sich nicht um Rassen= oder individuelle Schönheit handelt, wobei besonderer Geschmack in Frage käme, sondern wo diese sich lediglich um normale Ausbildung bewegt, ist das der Fall. So finden wir häufig, daß übermäßige Fettansammlungen für Kennzeichen weiblicher Schönheit gehalten werden, während sich doch solche schon physiologisch als Mißbildung kennzeichnen. Aber noch mehr: selbst wo sich geradezu um Ver=

2. Aprilheft 1899

rrüppelung handelt, fehlt mitunter die Fähigkeit, das zu erkennen, da
man die normale Form nicht kennt und gegen Mißbildungen am eigenen
Körper zu gleichgiltig ist.

So ist das der Fall beim Fuß des Bildungsmenschen. Außer durch Werke
solcher Künstler, die bewußt schaffen und ganz vereinzelter Exemplare Lebender,
haben wir in der Nähe überhaupt keine Quelle, die uns über die Form des Fußes
und seine Schönheit belehren könnte. Denn, so paradox es vielleicht klingen
mag: die gesamte gebildete Menschheit hat verkrüppelte Füße und schämt sich
dessen nicht. Trotzdem ich schon einmal vor Jahren im Kunstwart ausführlich
davon gesprochen habe, muß ich hier doch noch einmal darauf zurückkommen.
Eine Verkrüppelung müssen wir jede durch Zwang entstandene unzweckmäßige
Abweichung von der Bildung der Natur nennen. Diese Bildung ist ja keine
zufällige, die man nach Belieben verändern könnte, sondern sie gestaltet sich
nach den Zwecken in einer Weise, daß wir, käme sie aus einem Menschengehirn,
hier den Gipfel genialen Scharffinns sehen müßten. Jede Verletzung oder
Veränderung dieses wunderbaren mechanischen Kunstwerks muß notwendiger-
weise auch eine Störung in seinen Funktionen hervorrufen. Das trifft nun
auch ein. Trotzdem ist die Intelligenz der Mehrheit noch zu gering, um zwei
so offen daliegende Thatsachen in ursächlichen Zusammenhang zu bringen.
Die Leute schicken sich höchstens dann an, einzugreifen, wenn Krankheit oder
doch zum mindesten Schmerzen sie zwingen. Da sucht man den Schmerz zu
entfernen, anstatt die Ursache. Auch da, wo die Intelligenz hinreicht, die Ursache zu erkennen, sucht man mit schlechten Kompromissen einen erträglichen
Zustand herbeizuschaffen: von den ästhetischen Forderungen dämmert auch
nicht ein leiser Schimmer. So unendlich tief ist das Gefühl für Körperschön-
heit gesunken, daß man den Fuß äußerlich durch eine Umkleidung auszudrücken
sucht, die dem anatomischen Prinzip desselben direkt zuwiderläuft, ja, daß
man eine Bekleidungsform, die dem letzteren folgt, für häßlich hält. Aber
außer der Indolenz drückt sich noch eine andere Häßlichkeit darin aus: man
liebt die Schönheit nicht um ihrer selbst wegen, sondern nur, um sie anderen
Leuten zu zeigen. Eine schöne Nase, einen schönen Mund möchte man um alles
in der Welt besitzen, aber den Fuß, den sieht man ja nicht, man merkt ja nicht,
ob er wirklich schön ist oder nicht: nur auf die Kleinheit kommt's an, denn die
bemerkt man. Wie empfindlich sind manche Menschen für die Sprache der
Hände geworden, wie unsympathisch kann einem ein Mensch werden, dessen
Hände einem unangenehm sind. Deswegen stellt sich ein Mensch, wenn er
behauptet, daß er Bedürfnis nach Schönheit hätte, wenn er für diese Frage
des Fußes Gleichgiltigkeit zeigt, ein schlimmes Zeugnis aus. Es ist oft seltsam, welche Form diese Gleichgiltigkeit annimmt, wenn sie mit einem gewissen
der Anlage nach ästhetischen, aber unausgebildeten oder verkommenen Empfinden gepaart ist. Viele Leute sind aus der Erfahrung, daß ihre eigenen Füße
und die anderen, die sie sonst noch sehen, durch Entstellung in der That sehr
häßlich sind, zu der verschrobenen Meinung gelangt: der Fuß sei überhaupt etwas
sehr häßliches und von der Natur so gewollt. Davon, daß er vom mechanisch-
anatomischen Standpunkte aus ein wahres Kunstwerk ist, davon haben sie keine
Ahnung, ebensowenig wie von der edeln äußeren Schönheit, die sich bei einem
gut entwickelten Fuße zeigt. Andere bemerken die Entstellung des Fußes ge-
fühlsmäßig und empfinden sie als Entartung, aber sie haben nicht das Urteil,
um auch klar zu erkennen, worin diese Entartung besteht. Sie besteht ja
nicht allein in den starken Verschiebungen, Verkrümmungen u. s. w., sondern

auch in allen anderen Entstellungen, wie der verhärteten Haut, den „Hühner=
augen", die ein Schutzmittel der Natur gegen den Druck falscher Kleidung sind.
Man braucht die „Grundirrtümer", nach denen wir bei der Fußbekleidung
unbewußt handeln, nur in deutliche Worte zu fassen, um sofort zu sehen,
wie töricht wir sind. Der erste ist der, daß der Fuß vorne in eine Spitze
auslaufe, der zweite der, daß die Unterfläche beider Füße gleich seien. Man
lege einmal den dritten, vierten und fünften Finger seiner Hand lose auf den
Tisch; dann hat man eine ähnliche Grundform wie die vordere des Fußes,
nur mit dem Unterschied, daß der Mittelfinger stärker vorspringt, als es die
große Zehe thut, die im Gegenteil beim normalen Fuße gegen die zweite etwas
zurücktritt. Man wird an dem Beispiel sehen können, daß sich die gerade ge=
wachsenen Finger nicht in eine Spitze zwängen lassen, selbst dann kaum, wenn
man sie mit Gewalt preßt, ja über einander schiebt. Das aber geschieht bei den
meisten Füßen. Da die Zehen nicht so frei beweglich sind, wie die Finger,
behalten sie schließlich ihre gebogene Form, verlieren durch das Aneinanderpressen
ihre Rundung, werden kantig und unschön. Die häufigste Abbiegung ist die
des großen Zehes nach den übrigen Zehen zu. Legt man ein Lineal an den
Hacken und den Großzehen=Ballen, so berührt an der Spitze der große Zehen
beim normalen Fuße diese gerade Linie. Bei weitem die meisten werden
jedoch die Wahrnehmung machen, daß sich die Spitze ihrer großen Zehe weit
von der Linie entfernt. Sie mögen dann diese Erscheinung mit der guten
Plastik eines schönen Fußes vergleichen — ich würde mich wundern, wenn das
für den seiner Organisierten nicht eine wehmütige Betrachtung ergäbe. —
Natürlich betrifft die Deformierung die übrigen Zehen in gleicher Weise. Sie
verlieren ihre edle Form, sie werden krallenförmig; die Nägel, die in dieser
geschützten Lage sich bei der richtigen Bekleidung zu noch feineren Formen als
bei der mehr gebrauchten Hand entwickeln, werden bei falscher Bekleidung
unansehnlich, unregelmäßig oder ganz entstellt. Treten dazu noch die erwähnten
Hautverhärtungen, so kommt was Hübsches heraus. Die Behauptung zu
widerlegen, all das käme nicht von der falschen Bekleidung, ist kaum nötig.
— Das, was ich als zweiten Grundfehler bezeichnete, ist das Uebersehen der
starken Wölbung, die der Fuß unter dem Mittelfußknochen der großen Zehe hat,
während die der kleinen Zehen nach außen abwärts steigen. Es ist klar, daß da=
durch nach der inneren Seite des Körpers zu eine starke Wölbung entsteht. Aber es
gibt Mütter, die ihre Kinder zwingen, ihre rechten und linken Stiefel zu wech=
seln. Wie soll sich ein Stiefel, der für den linken Fuß gebaut ist, dem rechten,
der sein Spiegelbild darstellt, anfügen? Wird er dazu gezwungen, so sind Ueber=
beine und Plattfüße die Folge.

Unzweifelhaft ist es nicht leicht, sich bei den heutigen, von der Mode=
laune und nicht vom Verstande beeinflußten Kleidungsformen einen normalen
und schönen Fuß zu erhalten. Und es ist fast unmöglich, da, wo die Ver=
schiebung und Deformierung bereits auf die Knochen übergegangen ist, eine
Rückbildung zum Normalen zu erhalten. Deshalb sollte es allen Müttern und
Erziehern, die den Anspruch erheben, ihren Kindern auch den Körper fürs Leben
bilden zu helfen, eine Ehrenpflicht sein, diesen armen, unwissenden, nichtsahnen=
den Kleinen nicht ebenso einen Körperteil zu entstellen, wie es die ältere Gene=
ration bisher gethan hat. Eine Generation mit höherer, ästhetischer Bildung
wächst auf und wird, wenn ihr Urteil gereift ist, die Entstellungen wahrnehmen,
die der Stumpfsinn ihnen wie ein Brandmal fürs Leben aufgedrückt hat.

Paul Schultze=Naumburg.

2. Aprilheft 1899

Lose Blätter.
Gedichte von Klaus Groth.

Ueber Bedeutung und Eigenart der Klaus Grothschen Dichtung hat Bartels an leitender Stelle dieses Heftes gesprochen. Wir haben darüber nichts weiter zu sagen. Aber wir haben zu begründen, weshalb wir so ungewöhnlich stark auf Groths Ehrentag hinweisen, zu begründen, weshalb wir, die Feinde der Jubiläomanie, mit Leitaufsatz, Gedichtproben, Bildnis und Noten sagen: gedenkt Klaus Groths! Deshalb geschieht es, weil wir in ihm einen der größten, vielleicht den größten der lebenden deutschen Lyriker sehen, und doch wissen, daß über einen begrenzten Kreis hinaus verhältnismäßig nur wenige seine Bedeutung kennen. Die Norddeutschen freilich, ja, die kennen den Mann, die Mittel und Süddeutschen aber, die Oesterreicher, die Schweizer und die Deutschen sonst, zu denen der Kunstwart kommt, sie ahnen noch zum geringsten Teil, welch echte und tiefe Kunst hier in einer zunächst ja fremden, aber doch leicht verständlichen Sprache redet. Ganz echte Dichtung ist ja ein so seltenes und ein so hohes Gut, daß man kaum zu viel thun kann, um ihre Quickbornwasser in die Häuser zu leiten. Bei Groth kommt hinzu, daß er bei aller Stärke der eigentümlichen dichtenden Persönlichkeit so sehr dem eigentümlich d e u t s c h e n Empfinden zum Ausdruck verhilft, wie kaum ein Anderer. Heimatgefühl, Naturfreude, Kinderliebe z. B. hat eigentlich nur einer gleich deutsch „besungen", Ludwig Richter. Aber das Stoffgebiet, in dem Groth zu Hause ist, ist größer als das, in dem der teure zeichnende Meister wirklich heimisch war, es geht bis zum Dämonischen. Man lese „Hans Jwer" — wie grausig lebt da die Werwolfsage auf. Und dann versenke man sich wieder, und wär's durch dreimaliges aufmerksames Lesen, bis zum vollen Verständnis in „Dar wahn en Mann", um zu bewundern, wie Groth gelegentlich die innerlichsten Gemütsprobleme in ein paar Versen darstellt, die auf den ersten Blick nur leichte Kinderreime scheinen. Was bedeuten gegen solch zusammengedrängten und so schlicht gegebenen inneren Reichtum die Neutönereien unserer Hochmodischen, die sich gut zweidutzendmal anspruchsvoller geben! Wären unsre Gebildeten mit den Echten auch nur unter unsern „alten Herren" wirklich vertraut, das Literaturgigerltum hätte bald ausgepost. Um die Opfer der jüngstdeutschen Literaturrevolution war's nicht schade, sie waren Macher und Halbe, aber vor die stillen Größen der Zeit, vor welchen die Macher und Halben gestanden hatten, vor die stellten sich nun die Jüngstdeutschen. Um die Hebbel, Ludwig, Mörike, Keller, Groth ist schwerlich eine einzige jüngstdeutsche Feder stumpf geschrieben worden.

Wir haben die folgenden Gedichte „Klaus Groths gesammelten Werken" entnommen, die bei Lipsius & Tischer in Kiel erschienen sind. Die plattdeutschen des „Quickborns" sind aber auch als einzelner Band zu kaufen.

Dar wahn en Mann.

Dar wahn en Mann int gröne Gras,
De harr keen Schüttel, harr keen Tass,
De drunk dat Water, wo he't funn,
De plück de Kirschen, wo se stunn'.

Wat weert en Mann! wat weert en Mann!
De harr ni Putt[1], de harr ni Pann,

---

[1] Topf.

De eet de Appeln vun den Bom,
De harr en Bett vun luter Blom.

De Sünn dat weer sin Taschenuhr,
Dat Holt dat weer sin Vagelbur,
De sungn em Abends äwern Kopp,
De wecken em des Morgens op.

De Mann dat weer en narrschen Mann,
De Mann de fang dat Gruweln¹ an:
Nu möt wi All in Häser wahn'. —
Kumm mit, wi wüllt int Gröne gan!

Regenlied.

Walle, Regen, walle nieder,
Wecke mir die Träume wieder,
Die ich in der Kindheit träumte,
Wenn das Naß im Sande schäumte,

Wenn die matte Sonnenschwüle,
Lässig stritt mit frischer Kühle,
Und die blanken Blätter tauten
Und die Saaten dunkler blauten.

Welche Wonne, in dem Fließen
Dann zu stehn mit den nackten Füßen!
An dem Grase hinzustreifen
Und den Schaum mit Händen greifen,

Oder mit den heißen Wangen
Kalte Tropfen aufzufangen,
Und den neu erwachten Düften
Seine Kinderbrust zu lüften!

Wie die Kelche, die da troffen,
Stand die Seele atmend offen,
Wie die Blumen, düftetrunken
In den Himmelstau versunken.

Schauernd kühlte jeder Tropfen
Tief bis an des Herzens Klopfen,
Und der Schöpfung heilig Weben
Drang bis ins verborgne Leben.

Walle, Regen, walle nieder,
Wecke meine alten Lieder,
Die wir in der Thüre sangen,
Wenn die Tropfen draußen klangen!

Möchte ihnen wieder lauschen,
Ihrem süßen feuchten Rauschen,
Meine Seele sanft betauen
Mit dem frommen Kindergrauen.

---

¹ Grübeln.

2. Aprilheft 1899

Min Port[1].

De Port is noch dar, geit apen und to,
Of knarrt un jankt[2] un klappt se as do.
Dar gung'n de mi leef weern ut un in:
De Fru, de Kinner, Verwandte un Fründ.
Wa oft, wenn se klapp, dat ik dacht: Wat nu?
So keem en Gesicht, dat ik reep: Dat büst du!
In'n Sünnschin weer't, Sünnschin op de Böm,
Sünnschin opt Gesicht, opt Gras un de Blöm,
Sünnschin int Hart — so keem't in de Port,
So gung't in un ut, Dag an Dag, jümmer[3] fort.
Dar keem wul Regen un Snee mit mank[4],
Dat weih, dat de Port in de Angeln jank,
Dat baller[5] un klapp, ik reep all binn[6]:
Süh dar! Wa schön! Kum man in! Kum rin!

Allmählich keem't — do gung Een ut de Port,
Darhin gung de Weg, un nu weer Se fort.
Ja, rut weer se kam', torügg keem se nich,
Un mi — mi leepen de Thran'n vunt Gesicht.
De Sünn schien wedder, de Blöm de blöhn,
De Summer weer dar, und de Böm warn grön,
Ik hör de Port, wa se klappt un knarrt —
De Sünnschin kummt mi nich wedder int Hart.

Denn weer't en Anner[7] — of He gung fort,
Hoch weer he wussen hier achter[8] de Port.
Dat Nest ward to lütt, de Vagel ward flügg,
He geit in de Welt, he winkt noch torügg:
Ade! Ade!
            Un de Port de knarrt,
Un ik sitt dar mit min eensam Hart.

So ward se still und stiller min Port,
All wat mi leef geit rut un blift fort.
Bekannte to vel, jümmer weniger Fründ,
Un endlich bliv ik alleen hier binn.

Un wenn de Port toletzt mal knarrt,
Denn is't, wenn man mi rutdregen[9] ward,
Un denn vör en Annern geit se as nu,
Un he röppt to en Anner, wenn se geit: Dat büst du!
Und de hier plant hett und sett de Port,
Em drogen se rut an en stillen Ort.

Min Jehann.
(Des Dichters Bruder.)

Ik wull, wi weern noch kleen, Jehann,
Do weer de Welt so grot!

---

[1] Gartenpforte. [2] quiekt. [3] immer. [4] dazwischen. [5] knallte. [6] brinnen. [7] ein Anderer. [8] hinter. [9] hinaustragen.

Wi seten op den Steen, Jehann,
  Weeßt noch? bi Nawers[1] Sot[2].
     Un Heben[3] seil[4] de stille Maan,
     Wi segen, wa he leep[5],
     Un snacken, wa de Himmel hoch
     Un wa de Sot wul deep[6].

Weeßt noch, wa still dat weer, Jehann?
  Dar röhr[7] keen Blatt an Bom.
So is dat nu ni mehr, Jehann,
  Als höchstens noch in Drom[8].
     Och ne, wenn do de Scheper[9] sung,
     Alleen int wide Feld:
     Ni wahr, Jehann? dat weer en Ton!
     De eenzige op de Welt.

Mitünner inne Schummerntid[10]
  Denn ward mi so to Moth.
Denn löppt mi't langs den Rügg so hitt,
  Us domals bi den Sot.
     Denn dreih ik mi so hasti um,
     Us wer ik nich alleen:
     Doch Allens, wat ik finn, Jehann,
     Dat is — ik sta un ween.

Hell int Finster.

Hell int Finster schint de Sünn,
Schint bet deep int Hart herin;
All wat kold is, dump un weh,
Daut se weg, as Is un Snee.

Winter weent sin blanksten Thran,
Dörjahrsathen weiht mi an,
Kinnerfreid so frisch as Dau
Treckt mi dör bunt Himmelsblau.

Noch is Tid! o kamt man in,
Himmelblau un Dörjahrssünn!
Lacht noch eenmal warm un blid[11]
Deep int Hart! o noch ist Tid.

De Kinner larmt.

Luri[12] treckt de Abendluch[13]
  Äwert Feld so glind;
Wenn't mi nu wat wünschen much,
  Weer't noch eenmal Kind.

Lisen weiht er Lust un Larm
  Wit hendal[14] na't Moor,

---

[1] Nachbars. [2] Brunnen. [3] Himmel. [4] segelte. [5] lief. [6] tief. [7] rührte sich
[8] Traum. [9] Schäfer. [10] Dämmerung. [11] freundlich. [12] lau. [13] Luft. [14] hinab

2. Aprilheft 1899

As Musik, so week un warm,
All as weer't en Chor.

Kumt mi nich min Leben vör
Als en swaren Drom?
Wak ik so mal op as Gör
Abends ünnern Bom!

All min Freid is sünner[1] Klang,
Un min Hart is arm,
Hör'k in Schummern as Gesang
So de Kinner larm';

Sackt[2] mi rein[3] de Spaden[4] dal
Ut de sware Hand.
Gravt de mi den Weg wul mal
Rin int Kinnerland?

Na 'n buten.[5]

Kind: De Sünn is schön, dat Gras is grön,
    Och, schall ik nich na'n Garn[6]?
Moder: Kind, Kind! Dar sitt de Mann inn Sot[7],
    De kriggt[8] di bi de Haar!
Kind: De kriggt mi bi de Haar to fat?
Moder: Un treckt[9] di in den Sot!
Kind: Un ik kann gar ni ruter[10] kam?
Moder: Un du büst musedot!
Kind: Denn kam ik in en smuck lütt Sark!
Moder: Un inne kole[11] Eer,
    Ganz wit[12] vun hier, günt[13] anne Kark!
Kind: Denn lop ik wedder her!
Moder: Denn löppst du nich, denn büst du dot!
Kind: Denn neih ik awer ut[14]!
Moder: Denn büst du inner[15] in de Eer!
Kind: Denn kam ik wedder rut.
    Denn plück ik eerst de smucken Blöm,
    Denn kam ik antofahrn,
    Denn schint de warme Sünn so schön —
    Och, lat mi na den Garn!
Moder: Hörst du ni eben wat der bell?
    Dar is en Hund so grot!
Kind: Den kriggt de Mann bi't Haar tofat
    Und halt em in den Sot!
    Denn kann he gar ni ruter kam,
    Und wi plückt all de Blöm!
    Denn lat uns nu man rut na'n Garn,
    De Sünn de schint so schön!
Moder: Kind, Kind, din Vatter ward je bös!

---

[1] sonder. [2] sinkt. [3] gänzlich. [4] Grabschaufel. [5] nach draußen. [6] Garten. [7] Brunnen. [8] faßt, ebenso „kriggt to fat". [9] zieht. [10] wieder heraus. [11] kalte. [12] weit. [13] jenseits. [14] kneife ich aus. [15] unten.

Kind: Un sleit¹ den groten Hund!
Nu lat uns man!
Moder: So lat uns denn,
Du söte Pappelmund²!

Matten³ Has.

Lütt⁴ Matten de Has'
De mak sik en Spaß,
He weer bi't Studeern
Dat Danzen to lehrn,
Un danz ganz alleen
Op de achtersten⁵ Been.

Keem Reinke de Voss
Un dach: das en Kost!
Un seggt: Lüttje Matten,
So flink oppe Padden⁶?
Un danzst hier alleen
Oppe achtersten Been?

Kumm, lat uns tosam!
Ik kann as de Dam!
De Krei⁷ de spelt Fitel,
Denn geit dat canditel⁸,
Denn geiht dat mal schön;
Op de achtersten Been!

Lütt Matten gev Pot.
De Voss beet em dot
Un sett sik in Schatten,
Verspis' de lütt Matten:
De Krei de kreeg een
Vun de achtersten Been.

De Garn.

Leben — och! — wa ist ni schön!
Dod is wul so swar!
Un de Karkhof is so neeg,
Dicht an unsen Garn.

Seeg ik na de Krüz un Steen,
Seeg ik na de Maan,
Hör ik sach de Karkenklock
Still un truri gan.

Och! un dochen rükt de Blom,
Un min Hart dat sleit!
Sieh! un ünnern Appelbom,
Sieh mal, wull⁹ dar steit!

---

¹ schlägt. ² Plaudermund. ³ Martin. ⁴ klein. ⁵ hintersten. ⁶ Pfoten.
⁷ Krähe. ⁸ lustig. ⁹ wer.

Kumm, dat Leben is so schön!
Dod is wul en Drom.
Lat uns äwern Karkhof sehn
Mank[1] de Büsch un Blom'.

Vör Dör.

Lat mi gan, min Moder slöppt!
Lat mi gan, de Wächter röppt!
Hör! wa schallt dat still un schön!
Ga un lat mi smuck alleen!

Süh! dar liggt de Kark so grot!
An de Mür dar slöppt de Dod.
Slap du sund[2] un denk an mi!
Ik dröm de ganze Nacht vun di.

Moder lurt[3]! se hört't gewis!
Un's genog! — adüs! adüs!
Morgen Abend, wenn se slöppt,
Bliv ik, bet de Wächter röppt.

He sä mi so vel.

1. He sä[4] mi so vel, un ik sä em keen Wort,
   Un all wat ik sä, weer: Jehann, ik mutt fort!

2. He sä mi vun Lev[5] un vun Himmel un Eer,
   He sä mi vun allens — ik weet ni mal mehr!

3. He sä mi so vel, un ik sä em keen Wort,
   Un all wat ik sä, weer: Jehann, ik mutt fort!

4. He heel mi de Hann', und he bä[6] mi so dull[7],
   Ik schull em doch gut wen[8], un ob ik ni wull?

5. Ik weer je ni bös, awer sä doch keen Wort,
   Un all wat ik sä, weer: Jehann, ik mutt fort!

6. Un sitt ik un denk, un denk jümmer[9] deran,
   Mi däch[10], ik muss segt hebbn: Wa geern, min Jehann!

7. Un doch, kumt dat wedder, so segg ik keen Wort,
   Un hollt he mi, seeg ik: Jehann, ik mutt fort!

Abendfreden.

De Welt is rein[11] so sachen,
As leeg se deep in Drom,
Man hört ni ween noch lachen,
Se's lisen as en Bom.

Se snackt[12] man mank[13] de Bläder,
As snack en Kind in Slap,
Dat sünd de Wegenleder
Vör Köh un stille Schap.

---

[1] zwischen. [2] gesund. [3] wartet. [4] sagte. [5] Liebe. [6] bat. [7] sehr. [8] gut sein. [9] immer. [10] dünkte. [11] gar. [12] plaudert. [13] zwischen.

Nu liggt dat Dörp in Dunkeln
Un Newel hangt dervör,
Man hört man eben munkeln,
As keem't vun Minschen her.

Man hört dat Veh int Grasen,
Un Allens is en Fred,
Sogar en schüchtern Hasen
Sleep mi vör de Föt.

Das wul de Himmelsfreden
Ahn[1] Larm un Strit und Spott,
Dat is en Tid tum Beden --
Hör mi, du frame[2] Gott!

He much[3] ni mehr.

Levt harr he as en Christenminsch
Und arbeidt, as dat hör,
He harr[4] sin Lust, he harr sin Last
He much tolez ni mehr.

He weer ni krank, un doch ni recht,
He leeg, un harr keen Rau[5],
De an sin Bett seet, weer sin Knecht,
Ok de weer old un grau.

He seggt: Vertell[6] mi wat Jehann!
Denn klön[7] de vun tovörn[8],
Und as se beid noch Burßen weern
Und Jungs un halwe Görn[9].

He hör em to as na en Leed[10],
As wenn he Wunner hör,
He lev noch mal de schöne Tid,
Und frei se noch mal dör[11].

Denn sä he: Nu is't nog Jehann,
Ik föhl, nu kumt uns Herr.
Do mak he sacht de Ogen to,
He much tolez ni mehr.

Dat Moor.

De Borrn bewegt sik op un dal,
As gungst du langs en böken[12] Bahl[13],
Dat Water schülpert[14] inne Graff[15],
De Grasnarw bewert[16] op un af;
Dat geit hendal, dat geit tohöch
So lisen as en Kinnerweeg[17].

Dat Moor is brun, de Heid ist brun,
Dat Wullgras schint so witt as Dun[18],

<hr/>

[1] ohne. [2] fromm. [3] mochte. [4] hatte. [5] Ruh. [6] erzähle. [7] plauderte.
[8] früher. [9] Kinder. [10] Lied. [11] durch. [12] buchen. [13] Bohle. [14] schwappt.
[15] Graben. [16] bebt. [17] Wiege. [18] Flaumfeder.

So week as Sid, so rein as Snee:
Den Habbar¹ reckt² dat bet ant Knee.

Hier hüppt de Pock³ int Reth⁴ hentlank,
Und fingt uns Abends sin Gesank;
De Voss de bru't⁵, de Wachtel röppt⁶,
De ganze Welt is still un slöppt⁷.

Du hörst din Schritt ni, wenn du geist,
Du hörst de Rüschen⁸, wenn du steist,
Dat levt un wevt int ganze Feld,
As weert bi Nacht en anner Welt.

Dann ward dat Moor so wit un grot,
Denn ward de Minsch so lütt to Noth:
Wull⁹ weet, wa lang he dör de Heid
Noch frisch un kräfti geit!

Ol Büsum.¹⁰

Ol Büsen liggt int wille Haff,
De Floth de keem un wöhl en Graff¹¹.

De Floth de keem un spöl un spöl,
Bet se de Insel ünner wöhl.

Dar blev keen Steen, dar blev keen Pahl,
Dat Water schäl¹² dat all hendal¹³.

Dar weer keen Beest¹⁴, dar weer keen Hund,
De ligt nu all in depen Grund.

Un Allens, wat der lev un lach,
Dat deck de See mit depe Nach¹⁵.

Mitünner in de holle Ebb¹⁶
So süht man vunne Häs' de Köpp.

Denn dukt¹⁷ de Thorn herut ut Sand,
As weert en Finger vun en Hand.

Denn hört man sach de Klocken klingn,
Denn hört man sach de Kanter¹⁸ singn.

Denn geit dat lisen dör de Luft:
„Begrabt den Leib in seine Gruft."

He wak.

Se keem ant Bett inn Dodenhemd un harr en Licht in Hand,
So weer noch witter as er Hemd un as de witte Wand.

So keem se langsam langs de Stuv un fat an de Gardin,
Se lücht un keek em int Gesicht un lähn sik öwerhin.

---

¹ Storch. ² reicht. ³ Frosch. ⁴ Riethgras. ⁵ Der Fuchs braut, der Nebel liegt auf den Wiesen. ⁶ ruft. ⁷ schläft. ⁸ Binsen. ⁹ Wer. ¹⁰ Ol Büsum: Alt-Büsum soll auf einer Halbinsel oder Insel an der Küste gelegen haben und von einer gewaltigen Sturmflut fortgerissen sein. ¹¹ Grab. ¹² spülte fort. ¹³ hinab. ¹⁴ Stück Rindvieh. ¹⁵ tiefer Nacht. ¹⁶ bei niedrigster Ebbe. ¹⁷ taucht. ¹⁸ Kantor.

Doch harr se Mund un Ogen to, de Bossen¹ stunn er still,
Se röhr keen Lid² un seeg doch ut as Een de spreken will.

Dat Gresen³ trop em langs den Rügg⁴ un Schuder dör de Hut,
He meen he schreeg in Dodensangst, un brock keen Stimm herut.

He meen he greep mit beide Hann' un wehr sik vör den Dod,
Und föhl mank⁵ alle Schreckensangst, he röhr ni Hand noch Fot.

Doch as he endli to sik keem, do gung se jüs ut Dör,
As Krid so witt, in Dodenhemd, un lücht sik langsam vör.

Hans Jwer⁶.

De Kath⁷ liggt dal, de Krog⁸ liggt wöst:
De arme Seel hett Gott erlöst. —

Hans Jwer reep des Morgens fröh:
Sta op! sta op! un melk de Köh!

Dat Mäden flog vör Schreck tosam:
O ja Hans Jwer, ik will kam'!

Se weer en arm verlaten Blot,
Se be⁹ toeerst ton lewen Gott.

Er Hemd is deker¹⁰, dünn de Rock,
Se bindt umt lange Haar en Dok.

Se schörtt umt smalle Lif en Egg¹¹,
Se nimt de Drach¹² und is torech.

Dat Mäden weer so junk un möd,
Er sangeln¹³ noch de weken Föt.

Dat Gras is kold vun Dak¹⁴ un Dau,
Dat Feld liggt bleek int Morgengrau.

Do weet se gar ni wa er ward,
Er kruppt¹⁵ de kole Angst umt Hart!

Is dat de Voss de jankt¹⁶ int Feld?
Is dat en Hund de hult un bellt?

Se hört as reep Hans Jwer fröh:
Sta op! sta op! un melk de Köh!

Do springt se schüchtern op dat Steg¹⁷:
Herr Gott! dar steit en Wulf inn Weg!

In Newel steit he, hult und bellt,
Do klingt dat dör dat wide Feld!

---

¹ Busen. ² Glied. ³ Grausen. ⁴ lief ihm über den Rücken. ⁵ in. ⁶ Nach dem Volksglauben muß ein Werwolf, d. h. ein Mensch, der zu Zeiten als ein Wolf umgeht — was für ein böser Zauber, aber auch für ein schweres, unheilbares Leiden gilt —, seine natürliche Gestalt wieder annehmen, sobald er erkannt und bei seinem rechten Namen angeredet wird, und ist dann dem Tode verfallen. ⁷ Kate. ⁸ eingehegtes Stück Weideland in der Marsch. ⁹ betete. ¹⁰ dünn, verschlissen. ¹¹ Tuchkante. ¹² Tracht. ¹³ vor Schmerz brennen. ¹⁴ Nebel. ¹⁵ kriechen. ¹⁶ winselt. ¹⁷ Brücke über den Graben.

2. Aprilheft 1899

Do schütt[1] se as en Lamm tosam
Und röppt: Hans Jwer, ja! if kam! —

Us se vör Schrecken fif besunn,
Do weer de böse Wulf verswunn'.

Se keem to Hus mit Drach un Melf,
Do weer Hans Jwer leeg[2] un welf.

Denn is he storbn, bi Nacht alleen,
De Werwulf is ni wedder sehn.

Gott hett sin arme Seel erlöst:
Sin Kath un Krog ligt wild un wöst.

Bi Jdsted.

(26. Juli 1850.)

Uns twintig Bataillonen
Bi Jdsted, wat en Heer!
Kanonen un Schwadronen!
Uns egen[3] Lüd nn Per!

Dat weer de Herr Willisen,
Dat weer de General,
Weer awers[4] nich vun Jsen,
Un of keen Mann vun Stahl.

Wi harrn se seker kregen[5],
Se dwungen[6] stumm und dumm;
Do blas' dat langs de Regen[7]:
Torügg, Kamrad, kehr' um!

Weer dat en Tid tum Blasen:
„Umkehrt!" as bi en Jagd?
Gung't denn op Reh un Hasen,
Weer't nich en bittre Slacht?

Harrn wi nich stan as Pahlen[8]?
Nicht wadt[9] in Sweet un Blot?
Un Mennig schreeg[10] in Qualen,
Und Mennig leeg der[11] dot!

Bi Stolke mank[12] de Hecken
Wer leeg dar Mann an Mann?
De unse Kugeln strecken[13]!
En General[14] vöran!

Dat weern se, de Husaren.
Mit samt er Dannebrog!
De Raben keemn in Scharen,
Na'n Heben trock[15] de Rok[16].

---

[1] schießen. [2] krank. [3] Unsere eignen Leute und Pferde. [4] aber. [5] sicher
bekommen. [6] bezwungen. [7] Reihen. [8] Pfähle. [9] gewatet. [10] schrie. [11] lag da.
[12] zwischen. [13] niederstreckten. [14] (Schleppgewell.) [15] zog. [16] Rauch.

Un wi, as op de Socken,
Wi sleken¹ dör de Heid!
De Rot is wul vertrocken —
De Doden sünd beklei't². — —

Dat blöht in Summerdagen
Dar hochrot op de Loh³:
Blot hett de Eer dar sagen⁴!
De Schann⁵ de lichtert⁶ so!

Doch, kamt de Tiden wedder
Vun Idsted — as dat ward⁷! —
Keen Mann denn vun de Fedder!⁸
Denn Een vun Kopp un Hart!

Denn mal en Mann vun Isen,
En echten General,
So wüllt wi noch mal wisen⁹,
Wi dwingt se noch enmal.

Un blast denn de Trumpeten:
„Umkehrt! dat is vörbi!"
So mutt dat Blasen heten:
Un's Sleswig-Holsteen fri!

Rundschau.

* „Verheiratete Worte" soll der Poet nicht gebrauchen. In Daudets literarischem Nachlaß findet man ein paar hübsche Worte darüber. „Welche unsägliche Langeweile verursachen manche Beiworte und Substantiva, die seit Jahrhunderten bereits nebeneinanderstehen. Die schlechten Schriftsteller haben gar kein Auge und Ohr dafür; sie meinen eben, daß der »Ehebruch« zwischen den Worten nicht erlaubt sei. Es gibt Leute, die, ohne zu erröten, schreiben können: »Hundertjährige Bäume«, »Melodischer Tonfall«. »Hundertjährig« klingt ja nicht schlecht, gebt ihm nur ein anderes Hauptwort; schreibt: »Hundertjähriges Laub«, »Hundertjährige Gärten« u. s. w.; seht Ihr, das klingt schon ganz anders. Kurzum, das Beiwort darf wohl die Geliebte des Hauptwortes sein, niemals aber seine rechtmäßige Gattin. Zwischen den einzelnen Worten sind flüchtige Liebschaften, niemals aber dauernde Ehen gestattet.

Dieses hier unterscheidet eben den Schriftsteller vom — „Schreiber..." Das ist sehr „französisch" ausgedrückt, seinem Sinn nach, aber auch für den Deutschen sehr wahr. Denn das macht den Wortdichter, daß er nichts in dem großen Laden mit fertigen Wortwaren einkauft, was er an Sprache im Lebensgarten aus eigenen Saaten bilden kann.

* Schopenhauer über Goethe im Reichstag. „Es gibt noch eine Klasse, deren Anteil ebenfalls auf das Materiale und Persönliche gerichtet ist, welche aber auf diesem Wege weiter geht, und zwar bis zur gänzlichen Nichtswürdigkeit. Dafür nämlich, daß ein großer Geist ihnen die Schätze seines Innersten eröffnet und durch die äußerste Anstrengung seiner Kräfte Werke hervorgebracht hat, welche nicht nur ihnen, sondern auch ihren Nachkommen, bis in die zehnte, ja zwanzigste Generation zur Erhebung und Erleichterung gereichen, dafür also, daß er der Menschheit ein

¹ schlichen. ² begraben. ³ Heiloh: Heide. ⁴ gesogen. ⁵ Schande. ⁶ leuchtet.
⁷ wie das sicher kommen wird. ⁸ Federheld. ⁹ zeigen.

Geschenk gemacht hat, dem kein anderes gleichkommt, dafür halten diese Buben sich berechtigt, seine moralische Person vor ihren Richterstuhl zu ziehen, um zu sehen, ob sie nicht dort irgend einen Makel an ihm entdecken können, zur Linderung der Pein, die sie in ihres Nichts durchbohrendem Gefühle beim Anblick eines großen Geistes empfinden. Daher rühren z. B. die weitläuftigen, in unzähligen Büchern und Journalen geführten Untersuchungen des Lebens Goethes von der moralischen Seite, wie etwa, ob er nicht dieses oder jenes Mädel, mit dem er als Jüngling eine Liebelei gehabt, hätte heiraten sollen und müssen; ob er nicht hätte sollen, statt bloß redlich dem Dienste seines Herrn obzuliegen, ein Mann des Volks, ein deutscher Patriot, würdig eines Sitzes in der Paulskirche, sein u. dgl. m. — Durch solchen schreienden Undank und hämische Verkleinerungssucht beweisen jene unberufenen Richter, daß sie moralisch eben solche Lumpen sind, wie intellektuell, — womit viel gesagt ist.«

(Parerga und Paralipomena.)

* Daß sich die „jungwienerische" Literatur allmählich ins rein Spielerische aufzulösen scheint, ist für schärfere Beobachter keine neue Besorgnis, die Symptome dafür mehren sich aber von Tag zu Tag. Man lese einmal den folgenden kleinen Bericht der „Frankfurter Zeitung", die dem Jungwienertum so wohlwollend gegenübersteht, wie man nur verlangen kann. Er betrifft ein karnevalistisches Scherzspiel von Bahr und Karlweis, worin zu Gunsten der Pensionskasse des „Deutschen Volkstheaters" „Politik, Theater, sezessionistische Bestrebungen in amüsanter Weise parodiert werden sollten": „Etwas gezwungen beginnt die Geschichte in einem Friseurladen, und ein dünner Faden von Handlung verschlingt diesen Schauplatz mit dem »Salon« einer Domestikengesellschaft, welche das Treiben ihrer Herrschaft grimassiert, dem Atelier eines Malers der alten Schule, der um eines Jures willen im Verlauf einer Viertelstunde Sezessionist wird, und dem Heim einer gefeierten Schauspielerin, die sich nach Interviewern sehnt und hysterische Weinkrämpfe hat, wenn die Zeitungen drei Tage lang ihren Namen nicht bringen. Damit verknüpft sich eine kleine und unschuldige Parodie des »Fuhrmanns Henschel« und der »Zaza«. Wie man sieht, ein buntes und reich-

haltiges Gericht. Aber es ist schade, daß alle diese witzigen Einfälle gleichsam nur in die Luft verschossen wurden, daß es eine bodenlose und ordnungslose Satire war, ein Spiel mit Augenblickseffekten und Momentaufnahmen, die sich oft recht verzerrt und überkarikiert ausnahmen. Schade, denn der Boden für echte Satire in jedem Sinn ist hier günstiger bereitet als irgendwo sonst, was ja aufs engste mit den Zuständen selbst zusammenhängt. Aber was soll man sagen, wenn in dem Bilde »Sezession« immer nur gewisse abgebrauchte Witzformen wiederkehren? Wenn man Dinge verhöhnt sieht, welche nur in der Vorstellung der Menge als verhöhnenswert gelten und die keinen freien künstlerischen, sondern nur einen philiströsen Standpunkt offenbaren? Wenn Girardi als »Obersezessionist« einem jungen Mann das Wesen der »Inwendigen« demonstriert, so wirkt das allenfalls durch den unwiderstehlichen Humor dieses Künstlers, aber die Voraussetzungen solcher Satire sind falsch, stehen auf dem Niveau eines gutbürgerlichen Witzblattes. Nichts ist gefährlicher als dies, denn es verwirrt die Meinungslosen, gibt den Reaktionären Recht, raubt den Gutwilligen ihre Unbefangenheit, und Alles umsonst, denn zum Schluß weiß niemand, wem die Stiche gegolten haben. Der alte Kunst? Aber sie hat sich ins Kleid der jungen gesteckt! Der jungen? Aber sie nimmt sich selbst nicht ernst. Dem Philister? Aber er sieht ja seine Urteile sanktioniert. Den Extravaganten? Aber es ist nicht das Wesen, sondern es sind nur die Aeußerlichkeiten, und sie werden nicht lächerlich gemacht, sondern nur bloßgestellt." Wir sind so altmodisch, daß uns solchen Thatsachen gegenüber gelegentliche „brillante Witze" im politischen Teil nicht viel bedeuten. Witzig war Paul Lindau auch, aber wohin kommen wir mit Witz, wenn er keine echte Ueberzeugung beleuchtet?

Theater.

* Der langsame aber beständige Niedergang des Dresdner Hoftheaters, von dem zu hören unfern Lesern nichts Neues ist, hat in den letzten Wochen das Stadtgespräch lebhafter als gewöhnlich beschäftigt. Zu klagen gibt es bei unserm Theater ja wirklich so ziemlich überall. Sein

Spielplan ist so beschränkt wie möglich. In der Oper: Wagner und nichts
als Wagner, als wären z. B. die
deutschen Meister künstlerisch tot, die
Wagner selbst so hoch geehrt wissen
wollte, im Schauspiel: Neuheiten nur
nach sorgfältigstem Herumhorchen auf
die Erfolge bei andern Bühnen und
unter ängstlicher Bevorzugung der geschickt machenden Halben à la Sudermann vor den wirklich schaffenden
Ganzen, oder aber Premieren von Nichtigkeiten, wie jener „Gewißheit", deren
Vorführung den Leuten von Kunstsinn
wie eine beleidigende Farce erscheinen
mußte. Nahm man einmal Anläufe
zu Gutem, so that man's zu falscher
Zeit, kurz vor Weihnachten, kurz vor
den Ferien, oder man ließ das Gute
ohne jede Not wieder fallen. Und
wie der Spielplan sind die Aufführungen mangelhaft. Die alten guten
Kräfte ließ man gehen, ohne sie durch
gleich tüchtige, ja, ohne sie überhaupt
zu ersetzen, Gastspiele folgen auf Gastspiele, die Regie ist oberflächlich und
im schlechtesten Wortsinn theatermäßig,
und es konnte sogar vorkommen, daß
bei derselben Aufführung die Rezitative
vom einen gesungen, vom andern gesprochen wurden. Sagen wir's ohne
die üblichen Höflichkeitsbeschönigungen
einmal gerade heraus: nach künstlerischem Verstehen und Vermögen sind
die am Theater leitenden Leute
ihren Aufgaben nicht gewachsen.
Es scheint sogar, daß sie noch in anderer als künstlerischer Beziehung ihr
Personal und damit ihre Anstalt nicht
recht in Ordnung halten können.

Das hier Gesagte nun und noch
anderes ward ausgesprochen und angedeutet in einer Eingabe, die der Vorstand des „Vereins zur Förderung
Dresdens und des Fremdenverkehrs"
an die Hoftheaterintendanz senden
wollte. Vorläufig ließ er sie in wenigen Exemplaren für seine Vorstands-
mitglieder zur Beratung drucken. Eins
dieser Exemplare kam nun den „Dresdner
Nachrichten" zu. Die Redaktion dieses
löblichen Blattes fühlte darauf ihr
Herz von zwei Schmerzen zerteilt:
kam die Eingabe ans Licht, so knöpfte
das vielleicht einigen der Fremden die
Augen auf, von denen der „Nachrichten"-
lesende Bürger zehrt, anderseits: schwieg
man, so überließ man vielleicht einem
andern Blatt das Geschäft mit der Pub-
likation der doch hoch pikanten Sache.
Man half sich, indem man das vertrau-
liche Schriftstück schleunigst bekannt

machte, gleichzeitig aber seinem bittern
sittlichen Kummer darüber Ausdruck gab,
daß so etwas bekannt werden könnte.
Auch im Fremdenverein siegte schließlich die Moral, daß es nicht auf das
Sein ankomme, sondern auf den Schein
— die Mehrheit verzichtete auf die
Eingabe. Man dachte eben: merken
die Fremden nicht, wie es beim
Hoftheater zugeht, so laßt das
gehn wie es laufen mag, denn bessert
ihr, so merken sie's, kommen weniger
und kaufen uns weniger Kuchen, Hüte
und Düten ab.

Nicht oft ist so kläglich wie diesmal der Geist in Erscheinung getreten,
der die Organe der öffentlichen Meinung in Dresden beseelt. Bei den
Stadtverordneten, bei all den Vereinen
zur Förderung der Stadt, bei fast der
gesamten Tagespresse entweder unge-
störter Schlummer oder ein sanftes
Schleichen auf Filzschuhen oder ein
heiterer Eiertanz. Als wollte man den
ernsthaften Menschen zwingen, ein
kleines Wochenblatt oder die Zeitung
der Sozialdemokraten zu lesen! Dabei
haben wir an den staatlichen Anstalten
freidenkende Autoritäten, an der Spitze
der Stadt einen aufrichtig kunstfreundlichen Mann, am Amtsblatt ausge-
zeichnete Mitarbeiter, bei den Stadtverordneten und in den Vereinen einsichtige und kenntnisreiche Männer.
Aber sie alle atmet an und schläfert an
der sächsische Spießer- und Lakaien-
geist, der durch irgend eine Spalte in
die Luft jeden hiesigen Arbeitsraumes
einen Hauch von Muffigkeit mischt. Die
wenigen finden ihn überriechend, aber
die vielen finden ihn gemütlich. Es
ist wirklich, als wenn die starken und
gesunden Kräfte, die Sachsen in so
reicher Zahl hervorbringt, sich nur
auswärts recht entfalten könnten. A.

  * Wie es gemacht wird.

In Breslau führte man eine „Gro-
tesk-Komödie" von Georg Engel, „die
keusche Susanne", zum ersten Male
auf. Wir kennen das Stück nicht und
werden erst nach seiner Berliner Aufführung unsere Meinung darüber sagen.
Aber zur Lehre vom Erfolg ist die
folgende Gegenüberstellung interessant.
„Breslauer Morgen-Zeitung":
„Ueber die in den letzten Akten ungemein scharfe Ablehnung der »keuschen
Susanne« habe ich schon berichtet.
Kühn genug versuchte Herr Engel nach
dem dritten und vierten Aufzuge durch
persönliches Erscheinen das Schicksal
seines Stückes zu wenden. Ein in

2. Aprilheft 1899

diesem Falle aussichtsloser und im allgemeinen nicht zu billigender Versuch. Wenn das Erscheinen des Autors überhaupt einen Sinn hat, dann doch nur den, daß dem Publikum, wenn es danach verlangt, Gelegenheit gegeben werden soll, dem Manne, der es eben erhoben oder erheitert hat, von Angesicht zu Angesicht zu danken. Neuerdings hat sich leider die Praxis herausgebildet, daß die Autoren auch ungerufen erscheinen, weil es sich in den nach der Première zu versendenden Reklame-Depeschen besser macht, wenn von so und soviel »Hervorrufen« gesprochen werden kann. Das schon ist ernsthafter Künstler nicht ganz würdig. Wenn aber ein Autor die Szene betritt, dem das Publikum sehr energisch das Gegenteil des Dankes votiert, so fragt man sich vergeblich, welchem Zwecke dieses Unterfangen dienen soll.« »Berliner Tageblatt«, Telegramm: »Georg Engel errang am Sonnabend mit seiner grotesken Komödie »Die keusche Susanne« einen starken, aber heftig befehdeten Erfolg. Das Publikum nahm an einigen derben Reckheiten Anstoß. »Die keusche Susanne« ist eine biblische Satire von unbestrittener Originalität. Sie wird am 14. April im Lessing-Theater zur Aufführung gelangen.«

Zu dem „starken Erfolg" ist nur zu bemerken, daß das Stück in Breslau nach den üblichen drei Aufführungen vom Spielplan abgesetzt wurde.

Musik.

* Ein „musikalischer Wehruf" wird in der Münchner „Allg. Ztg." ausgestoßen über das immer weitere Ueberhandnehmen von Solo-Konzerten gänzlich Unberufener. „Geschäfte" sollen mit solchen Konzerten bekanntlich nicht sofort gemacht werden; es handelt sich vorzugsweise darum, durch den späteren Nachweis des Auftretens in großen Musikstädten sich ein Nämchen und womöglich ein zinsentragendes Rühmchen anzupflegen. Begießerin des Beets, auf dem die Rühmchen keinen, ist dabei die hauptstädtische Presse, auf welche die Leute in der Provinz, gut wie sie sind, ja immer noch etwas geben. Die „Tägl. Rundschau" schlägt deshalb als das beste Mittel zur Bekämpfung dieser Art des Sich-Machens wiederum das Ignorieren solcher Konzertgeber vor. Ja, aber irgend eine entgegenkommende Zeitung findet man doch, die den

ausgehenden Stern erwähnt, zumal wenn mit den zugehörigen Sternthalern vorher Konzertanzeigen bezahlt worden sind. Auch wir empfehlen dasselbe Mittel des Nichtbesprechens, das wir schon früher empfohlen haben, nochmals, denn es dürfte immer noch das beste sein, um die wirklichen Kunstfreund im Publikum vor der Ueberschwemmung mit schlechten Konzerten zu befreien. Aber auch wir müssen mit der „Tägl. Rundschau" daran erinnern, „daß die Mißstände unsres Konzertwesens noch tiefere Ursachen haben, wie z. B. die rein geschäftsmäßige Ausbildung unsres Agenturwesens und den Mangel eines Befähigungsnachweises für jene Musik- und namentlich Gesanglehrer, die besonders in Großstädten ihr stimmverderbendes und beutelerleichterndes Geschäft betreiben."

Bildende Kunst.

* In München ist mit J. L. Raab einer unserer besten Radierer einer älteren, aber nicht einer veralteten Richtung gestorben. Raabs Radierungen nach Hauptwerken der alten Pinakothek sind wahre Wiederschöpfungen ihrer Vorbilder.
* Den Impressionisten und Neu-Impressionisten war die bisher letzte der vielen guten kleinen Kunstausstellungen gewidmet, die Dresden in den letzten Monaten gezeigt hat; der Kunstsalon Ernst Arnold hatte mit großer Sachkenntnis und Mühe besonders bezeichnende Beispiele für diese ganze Bewegung von Manets Auftreten an zusammengebracht. Der Erfolg bewies, wie sehr sich die Zeiten geändert haben: das Publikum gab sich die größte Mühe, Dinge zu bewundern, vor denen es ehedem erschauderte. Für uns wurden in dieser Ausstellung zwei Empfindungen vor den andern stark. Von wie viel Arbeit sprechen diese Bilder, sagte die eine, von wie ehrlichen, heißen Mühen, die Wiedergabe der Natur deutlicher und deutlicher zu erzwingen, von wie viel selber erworbenem Können, daß die herzlichste Achtung unbedingt verdient! Aber wie sehr, empfanden wir zugleich, ist alles noch Arbeit geblieben, wie selten schaltet schon Einer über das Erworbene frei, wie selten wird es schon zum Kunstmittel. Dann und wann zwar geschieht es schon, auch bei den Deutschen, die dieser Bewegung nahe stehen, bei Baum und Stremel,

daß wir aus der Natur heraus die Künstlerpersönlichkeit sprechen sehen. Wo es noch nicht geschieht, trifft keinen ein Vorwurf, ist es nur am Platze, die Beschauer vor dem Mißverständnisse zu warnen, als sei es schon gelungen, als sei dieses höchst interessante Experimentieren dort schon ein künstlerisches Gestalten. Wir müssen vor jedem Bild Konzessionen und Kompromisse machen, denn keines kann uns das Sonnenlicht so leuchtend zeigen, wie es draußen ist, keines kann uns wirkliche Bewegung vermitteln, keines also auch wirkliches Flimmern in der Luft — wir müssen mehr oder weniger aus Eigenem entgegenbringen und werden den Neuerern dankbar sein, die sich mühen, uns die Illusion immer leichter und immer vollkommener zu machen. Wir werden sie, die Bahnbrecher, als Techniker weit höher als viele andre bewundern dürfen. Aber wir werden ihre eigentliche Künstlerkraft doch immer an der Stärke des seelischen Genusses messen, den sie uns vermitteln, gleichviel, auf welche Weise und gleichviel, welcher Art er sei.

* Das Nassauer Haus in Nürnberg, der trotzige gotische Bau, der länger als ein halbes Jahrtausend dasteht, ohne altersschwach geworden zu sein, scheint nun wirklich in einen Bazar umgebaut zu werden. Man wird ihm die Wände ausbrechen, wird, glücklichsten Falls nur im Erdgeschoß, durch große Schaufenster seine schönen Verhältnisse und stolze Ruhe verderben, wird Eisenrippen durch seinen Leib ziehen, und schließlich wieder eine „altdeutsche Modernisierung" schaffen, damit man darin großartige Unterhemden zu konkurrenzlos billigen Preisen bei allem Komfort der Neuzeit verhandeln könne. Eines nach dem andern, reißen wir die herrlichen Zeugen unsrer Vergangenheit nieder, — um Geld, Geld, Geld zu gewinnen, Werte vernichtend, die mit keinem Gelde je wieder zu schaffen sind.

„Alles Schöne in der Architektur war für Städte von heller, lichter, klarer Atmosphäre geplant; für Städte mit Plätzen und Gärten, die offen lagen im bunten Volksgewühl und heitern Frieden; für Städte, die man baute, damit Menschen glücklich darin leben, sich ihres Daseins und ihrer Kräfte tagtäglich zu erfreuen. Unsere Städte jedoch sind in eine rauchige Atmosphäre gehüllt, deren wachsende Fäulnis zuerst jeden Zierrat auf eine gewisse Entfernung unsichtbar macht und dann mit Ruß vollpropft; Städte, die nichts als Lagerräume für Waren und Ladentische sind und deshalb für die übrige Welt weiter nichts bedeuten, als was Speisekammer und Keller für das Privathaus sind; Städte, die sich nicht das Leben der Menschen, sondern seine Arbeit als Ziel setzen, und deren hauptsächlichste Bauten Maschinenräume sind; Städte, deren Straßen keine Wege sind, darauf ein lebensfrohes Volk einherspaziere und lustwandle, sondern Abzugskanäle für ein vielgeplagtes Proletariat, worin man auf einen bestimmten Fleck zu kommen trachtet, nur um auf einen anderen geschoben zu werden; worin das Dasein nur ein Uebergangszustand wird, jedes Geschöpf nur ein Atom in einem menschlichen Staubwirbel, durcheinanderfliegende Körper, hier durch unterirdische Tunnel, dort durch Luftröhren getrieben. In solchen Städten ist keine Architektur, ja nicht einmal ein Verlangen danach bei ihren Einwohnern möglich." Ein Nürnberger Blatt wies jetzt auf diese Worte John Ruskins hin. Wir werden von all den Fragen, die darin berührt sind, noch weiter sprechen, wie oft wir's auch schon gethan haben — es darf kein Ermüden geben im Widerspruch gegen den Wahn, was hier gewonnen werde, wiege den Verlust auf, und es gibt Möglichkeiten, gutem Neuen gerecht zu werden, ohne das gute Alte zu töten.

Für heute nur so viel: wann kommt eine Bewegung in Fluß, welche die Erwerbung solcher Bauten aus öffentlichen Mitteln und ihre Erklärung zu unverletzlichen Nationaldenkmälern verlangt? Bis jetzt steht es so: wenn in Nürnberg, Goslar, Augsburg oder wo sonst wieder einmal ein berühmter Bau aus Rentabilitätsgründen verkauft wird, so beginnt ein Schelten auf den Besitzer, daß er keine Ideale habe. Der Mann hat vielleicht welche, aber er sagt sich: ich allein soll unsern Idealen 100000 Mk. opfern, während, wenn Stadt oder Staat das Ding kauften, auf jeden Einwohner eine Mark käme? Es ist doch wirklich unsinnig, einem Einzelnen zuzumuten, was sich eine ganze Stadt oder gar ein Staat nicht leisten zu können glaubt! Und während wir unser bestes Vaterland „aus Mangel an Fonds" verkommen lassen, setzen

wir alle Plätze mit Loyalitäts-Denk-
mälern: voll, die fast ausnahmelos
ohne jeden andern, als den Stein-
oder Erzwert sind. Gerade in Nürnberg brannte der sogenannte „Patriotismus" sogar so heftig, daß man

einem lebendigen Fürsten ein Denkmal setzt. Wie majestätsbeleidigend
niedrig schätzt man ihn ein, wenn man
nicht glaubt, daß die Erhaltung des
Nassauer Hauses ihm zu Ehren ihm
lieber wäre!

Unsre Beilagen.

Johannes Brahms hat verschiedene Gedichte Klaus Groths komponiert, aber keines schöner, als das, welches wir heute unsern Lesern mit ins
Haus geben dürfen. Das innige Heimatlied „O wüßt' ich doch den Weg zurück" ist
durchtränkt von der norddeutsch herben Eigenart Brahmsens. In der Form
einfach, strophisch gebaut, erfreut es außer durch seine tiefgründig wurzelechte
Harmonik auch durch die sangbare, diatonische Plastik der Melodieführung.
Freilich, Brahmsens Eigentümlichkeit zeigt sich auch hier, die Melodie mitunter
entgegen dem logischen Tonfall der Sprache zu führen, wie gleich am Anfang,
den ein nachwagnerscher Tondichter statt in glatten Jamben wahrscheinlich in
dem Rhythmus

— ‿ ‿ ‿ ‿ ‿ — ‿ —

o wüßt ich doch den Weg zurück

komponiert hätte. Auch die mehr instrumentale, dem gesanglichen Ausdruck
etwas widerstrebende Stimmführung in einer Folge von Terzintervallen bei
„den lieben Weg zum Kinderland" ist für den absoluten Musiker Brahms
sehr bezeichnend. Zwischen der resignierten, echten Heimwehstimmung in der
ersten und der Schlußstrophe wirkt der Ausbruch leidenschaftlicher Sehnsucht
in den beschleunigten Mittelstrophen ergreifend. Unsäglich fein sind die Ueber-
und Rückgänge zwischen den einzelnen Strophen gestaltet. Es sei noch die
Harmonisierung am Schlusse, bei „ringsum ist über Strand", sowie das wunderbare Ausklingen hervorgehoben. Das Lied ist mit einigen anderen gleich köstlichen Brahmschen Kompositionen nach Groth zusammen bei C. F. Peters in
Leipzig erschienen.

Von unsern Bildern zeigt das erste unserm Jubilar Klaus Groth nach
einer Tuschzeichnung von Olde, die wir hiermit zum ersten Male bekannt
machen. Es macht uns Freude, sie zu bringen, denn ein bezeichnenderes
Bildnis des alten Herrn wird schwerlich einer kennen.

Vom Alter „zurück ins Kinderland" sehen wir zum Schluß dem Pracht-
jungen ins Gesicht, den Aalbert Cuyp vor dritthalb hundert Jahren gemacht
hat. Schaut er nicht drein wie ein Defregger? Setzen wir Defregger nicht
herab, aber wie Cuyps sehen seine Bilder denn doch nicht aus. Aber dieses
Köpfchen wenigstens zeigt, wie etwa ein Defreggersches Köpfchen aussehen
würde, wenn ganz das gelungen wäre, was der Maler damit gewollt. Eben
deshalb bringen wirs. Wir meinen: um solchen Lesern, die der bildenden
Kunst ferner stehen, Gelegenheit zu geben, auch für die Beurteilung dieser
bescheideneren Gattung von Bildern ihr Auge am Besten zu üben.

Verantwortl.: der Herausgeber Ferdinand Avenarius in Dresden-Blasewitz. Mitredakteure: für Musik:
Dr. Richard Batka in Prag-Weinberge, für bildende Kunst: Paul Schultze-Naumburg in Berlin.
Sendungen für den Text an den Herausgeber, über Musik an Dr. Batka.
Verlag von Georg D. W. Callwey. — Kgl. Hofbuchdruckerei Kastner & Callwey, beide in München.
Bestellungen, Anzeigen und Geldsendungen an den Verlag: Georg D. W. Callwey in München.

BEILAGE ZUM KUNSTWART

JOHANNES BRAHMS.

HEIMWEH
von Klaus Groth.

Etwas langsam.

GESANG.

PIANO.

O wüsst' ich doch den Weg zurück, den lie-ben Weg zum Kin-der-land! O war-um sucht' ich nach dem Glück und liess der Mut-ter Hand, der Mut-ter

Mit Bewilligung des Verlages C. F. Peters, Leipzig.
Verlag von GEORG D. W. CALLWEY, München
Alle Rechte vorbehalten.

45794

Lebhafter werdend

Hand? ... O wie mich seh - net aus - zu - ruh'n, von kei - nem Stre - ben auf - geweckt, die mü - den Au - gen zu - zu - thun, von Lie - be sanft be - deckt, von Lie - be sanft be - deckt!

Und nichts zu for - schen, nichts zu späh'n, und nur zu träu - men

cresc.

leicht— und lind, der Zei - ten Wan - del

nicht zu seh'n, zum zwei - ten Mal ein Kind, zum

zwei - ten Mal ein Kind! O

poco riten.

Stich u. Druck v. Oscar Brandstetter, vorm. F.W. Garbrecht, Leipzig.

HANS OLDE
KLAUS GROTH

NACH EINER PHOTOGRAPHIE VON BRAUN, CLEMENT & CIE. IN DORNACH I. ELS., PARIS UND NEW YORK

KW

AALBERT CUYP

12. Jahrg.   Erstes Maiheft 1899.   Heft 15.

DER KUNSTWART

Der Dialekt auf der Bühne.

In einer Theegesellschaft wars. Da machte einer seinem Unwillen Luft über die vielen Dialektstücke, die man jetzt im Theater anhören müßte. Er ginge sehr gerne ins Schauspiel, hätte auch für alle Modernen ein weites und duldsames Gemüt. Aber wenn diese Modernen zu ihren übrigen Unverständlichkeiten auch noch eine ihm fremde halbdeutsche Sprache mitbrächten, sodaß er sein armes Ohr erst an die mannigfachen Wendungen und Klänge irgend eines Winkeldialekts gewöhnen müsse, bevor er den Dichter genießen könne — ja dann verzichte er lieber von vornherein aufs Ganze. Wie selten entspräche der aufgewendeten Mühe ein leidlicher Gewinn!

Nach solcher Rede rührte alles mit nachdenklichem Schweigen den Thee. Das bedeutete ungefähr: dagegen läßt sich wahrhaftig nichts einwenden. Wenigstens schien es mir so, darum ergriff ich den Spieß, drehte ihn und zielte auf den Sprecher mit der Frage, ob er denn auch auf Anzengruber gern Verzicht leisten wolle, auf Anzengruber, der meines Wissens das mundartliche Deutsch als Erster über die mundartlichen Sprachgrenzen hinausgetragen, ja, kraft der dichterischen Werte, die darin niedergelegt waren, einfach hinausgezwungen hatte? Nein, darauf wollte er nicht verzichten, meinte der Andre bedenklich. Er hätte bei seinen Worten vornehmlich die Modernen im Sinne gehabt. Der österreichische Dialekt bei Anzengruber wäre ganz gut zu verstehn, und überhaupt hörte er ihn ganz gern, seit er einen Sommer in Bozen zugebracht. Aber da habe er vor kurzem nacheinander zwei Stücke im Theater kennen gelernt, deren eines das Verstehen des oberschlesischen, deren anderes das des westpreußischen Dialektes von ihm verlangte. Natürlich habe er kaum die Hälfte von allem Gesprochenen verstanden und sei ärgerlich über schlecht verwandte Zeit und ausgegebenes Geld nach Haus gegangen. Wohin gerieten wir denn mit unserer Sprache, wenn das Dialekteln auf der deutschen Bühne immer wacker so fortmachte?

Diesmal schwieg auch ich und rührte gedankenvoll meinen Thee wie die Andern. Was sich mir auf die Zunge drängte, wäre für einen Thee, mochte er auch noch so ästhetisch sein, vielleicht doch nicht der rechte Zucker gewesen. Aber alle meine Gedanken über den Wert oder Unwert des Dialektes auf der Bühne wurden ein paar Monate später wieder wach, als ich eine unliebe Erfahrung an mir machte. Ich hatte „Fuhrmann Henschel" vorzulesen versprochen. Als ich aber das Buch zur Vorbereitung in die Hand nahm, erkannte ich nach der ersten Seite, daß ich voreilig zugesagt, was ich nicht zu halten vermochte. Denn ein Landesunkundiger kann diese Mundart, in welcher der weitaus überwiegende Teil des Schauspiels gesprochen werden soll, wohl mit langsamer Mühe für sich allein lesen, nicht aber Andern vorlesen. Also vertrösteten sich meine Freunde auf die Darstellung im Theater. Ich ließ sie geruhig ziehen, blieb aber selbst wohlweislich daheim. Und wie ich vorausgesehen hatte, geschah's: obwohl ihre Anstrengungen zu hören mindestens ebenso groß waren wie diejenigen der Schauspieler zu reden, so hatten Beider Mühen doch nur ein Kleines gefruchtet. Sie, die Zuhörer, hatten die zarter angedeuteten Voraussetzungen der Handlung überhaupt nicht und die gröberen nur zum Teil wahrgenommen, und also den Vorgängen, die das Auge faßte, mit mehr oder weniger dumpfem Verständnis der innerlich bedingten Aufeinanderfolge eben dieser äußeren Vorgänge gegenüber gestanden. Schließlich kamen sie, unzufrieden mit dem Dichter, ungehalten über die Schauspieler, mit durch die Schlußkatastrophe nur zur Hälfte aufgewachten Empfindungen, nicht erleichtert, sondern beschwert nach Hause.

Nun kann ja jeder, dessen Ehrgeiz nach klarem genießenden Verständnis und eigener Meinung in derlei Dingen verlangt, das neue Dialektstück erst lesen und dann ins Theater zur Darstellung gehen. Oder es steht ihm auch frei, wie man's in Klassikervorstellungen nicht selten an eifrigen, textkritisch veranlagten Pennälern beobachten kann, die Schauspieler durch das Wort, so im Buche steht, peinlich zu prüfen, d. h. im Textbuch zu blättern wie ein ernstmeinender Musikus in der Partitur. Gewiß kann er das, — wenn er nämlich ein fröhliches Herrendasein führt und für literarische und Kunstdinge mehr spärsame Muße und feurige Beflissenheit übrig hat als ein gewöhnlicher Arbeits=, als eben der Durchschnittsmensch, dessen berechtigtes Verlangen ich hier vertrete. Der freilich, mein Durchschnittsmensch, sagt: ich bin müd und matt von der Tageslast, ich will mich im Theater erholen. Eigentlich ist mir ein Lustspiel sehr vonnöten, auch ein albernes Schwänklein wär' nicht übel, weil ich gern lachen möchte. Aber na ja — man muß mit der Zeit vorwärts gehen, sehn wir uns einen Modernen an! Und kommt mit dem besten Vorhaben ins Schauspiel. Hier jedoch soll er nun das Studieren anfangen, er, der genießen, oder, wenn schon das nicht, zum wenigsten verstehen will. Denn die vereinigte Phantasiekraft der Regisseure und Darsteller soll doch seinen eigenen lahmen Vorstellungen zu einem gesunden Ausschreiten verhelfen oder, und das zumeist: soll ihm erst eine eigene Vorstellung des vom Dichter Gewollten geben. Die Bühne als Erzieherin, als Erklärerin, das verlangt er, der Durchschnittsmensch. Und wir verlangen's für ihn und deshalb mit ihm. Fordert die Bühne, daß man, um über ihre Erklärungen klar zu werden, sich wieder an das wenden soll, was sie uns gerade klar machen will: an die Dichtung im Buche, so ist das ein Unding, welches beweist, daß die Bühne ihren Hauptzweck nicht erfüllt.

Also hätte die Aufführung des „Fuhrmanns Henschel", die uns die Absichten des Dichters verdunkelte statt sie aufzuhellen, nur wieder 'mal den ganz jämmerlichen und höchst bedauernswerten Tiefstand unsrer Schauspielkunst bewiesen? Natürlich!, rufen die für Hauptmann sich mehr und mehr begeisternden Leute der fixen Tageskritik. Mit nichten, sage ich. Ich neige, als Eingeweihter, ganz gewiß nicht zur rosenfarbigen Beleuchtung einer Kunst, die erst in neuerer Zeit zaghaft beginnt, sich aus dem argen Dunkel zu lösen, in das sie, schöner und einschläfernder Erinnerungsträume voll, vor langen Jahren hineingewandelt ist. Und wenn ihr das Schwarz auch heute noch so anhaftet, daß sie im hellen Tageslicht der Gegenwart uns gar altertümlich anmutet, so brauchen wir sie doch durch das Farbglas dieses Vorwurfs nicht noch schwärzer zu sehen.

Die Grundlage aller Schauspielkunst war bisher die Beherrschung der von allen mundartlichen Färbungen freien, gereinigten Nationalsprachen, wie sie den Franzosen von Paris aus diktiert wird, wie sie Luther gab, wie sie unsere Klassiker uns erweiterten und veredelten, wie wir sie auch im gewöhnlichen Leben als „Schriftdeutsch" (aber nicht als „papiernes" Schriftdeutsch) anwenden. Innerhalb der Lautgrenzen dieser Sprache nun eine zweite groß zu ziehen, ohne der ersten wehe zu thun, war die erste künstlerische Aufgabe der Schauspielkunst und hieß Charakterisierung; sie wurde lange Jahre als Liebhaber= oder Charakter=„Fach"= Spiel mißverstanden. Zum dritten gab es bisher einen Wildling, einen Zaungucker draußen außerhalb des wohlgepflegten Gartens der Sprache: das gebrochene, das Ausländerdeutsch. Und nun dringen von allen Seiten ungeberdige, wuchernde Ranken, die Mundarten, über den Zaun und schaffen sich drinnen Platz. Der Schauspieler ist ein Gärtner, der mit solchem Rankenwerk nichts anzufangen weiß, so, wie es da zu ihm sich herüberspinnt, — und müßig dran vorbeigehn kann er nicht, denn es versperrt ihm mit zäher Kraft den Pfad.

Unbildlich: es wird ganz gewiß keinem Schauspieler verdacht werden, wenn er das Franzosendeutsch des Chevalier Riccaut ein wenig sehr mühsam rabebricht. Das Deutsch des Engländers, des Russen, des Ungarn, das Judendeutsch darf er getrost übertreiben, ohne daß wir uns darob entrüsten, denn erstens entschuldigen wir ihn: woher soll er's denn so ganz genau wissen?, und zweitens haftet diesen Verlegenheitstypen unserer heutigen Lustspiel= und Schwankfabrikanten doch immer eine hilflose Lächerlichkeit an, die zum Uebertreiben geradezu herausfordert und von den Autoren ja auch gewollt ist. Gibt das doch manchmal den einzigen „Witz" an so einem ganzen armen Tropfen, daß er „ungarriesch" redet. Wesentlich anders aber liegen die Dinge beim Dialekt=Schauspiel. Da heißt es oft für alle Schauspieler, eine ganz neue Sprache behandeln zu lernen. Denn so milde wir beim Ausländerdeutsch urteilten, so peinlich und akkurat werden wir hier, wenn wir den Schauspieler einen Dialekt übertreiben oder mit allerhand sehr schriftdeutschen Worten vermengen hören. Und je besser wurzelecht der eine Darsteller den Wurzelsepp spielt oder spricht — weil er nämlich ein geborener Oesterreicher ist — desto unangenehmer und störender wird uns die Anna Birkmeier auffallen, die, „aus der Mark" gebürtig und wohl gar mit Spreewasser getauft, sich vergebens um die „safrischen Wort" an den Herrn Pfarrer von Kirchfeld müht. Wenn man mundartliche Dichtung liest, glaubt man's natürlich nicht, daß das Sprechen gar so schwer ist und eine lange Gewöhnung des Ohres an die besondere dialektische Behandlung des einzelnen Wortes, der Silbe, ja des Buchstabens verlangt, soll die Sprache nicht den Eindruck eines albernen Salontirolerwesens, sondern den Schein kernfrischen Gebirglertums, glaubhaften Lebens vor allem, wecken. Und so steht's mit allen Dialekten; sie führen ihr eigenes, durchaus persönliches Leben, dessen Verständnis sich nicht aus dem Steg= reif erzwingen läßt. Weil das jeder fühlt, ohne es immer zu wissen, ist er leicht geneigt, eine ganze Gesellschaft von Bauern aus Schliersee oder Tegernsee, die in ihrer Mundart natürlich besser als alle akademisch gebildeten Berufsschauspieler Bescheid wissen, nun auch an schauspielerischen Fähigkeiten über alle Gebühr zu schätzen.

Der Schauspieler also muß, bevor er natürlich werden darf, deut= lich sein. Will er beides auf einmal, wird er leicht undeutlich und un= natürlich obendrein. Er hat aber die Pflicht, weder dem Zuschauer noch dem Dichter auch nur eine Silbe zu unterschlagen. Es gibt kein quälen= deres Gefühl für beide Teile, Darsteller und Publikum, als das des Getrenntseins von einander, und das Gefühl quält natürlich noch weit mehr, wenn man durch den einen, den dialektkundigen Schauspieler aus dem wehmütigen Verzicht, in dem man sich seufzend und zusammen= sinkend schickte, immer wieder herausgerissen, zur Teilnahme an der Hand= lung aufgefordert wird, während man beim Anhören der dialektunkundigen Partnerin ein ästhetischer Schüttelfrost und öfter noch das leidige bleierne Nichtverstehen wieder überfällt. Ein guter Teil des Kontaktes, dieser unsicht= baren Brücke zwischen Bühne und Parkett, läßt sich wohl durch die Unmittelbarkeit der Geberden, durch das szenische Bild darstellen, indes kann jeder die Beobachtung machen, daß Menschen mit undeutlicher, ungewisser Ausdrucksweise auch ungewiß und zweideutig in ihren Geber= den und Bewegungen sind. Das Wort gibt eben dem ganzen Menschen, der auf der Bühne zum Leben erstehen soll, den festen Halt und wandert auf der Brücke des Kontaktes zum Publikum hinüber, um den vielen hundert Ohren eine gleiche Empfindungsfolge zu vermitteln. Der Schau= spieler, der das Wort zu entsenden und ihm gegenüber die Pflicht ge= treuester Aufnahme und Bildung hat, kann, im Falle der Dialekt ver= langt wird, nur zweierlei thun. Entweder, er bleibt der Pflicht auch gegen das mundartliche Dichterwort eingedenk, und formt mit schwerer Zunge, vorausgesetzt natürlich, daß er kein „Gebürtiger" ist — aller= hand Dialektlaute, die außer ihm kein Mensch versteht: damit thäte er den Zuschauern Unrecht an. Oder — er verletzt scheinbar dem Dichter gegenüber seine Pflicht, überträgt den Dialekt in die Sprache, die zu sprechen er gelernt hat und nimmt damit der Dichtung den lokalen Charakter, den Erdgeruch. Und ich halte diese letztere Art, wie leider die Dinge liegen, für das kleinere Uebel und darum für erlaubt, ja so= gar im Interesse nicht nur des Publikums, sondern auch des Dichters in der Mehrzahl der Fälle einstweilen für geboten. Das ist zu verlangen: daß jedes ständige Theater den Dialekt des Landes beherrsche, in dem es liegt, den Heimatsdialekt. Aber nicht mehr. Denn es gibt in Deutschland nur ein „Deutsches Theater", das z. B. „Die Weber" oder den „Fuhrmann Henschel" entweder in den Hauptrollen mit Schlesiern

beseßen oder aber so lange und ausführlich proben und aufführen kann,
daß auch dem harthörigsten der Darsteller etwas „Oberschlesisches" an=
hangen bleibt. Und mit Anzengruber ists ähnlich so, nur daß er im
„Deutschen Volkstheater" in Wien oder in München die ziemlich wenigen
Stätten findet, an denen man seine Stücke so beseßen kann, daß sie als
wirkliche Dialekt=Volksstücke wirken. Aber es gibt viele, viele Hunderte
von mittleren Bühnen mit „gemischtem" Spielplan, die heute Anzen=
gruber und morgen Hauptmann mit ein paar knappen Proben „heraus=
bringen" müssen. Bei ihnen allen hätten die Regisseure gelassen das
Machtwort zu sprechen, das die Einheitlichkeit herbeiführt. Denn
dadurch, daß man den Dialekt als fremde Sprache ruhig draußen läßt,
statt ihn durch Vergewaltigung teilweise herein= und teilweise umzubringen,
daß man ihn ins nicht mißzuverstehende Hochdeutsch übersetzt, fördert man
im lezten Grunde doch auch des Dichters Absicht. Denn dem ist ja ebenfalls
das Hemd näher als der Rock, will sagen: es muß ihm am Verständ=
nis aller Hauptsachen mehr gelegen sein, als vielleicht am Glücken dieser
und jener Nuance für ein paar Sachkenner, während den Uebrigen auch
Hauptsachen durch den Dialekt verloren gehen. Also erspart man durch
solches Verfahren den Zuschauern ungeduldigen Aerger und den Dar=
stellern verlorene Mühen.

Ich glaube nicht, daß eine mundartliche Dramen=Dichtung mit
wirklich regem Lebensnerv durch eine solche leicht vorzunehmende Ueber=
tragung getötet werden könnte. Geschähe das aber, so erwiese sich doch
wohl zunächst, daß das Stück nur ein naturalistisches Gewand umge=
hängt bekam, weil es dürr an allgemein menschlichem Fleisch und Blut
und gebrechlich in seinem Knochenbau ist, oder auch: daß der Dichter
sein Eigenstes verkannte, sich in der Form vergriff und statt einer Heimats=
novelle ein Milieu=Drama schrieb. Der Novelle, dem Roman werden wir
für sorgfältig beobachtetes Milieu immer dankbar sein, und irgend eine
uns nicht geläufige Mundart stört uns nicht. Ich möchte auch beileibe
nicht so verstanden werden, als wäre ich blind für die befruchtenden
Körner, die aus dem Dialekt in unsere Schriftsprache hinüberfliegen und
neue plastische Worte, gesund=kräftige Bilder zeitigen. Mundartliche
Sprachkraft, die so verwachsen und veredelt ist, kann und soll der Dra=
matiker verwenden. Aber bei ihm kommt's doch nicht an erster Stelle
darauf an, zu zeigen, wie der Mensch eines besonderen Volksschlages sich
in seinem besonderen Dialekt äußert, sondern wie sich bestimmte Eigen=
schaften in ihm zum Charakter zusammensezen und sein Denken und
Handeln bestimmen. Der sprachliche Ausdruck ist da nur Mittel zum
Zweck, nur Verdeutlicher der Handlung, die dem Willen des Charakters
untersteht. Wenn bei Shakespere ein paar Bauern auftreten, weiß man
sofort, daß sie keine Hofherren sind, und doch sprechen sie keine Mundart,
höchstens statt in Jamben in Prosa. Aber in was für einer! Genau
so ist's bei Goethe, bei Ludwig und Hebbel, bei Ibsen.

Wir dürfen nicht vergessen, daß die Schauspielbühne — und mir
scheint, in unsrer Zeit mehr denn je — die Hochburg unserer lebendigen
deutschen Muttersprache sein soll. In Czernowiz drunten wie in Flensburg
droben müssen wir durch das gleichgesprochene Wort an die große
geistige Brüderschaft erinnert werden, der wir troß politischen Sonder=
krams und kleinlicher Stammeseitelkeiten untrennbar angehören. Wenn
unsere Dramatiker dieses weite Reich nicht durch Worte beherrschen wollen,

1. Maiheft 1899

die überall gleich schnell begriffen werden, so muß die Bühne, welche der
Dramen nun einmal nicht entraten kann, das rücksichtslose Mittel der
Selbsthilfe anwenden und zwar ob mit, ob entgegen dem Willen der
Dichter. Denn daß die Schauspielkunst aller Dialekte mächtig sein soll,
das können wir nicht und kann auch kein Dichter verlangen. Nur die
Beschränkung und das Trachten nach Einheitlichkeit wird hier für alle
Teile von Segen sein.   Eugen Kalkschmidt.

Grundsätze moderner Literaturgeschichtschreibung.
(Schluß.)

Illustrieren wir im folgenden das Gesagte an einem Beispiel, so ist
damit nicht gemeint, daß dieses sich durch vollkommenste Uebereinstimmung
oder schärfste Disharmonie mit unsern Ausführungen auszeichne; vielmehr
ist gerade das Mittelmaß des Wertes, das Schwanken zwischen alt= und neu=
modischer Betrachtungsweise an dem Versuche typisch und interessant.

Ich meine die bei Kämmerer in Halle erschienenen beiden Broschüren:
„Der Zeitgeist in der modernen Literatur Europas" und „Die Zeitseele in der
modernen Literatur und Kunst, zwei Kapitel: Die Weib= und Naturauf=
fassung" von Dr. Siegmar Schultze, Privatdozenten an der Universität Halle.

Die äußere Anlage der Arbeiten zeugt von Verständnis für die kom=
plexe Natur des Gegenstandes, wenn auch unleugbar das mehrfache Einsetzen
des Verfassers an verschiedenen Punkten Unsicherheit zu verraten scheint. Man
findet außerdem gute Kenntnis des einschlägigen Materials, der Literatur
sowohl wie der bildenden Kunst, wenn auch mit Musik (denn
Wagner wird doch nur als Dichter herangezogen) und eine ziemliche Genauig=
keit in der Namenschreibung (doch: Nanna, Kreuzersonate, Maeterlinc, Rénan,
Aniel Gaborg).

Mehr als das interessiert uns freilich der Geist jener Bücher im allge=
meinen und die kritische Verarbeitung des Stoffs im einzelnen. Da muß denn
gesagt werden, daß von einer einheitlichen Grundanschauung, die sich dem
Wirrsal des Denkens und Empfindens unserer Jungen gegenüber Geltung zu
verschaffen wüßte, nichts zu sehen ist. In der Hauptsache wird referiert.
Gegen dieses Verfahren ließe sich nichts einwenden, wenn es konsequent wäre,
aber der Verfasser bietet mehr und von diesem Mehr wieder zu wenig. Man
möchte über seinen eigenen Standpunkt etwas wissen, aber das ist nicht so
einfach. An dem hellenischen Lebensideal festhaltend (S. 56) verbindet er mit
der Begeisterung für die Antike (S. 70) eine gewisse Vorliebe für Hegel (S. 4)
und sieht offenbar in den Klassikern das Ideal auch der Bestrebungen der
Gegenwart. Ob er an eine Rückkehr zu dieser glauben will („als ob sich die
Weltgeschichte beliebig oder überhaupt zurückschrauben ließe" u. s. w., S. 4) und
wie er sich sonst eine Fortentwickelung zu ihnen hin denkt, vermag ich nicht zu
sagen. Ob die „ewigen ästhetischen Grundsätze", für welche unserer Zeit „das
Verständnis immer mehr abgeht," dahin führen werden? Genug der Fragen;
klar ist jedenfalls eins: Die Stellung des Verfassers zu der modernen Literatur
ist eine durchaus gegensätzliche. An einigen Beispielen muß ich das wohl nach=
weisen.

Es geht einfach nicht an, den ethischen Maßstab mit einer Ausschließlich-
keit anzuwenden, die in den Dichtern nur Aerzte sieht, deren jeder eine Zeit-
krankheit entwickelt und dann auf die verordnete Medizin seine Etikette klebt.
Zola: Arbeit, Turgenjew: Pflichtgefühl, Ibsen: Wahrheit, Björnson: Reinheit,
Dumas: Humanität, Strindberg: Herren-Egoismus u. f. w. Man befriedigt auf
diese Weise nur das bequeme Verlangen nach Schlagwörtern, und je schneidiger
solche sind, desto sicherer treffen sie neben das Ziel. Auch abgesehen von diesem
dem Gegenstande wenig gerecht werdenden Verfahren müssen verschiedene
Charakteristiken als verfehlt bezeichnet werden. Wie kann man ohne weitere
Erklärung (S. 58) behaupten, „daß selten eine Zeit so wenig Verständnis und
Achtung vor der Originalität einer Persönlichkeit, vor der Individualität" gehabt habe, wie die unsere? Ja, wer nicht sieht, daß der Kampf zwischen dem
sehr stark vertretenen extremen Individualismus und dem Kollektivismus gerade
die Signatur der Zeit ist, hat das ABC der Gegenwart noch nicht erfaßt. Ibsen
als Optimisten zu bezeichnen, seine Männergestalten dumm, träge und feig zu
nennen, ist doch auch etwas gewagt. Ebenso zweifle ich an Turgenjews „Ekel
vor der Welt und vor sich selber", wie an Zolas „Aufgabe, die tierischen
Gräßlichkeiten des Menschen in jedem Roman zu enthüllen".

Das zweite Heft des Verfassers scheint mir der Wahrheit immerhin näher
zu kommen, vielleicht weil es ihn zu selteneren Entrüstungsausbrüchen veranlaßt. Der geschichtliche Ueberblick über die Wertung der Frau, soweit sie
sexuell bedingt ist, und die Verfolgung des Themas durch die Literatur und
Kunst ist sehr lehrreich und gewiß zutreffend. Dann aber hört man R. Wagner
mit Baudelaire, Swinburne und Barbey „als nervenüberreizte Erotiker" bezeichnen, „die dem wollüstigen Masochismus verfallen sind"! Auch sollte die
rätselhaft-ungeschickte Bezeichnung Dehmels als „eines unserer begabtesten,
aber ohnmächtigsten Lyrikers" doch nicht stehen bleiben, und leider ist
auch das nur ein Beispiel von vielen. Glaubt weiterhin der Verfasser im
Ernst, daß „die beste Lösung aller und jeder Frauenfrage in der wahren Er-
mannung des Männergeschlechts liegt"? Wüßt' ich nur, was das heißt! Und
damit soll das zum Verzweifeln schwere Problem der sexuellen Frauenfrage
gelöst sein! — Eine Frage noch: ist die Ignorierung der von Laura Marholm
besprochenen und geschriebenen Bücher in den kritischen Beurteilungen dieser
Art Uebereinkommen? Eine Auseinandersetzung mit ihr gehörte doch wirklich
hierher.

Fleißig und sorgfältig ist das Kapitel über die Naturauffassung zusammengestellt. So sehr man in Einzelheiten verschiedener Meinung sein wird,
so freut man sich doch, die Vorzüge des Verfassers hier vereinigt zu finden.
Ein bescheidener Zweifel an seiner Zuversicht, gerade das moderne Naturver-
ständnis „verkünde einen Aufgang unsrer Zeit", mag immerhin erlaubt sein;
oder kann man nicht gerade hier so gut wie in sexualibus ein krankhaftes
Empfinden erkennen?

Doch eine eingehende Besprechung gerade dieses Abschnitts würde mich
weit über meine Absicht hinausführen, an einem Beispiel zu erörtern, was in
moderner Literaturgeschichtschreibung geleistet werden könnte. Der besprochene
Versuch ist einer der ersten auf diesem Gebiete. Mir scheint, der Verfasser hätte
mit seiner Gelehrsamkeit und seinem Fleiß bei einer weitherzigeren ethischen Anschauung und einer liebevolleren Versenkung ins Einzelne seinen Gegenstand mit
mehr Erfolg behandeln können; läßt sich dem tout comprendre c'est tout pardonner
denn keine Wahrheit mehr abgewinnen? An dieser Klippe werden freilich noch

viele nach ihm scheitern. Daran möchte ich für die Arbeiter auf diesem Ge=
biet noch eine Frage anschließen: Würde sich's nicht empfehlen, mit den zu=
sammenfassenden Darstellungen noch ein wenig Geduld zu haben und sich
einstweilen auf psychologisch orientierte Arbeiten über einzelne Dichter, besser
noch über einzelne Dichtwerke zu beschränken? Freilich, wer zu dieser Arbeit
berufen ist, wird nur in seltenen Fällen zur Zusammenfassung schreiten, denn
in der Regel ist bei ihm das Gefühl für die Kompliziertheit seiner Materie zu
sehr geschärft. Wenn unsere Historiker das Erscheinen solcher Einzelarbeiten in
größerer Anzahl abwarten, werden sie, wie alle Geduldigen, Rosen ernten.
Bis dahin hat man sich hoffentlich über so manche Grundzüge des Zeitgeistes
verständigt, und darauf kommt es an. Denn Zeitgeschichte, Kulturgeschichte,
Sitten= und See le ngeschichte muß die moderne Literarhistorie werden; Auf=
zählung von Dichternamen und =Werken, Klassifizierung unter ethische und
ästhetische Rubriken und national einseitige Darstellungen können immer nur
als Vorarbeiten betrachtet werden.   Eduard Platzhoff.

Hugo Wolfs „Corregidor".

Im Prager Deutschen Theater, einem der wenigen, wo jetzt bedeutende
neuere Werke noch einige Aussicht auf Beachtung und Aufführung haben, gibt
man jetzt Hugo Wolfs im Sommer 1894 komponierten „Corregidor", eine
komische Oper, die an musikalischem Wert wohl alles übertrifft, was in dieser
Gattung seit Cornelius' „Barbier von Bagdad" und Gözens „Bezähmter
Widerspenstigen" von Deutschen geschaffen worden ist. Diese hohe Einschätzung
rechtfertigt auch die Breite des Raumes, den der Kunstwart der eingehenden
Besprechung von Wolfs dramatischem Erstling im folgenden widmen durfte.
Die Handlung der Oper ist Alarcons köstlicher Novelle „Der Dreispitz"
entlehnt. Der ältliche Corregidor (d. i. Amtsrichter) Eugenio de Zuniga stellt
der hübschen Frau des Müllers Tio Lukas nach, wird aber von ihr zum Besten
gehalten. Um sein Ziel zu erreichen, läßt er den Müller des Nachts amtlich
zum Alcalden vorladen und will bei der einsamen Frau gewaltthätig eindringen.
Aber auf dem Wege fällt er in den Mühlbach, und Frasquita weiß ihre Ehre
mit der Flinte wohl zu verteidigen. Angst und Kälte werfen den Corregidor
nieder, worauf Frasquita unter dem Vorwande, einen Arzt zu holen, ihrem
Manne nachläuft. Unterdessen entkleidet sich der Corregidor und legt sich zu
Bett. Der immerzu eifersüchtige Lukas hat am Rathaus bald gemerkt, daß
und warum man ihn aufhalte; er stellt sich trunken und sinkt anscheinend in
Schlaf, bis die Helfershelfer des Corregidors sich entfernen. Dann entweicht
er durchs Fenster. Daheim angelangt, gewahrt er des alten Sünders Kleider
am Herd und ihn selbst durch das Schlüsselloch der Kammerthür im Ehebette.
In der ersten Wallung will er den Verführer umbringen, doch — da würde
Allen seine Schande offenbar. Eine andere Rache fällt ihm ein: er zieht die
Kleider des Corregidors an, um dessen Frau einen Besuch abzustatten. Als
der erwählte Corregidor sich heimbegeben will, muß er mit Lukas' Kleider für=
lieb nehmen und hat Mühe, sich vor den Schergen des Alcalden, die auf den
flüchtigen Lukas fahnden, als der, der er ist, zu legitimieren. Nicht so schnell
erkennt man ihn zu Hause an. Der Corregidor, hört er mit Schrecken, sei

längst da und eben im besten Schlafe. Endlich erscheint die edle Corregidora, läßt den flatterhaften Herrn Gemahl, dem um seine Hausehre ernstlich bang geworden, noch ein bißchen zappeln, beruhigt aber die sich nun auch betrogen wähnende Frasquita, und mit allgemeiner Versöhnung schließt die Oper.

Leider ist es der Textdichterin Frau Rosa Mayreder nicht immer gelungen, diese durch die Quelle gegebenen tragikomischen Vorgänge, die an Frivolität das Figarobuch noch überbieten, ohne ihm an sympathisch ergreifenden Momenten gleichzukommen, bühnenwirksam zu gestalten. Zwar verrät die gewählte Sprache und mancher fein zugespitzte Vers die Frau von Geist und die gewandte Schriftstellerin, aber ohne Frage liegt die Stärke der Oper ungleich mehr in ihrem musikalischen Teile, und wenn man beim „Corregidor" eine prinzipielle, historische Bedeutung für die Weiterentwickelung der Operngattung über Wagner hinaus wohl kaum zusprechen darf, so bildet er doch eine der kostbarsten Bereicherungen der Opernliteratur. Auf dem Gebiete der Liedform hat Wolf als Bahnbrecher und Neuerer gewirkt; in seiner Oper hat er bloß den Stil der „Meistersinger" aus dem geliebten Altdeutsch ins Hispanische übersetzt. Wenn Wagner dort alte Formen, z. B. die Fuge als Mittel der dramatischen Charakteristik neu belebte, so weiß Wolf analog für die erste Szene die Form der Passacaglia (das Motiv der Eifersucht wird als basso ostinato festgehalten) und für das Quartett trunkener Gesellen die Form des geführten Kanons geistvoll und wirksam zu verwenden. Ob die aus der Technik der Guitarre entsprungenen, feurigen oder leichtschwebenden Bolero- und Fandango-Weisen im Rhythmen durch den komplizierten polyphonen Satz nicht allzusehr beschwert werden, das mag Jeder mit seinem Empfinden beantworten. Wolf baut seine Musik aus einer Anzahl von Motiven so planvoll und organisch wie einen Symphoniesatz auf. Hierin folgt er seinem Vorbilde Richard Wagner. Aber die Motive selbst sind ganz sein Eigentum: einprägsam, bildsam, originell. Das quillt so reich, in unversieglichem Fluß, daß der Hörer fürs erste wohl betäubt und verwirrt wird. Aber schließlich gings einem bei den „Meistersingern" kaum anders. Es ist ein großer Irrtum, zu glauben, daß alle unsere Modernen absichtlich „lärmend" (etwa durch Vermehrung der Instrumente und Verdoppelung der Töne) schreiben. Das Meistersingerorchester ist unter den Wagnerschen das numerisch kleinste und klingt doch am „dicksten", weil jede Stimme real, selbständig geführt ist. Sollen neben dieser Polyphonie, von der auch nicht ein Ton sich subtrahieren läßt, die Sänger mit zur Geltung kommen, so hilft nur das von Wagner in Bayreuth verwirklichte gedeckte Orchester, und in der That wird das Bedürfnis darnach angesichts der modernen Opernproduktion geradezu dringend. Das vielfach eingeführte halbverdeckte Orchester ist nämlich — wie alle halben Maßregeln — kein Fortschritt, sondern eher ein Nachteil gegen den früheren Zustand. Doch das führt ab von Wolfs Oper, deren musikalischer Verlauf noch kurz für diejenigen skizziert sei, die auf die „Rosinen im Kuchen" oder wie man fachmännisch zu sagen pflegt auf die „Perlen der Partitur"* aufmerksam gemacht sein möchten.

Ein prächtiges Vorspiel geht der schon vorhin erwähnten, formell interessanten Eröffnungsszene zwischen Lukas und seinem Nachbar voraus. Frasquita führt sich mit dem lieblichen Gesange „Kommt ein Knabe her des Weges"

* Der prachtvoll ausgestattete Klavierauszug ist bei F. Heckel in Mannheim erschienen.

1. Maiheft 1899

ein. Die ſtürmiſche Umarmung der beiden Gatten begleitet die leidenſchaftliche
Melodik des Liebesmotivs. Unter drolligen Rhythmen, ſchlürfend und nieſend,
erſcheint der Diener Repela. Frasquitas Fandango und das unvergleichliche
Lied „In dem Schatten meiner Locken" (aus Wolfs „Spaniſchem Liederbuche" herübergenommenen) bedarf keines beſonderen Hinweiſes. Auch der
trefflich geſteigerte Dialog zwiſchen der Müllerin und dem Corregidor dürfte
jedermann ohne beſonderes Kopfzerbrechen eingehen. Bei der Stelle „Unſres
Weinſtocks erſte Gaben" blüht im Orcheſter über dem Oſtinato der
erſten Szene ein Motiv von berauſchendem Duft auf, das eine merkwürdige
Verwandtſchaft mit Humperdinck (Hänſel und Gretel beim Erdbeerpflücken) erkennen läßt. Das marſchmäßige inſtrumentale Finale bei der Ankunft des
Biſchofs ſoll das Gepräge katholiſcher Kirchenlieder tragen; jedenfalls iſt es
ein köſtlicher thematiſcher Einfall. — Im zweiten Akt hat das zartmelodiſche
Duett „In ſolchen Abendfeierſtunden" alle Ausſicht, populär zu werden. Es
folgt die große Szene der Frasquita, ein wahres Kleinod unſerer Opernmuſik.
Ein draſtiſches Zitat aus Wagners Feuerzauber leitet ſie ein, aber man achte
mehr auf den tief gemütvollen Ausdruck des Geſanges „Brodeltopf du alter"!
Und vollends die wunderſame Stelle „Pocht die Bettlerin Hoffnung" u. ſ. f. mit
der weichen Hornquintenbegleitung muß jeden nur einigermaßen Muſikaliſchen
in wahre Wonnen verſetzen. Ueberzeugend trifft Wolf dann auch den Ton
der ſpaniſchen Romanze „Auf Zamora geht der Feldzug". Und nun, beim
Eintritt Don Eugenios geht's in unaufhaltſamer Steigerung weiter bis zum
Terzett (Frasquita, Corregidor, Repela), über deſſen künſtliches Geflecht noch
eine ſchöne Geigenmelodie ihr glänzendes Schirmdach wölbt. Des Corregidors
humorvolles Abgangslied „Weil die Weiber Weiber ſind" hat Wolf gleichfalls
ſeinem „Spaniſchen Liederbuche" entlehnt. Nach einem reizenden Orcheſter-
Zwiſchenſpiel (während der Verwandlung) ſetzt eine ſchwunghafte Verarbeitung
des Alcademotivs ein und eröffnet die flotte Trinkſzene im Rathaus. Es
folgt Pedros melodiöſes Kuplet „Ich und mein holdſel'ges Weibchen", das
navarreſiſche Zechlied, der famoſe Kanon, das ſtimmungsvolle Notturno beim
Eintritt der Magd, Pedros verliebter Sang „Wenn dich einer küſſen will" und
der friſche Schlußchor. Das Vorſpiel zum dritten Akt ſchildert die Flucht Frasquitas und Repelas mit charakteriſtiſcher Tonmalerei; es leitet über zum
Gipfelpunkte des Werkes, zur Hauptſzene des Tio Lukas, wo Wolf die wuch-
tigſten dramatiſchen Akzente findet. Ein bewegtes Quintett gibt dieſem Akt
einen guten Abſchluß. — Auch der letzte iſt reich an erleſenen Schönheiten:
das herrliche Vorſpiel, das ſtimmungsvolle Nachtwächterlied, das parodiſtiſche
Ständchen Repelas, der würdige Geſang der Corregidora mit den zauberhaften
Imitationen in der Trompete und das ſtraffe, für die nach ruhigem Erguß
verlangende, entzückende Melodie etwas atemloſe Schlußenſemble. Aber im
Verhältnis zum Ganzen ergibt ſich keine Steigerung mehr. Und das führt zuletzt auch zur Erkenntnis, daß dem ſo hochbedeutenden Werke gebricht.
Wolf iſt von Haus aus Lyriker, kein Dramatiker, und wenn ſich ſein
Lied auch immer mehr dem dramatiſchen Genre näherte, wenn ſeine Lyrik
immer ſubjektiver und monologiſch wurde: ſo bedenke man doch, daß die eigentliche Dramatik juſt eben an dem Punkte beginnt, wo es gilt, aus der Sphäre
einer gedanklichen, nur in der Phantaſie vorhandenen Wirklichkeit in das Gebiet der lebendigen, realen Szene überzugehen. Es iſt nun ſehr lehrreich, zu
beobachten, daß ſich Wolf von manchen Vorgängen und Perſonen ſeiner Oper
als Komponiſt eine ganz andere Vorſtellung gemacht haben muß, als ſie ſich

aus dem Textbuche selbst ergibt. Das stolze, fast drohend auf den übermäßigen
Dreiklang herabwuchtende Hauptmotiv ist keine adäquate Versinnlichung des
Corregidors. Freilich, wie die verkürzte Form des Motivs in den Fagotten
den sonst so gravitätischen, jetzt gar kleinlaut gewordenen, ängstlich im Nacht=
gewand aus der Kammer tretenden alten Herrn zeichnet, bleibt ein Meisterstück
drastischen Humors, tönender Wilhelm Busch. Der pompöse C-dur-Orchester=
satz, der die Trinkszene einleitet und begleitet, müßte, zu einem üppigen Prunk=
gelage gespielt, von herrlichster Wirkung sein, aber für die beiden vertrunkenen
Kerle, die der aufgehende Vorhang enthüllt, ist er entschieden zu vornehm und
festlich. Und noch ein Anderes kommt in Betracht: die Technik des modernen
Musikdramas verlangt vom Komponisten ein viel größeres Maß dramatischer
Begabung als die alte Nummernoper. Die symphonische Entwickelung der
Musik muß der psychischen Spannung oder äußeren Bewegung, die auf der
Bühne herrscht, vollkommen, in jedem Momente entsprechen. Es genügt nicht,
den Text sprachgemäß und logisch zu betonen, er muß jedesmal aus dem wechseln=
den Affekt der Szene heraus komponiert werden. Hierin liegt das Geheimnis der
Wirkungen Richard Wagners, und das läßt Wolf oft genug vermissen. Wenn
Frasquita z. B. im dritten Akte merkte, daß ihr Gatte schlimmen Verdacht gegen
sie hege, sollte man sogleich ein rascheres Zeitmaß und lebhafte Figuration im
Orchester erwarten, aber das Tempo bleibt „mäßig bewegt“, wird darnach so=
gar noch „etwas gehalten“, und Wolf koppelt in vollster Seelenruhe das Motiv
der Eifersucht mit dem auf verminderte Septimenakkorde gespannten Corregidor=
Motiv in gleicher Tonstärke weiter, weil es ihm als Musikkomponisten Ver=
gnügen macht. Diese Inkongruenz zwischen Musik und Szene beeinträchtigt
namentlich den Eindruck des vierten Aktes, wo statt der bröckligen Hin= und
Widerreden ein frisches Plapperensemble im Stil eines Mozartschen Finales
dem lustigen Durcheinander auf der Bühne besser entsprochen hätte. In
diesem Akt scheint mir Wolf überhaupt die Szene immer mehr aus dem Auge
verloren zu haben. Er träumt, fast unbekümmert um die Vorgänge spinnt
er da den Faden seiner Musik weiter, was zuweilen völligen Stillstand der
Handlung, dramatisch tote Momente zur Folge hat. Der Musiker ist frei=
lich gar leicht geneigt, das „szenische Geschick“ als etwas Aeußerliches zu
verachten. Aber es ist eine Kunst für sich, die ihre eigenen, feinen Gesetze
hat, und die bis zu einem gewissen Grade auch erlernt werden kann. Wolf
selbst war sich dessen bewußt, daß er den Boden des Theaters nicht als
geborener Beherrscher betrete. Nach der Mannheimer Aufführung arbeitete er
den vierten Akt um, und gewiß hätte er sich auf dem Wege der Erfahrung
jenen sicheren Theaterblick erworben, den eigentlich dramatische, in Deutschland
so selten vorkommende Talente eben schon von vornherein besitzen.

Unserer Bewunderung für Hugo Wolf thun solche Beobachtungen natür=
lich keinen Eintrag. Wahre Begeisterung schließt ja Kritik, die im Grunde nur
im richtigen Unterscheiden besteht, keineswegs aus. Und wir werden uns
über gewisse Schwächen des Genies leichter hinwegsetzen, wenn wir sie als die
notwendige Kehrseite bestimmter Vorzüge begreifen. Werke wie „der Corregidor“
bezeugen, auf welcher stolzen Höhe sich die deutsche Musik auch nach Wagner noch
immer bewegt. Mögen unsere Kunstanstalten ihr gegenüber ihre Pflicht er=
füllen.   Richard Batka.

1. Maiheft 1899

Zur Kunstpflege.

15. Die Kultur des menschlichen Körpers. II.

Der zweite wichtige Punkt ist die alte, alte Frage des Korsets. Auch hier geht den meisten Menschen ein Urteil ziemlich ab, weil sie die Form des Körpers nicht genügend kennen, sondern von klein auf nur die durch Kleider gebildete äußere Erscheinung. Wie sie gewöhnlich ist, so meint man da, sei sie die richtige. Daß es kaum eine Frau ohne Entstellung der Form gibt, scheint ihnen gar zu unglaublich, sie schließen also, daß es mit der Sache doch nicht so schlimm stehen könne, wie einige sagen. Aber auch hier wieder muß man den Standpunkt einnehmen, daß jede Abweichung der von der Natur gewollten Form eine Mißbildung bedeute. Für den, der den menschlichen Körper in seinem Bau, seinen Organen und Funktionen kennt, ist in der That die übliche äußere Erscheinung der Frau nur eine Karikatur der weiblichen Form. Die Lagerung des Rippenkorbes und der Eingeweide sind bei der Frau im allgemeinen dieselben wie beim Manne, und die Anschwellung des Busens bringt im normalen und schönen Zustande höchstens eine leise Erhebung hervor, nie und nimmer jedoch diese unförmige Verbreiterung in der Brustgegend und jenes Zusammenlaufen nach der Taille zu, das uns die Durchschnittsfrau von heute glaubhaft machen will. Ein Leib, der diese äußere Form rechtfertigte, müßte von geradezu abschreckender Häßlichkeit sein. Und doch entblößen sich Mütter nicht, ihren Töchtern — jungen Mädchen, die in ihren mädchenhaften Formen doch ihre Schönheit suchen sollten — künstlich durch die Kleidung den Schein zu geben, daß sie Ammen wären.

Nein, auch die „Taille" der Frau bedeutet zu neun Zehntel nichts, als ein Vorurteil verkommenen Geschmacks. Ein Frauenleib, der ohne jeden beengenden Einfluß und in mäßiger Uebung aufgewachsen ist, wird eine schmale Stelle des Körpers gar nicht zeigen, als nur durch die Kleidung entstanden ist. Der Umriß des Frauenkörpers von den Schultern nach dem Hüftbeinkamm zu wird sich, abgesehen von einer leisen Schwingung mit welcher Rundung, eher zwei parallelen, als zwei konvergierenden Linien anähneln. Keinem Menschen würde je einfallen, eine derartige Darstellung in der Kunst (wie wir sie doch nicht allein in der antiken, sondern auch in einer recht erheblichen Anzahl moderner Werke besitzen) für etwas anderes, als hohe Schönheit zu halten. Sofort aber ändert sich die Ansicht, wenn sich's um eine lebende und besonders eine bekleidete Frau handelt. Als ob die innere Erscheinung mit der äußeren rein nichts zu thun hätte, fordert man nun plötzlich ein Bild, das dem zuvor in der Kunst bewunderten gerade zuwider ist. Und diesem blöden Vorurteil zu lieb fährt die deutsche Frau fort, ihre Form zu „verschönern". Was uns jedoch nicht abhält, über die Chinesin erhaben die Nase zu rümpfen.

Wie leicht der Körper an dieser schlecht geschützten Stelle dem wenn auch leisen Drucke des Schnürleibes nachgibt, das erweist eine zu häufige anatomische Erfahrung, als daß es ernsthaft geleugnet werden könnte; wer einigermaßen Studien macht, findet es stets bestätigt. Wenn trotzdem Aerzte dem Korset manchmal das Wort reden, so thun sie es einfach deshalb, weil sie es immer noch für besser halten, daß der Druck auf eine breite Fläche verteilt wird, als wenn er sich in Gestalt eines Rückbundes auf einen schmalen Streifen sammelt. Es liegt ja etwas Richtiges zu Grunde, wenn man meint, daß ein breiter, fester Gürtel, wie es ein vernünftiges Leibchen sein könnte, das auf den breiteren Hüften aufliegt, zum Tragen des Rockes mit verwendet werden könnte. In der Praxis wird es aber nie so ausgeführt, sondern stets wird schließlich der Druck der Ueberkleidung selbst sich auf den Körper verpflanzen und langsam, ganz langsam die Verbildung bewirken. Das bezeigt ja gerade die anatomische Beobachtung: daß der Körper dem leisesten aber dauernden Drucke keinen Widerstand entgegensetzt, während ihm der starke aber schnell vorübergehende Druck wenig ausmacht, sondern er sofort in seine alte Form zurückkehrt. Deswegen beweist die Rede aller derer, die glauben, weil sie den Druck des Korsets nicht mehr spüren, übe es auch keinen aus, eine Selbsttäuschung.

Ist einem Menschen einmal der Begriff von menschlicher Schönheit aufgegangen und empfindet er den brennenden Durst nach ihr, der der That vorausgehen wird, so muß ihm die Entstellung ganzer Geschlechter etwas Unerhörtes und Unerträgliches werden, und er wird wenigstens in seinem beschränkten Kreise darauf bringen, daß dem Uebel Einhalt gethan wird.

Wenn ich, wie ich in der ganzen Folge dieser Aufsätze versuchte, geradezu Ratschläge geben soll, so muß ich es wohl hier besonders thun, da ich zu häufig die Erfahrung gemacht habe, daß Damen die Richtigkeit der Folgerung vollkommen einsehen, jedoch nicht den Weg finden, aus der gewohnten Norm herauszuschreiten und etwas Besseres an ihre Stelle zu setzen.

Was bis heute in Modemagazinen zu kaufen ist, ist noch nicht für den Zweck zu brauchen. Man muß sich die Mühe geben, sich etwas zu verschaffen, was die Last der Kleider auf die Schultern mitverteilt, sodaß höchstens ein Teil davon auf dem Hüftknochen lose aufliegt, keinesfalls jedoch über diesem an den Rippenkorb und wohl gar den Weichteilen des Oberkörpers irgend welchen Halt sucht und dadurch Druck ausübt. Die Kleidung muß durchaus das sein, was unsere Damen so hübsch mit „schlampig" bezeichnen, d. h. sie muß lose um den Oberkörper liegen und überall reichlich Luft haben. Also ein Leibchen zum Knöpfen, ohne jede Schnürvorrichtung, das wie eine Weste schon auf den Schultern mit aufruht und an das die Röcke befestigt werden. Ein normal und schön gebauter Frauenleib würde gar nicht genug Stützflächen zum Auflegen aller der üblichen Kleider bieten, diese Stützpunkte wirden erst künstlich durch Formenverbildung hergestellt. In dem nächsten Aufsatze, beim Thema Kleidung, sei dieses zum Ausgangspunkte gemacht.

Aehnliche üble Einwirkungen auf den Körper lassen sich nun noch mehrfach feststellen. Die häufigste und nächst den vorgenannten wichtigste ist die durch das Strumpfband. Auch heute noch gibt es unzählige Damen, die nicht allein selbst Strumpfbänder tragen, sondern auch ihre Kinder das thun lassen. Der dadurch entstehende dauernde Druck bringt, abgesehen von gesundheitlichen Störungen, gegen welche die Aerzte seit mehr als hundert Jahren predigen, ein Schwinden des Beinumfangs in Form einer halsartigen Verdünnung an der Stelle hervor, die natürlich den Linienrhythmus der Beinkonturen auf das Häßlichste unterbricht.

Neben den Entstellungen einzelner Körperteile geht die schlechte Ausbildung des ganzen Körpers her infolge des Mangels einer allgemeinen Körperpflege. Oft ist Armut eines Volkes allein dafür verantwortlich zu machen. Schlechte Nahrung und ihre häufige Folge, Rhachitis, ist ja bei uns häufig zu beobachten. Vor allem aber trägt der Mangel an genügender Uebung des Leibes an solchen Erscheinungen die Schuld. Was ist hierüber schon alles gesagt und geschrieben worden, und wie wenig ist noch immer geschehen! Noch haben die Buben ihre sieben Stunden Lateinisch, fünf Stunden Griechisch u. s. w., u. s. w. wöchentlich, und dazu insgesamt ganze zwei Stunden für die Ausbildung des Körpers, also dessen, was ihnen ein Leben lang der materielle Träger von Gesundheit und Glück sein soll. Das sind Dinge, die spätere Geschlechter schwer begreifen werden. Mädchenturnen ist bei uns ein ganz neues Wort. Die Lahmlegung der Musteln durch den Mangel an Gebrauch zeigt sich nirgends deutlicher, als bei der so häufigen Erscheinung, daß junge Frauen schon an ihren ersten Geburten ihre körperliche Schönheit verlieren. Wenn man doch einmal auf unsre Fragen hin jene weiblichen Wesen betrachtete, die ihren Leib üben, wie die berufsmäßigen Artistinnen, Turnerinnen: mit Staunen würde man bemerken, wie denen, die ihre Muskeln gebrauchen und üben, der Vorgang der Geburt kaum etwas anzuhaben vermag, — der erzogene Körper kehrt von selbst wieder in seine frühere jungfräuliche Form zurück. Aber Erwachsene thun ja erst recht nichts mehr für ihren Körper. Da ist das Radfahren trotz der Einseitigkeit der Bewegung gar nicht hoch genug anzuschlagen. Auch die Reinlichkeit ist eine Forderung nicht allein der Hygiene, sondern zum mindesten ebenso der Aesthetik. Einem wirklich ästhetisch Empfindenden wird das Gefühl, daß er selbst, sein eigener Körper, nicht von tabelloser Reinheit ist, quälend sein müssen. Und doch soll es gute Familien geben, in denen tägliches Baden oder Waschen des ganzen Körpers nicht zu den Selbstverständlichkeiten gehört. Die Engländer machen sich schon lange über diesen Punkt bei uns lustig, den sie für ein Charakteristikum an den Deutschen erklären. Späteren Zeiten wird auch das ebenso schwer in den Kopf gehen wollen, wie uns heute z. B., daß man bis in das vorige Jahrhundert hinein ohne Gabel gegessen hat.

Mit der jetzigen erwachsenen Generation läßt sich allerdings in dieser Beziehung kaum viel mehr erreichen. Nicht, daß der Körper sich nicht noch verbesserungsfähig zeigte, aber die Leute sind in ihren gewohnten Anschauungen nicht mehr zu ändern. An das heranwachsende Geschlecht, an die Kinder denke ich hier. An die Mütter geht meine Mahnung. Wenn ihr eure Kinder lieb habt, so gebt ihnen mit der Schönheitsfreude auch den Grundquell der Erziehung zur Freude und der Schönheit, einen gesunden und schönen, gepflegten Leib. Und wenn ihr für euch selbst auch nicht mehr das mindeste Interesse habt, so zwingt euch wenigstens euren Kindern zu lieb dazu, euch und sie darüber zu unterrichten, was für ihren Leib gut ist. Sie werden's euch einstens schlecht danken, wenn ihr's versäumt.*   *Paul Schultze-Naumburg.*

* Es sind einige Bücher bei der Redaktion eingegangen, deren Besprechung am besten hier ihren Platz findet. Da ist zuerst ein nützliches Buch: „Die Schönheit des weiblichen Körpers" von Dr. C. H. Stratz (Stuttgart, Ferdinand Enke), das in gemeinverständlicher Darstellung die anatomischen und physiologischen Grundsätze des Baues und der Schönheit des weiblichen Körpers entwickelt. Wie anzunehmen von einem so eifrigen Verfechter der Schönheit wie der Arzt, der Stratz ist, rügt auch er die im vorstehenden Aufsatz besprochenen Vernachlässigungen und Ausschreitungen. Leider ist der Umfang des Buches zu gering, um diese Fragen so eingehend zu behandeln, wie zu thun vielleicht Stratzens eigener Wunsch gewesen wäre. Die anatomische Grundlage, die er für den Laien zu geben genötigt war, beanspruchen einen sehr großen Raum des Buches. Aber gerade deswegen ist es geeignet, Leute, welche unsren Fragen noch ferne stehen, dafür zu interessiren. Ein gewisses Sensationsbedürfnis dürfte denen, die darauf spekulieren, durch das Buch nicht befriedigt werden. — Ein zweites durchaus empfehlenswertes Buch ist die „Lehre und Pflege der Schönheit des menschlichen Körpers" von Dr. med. P. Thimm. Im ersten Abschnitt der Schönheitslehre gibt es die allgemeinen ästhetischen und hygienischen Gesichtspunkte, welche

Lose Blätter.

Vom Kirschbaum.

Nun sagt, was ist im Kirschenbaum?
In seinen Schlaf kam's wie ein Traum:
In seiner Ader regt sich's leis,
In seinen Aesten bewegt sich's leis —
Noch eine einzige laue Nacht,
Und plötzlich steht er in Blütenpracht!

Jetzt schwirren die Boten rings weitum —
Gesumm, Gebrumm
Von feinsten Stimmen:
„Herau, ihr Immen,
Zum Feste:
Der Alte erwartet die Gäste!"
Leg dich darunter, nach oben schau
(Dies funkeln im Weiß, dazwischen das Blau!)
Und lausche: von fern und nah,
Richtig, sind schon die Bienen da.

Ganz aus ist nun die Winternacht,
Der alte Herr ganz aufgewacht —
Behaglich rauscht er: „laßt's euch schmecken!",
Wie sie von allen Tellerchen schlecken.
Von einem zum andern, summ, summ, summ,
Zu tausenden tummeln sie sich herum,
Nippen, naschen, trinken, brummen:
Die Blüten selber, meinst du, summen
Immer im gleichen Geschwirr in Ruh —
Der Alte strahlt über und über dazu.

Endlich zieht davon der Schwarm.
Aber nun werden die Tage warm,
Aber nun brechen die Blätter heraus,
Aber nun reifen die Früchte aus —

---

jeder gesund empfindende Mensch teilen wird; der zweite Teil, die Schönheits-
pflege, beschäftigt sich zum größten Teil mit dem, was dem Verfasser als
Spezialisten für Hautkrankheiten als Wichtigstes erscheinen mußte; es genügt
hier kurz zu bemerken, daß Thimm allem unmäßigen Gebrauch von Mitteln
abhold ist und in den beiden Polen, der Reinlichkeit und Diät, immer und
immer die Hauptpunkte sieht. — Ein sehr hübsches kleines Schriftchen ist das
vom Privatdozenten Dr. Braatz „Ueber die falsche gewöhnliche
Schuhform und über die richtige Form der Fußbekleidung"
(Königsberg, Thomas & Oppermann), das in sehr klarer sachlicher Form die
ganze Fuß- und Schuhfrage erörtert und besonders mit Hilfe der Röntgenstrahlen, denen das Innere des Stiefels nicht verborgen werden kann, vortreffliches Material liefert. Bei dem geringen Preis der Broschüre (60 Pfg.),
deren Ertrag für rationelle Fußbekleidung armer Kinder bestimmt ist, wird
vielleicht auf eine größere Verbreitung zu hoffen sein. Nach dem vorher-
gegangenen Aufsatz ist Neues über alle drei Werke nicht zu sagen. Sch.-Nbg.

1. Maiheft 1899

In jedem Aste die Körbe schwer,
Richtet er's jetzt für die Großen her:
Stützt ihm die Arme, daß er nicht
Unter dem eigenen Segen bricht!

Ferd. Avenarius.

Traumkönig.

Eine Phantasie vom Verfasser der „Traumfäden".*

I.

An die nackten, rauhen Schultern des Alpenstocks schmiegt sich ein kleines Stück wiesenbegrünter Erde. Ein dunkler, rauschender Tannenwald steht auf der Alm. Rings herum fallen die Wände jäh zu Thal. Stumm und gewaltig blickt von hinten der steile Alpenkamm durch die Baumwipfel auf die kleine Almhütte.

Die Dämmerung wogt lautlos hinan zu den Höhen.

Im Schatten der Tanne, vor ihrem Häuschen sitzt die junge Sennerin. Aus dem dürftigen, engumschließenden Kleide wächst ein schlanker Hals und ein Köpfchen heraus, wie es selten Bauerntöchtern eigen: Die dunkeln Flechten umrahmen eine von Geist angehauchte Stirn, die stillen Augen blicken freundlich mit sinnendem Glanz.

Hinter ihr steht der Traum. Eine goldne Krone blinkt auf seinem kleinen vogelartigen Kopf; schwach glänzt sein rötliches, scharfzügiges Gesicht durch die Dämmerung; grell leuchten seine großen, blauen Augen auf die junge Dirn hinab.

Sie steht auf und geht in die Hütte hinein. Er schleicht ihr nach, er wogt ihr nach, leidenschaftlich, im Kampfe mit der Luft, — ein buntes Nebelgebild. Jetzt ist er drin. Sie schließt die Thüre hinter sich zu. Wie sie sich in ihrem engen Kämmerlein entkleidet, harrt er lautlos im dunkelsten Winkel des Hüttchens, seine Blicke aber saugen sich von dorther begierig liebkosend an jedes der edeln Glieder, die das holde Menschenwesen enthüllt. Sie schlüpft in ihr Bett, sie betet, sie schließt die Augen. Jetzt kommt der Mond herauf hinter dem Alpenkamm und wirft sein silbernes Strahlennetz über die Welt. Auch in die Stube fällt sein Schein und zeichnet einen kreisrunden Fleck auf den Boden. Da tritt der Traum aus seinem Verstecke ins Licht. Ein König, steht er hochaufgereckt da und hebt die Hand. „Auf, Knechte!" Und die dienstbaren Träume draußen vernehmen ihn allenthalben: lebendig wird's in der nächtigen Welt von gespenstigem Zeug; schornsteinauf und schornsteinab steigen hastig die wunderlichen Gestalten, als schafften sie ein rechtes Geschäft. Der König aber beugt sich übers schlummernde Mädchen und raunt ihr ins Ohr:

„Ich komme, mein Kind."

Er schleudert den Mantel von sich, die Krone verschwindet, und mit einem Male fällt er in sich zusammen wie ein Schlauch, dem die Luft ausgeht; sein Rücken krümmt sich zum Buckel; das Gesicht voll sorglicher Falten, hockt er als Zaubergreis da; ein Spinnrad erscheint vor ihm, er ergreift den Faden mit runzligen Fingern und beginnt drauf loszuspinnen, als gelte es Tod und Leben.

---

* Vergl. Kunstwart, XI. Jahrg., Heft 19, die Vorbemerkung zu den dortigen „Losen Blättern".

Auf dem Gesicht des schlummernden Mädchens erscheint ein Lächeln; ihre Lippen tasten nach einem Wort. Sie sieht: sie sitzt vor ihrer Hütte im Morgensonnenschein und strickt. Grad kommt ihre Lieblingskuh, die Bleß daher. Aber wie sieht die Bleß denn aus! „Ja, Bleß, wo hast du denn die goldnen Hörner her?" Da brummt die Bleß zur Antwort, doch gar nicht, wie sie gewöhnlich thut, sondern so schön brummt die Bleß, daß es schier klingt, als würde eine Orgel gespielt. Dann schreitet sie stracks auf einen Kübel zu, den Anna draußen hat stehen lassen, stellt sich breitbeinig drüber, und aus ihren Eutern strömt die Milch von selber heraus und duftet wie der köstlichste Wein. „Närrisch, närrisch!", Anna kostet neugierig ein wenig mit dem Finger vom süßen Schaume. Wie eine sanfte, flüssige Glut rollt es ihr davon durch die Adern, — und auf einen Schlag wird die ganze Welt ringsum noch einmal so schön. Wie lieb der Sonnenschein funkelt in den grünen Tannen! Freilich, dieser Sonnenschein kommt nicht von der Sonne; dieser Sonnenschein strahlt aus dem Herzen der Erde. Daher glänzt auch alles so still und so gut, daß man es gar nicht sagen kann.... Anna blickt in die Höh; da merkt sie erstaunt, daß die Berge viel länger, viel steiler geworden sind als sonst. Und nun fangen sie gar an, sich zu bewegen! Was wollen denn die?... Sie treten von allen Seiten um ihre grüne Alm herum.... Ein Schauder erfaßt Anna. Zugeschlossen ist die Welt. Nur hoch über den weißen Gipfeln leuchtet noch ein schmales, schmales Stückchen tiefen, blauen Himmels. Atemlos starrt sie dort hinauf, immer enger wirds ihr ums Herz. Das ist so schrecklich und ist doch so schön zugleich. Ist denn das wirklich? Plötzlich sieht sie hinter der Wand eines Berges hervor blitzgleich eine lange Koboldnase erscheinen und verschwinden. „Ach, du bists!", sagt Anna und lacht, worauf sofort die Berge zu wackeln beginnen und alles im Durcheinander vergeht.

Der Zaubergreis hält inne im emsigen Treten des Rads, der Webstuhl verschwindet, und rasch wächst der Alte empor zu seiner früheren Traumherrlichkeit mit Krone und Szepter.

„S'ist Zeit, Liebling; — zur Zwiesprach mit mir!", befiehlt er wichtig geheimnisvoll und winkt der Schlummernden.

Da richtet sich die Dirn auf und steigt aus dem Bett. In ihrem groben Leinwandhemb, das der Mond mit schneeiger Weiße ziert, bewegt sie sich langsam dem Geiste nach durch die Stube zur Thür. Die Augen sind weitgeöffnet, aber in ihrem freundlichen Glanz ruht noch etwas verborgen, das rätselhaft in diese Welt der Wirklichkeit blickt. Sie klinkt die Thür auf und tritt über die Schwelle ins Freie. — Ei! wie hat sich da wieder alles verändert! Links in den Zweigen der Tanne — schau! — sitzt der blanke Mond selber, und in lautres Silber hat er den Wiesenplan vorm Häuschen gekleidet. Rechts hockt auf dem Boden der mächtige, kohlschwarze Auerhahn, der Anna gestern früh auffliegend erschreckt, und schlägt seine Schwanzfedern in einem Rad auseinander, nicht schlechter als ein Pfau, daß das Mondlicht blinkend daran glänzt. Mitten auf dem Plan aber schwebt eine zweite Anna, doch nicht in einem rupfenen Pfaid, sondern in einem feinen, leuchtenden Seidenhemb, und ihr schwarzes Haar fließt wie ein Strom darauf nieder.

„Ist's schön, Anna?", ruft der Mond aus der Tanne und lacht.

„Ach, wie schön!", flüstert die Dirn und schlägt lächelnd, traumlangsam die Hände zusammen.

Indessen steht im Schatten der Tanne ein dunkler Mann mit goldner Krone: Anna spürt, er ists, der dies alles gemacht. Wie sie zu ihm hinüber-

1. Maiheft 1899

blickt, naht er ihr langsam mit etwas schwankenden Schritten. Ein spitzes Gesicht mit blauen Strahlenaugen, umrahmt von langem, glatten, erdfarbenen Haar hält vor ihr im Mondschein. Sie muß nur immer auf die schöne Krone sehen. „Kennst mich nicht mehr, Mädchen?", fragt der Seltsame. Jetzt blickt ihm Anna ins Gesicht. Staunen ergreift sie.

„Aber du bist ja das Hündchen, mit dem ich als Kindlein nächtens gespielt!"

„Ja, ich bin's", sagt der Geist.

„O du Lieber!", ruft das Mädchen zärtlich erregt.

Da wächst die Gestalt vor ihren Augen entzückengeschwellt in die Höhe: „Hast du mich lieb, ists wahr?, hast du mich lieb?"

Die Dirne nickt.

„O du!", zischelt heiß und schnell der Geist. Dann nähert er ihr sein Gesicht und haucht sie an. Ihre Augen erstarren. Sie wendet sich um und kehrt in ihre Kammer zurück.

Traumkönig steht allein auf dem Plan. Seine Augen leuchten wie Phosphor, er atmet in kurzen, begeisterten Atemstößen: „Hinaus muß ich, hinaus!" und er sitzt in die Kniee. Schwarze Schwingen schießen ihm hervor, die Füße werden zu Krallen, und als eine Riesenfledermaus mit menschlichem Haupt schwirrt er empor. Sein langes Haar flattert zerstreut im Winde hinter ihm drein.

Der Mond ist während dessen aus der Tanne wieder zum Himmel emporgeschwebt und erleuchtet die Welt. Im klaren See steht die Nixe bis an die Hüfte im Wasser und singt ihr grellschönes Lied, das Antlitz im himmlischen Lichte badend. Unter den Wurzelbächern mächtiger Bäume sitzen die Kobolde auf und plaudern gemütlich zusammen. Die Blumen schlummern; ihre Geisterlein spazieren unterdessen die müdgelegenen Glieder reckend im Mondenschein. Unten im Dorf spuken die Träume. Aus dem Teufelsmoor tönt von Zeit zu Zeit das schnarchende Atmen des wilden Satanas herein. Kurz, alles lebt und regt sich und atmet in der schönen Nacht. Aber Traumkönig schwimmt einsam in seinem Entzücken durch die Luft. Endlich, müde geworden, wogt er taumelnd zum Gebirge hinan, und ins Unendliche wachsend, hackt er sich mit seinen Flügelkrallen daran ein, es von einem Ende zum andern umspannend. Wie ein schwarzer Schatten hängt er dort oben, und den Kopf zurückgeworfen trinkt er begierig das berauschende, silberperlende Mondlicht. Trinkt es so lange, bis der Mond untergegangen ist und alles Leben der Nacht sich zurückgezogen hat. Ja immer noch hängt er in seinem Rausch droben, da schon die Sterne erblassen und die Tagdämmerung hereinbricht, und erst, wie die Morgenröte freudig erglänzt, flüchtet er sich in den Schatten der Bergwand hinein. Und mit ihm zusammen immer kleiner werdend entschwingt er sich zuletzt als ein winziges Vöglein aufzirpend seinem Zufluchtsort, um geradenwegs auf die Alm wieder zuzuschwirren.

Dort singt er die junge Sennin wach. Und wie sie nun hinaustritt aus der Hütte mit den frischgewaschenen klaren Augen, weht er als ein Stücklein Luft um ihr liebes Gesicht und gaukelt mit leisem „Kling—Klang" um die Tanne. Immer aber ist er um sie und singt zu ihr aus allen Dingen der Welt, wie schön und gut die Welt um sie sei.

2.

Mit einem Kummer war die Dorfdirn zur Ruhe gegangen. Nun lag sie lange traurig mit offenen Augen im Bett. Dann kam der Schlaf. Jetzt war alles gut: sie saß wieder draußen im Dorf im Elternhause in ihrem Stübchen und nähte emsig. Die Sonne schien so warm durch ihr Fensterlein,

darein der kraufe Epheu freundlich hing. Mit einem Male fah fie unten auf
der Gaffe einen dahinftürzen und haftig rufend und winkend die Arme dabei
bewegen. Sie hört nichts, aber fie fieht, wie er erregt davoneilt. Und dann
kommt noch einer und noch einer und dann eine ganze Schar. Da merkt fie,
daß etwas gefchehen ift und läuft auch hinaus. Alles rennt zum Georgsanger.
Dort ift fchon der ganze Magiftrat verfammelt, und um den Magiftrat fammeln
fich lautlos ftaunend alle aus dem Dorf: ein langes, dickes Seil hängt aus
dem blauen Himmel herab, grad' auf den runden Hügel in der Wiefe, und
eine fchwarze Geftalt klettert fo wunderbar gefchwind an dem Seil vom
Himmel nieder. Jetzt kommt fie näher. Man fieht, es ift ein Mann. Jetzt
ift er dicht über den Köpfen. „Gott ift tot!", ruft er mit furchtbar heller
Stimme und fpringt zu Boden.

Ein Schauder packt alle, alles erftarrt.

Nur der kleine, dicke Bürgermeifter fchlägt mit der Fauft durch die Luft.
„Nicht wahr ift's!", fchreit er allein durch die Stille und wird ganz rot im
Geficht: „Gelogen ift's! wie kann denn der Herrgott fterben?"

Aber aufbraufend gleich einem Sturm verfchlingt das vielftimmige Ge-
fchrei des Volkes feine Worte.

„Mein Gott!", denkt die Dirn, und fühlt, wie fie totenblaß wird: „und
wenn's wahr ift!" Angftgejagt fliegt fie hinein in ihr Stübchen und wirft
fich aufs Bett, mit dem Geficht in die Kiffen, um nur nichts mehr zu feh'n
und zu hören. Aber da rennt es fchon durch die Gaffen, Scharen Volks. Ein
Angftgefchrei:

„Sie kommen! Die Teufel kommen! Alles ift hin!"

Der Boden weicht unter der Dirn. Sie erwacht, fie liegt auf dem
Rücken. Es dämmert fchon.

* * *

Dichtungen von Chriftian Wagner.

Vorbemerkung. Richard Weltrichs Buch „Chriftian Wagner", das
Adolf Bartels im 12. Hefte unfres laufenden Jahrgangs befprochen hat, veranlaßt uns, den Lefern einige Proben vom Schaffen des „Bauern und Dichters
zu Warmbronn" vorzulegen. Wir bekennen offen, daß wir die außerordentliche
Höhe der Bewertung, die Weltrich für Wagners Poefie kundgibt, nicht teilen
und mitunter nicht einmal verftehen können, aber daran kann ja ebenfogut
unfer mangelhaftes Urteilen wie Wagners mangelhaftes Dichten fchuld fein.
Wenn einer, wie Weltrich, fo begeiftert auf den Poeten hinweift, fo darf er
verlangen, daß einer, wie der Kunftwart, den Lefern fagt: fo fieht der Mann
aus, nun probt, ob euch die Bekanntfchaft lohnt. Gelohnt übrigens hat fich
das Lefen der Wagnerfchen Bücher auch uns denn doch, auch wir fehen in
Wagner nicht nur eine Weltrichs Charakteriftik entfprechend bedeutfame Men-
fchengeftalt, fondern auch einen Poeten, wenn wir auch feine dichterifche Kraft
für weit fchwächer halten, als die der Uhland und Mörike, mit der fie Weltrich
unfres Erachtens ohne genügend ftarke Einfchränkungen vergleicht. Freilich,
erinnert er an die Ambrofius-Propaganda und fagt: „Hier ift mehr", fo hat er
ganz ohne Zweifel Recht. Wer etwas auf literarifche Bildung hält, follte
von Chriftian Wagner mehr als den Namen kennen lernen.

Erfchienen find von ihm: „Sonntagsgänge" (3 Teile, bei Greiner
& Pfeifer in Stuttgart), „Weihegefchenke" (ebendort), „Neue Dichtungen"
(bei Strecker & Mofer) und „Neuer Glaube" (Deutfche Verlagsanftalt).

*

Trüber Frühling.

Noch liegt die Flur in starrem Frostverbande,
Tag schleicht an Tag in grauem Wartgewande
An ihrem Bett vorüber, um zu weinen,
Daß immer nicht der Frühling will erscheinen,
Daß immer nicht der Lenz, der strahlig holde,
Die bleichgeword'ne Wang' ihr übergolde.
Der Lose sucht für seines Kusses Strahlen
Nicht eine Braut mit diesen Altersmalen;
Er liebt es nicht, zu scherzen und zu kosen
Mit diesen Lippen, diesen farbenlosen,
Nicht diesen Sterbkranz, diesen wintergrauen,
Nicht dieses Leichenantlitz mag er schauen.

Anemonen.

Wie die Frauen
Zions wohl dereinst beim matten Grauen
Jenes Trauertags beisammen standen,
Worte nicht mehr, nur noch Thränen fanden;

So noch heute
Stehen, als in ferne Zeit verstreute
Bleiche Zionstöchter, Anemonen
In des Nordens winterlichen Zonen:

Vom Gewimmel
Dichter Flocken ist er trüb, der Himmel,
Traurig stehen sie, die Köpfchen hängend
Und in Gruppen sich zusammendrängend.

Also einsam,
Zehn und zwölfe hier so leidgemeinsam
Da und dort verstreut auf grauer Oede,
Weiße Tüchlein umgebunden jede.

Also trauernd,
Innerlich vor Frost zusammenschauernd,
Stehn alljährlich sie als Klagebildnis
In des winterlichen Waldes Wildnis.

Die Schmalzblumen.

Der alte Müller im Weidenthal,
Ueber den Hügeln da drüben,
Hatte gewißlich nur schlechte Wahl
Unter den Töchtern, den sieben.
Alle wohl sind sie von einem Schlag,
Schwatzhaft und lüstern und eitel;
Standen vorm Spiegel den ganzen Tag
Und kämmten an ihrer Scheitel.

Der Alte hatte so vollauf zu thun
In Scheuer und Mühle und Keller,
Durfte nicht rasten und durfte nicht ruhn,
Für Krüge sorgen und Teller.
Da wurde er einesmal zornig dabei,
Nahm aus der Mühle den Hammer
Und schlug ihnen den Spiegel entzwei
Da droben in ihrer Kammer.

Die Mädchen mochten untröstlich sein
Und wollten vor Leid fast sterben,
Doch endlich schickten sie sich darein
Und teilten die Spiegelscherben;
Jammernd klagte der Alte den Trug:
O wär er doch ganz geblieben!
Hatten an einem übergenug,
Nun haben sie deren sieben!

Einst ging der Alte des Morgens früh
Hinauf in die obere Stube,
Suchte zusammen die Scherben hie
Und warf sie zusamt in die Grube:
Lächelte stille und sprach bei sich:
Wartet nur, wartet nur, Affen!
Suchet die Scherben nur ewiglich,
Will euch vertreiben das Gaffen!

Nun hatte der Mühlbach still ein klar
Und spiegelhell Gewässer,
Da nahmen die Mädchen alsbald wahr:
Ein Spiegel spiegle nicht besser;
Den gelben Strohhut mit breitem Rand,
Der Mai flog über die Hügel,
Grünseidene Schirmlein in der Hand,
So standen sie vor dem Spiegel.

Standen so lange, beschauten sich
Wieder von oben bis unten;
Der Müller blickte so ärgerlich
Aus seiner Mühle da drunten;
Immer und immer sah er hinan,
Als wie im Selbervergessen,
Da faßt ihn plötzlich des Mühlrads Zahn,
Um ihn zusammenzupressen.

Und gehest du wandern am Mühlenhang,
Siehst du die Töchter, die schlauen,
Auch heute wie einstens stundenlang
Sich vor dem Spiegel beschauen.
Am gelben Strohhut erkennst du leicht
Die Müllerstöchter vor andern,
Auch an den Schirmlein so mühlenfeucht
Vor denen, die thalwärts wandern.

1. Maiheft 1899

Landung auf einer unfertigen Welt.

Es war ein trübes und mattes Licht, das auf diese Wasserwelt herab=
fiel, kaum etwas heller als gewöhnlicher Sternenschein. Gerade vor mir, in
unendliche Ferne sich verlierend und mit dem Horizont sich vermischend, lag
eine mächtige Tangwiese. — Ungeheuer hoch wie ein riesiger Wald ragte Ge=
flecht an Geflecht mit wirren, ineinander verstrickten Armen, gipfellos wie ein
vom Sturm geknickter Hain. Jede Ranke, jedes Blatt in zartestem Rot, im
mattesten Grün, im lichtesten Blau, durchscheinend wie Gallerte. Das seichte
Meer selbst phosphoreszierend in grünlichem Glanz. — Leuchtende Wesen tauchten
darin auf gleich Raketen. — Sieh, all diese Wesen sind selbstleuchtend, sprach mein
Begleiter. Da sie des Lichts entbehren müssen, ward ihnen das Vermögen,
sich selbst leuchtend zu machen, um so sich und ihre Umgebung zu erhellen.
Schau her, welch unermeßbare Menge dieser Scheinwerfer! Lichtfackeln, Licht=
funken und Lichtkugeln tauchten ringsum auf. Viele derselben blau und weiß
wie elektrisches Licht. Man konnte den ganzen Organismus dieser Wesen
durchschauen, so zart und durchsichtig war der Leib. Lebendigen Sternschnuppen
gleich schienen sie nach Art fliegender Fische über das Wasser hinzuschießen.
Aber bei all dem keine freudige Welt. Nirgends ein fröhlicher Laut, nirgends
Musik. Kein Laut, als gurgelndes Geräusch des Wassers oder Klatschen des
Tangs auf der grünen Fläche des dunklen Meeres.

Eine dichte Wolke verhüllte auf einmal das matte Licht des größeren
Sterns, der als ferne Sonne einen helleren Strahl herabgeworfen hatte. Auf
einmal entbrach derselben eine riesige Feuergarbe. Ungezählte Meteore durch=
zischten den Luftkreis, und prasselnd fiel ein Steinregen nieder auf das so träge
Meer und dessen noch trägere Tange. — Schon nach wenigen Minuten waren
dieselben niedergeschlagen wie ein Kornfeld der Erde von einem Schloßen=
gewitter. — — Das ist hier eine gewöhnliche, fast tägliche Erscheinung, sagte
mein Begleiter, und dieser Tangwald da wird in unglaublich kurzer Zeit
wieder nachgewachsen sein, und um dann freilich wieder und wieder das gleiche
Schicksal zu erleiden. Denn, es ist noch heiß hier, heiß vom nahen Feuer auf
diesem Boden. — So, wie ein Löschtrog, in den der Schmied glühendes Eisen
taucht, zischte auf das Wasser, kochte auf das Meer, und Dampf, wallender
Dampf, wie aus einem ungeheuren Kessel, verhüllte jegliche, selbst kleinste Helle.

Immer schwärzer wurde das Dunkel, also daß ich meinen Begleiter nicht
mehr zu erkennen vermochte, doch dieser begann nun selbst: Die ihrer ferneren
Sonne zugewendete Seite dieser Welt hast du nun gesehen, nun kannst du, so
du willst, auch die ihrer näheren Sonne zugewendete sehen. — Blitzschnell
fuhren wir hin, wo über den Rand des Horizonts, je näher wir kamen, immer
herrlicher eine Strahlenkrone aufschoß. — Wir standen am Rande: Der Wider=
schein eines ungeheuren, wohl den vierten Teil des Himmels einnehmenden
Glutofens brandete uns entgegen. Ja, da lag in unheimlicher Nähe eine in
rotglühendem Flusse an Schlackengürteln anbrandende, zischende, noch unfertige
Welt. — Aber auch auf der mir jetzt standen, war nichts als kahles Gestein
und verglaste, wie Silber glänzende Ströme. — Hier wie dort ist kein Leben
zu finden, sagte mein Begleiter, denn von allem abgesehen: Furchtbar sind die
Stürme, die hier noch zeitweilig hausen.

Doch will mich bedünken, daß auch du und deine Klara in einem ähn=
lichen Tangwald — Gott wie tausende Male vielleicht, — schon gelebt hätten.

Der Komet.

„Heda draußen! — Wer ist's!" — Ach, Herr Meister,
Nichts für ungut. — Bin ein hergereister

Fremder Bursche. — „Welchen Zeichens?" —
Feuerwerker. — Bitte, Reichen S'

Kleine Zehrung. — „Nichts da! Frommen
Soll dein Werk mir, Bursche! — Sei willkommen!

Arbeit hab' ich!" — Welche? — „Feuerwerker!
Mach in Flammen aufgeh'n all die Kerker!"

Du sollst einige dieser Kerker sehen, sprach sehr ernst mein Begleiter. —
Wisse: Wie es kranke Wesen gibt, gibt es auch kranke Welten. Planeten oder
Monde, denen das In-Flammen-aufgehen geradezu Wohlthat zu nennen ist. —
Es sind solche, auf denen die Materie über den Geist, Gewalt über das Recht,
Gemeinheit über das Edle und Häßlichkeit über das Schöne entscheidenden
Sieg und dauernde Herrschaft davongetragen haben. — — Komm mit, so will
ich dir einige derselben zeigen!

Es war eine ausgedehnte Sumpflandschaft, wohin mich mein Begleiter
führte. So weit das Auge reichte, war nichts als rauhes, binsenartiges Gewächs, Schilfe und Schachtelhalme. Aus den zahllosen Lachen von gelbem,
schmutzigem Wasser tauchten empor ungeschlachte Köpfe geschilderter und ge-
schuppter Ungetüme ähnlich den Alligatoren. — „Siehe da, die Herren dieser
Welt! Nachdem sie ihre Mitgeschöpfe samt und sonders verschlungen haben,
sind sie allein noch übrig. — Doch die Zeit ist nahe, daß sie in ihren Sümpfen
gesotten werden. — — Doch, komm mit! Du sollst noch schlimmere Zustände
sehen!" Weiter ging's auf eine andere Welt: Ich erstaunte über die ungeheure Menge Hügel und das weite, ebene, schachbrettartig abgeteilte Land.
„In diesen Bauen wohnt eine Art von riesigen Ameisen, die die ganze Oberfläche ihres Landes einzig und allein für ihre Sonderzwecke eingerichtet haben.
Wohl sind noch einige andere Geschöpfe da, aber ihr Los ist ein sehr trauriges,
da sie für ihre Herren schwere Frondienste thun müssen und zum schuldigen
Dank von ihnen aufgezehrt werden, obschon sie unendlich mehr wert sind als
ihre Bedrücker. — — Aber die Zeit ist nicht ferne, wo der große Raub in den
gefüllten Tennen aufgehen wird." —

Weiter ging's auf eine andere Welt, diesmal ähnlich der unsrigen. Ich
verspürte Blutgeruch und Rauch des Feuers. „Sie werden wieder ein großes
Morden untereinander gehabt haben und Freudenfeuer anzünden. — — Es
wird ein weit größeres Feuer werden, das der Komet dort, der Vagabund,
mit seiner brennenden Lunte bei ihnen anzünden wird!"

Wieder späht, den Lampenschirm als Fächer,
Her mit trübem Nachtlicht ein Erbrecher.

Mit dem Zünder, mit dem Schwefelfaden,
Dem Banditenantlitz, fluchbeladen.

Böses brütend schaut er nächtlich nieder,
Blaue Flämmlein züngeln hin und wieder.

Möcht' er doch auf dieser Erden Gründen
Tückisch einen Weltenbrand entzünden.

1. Maiheft 1899

Wiederverjüngung.

Einsam wandelt durch den Wald ein Alter,
Um ihn schweben blau und goldne Falter:

Einst'ger Träume himmlisches Verjüngen
Schaut er hier in diesen Schmetterlingen.

Einst'ger Jugend selige Gedanken
Grüßen ihn aus diesen Rosenranken.

Einst'ger Kindheit unschuldvolle Wonnen
Winken ihm aus diesen Blumensonnen.

Seines Eignen freud'ger Auferstehung
Schaut er zu von seiner Menscherhöhung.

Und ihn selber als geschloss'ne Haltung
Grüßt sein Einst als Auseinanderfaltung.

Rundschau.

Literatur.

* **Tendenzpoesie.** Nichts kann auf eine feiner organisierte Natur mehr abstoßend und barbarisch wirken, als die Vergewaltigung der Gesetze der Kunst und der Psychologie zu Gunsten irgend einer politischen, religiösen oder wissenschaftlichen Ueberzeugung. Der Tendenzdichter im üblen Sinne des Wortes, den man auch innerhalb der eignen Partei mit Skorpionen züchtigen sollte, macht sich einer doppelten Nichtswürdigkeit schuldig, indem er einmal das Material, also die stofflichen Voraussetzungen, seiner Dichtung oder deren künstlerische Verwertung oder aber beide zugleich fälscht und so zweitens eine vielleicht ehrenwerte Tendenz dem in diesem Falle berechtigten Abscheu der Gebildeten preisgibt. Der Tendenzdichter ist mehr (oder je nachdem: weniger) als talentlos, er ist schlechthin unehrlich, und man sollte ihn im geistigen Umgang meiden, wie man anrüchige Subjekte und unsaubere Lohnschreiber im Leben zu umgehen pflegt; denn wie diese ist er bezahlt und gekauft durch eine Tendenz, deren Verteidigung er entweder aus Beschränktheit oder — was häufiger und schlimmer ist — aus unlauterer Spekulationssucht mit unredlichen Waffen führt. Die Tendenz ist bei ihm nicht der konzentrierte Satz, der sich zwanglos, ja mit innerer Notwendigkeit aus einer unanfechtbaren Darstellung niederschlägt, sondern die gewußte und gewollte Wirkung eines ad hoc konstruierten und beleuchteten Weltausschnitts, seine Tendenz ist eine von Anfang an unterlegte Absicht und nicht eine als Belohnung für den Schweiß des Genußes herausspringende Aussicht auf ein Stück Welt und Menschenschicksal in der Beleuchtung eines neuen Gedankens. Er macht in dem Werden des Kunstwerts einen fremdartigen Stoff zum legitimen, herrschenden Prinzip und degradiert dadurch ebenso sehr die vielleicht ehrenwerte Sache, die er vertritt, wie er die Kunst beschmutzt, deren Ausdrucksformen er sich bedient. Er gleicht aufs Haar jenen verächtlichen Gelehrten, die im Interesse des Kapitals, der Karriere oder sonst einer materiellen Macht ihre Wissenschaft redigieren und so eines der hehrsten menschlichen Güter respektlos in den Staub ziehen.
    Erich Schlaikjer (in der „Hilfe").

* **Zu Klaus Groths Jubeltage** sind von engeren Landsleuten des Dichters zwei gute Bücher über ihn erschienen. Das eine, von H. Sierck bei Lipsius & Tischler in Kiel herausgegeben, nennt sich selber „ein deutsches

Volksbuch", sein Verfasser bekennt, daß er dem Dichter mit dem Buche eine Festfreude habe bereiten wollen und daß er ihm gegenüber "auf dem Standpunkt der unbedingten Verehrung stehe". Kritik ist also hier nicht zu suchen, aber mitgeteilt wird insbesondre über das Leben Klaus Groths außerordentlich viel und in munterer, liebenswürdiger Form. Unsre Leser freilich werden höher das kleine Buch von Adolf Bartels stellen, das bei Ed. Avenarius (A. Goldbeck) in Leipzig erschienen ist. Das bietet eine gleich herzenswarme wie kopfesklare literarische Charakteristik, wie wir sie leider in solcher Vortrefflichkeit und so reich an den wertvollsten Ausblicken nur von ganz wenigen deutschen Poeten haben. Ich muß das sagen, obgleich Bartels zu unsern "Ständigen" gehört, mag man mir's verdenken oder nicht.

U.

* Wie's gemacht wird.

"Bitte höflichst, als Brief zu betrachten!

Ihro Hochwohlgeboren!

Im wunderschönen Monat Mai, wenn alle Blümlein sprießen, erscheint in meinem Verlage mit Carmen Sylva, Elise Polko, Ossip Schubin, Wilhelmine von Hillern u. s. w. in lieblicher Ausführung:

"Deutsche Schriftstellerinnen der Gegenwart."

Wollen Sie sich daran beteiligen, dann bitte um gefl. Einsendung Ihres werten Portraits (möglichst in Visitformat), damit dasselbe dem neuen Kunstblatt eingereiht wird.

Ich gehe dabei von dem Prinzip aus, daß jedes Talent ein Recht auf Anerkennung hat, ein Recht, das sich in diesem Falle verwirklichen läßt.

Als Beitrag zu den nicht geringen Herstellungskosten berechne ich 6 Mk., postnumerando zahlbar, wofür Sie im Mai d. J. drei Exemplare des neuen Kunstblattes, das dann auch Ihr wertes Bildnis enthalten wird, per Post erhalten.

Indem ich mich Ihnen noch bestens empfehle, zeichne

Hochachtungsvoll
L. E. M. Fritsch.

P. S. Ihr wertes Portrait müßte bis zum 12. Mai in meinen Händen sein, da das Tableau am 15. Mai in Angriff genommen wird."

Wir wissen nicht, wie "lieblich" dieser schöne Plan ausgeführt worden ist, den die Hamburger Firma bereits vom vorigen Jahre datiert hat. Aber wir wissen, daß jedes Jahr, "wenn alle Blümlein sprießen", irgend wer in deutschen Landen auf einen ähnlichen Gimpelfang auszieht. Gewöhnlich handelt sich's allerdings um Anthologien oder auch um Zeitungsartikel mit Portrait. Neu ist also wohl nur der leuchtende Gedanke, dichtenden Damen durch die bezahlte Aufnahme ihrer Photographie in ein "Tableau" "Anerkennung" zu verschaffen.

Theater.

* Hebbels "Nibelungen" sind auf dem langen und rauhen Wege, den sie bei der Herabgekommenheit der deutschen Bühne zu gehen halten, nun zur Stätte ihres Ausgangs zurückgekehrt, zum Weimarer Hoftheater, wo 1861 ihre erste Aufführung stattfand. Die ersten beiden Teile wurden am 8. April gegeben, der dritte soll im Mai folgen. Gleichzeitig veranstaltet die Intendanz eine Aufführung der ganzen Wagnerschen Tetralogie, sodaß man in der Ilmstadt die beiden Behandlungen des grandiosesten germanischen Sagenstoffes im einzelnen wird vergleichen können. Das Ergebnis wird natürlich sein, daß sie auch nicht das Geringste miteinander gemein haben, im Grunde nicht einmal den Stoff, denn unser deutsches Nibelungenlied, dem Hebbel folgt, hat ja den Mythus bereits so vermenschlicht, daß er eigentlich etwas ganz anderes geworden ist, und Hebbel hat die Vermenschlichung noch weiter geführt und seinem Drama einen fast historischen Hintergrund gegeben. Immerhin wird die Vergleichung der beiden Gattungen, des Musik- und des Wortdramas, interessant sein, und der Vorgang des Weimarer Hoftheaters lädt zur Nachfolge ein. Nur muß man dann auf Hebbel die nämlichen Kunstmittel wie auf Wagner verwenden. Das aber wird überall schwierig sein, denn wir haben zur Zeit wohl vortreffliche Wagnersänger, aber wenig Schauspieler großen Stils.

A. B.

* Auch in Bremen sind, wie in Hamburg, Schülervorstellungen am Stadttheater eingerichtet worden, in der Hauptsache auf Kosten eines dortigen Großkaufmanns. Die Stücke werden von Lehrern in Verbindung mit Heinrich Bulthaupt ausgewählt. In diesem Winter gab man so "Tell" und "Die Jungfrau von Orleans", im nächsten hofft man mehr solcher Schülervorstellungen herauszubringen.

1. Maiheft 1899

— 91 —

* Gegen die Interviewerei schreibt jetzt auch Max Loewengard in den Berliner „Signalen". Er kennzeichnet sie, wie wir's gethan haben, indem er zunächst den Schwindel abweist, es handle sich hier um „Kunstinteresse". „Ernste Männer, die ein künstlerisches Gewissen haben und ernst mit diesem Gewissen zu Rate gehen, arbeiten der drohenden Verflachung der Kunstberichte entgegen — nicht, indem sie dagegen polemisieren, sondern, indem sie bessere, gehaltreichere zu bieten sich bestreben. Die Zeitungen kommen diesem Bestreben scheinbar zu Hilfe, indem sie solchen ernsten Leuten das Wort geben — und sie arbeiten diesen Bestrebungen entgegen, indem sie auf der zweiten Seite Hanswürsten das Wort geben, die mit einem einzigen »Interview« mehr Schaden anrichten, als zehn ernste Arbeiten Gutes gestiftet haben." Dann werden die Interviewer hübsch beschrieben: „Der Interviewer, der wegen des ihm angehängten »Hanswursten« eine Beleidigungsklage anstrengen wollte, würde seinen Beruf nicht richtig erkannt haben: der richtige Interviewer muß ein Stück von einem Hanswursten sein, die größten Hanswursten sind die besten Interviewer. Der Interviewer muß von der Wichtigkeit, ja von der Notwendigkeit seiner Thätigkeit überzeugt sein, er muß sich für einen Historiker der Gegenwart halten. Er schreibt: »Ich mußte sie sprechen — und so telegraphierte ich denn u. s. w.« Ist das nicht schon ein gut Stück Hanswurst? Ja warum mußten Sie sie denn sprechen? Um sie zu interviewen? „Bon", um im Interviewerstil zu reden, „wenn Sie müssen, dann gondeln Sie los!" — Der Interviewer muß sein Opfer, und wenn es in seinen vier Wänden auch noch so harmlos, geistlos, witzlos sich gäbe, Geistvolles, Witziges, Pikantes reden lassen. Und er thut es, indem er ihm die besten Einfälle, die er je von anderen gehört, in den Mund legt — nur dann und wann schüchtern seine eigene Autorschaft oder doch Mitarbeiterschaft an einem guten bon mot durchblicken lassend. Ist das nicht Hanswurstenarbeit? Der Interviewer muß sich mit Geschmack hinauswerfen lassen — er ist nun einmal Commis voyageur unter den Literaten — aber er muß so thun, als ob er immer und überall le bien venu wäre — er muß so thun, als ob er zu jedem, den er interviewt,

ganz besonders freundschaftliche Beziehungen hätte. Er schreibt: »Nur wer Herrn X., so wie ich, seit langen Jahren kennt, vermag so recht zu verstehen« u. s. w. — und muß am andern Tag Herrn X., den er bei Gelegenheit des Interviews zum ersten Male in seinem Leben gesehen hat, wegen dieses kleinen »usuellen Kniffs« um Verzeihung bitten, muß ihn anflehen, daß er ihn nicht Lügen strafe. Hanswurst und kein Ende!" Dann heißt es ganz in unserm Sinn: „Ein ernster Vorwurf trifft nur die Zeitungen, die sich dazu hergeben, das Interesse der Gesamtheit systematisch auf das Drum und Dran, auf das Aeußerliche und Rebensächliche zu lenken, während sie auf der andern Seite doch sich den Anschein geben, als suchten sie ernstes Kunstinteresse zu wecken und zu fördern. Man wende nicht ein, daß eins das andere nicht ausschließe, daß das, was in den Interviews mitgeteilt werde, mit der Kunst gar nichts zu thun habe, daß es nur dasjenige Wissenswerte biete, was eben außerhalb der Kunstkritik läge. Das Interview sorgt dafür, daß im Gegenteil der Anschein gewahrt werde, als ob es eine notwendige Ergänzung des Kunstberichtes wäre, als ob die Kunstanschauung die Lebensanschauung, zu der sich der Künstler im Interview bekennt oder deren Bekenntnis ihm doch in den Mund gelegt wird, zur Vervollständigung seines Bildes, zur Erkenntnis seiner künstlerischen Bedeutung unerläßlich wäre. Das ist ein grober Mummenschanz; das Interview, so wie es ein Teil der Berliner Presse seit geraumer Zeit allwöchentlich bringt, ist nichts als Klatsch, diskreter Klatsch in den meisten Fällen, verleumderischer Klatsch in sehr vielen Fällen, geschmackloser und gänzlich überflüssiger Klatsch in allen Fällen. Die äußeren Lebensumstände eines Künstlers, seine Gewohnheiten, die Tapeten seines Zimmers, die Qualität seiner Zigarren gehen keinen Menschen, außer ihn selber, seinen Tapezier und seinen Zigarrenlieferanten etwas an. Seine Lebensanschauungen, seine Kunstanschauungen wird er in den seltensten Fällen einem Interviewer ausführlich auf die Nase binden, wenn er aber naiv genug ist, es zu thun, dann kann man zehn gegen eins wetten, daß ihn der Interviewer gar nicht, oder doch gründlich falsch versteht, daß das, was davon in die Zeitung kommt, jedenfalls vollkommen wertloses Gewäsch ist, das auch durch die gewöhnlich folgendenBerichtigungen des Nichtverstandenen nicht an Wert gewinnt."

Musik.

* Don Lorenzo Perosis Name tönt jetzt durch alle Welt. In Italien hat er unbestreitbare Triumphe gefeiert, man hat ihm als dem „italienischen Bach", als dem „zweiten Palestrina" zugejubelt, und vom „territorialen Standpunkt" aus vielleicht nicht ohne alle Berechtigung. Seit seine Werke auch nach Deutschland und Oesterreich gedrungen sind, hielten wir inmitten der Flut widersprechender Urteile geflissentlich an uns, bis wir zu einer eigenen Meinung genügende Unterlagen gewinnen konnten. Und nun müssen wir sagen: Perosi ist ein begabter, tüchtiger, gebildeter Musiker, dem es heiliger Ernst um seine Sache zu sein scheint und jedenfalls eine achtungswertere Erscheinung, als man nach der eher für den Star eines Varietetheaters als für einen geweihten Reformator passenden Reklame noch zu hoffen wagen konnte. Aber so wie es versteht in Mitteleuropa wirklich mancher bessere Regenschori zu komponieren: Der Unterschied liegt darin, daß des letzteren Arbeiten kaum über den Umkreis seiner Kirche hinausbringen, wogegen die Italiener meinen, jede ihrer eigenen Angelegenheiten sei ein Ereignis für die ganze Welt. Die Leute in Deutschland fallen regelmäßig immer wieder darauf hinein. Es hieße bei uns, wo man Bach, Händel, Liszt, Franck und Bruckner sein eigen nennt, die Geister dieser Heroen beleidigen, wenn man sich für Perosi auch nur einigermaßen erhitzen wollte. Dieser naive Mischmasch (vulgo Eklektizismus) aus palestrinischen Dreiklangsfolgen, stapfenden Chorfugen à la Bach, italienischen Opernariosos, Schumannschen Stimmungsbildern und Wagnerschen Instrumentaleffekten sollte die wahre katholische Kirchenmusik sein? Roma locuta est. Aber vor anderthalb Jahrzehnten hat Rom anders gesprochen und einen Liszt zum Palestrina der Gegenwart erklärt, denselben Liszt, der Perosis Ideal, der katholischen Kirchenmusik den vollen Reichtum der modernen Tonkunst zugeführt, schon vor einem halben Menschenalter so stilvoll verwirklicht hat und von dem die heutigen Perosi-Paroxysten kaum erst den Namen zu wissen scheinen.

Wir kommen auf die ganze katholische Kirchenmusik-Frage demnächst ausführlicher zurück. Für ein ideelles geistliches Schauspiel ist z. B. Don Perosis „Marcuspassion" doch viel zu episch. Man denke nur, wie gleichgültig erzählend er die bange Frage der Jünger „Numquid ego?" behandelt und wie dramatisch dagegen Bach „Herr, bin ich's?" gestaltet hat. Aber auch als kirchliche Gebrauchsmusik widerstreitet dem Gefühle z. B. dieses Geschrei der Trompeten in den höchsten Lagen. Kann sich unsereins die Wirkung davon in den Hallen einer Kirche ohne tiefes Aergernis vorstellen? Wenn die Italiener auf Perosi als einen soliden, hohen Zielen zugewandten Musiker stolz sind, so begreift sich das völlig. Nur wollen wir nicht vergessen, daß dort auch noch der große Alte von Busseto, der Schöpfer des „Requiems" und der „Vier religiösen Gesänge" lebt, Guiseppe Verdi, auf den sie sich vor der gesamten Kunstwelt wahrlich mehr zu Gute thun könnten, als auf den fruchtbaren Domkapellmeister an San Marco. R. B.

* „Das Fest auf Solhaug", Musikdrama in drei Aufzügen nach Ibsen, komponiert von W. Stenhammar, wurde in Stuttgart zum allerersten Male aufgeführt.

Die Besprechung wird sich zunächst mit den Eigenschaften der Musik zu befassen haben. Zwingende, überzeugende Originalität hat nicht in ihr gewaltet; dafür ist es auch Opus 6! aber weiche, treuherzige, humoristische Züge sprechen daraus. Die Charakteristik der Leitmotive trifft glücklich einige Situationen und Personen wie das Fest, Signe; die Abwandlungen des Festmotivs sind fesselnd. Die weitere Orchestermusik tönt in modernem Gepräge manche Stimmung, besonders freundliche Zwielichts, hübsch aus, und fügt vereinzelte leidenschaftliche Accente bei. Ein Erguß inniger Empfindung ist Margits Lied von Bergkönig. Die Deklamation, die ja sprachlich nur vom Norweger beurteilt werden kann, ist psychologisch meist unzulänglich und häufig stereotyp. Nur der biederbe Bengt ist auch deklamatorisch recht hübsch gekennzeichnet. Wenn man nun die Vorzüge und Schwächen auch bis ins Kapitel der gewandten, aber durch übermäßige Benützung der Holzbläser ziemlich zähflüssigen Instrumentierung, oder ins Register der Anklänge verfolgen wollte, so ließe sich doch kein gesichertes Urteil fällen, da es ja Musik zu einem Drama ist, in dem der Komponist ebensowohl Hemmung wie Beflügelung seiner Inspiration finden konnte. In der That scheinen mir die guten Eigenschaften zu verraten, daß Stenhammar viel Besseres ohne Ibsen, oder mit einem andern Ibsen hätte hervorbringen können.

Der Text gibt nämlich mit verschwindenden Auslassungen das ganze Schauspiel wieder. Nun ist es schon mit Rücksicht auf die Zeitdauer geboten, zwischen die Reden der Personen musikalische Einschaltungen nicht häufig zu teilen. Verloren geht dabei vor allem das breite, beziehungsreiche Ausklingen der Stimmungen, sodann jede wirklich musikdramatische Motivierung der Reden; alles liegt so dicht bei einander, daß man fast ersticken muß. Doch selbst, wenn sich der Komponist Zeit nehmen dürfte, wie könnte er das Zugespitzte des Dialogs, das Ibsen schon im Fest auf Solhaug hat, musikalisch fassen? Diese „obgleich,“ „doch nein, nichts“ —, diese Fragen und Zwischenfragen, oder von größeren Abschnitten die Erzählung, wie Gudmund zum Trank gekommen ist — wie ließe sich dies alles ohne wunderbare Transsubstantiation in den Organismus eines Musikdramas eingliedern?

Ich möchte noch weiter bohren: Sind diese Menschen, die Ibsen auf die Bühne bringt, trotz aller Romantik nicht zu arm für die Musik? Die vom Dichter vorgesehenen musikalischen Ergüsse haben gerade die Prosa des Schauspiels zur Voraussetzung! In ihm wird der Zündstoff der Leidenschaft der Zeit so sehr zersplittert und verzettelt, daß es zwar zu manch artigem Feuerlein, aber nie zu einer dämonischen Explosion kommt. Und da sollte die Musik dämonisch werden? Es ist zu viel Unschlüssiges, Zwiespältiges in Margit, als daß die Bereitung des Gifttranks für ihren Gemahl tragisches Interesse bekäme; Intrigue ist aber für ein Musikdrama nur auf grandiosem Schicksalshintergrund oder bei vollblütiger Charakterschöpfung verwertbar. Eine Bestätigung dieser Ansichten glaube ich darin zu finden, daß Stenhammar die Szenen mit Knut, Bengt und Signe, diesen einheitlichen, unzweideutigen Naturen, am vorzüglichsten gelungen sind. Hier ist Meistersingerstil, im vorteilhaften Sinn. Wenn nur die Komponisten von Wagner auch die Einsicht in die musik-

psychologischen Gesetze seiner dramatischen Kunst erlernten!

Die gemachten Einwände haben die Anerkennung ernsten und reinen Strebens zur Voraussetzung. In Stenhammar hat der Norden eine achtungswürdige Kraft auf den Plan gestellt. Die Stuttgarter Bühne hat mit der nach allen Teilen sorgsam vorbereiteten Ausführung des Werkes jedenfalls der Kunst einen Dienst geleistet, wenn auch das Musikdrama selbst sich kaum halten wird.   K. Grunsky.

Bildende Kunst.

* Dresden steht vor der Entscheidung darüber, ob durch den neuen Ständehausbau sein schönstes Stadtbild zerstört werden soll oder nicht. Es hat lange gedauert, bis man sich recht darüber klar wurde, jetzt aber, wo Gipsmodelle nach den neuen Wallotschen Entwürfen und dem ganzen in Frage kommenden Stadtteil ausgestellt worden sind, sieht das besorgte Bewußtsein vom Ernst der Sache zwischen den Zeilen fast aller Zeitungsbesprechungen heraus.

Jeder Gebildete, nicht nur Deutschlands, nicht nur Europas, kennt dieses Stadtbild, er weiß wenigstens davon, selbst wenn er sonst nichts von Dresden weiß. Links von der uralten Brücke die Brühlsche Terrasse mit ihrer Treppe, rechts die imposante katholische Kirche, im Hintergrunde abschließend das Schloß drunten mit dem Georgenthor, droben mit der so köstlich fein gezeichneten Schloßturmspitze. Wird einer der Neuerungspläne Wirklichkeit, so wird man sich einst mit wehmütigem Staunen fragen: wie konnte man damals so verwachsen mit einem Irrtum, daß man selbst das Allerklarste nicht mehr voraussah, das an hundert Erfahrungen der Baugeschichte Erwiesene: schöne Formen, die ehedem glücklich zu einem lebendigen Organismus zusammengewachsen, mußten von diesem ungeheuren neuen Steinwürfel erschlagen werden. Man führe einen oder den anderen dieser Pläne aus, und alles, was jetzt harmonisch miteinander wirkt, findet seinen niederdrückenden Herrn: der Schloßplatz wird zu einem Plätzchen (noch dazu zu einem flachen, denn die jetzt so malerische Unebenheit soll ja „ausgeglichen“ werden!), das Schloß zu einem Schlößchen, der Dom zu einer Kirche wie andere auch, und die Brühlsche Terrasse zu einem gleichgiltigen Vor-

bau ad majorem gloriam bieſes Stände=
hauſes, beſſen Aeußeres ſich boch
zwiſchen dem architektoniſchen alten
Adel ſeiner Umgebung gerade in ſeinen
gewaltigen Maßen etwas parvenu=
mäßig ausnehmen wird. Und bie
Stelle, wo ber Schloßplatz und ſeine
Umgebung einſtens den ſchönſten An=
blick bot, den berühmten Blick oben
von der Terraſſentreppe? Ja, bie wird
man dann überhaupt vergeblich ſuchen.
Die Ausführung des einen Entwurfs
hätte dieſen Blick mit dem Erniedrigen
der Terraſſe verpfuſcht, bei der Aus=
führung des andern wär' er mit dem
ganzen Terraſſenende einfach „weg=
gefallen“. Aber vielleicht entſchädigten
Blicke andersmoher? Gehe herum,
Fremdling, würde man ſagen müſſen,
und ſchaue dir von den Brücken, von
jenſeits der Elbe, von wo bu willſt,
die neue Beſcheerung an, du wirſt eine
Rieſenkuliſſe und fünf Türme mehr
in ber einſt ſo geprieſenen Stadt=
ſilhouette finden, — aber leider all
dieſe ſchönen Sachen an falſchen Stellen.
Und warum das alles? Muß
denn das Ständehaus an den Schloß=
platz? Sind wir nicht alle barüber
einig, daß es ſich ſelber da brücken
und quälen muß, ſo baß von freiem
Geſtalten nicht mehr viel Rebe ſein
kann? Ihm ſelbſt alſo nützt der er=
leſene Standort nichts. Und ſeine
Umgebung — hat nur irgendwer ſchon
bavon geſprochen, daß bieſer Neubau
ſie verſchönern könne? Gehen bie
kühnſten Verteidiger ber neuen Pläne
weiter als zu ber Behauptung, daß
ihre Ausführung dieſe Umgebung nicht
verderben würde?
Es wäre ja denkbar, baß einer wie
Wallot eine Löſung fände, wenn er
mit der Silhouette frei ſchalten könnte.
Das ſetzte voraus, daß man dem Bau
vielleicht ein Drittteil der ihm aufge=
ladenen Bedarfsräume wieder ab=
nähme. Wenn nicht, ſo gält' es ein=
fach, den Bauraum auszunützen auf
das Aeußerſte, und das zwänge,
zwänge auch einen Wallot in letzter
Folge zum ungeheuren Kaſten. Da
ich kein Architekt bin, weiß ich nicht,
warum nicht Bureauräume in die
Brühlſche Terraſſe ſelber eingebaut
werden könnten, woburch ſehr viel
Platz gewonnen würde — ſelbſt paſ=
ſende Fenſter in der Terraſſe wären
wohl ein kleineres Uebel als Abbruch
oder Niedrigerlegung. Es iſt ba nie
die Rebe bavon und ſo geht's wohl
nicht an.

Aber ob man ſich zu einer Ent=
laſtung und alſo Verkleinerung bes
Ständehauſes oder zu einer Verlegung
anderswohin entſchließe: das ſcheint
mir ſo ziemlich klar, wie ungefähr ein
Reubau am Schloßplatz müßte, um ihn nicht nur nicht zu be=
einträchtigen, ſondern in ſeiner Schön=
heit noch weſentlich zu heben. Wieder=
holen wir, was uns als das Beſte
erſcheint. Die Terraſſe, bie den Charak=
ter bes Dresbner Stadtbildes faſt einzig=
artig mitbeſtimmt, müßte man in ihrer
weſentlichen Geſtaltung erhalten. Das
neue Gebäude bürfte erſtens nicht zu
hoch ſein, es bürfte zweitens nicht bie=
ſelbe Frontgeſtaltung nach dem Schloß=
platze, wie nach den Straßen haben.
Nach dem Schloßplatze zu müßte zum
mindeſten ſein oberer Teil zurücktreten.
Als das Schönſte aber erſchien' es
uns, wenn ſich auf der jetzt als Bau=
platz bes Ständehauſes gedachten Fläche
am Schloßplatze zunächſt eine mächtige
Loggia vor bem neuen Hauptgebäude
erhöbe, etwas niebriger als die Brühl=
ſche Terraſſe, aber unter Ueberbrückung
des Terraſſengäßchens im rechten Win=
kel an ſie angebaut und mit ihrem
großen Ballon von dort aus zugäng=
lich. Man bebenke auch, welche Feſt=
tribüne bas in dieſem Zentrum bes
öffentlichen Dresdner Lebens ſchüfe!
Das Albertdenkmal, bas hierhin ſoll,
fände entweder unter den mächtigen
Bogen der Loggia ober auf ihrem
Eckpfeiler an ber Auguſtusſtraße einen
eigenartigen und ebenſo würdigen,
wie bekorativ wertvollen Platz.
Sonſt wäre von wirklich Wichtigem
aus Dresden für bieſes Mal nur die
Eröffnung ber „Deutſchen Kunſt=
ausſtellung“ zu erwähnen. Für
heute nur ſo viel: ſie iſt alles in
allem wunderſchön gelungen. Uns
wird ſie wohl Manches zu ſprechen
und Einiges auch zu zeigen geben. A.

* Auch eine Preisverteilung.
Aus Kaſſel berichten die Zeitungen:
„Vom Ortsausſchuß für den Wettſtreit
deutſcher Männergeſangvereine war
eine Konkurrenz für Erlangung eines
künſtleriſchen Plakats ausgeſchrieben
worden. Von den 20 eingegangenen
Arbeiten war der Preis bem Ent=
wurfe bes Lehrers an hieſiger königl.
Kunſtakademie Adolf Wagner ein=
ſtimmig zuerkannt worden. Zur Ver=
vielfältigung gelangt ber preisgekrönte
Entwurf indes nicht, weil der Kaiſer
ben Entwurf des Malers Doepler jun.=
Berlin zur Ausführung beſtimmte.“

Das heißt zu deutsch: den betreffenden Herren kam zu Ohren, daß dem Kaiser ein andrer Entwurf besser gefiel, als der, welchen die Sachverständigen einstimmig für den besten erklärt hatten, darauf rutschte ihr Mannesstolz vom Herzen abwärts, ihrem Haupte aber ging die Erleuchtung auf, daß der Kaiser auch ein Sachverständiger sei und zwar einer, dessen Sachverständnis das des ganzen übrigen Sachverständigen-Collegii überrage. So liegt die Sache, denn zur Ausführung zu bestimmen hatte der Kaiser schwerlich etwas, da die preußische Staats- und die deutsche Reichsverfassung bei den kaiserlichen und königlichen Hoheitsrechten vom edeln deutschen Männersang und seinen Plakaten leider nicht reden. Dieses kleine Beispiel des Servilismus ist aber einer Festnagelung in unserm Blatte deshalb wert, weil man aus Ergebenheitsdrang pflichtwidrig gegen die vom Wettbewerb Beteiligten gehandelt hat.

* „Zur Erhaltung des Nassauer Hauses in Nürnberg" schreibt die sozusagen offiziöse «Denkmalpflege», „in seinen alten Zustande sind Aussichten vorhanden, nachdem der Magistrat der Stadt augenblicklich im Hinblick auf die dem genannten Hause drohende Gefahr, eine ortspolizeiliche Vorschrift erlassen, wonach an einem geschichtlichen und monumentalen Gebäude keinerlei Veränderungen weder am Äußeren noch im Inneren ohne ortsbaupolizeiliche Genehmigung vorgenommen werden dürfen. Von der k. Kreisregierung ist diese Ortspolizeivorschrift auch bereits genehmigend verbeschieden worden. Da der Nürnberger Hausbesitzerverein sich aber vermutlich beschwerdeführend an das Ministerium gewandt haben wird, so bleibt allerdings noch abzuwarten, wie diese oberste Behörde, bei der die endgiltige Entscheidung ruht, entscheiden wird. Zu hoffen ist, daß diese Entschließung im Sinne der Ortspolizeivorschrift, also auch zu Gunsten des gefährdeten Nassauer Hauses ausfällt." Ja, das ist dringend zu wünschen. Und ferner: daß die Häufung solcher „Bedrohungen" in der letzten Zeit zu einem gesetzlichen Vorgehen von allgemein sichernder Wirkung führe.

* Aus Würzburg kommt eine Nachricht, die wir, so lustig sie klingt, doch lieber für einen gemachten als für einen gewordenen Spaß halten möchten. Es soll dort aus Sittlichkeitsgründen in ein Bild von Michael Wohlgemuth eine grüne Draperie ans nackte Christuskindlein herangemalt worden sein. Bis jetzt also hätte das Schamgefühl vor diesem Andachtsbild freventlich geschlafen, nun aber wäre es von einer sachverständigen Priesterhand mit dem Hinweis erweckt worden: wehe, dieses da ist nackt! Wirklich, das wäre hübsch, wenn selbst die Werke unsrer alten großen Meister drei und vier Jahrhunderte nach deren seligem Tode vor Hosenmalern noch nicht versichert wären.

Vermischtes.

* Gegen die neue „lex Heinze" in der jetzt geplanten Form hat nun sogar der Börsenverein der deutschen Buchhändler, die im allgemeinen wirklich sehr konservative Standesvertretung fast aller achtbaren Firmen des deutschen Buch-, Kunst- und Musikalienhandels, eine ausführlich begründete Eingabe an den Reichstag gerichtet. Darin wird gebeten, „der beantragten Gesetzänderung so lange die Zustimmung zu versagen, als nicht eine Fassung gefunden sein wird, welche der Fortentwickelung des Buch- und Kunsthandels und damit zugleich der Fortentwickelung der Kunst und Wissenschaft nicht hinderlich ist." Ob das noch helfen mag? Man wird im Kampf um die Geistesfreiheit nachgerade an das Unsinnigste gewöhnt, ermattet im Widerstande und nimmt schließlich das immer wiederholte Absurde als ein Unvermeidliches achselzuckend hin. Und im Reichstage fehlen, wie nun durch all die Kunst- und Wissenschaftsdebatten doch nachgerade erwiesen ist, leider die Intelligenzen, die zu einer Sondierung des Ueberflüssigen und Schädlichen von dem Zweckmäßigen befähigt wären, das immerhin auch in dieser Gesetzesvorlage steckt.

* Gute Worte hat jüngst der Heidelberger Sprachwissenschaftler Osthoff als Prorektor der dortigen Universität in seiner Antrittsrede gesprochen.

Da war von der Denkfreiheit und der Freiheit des Forschens und Lehrens zu hören, dann aber auch vom Lehrfreimut. „Hätten wir Männer der Wissenschaft diesen wollen, so wäre uns die Lehrfreiheit wertlos, ein eitel und unnütz Ding, ein Messer mit stumpfer Klinge. Ein namhafter und angesehener Professor der Berliner Hochschule,

Paulsen, hat kürzlich den Gedanken drucken lassen: Professor, der Name kommt her von profiteri, und das heißt frei und öffentlich bekennen! Und diese Seite im Wesen des deutschen Universitätsprofessors muß wieder einmal kräftiger betont werden. Als der Stifter unserer Religion seine ersten Sendboten zur Verkündigung der evangelischen Heilswahrheiten über die Erde entsandte, da gab er ihnen die Weisung, daß sie ihr Licht nicht unter den Scheffel stellen sollten. Das beherzigend, hat Luther von sich und seinem Bekennermut gesagt: »Unser Licht stehet nicht unter dem Scheffel verborgen, sondern brennet und leucht frei auf dem Leuchter.« Verglichen mit dem Erkennen der Wahrheit, dieser einen Seite seiner Thätigkeit, ist das Bekennen unter Umständen die bei weitem schwierigere Aufgabe für den Universitätsprofessor. Jenes ist Sache des Verstandes und des Ingeniums; bei dem Bekennen aber kommt der Charakter, der Wille ins Spiel. Ein Licht, das entzündet ist und hoch und frei auf dem Leuchter brennt, das strahlt und leuchtet wohl auch in dunkle Ecken hinein, und was in der Dunkelheit verborgen sitzt, das wird unangenehm von dem Licht betroffen. Kein Wunder also, wenn sich die lichtscheuen Mächte der Finsternis feindselig gegen den Wahrheitsbekenner regen und ihm, seinem Thun und Treiben, den Garaus zu machen suchen.« Osthoff sprach dann von den Göttinger Sieben. »Es mag wohl eine Erdichtung sein, daß der große italienische Naturforscher Galilei unter den Foltern der Inquisition das »Und sie bewegt sich doch!« ausgerufen habe. Aber was die Männer von Göttingen leisteten, das ist, geschichtlich wohl beglaubigt, so ein Stück dieser Seelengröße und Charakterstärke. Uns mutet freilich heutzutage der Bericht von ihrer That fast an wie ein Märchen aus alten Zeiten. Da es nun aber doch ein

geschichtliches Faktum ist, so möchte man pessimistisch dazu sagen:

> Das ist nun zwar historisch wahr,
> Doch leider heut nicht mehr anwendbar!

Allein wir wollen Besseres hoffen. Das Göttinger Vorbild darf nicht für die nachfolgenden Generationen des deutschen Professorentums verloren sein! Auch heute noch muß der Professor die moralische Kraft haben oder wiedergewinnen, seine Ueberzeugung frei zu bekennen, muß er zu diesem Behufe stark genug sein, unter Umständen Würden, Titel und Orden für gering, für einen Tand zu achten, wenn es gilt, seiner Ueberzeugung ein Opfer zu bringen. Wahrlich, die gemaßregelten Göttinger Sieben haben Größeres dahingegeben!«

Osthoff wandte sich nun den Pflichten der Studenten zu, die er vor allem mit wohltönender Offenheit vor dem Strebertum, vor der Gesinnungsriecherei und vor Unduldsamkeit gegen Andersdenkende und Andersfühlende warnte. »Sie müssen sich immerdar gegenwärtig halten: es gibt mancherlei und verschiedene Formen des Patriotismus, und diese sollen sich gegenseitig ergänzen und sachlich korrigieren, aber nicht sich untereinander verketzern. Derjenige hat das Richtige erfaßt, der es versteht oder lernt, sei es auf dem Gebiete der Wissenschaft, der Religion oder des Staatslebens, aus der gegnerischen Meinung den berechtigten Kern herauszufinden.«

Alles, was dieser Professor gesagt hat, kann jedermann auch auf die Zustände in unserm Kunstleben anwenden. Wer die Rede als Ganzes nachlesen will, findet sie in den Heidelberger Akademischen Mitteilungen. Das Traurige ist, daß wir so weit gekommen sind, die öffentliche Betonung solcher Selbstverständlichkeiten schon als etwas Ueberraschendes freudig zu empfinden.

Unsre Beilagen.

„Warum denn so viel für Einzelgesang und für hohe Lage?", klagte neulich ein Kunstwartleser vor unsern Musikbeilagen. Ihm und denen, die mit ihm empfinden, kommen wir mit unsern diesmaligen Noten entgegen. Aus dem Klavierauszug von Hugo Wolfs „Corregidor" haben wir ein

Duett für Sopran und Bariton ausgewählt und die frische instrumentale Einleitung zur Trinkszene des zweiten Aktes. Natürlich bitten wir, vor dem Spiel den besondern Aufsatz über die Oper in diesem Hefte nachlesen, wo von beiden Stücken schon die Rede ist. Das Duett habe ich schon mehrmals auf Konzertprogrammen gefunden; es eignet sich recht gut zur Hausmusik. Das Instrumentalstück setzt mit dem Motiv des Alkalden ein (in dessen Haus die Trinkszene sich abspielt) und führt nach einem dynamisch sich steigernden rhythmisch belebten Zwischensatz (bei dem's nicht ohne heikle Stellen für die Klavierfinger abgeht) ins Hauptmotiv zurück.

Wir zeigen heute unseren Lesern drei Damenbildnisse von Künstlern, die gewöhnlich als „modern" oder „extrem modern" bezeichnet werden. Ist es doch unsre Aufgabe, den Leser nach Möglichkeit mit a l l e n Richtungen der Kunst, soweit sie eben Kun st ist, bekannt zu machen und dann auch: sie anzuregen zum Vergleichen. Habermanns Portrait zeichnet vor allem eine wundervoll großzügige Art der Malerei aus. Die Kühnheit, mit der er die Schrift des Pinsels zu vereinfachen weiß, ist nur möglich bei einem so überlegenen Können; ohne vollste Beherrschung der Formen würde hier alles roh und inhaltsleer erscheinen. Ich habe vor dem Bilde oft gehört, daß es nicht gefiel, weil der Ausdruck des Gesichts der Portraitierten nicht zusagte. Man wird jedoch zugeben müssen, daß das etwas ist, was vollkommen jenseits von „Kunst und Nicht=Kunst" steht, was also nur den Stoff betrifft. Der Maler hat sich zur Aufgabe gemacht, das Wesen der Darzustellenden so charakteristisch wie möglich wiederzugeben, und daß er trotz aller verblüffenden Virtuosität der Technik auch diese Aufgabe seelischer Kunst gelöst hat, wird man ihm zugeben müssen. Anderer Gattung ist G r e i f e n h a g e n s Portrait. Hier liegt die Bedeutung in der höchsten Verfeinerung des m a l e r i s c h e n Geschmacks. Es ist ein Leckerbissen fürs Auge, wie das helle Kleid so duftig und zart auf dem grauen Grunde steht und das Schwarz des Hutes und des Bandes den einzigen pikanten dunkeln Fleck im Ganzen bildet. Im übrigen müssen wir auch hier bedenken, daß wir es mit einem Bildnis zu thun haben, bei welchem dem Maler ganz bestimmte Aufgaben g e s t e l l t sind, die er zu lösen hat. Geschieht dies mit so viel künstlerischem Takt und malerischem Empfinden, so wird dem Kunstfreude die Darstellung großen, ästhetischen Genuß bereiten, gleichviel, ob er den Dargestellten kennt oder nicht, oder ob er ihm sympathisch oder unsympathisch ist. Wieder eine andere Art von Malerei bezeigt der Frauenkopf Franz Studs, der auf dekorative Wirkung hin gebildet ist. Wir glauben, mit solchen Zusammenstellungen von Bildern, die verwandte Stoffe mit verschiedenen Absichten behandeln, manchen unserer Freunde eine willkommene Uebung im Bilderbetrachten zu vermitteln, und werden derlei deshalb in Zukunft öfter bringen.

Verantwortl.: der Herausgeber Ferdinand Avenarius in Dresden-Blasewitz. Mitredakteure: für Musik: Dr. Richard Batka in Prag-Weinberge, für bildende Kunst: Paul Schultze-Naumburg in Berlin. Sendungen für den Text an den Herausgeber, über Musik an Dr. Batka.
Verlag von Georg D. W. Callwey. — Kgl. Hofbuchdruckerei Kastner & Lossen, beide in München.
Bestellungen, Anzeigen und Geldsendungen an den Verlag: Georg D. W. Callwey in München.

HUGO WOLF.

EINLEITUNG ZUR TRINKSCENE
aus der Oper:
„DER CORREGIDOR."

Mit Bewilligung des Verlegers F. Heckel, Mannheim.
Verlag von GEORG D.W. CALLWEY, München.
Alle Rechte vorbehalten.

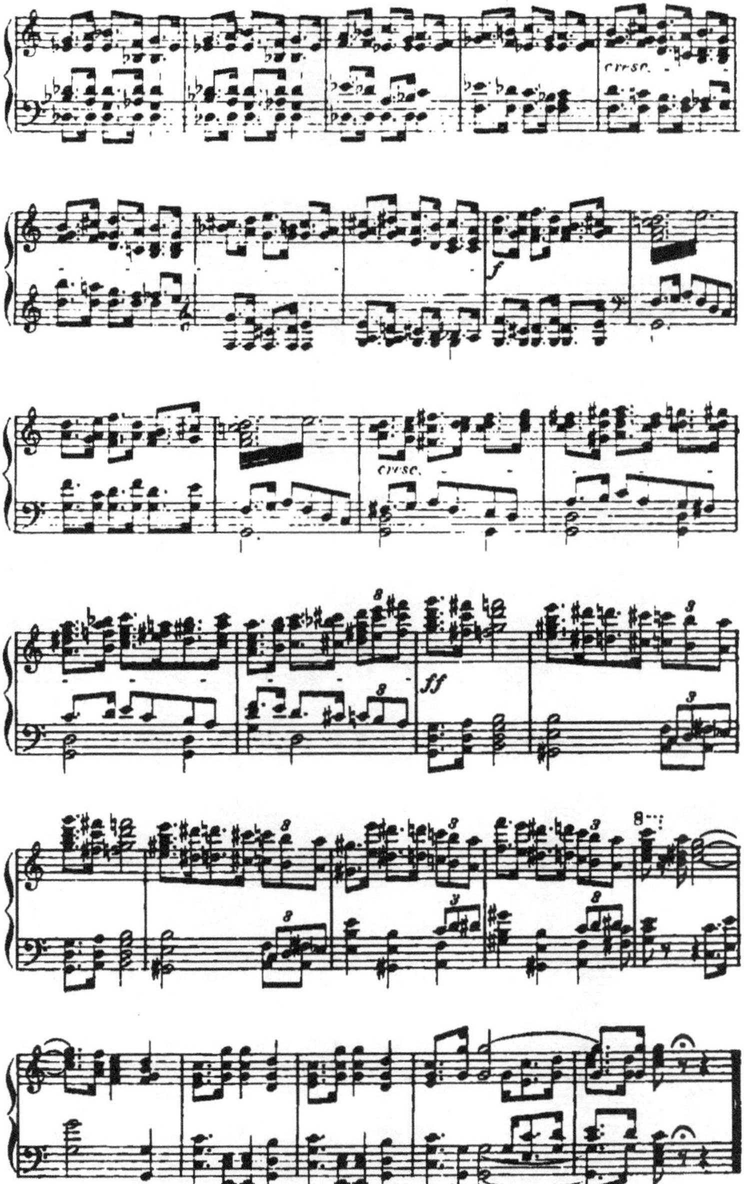
cresc.
f
cresc.
ff

HUGO WOLF.

ZWIEGESANG
aus der Oper:
„DER CORREGIDOR.“

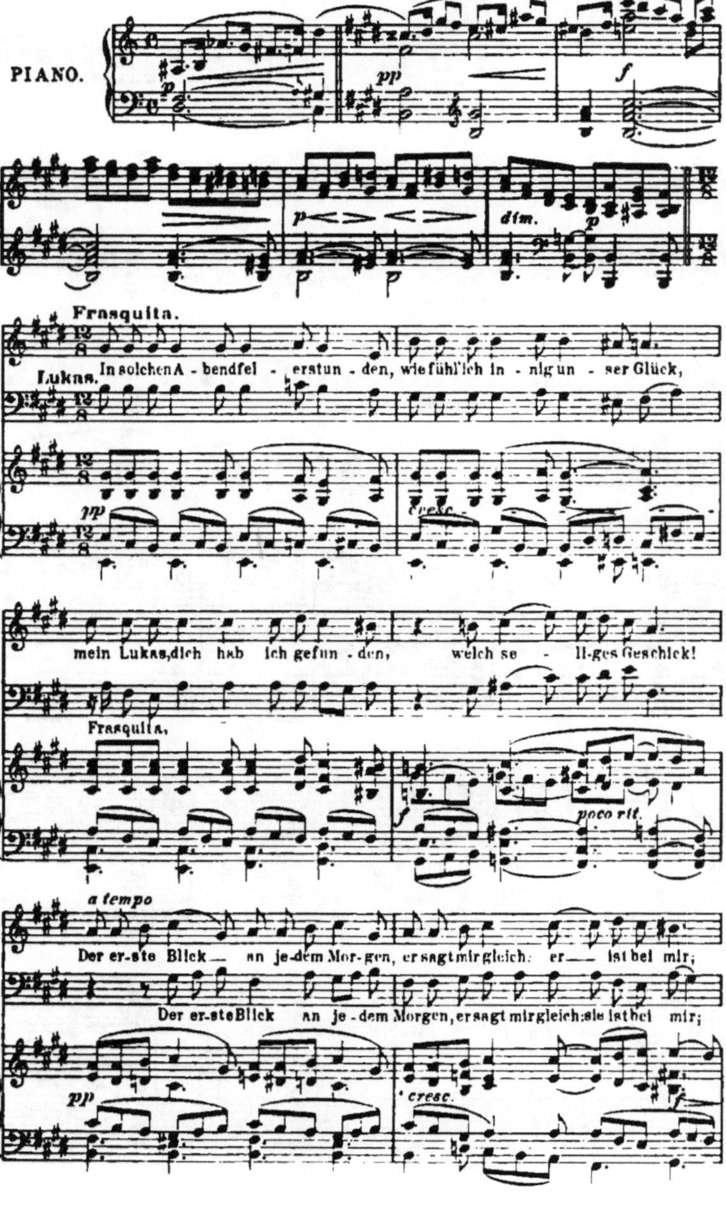

poco rit.
der letz-te nach des Ta-ges Sor-gen, er sagt: ich bin bei dir.
der letz-te nach des Ta-ges Sor-gen, er sagt. ich bin bei dir.
poco rit.
pp
p
a tempo
So fliesst die Zeit an al-len Ta-gen von Lieb' zu Lie-be se-lig hin;
a tempo
pp
cresc.
mein Lu-kas, Liebster, lass dir sa-gen, wie ich so glück-lich, so glücklich,
Frasqui-ta, Lieb-ste,
molto rit.
so se-lig bin!
molto rit.
p dim.
pp
p (volles Orchester)
f

HUGO FREIHERR VON HABERMANN

MAURICE GREIFFENHAGEN

KW

FRANZ STUCK

12. Jahrg.   Zweites Maiheft 1899.   Heft 16.

„Naturalistischer Stil".

Wahrheiten werden bekanntlich meist dann erst von der Masse begriffen, wenn sie überflüssig geworden sind. Vor etlichen Jahren redeten einsichtige Männer davon, daß es schmachvoll wäre, stets als bewußte Epigonen die Formen der historisch gewordenen Stile nur nachzubeten, statt, wie die Alten, selbstschöpferisch aufzutreten. Das müsse ein Ende haben. Man dürfe nicht glauben, daß im Renaissance- und Barockornament, und wie sie alle heißen, die Möglichkeit der Formen erschöpft seien; man solle nur in Wald und Feld und Wiesen nachsehen, da würden einem schon die Augen aufgehen vor den Wundern an Formen, so phantastisch und reich, wie sie noch niemand ersonnen, und tausendmal schöner als alle Stilornamentik.

Das war gewiß recht wahr und schön, und es wäre gut, wenn es die Leute geglaubt hätten. Die aber lachten darüber und behaupteten: sie wüßten ganz genau, daß mit dem, was dagewesen, die Möglichkeiten der Formen erschöpft seien, und sie könnten das beweisen damit, daß ihnen auch rein gar nichts anderes einfiele. Was jene Neulinge zu machen versuchten, sei scheußlich und beleidige ihr am „ewigen Geiste klassischer Schönheit" gebildetes Auge.

Bei den Künstlern allerdings fand das Mahnwort fruchtbaren Boden. In der abstrakten Kunst schoß man gleich derartig über das Ziel hinaus, daß man gar manches von den alten Meistern mit über Bord warf, was man besser behalten hätte, weil es mit dem Geist der Zeit gar nichts zu thun hatte, sondern lediglich mit den Thatsachen, die sich aus der Verschiedenheit der einzelnen Kunstfunktionen ergaben. Davon haben wir ja schon oft gesprochen.

Diejenigen, die es mit der angewandten Kunst bei uns gut meinten, sahen mit Staunen und Entzücken das seltsam Neue, das in England geschaffen wurde und so merkwürdig unserem modernen Geiste und unseren modernen Anforderungen zu entsprechen schien, vielmehr als all der Eklektizismus, der bei uns staatlich gezüchtet ward. Die einen sahen mit

Neid und Bewunderung an den besten Stücken diesen konstruktiven Sinn und das Verständnis, mit dem man die Form aus dem Material herzuleiten wußte, und die Anmut, mit der man naturalistische Formen in Flächen als Ersatz des Ornaments einfügte. Meine Meinung ist, daß das letztere gerade einen „Haken" bei der englischen Invasion bedeutete; eine ganze Menge aber glaubte, daß eben hierin Wesen und Geist der modernen angewandten Kunst zu finden sei. Das können wir a u c h machen, meinten diese Leute ferner, und sie gingen mit Fleiß und Eifer daran, die schönsten Formen aus Wald und Flur herauszulesen, sie ehrlich und brav nachzuzeichnen und nun mit diesen Studien frei nach dem „Studio" das zu bedecken, was früher der Akanthus umgrünt hatte. Manche machten auch darauf aufmerksam, daß die Pflanze doch erst „stilisiert" werden müsse, gaben in Büchern und Vorlagen ihren Ideen darüber Ausdruck und stellten ganze Systeme auf, in welcher Weise die Pflanze nun für Schmuckwerte zurecht gemacht werden könnte, um „das moderne Ornament" entstehen zu lassen. Dann wurde auf Mord und Brand „stilisiert" und wieder „stilisiert". Wenn das auch hier und da das Gute hatte, daß man sich mal wieder eine Pflanze wirklich ansah, so führte es doch im wesentlichen auf eine Schablone hinaus, — es waren nur zur Abwechselung n a t u r a l i s t i s c h e Formen darein geschnitten. I h r e m W e s e n nach wurden die Tapeten nicht besser, weil sie wirkliche Blumenranken und Gezweige zeigten, und das aneinandergereihte Stachelgewächs, das zum Fries herhalten sollte, sprach gerade so wenig davon, daß es ein Fries sei, ein Abschluß nach der Decke zu, als das Vorhergegangene mit antikischen Palmetten. Es fehlte nicht viel, daß man „naturalistische Möbel" gemacht hätte. Möbel, deren Beine aus Rhabarberstauden aufgebaut und deren Bekrönungen Tulpen waren, Möbel mit einem Lilienfeld als Stuhlbezug, auf das man sich setzen sollte, — sie wurden als Vorbilder angesehn.

Seit dieser Zeit ist gar viel Wasser ins Meer geflossen; aber nun hat das Publikum angefangen, davon läuten zu hören, und erwärmt sich für den „naturalistischen Stil". Ja natürlich, der muß ja doch wohl das einzig Natürliche sein! In tönender Reklame hat man ja überall gehört von der „Errungenschaft", die wir nun als feste Ware haben, bei Barzahlung aus dem Lagerbestand zu kaufen. Merkt man denn nicht, daß man in vollkommenen Widersprüchen redet? Was bedeutet denn „Stil" in der Beziehung, die hier in Frage steht? V o l l k o m m e n e H a r m o n i e z w i s c h e n W e s e n u n d E r s c h e i n u n g. Das „Wesen" jedes „Artefakts" aber besteht aus dem praktischen und ästhetischen Zweck, ausgedrückt durch das Material. Seine Erscheinung hat also mit der Natur in dem Sinne von draußen vorhandenen Naturformen gar nichts zu thun; die sind aus ihren Bedingungen erwachsen, die Formen der Bauten, Geräte u. s. w. sollen's aus denen, die nur ihnen selber eignen, ihnen, den Bauten, Geräten u. s. w. Da der Zweck eines jeden, vom menschlichen Kunsttrieb geschaffenen Gegenstandes menschlichem Geiste entsprungen ist, muß auch die äußerliche Form, sei es die konstruktive oder die schmückende, aus demselben Ursprung hervorgehen. Jede eingehende Betrachtung der Natur selbst lehrt uns ja, wie alles Entstehende und Wachsende durchaus nur aus seinem Zweck hervorgeht und nie willkürlich oder zufällig fremde Formen nachmacht oder annimmt. Eine Pflanze wächst, wenn ich so sagen darf, aus dem Geist Pflanze heraus und drückt nichts anderes aus. Ebenso muß alles von Menschen Ersonnene urschöpferisch aus Menschengeiste heraus erfunden, muß es gleichsam erweitertes und losgelöstes Organ des Menschen werden. Wie kann man glauben, sich künstlich dazu zu verhelfen durch Umgestaltenwollen fremder Formen? Von Formen, deren einfachste Gesetze so ganz anders sind, die stets mit lebendem Material arbeiten, während wir abgestorbenes Material be= nutzen, welches der menschliche Geist zum neuen Leben erweckt! Ein Stuhl soll in seiner Formensprache durchaus nur sagen: ich bin aus Holz, und auf mir kann man bequem sitzen. Die feineren Differenzie= rungen dieses Gefühls „bequem" ändern sich mit dem Zeitcharakter, der sich uns mit seltsamer Deutlichkeit in jeder Biegung, jeder Schwingung, jeder Neigung und Schwellung ausdrückt. Die eine Zeit fühlt sich sehr „steifleinen" und die andere zu üppiger Schwelgerei geneigt; wieder eine ist schwer, wuchtig und von mächtigem Kraftgefühl, wieder eine andere elegant, sachlich und komfortabel bis in die letzte Regung hinein. Alle aber vereinigen sich in der Erklärung, daß hier ein Gerät zum Bequem= sitzen gemeint sei. Und je weniger dieses Sitzen zum Ausdruck kommt, desto schlechter ist der Stuhl, mag sich das zierlichste Ornamentlein drauf breit machen.

Jeder Künstler, der neue Formen schuf, hat Natur studiert, denn sonst wär' er ja kein Künstler geworden, aber keiner schuf Stil dadurch, daß er Naturformen fremden Zwecken unterzuschieben versuchte. Sondern: er sog seine lebendige Phantasie voll von Anschauungen, um dann in dem seltsamen dunklen Vorgange menschlichen Gestaltens neuen Wesen aus seinem Geiste das Leben zu schenken. So konnte er den mensch= lichen Ideen, für welche die Natur keine Formen gebildet, Formen schaffen. Und genau so wie alle diese neuen Formen in früheren Zeiten in dem Gehirn der echten Künstler geboren werden mußten, so werden auch heute die neuen Formen, die den Stil der neuen Zeit ausdrücken sollen, auf demselben Wege entstehen müssen. Allerdings, es können sich die Formen desselben Materials nicht himmelweit von einander ent= fernen. Trotzdem bleibt noch ein weiterer Spielraum, denn wir ge= winnen dem Material neue Behandlungsweisen ab, heraus aus neu ge= fundenen statischen Vorstellungen, aus bedeutend erweiterten technischen Möglichkeiten und ganz besonders aus den neuen Zwecken, die sich dem Materiale bieten. Ganz unabsehbar werden die Möglichkeiten dort, wo gar neue Materialien auftreten. Ich brauche hier nur auf das Eisen zu deuten.

Neben diesem „organbildenden" Trieb des Menschen, der sich am wunderbarsten im Aufbau des menschlichen Körpers selbst darstellt, gibt es ja noch einen andern Trieb, der hier in Betracht kommt: den Trieb zur Schilderung, zur Nachbildung dessen, was uns umgibt, aus Freude an der sichtbaren Erscheinung. Im Bilde findet dieser Trieb die reinste Verkörperung. Bildliche Darstellungen können überall da ihren Platz finden, wo es sich nur um Füllung toter Flächen handelt, nicht um Ausdruck konstruktiver Ideen. Ueberläßt man der Phantasie so ein Spielplätzchen, wo sie sich nach Herzenslust ausplaudern kann, so sind derartige Darstellungen natürlich von anderen Gesichtspunkten aus zu be= trachten: dort entscheidet kein prinzipielles Gesetz über Naturalismus oder

2. Maiheft 1899

Nicht-Naturalismus. Aber auch derartige Abschilderungen sollten nicht allein von der Natur erzählen, sondern auch von dem, der sie darstellt. Je stärker dessen Persönlichkeit hier ins Wirken tritt, desto mehr wird sich die Darstellung von der Natur entfernen, um persönlichen Stil anzunehmen. Dies das eine. Zum zweiten jedoch wird sie sich, je stärker der Zweck des Ganzen ausgedrückt ist, desto stärker dem Ganzen unterordnen, seinen Stil annehmen und sich auf diesem Wege wiederum von der Natur entfernen. Als Beweis dafür möge nur die Thatsache dienen, daß bei einem Rückblick auf die historischen Stile uns das Charakteristische nirgends in den Naturformen erscheint. Wer von naturalistischem Stile spricht, redet von nachgeschaffener Urschöpfung.

Paul Schultze-Naumburg.

Von der jüngsten deutschen Literatur.*

Schon im Jahre 1891 hatte Hermann Bahr, stets in Verbindung mit der angeblichen europäischen Literaturhauptstadt Paris, eine Schrift „Die Ueberwindung des Naturalismus" herausgegeben, im November 1892 schrieb dann ein Korrespondent der Kölnischen Zeitung aus Berlin: „Die Toten reiten schnell, wenn man den jungen Literaten glauben will. Unsere deutschen Nachahmer Zolas, namentlich seine treuesten Schüler, die Pedanten des Naturalismus, die Techniker nach dem einschlägigen Rezept von Johannes Schlaf, nehmen von Zola selbst keinen Bissen Brot mehr, nachdem sie Theorie und Praxis von ihm genommen haben. Ja sogar die neue Fahne, die sie feierlich aufrollen, den Symbolismus, haben sie von Zola geholt, den sie jetzt verleugnen. Die Abkömmlinge von Ibsen haben es noch leichter. Eine halbe Stunde von Berlin entfernt, in Friedrichshagen, hat sich eine echte skandinavische Kolonie vereinigt, die rascher, als es die Literaturgeschichte wahrscheinlich machen sollte, mit Ibsen aufräumt. Starke Talente suchen da die Anerkennung Deutschlands zu beschleunigen. An sie schließt sich die noch unklare Gruppe von deutschen Allerjüngsten, die im Begriffe stehen, sich in der Lyrik die Phantasten zu nennen, im Drama die Freskomaler! Schon die Worte lassen ahnen, daß die Bewegung sich da zu überschlagen beginnt und wieder rückläufig werden dürfte, wenn nicht eben unter den Phantasten und Freskomalern eine bisher unbekannte Kraft erscheint." Der Korrespondent hatte Recht, der folgerichtige Naturalismus war damals nach kaum dreijähriger Herrschaft schon überwunden (wie es unter anderm auch Hauptmanns „Hannele" bewies) doch täuschte er sich über Ibsen, der kurz darauf mit dem „Baumeister Solneß" den deutschen Sym-

---

* Unsre neuen Leser werden den Wunsch haben, die Stellung unsres Literaturkritikers zum Schrifttum von heute kennen zu lernen, unsre alten dagegen würden eine abermalige Auseinandersetzung darüber als ermüdende Wiederholung empfinden. Vielleicht dienen wir beiden Teilen zugleich, indem wir hiermit ein Kapitel aus der eben erschienenen zweiten Auflage von Adolf Bartels „Deutscher Dichtung der Gegenwart" wiedergeben, die bei Ed. Avenarius (Ad. Goldbeck) in Leipzig erschienen ist. Man wolle beim Lesen im Auge behalten, daß dieses Kapitel eine der zusammenfassenden Betrachtungen des Buches ist, den einzelnen Autoren sind dann gesonderte eingehendere Charakteristiken gewidmet.

boliſten einen hübſchen Brocken zuwarf. Aus den deutſchen Phantaſten und Freskomalern, als deren Vertreter Paul Scheerbart und Franz Held (Herzfeld) auftraten, der ſich mit Alberti (Sittenfeld) und Bahr in den Ruhm teilt, die wüſteſten Ausſchreitungen der Sinnlichkeit dargeſtellt zu haben, iſt freilich nichts geworden, es waren Waſſerblaſen, die aufſtiegen und zerplatzten; beim Symbolismus aber blieb es.

Man kann ihn als die Reaktion auf den Naturalismus auffaſſen oder beſſer vielleicht als eine notwendige Begleiterſcheinung des Naturalismus. Bei dieſem war der Geiſt im ganzen zu kurz gekommen, der Körper alles geweſen; nun rächte ſich der Geiſt, wollte vom Körper gar nichts mehr wiſſen und tauchte tief in die Abgründe der Myſtik und des — Blödſinns. Die Franzoſen hatten das vorgemacht, die Deutſchen machten es nach. Es lohnt nicht, auch nur die Namen der Franzoſen zu nennen, die die Muſter abgaben; bezeichnenderweiſe hießen ſie außer Symboliſten und Impreſſioniſten auch Dekadenten und verleugneten ihren engen Zuſammenhang mit den älteren Dekadenten Baudelaire und Verlaine nicht. Auch unſere deutſchen Symboliſten waren meiſt Dekadenten, bewußte Verfallzeitler, die auf ihre Ueberkultur ſtolz waren und ſich nicht mehr die Mühe gaben, die Dekadenz zu überwinden, obwohl ſie faſt alle mit dem Uebermenſchentum kokettierten. Bei ihnen erſt kam Friedrich Nietzſche (deſſen perſönliche Größe und deſſen Kämpfe gegen die Dekadenz ich ſelbſtverſtändlich nicht verkenne) zur rechten Geltung, hatte doch auch er ſchon etwas wie eine ſymboliſtiſche Poeſie geſchaffen, die jetzt auch formell vielfach maßgebend wurde. Kurze proſaiſche Stücke im Orakelton oder aus lauter farbigen, aber unklaren Bildern beſtehend, wurden eine Lieblingsform des Symbolismus. Sehr früh drang er auch in Roman und Erzählung ein; man kann ihn, wenn man will, ſchon in Bölſches „Mittagsgöttin" (1891) finden, herſchend iſt er in Julius Harts „Sehnſucht" (1893). Dann bemächtigte ſich auch des Dramas und ſcheint nun, nachdem er noch die Formkunſtſtücke der Franzoſen gelernt hat, einſeitig lyriſch auszulaufen.

Nicht eigentliche Symboliſten, obwohl ſie doch der Bewegung nicht fernſtanden, ſicher aber Dekadenten ſind die beiden Hannoveraner Otto Erich Hartleben und Heinz Tovote, denen man als dritten vielleicht Georg v. Ompteda (Egeſtorff), der auch Hanoveraner iſt, anreihen darf. Hartleben habe ich ſchon als Dramatiker des Naturalismus erwähnt; wie er nichts weniger als ein Stürmer und Dränger war, ſo lag auch der entſchiedene Naturalismus ſeiner Natur nicht, und ſeine Spezialität gewann er daher erſt als Schilderer des Berliner Quartier latin und Erzähler von allerlei Leichtfertigkeiten. Im allgemeinen entſpricht er der in Frankreich von Maupaſſant vertretenen Richtung, die ja zweifellos dekadenter iſt als die Zolas. Er hat lyriſches Talent, eine leichte, ſichere Hand, Humor, aber dabei auch etwas Dilettantiſches. Von Maupaſſant kann man auch den erfolgreichen Vertreter des höheren Dirnenromans, Tovote, ableiten, den man nicht mit Unrecht mit Clauren verglichen hat. Seine Produkte ſind nach und nach ziemlich öde geworden. Ompteda hat in ſeinen Dichtungen Liliencron nachgeahmt, dann Dirnenromane und oft ſehr amüſante Skizzen geſchrieben, ſpäter aber auch einige ernſtzunehmende Werke hervorgebracht. Alle dieſe Dichter ſind frei von der naturaliſtiſchen Brutalität, ſie ſind mehr „Künſtler" oder ſagen wir „Virtuoſen" als die folgerichtigen Naturaliſten, ariſtokratiſcher, aber auch ſchwächlicher und ohne ſoziale und ſittliche Tendenz, weshalb man ſie am richtigſten als die Hauptvertreter der deutſchen Spätdekadenz bezeichnen kann.

2. Maiheft 1899

— 103 —

Die Entwickelung des Symbolismus kann man am besten in den Münchner „Modernen Musenalmanachen" (1893 ff.), der schon genannten Prosasammlung „Neuland" und der Kunstzeitschrift „Pan" (1894 ff.) verfolgen. Die 1891 in München erschienene Sammlung „Modernes Leben" ist noch ganz naturalistisch, in dem „Musenalmanach auf das Jahr 1893" sind aber alle hervorragenden deutschen Symbolisten schon vertreten. Das Buch hat ähnliche Bedeutung wie die „Modernen Dichtercharaktere", es versammelt noch einmal alle Vertreter des jüngsten Deutschlands von den ältesten bis auf die jüngsten und verrät schon deutlich die Gegensätze, die sich nach und nach aufgethan haben. Herausgeber war Otto Julius Bierbaum, und so mag er auch zunächst besprochen werden. Mit „Erlebten Gedichten" als Nachahmer Liliencrons auftretend und dessen Naturburschentum noch studentisch-renommistisch übertreibend, wurde er dann einer der Hauptvertreter jenes Symbolismus, der sich am engsten an die entsprechende Malerei anschloß und ihre gemachte Altertümlichkeit poetisch wiederzugeben strebte. Dabei geriet er in eine bedenkliche Nähe der archaisierenden Poesie Julius Wolfs, wie er denn überhaupt ein wunderbares Gemisch aus Anempfindelei, Mache und barockem Humor ist. Letzterer tritt besonders in den späteren Romanen Bierbaums, die nichts Symbolistisches mehr haben, zu tage. Bedeutender als Bierbaum ist Gustav Falke, der ebenfalls von Liliencron ausging und hier im Almanach mit der „Sonnenblume", bald auch mit der Sammlung „Tanz und Andacht" auf den Pfaden des Symbolismus wandelt, aber sich doch auch mit großem Glück auf dem Boden schlichter, menschlich-ergreifender Poesie gehalten hat. Die „Größe" des Symbolismus aber wurde Richard Dehmel. In ihm laufen so ziemlich alle französischen und deutschen Einflüsse, die den Symbolismus heraufgeführt, zusammen, und er hat Talent genug, ihnen eigene Prägung zu verleihen. Doch ist er unzweifelhaft Dekadent, und ein großer Teil seiner Lyrik erscheint forciert, ja, geradezu als Kopfarbeit, sowohl, wo Dehmel sich dunkel-rhapsodisch, wie auch wo er sich schlicht-naiv gibt. So ist es noch keineswegs ausgemacht, ob der Dichter unter den großen deutschen Lyrikern eine Stellung erhalten wird. Auf die Allerjüngsten aber ist er zur Zeit von dem stärksten Einflusse.

Außer Falke und Dehmel sind von begabteren Lyrikern dieser Zeit noch zu erwähnen: J. J. David, Wilhelm Weigand, Richard Zoozmann, Ricarda Huch, Ludwig Jakobowski, Felix Dörmann, Franz Evers, Karl Busse. Die meisten dieser Dichter, die sich im Laufe ihrer Entwicklung gewöhnlich auch auf das dramatische oder erzählende Gebiet gewagt haben, sind in dem „Modernen Musenalmanach" vertreten, welchen aber in ihrer Artung stark von einander ab. Davids Lyrik erinnert an die pessimistische etwa Hieronymus Lorms, Zoozmann und Dörmann sind Dekadenten, Evers, Busse und Jakobowski sind von Haus aus kleine hübsche Talente, die auch vor der modernen Bewegung ihr Publikum gefunden haben würden. Nun ist freilich Franz Evers unter die Dehmelschen Propheten gegangen, und Karl Busse hält sich für den berufenen Nachfolger Theodor Storms, von dem er gelernt hat. Die bedeutendste oder doch merkwürdigste und reifste Persönlichkeit von diesen allen ist ohne Zweifel Wilhelm Weigand, der auf den verschiedensten Gebieten thätig gewesen ist, ohne freilich bisher die verdiente Aufmerksamkeit gefunden zu haben. Unter seinen Werken sei besonders der Roman „Die Frankenthaler" hervorgehoben, der in der Zeit des brutalsten Naturalismus das Recht der psychologischen und der Stimmungseinheit vertrat. Eine Weigand verwandte Natur, künstlerisch vielleicht noch mehr beanlagt, ist der Schweizer Walther Siegfried, der in „Tino Moralt", auch noch zur Zeit des extremen Naturalismus, einen der besten deutschen Künstlerromane gab. Weigand wie Siegfried sind freilich ganz ausgesprochene Kulturpoeten.

Zum erstenmal stellten zu diesem Musenalmanach auch Frauen in größerer Anzahl Beiträge, u. a. Anna Croissant=Rust, Marie Eugenie delle Grazie, Marie Janitschek, Ernst Rosmer (Frau Bernstein). Die bedeutendste von diesen, zugleich vielleicht die Hauptvertreterin eines verhältnismäßig natürlichen, großer Anschauungen nicht entbehrenden Symbolismus ist Maria Janitschek, aber sie ist im Laufe ihrer Entwicklung wie so viele Frauen unserer Zeit außer Rand und Band und in die tiefste Dekadenz geraten. Darin steckt auch zum Teil Marie Eugenie delle Grazie mit ihrem dicken Revolutionsepos „Robespierre", das sogar Professoren der Aesthetik für etwas halten. Ein für die Volksschilderung berufenes Talent ist Anna Croissant=Rust, dagegen erscheint mir Elsa Bernstein, genannt Ernst Rosmer, als reine Macherin, die „kühl bis ans Herz hinan" poetische Stoffe nur verderben kann. Die Zahl der sozusagen auf dem linken Flügel der Literatur stehenden Frauen ist jetzt verhältnismäßig groß; hier mehr Namen zu nennen hat aber einstweilen keinen Zweck.

Von einer Herrschaft des Symbolismus während der Zeit von 1892 bis auf unsere Tage kann man eigentlich nicht reden, der Naturalismus ward keineswegs vollständig überwunden, und gelegentlich fielen auch die extremsten Vertreter der neuen Poesie, selbst Dehmel, in die naturalistischen Brutalitäten zurück. Es gab hier und da, und gibt noch jetzt Leute, die den Symbolismus als die „große Kunst" hinstellen, die man so lange gesucht habe, die alle Rätsel offenbaren und alle Schleier heben werde, aber dagegen wurde mit Recht geltend gemacht, daß der Symbolismus doch im ganzen nur ein Rückfall in unsere alte Romantik sei und schwerlich viel weiter kommen werde als diese. Ueberhaupt hat der Symbolismus lange nicht so viel Glauben gefunden wie einer Zeit der Naturalismus, wohl nicht einmal unter seinen Vertretern denn er trägt doch zu ausgesprochen den Charakter der Künstlichkeit. Er fand seiner Natur gemäß auch nur ein sehr kleines, exklusives Publikum, und die jungen Dichter mußten ihre wundervoll=bizarr ausgestatteten Gedichtbücher wahrscheinlich zum großen Teile selbst bezahlen. Gott sei Dank, sie konnten es: Nicht mehr das proletarische Geschlecht der Stürmer und Dränger, die jeunesse dorée mit ihren verfeinerten Bedürfnissen und Sportneigungen stand jetzt im Vordergrunde der Literatur und geberdete sich als das Nietzschesche Uebermenschentum oder doch als die Sozialaristokratie der Zukunft. Ja, was wäre gegen eine solche im Gegensatz zur Sozialdemokratie zu sagen, — aber die Manieren machen so wenig den Sozialaristokraten wie symbolistische Spielereien die große Kunst. Fruchtbar konnte der Symbolismus im ganzen nur für die Lyrik, die der Naturalismus einmal totschlagen wollte, sein, und hier hat er, wo er einmal mit großer und natürlicher Anschauung zusammentraf, auch Gutes hervorgebracht; ich weise, von Dehmel absehend, beispielsweise auf Ferdinand Avenarius' „Stimmen und Bilder" hin, wo aber doch das Schlichteste das Beste ist. Auf dem Gebiete der erzählenden Literatur konnte er durch= weg nur ungünstig wirken, selbst da, wo er, wie in Max Kretzers „Gesicht Christi", mit sorgfältiger Gestaltung der Wirklichkeit Hand in Hand ging; die rein symbolistischen Produkte, einzelnes von der Janitschek vielleicht ausge= nommen, erschienen einfach als konfus, ja verrückt. Das Drama verträgt viel= leicht ein symbolistisches Element, oder sagen wir, Mysterien und Märchen= dramen sind möglich. Aber das Märchendrama muß wirklich naiv, das Myste=

2. Maiheft 1899

rium muß tief, oder es wird nicht sein. Beides waren selbst Hauptmanns Produkte nicht, und so kam auch hier beim Symbolismus nicht viel heraus. Indirekt hat die Mode des Märchendramas, das natürlich die Bühne einer Zeit nicht ausfüllen kann, dem gemeinen Theaterstück wieder auf die Beine geholfen, das das naturalistische Drama energisch zurückgedrängt hatte. Wenigstens war das Spieljahr 1897/98 ein Triumph der Muse Oskar Blumenthals und Gustav Kadelburgs. (Schluß folgt.)

„Ein Heldenleben" von Richard Strauss.

Alea est jacta! Mit wachsender Angst und zunehmender Beklemmung hat ein großer Teil der Kritik, und ein noch größerer Teil des Publikums den rasch aufeinander folgenden Tonschöpfungen jenes revolutionären Feuerkopfs entgegengestaunt, von dem man nie so ganz sicher wußte, ob er im Ernste mit uns redete oder sich in tollster Weise über uns moquierte. „Don Juan", sowie „Tod und Verklärung" waren symphonische Dichtungen; nun ja, so ein junger Mann muß halt der modernen Schule Berlioz-Liszt seine Reverenz machen. In jenem Werke tobten sich die ersten, noch unvornehmen Liebesabenteuer aus, und in diesem trat die Reaktion ein, die sich nur nach „Ruhe aus den Stürmen dieses Lebens" sehnt. So dachte die in leichtes Erstaunen gesetzte Kritik und gab freundlichst zu, daß jener junge Mann ein sehr tüchtiger Kontrapunktiker — wenn auch nach neuem Muster — und ein hervorragender Kenner der Instrumentationskunst wäre. Ein großer Chor, „Wanderers Sturmlied", bewies, daß er auch auf diesem Gebiete sehr fleißig — aber etwas jung und wild — zu arbeiten wußte (nachher schrieb er allerdings ein 16stimmiges a capella-Chörchen, bei dem sich mancher alten Perrücke die Haare einzeln sträubten); dann kam „Till Eulenspiegel" in „Rondoform". Aha! der legt doch noch Wert auf die alten guten Formen; er hat doch wenigstens guten Willen! Was Strauß in die Rondoform hineingoß, das allerdings macht vielen angst und bange; aber vielleicht wollte er nur einen „orchestralen Witz" machen und gar nicht ernst genommen sein? Dann kam wieder so eine vertrackte „symphonische Dichtung" an die Reihe, unter dem eigentümlichen Namen „Also sprach Zarathustra". Ja, was war denn das nun wieder? Setzt der Mensch wahrhaftig „Philosophie" in Musik und dabei noch Philosophie von dem verrückten Nietzsche! Daß da nichts Gescheites herauskommen kann, ist natürlich; er hängt sogar in den das Werk abschließenden H Dur-Akkord ein blankes c hinein und operiert mit 5fach geteilten Kontrabässen! Aber wegen einer regelrechten Quadrupelfuge, und weil doch eigentlich der Nietzsche an allem Schuld war, sollte auch dieser Seitensprung verziehen sein. Auf den Philosophen folgt der Narr: Don Quixote, „Variationen" benamst. Kann man etwas Frömmeres und Braveres schreiben als Variationen? Die Variationen waren aber derart, daß einem Hören und Sehen verging; die Entrüstung wuchs zusehends, der Mann foppte ja die Leute und machte das ganze Jahr hindurch Fastnachtsspäße! Hinter den „musikalischen Scherz" versteckten die Widersacher sich auch diesmal, schwuren aber, daß bei einem nochmaligen Vergehen der Krieg zwischen ihnen und dem Hitzkopf ausbrechen offen würde.

Strauß kümmerte sich nicht darum; sicher und vertrauend auf seine Kraft überschritt er den Rubikon und schleuderte mit seiner „Symphonie" „Ein Heldenleben" der Kritik und dem Publikum den Fehdehandschuh vor die Füße. Seit den Tagen des Tristan, der Meistersinger und des Nibelungenringes ist man über kein Kunstwerk mit solcher Bosheit, solchem Haß und solcher Persönlichkeit, ja mit solcher Niederträchtigkeit hergefallen wie über das Heldenleben; man fühlt sich zurückversetzt in jene Tage der wüsten Parteikämpfe, als der Streit um Wagner tobte. Genau dieselbe Gesellschaft, die heute gegen Strauß hetzt — und zwar vor allem im Publikum — war es, die vor dreißig Jahren gegen Wagner zeterte. Daß ein großer Teil der Strauß bisher freundlich gesinnten Kritik sich von ihm — allerdings in anständiger Weise — abkehrt, ist bedauerlich, aber nicht unbegreiflich.

R. Strauß nennt sein Heldenleben eine „Symphonie". Diese Bezeichnung ist mit vollem Recht angegriffen und als falsch verworfen worden. Unter Symphonie verstehen wir eine ganz bestimmte, musikalische Form, gerade so wie wir unter Motette und Sonate eine ganz bestimmte Form verstehen. Strauß kann gegebene Werte nicht so umwerten, daß er einfach den einen (symphonische Dichtung) für den anderen (Symphonie) setzt; schließlich könnte er sonst so weit kommen, vom Kontrabaß zu sprechen und die Flöte zu meinen. Nur ein Parteieifer wird Strauß in diesem Punkte verteidigen wollen. Warum der Komponist sein Werk nicht „symphonische Dichtung" genannt hat, ist mir unerklärlich. Der Umstand, daß dem Heldenleben weder eine Dichtung in Wort noch in Bild (wie z. B. Faust, Dante, Hunnenschlacht) zu Grunde gelegen hat, kann unmöglich die maßgebende Ursache gewesen sein. Wenn aber jemand aus der Thatsache, daß Strauß sein Werk eine „Symphonie" nennt, sie „Heldenleben" bezeichnet und ihr die Tonart „Es-Dur" gibt, die Folgerung zieht, Strauß habe Beethovens Eroica verkleinern und sich erhöhen wollen, so kann man über eine solche Art der „Kritik" doch nur die Achseln zucken.

Das Heldenleben ist für allergrößtes Orchester geschrieben; Instrumente wie „große Ratsche" (Till) und „Windmaschine" (Don Quixote) kommen allerdings nicht in Thätigkeit, „doch sag' ich nicht, daß das ein Fehler sei". Das Ganze zerfällt in sechs Teile, aus denen sich der Gang der Handlung klar ergibt: 1. der Held, 2. des Helden Widersacher, 3. des Helden Gefährtin, 4. des Helden Walstatt, 5. des Helden Friedenswerke, 6. des Helden Weltflucht und Vollendung. Nicht der rauhe Kriegsmann ist es, dessen Leben der Tondichter uns vorführt, sondern der auf jedem Gebiete wahrhaft große, kühne Mann, in dessen Seele nichts Kleinliches, Armseliges, aber auch nichts Brutales, Hochmütiges Eingang findet.

Ohne jede Einleitung beginnt das Werk sofort mit dem prachtvollen, über 16 Takte ausgespannten Motive des Helden. Gleich der erste Takt, in dem zwei kühn aufstrebende Achteltriolen mächtig zur Höhe treiben, stellt das Bild des Helden plastisch vor uns hin. Violoncelle, Bratschen und Horn geben in ihrer Weichheit, die aber durch die Zusammenfassung der Instrumente und durch ihr Auftreten in großer Anzahl alles Weichliche verliert, dem Motive

2. Maiheft 1895

etwas sehr Warmes und infolge des prononzierten Rhythmus etwas äußerst
Energisches und Männliches. Vielfach tritt dann in den folgenden Takten ein
kurzes, nur aus zwei Noten bestehendes, scharf rhythmisiertes Motivteilchen auf,
das in seinem stürmischkurzen Aufwärtsbegehren, das stolze, den höchsten
Zielen zustrebende Verlangen des Helden gut charakterisiert. Als Gegensatz
zu diesen ernsten männlichen Motiven bringt der Komponist nach einer flüch=
tigen Wiederholung zwei zarte Motive, die in ihrer eigenartigen Chromatik
uns einen tieferen Blick in sein Gefühlsleben thun lassen. Vorzüglich ist hier
auch der Gegensatz durch die Instrumentierung hervorgehoben: dort die dunkelen
Celli, Bratschen, Hörner, hier die lichten Geigen, Flöten und Klarinetten. Die
Verbindung der Gegensätze durch die meisterhafteste Polyphonie, wobei der
Klangschönheit in hervorragender Weise Rechnung getragen wird, führt zu
einer gewaltigen Steigerung, auf deren Höhepunkt die strahlenden Blech=
instrumente das Heldenthema siegreich über das ganze Orchester hinweg tragen
und den ersten Teil mit dem Dominantseptimenakkord von Es im stärksten forte
glänzend zu Ende führen. Dieser Teil gehört zu dem Besten und Typischsten, was
Strauß je geschrieben hat; durch seinen Macbeth, Don Juan und Don Quixote
hat er uns gezeigt, wie er sich einen „Helden" vorstellt; alle einzelnen Eigen=
schaften desselben hat er in dem machtvollen ersten Thema des Heldenlebens wie
in einem Extrakt zusammengefaßt. Es ist nicht mehr das stürmisch jugendliche
Feuer des Don Juan, sondern die reife, unwiderstehliche, in sich selbst gefestigte
Kraft, die aus dem Heldenmotive zu uns spricht; an Hannibal, nicht an
Alexander, an Michel Angelo, an Raffael denkt man beim Anhören dieser
Musik. Die Polyphonie ist äußerst verzweigt und kompliziert, aber doch nicht
so verzwickt, daß man sie in der Hauptsache nicht bei gespannter Aufmerk=
samkeit verfolgen könnte. An prachtvoller Instrumentierung und berauschender
Farbenpracht nimmt der erste Satz des Heldenlebens es mit Allem früheren auf.
Der normale Zuhörer, der den Schlüssel für das Verständnis moderner Pro=
grammusik überhaupt besitzt, wird mit dem „Helden" im höchsten Grade zu=
frieden sein.

Anders liegt es mit „des Helden Widersachern". Strauß hat allgemach
für die Charakteristik des „Widersacher"typus — vertreten durch Nörgler, klein=
liche Kritiker, beschränkte Philister und Pfaffen — eine feststehende Formel sich
herausgearbeitet; sobald man in der tollsten Weise schnarrende Oboen, kreischende
Klarinetten und schrille Piccoloflöten hört, weiß man, daß er boshaften Be=
schränktheit zu Leibe gerückt wird, oder daß es selbst jemandem — dem je=
weiligen Helden — etwas am Zeuge flickt. Wir haben das zum erstenmal er=
fahren im Till Eulenspiegel, als die „Pfaffen" — Priester scheint Strauß nie
kennen gelernt zu haben — mit ihrem philisterhaften, salbaderigen Fagott=
predigton ankommen; wir sind der Beschränktheit dann wiederum begegnet,
als sie Zarathustras Lehre verletzte; im Don Quixote sind es dummgläubige
Menschen und Mönche, die, trockene Gebete plärrend, ihres Weges ziehen und
das Mütchen des verrückten Manchaners erregen; im Heldenleben ist es end=
lich die ganze Beckmessersippe, die aus allen Ecken in dem scheinbar tollsten
Durcheinander auf den Helden einstürmt; mit ihrem pergamentgelben vertrock=
neten Klang zetern die gestopften Klarinetten und Oboen boshaft und tückisch
darauf los und vollführen einen Hexensabbath von Disharmonien. Die Kontra=
punktik, die Strauß hier zur Anwendung bringt, übertrifft alles Dagewesene;
das ist nicht mehr, wie Wagner einmal sagte, ein mathematisches Mitsichselbst=
spielen der musikalischen Formen, sondern ein an Hexerei grenzendes Fangball=

spielen mit den kleinsten Motivteilchen in den tollsten rhythmischen Verschie=
bungen; alles was man bis dato von Tonart, Harmonie, Akkordfolgen und
wie die schönen Sachen alle heißen, gehört und mit heißem Bemühen studiert
hatte, das verhöhnt Strauß in der bodenlosesten Weise, und zwar unter An=
wendung der stärksten Waffe seiner Feinde, des heiligen Kontrapunkts; wenn
er das Nessushemd des Spottes über seine Widersacher wirft, und sie sich
krümmen unter dem beißenden Schmerz, dann zeigt er ihnen auch noch höhnend
ihr Ideal, das heilig Althergebrachte, zu einer scheußlichen Fratze verzerrt,
ähnlich wie Berlioz in seiner Fantastique uns die reine, keusche Gestalt der
idée fixe als geile Dirne den Kankan tanzend vor die Augen hext. Wie sich
eine derartige Musik mit unserem Auffassungsvermögen und unserem Begriff
von Schönheit verträgt, wollen wir weiter unten sehen.

Gegen die erbärmlichen verkleinernden Gegner ist der Held zunächst
machtlos; müd' und matt schleicht sein einst so stolzes Heldenmotiv in den
Kontrabässen und der Baßklarinette dahin, die kühnen Achteltriolen von ehemals
kriechen traurig in Viertel= und Halben-Noten, manchmal synkopiert, zur Höhe;
der Ekel hat ihn vor soviel Niedertracht erfaßt; aber die Kläffer lassen nicht
nach; immer von neuem bringen sie geifernd auf ihn ein; da endlich packt den
Helden ein heiliger Zorn, und mit einem einzigen raschen Schlag zwingt er das
Gelichter zu eiligem Rückzug.

Der Gegensatz des ersten Satzes zum zweiten ist von höchster Dramatik;
dort der sicher einherschreitende, von glänzender instrumentaler Pracht um=
gebene Held, hier das elende, bisharmonisch keifende, keines großen Gedankens
fähige Gewürm. Mit staunenswertem künstlerischen Geschick stellt aber Strauß
diesen zweiten Satz auch als schärfsten Gegensatz auf zum dritten. Die scheuß=
lichen, ohrenzerreißenden Harmonien des zweiten Satzes mußten sich mit Not=
wendigkeit bei einem wahrhaft großen Künstler in dem äußersten Gegensatz,
einem wahren Meer von Klangschönheit auflösen. Künstlerisch logischerweise
mußte nun für diesen äußerlichen Gegensatz ein innerer Gegensatz die Grund=
lage bilden, und der schärfste Gegensatz zu jenen häßlichen, hämischen Gesellen
war die höchste Schönheit: das liebende Weib; auf diesem echt dramatischen
Wege gelangt Strauß zum dritten Teil seines Werkes: „Des Helden Gefährtin".
Diesen Abschnitt des Heldenlebens hat der Komponist völlig musikbramatisch
empfunden und dargestellt; es ist ein gewaltiges Liebesbuett, das wir da zu
hören bekommen, bei dem das Weib durch die Solovioline vertreten wird,
während Strauß den Mann darstellt durch eine Zusammenfassung von Kontra=
baß, Cello und Horn, nachher von Kontrabaß, Cello und Fagott zu einem ein=
zigen Ganzen. Die Klangfarbe dieser drei eine völlig neue Einheit bildenden
Instrumente bedeutet einen Meisterzug des Tondichters von unglaublicher Wir=
kung; Strauß hat damit eine, bisher noch nicht gekannte, Klangfarbe entdeckt;
eine tiefe, zurückgedämmte echt männliche Leidenschaft liegt darin. Mit einem
langen, recht kraus=chromatischen Gesang tritt das Weib (Violine) dem Helden
entgegen; an schnelle Erfolge gewöhnt, will er das Weib sich mit einem Blick,
einem Wort erobern; kapriziös und elegant, weiß aber die Frau sich dem Helden
zu entziehen und reizt dadurch seine Leidenschaft; diese Leidenschaft ist jedoch
nicht mehr das lichte, hellflackernde Feuer der Jugend, das nur Befriedigung
der Sinnlichkeit verlangt, sondern eine große, warme, weit tiefer wurzelnde
Liebe; in ruhiger, aber von mächtigem Verlangen zeugender Weise tritt der
ernste Mann jetzt dem Weibe entgegen; sie muß sein werden; er muß sein
Geschick mit ihrem auf ewig verbinden: „du bist mein, und gehörst mir zu",

2. Maiheft 1899

so klingt es energisch und glutvoll aus den kurzen, dynamisch reich ausgestal=
teten Worten des Mannes uns entgegen. Doch das Weib will sich nicht er=
ergeben; der Widerspruch reizt den Helden; aber nicht in reicheren Worten,
sondern im Gegenteil kürzer, eindringlicher, männlicher heischt der Mann, daß
das Weib sich ihm ganz mit Leib und Seele, nicht nur als sinnliches Weib,
sondern als Gefährtin ergibt; es ist kein stürmisches forte, in dem diese Liebe
sich äußert, sondern ein leises pianissimo, aus dem wir aber den schlummern=
den Leidenschaftsorkan beinahe ängstlich herausfühlen; die Pikanterie, mit der
das Weib anfangs dem Helden sich versagte, weicht einem innerlichen, tieferen
Gefühl; eine süße, zarte Liebeshingabe drückt sich in dem Gesang der Oboe aus;
der Held und seine Gefährtin haben sich endlich gefunden. Der Liebesgesang,
den der Komponist nun anstimmt, ist wohl das berückend Schönste, was Richard
Strauß je geschrieben hat; in dem beinahe feierlichen Ges-Dur bringen die ge=
samten Violinen eine ruhige, abgeklärte Liebesmelodie, die in ihrer glühenden
Leidenschaft, in ihrem heißen Farbenkolorit schließlich abgelöst wird von einem
sanften in Viertel=Triolen einfach herniedersteigenden Gesang der Oboe. Es
ist wohl nie ein Komponist, auch nicht der große Richard Wagner, so tief in
den Geist und die höchste Ausdrucksfähigkeit der Instrumente eingedrungen wie
Strauß; von einer Tonmalerei kann hier gar nicht die Rede sein; er zaubert
uns nicht die Farben in den berauschendsten Verbindungen lediglich als
Selbstzweck vor, wie es etwa eine Serpentintänzerin thut, sondern sie sind ihm
nur das königliche Gewand zur Bekleidung und Verschönerung seiner pracht=
vollen Themen. Das Thema an sich ist von hervorragender Schönheit, und
das Kolorit dient dem Künstler nur zur Hervorhebung der Schönheit, nicht zur
Verdeckung der Dürftigkeit! Es ist ein Tizian, dessen Farbenpracht ausschließ=
lich anatomisch (rhythmisch) schöne Körper veredelte, kein Makart, dessen üppige
Gewänder einen muskellosen, schwammigen Leib umhüllen mußten.

(Schluß folgt.)   Arnold Bischoff.

Sprechsaal.

„Immer mit Ausdruck".

In meinem Zimmer ist eine milde Stimmung. Durch die alten blinden Scheiben fällt leise gedämpft das Licht der Sonne, die sich gen Westen neigt. Die bleiche Sonne des Oktobers.

Im Zimmer verflogen ein eigentümlicher Duft — die letzten Hemmzüge des Lebens. Vom Garten her ist er hereingeweht, von dem Nußbaume vorm Fenster, dem die Blätter fallen.

Ich habe mich ans Klavier gesetzt und spiele Mahlers Andante aus der C-moll-Sinfonie, Beilage zum Kunstwart. Und ich spiele mich immer mehr hinein und möchte das Letzte der Komposition herausholen.

Und das Sonnenlicht geht mir über die Tasten. Mir wird so freudig-wehmütig.

In solcher Stimmung genieße ich das Andante. Und nun, in meinem Drange, alles zu erfassen, seh ich scharf Zeichen um Zeichen. Es brauchte dessen nicht, — ja, ich bin soweit mit der Dichtung, daß es auch der Zeichen nicht mehr brauchte. Plötzlich muß ich inne halten — „immer mit Ausdruck". Ich bin enttäuscht, ja ich ärgere mich, und die Stimmung ist hin.

„Immer mit Ausdruck!" — wozu das? Welchen Sinn hat das? Ist denn nicht für den Spieler wie für den Leser zum Beispiel der „Ausdruck" alles? Der Dichter soll erfaßt werden wie der Komponist durch Nachleben, Nachschaffen, wobei hier von allem Technischen, Formalen, Aeußerlichen abgesehen ist. Beide wollen verstanden sein, nicht nur nach der gedanklichen Seite, sondern ganz besonders nach der Gefühlsseite. Am tiefsten bringt, wer möglichst allseitig den Sinn des Kunstwerks sich — und anderen — klarlegt. Denn der Komponist hat sich ja in seiner Komposition ausgedrückt, sich, sein Wesen, heißt das, seines Wesens eine Seite, eine Empfindung, eine Reihe von Empfindungen, eine Stimmung oder eine Reihe, eine Anschauung oder eine Folge von Anschauungen. Wenn ich nun sein Stück zunächst höre, so suche ich seinen Ausdruck zu erfassen, oder vielmehr und jedenfalls richtiger: ich lege meinen Inhalt, meinen Sinn, meinen Ausdruck hinein. Nur von dem, was in mir ist, kann durch das Kunstwerk etwas frei werden, freilich bedarf es dazu nicht nur einer Anregung, sondern einer Suggestionskraft. In ihr hat das Stück seine Wirkungskraft, wenigstens primär, und in dem, was diese Wirkungskraft an Bestem, Innigstem, Feinstem und Tiefstem in uns weckt, sogar ein gut Teil seines Kunstwertes, wenn man es einmal wagen darf, all das „Fließende" im Kunstwerk zu unterscheiden und zu trennen.

Nichtsdestoweniger bleibt der Hörer dem musikalischen Ausdruck gegenüber bis zu einem gewissen Grade passiv. Er muß nehmen, was ihm der Spieler gibt. Anders bei diesem. Er schafft den Ausdruck des Stückes selbst neu, er weckt ihn, er bringt ihn hervor. Er gibt ihm nicht nur Wärme, sondern sogar Leben aus seinem Innersten, seinem Besten und Tiefsten. Freilich nur auch wieder auf die Anregung hin, die ihm das Kunstwerk gegeben hat, und die weckend in ihm wirkt infolge seiner Veranlagung und Bildung. So gibt er wieder als Empfangender, während der Hörer nur empfängt oder höchstens sich selbst gibt. (Hier ist natürlich immer vorausgesetzt, daß das Kunstwerk im Sinne Wagners und wie bei ihm etwas zu sagen hat und nicht etwa nur eine blendende Sprache, wie bei Mendelssohn, redet.)

2. Maiheft 1899

So ist die Aufgabe und so fordert sie einen „Künstler" im Spieler, und dies ist der Künstler in jedem wirklich Kunstgenießenden, der dem banausischen Bildungspöbel, dem Barbaren — („er sei auch wer er sei!") — fehlt. An ihn fordert das Kunstwerk ständig: „Immer mit Ausdruck!", im nachschaffenden Künstler liegt und spricht von vornherein diese Forderung. Denn zum Künstler gehört nicht nur ein Können, sondern ein Wille, der Wille zur Offenbarung eines Wertes und Gehaltes.

Warum stößt also der Schöpfer einer Tondichtung mit der durchaus überflüssigen Bezeichnung „immer mit Ausdruck" den nachschaffenden Spieler vor den Kopf? Warum nimmt er ihm Lust und Stimmung, indem er mit einem Ausdruck dem Erfassen und dem Vortrag nachhelfen will, der nur gegen Schüler und Barbaren gerechtfertigt wäre? Warum würdigt er direkt sein Werk herab, als sei es für den Pöbel geschrieben und versagt dem nachschaffenden Genießenden gerade in dem Augenblicke seine Achtung, wo sich dieser n e b e n ihn stellt in Künstlereifer und Künstlererregung? In dem Rausche, der ihn vergessen läßt, daß ihm ein Gott n i c h t gab, zu sagen, was er leide?

Das mag manchen wie Kleinigkeitskrämerei oder wie übertriebene Empfindlichkeit vorkommen. Sie mögen bedenken, daß ein Herz, das heiß beim Kunstwerk und Künstler ist, damit einen höheren Grad Eigengefühls in sich weckt und durch eine Kleinigkeit abgestoßen werden kann, andererseits aber auch, daß es heute Kunstmenschen gibt, die thatsächlich eine Kleinigkeit im Aeußeren eines Kunstwerks stört. Wie ich die ganze Ausstattung einer Komposition heute nicht nur „geschmackvoll", sondern mehr als das, „künstlerisch" beanspruche*, so soll auch alles Ueberflüssige, darum Störende, Unschöne daraus verschwinden. Und nicht nur aus diesem „äußeren" Grunde, sondern auch noch aus den vorgenannten inneren Gründen. Wir wollen Kunstleben und unser Leben zur Kunst machen, das heißt, die Kunst soll alles in unserem Leben durchbringen. Und da werden Kleinigkeiten groß.

Natürlich verstehe ich Bezeichnungen, wie „mit starkem Ausdruck", „mit besonderem Ausdruck", sogar an der und jener Stelle das einfache „ausdrucks= voll", aber auch diese Nasenstüber nur da, wo die innere Nötigung des Stückes nicht so klar zu Tage liegt, daß man in anderer Weise drüber wegspielen könnte. Aber ist das nicht schon ein Mangel der Komposition!? Und im übrigen schadet ja mal eine andere Auffassung auch nichts, wenns eben nur eine Auffassung ist.

Ich befürworte daher möglichste Beschränkung der dynamischen Zeichen, Weglassung besonders aller überflüssigen Bezeichnungen. Die Komponisten sollen so viel Vertrauen in ihr Werk und zum Publikum haben. Für Denk= faule und Gefühlsarme ist ja die Kunst überhaupt nicht, und für die „höheren Töchter" fabrizieren so viele, daß sie Stoffmangel doch nicht zur wahren Kunst führt. Es wär auch schade.

Ich hoffe, es wird einmal eine Zeit kommen, in der die Sprache der Töne so wohl verstanden wird, daß die Komposition wie ein Gedicht, wie ein Gemälde ohne Auslegungsreden hinausgeschickt wird, mit den notwendigen dynamischen Zeichen nur versehen, die dann etwa das sind, was die Interpunk= tionszeichen im Gedichte. Ja, ich denke mir sogar, auch im Volke wird man einmal die Werke der Tonkunst, — soweit sie selbst Hausmusik sind oder sich

---

* Ich persönlich möchte sogar eine Umgestaltung des Notenstiches nach der künstlerischen Seite.

zur Hausmusik eignen — so „ausgestattet" geben können, wenn es kunst-
erzogen genug sein wird und dadurch kunstehrlich, nicht wie der Bildungs-
philister von heute. Wer dann noch vorüber geht, mag vorüber gehen, an
ihm ist nichts verloren; denn was es auch sei — Barbaren bleibt die Kunst
verschlossen, wie ihrem inneren Ausdrucke auch äußerlich nachgeholfen werde.
Für die Tondichter fordert das aber noch mehr das innerlich Zwingende, Klare,
Einfache, Gesunde. Auch für die Musik liegt im modern Forcierten, Formalen,
Mystischen und Dekadenten eine große Gefahr. Man bleibe bei Bach, Beethoven
und Wagner, um immer wieder dran erinnert zu werden.

Heppenheim a. d. B.   Wilhelm Holzamer.

·

Ich stimme mit den obigen Ausführungen grundsätzlich ganz überein,
nur liegt die Sache in unserem Falle etwas anders. Hier laufen zwei selbständige Melodien gleichzeitig neben einander her, und es wäre möglich, daß
der Spieler die eine als die dominierende betrachtet, die andere aber nur als
eine minder wichtige Begleitstimme auffaßt. Um dies letztere zu verhindern
und zu betonen, daß auch die Gegenmelodie durchwegs zur Geltung kommen
muß, schrieb der Komponist sein „immer mit Ausdruck" dazu, was somit keineswegs überflüssig war.   R. B.

·

Lose Blätter.

Gedichte von August Kopisch.

Vorbemerkung. Jubiläen haben ja auch ihr Gutes — wäre am
26. Mai nicht August Kopischs hundertster Geburtstag, wer weiß, wie lange
die berühmte „Aktenrevision" über seine literarische Bedeutung noch auf sich
warten ließe! Nötig ist sie, denn das landläufige Urteil über Kopisch hat sich
festgesetzt in einer Zeit, da man noch das von Kopisch selber so bewunderte
künstliche Dichten Platens für klassisch hielt: man zog zwar schon damals
Kopischs „neckische" Sachen seinen ernsten vor, aber selbst wenn man ihn für
groß in dieser Gattung erklärte, so hielt man die Gattung selbst doch nicht nur
für kleiner, als die „seines großen Freundes", sondern überhaupt für klein.
Bei solcher Auffassung blieb es im allgemeinen bis heute. Denn zu dem Erwähnten kam, daß die Literaturgeschichte von Kopisch nie viel Wesens machte,
daß sie ihn meistens vielmehr recht hochnäsig ansah, und ferner, daß eine billige
Sammlung seiner Gedichte bis in die letzten Jahre hinein fehlte: man las
über ihn wenig und von ihm nur immer wieder dieselben paar Schwänke und
Trinklieder, die ein Anthologe vom andern abschrieb. Jetzt ist in Reclams
billiger Bibliothek eine reichhaltige Auswahl aus Kopischs Gedichten erschienen,
welche die Bekanntschaft des bescheidenen Menschen und guten Poeten wesentlich
erleichtert. Wer ihn ganz zum Freunde gewinnen will, kann nach ihrem Lesen
auf die „Gesammelten Werke" zurückgreifen, die Karl Böttcher bald nach des

2. Maiheft 1899

— 113 —

Dichters Tod bei Weidmann in Berlin herausgegeben hat, die aber jetzt nur
noch antiquarisch zu haben sind.

Ich meinerseits muß gestehen, daß mich die neuerliche Beschäftigung mit
Kopisch geradezu erquickt hat. Mögen unsre Literaturgeschichtler die Größen
nicht immer mit derselben Zimmermannsschmiege, sie hätten längst sagen
müssen: seht euch den Kopisch besser an, das ist ein Prachtkerl! Und nicht
nur ob seiner Schwänke und Histörchen ist er das. Daß ein merkwürdig tiefes
Naturgefühl in Kopisch saß, wird ja schon mancher vermutet haben, wenn er
nur den „Röck" mit Loewes Tönen etwa von Gura singen hörte. Und welche
Anmut oft der Phantasie sowohl, wie der gemütlichen Erfassung! Welche
Anschaulichkeit! Welche lebensvolle Bewegtheit! Wie viel Innigkeit und dann
wieder welche Mannigfaltigkeit des Humors vom derben, den ja alle kennen,
bis zum feinsten und zartesten, den wenige bei Kopisch suchen. Wie kern =
deutsch dabei alles! Und ausgesprochen mit wie viel gesunderem Gefühl für
die Form als bezeichnendem Ausdruck des Gehalts, als bei dem Vorbilde
Platen! Man kann ja auch über Kleinigkeiten so stolpern, daß man fällt, und
ein Kind meint dann wohl, der Steg tauge nichts. Stolpert man über Kleinig=
keiten bei Kopisch nicht, so wird man sich darüber wundern, wie äußerlich bei
ihm ist, was die Zeit bedingt und wieder genommen hat, wie innerlich wertvoll
aber, was noch lebendig ist. Insbesondere für Vorleser, die Anmut und
Heiterkeit haben, bedeutet Kopisch eine Fundgrube, denn alle seine Verse hat
er nicht nur geschrieben, sondern gehört.

Ich empfehle deshalb, sich auch unsre Proben womöglich laut, lebendig
und in munterem Tempo vorzulesen. Im übrigen: es hätte wenig Sinn, hier
diejenigen Gedichte Kopischs wieder abzudrucken, die in den Blütenlesen „gang=
bar" sind. Die kennt jeder, denn, wie gesagt, es sind immer dieselben. Stellen
wir lieber aus der Fülle der nur wenig bekannten eine Anzahl vor, die nicht
zu den Anthologieläufern gehören. Sie finden sich alle auch in der Reclam=
schen Ausgabe bis auf das letzte Stück, „Sehnsucht", das nur in der Original=
ausgabe steht. Wir glaubten es bringen zu sollen als wenigstens eine Probe
der Kopischischen Dichtung Platenscher Observanz, die Kopisch selber höher stellt,
als seine andere. Es ist zwar immer noch mehr echte Wärme darin, als in
den Platenschen Oden, aber das Ganze klingt künstlich.

*

Das Wunder im Kornfeld.

Der Knecht reitet hinten, der Ritter vorn,
Rings um sie woget das blühende Korn . . .
Und wie Herr Attich herniederschaut,
Da liegt im Weg ein lieblich Kind,
Von Blumen umwölbt, sie sind betaut,
Und mit den Locken spielt der Wind.

Da ruft er dem Knecht: „Heb auf das Kind!" —
Absteigt der Knecht und langt geschwind:
„„O, welch ein Wunder! — Kommt daher!
Denn ich allein erheb es nicht."" —
Absteigt der Ritter, es ist zu schwer:
Sie heben es alle beide nicht!

„Komm Schäfer!" — sie erheben's nicht! —
„Komm Bauer!" — sie erheben's nicht!
Sie riefen jeden, der da war,
Und jeder hilft: — sie heben's nicht!
Sie stehn umher, die ganze Schar
Ruft: „Welch ein Wunder, wir heben's nicht!"

Und das holdselige Kind beginnt:
„Laßt ruhen mich in Sonn' und Wind:
Ihr werdet haben ein fruchtbar Jahr,
Daß keine Scheuer den Segen faßt:
Die Reben tropfen von Moste klar,
Die Bäume brechen von ihrer Last!

„Hoch wächst das Gras vom Morgentau,
Von Zwillingskälbern hüpft die Au;
Von Milch wird jede Gölte naß,
Hat jeder Arm' genug im Land;
Auf lange füllt sich jedes Faß!"
So sang das Kind da und — verschwand.

Der unsichtbare Flöter.
(Elbsage.)

Es klingt so süß im Apfelbaum:
Wach auf, wach auf vom Mittagtraum!
Wie fallen auf dich der Blüten so viel!
Sie löste der Flöter mit seinem Spiel,
Der Unsichtbare, der Frühlingsgeist,
Der Nachtigallen unterweist.

Da flattert hernieder der süße Klang
Und hinter ihm folget der Kinderdrang;
Auf dem Platz im Dorfe weilt er mehr,
Da ringeln die Kleinen um ihn her.
Jetzt scheint er mitten, nun wieder dort:
Es wechselt alles mit ihm den Ort.

Und wo er hin flattert und wo er hin geht,
Kein Mensch auf den richtigen Füßen steht,
Das ganze Dorf, es folgt dem Schall
Und jubelt und jauchzt überall,
Die Wassermühle stehet still,
Den holden Geist sie hören will.

Einst hatt' ihn einer ins Haus gelockt,
Die süßeste Milch ihm eingebrockt:
Da spielt' er eine Weile schön,
Doch mußt' er am End' durchs Fenster gehn,
Biribitz, wie der Blitz die Scheiben hinaus!
Es sprangen die Fenster im ganzen Haus.

Er leidet niemals einen Zwang;
In der Stube wird ihm die Zeit zu lang;

2. Maiheft 1899

Doch draußen, so weit der Himmel blau,
Spielt gern er den Hirten in Feld und Au.
Man sieht ihn nicht: es ist der Geist,
Der Nachtigallen unterweist.

Der Wassermann.

Es standen drei Mädchen am tiefen Teich,
Der Wassermann maß die Bänder gleich:
„Ihr Mädchen, wollt ihr Bändchen?
So langet nach den Endchen!“

„O Wassermann in kühler Flut,
Hast grünen Hut und falschen Mut;
Du willst uns nur belügen,
Belügen und betrügen!“ —

Er lachte; da sah man die Zähne grün:
„Die Schönste von euch ist stolz und kühn,
Seht doch die vielen Bändchen,
Zupft euch ein hübsches Endchen!“ —

„Er mißt die Bänder weiß und grün,
Er will uns in das Wasser ziehn!“ —
„O Mädchen langt nur munter,
Die Schönste zieh' ich nicht unter!“ —

Da langten sie all', es rauscht die Flut,
Die Bänder werden so rot wie Blut.
Der Wassermann ist schnelle:
Die Mädchen sind unter der Welle! —

Was mögen sie wohl da unten thun? —
Sie müssen beim Schuppenmanne ruhn,
Sie müssen ihm braten und kochen,
Sieben Walfische alle Wochen.

Hexenbewirtung.

Wo kommt der liebe Bote her? — Ich glaube von Schwerin,
Er stabelt durch den Eichenwald: da sieht er Hexen ziehn,
Erst eine, zweie dann, dann drei:
Dann hüpfen immer mehr herbei,
Flink, jung und wunderniedlich!
Auch duftet's appetitlich.
Sie decken, zupf! den runden Tisch
Und tragen Braten auf und Fisch
Und süßen Saft der Reben.
Heidi! das wird ein Leben!
Und alles im ganzen
Kommt an mit Tanzen.

Kunstwart

Sie machen einen Ringeltanz, hui! und umzingeln ihn:
„Tanz mit, tanz mit, du süßes Herz, du Bote von Schwerin!"
    Er denkt: hm hm, was schadet das,
    Ein bißchen hüpfen auf dem Gras?
    Wer läuft, der kann auch tanzen!
    Paff! wirft er hin den Ranzen.
    Er sucht sich aus das jüngste Blut
    Und schwingt es hoch im Uebermut:
    Nun geigt auf Pferdeköpfen,
    Und klappert mit den Töpfen,
      Ihr pfiffig galanten
      Tanzmusikanten!

Ich glaube, daß er sich dabei ein wenig übernahm;
Denn wie er eins herumgetanzt, so war ein Bein ihm lahm.
    Allein es läßt ihm keine Ruh,
    Er hinkt und humpelt immer zu,
    Bis alle Herzen lachen,
    Ihn pur zum Narren machen.
    Jetzt fällt er, aber hält sich doch;
    Er hüpft auf allen Vieren noch
    Und ist dabei so heiter
    Und jubelt immer weiter;
      Bald aber als Müder
      Läßt er sich nieder.

Komm, komm! Man führt zur Tafel ihn und setzt ihn oben an.
Sie legen ihm das Beste vor, da freut er sich, der Mann.
    Er nimmt die Gabel in die Hand,
    Doch ganz verkehrt. O Unverstand!
    Er sticht sich, kann's nicht meiden,
    Schneidt sich beim Bratenschneiden,
    Er bringt nichts in das Maul. —
    Er langt zum Glas nicht faul;
    Das aber heißt geschoren!
    Das Glas ist angefroren:
      Potz Blitz Sappermenter
      Und Elementer!

Da rannt ein zierlich Herzelein, das ihm zur Seite saß:
„Dein Nachbar ist ein Hexerich, der macht sich diesen Spaß.
    Gib einen Nasenstüber ihm
    Und sag dazu: fi Joachim!
    Dann wird etwas geschehen,
    Gib acht, du wirst was sehen!"
    Er thut's, — da kommt faustdick
    Ein Donnerschlag zurück:
    Ich glaub', zehn Klafter fliegt er, —
    Und tief im Graben liegt er!
      Potz Blitzdonnerwetter
      Und Leutegeschmetter!

2. Maiheft 1899

Er rafft sich auf und ruft: „Es ist doch alles Lumpenpack,
Ich traue keiner Hexe mehr mit ihrem Schabernack.
    Wie freundlich sie mir zugerannt,
    Bis mich das Wetter wegpoldaunt!
    Hätt' ich nur meinen Ranzen!" —
    Da sieht er gar ihn tanzen! —
    Der Ranzen wird zum Ziegenbock! —
    Da flieht er über Stock und Block
    Mit Schritten — meilengroßen!
    Stets will der Bock ihn stoßen!
      Da kann man vor Rennen
      Nichts mehr erkennen!

Dem Boten war viel besser es, er ging wie sonst den Gang;
Die Briefe kommen gar nicht an, das währt dem Vogt zu lang.
    Ankommt er endlich ganz bestaubt
    Und prustet, stöhnt und schnäuzt und schnaubt.
    Der Ranzen wird gefunden
    Nach vierundzwanzig Stunden:
    Er hängt am Galgen hoch im Sturm;
    Der Bote brummt dieweil im Turm,
    Gelobet seine Pflichten
    Inskünftig zu verrichten —
      Und nicht mehr zu gucken
      Nach Teufelsspuken.

Entdeckung der Salzquelle in Halle.

(Volkssage.)

    O sag', wie hat in Halle man den salz'gen Quell entdeckt?
    — Es hatt' ein Schwein vor Zeiten sich darein versteckt
    Und kam heraus und war mit Salz kandiert:
    Das hat die Leute auf die Spur geführt. —
      Aus Dankbarkeit legt man das Schwein
      Noch jetzt in Salz und pökelt's ein.

Kleen Männeken.

„Kleen Männeken, sei lustig, du hast ja, was du magst!
Keins quält dich, keins plackt dich, alles läßt dich in Ruh!" —
„Mutter", sagt's, „das versteht Ihr nicht!"
Und purrt und knurrt.
„Ach", sagt die Mutter da,
„Was hast du zu knurren?" —
„Gar viel, gar viel! sagt kleen Männeken:
Wenn ich auf die Straße komm',
Sieht keins mich an und keins hat acht auf mich,
Und das ärgert mich.
Ach Mütterchen, ach Mütterchen,
    Wär' ich doch nur schön, recht schön!"

Kleen Männeken will mit Gewalt schön sein,
Holt all' seine Kleider her:
„Mutter, ich muß schön sein, schön, recht schön!" —
„So tritt vor den Spiegel, ich steck' dich
Wunderschön mit Nadeln!"
— „Au!" schreit kleen Männeken;
Läßt sich aber fein stecken.
„Haha! wie bin ich nun schön!" sagt kleen Männeken. —
Wie's auf die Straße kommt,
So rufen alle: „O wie nieblich ist kleen Männeken! —
Seht doch kleen Männeken!" —
„Ach, denkt kleen Männeken,
Wär' ich doch lieber groß, recht groß!"

Kleen Männeken will groß sein:
Da geht's zum Hexenschmied:
„Spann mich ein, zieh mich lang, lang, lang aus!"
Der Hexenschmied legts vor das Drahtöhr
Und kneipt und zieht:
„Au!" schreit kleen Männeken,
Läßt sich aber durchziehn.
„Hihi! wie bin ich nun lang!" sagt kleen Männeken. —
Wie's auf die Straße kommt,
So nimmt's der Fuhrmann, bindt's an die Peitsche sich
Und haut die Pferde mit:
„Au!" schreit kleen Männeken,
Wär' ich doch lieber breit, recht breit!" —

Kleen Männeken will sich breit machen:
Da geht's zum Hexenschmied:
„Lieber Hexenschmied, klopf mich breit, breit, recht breit!"
Der Hexenschmied legt's auf den Amboß
Und klopft darauf:
„Au!" schreit kleen Männeken;
Läßt sich aber breit klopfen.
„He, he! wie bin ich nun breit!" sagt kleen Männeken. —
Wie's auf die Straße kommt,
So kleben's die Kinder an die Scheuerthür:
„Kleen Männeken soll Scheibe schein!"
„Au!" schreit kleen Männeken,
„Wär' ich doch lieber dick, recht dick!"

Kleen Männeken will dicke thun:
Da geht's zum Hexenschmied:
„Pust mich auf, mach mich dick, recht dick, dick, dick!"
Der Hexenschmied nimmt's vor den Blasbalg
Und setzt das Rohr an,
„Uh!" schreit kleen Männeken;
Läßt sich aber aufpusten. —
„Ho ho! wie bin ich nun dick!" sagt kleen Männeken. —
Wie's auf die Straße kommt,

2. Maiheft 1899

So nehmen's die Buben und schlagen Ball damit:
Blitz! blautz! wie fliegt es!
„Ich platze!" ruft kleen Männeken,
Und klitsch und klatsch! da war's geplatzt.

Da näht's die Mutter mit Nadel und Zwirn
Und trägt's zum Hexenschmied:
„Mach mir kleen Männeken wieder wie's war, wie's war!"
Der Hexenschmied thut's ins Feuer ein und aus
Und pocht's auf dem Amboß.
„Au!" schreit kleen Männeken,
Hält aber ganz geduldig still. —
„Hi hi, nun bin ich wieder wie ich war, kleen Männeken!" —
Wie's auf die Straße kommt,
Sieht keins es an und keins hat acht auf es;
Da freut es sich:
„Ach Mutter," ruft kleen Männeken,
„Wie ist mir wohl, ich bin nun wie ich war!"

Cours d'amour.

O gäb' es nur
Noch Cours d'amour!
Ein Verliebter heutzutage
Kann ja seine schwerste Klage
Nirgend bringen vor Gericht.
Fühllos höret manche Schöne
Des Gequälten Schmerzenstöne
Und sie lacht ihm ins Gesicht!
Anders war's in alter Zeit:
Da gab's doch noch Gerechtigkeit!
Da trat man klagend vor den Richter hin
Und sprach: Da seht, wie gepeinigt ich bin!

O gäb' es nur
Noch Cours d'amour!
Manchem Ritter, der bereuet,
Hätte nie sich Gunst erneuet,
Selbst nach wahrer Heldenthat,
Wenn er nicht mit seiner Klage
Laut am vorbestimmten Tage
Vor die weisen Richter trat:
Die entschieden dann, wie viel
Noch fehlt' an wahrer Buße Ziel:
Vollführte dies der treue Rittersmann,
So nahm das Dämchen ihn zu Gunsten an.

O gäb' es nur
Noch Cours d'amour!
Rührend, rührend ist's zu lesen,
Daß ein Fräulein einst gewesen,

Das den Holden so verklagt:
„Küsse will er — welch' Ersinnen! —
Mit Geschenk bei mir gewinnen.
Hab' ich sie ihm je versagt?
Er verführt zu Simonie;
für Gaben küssen mag ich nie;
Denn Lieb' ist göttlich, sie ist süße Gunst,
Und küssen ist ja keine schwere Kunst!" —

Im Mai 1838.

Friedrichs des Zweiten Kutscher.

Des alten Fritz Leibkutscher soll aus Stein
Zu Potsdam auf dem Stall zu sehen sein —
      Da fährt er so einher,
      Als ob er lebend wär:
Aller Kutscher Muster, treu und fest und grob,
Pfund genannt, umschmeißen kannt' er nicht: das war sein Lob!

Mordwege fuhr er ohne Furcht, sein Mut
Hielt aus in Schnee, Nacht, Sturm und Wasserflut.
      Ihm war das einerlei,
      Er fand gar nichts dabei;
In dem Schnurrbart fest und steif blieb sein Gesicht,
Und man sah darauf kein schlimmes Wetter niemals nicht.

Doch rührte man an seinen Kutscherstolz,
War jedes Wort von ihm ein Kloben Holz;
      Woher es auch geschah,
      Daß er es einst versah
Und dem alten Fritz etwas zu gröblich kam,
Wessenhalb derselbe eine starke Prise nahm
Und sprach: Ein grober Knüppel wie Er ist,
Der fährt fortan mit Eseln Knüppel oder Mist!
      Und so geschah's. Ein Jahr
      Bereits verflossen war,
Als der Pfund einst Knüppel fuhr und guten Muts
Ihm begegnete der alte Fritz; der frug: wie thut's?

I nu, wenn ich nur fahre, sagte Pfund,
Indem er fest auf seinem Fahrzeug stund,
      So ist mir's einerlei
      Und weiter nichts dabei,
Ob's mit Pferden oder ob's mit Eseln geht,
fahr' ich Knüppel oder fahr' ich Euer Majestät.

Da nahm der alte Fritz Tabak gemach
Und sah den groben Pfund sich an und sprach:
      Hüm, find't Er nichts dabei
      Und ist Ihm einerlei,
Ob es Pferd, ob Esel, Knüppel oder ich;
Lad Er ab und spann Er um, und fahr Er wieder mich.

2. Maiheft 1899

Blücher bei Brienne.
(Zur Feier des Schlachttages.)

Es stob da um Brienne
Gerad' wie auf der Tenne!
Napoleon hielt uns Stange:
Das währt dem Vater Blücher allzulange.
Ritt hin der Eisenfresser:
„Was sind denn das für Schosen?
    Jungens!
Da stehen die Franzosen —
Da stünden wir ville besser:
    Druff!"

»Herr Feldmarschall! nun sehet
Zur linken Hand: da stehet
Ein Schulhaus, wohlgezieret,
Da drinnen hat Napoleon studieret.«
— „Was er da drin studieret,
Sprach Blücher, mag er halten!
    Haußen
Zeig' er, was er vom alten
Präzeptor profitieret!
    Druff!"

Da ward hineingeritten
Und das Terrain erstritten!
Napoleon mußte schnupfen,
Als er die schöne Linie sah zerrupfen!
Es liefen die Franzosen:
Sie kriegtens in die Hosen! —
    „Jungens! —
Schwenkt hoch die Fahnentücher!" —
Hoch lebe Vater Blücher!
    Juch!

Der Trompeter.

Wenn dieser Siegesmarsch in das Ohr mir schallt,
Kaum halt' ich da die Thränen mir zurück mit Gewalt.
Mein Kamerad, der hat ihn geblasen in der Schlacht,
Auch schönen Mädchen oft als ein Ständchen gebracht;
Auch zuletzt, auch zuletzt in der grimmigsten Not
Erscholl er ihm vom Munde, bei seinem jähen Tod.
Das war ein Mann von Stahl, ein Mann von echter Art;
Gedenk' ich seiner, rinnet mir die Thrän' in den Bart.
Herr Wirt, noch einen Krug von dem feurigsten Wein!
Soll meinem Freund zur Ehr, ja zur Ehr getrunken sein.

Wir hatten musiziert in der Frühlingsnacht
Und kamen zu der Elbe, wie das Eis schon erkracht;
Doch schritten wir mit Lachen darüber unverwandt,
Ich trug das Horn und er die Trompet' in der Hand.

Da erknarrte das Eis, und es bog, und es brach,
Ihn riß der Strom von dannen, wie der Wind so jach!
Ich konnt' ihn nimmermehr erreichen mit der Hand,
Ich mußte selbst mich retten mit dem Sprung auf den Sand:
Er aber trieb hinab, auf die Scholle gestellt,
Und rief: Nun geht die Reis' in die weite, weite Welt!

Drauf setzt' er die Trompet' an den Mund und schwang
Den Schall, daß rings der Himmel und die Erde erklang!
Er schmetterte gewaltig mit vollem Mannesmut,
Als gält' es eine Jagd mit dem Eis in der Flut.
Er trompetete klar, er trompetete rein,
Als ging's mit Vater Blücher nach Paris hinein! —
Da donnerte das Eis, die Scholle sie zerbrach,
Und wurde eine bange, bange Stille danach! . . .
Das Eis verging im Strom und der Strom in dem Meer —
Wer bringt mir meinen Kriegskameraden wieder her?

Sehnsucht.

Wohl längst erkannte mein Sinn,
Wie alles Glück der Erde
Sich erhebt der Wolke farbigem Bogen gleich,
  Der bald in Thränen dahinfällt; —
Aber so lang ich selbst noch Erscheinung bin,
  Erschüttert die Erscheinung mich!
Eines liebenden Aug's Anschauen erfüllt
  Mit Sehnsucht meine Brust,
  Mit Verlangen das Herz mir!
Immer von neuem getäuscht wein' ich?

Wo ist, unsterbliche Weisheit,
Dein erhabner Ruhsitz,
  Deß reinen Fuß niemals
Stürmischen Leids Wogengeschäum netzt?
Deiner Machtfülle Horn
  Laß mich ergreifen! tränke mich!

Schon rinnt, schon rinnt der belebende Strom in die Brust mir!
  Die irdische Thrän' entfällt! —
    Des Auges Nacht flieht! —
  Höchstselig bist nur du
Des gestirnten Weltalls Aussäer, du allein!
  Weil allein du liebst! —

Unselig, unselig, wer begehrt!
  O verleih deiner Göttlichkeit mir ein Teil,
    Laß mich lieben! — Was göttlich ist
Erreicht ja nimmer Leid und Krankheit nimmer
  Und Schmerz nimmer und Tod nimmer, es eilt
    Schmerzlosen Tritts über Verschwindendes.

2. Maiheft 1899

* **Ein wichtiger Neben-zweck der direkten Rede in der Poesie.**

Von den beiden Hauptbestandteilen jedes größeren Gedichtes, Handlung und Rede, ist es wohl immer die Handlung, welche den Genießenden, Leser oder Hörer, vorzugsweise interessiert. Wenigstens den modernen, denn bei den Griechen und Römern, gemäß ihrer dialektischen Geistesbildung, scheint das Umgekehrte der Fall gewesen zu sein, wie ja auch der moderne Franzose, bei welchem die höhere Bildung noch in der Renaissance-Antike wurzelt, jedes Geschehen als Anlaß zu einem Wort betrachtet.

Aus dem überwiegenden Interesse des Genießenden für den Handlungsbestandteil hat man nun auch auf einen inneren Vorwert der Handlung schließen wollen, woraus dann im Drama durch möglichste Verkürzung der Reden der berüchtigte Laubesche Telegrammstil erwuchs. Diese Ausschreitung darf heutzutage, vornehmlich durch das Verdienst der Realisten, für überwunden gelten; nicht jedoch die Neigung zur Hintansetzung der Reden überhaupt, sodaß ein Wort hierüber schwerlich überflüssig sein wird.

Unter den mannigfachen Gründen, warum die direkten Rede, trotzdem sie entschieden weniger interessiert, in jedem größeren Gedicht gleichwohl ein ganz beträchtlicher Raum muß gestattet werden, ist einer, der nach meinem Dafürhalten noch nicht genügende Beachtung gefunden hat. Die direkte Rede besitzt nämlich unter anderm auch Mäßigungswert, sie zähmt, indem sie die Phantasie bei einer gegebenen Szene zu verweilen zwingt, die dem Dichter unwillkommene unkünstlerische rein sachliche Neugier, und zwar kommt hiebei geradezu die räumliche Ausdehnung der Rede, ihr Zeitwert, ihr äußeres Proportionalverhältnis zur Ausdehnung der Handlungselemente in Betracht. Ein Drama, in welchem die direkte Rede räumlich der Handlung nicht das Gegengewicht hält, gerät barbarisch, ein Epos phantastisch.

Beim Epos erhöht außerdem die direkte Rede die Wahrscheinlichkeit der Erzählung; denn die Illusion einer Person, die in direkter Rede meine Sprache spricht und meine Logik denkt, ist stärker als die Illusion einer Person, von

der nur eine Handlung erzählt oder nur der ungefähre Hauptinhalt ihrer Worte in indirekter Rede mitgeteilt wird. Ob freilich das gewaltige Uebergewicht, welches Homer der direkten Rede gegenüber der Handlung gönnt (so gewaltig, daß bei ihm öfters die Handlung nur als Einleitung oder Nachschlag der Reden Platz findet), ob solch ein Uebergewicht als ewig vorbildlich gelten dürfe, scheint mir zweifelhaft. Das muß wohl den nationalen Eigentümlichkeiten zugezählt werden, wie die Reden des Thukydides. Denn wie sollte sich die Lust der Hellenen an strenger logischer Gedankenentwicklung, jene Lust, die später die Sophistik, die sokratische Dialektik, das athenische Drama mit seinem scharfen Wort und Gegenwort zeitigte, nicht schon im Homerischen Zeitalter geäußert haben? Das Gegenteil wäre unwahrscheinlich.

Deutlich gesagt: ich glaube in den Homerischen Reden, in ihrer Häufigkeit und Ausführlichkeit, in ihrer unerbittlichen Vordringlichkeit schon etwas Virtuosität zu spüren. Uns Neuern aber könnte ein wenig von dieser Redezucht in der Poesie nicht schaden.

Carl Spitteler.

* **Wie's gemacht wird.**

In Nr. 1 der „Literarischen Mitteilungen aus E. Piersons Verlag in Dresden" werden „die neuesten Verlagswerke im Lichte der Kritik" gezeigt. Zur Empfehlung von Elsa Zimmermanns Gedichten „Der Tag hat sich geneigt" wird dabei eine Besprechung aus der Revue franco-allemande zitiert, von der wir im Folgenden ein Stück nach dem Originale neben ein Stück nach dem Zitate setzen.

Original:	Zitat:
Es war eine allzu geschickte, eine peinlich geschickte Hand gewesen, die dies Gedicht auswählte: das Buch hält nicht, was uns diese tiefquellenden Strophen versprechen. Wenn sich aber die erste Enttäuschung verloren hat, dann kommt man doch bald zu der freu-	Es war eine geschickte Hand gewesen, die das Gedicht auswählte: das Buch hält nicht ganz, was uns diese tiefquellenden Strophen versprechen, aber bald kommt man doch zu der freudigen Erkenntnis, daß man es mit einer wirklichen Dichterin zu thun hat; und man wird

bigen Erkenntnis, daß man es mit einer wirklichen Dichterin zu thun hat; und man wird noch einige Strophen und Einzelverse dem „Nachtgesang" beigesellen ..... zusammen haben, wenn sie sich vielleicht auch nie freimachen und Bedeutendes schaffen wird. Wo dort die schönste, glatte Oberflächlichkeit herrscht, hier ein — wenigstens menschlich schon erfolgreiches — Sichversinken lassen in lebende Tiefen. Was sind Hoffnungen? — Möge die Dichterin nach diesem unvollkommenen Buch nicht nachlassen! —

noch viele Strophen und Einzelverse dem „Nachtgesang" beigesellen ...... zusammen haben. Wo dort die schönste, glatte Oberflächlichkeit herrscht, hier ein — wenigstens menschlich schon erfolgreiches — Sichversinken lassen in lebende Tiefen. Möge die Dichterin nach diesem Buche nicht nachlassen!

Wo unsere ..... stehen, haben wir des Raummangels wegen auf beiden Seiten Zeilen gestrichen, die für unsre kleine Konfrontation gleichgültig sind. Dagegen bringen wir den folgenden Satz nur im Original, ohne daß im Zitat Punkte auf eine Auslassung deuteten: „Die Mängel des Buches: eine allzuplatte, allzuwelte, unindividuelle (man verzeihe!) Uniform, die der Inhalt hier nicht ausfüllt, die ihm dort (sehr viel seltener!) zu eng ist; der Rhythmus des Buches ist wie ein ruhiger Tanzschritt, gleichmütig und ohne daß sich die Leidenschaften in ihm ausdrücken; kurz: der Sinn für das Charakteristische mangelt der Dichterin. So gelang es ihr wohl halbwegs, in dem Fragment »Gotik« diesem nicht sonderlich schwer zu charakterisierenden Stil gerecht zu werden — obwohl ich ihr auch hier empfehle, einmal zu lesen, wie anders Anastasius Grün im »Stalenberg« die »Gotik« dargestellt hat; »Renaissance«, die eine unverschnörkelte Psychologie verlangte, mißlang völlig."

Sind die übrigen Zitate der Piersonschen „Mitteilungen" ebenso genau? Das Prinzip, das hier angewandt ist, ist ausbildungsfähig, es läßt schließ-

lich aus dem Schwarzen weiß machen, und Herr Riccaut de la Marliniere hätte es doch auch nur corriger la fortune genannt.

Theater.

* Im Münchner Hoftheater wurde jüngst Hanns von Gumppenbergs Schauspiele „Der erste Hofnarr" mit kühler Abneigung begegnet. Der Inhalt des Stückes nimmt sich kurz etwa so aus: Der junge Fallner Wilfrid am Hofe des großen Kaisers Karl ist sehr unglücklich, denn sie liebt einen andern. Zwei weise Männer bereden ihn, der eine in schwarz zu ernster Einkehr in sich selbst, der andere in weiß, zu vergnüglichem Lachen über sich selbst und zur Zufriedenheit mit dem, was sich auf dieser Welt erreichen läßt. Darauf geht Wilfrid daran zu heiraten. Aber da diesmal er sie nicht mag, ist er abermals unglücklich, heiratet auch nicht. Mit einer Dritten jedoch gibts dann ein glückliches Paar. Wenn nun der zufällig fallende Baum nicht wäre, der das junge Weib erschlägt, hätte das Stück hier ganz schön und glücklich enden können. Aber der Baum fällt, Leuba liegt tot im Sarge, und Wilfrid ist unglücklicher denn je zuvor. Da deutet der weise Mann in weiß auf die Verstorbene und sagt geheimnisvoll: Lieber Knabe, warum doch weinest du? Siehe, ist sie und jede, die Dir Unglück brachte, an dem anderer Ding als eine Maske? Sind wir nicht alle Masken? Und der Knabe begreift, springt auf, lacht und geht an des Kaisers Hof, Allen zu sagen, daß sie nur Masken seien und das ganze Leben ein höchst zweifelhaftes Fastnachtsvergnügen. Dafür ernennt ihn Kaiser Karl gnädig zum Erstlingsnarren.

Soll ich nun daran noch viel zupfen und zerren? Ich glaube: nein. Das Mühselige und philosophisch Beladene dieser Handlung liegt ja so offen da. Poetische Einzel-„Schönheiten", so die folgende Stelle: „Wie schön der Mond, wie schön, wie schön die Welt" stimmen auch nicht zur Versöhnung mit diesem Schauspiel, das unseren toten Reichtum an „fleißiger Arbeiten" wohl bicker aber nicht lebendiger macht.

Die „Literarische Gesellschaft" hatte diesmal im k. Residenztheater Einlaß gefunden. Sie ist bei den Einaktern angelangt und gab, wie es üblich, deren drei. Und alle drei machten sie den Eindruck des Skizzen-

haften, des Unfertigen. Gabriele
D'Annunzio läßt im „Traum eines
Frühlingsmorgens" ein an der Leiche
des Geliebten wahnsinnig gewordenes
Mädchen von ihren Träumen und
Phantasien ganz vernünftig, wenn
auch oft recht geschmacklos erzählen,
ohne daß er es zu einem Drama
brächte, wie der Zettel verheißt. Er
rührt seine Gedanken mit lyrischer
Butter zu einem Kuchenteig zusammen,
thut darein holde Mädchengesichter als
„süße Mandeln", von den Schalen
lockengleich umrahmt, gießt darüberhin
des „Mondes süße, weiße Milch", und
verlangt tiefsten Todesernst, wenn die
arme Irre, die solche Mehlspeise angerichtet, sich auf die Stirne tippt und
wiederholt versichert: „da fehlt mir
was." Mag sein, daß dem ungenann-
ten Ueberseter manch einer dieser
Schnitzer aufs Kerbholz zu setzen ist,
das Ganze bleibt mit seinem Hin und
Her zwischen süßlicher Thränenlyrik
und effektvoller Schauerdramatik doch
eben ein unerfreuliches Zwitterding.
— Weniger anspruchsvoll gibt sich
Wilhelm von Scholz, er nennt
seine Charakterstudie „Mein Fürst!"
Sein ehrenwerter alter Dr. Berg, der
die unaufhaltsamen „Unterströmungen
in der Weltgeschichte" zu Zeiten deutlich fließen fühlt und seinen jungen
Fürsten dieses geheime Fühlen lehren
möchte, ist ein Charakter; papierene
Worte braucht er zwar mehr als nötig,
aber immerhin ist's ein Charakter, leider
der einzige im Stück. Und ohne ein
Charakter-Gegengewicht konnt' es zu
keiner dramatischen Wirkung kommen. — Auch Arthur Schnitzler
hat in der Groteske „Der grüne
Kakadu" nur die Skizze zu einer Eifer-
suchtstragödie hingeworfen, wenn sie
auch an diesem Skizzen-Abende beinah
wie etwas Fertiges anmutete und
darum überschwänglich gefeiert wurde.
Da in Berlin am gleichen Abend die
ganze Folge von des Dichters Einaktern über die Brettern ging, und somit auch im Kunstwart noch besprochen
werden wird, kann ich mir hier
das Weitere sparen. Aber einem
Wunsche sei noch Raum gewährt: die
Einakter-Mode, die uns jetzt zum
Erschrecken plagt — möge sie kein
Bürgerrecht bei unseren jungen Poeten
erwerben. Sie führt in den weitaus
meisten Fällen doch nur zum Kraft-
verzetteln, zum Spielen mit dem Stoff,
den herzhaft anzupacken man sich nur
zu leicht entwöhnt. Wenn ich unserer

Großen gedenke, denen der Raum eines
Abends selten für die strömende Fülle
ihrer Welt genügte und dann die kurz-
atmige Hast unserer Jungen sehe:
wahrlich, so scheint mir das kein erfreuliches Bild.
    In Vertretung: E. Kalkschmidt.

    * Ueber die Wiesbadener Fest-
spiele hangen auf einigen Bahnhöfen
Plakate allein in englischer Sprache
aus: „By Imperial Royal Command.
1890. Festival Plays at Wiesbaden
from 14th to 28th of May" u. s. w. —
Unterzeichnet: „The Intendant of the
Royal Theatre: v. Hülsen." Darüber
entrüsten sich einige Blätter; die
Deutschen, meinen sie, sollten doch
deutsch eingeladen werden. Sie unterschätzen, glauben wir, Herrn von Hül-
sens Kunstsinn: was geht das Fest der
Ziehung des Laufschen Eisenzahns,
wird er denken, die Deutschen an?
Den Engländern mag es Freude machen,
die werden vom Theater nicht ver-
wöhnt, aber die Deutschen bringen
doch immer noch aus alter Gewohnheit dieses Zeitvertreibhaus mit dem
Begriffe „Kunst" in Verbindung.

Musik.

    * Vom musikalischen Schaffen.
    Der Tondichter, der vom Klavier
seinen Arbeitsstoff holt, ist beinahe
stets arm geboren oder auf dem Wege,
seinen Geist dem Gemeinen und Gewöhnlichen selbst in die Hände zu
geben. Denn eben diese Hände, diese
verdammten Klavierfinger — die über
dem ewigen Ueben und Meistern an
ihnen endlich eine Art von Selbständigkeit und eigenwilligem Verstand erhalten — sind ganz unbewußt Tyrannen und Zwingherrn der Schöpfungs-
kraft.
    Sie erfinden nichts Neues, ja alles
Neue ist ihnen unbequem. Heimlich
und spitzbübisch, wie es echten Hand-
werksleuten gebührt, kitten sie aus
alten, ihnen längst gelenkgerechten
Tongliederchen ganze Körper zusammen, die fast wie neue Figuren
aussehen, und weil sie sogleich auch
gar nett und rund klingen, von dem
bestochenen Ohr als erste Richtinstanz
beifällig auf- und angenommen werden.
    Wie ganz anders schafft jener, dessen
inneres Ohr der Richter der zugleich
erfundenen und beurteilten Dinge ist.
Dieses geistige Ohr um- und erfaßt
mit wunderbarem Vermögen die Ton-
gestalten, und ist ein göttliches Ge-

heimnis, das auf diese Art und Weise nur der Musik rein angehörig, dem Laien unbegreiflich bleibt.

Denn, — es hört ganze Perioden, ja ganze Stücke auf einmal, macht sich aus den kleinen Längen und Unebenheiten hin und wieder nichts, indem es diese auszufüllen und zu glätten dem späteren besonnenen Moment überläßt, der das Ganze auch in seinen Teilen bei Gelegenheit und Zeit besehen und allenfalls noch hier und da stutzen will.

Es will etwas Ganzes sehen, dieses Ohr, eine Tongestalt mit einem Gesichte, daß es einst auch der Fremde wieder erkenne und unter dem Gewühle finde, hat er es einmal gesehen. Karl Maria von Weber (im Nachlaß).

* **Französische Oper in Berlin.**

Der Komponist Le Borne nennt seinen „Mudarra“, jenes Werk, das an der Berliner Hofoper die allererste Aufführung erlebte, ein „Musikdrama“; der Theaterzettel glaubte eine „große Oper“ darin erkennen zu sollen. Beide Bezeichnungen sind falsch, weil sie nur auf die äußere Form des Werkes Rücksicht nehmen. Mit dem Musikdrama“ hat „Mudarra“ den völlig durchgeführten deklamatorischen Stil und die „unendliche Melodie“ im Orchester gemein. Aber es genügt nicht, daß die Worte richtig deklamiert werden, sondern das Wesen der musikdramatischen Deklamation besteht in der genauen Herausarbeitung des Charakteristischen und Melodischen. Ebenso genügt es für die unendliche Melodie nicht, daß das Orchester beständig mitrede, sondern diese Rede muß uns in melodischer Weise über die feinsten Seelenregungen, als die psychologische Begründung der charakteristischen Deklamation des Handelnden aufklären. Daß in der richtigen Akzentuierung der Worte sich Charakteristik und Melodie vereinigen, wobei uns die melodischen Momente des Orchesters als „Gefühlswegweiser“, wie Wagner sagt, zu dienen haben — das ist das musikalische Wesen des Musikdramas. Das Aeußere der sogenannten „großen Oper“ besteht namentlich in ihren auf den Effekt und die Befriedigung der Schaulust hinzielenden Aufzügen, Balletten und Dekorationen, während ihr inneres, verlogenes Wesen in der Herrschaft der absoluten, jeder logischen Notwendigkeit entbehrenden Melodie, in der abgeschlossenen Form von Arien, Duetten u. s. w. besteht. „Mudarra“ besitzt, wie gesagt, nichts von dem Wesen der großen Oper und des Musikdramas, sondern nur die äußeren Formen beider Stilarten. Künstlerisch ist das Werk damit gerichtet.

Alle Requisiten der großen Oper sind vertreten; Türken und Christen, Mönche und Nonnen, kirchliche Trauung und Haremsballett, Zigeunerliebe und Ehebruch, Gilst, Dolch, Zweikampf, Selbstmord und wilde Felsengegend. Die Musik ist nicht dementsprechend; der Stoff schreit förmlich nach Meyerbeerschen Melodien in Arien und Duetten. Aber statt dessen bekommt man jeder Melodie bare Deklamation, infolge der Uebersetzung natürlich schlecht betont, zu hören; ohne jeden Zweck und Erfolg wird das Ohr gemartert; leere Quinten, deren Daseinsberechtigung man vergeblich zu ergründen sucht, sägen unsere Nerven schier entzwei; im Orchester wird mit größtem Aufwand nichts gesagt; die Instrumentierung ist weder originell noch schön; an Bizet, Massenet, Délibes und Saint-Saëns darf man gar nicht denken. Am besten gelungen sind noch die Tänze und eine Traumszene, wiewohl man auch hier nach einer ausgesprochenen Melodie vergeblich lechzt. Im effektvollen Aufbau von großen Ensembles zeigt Le Borne ein nicht zu bestreitendes Geschick, aber die Ensembles bilden nicht die spannende Vorbereitung für Höhepunkte der Handlung, wie z. B. die Schwerterweihe in den Hugenotten und das Gebet im Lohengrin, sondern sie erscheinen erst, wenn die Handlung ihren Abschluß schon erreicht hat, und wirken daher langweilig. „Mudarra“ kann mit den „Trojanern“, „Lakmé“, „Werther“, „Manon Lescaut“, „Samson und Delila“, „Gwendoline“ nicht im entferntesten verglichen werden. Diese Werke harren aber alle noch der Aufführung an der „ersten Opernbühne der Welt“, während „Mudarra“ zur allerersten Aufführung kam — warum? A. Bischoff.

* Im letzten Prager philharmonischen Konzert wurde eine biblische Szene „Hagar in der Wüste“ für großes Orchester und zwei Frauenstimmen (Hagar und der Engel) von Josef Stransky als Neuheit gebracht, worin der Komponist sein Talent in einem größeren Rahmen bethätigte. Eine glückliche, aus dem Vollen

schöpfende Erfindungsgabe, ein feines Ohr für moderne, zum Teil neue Klangwirkungen im Orchester, viel, sehr viel Temperament und eine überaus lebhafte, sozusagen dramatische Phantasie, die oft genug den Konzertsaal zur Szene wandelt, — das sind die Eigenschaften, die man dem jungen Komponisten schon jetzt nachsagen kann. Der Text, den er frei nach der Dichtung von Ferdinand von Saar bearbeitete, gliederte sich ihm gleichsam von selbst in drei größere Abschnitte. Der erste schildert nach einer stimmungsvollen Orchestereinleitung, in der besonders das Thema der Todesnot durch seine eigenartige Harmonisierung verblüfft, in realistischer Form Hagars Verzweiflung beim Anblick des verschmachtenden Ismael, dessen innig empfundenes Motiv ich besonders hervorheben möchte; ferner die zarte Kantilene bei „Dein Engel war's" und vor allem die Stelle „Es war ein Tag wie heute, heiß und schwül", wo das Orchester ein wahres Kabinetstück an Situationsmalerei bietet und mit ganz einfachen Mitteln die schläfrige, gliederlösende Stimmung des arabischen Sommertags überzeugend veranschaulicht. Im zweiten Teile gerät die Komposition mit Hagars Gebet („Was that, o Herr, die arme Magd") in bewegt lyrischen, melodisch voll ausladenden Fluß, und im dritten bedeutet die mit allem Raffinement modern-musikalischer Jenseitsschilderung ausgestattete Erscheinung des Rettung verheißenden Engels und Hagars hinreißend gewaltiger, hymnischer Jubelgesang („Sei gepriesen in Ewigkeit") den Höhepunkt des Werkes, dem imponierendes Können auch anderwärts die verdiente Anerkennung finden wird.   *W. Zemanek.*

Bildende Kunst.

* Ueber Wien hat sich diesmal mit der „Hochsaison" für Kunstausstellungen eine förmliche Bilderflut ergossen. Am höchsten stieg sie im Künstlerhause, wo über 600 Nummern die Wände verunzieren. Wie in jeder Ausstellung befinden sich natürlich auch gute Sachen darunter, aber sie werden durch die Masse von Mittelmäßigkeiten erdrückt. Nachdem im Ausstellungswesen so manche Reformen in letzter Zeit durchgeführt worden, scheint es doppelt unbegreiflich, wie solche Geschmacklosigkeiten sich noch immer behaupten können. Leider hilft

das Publikum zu wenig mit, um Wandel zu schaffen; die Künstler müssen das alles allein besorgen. Daraus ergibt sich die Pflicht, das Publikum aufzuklären und zu bilden, was wiederum in trefflicher und origineller Weise die neue Ausstellung der Sezession thut. Sie gab dem Innern des kleinen Kunsttempels ein ganz neues Gesicht; mit den billigsten Mitteln haben die architektonischen und dekorativen Talente der Vereinigung die besten Wirkungen erzielt. Da ihre Namen schon bei früherer Gelegenheit genannt, brauche ich keine zu wiederholen. Der Mittelsaal wurde durch die Farben weißgold-hellgrün in eine Art Triumphhalle verwandelt, an die sich rechts und links die Nebenräume schließen, jeder auf einen Farbenton gestimmt. Wanddekorationen in zwei und drei Farben, Polsterbezüge, Möbel und Vorhänge sind nach den eigenen Entwürfen der Künstler ausgeführt worden. Die Kunstwerke hat man, wie immer, mit Verständnis verteilt und zur Geltung gebracht. Die auswärts — d. h. nicht in Wien lebenden Oesterreicher sind fast gar nicht vertreten, desto vorteilhafter diesmal die Einheimischen. Engelhardt, Lenz, Roller, Straßer, und zwei „neue" Namen: Ferdinand Andri und Ferdinand Dorsch sind bemerkenswert. Man kann den mehrmaligen Besuch der Ausstellung jedem Kunstfreunde empfehlen. Ich halte sie für die beste, welche wir hier bis jetzt gehabt haben. Selbstverständlich ist auch das Ausland mit Werken von erstem Rang beteiligt. Bis Ende Mai bleibt sie geöffnet, dann soll 's wieder etwas Neues geben.

Bei H. O. Miethke ist ein großer friedvoller Geist, Hans Thoma, eingezogen. Seine Lithographien und farbigen Originaldrucke werden hier viel gekauft. Brauchen wir im Kunstwart noch über Thomas Bedeutung ein Wort zu sagen? Sie ist derart, daß man nur hoffen kann, ihre Wertmessung möge auch überall ihrer Größe entsprechen.   *W. Schölermann.*

* In Sachen des Dresdner Ständehauses ist ein erfreulicher Umschwung zu verzeichnen. Der Stadtrat hat vier der bedeutendsten Architekten ganz Deutschlands (Ende, Licht, Roßbach und Thiersch) um ein Gutachten ersucht, und diese Herren haben nun genau übereinstimmend mit uns gesprochen. Damit dürften die bisherigen Aenderungspläne begraben sein. Wallot

arbeitet bereits an neuen Entwürfen, die unter Erhaltung der Terrasse einen kleineren Ständehausbau bezwecken.

Nun gibt es ja Leute, die meinen: für die Boten der sächsischen Lande reiche ihr jetziger guter alter Palast vollkommen zu, und wenn schon gebaut werden müsse, so sei nicht abzusehen, warum ihnen gerade dieses allerköstlichste Fleckchen Dresdens zu schenken sei. Der Plan hat zudem eine stellenweis etwas dunkel hinter Kulissen spielende Vorgeschichte. Aber die Frage, was in das neue Gebäude am Schloßplatz kommt, steht für die **künstlerische Aufgabe** erst in zweiter Reihe. Es gibt ferner Leute, die nach den bisherigen Entwürfen Wallots bezweifeln, ob diese Aufgabe leicht anmutiger und malerisch freiester Gruppierung gerade diesem Meister ganz „liege". Bisher jedoch hat Wallot ja unter aufgezwungenem Programm gearbeitet, warten wir ab, was er nunmehr zeigen wird. Und darin werden alle unabhängigen Sachverständigen einig sein, daß wenigstens die große Hauptgefahr jetzt abgewendet ist.

Beängstigend aber ist die Erinnerung daran, an wie dünnem Faden dieses Damoklesschwert über Dresdens Schönheit hing. In der gesamten Dresdner Tagespresse war zunächst eine einzige Stimme, die sich mit sachverständiger Begründung gegen den Plan wandte, Fachleute selbst kamen mit halber Zustimmung und lahmen Kompromißvorschlägen, das alte Gebäude riß man frischweg nieder und mahnte dann mit dem Hinweis auf seine Trümmer zur Schnelligkeit, und die zweite Kammer sagte ihr Ja und Amen. Wäre nicht durch den verständigen Beschluß der ersten plötzlich noch Zeit geschaffen worden, so hätte man in der neuen Sachsen einen künstlerischen Schildbürgerstreich ohne Gleichen vollbracht. A.

Vermischtes.

* In Sachen der Körperpflege liegen zu Schultze-Naumburgs Aufsatz zwei schöne neue Illustrationen vor, allerdings im Negativ. Beide stammen aus Dresden. Bild Nr. 1: Der dortige Stadtrat hatte die Errichtung von Schulbrausebädern beantragt, aber im Stadtverordnetenkollegio, von dessen Thaten wir schon einige preisen durften,

regte sich dagegen die Empörung. Er selber sei, meinte ein Redner, doch auch groß und stark geworden, aber von Bädern habe er in seiner Jugend wenig gewußt. Der zweite Vizevorsteher erhob sich und sprach: die Errichtung von Schulbrausebädern bedeute den ersten Schritt zum sozialistischen Staate. Da ging ein Schauer durchs hohe Haus: Wasser und Sozialdemokratie, das war zu viel, man lehnte ab. — Illustration Nr. 2: Das sächsische Unterrichtsministerium, stand zu lesen, hätte eine Verfügung erlassen, wonach allen Schülerinnen in öffentlichen Schulen das Tragen von Korsetts aus Gesundheitsrücksichten verboten wäre, unter Empfehlung weiter, blusenartiger Jacken. Unserer Meinung nach würde solch eine Verordnung vollkommen berechtigt, ja, sie wäre eigentlich Pflicht, da sie eine von allen Sachverständigen anerkannte körperliche Schädigung verhinderte. Vorläufig aber ist noch keine solche Verordnung erlassen. Und das bezeichnende ist: man begrüßte die falsche Nachricht nicht, sondern man bespöttelte sie.

* Der Hildesheimer Polizeidirektor Dr. Gerland hätte in den letzten Wochen keine Minute Ruhe gehabt, bekäme man Ohrenklingen auch dann, wenn über einen etwas gedruckt wird. Und warum redeten alle Blätter von ihm? Weil er in einer Verkehrsverordnung mit leichtem Scherze bemerkt hatte, daß in engen Straßen verkehrstörende Nebeneinandergehen und Plaudern von drei, vier jungen Damen mache ja an und für sich einen recht anmutigen Eindruck. So weit sind wir also, daß ein paar Worte, welche die trockene Sachlichkeit mit etwas humoristischem Behagen würzten, allgemein als etwas höchst Ungewöhnliches auffallen. Deutsch ist diese grundsätzliche Pflege der Nüchternheit nicht, und volkstümlich ist sie auch nicht.

* Kennen unsre Leser schon „Asia", den kleinen im Verlag der „Hilfe" zu Berlin-Schöneberg erschienenen Bericht (wenn man's so nennen darf) von der Palästinareise des Pfarrers Friedrich Naumann? Wenn sie ihn noch nicht kennen, so dürfen wir sie versichern, daß sie uns nach dem Kennenlernen danken werden für diesen Hinweis. Es ist ein Buch, das vollkommen anders ist als all die üblichen Reisebücher, obgleich es doch barer wirklich

in allerhand Weisen gibt — aber nicht aus Absicht des Planes oder der Mache anders, sondern natürlich von der Thatsache her, daß sein Verfasser so ist, wie er ist. Alle die Eigenschaften dieses schönen und klaren, herzlich sehnenden und ruhig fördernden Geistes, die wir aus seinem Wirken sonst kennen, haben die kleine Reise zu den heiligen Stätten zu einer Geistes-Pilgerfahrt gemacht, deren eigentlicher Gehalt nichts Geringeres war, als ein neues Durchdenken und Durchfühlen der besten inneren Güter. Es ist nicht Sache dieser Blätter zu besprechen, mit was allem sich Naumann hier auseinandersetzt, noch gar, in welchem Sinne er's thut. Aber ein gutes Recht zur Empfehlung des Buches haben wir, denn es werben nicht viele geschrieben, die so anspruchsvolle Leser wie die unsern so sehr erfreuen können.

Unsre Beilagen.

„Wo ist die Musikbeilage?" Weggeblieben ist sie. „Soll man künftig mit weniger Noten abgespeist werden." Nein, wir werden künftig eher mehr als weniger bringen. Aber wir werden uns fürder nicht für gebunden halten, jedem Hefte genau vier Seiten davon beizugeben, denn wir empfinden nachgerade die Beengung, die uns das in der Auswahl auferlegt, als unleidlich für uns und unsre Leser. Auf Wunderschönes haben wir bisher nur deshalb verzichten müssen, weil es zu lang war, anderseits haben wir ein oder zwei Mal bringen müssen, was wir sonst vielleicht nicht gebracht hätten, nur, weil bei unsren Verhältnissen ganz Befriedigendes im Umfange von vier Seiten nicht zu erlangen war. Deshalb werden wir fortan abwechseln, wir werden mitunter nur zweiseitige und mitunter gar keine Notenbeilagen bringen, dafür aber auch wieder sechs- und achtseitige. Für den diesmaligen Ausfall sollen die Leser noch im laufenden Quartale entschädigt werden.

Auf der ersten Bilderbeilage zeigen wir einen „Holsteinischen Bauern" des Grafen Leopold Kalckreuth. Es ist ein Werk von geradezu schlagender Charakterisierungskunst im Seelischen und von der Selbstverständlichkeit ruhiger Meisterschaft im Technischen.

Als zweites Blatt bringen wir heute zum ersten Male ein Bild in Doppelformat. Was könnten wir Würdigeres für diesen Zweck finden als Rembrandts weltberühmte „Große Krankenheilung"? Bekannter ist das Blatt, wie unsre Leser wissen, als „Hundertguldenblatt", weil einst ein Kunsthändler einen Abzug davon von Rembrandt gegen andre Stiche im Wert von hundert Gulden eintauschte. Den Zeitgenossen kam das ungeheuerlich vor, die Nachkommen haben für einen Abzug 25 000 Franken bezahlt. Unser Bild ist nach dem besonders schönen Exemplare vervielfältigt, das kürzlich Amsler & Ruthardt in Berlin versteigert haben, ja, es ist dem betreffenden Auktionskataloge dieser Kunsthandlung selber entnommen und zeugt so gleichzeitig dafür, wie mustergiltig dieser ausgestattet war. Ueber das Bild selber brauchen wir kaum zu sprechen. Man hat früher bezweifelt, ob die helle, linke Seite vollendet sei, weil man hier mehr Schatten erwartete. Aber gerade das über sie hinjubelnde Licht ist, im Originale wenigstens, von hoher seelischer Ausdruckskraft.

Verantwortl.: der Herausgeber Ferdinand Avenarius in Dresden-Blasewitz. Mitredakteure: für Musik: Dr. Richard Batka in Prag-Weinberge, für bildende Kunst: Paul Schultze-Naumburg in Berlin. Sendungen für den Text an den Herausgeber, über Musik an Dr. Batka.
Verlag von Georg D. W. Callwey. — Kgl. Hofbuchdruckerei Kastner & Lossen, beide in München.
Bestellungen, Anzeigen und Geldsendungen an den Verlag: Georg D. W. Callwey in München.

LEOPOLD GRAF KALCKREUTH

REMBRANDT

12. Jahrg. Erstes Junibeft 1899. Heft 17.

Vom Nackten in der bildenden Kunst.

Wer zusieht, wie man heutzutage Fragen „löst", bei denen Kunst im Spiel ist, dem werden mancherlei schwierige Aufgaben gestellt, die schwierigste aber ist doch die: überall, wo's nötig ist, ernst zu bleiben. Fehlte die Uebung, wer könnte das z. B. bei unsern Bestrebungen, die Moral vermittelst Feigenblatt=Kultur aufzubessern? Aber die Uebung fehlt ja nicht, denn die Sittlichkeit gibt bekanntlich zur Zeit öffentliche Schau= stellungen mit Dauer= und Wettläufen. Sehr erfreuliches leistete ja in dieser Branche schon die „Köln. Volksztg.", als sie einer kleinen Annoncen= Seiltänzerin aus Anstandsgründen ein Röckchen anzog, daß es schelmisch darauf hinweise, wie wenig die Dame sonst für ihre Bekleidung aus= gibt. Schön ist auch, daß man in Stuttgart zwei Photographien nach v. d. Werff und nach Cranach aus dem Schaufenster nehmen mußte, deren Originale in der Münchner Pinakothek (wie lange noch?) öffent= lich hangen. Schön ist die von uns schon erwähnte Hosenmalerei an ein Wohlgemuthsches Christuskind zu Würzburg, schöner noch die Ent= fernung der Hermesbüste aus dem Aachener Kurgarten, bis der Irrtum „Jemandes", sie stelle eine Göttin dar, sich aufgeklärt hatte, gerade= zu einen neuen Moral=Rekord aber schuf die Königl. Preuß. Eisenbahn= verwaltung, indem sie aus Keuschheit ein Kunstausstellungsplakat Ludwig von Hofmanns beanstandete. Denn beanstandet hat sie's, wenn auch bei der nachträglichen Genehmigung ein Waschzettel das bestritt. Was zeigt denn das Plakat? Gräßliches: ein Mädchen mit unbekleidetem Ober= körper, das Rosen trägt. Stellt man sich auf den Standpunkt der Gestrengen, kommt man zu wunderbaren Konflikten. Da reden die Künstler von freier Kunst und solcherlei Sachen — ein Problem erhebt sich, wie man beiden Teilen gerecht werden soll. Die Künstler haben nun einmal keine Moral, sie gehen sogar so weit, zu behaupten, der Mensch sei vom Herrgott eigentlich gar nicht unanständig geschaffen. Da jetzt unzweifelhaft eine Menge politischer Köpfe dem nachsinnen, wie man die Kunst in Freiheit belassen und die Moral trotzdem retten könne, erlaube auch ich mir einen bescheidenen Vorschlag. Man bilde das sinnige Prinzip der sogenannten Anziehpuppen=Bilderbogen zeit=, d. h. sitt= lichkeitsgemäß aus. Es ist ganz einfach. Man mache zunächst die Plakate nach sündhaftem Künstlergeschmack mit nackten Männ= und Weib= chen. Dann aber stanze man sauber aus gummiertem Papier nette elegante Unter= und Obergarderobestücke aus. Diese nun lege man bei der Versendung der Plakate den Nubitäten der Art bei, daß sich aus paradiesischen Geschöpfen über Hemdchen, Höschen und Unterröckchen hin= weg bis zur vollkommnen Gesellschaftstoilette gradweis sittliche Damen entwickeln lassen. Das Bekleben besorge dann das Hohe Königliche Eisenbahnamt oder welches die betreffende Stelle sei, mehr oder weniger, je nach dem orts= und amtsüblichen Moralsatz.

Ach ja, es ist schwierig, hier ernst zu bleiben. Und man sollte es doch, denn es sind wahrlich wichtige Güter, um die sich's handelt, und keinem stünd' es an, solche Dinge durch einen Witz für erledigt zu halten. Versuchen wir, sie bei beständigerem Lichte anzusehn, als bei Feuerwerk. Fragen wir also zunächst einmal: welches Interesse hat die Kunst daran, Nacktes darzustellen? — und bitten wir die Künstler zwischen uns, sich auf den Laienstandpunkt zu stellen und über diese Frage nicht zu lächeln.

Denn auch wir sind ja so naturfremd geworden, daß man in unserm Volke von der Schönheit des nackten Menschenleibes kaum noch weiß. Und doch, denken wir an's Kolorit: wo ist Schöneres, als in den Regenbogen= Farbenspielen des Inkarnats, das im Gesamtton sich wandelt von leuch= tendem Perlmutter und Elfenbein bis zu dunkel gegossener Bronze. Und Formen, wo finden sich edlere, als in unendlicher Fülle am nackten Menschen? Sieh ihn nur oberflächlich auf das Spielen, Streiten und sich Versöhnen seiner Wallungen und Beugungen, auf seine Kontraste und Harmonien an, so ahnst du es schon, versenke dich darein, wie all diese Formen zugleich Ausdruck sind organischen Bauens, und du verstehst es, erkenne die seelische Charakteristik, die gleichzeitig in all dem arbeitet, und du bewunderst. Der Mannigfaltigkeit im Gesichtsausdruck freuen wir uns, die so reich und so fein ist, daß ein Strich oder ein Tupf von der Hand des Bildners ihn wandelt; kennten wir besser den nackten Menschenleib, mit Entzücken müßten wir's, daß er mit jeder Form jedes Gliedes zu unsern Augen sprechen kann. Aus einem Bruchstück vom Arm oder Bein einer guten antiken Natur ersieht der Kenner, wohin sie sie gehört, denn der Zeus ist Zeus, der Apollo Apoll, der Satyr Satyr mit jedem Muskel seines Leibs. Im Leben jedes Kunstfreundes be= zeichnet es einen heiligen Festtag, wenn diese Wunderwelt ihm plötzlich zum ersten Male sich erschließt. Sie darzustellen, darin haben die größten Meister jeder freien Kunstzeit die Hauptaufgabe der bildenden Kunst ge= sehen, ihre Bedeutsamkeit aber endet nicht bei ihren Grenzen, sie strahlt auf all die stolzen Nachbarreiche aus. Alle künstlerischen Beziehungen, behauptet ein Max Klinger sogar, knüpfen hier an, hier lösen sich die Künste zu ihrer weiteren Entwicklung los, hier liegt die Grundlage auch jeder gesunden Stilbildung. Alles bezieht sich ja auf den Menschen in der bildenden Kunst, wie du ihn kennen, verstehen mußt, um die Hand= habe zu bilden, den Leib, um ihn recht zu bekleiden, den Leib, um das Haus zu gestalten, in dem er wohnt, den Leib, um die Seele zu be=

greifen, die durch ihn spricht. Ihn zu studieren, ist deshalb das Erste; ihn darzustellen, legt zu gesunder Stilbildung den Grund; wer nicht auf dieses Letzte zurückgeht, baut keine Früchte aus eigenem Boden, sondern zehrt von Fremdem. Den ganzen Körper braucht er dazu, ja, den unverhüllten ganzen, denn die wichtigsten Bau= und Bewegungsaufgaben liegen in der Verbindung der Last mit den Trägern, also im Becken. Und „gerade diese Stellen, die für die Arbeit des Künstlers, wie für das Verständnis des Beschauers von höchster Wichtigkeit sind, deren Konstruktion den (aufrechtstehenden) menschlichen vom tierischen Organismus unterscheidet, deren vollendete Lösung dem Kunstwerke Einheit und Klarheit verleiht, sollen wir mit den unsinnigsten Lappen bedecken." Auch die Alten hatten halbbekleidete Gestalten, aber wie war's bei ihnen oder den Meistern der Frührenaissance oder bei Michelangelo? Nur gedoppelte Teile wurden bedeckt, der Torso blieb frei, dadurch ward die Klarheit gewahrt, das Nackte leuchtete, in seinem organischen Leben niemals vom Gewande belästigt, in vornehmer Ruhe daraus hervor. Hören wir nochmals Klinger und wär' es nur, um zu vernehmen, mit welcher Begeisterung ein Künstler von dem spricht, was andern „unsittlich" erscheint: „Nur am frei gegebenen Körper entwickelt sich ein gesunder Kunstsinn. Wollen wir diesen und einen gesunden Stil, so müssen wir gesunden Sinn genug haben, das Nackte nicht nur zu ertragen, sondern es sehen und schätzen zu lernen. Die wunderbare Einfachheit des menschlichen Körpers erduldet im Kunstwerke keine Künstelei, sie zwingt den Künstler zur Einfachheit, zum Aufgeben der kleinlichen Nebensachen und bereitet den ersten Schritt zu einem eigenen Stil vor. In der Weise, wie wir heute zu arbeiten genötigt sind, hält sich die schlechte Berninische Körperauffassung, in der die meisten heutigen Künstler tief aber unbewußt stecken, oder es läßt sie nicht über eine flache und falsche Antikisierung nach schlechten Mustern hinauskommen. Denn nur wer ganz frei vor dem menschlichen Körper gestanden und gearbeitet hat, kann die Höhe der Leistungen anderer Stilepochen empfinden, deren Vorstellungsweise in eine Form gepreßt ist, die Zug um Zug, ohne die Natur zu verlassen, ohne sie kleinlich zu beschnüffeln, sich neben die Entwickelung ihrer Zeit stellen kann, sich mit ihrer Höhe mißt, als ihre unverkennbare, unantastbare Verkörperung im sichtbaren Menschen." Sagt man den Künstlern: ihr dürft ja Nacktes ganz frei gestalten, ihr dürft's nur nicht ausstellen, so heißt das etwa: ihr dürft ja Bücher schreiben, nur laßt sie nicht lesen, nur leset selber andre.

Wir wollen vorsichtig sein: gehen wir nicht so weit, zu behaupten, eine wahrhaft lebendige bildende Kunst ohne Nacktes sei nach dem Gesagten undenkbar. Der Schluß liegt nahe, und mancher Künstler zieht ihn, aber er würde umstritten sein, und wir können für unsern Zweck ruhig bei unbestreitbar Feststehendem bleiben. Fest steht zum Allermindesten, daß mit dem Nackten eines der edelsten Gebiete des Kunstgenusses verschlossen würde. Wir sind keine Griechen mehr, gewiß, wir sind nicht von Stadien und Bädern her an das Betrachten des Nackten gewöhnt und darin geübt; zwei Jahrtausende haben seither der Menschheit genommen und gegeben; die Unbefangenheit der Alten dem Nackten gegenüber haben wir verloren, an dessen Statt haben wir andre Werte erworben. Nur die Künstler unter uns, deren Augen tagtäglich

mit dem Nackten verkehren können, sind noch im Stande, seiner Herrlich=
keit in Andacht zu genießen, und selbst von ihnen gilt das nicht unein=
geschränkt. Es wäre einfach lächerlich, zu verlangen, daß unser ganzes
Volk des nackten Menschenkörpers künstlerisch wieder so froh werden sollte,
wie eine kurze Zeit die Athener waren.

Aber daran denkt ja auch keiner. Niemand will wieder Anbeter
des schönen Körperlichen erziehen, wir wollen es nur freihalten von der
Acht. Wenn wir von der flachen und unsittlichen Auffassung der Kunst,
die in ihr nur ein „Vergnügen" sieht, das heißt ein feineres Mittel zum
angenehmen Zeitvertreiben, wenn wir von ihr loskommen und unser
Künstleben und damit unser Phantasieleben veredeln wollen, so müssen
wir die Frage vom Nackten in der Kunst ernster behandeln als bisher.
Wir müssen uns fragen: wie weit ist es möglich, daß auch der Laie
sich wieder in Reinheit dessen freue, was den besten Künstlern aller
Zeiten Quelle des lautersten Edeltranks war? Verweisen wir immer
wieder auf die Natur, so dürfen wir nicht vergessen, daß auch der
Menschenleib zu ihr gehört und zwar als das Beste, was sie der Menschen=
seele zum Heimischwerden auf die Erde mitgegeben hat.

Nun leugnen wir nicht im mindesten, daß eine Menge von Bild=
werken mit Nacktem auf eine große Zahl von Zuschauern anstößig wirken.
Eine große Gruppe scheidet von unsern Erörterungen aus: alle, die
lüstern und unanständig wirken wollen. Die sind nicht naiv und
deshalb schon überhaupt keine Kunstwerke. Ihre Maler stehen un=
sichtbar daneben, weisen mit dem Pinsel auf dieses und das hin, das
„pikant" ist, setzen somit das Was des Gegenstandes über das Wie der
Kunst, stehlen sich also im Grunde von der Kunst nur die Mittel zum
Mißbrauch. Uebrigens malen sie beileibe nicht nur „Nuditäten", diese
Herren, die sind ihnen meist zu deutlich, zu wenig reizvoll, sie machen in
Strümpfen, wie der Venezianermädel=Blaas, den die Wiener für einen
Maler halten, oder mit Korsetts und Tournüren wie Knut Eckwall, den
man zur seligen Gründerzeit nicht nur vor den Familienblättern, sondern
auch im nobelsten Berlin W. als süß und anständig anschmachtete, weil
seine Salon=Dirnen von oben bis unten sittsam angethan waren.
Man kann als Maler Herren und Damen allein mit Mund= und Augen=
ausdruck zugleich süß und gemein sein lassen, — wer's nicht glaubt, prüfe
Bongs „Moderne Kunst", prüfe selbst manche unsrer eigentlichen Familien=
blätter in ihren Bildern auch heute noch darauf hin, wie oft scheinbar
Hochanständiges auf grüne oder greise Lüsternheit spekuliert.

Betrachten wir nun wirkliche Kunstwerke, so begegnen wir Dar=
stellungen des Nackten mit sehr verschiedenem künstlerischen Wollen.
Wenn der alte Schwind nackte Nixen im Wasser tanzen ließ, waren ihm
die Körperlein Nebensache, es galt ihm, eine Naturstimmung aus=
zudrücken. Geht man tief, kann man Aehnliches ja auch von den griechi=
schen Götterbildnern sagen, jedenfalls fühlen wir sofort, daß sie falsch be=
trachtet, wer etwa im Hermes des Praxiteles nur den „Mann" sieht.
Man denke an Michelangelos Gestalten von den Medizäergräbern zur
Erinnerung daran, wie auch von den Neueren rein seelische Mächte ver=
körpert worden sind allein durch Nacktes. In all diesen Fällen ist also
das letzte Ziel: Hinüberleitung einer Stimmung aus der Künstler=
seele in die des Beschauers. Von ehrlichen Künstlern bleibt dann und

wann ein erlahmender stecken gleichsam auf diesem Weg: bildet seine Phantasie nicht energisch genug um, oder dauert ihre Erregung während der Arbeit nicht aus, so sehen wir schließlich vielleicht statt einer Gottheit ein Modell. Lüstern aber wirkt auch das auf den für Kunst Empfänglichen noch nicht, dazu gehörte, daß der Gegenstand nur zum gleichsam alle=gorischen Vorwand für lüsterne Absichten genommen wäre. Wirkliche Kunst kann selbst sinnliche Lüsternheit mit körperlicher Nacktheit behandeln, ohne selbst lüstern zu werden, wenn sie es sachlich als Stoff, sei es im Humor, sei es in der Tragik des Dämonischen gestaltet. Ich erinnere nur an Böcklins lachendes „Spiel der Wellen" und an ein grausig=großes Blatt in Klingers Zyklus „Ein Leben".

Wer nun, und wär' es nur teilweise, dem beistimmt, was wir vorhin über das Nackte sagten, wird selbstverständlich finden, daß ferner auch Kunst keusch und edel sein kann, die das Nackte n i c h t zum Ausdruck von Stimmungen, die es nur um seiner selbst willen darstellt. Was für arme Leute sind wir doch, wenn wir Gottes Ebenbild nicht anzusehen wagen aus Furcht vor dem Tiere in uns! Tausende von Kräften spielen hunderttausendfach in diesem wundervollen Mikrokosmos der Formen und Farben, und wir sehen von ihnen allen nur den e i n e n Trieb? Und ihn, der unser Geschlecht fortpflanzt durch die Aeonen, ihn erniedrigen wir zu etwas Häßlichem?

Eines gibt beim Abwägen der ganzen Frage zwar nicht den Ausschlag, muß aber doch immer bewußt bleiben: wo ein wirkliches Kunstwerk, das Nacktes zeigt, „anstößt", liegt das immer am Beschauer. Zunächst: dem Unreinen wird alles unrein: dessen seelisches Auge ver=derbt ist, der s u c h t Schmutz, und er findet ihn überall, weil er ihn überall hineinträgt — wir können ihm gar nicht helfen. Aber dann: nicht jeder, den Nacktes verletzt, gehört zu den Schmutzigen, auch der im Kunstgenießen Ungeübte kann von reinempfundenen Dar=stellungen des Nackten verletzt werden. Kunstempfänglichkeit heißt: Fähig=keit des aufnehmenden Organismus, dem Künstler genau in der Richtung zu folgen, in welcher er selber geht. Kann man das nicht, so irrt man natürlich beim Nackten besonders leicht auf häßliche Nebenwege.

Eben dieser reinen und, sagen wir: nicht kunstfesten Menschen wegen ist die ganze Sache schwieriger, als ein „Kunstmensch" leichten Herzens zugeben mag, ja: nur deswegen überhaupt liegt hier eine F r a g e vor. Dort sitzt das Dilemma: beschränken wir die künstlerische Darstellung des Nackten nicht im mindesten die Oeffentlichkeit, so setzen wir diese Klasse von Leuten in der That möglicherweise Schädigungen aus. Und der Ernst der Frage wächst dadurch gewaltig, daß zu den also Gefährdeten in erster Reihe die J u g e n d gehört.

Trotz alledem können wir uns von Plänen, wie dem Lex=Heintze=Entwurf, auch in dieser Beziehung n i c h t s versprechen. Und wenn sie so strenge gestaltet würden, wie nur möglich, „faßbar" für sie könnte immer nur das Nackte sein, das „pikanteste" Hemde oder doch Röckchen darüber müßte ihr genügen, — den unsaubern G e i s t, der aus den Bildern der Blaas, Eckwall & Co. lockt, den können sie nicht arretieren. Und mit dem Nackten wird es gehen, wie's immer in solchen Fällen geht: an je kleinere Portionen man gewöhnt, je kleiner werden für die

Wirkung genügen. Man paßt sich nach dem Weniger hin so gut wie nach dem Mehr hin an.

Deshalb glauben wir: es läuft hier auf eine Erziehungsfrage hinaus. Das Fertige zu verändern, ist ja stets eine mißliche Sache, betrachten wir es mindestens nicht als die Hauptaufgabe, sondern beeinflussen wir zugleich das Werdende. Verschaffen wir unserer Jugend ein gesundes Verhältnis zum Nackten.

Das kleine Kind steht damit in natürlicher Vertrautheit, es sieht die Geschwister im Bade wunsch= und trieblos — wenn man will: mit den Kantischen „interesselosen Wohlgefallen". Wenn sich das Scham= gefühl entwickelt, geht es unter den Verhältnissen unsrer Kultur wohl nicht mehr an, Knaben und Mädchen unbekleidet sich sehen zu lassen, jedenfalls geht das nicht mehr, sobald die Vorahnungen der Reise um= gehn. Das aber scheint mir ein Fehler, daß wir die Kinder nun schon vor Nacktem im Bilde zu „hüten" beginnen und dem so den Reiz des Ver= botenen zugesellen. Sie bekommen natürlich irgendwo doch Darstellungen von Nacktem zu Gesicht. Thäten wir nicht besser, die Auslese der Bilder dem schlechten Pädagogen Zufall weg und in unsre eigne Hand zu nehmen? Könnten wir nicht die Kinder, ohne daß eine Absicht bemerklich würde, reine Darstellungen solcher Art zwischen ihrem übrigen Bilderzeug sehen lassen? Auch edle plastische Werke sind vom Guten; ich weiß aus meiner eigenen Jugend, wie verständnislos ich erstaunte, als Schulkameraden in den Flegeljahren sonderbare Bemerkungen machten angesichts der Venus von Milo, deren Gipsabguß, mir altgewohnt, in unserm Zimmer stand. Und ich weiß nicht nur aus der Erfahrung an mir selber, dem das Besehen „nackter Bilder" nie verboten war, wie der offene Umgang damit das lüsterne Mißverstehen im Keime erstickte. Und dann: offenes, selbstver= ständliches Sprechen darüber, ihr Väter und Mütter, kein Geheimthun und Wichtigmachen, dafür aber Hinweise darauf, wie schön und rein die Welt auch hier ist, und wie gemein nicht nur, sondern auch wie dumm ist, wer davon nichts sieht!

„Es ist halt hier wie überall: Vorbeugen ist leichter als Heilen. Giftkeime schwirren in der Luft so viele herum, daß wir gar nicht anders können: wir atmen sie ein. Ist aber nun gar für den einen Gift, was für den andern gesund erquickender Genuß, so dürfte doch schwerlich das Gescheidteste der Versuch sein, durch eine großartige Desinfektion der ge= samten atmosphärischen Luft all dieses Lebendige, das drin herumschwebt, zu töten. Sondern es dürfte sich mehr empfehlen, was die gute Hygieine ohnehin so brav überall empfiehlt: abhärten, liebe Freunde, abhärten und gesund erziehen, damit man die Keime vertragen kann!"

Mit diesen Worten habe ich einmal in einem vernünftig geleiteten Familienblatt auf die Bitte des Herausgebers gesprochen, als sich wieder Abonnenten über „unanständige Bilder" beschwert hatten. Ich weiß auch heute im Prinzip nichts anderes zu sagen.   A.

Von der jüngsten deutschen Literatur.
(Schluß.)

Die großen Hoffnungen, die man für die Entwicklung unserer Kunst an die moderne Literaturbewegung geknüpft hatte, haben sich überhaupt nicht erfüllt. Schon im Jahre 1895 etwa, zehn Jahre nach dem Beginn des Sturmes und Dranges tauchten allerlei Befürchtungen in dieser Richtung auf, und in der ersten Auflage dieses Buches schrieb ich demgemäß: „Man kann, wenn man will, annehmen, daß die moderne literarische Bewegung jetzt an Breite gewinnt, was sie an Tiefe und Stärke verloren hat. Ein neues Schlagwort nach dem Symbolismus hat man noch nicht; die Franzosen scheinen ihre Pflicht, aller drei Jahre für eins zu sorgen, diesmal nicht erfüllt zu haben. Nun, es wäre gut, wenn man jetzt anfinge, ein für alle mal von den Pariser Schlagwörtern abzusehen und anstatt an die Begründung neuer Moden an den innigeren Anschluß an die deutsche Literatur der Vergangenheit zu denken, was ein Aufgeben der eigenen Selbständigkeit keineswegs zur Folge zu haben brauchte. Freunde des Alten haben aus dem Erfolg, den Wildenbruchs »Heinrich IV.« im letzten Winter (1894/95) errang, geschlossen, daß nun die ganze naturalistische Bewegung überwunden sei, aber wir schreiben nicht mehr 1882, und niemand unter den ernst zu nehmenden Dichtern und Schriftstellern der Gegenwart ist geneigt, die unzweifelhaften Errungenschaften des Sturmes und Dranges zu Gunsten sehr zweifelhafter, wenn auch augenblickliche Erfolge versprechender Vorzüge wieder aufzugeben, vor allem nicht die intimere Verbindung von Kunst und Leben zu Gunsten einer äußern Theaterwirkung.“ Ich kann und will von diesem Glauben auch heute noch nicht lassen, aber soviel ist sicher: die Erfolgsucht ist wieder sehr viel stärker geworden, es machen sich gerade bei den bedeutenderen Dichtern oder doch ihren Gefolgschaften Bestrebungen geltend, die Bühne und überhaupt das Literaturinteresse zu monopolisieren. Das ist richtig: man ist überall zur Vernunft gekommen, und wenn man bisher noch nicht imstande ist, das Selbstgeleistete im Vergleich zu den Leistungen der Vergangenheit richtig zu beurteilen, man verwirft diese doch nicht ohne weiteres mehr, glaubt nicht mehr, ab ovo anfangen, eine ganz neue Literatur aus dem Nichts hervorzaubern zu können oder gar schon hervorgezaubert zu haben.“ Und so sage ich auch heute wieder: „Nun gilt es irgendwo festen Anschluß zu finden, und meine Ueberzeugung ist, daß sich dazu die Dichter der fünfziger Jahre am besten eignen, daß deren durch die Decadence unterbrochnes Werk wieder aufgenommen werden muß. Sie waren nicht, wie man uns hat weis machen wollen, Epigonen, sie haben Kraft und Größe, Wahrheit und Natur und dabei eine reiche Kunst, alle ihre Bestrebungen deuten vorwärts, nicht zurück. Sicher, das deutsche Volk wird nicht unzufrieden sein, wenn es geschichtliche Dramen des großen realistischen Stils bekommt, wie sie Hebbel und Ludwig schufen, bürgerliche Tragödien wie die »Maria Magdalene« statt der naturalistischen Dramen, biographische Romane, wie Gottfried Kellers »Grüner Heinrich« einer ist, Novellen von der Art der »Leute von Seldwyla« und der besten Theodor Storms. Es wird, wie gesagt, niemand gezwungen sein, diese Dichter nachzuahmen, seine eigene Errungenschaften aufzugeben, nur von ihrem Geiste soll er sich befruchten lassen. Hat denn jeder deutsche Stamm seinen Jeremias Gotthelf, seinen Otto Ludwig, seinen Klaus Groth, seinen Alexis, ja nur seinen Reuter oder Scheffel? Glaubt man wirklich, daß die neueste Bewegung alle diese Dichter zu den Toten geworfen habe? Sollte man es glauben, dann wehe uns! Aber man glaubt es nicht, wenigstens die vernünftigen Leute glauben es

1. Juniheft 1899

nicht." Nein, sie glauben es nicht. Der alte konsequente Naturalismus ist zu Grunde gegangen, der Symbolismus führt — man lasse sich durch Aeußerlichkeiten nicht täuschen — ein hohles Scheindasein. Aber die Stammes=, die Heimatkunst hat inzwischen doch einen erfreulichen Aufschwung genommen, und an sie knüpfen sich unsere besten Hoffnungen.

Es ist in diesem Buche schon oft von der Stammes= und Heimatkunst die Rede gewesen; sehr häufig kehrt der Name Jeremias Gotthelfs wieder, und Dichter wie Anzengruber und Rosegger sind vor allem als die Dichter ihres Stammes und ihrer Heimat gepriesen worden. Die Grundsätze des Naturalismus mußten die „Heimatkunst", wie wir einfach sagen wollen, fördern, aber er war zunächst wesentlich Großstadtkunst und zu kleinlich, ängstlich und pessimistisch, als daß er die Aufgaben, die seiner harrten, hätte lösen können. Doch gab schon Liliencron das intime Naturleben seiner Heimat, Sudermanns beste Leistung, „Frau Sorge", wuchs wirklich aus Heimatboden empor, und Hauptmann ist seiner schlesischen Heimat in der Hauptsache treu geblieben. Allmählich kam dann auch den kritischen Wortführern das Verständnis, daß, wie Cäsar Flaischlen im Vorwort zu „Neuland" 1894 schrieb, die engere Heimat mit ihrer Stammeseigenart der stete Nährboden bleibe, „aus dem sich unser ganzer deutscher Volkscharakter zu immer neuer Kraft, zu immer reicheren Entfaltungen und zu immer vielseitigerer Einheit emporgestalte", und die jede unserer literarischen Bewegungen begleitende Malerschule (hier die Worpsweder, Dachauer u. s. w.) stellte sich ebenfalls ein. Als einer der früheren Vertreter der Heimatkunst sei hier der 1894 verstorbene Westfale Julius Petri genannt, der ein naturalistisches Drama, einen Roman und mehrere Erzählungen, alles auf roter Erde spielend, schrieb. Ganz entschieden der Heimatkunst diente von vornherein auch der Lausitzer Wilhelm von Polenz mit seinen tüchtigen Romanen. Weiter seien erwähnt der Holsteiner Timm Kröger, der sich zuerst an Liliencron anschloß, inzwischen aber selbständig geworden ist, der Hamburger Otto Ernst (Schmidt), dessen bestes seine Hamburger Geschichten sind, der Mähre Philipp Langmann, der hauptsächlich das mährische Fabrikarbeiterleben darstellt, der Bayer Joseph Ruederer, der in der „Fahnenweihe" eine derbluftige Satire gab. Auch weibliche Autoren, wie Hermine Villinger (die allerdings vielfach noch im Konventionellen stecken geblieben ist), Ilse Frapan und Charlotte Niese gehören hierher. Selbst der historische Roman scheint sich im Sinne der Heimatkunst zu beleben, wenn ich den „Söhnen des Herrn Budiwoi" von August Sperl und meinen eigenen „Dithmarschern" trauen darf. Die Aeußerlichkeiten des konsequenten Naturalismus haben die genannten Schriftsteller fast alle aufgegeben, aber nicht sein Ziel: absolute Treue ist ihr Hauptbestreben, Treue in der Erfassung der Natureigenart und der Volksseele ihrer Heimat. Und da kommt ihnen eine gewaltige Zeitströmung entgegen: der Rückschlag auf die verflachenden und schablonisierenden Wirkungen der Anschauungen der liberalen Bourgeoisie und der leeren Reichssimpelei wie auch des Internationalismus der Sozialdemokratie. Man weiß wieder, was die Heimat bedeutet, daß es ohne die Unterlage eines starken Heimatsgefühls auch kein rechtes Nationalgefühl gibt, daß es eine der größten sozialen Aufgaben ist, die Heimat dem modernen Menschen wiederzugeben oder sie ihm zu erhalten, ihn in ihr wahrhaft heimisch zu machen.

Das, was man große Kunst nennt, kann nun freilich die Heimatkunst nicht gut sein — und die Sehnsucht unserer Zeit geht auf große Kunst. So schrieb Wilhelm Weigand in seinem „Elend der Kritik": „Das Bewußtsein, daß

der Naturalismus trotz der trefflichen Leistungen einzelner Dichter eine Gefahr
für den durchaus individualistischen germanischen Geist bedeute, ist in dem
spärlichen Publikum, das an dem Geschick unsers Schrifttums wirklichen Anteil nimmt, immer rege gewesen. Es fehlt auch nicht an den großen Hoffnungen und Fragen, die den Einzelnen beglücken und ihm die schöne Sicherheit des Glücks gewähren: worin kann denn jene Ueberwindung des Naturalismus, von der die ganze Welt, Dichter und Schauspieler fabeln, eigentlich
bestehen? In der Rückkehr zu den Träumereien der Symbolisten, zu den künstlich hoch gesteigerten Bedürfnissen überfeiner Menschen, die nur noch im Reiche
der Schönheit, wie es die Vergangenheit enthielt, leben können, weil sie nicht
stark genug sind, den Anblick des vollen, ganzen Lebens zu ertragen? Nein,
sondern in dem freien, unpedantischen, selbstherrlichen Gebrauch der Kunstmittel
des Naturalismus und der wirklichen Darstellung jener Menschenschicksale, die
für die Entwicklung unseres Geschlechts Bedeutung haben und unser Dasein
rechtfertigen. Wir wollen den ungeheuren Kämpfen, die eine werdende Welt
im Busen des bedrängten Individuums entfesselt, mit freiem Herrenblick an-
wohnen! Wir wollen die Fülle des Lebens, wie sie in dem Einzelnen lacht
und Feste feiert, auch in dem Kunstwerk genießen. Wir wollen weder Schön-
färberei im Sinne der alten Epigonen, noch Schwarzseherei nach der Art der
Pessimisten: in der Kunst feiert die Menschheit ihre ewigen Feste vor einem
dunklen Hintergrunde. Wir wollen keine Vergröberung des Menschen, wie sie
die Franzosen bieten, indem sie jeden als mechanisches Produkt großer äußerer
Massenwirkungen hinstellen. Wir wollen keine ungeheuerliche Deutung der
Natur, um des romantischen Bedürfnisses verkappter Epigonen willen. Wir
wollen keine psychologischen Haarspalter, die uns ein anatomisches Produkt als
Kunstwerk aufschwatzen —" kurz, wir wollen wirkliche Kunstwerke, wir wollen
große künstlerische Persönlichkeiten, meint Weigand. Aber wenn diese großen
Persönlichkeiten nun ausbleiben? Da müssen wir uns eben doch zunächst an
die bescheidene, aber ehrliche Heimatkunst halten, daß sie den Boden
für die große Kunst bereitet. Genies und große Talente kann ein Volk nicht
zu jeder Zeit haben, wohl aber kann es jedes Geschlecht ernst mit der Kunst
nehmen. Da sind Hebbel und Ludwig, die beiden Großen, mit denen ich dies
Buch wohlüberlegend begann, ohne sie doch in allem als maßgebend hinstellen
zu wollen, die rechten Lehrer, und ich glaube immer noch, daß das deutsche
Dichtergeschlecht im Aufsteigen begriffen ist, das lieber ein grünes Lorbeerblatt
will als die Dutzende von Kränzen aus Zeitungspapier, die das Zeitalter der
Decadence so verschwenderisch verteilte.

Nehmen wir für das Menschenalter von 1830 bis 1860 den aufstrebenden Liberalismus und mit ihm im Bunde den Realismus, der in den fünfziger
Jahren gipfelt, als die Zeit und Literatur beherrschenden Mächte an, für das
Menschenalter von 1860 bis 1890 den sinkenden Liberalismus (Kapitalismus)
im Bunde mit der literarischen Decadence, so wird für das, in dem wir leben,
der Sozialismus, der Sozialismus, der mit keiner Partei etwas zu schaffen
hat, die Gesamtheit der gesunden sozialen Ideen unserer Zeit, wohl als die
herrschende Macht anzusehen sein, und ihm dürfte auf dem Gebiete der Literatur ein mehr und mehr sich veredelnder Naturalismus entsprechen. Jedenfalls
bin ich der Ansicht, daß die Decadence in Deutschland jetzt in der Hauptsache
überwunden ist, und zwar durch das mehr und mehr angewachsene Sozial-
gefühl, das heute eine Macht ist, und mit der jeder im Reiche zu rechnen hat.
Mögen die völlige Gesundung und die notwendige Umformung der Gesellschaft

1. Juniheft 1899

(von innen heraus, nicht von oben herab oder von unten herauf) nun auch noch so langsam vor sich gehen, ausbleiben können sie nicht; denn die klaren Köpfe und die besten Herzen sind dafür, und wo ein Wille ist, da ist auch ein Weg. Die Literatur aber hat die Verbindung mit dem Leben wiedergewonnen, und sie wird ihr trotz aller Symbolisterei nicht wieder verloren gehen. Wenn man dann immer noch versucht, jeden erfolgreichen Poeten zum Dalai-Lama aufzuschwindeln, und manches schöne Talent durch großstädtische Sensation zu Grunde richtet, so wollen wir das zwar beklagen, aber auch bekämpfen: mehr als jede frühere Zeit fordert die unsrige, daß der Künstler vor allem ein Mann sei — und: deutsch sein heißt eine Sache um ihrer selbst, nicht des Erfolges wegen thun. Mögen nicht alle Hoffnungen, die man auf die jüngste Literaturbewegung gesetzt, in Erfüllung gegangen sein, auch jetzt noch darf man der Zukunft ohne allzugroße Hoffnungen, aber doch mit einem bestimmten Vertrauen entgegen sehen: der neue Goethe ist nicht da, steht auch schwerlich vor der Thür, aber der alte lebt noch, und es sind ihm Dichter nachgefolgt und werden ihm auch künftig Dichter folgen, die ihm, wenn sie sich vor ihm gebeugt haben, frei ins Auge zu blicken wagen dürfen. Adolf Bartels.

„Ein Heldenleben" von Richard Strauss.

(Schluß.)

In den Armen glühender Liebe kann der Held unmöglich Befriedigung finden; ihn treibt es hinaus, dorthin, wo kühne Kräfte sich regen, und das Weib, das ihn liebt, ist keine Frau Venus, die ihn zurückhalten möchte in ihrer Grotte, von rosigen Düften mild durchwallt, sondern eine Brünhilde, die ihm zuruft: zu neuen Thaten, teurer Helde! Mitten aus dem Liebesglück heraus ruft ihn der Feind, ein großer, starker, würdiger Gegner, kein elender Widersacher. Und in diesem Kampfe, auf der Walstatt sieht der Held seine Gefährtin im Geiste wieder.

Somit kommen wir zum vierten Teil des Werkes: „des Helden Walstatt". Mit diesem Teil hat Strauß — so wird behauptet — die Brücken zwischen seiner Musik und der Musik, wie wir sie bis heute kannten, hinter sich abgerissen; Harmonie, Takt, Tonart, mit einem Wort „geheilige Regel" wirft er selbstherrlich über Bord und läßt auf dem stürmischen Meere seiner ungebändigten Phantasie das Schifflein „Musik" steuer- und führerlos umhertreiben. So sagt man wenigstens vielfach.

Von weit her ertönen Trompetensignale, die den Helden zum Kampfe rufen; mit dem Gedanken an seine Gefährtin stellt er sich dem durch ein kräftiges Trompetenmotiv vertretenen Feinde auf der Walstatt entgegen. Der Kampf, der sich nun entspinnt, ist allerdings etwas noch nie dagewesenes: er ist die in die Musik übertragene äußerste Realistik. Strauß sagt sich völlig zutreffend, daß es im wirklichen Kampfe nicht mehr nach den auf dem Kasernenhof und Exerzierplatz gelernten Regeln hergeht; der Soldat legt sich da zum Schießen nicht mehr vorschriftsmäßig nach 4 Tempos nieder, wie es ihn der Unteroffizier gelehrt hat, sondern sucht den Feind zu treffen, wie es ihm im Momente am richtigsten scheint; den Erfolg will er sehen, mag dieser auch auf Kosten des Reglements und der korrekten Ausführung erworben werden. Strauß läßt die Motive mit wüster, brutaler Kraft aufeinandertreffen — und der Stärkere siegt; er zeigt kein in schöner Harmonie sich aufbauendes und auf-

lösendes Kampfspiel, sondern den männermordenden Kampf selbst; kein Salon=,
kein Quadrillenkampf ist es, der da vorgeführt wird, nein, die Kriegsfurie
selbst ist es, die entfesselt rast und uns alle Grausigkeiten des Krieges em=
pfinden läßt. Grauen, Furcht, Entsetzen will der Komponist in uns auslösen,
und, bei Gott, er erreicht es! Wenn auch noch kein Komponist vor Strauß in
einer so vollkommen realistischen Weise uns das Kampfgewühl vor Augen ge=
führt hat, so ist ihm diese Art der Kampfauffassung doch auch nicht gerade
vom Himmel heruntergefallen, vielmehr baut er weiter auf den von Wagner
gelegten Grundlagen.

Dieser ideale Realist gelangte von Mal zu Mal, wo er einen Kampf
darzustellen hatte, zu einer immer realistischeren Auffassung. Den ersten Kampf
schildert er im Kampfspiele des Rienzi — ein richtiger eingeübter Ballett=
Quadrillenkampf. Dann folgt der Kampf zwischen Telramund und Lohengrin
im ersten Akt, der schon bedeutend wilder, aber doch noch völlig nach den
Regeln der Kunst aufgebaut ist. Im Zweikampf zwischen Hunding und Sieg=
mund geht Wagner schon ein wenig weiter; die mächtigen dissonierenden Gegen=
sätze zwischen Schwertmotiv und Hundingruf, insbesondere aber die gellenden,
ohrbetäubenden Aufschreie des Frohnmotivs in den Bläsern, zeigen die auf
Kosten der Schönheit und Regel fortschreitende Ungebundenheit des Tondichters
zu Gunsten der Charakteristik und Natürlichkeit. Einen gewaltigen Fortschritt
auf diesem Wege finden wir dann im Drachenkampf des Siegfried, wo in be=
ständigem furchtbarsten fortissimo die sich bekämpfenden Motive (Schwert,
Hornruf, Fasner) in rapidem Taktwechsel aufeinanderprallen, bis endlich auf
dem Höhepunkte das Schwertmotiv, in Trompeten und Posaunen dissonierend
aber siegreich über den kleinen Septimenakkord von f gezerrt, den Kampf im
vorgeschriebenen fff zu Ende führt. 1876 wird wohl auch Mancher so etwas
für total verrückt erklärt haben! „Heute ist es anders worden." Am weitesten
geht Wagner in der Darstellung des Kampfes zwischen Siegfried und Brün=
hilde in der Götterdämmerung. Mit weit größerer Freiheit sind hier die Motive
in großer Zahl übereinandergebaut, unbekümmert um ihren Zusammenklang;
das Höchste wird geleistet bei dem Entreißen des Ringes. Das gebrochene kurze
Walkürenmotiv erklingt viermal hintereinander auf der Grundlage des schon
immer durch seinen Tritonusschritt eine grelle Dissonanz bildenden schauerlichen
Hagenmotivs; dann eine aufwärts schleifende Sextole über hämmernden Triolen,
und unter einem dämonischen Vorhalt der kleinen None zum kleinen Septimen=
akkord erdröhnt tosend das Fluchmotiv, während Brünhilde gräßlich aufschreiend
überwältigt wird. Wir sehen also, wie Wagner auf der Bahn des Realismus
im Laufe seines Schaffens immer sicherer vorwärts geschritten ist, und daß
Strauß im Grunde genommen nur die Konsequenzen des von Wagner für
richtig Erachteten gezogen hat. Will man ihm daraus einen Vorwurf machen?

Um nun wieder zu des Helden Walstatt zurückzukehren, so leuchtet mitten
in dem heißen Schlachtgetümmel mehrere Male jenes schöne Motiv der Solo=
violine aus „des Helden Gefährtin" auf und ruft einen prächtigen Gegensatz
zu der Wildheit des Kampfes hervor. Endlich ist die heiße Schlacht entschieden.
Dasselbe Motiv, mit dem der Held seine Widersacher von sich abschüttelte, bringt
mit seinem klaren, Alles vor sich niederwerfenden Abstieg in furchtbarer Macht
auf die Feinde ein; endlich ein siegreich triumphierender Es-dur-Akkord in den
Violinen, Trompeten, Posaunen, Tuben und Hörnern, dann eine veritable
alte Kadenz, und voll ausdrucksvoller, majestätischer Ruhe, langsam die Ton=
leiter aufsteigend, hebt in H-dur der Siegesgesang an; noch ein einziges Mal

umdüstert sich beim Anblick der auch jetzt noch nicht bekehrten Widersacher der Blick des Helden — dann klingt das Ganze versöhnend aus. „Wenn den Held nach Ruhme dürstet, dünket Wonne ihm der Krieg."

Nachdem der Held die Widersacher und Feinde zu Boden geworfen hat, wendet er sich eblen Friedenswerken zu. Offen heraus gesagt, diesen Satz habe ich nicht recht begriffen. Daß eine innere Notwendigkeit für sein Bestehen vorliegt, daß der Komponist künstlerisch gezwungen war, uns den Helden am Friedenswerke zu zeigen, das verstehe ich sehr gut, aber die Art und Weise, wie er es thut, will mir etwas äußerlich, etwas wohlfeil erscheinen. Strauß bringt in diesem Satze eigentlich nichts anderes, als eine Aneinanderreihung von Themen aus seinen früheren Werken: Don Juan, Tod und Verklärung, Till, Zarathustra, Don Quixote u. s. w. Daß diese Blütenlese von hervorragender Schönheit ist, gebe ich gerne zu, aber ihren Zusammenhang mit dem Ganzen vermag ich nicht herauszufinden; für sich allein betrachtet, gleichsam als „Potpourri aus Straußschen Werken" schätze ich den Satz sehr hoch und begreife, daß er vom Publikum am beifälligsten aufgenommen wurde. Aber in seinem Verhältnis zum Ganzen muß ihm, so wie er ist, die Daseinsberechtigung abgesprochen werden, der Grund des ästhetischen Gefallens eines Vorstellungsbildes darf, wie Fichte richtig sagt, nicht in dessen unverbundenen Teilen, sondern in deren Verbindung zum Ganzen beruhen. Nicht die Darstellung der Friedenswerke überhaupt halte ich für verkehrt, im Gegenteil, sondern diese, gerade vorliegende Darstellung derselben scheint mir das Wesen der Sache nicht zu treffen.

Der letzte Teil des Heldenlebens ist betitelt: „des Helden Weltflucht und Vollendung". Glücklich ist der Held trotz all seiner Siege in Krieg und Frieden nicht geworden; seine Widersacher vergällen ihm das Leben, und manchmal fährt in grimmem Zorn eine Figur aus dem Heldenthema dazwischen; doch mit dem Alter wird er weiser und denkt mit Horaz: beatus ille qui procul negotiis paterna rura bubus exercet suis! Fern von der Welt erklingt ihm auf dem Lande der sanfte Ton der Schalmei; zurück denkt er an Kampf und Sieg, an Haß und Liebe, und so steigt denn zum Schlusse ein feierliches Thema, das uns von Friede und Vollendung erzählt, in den Violinen empor (Es-dur); wie eine Erinnerung an frühere Zeit bringt die Trompete noch einmal das kühne Motiv seines würdigen Gegners, dann taucht wieder das Bild jener Frau, die ihm „Gefährtin" war, vor seinen Augen auf, und mit dem Gedanken an sie vollendet er seine Laufbahn. Das Heldenthema, das bei Beginn des Werkes so feurig emporfuhr, wird in der Vergrößerung grandios von den strahlenden Trompeten zur Höhe getragen und schließt mit einigen ruhigen Akkorden das „Heldenleben" ab. Ganz eigenartig, beinahe mit feierlicher Wehmut berührt uns dieser Schluß — man denkt unwillkürlich dabei an einen großen, großen deutschen Mann.

Die drei Hauptvorwürfe, die von der Kritik und in noch viel höherem Maße vom Publikum gegen das Heldenleben erhoben worden, sind folgende. Zunächst soll Strauß mit seinem Werke die der Musik von Natur aus gezogenen Grenzen überschritten haben. Dieser Vorwurf ist alt wie der Weg und wird jedesmal erhoben, wenn ein Mann nicht in der Gewohnheit trägem Geleise weiter wandern will, mag er nun Beethoven oder Wagner oder Strauß heißen; im übrigen haben wir diesen Vorwurf bei der Besprechung des Straußschen Don Quixote in Nr. 13 dieses Blattes näher beleuchtet; wir beziehen uns an dieser Stelle darauf.

Kunstwart

Das Heldenleben, namentlich des Helden Widerſacher und des Helden Walſtatt ſind nicht „ſchön", ſo lautet der zweite Vorwurf. Was iſt denn über= haupt Schönheit, was nennt man ſchön? Die großen Philoſophen der Griechen und Deutſchen haben weitläufig den Begriff „ſchön" erklärt und dargeſtellt, aber wenn irgendwo das Goethiſche Wort Anwendung findet: „Grau, teurer Freund, iſt alle Theorie und grün des Lebens goldner Baum", ſo iſt es auf dem Gebiete der Schönheit. Die beiden philoſophiſch am beſten durchgebildeten deutſchen Dichter, Leſſing und Schiller, gehen ſchon in ihrer Auffaſſung des Schönen erheblich auseinander. Schiller wechſelt ſogar ganz ruhig ſeine An= ſchauung und widerruft, indem er ſich der von Wolf und ſeiner Schule ver= tretenen Anſicht anſchließt, ſeine frühere Auffaſſung des Schönen in dem Epi= gramm:

„Auch aus der ſchlechteſten Hand kann Wahrheit mächtig noch wirken,
Bei dem Schönen allein macht das Gefäß den Gehalt."

Goethe dagegen möchte „der Schönheit Schleier aus der Hand der Wahrheit" genommen wiſſen; in ſeinem Schaffen hat er allerdings ſpäter der helleniſchen Formenſchönheit den Vorzug gegeben, eine Schönheit, die ſich aber bei einem ſpäteren Werke, der „natürlichen Tochter", mit Marmorkälte beinahe identifizierte. Die Wahrheit ſpielte bei den drei Dichtern für ihre Auffaſſung des Schönen keine gar ſo beträchtliche Rolle; der Begriff des Schönen iſt bei ihnen viel näher verwandt mit dem des Lieblichen als dem des Wahren; erklärt doch z. B. Leſſing, der die Wahrheit noch am meiſten heranzieht, die Werke eines Raphael Mengs für vollendet ſchön und begeiſtert ſich mit der damaligen Zeitrichtung für die glatten Pinſeleien eines Adriaen van der Werff. Die wunderbar wahren „häßlichen" Werke eines Franz Hals und Rembrandt kommen für ihre Zeit= genoſſen gar nicht in Betracht. Heute empfinden wir anders, die Wahrheit gilt uns als die Vorbedingung jeder Schönheit — ſelbſtverſtändlich nicht bloß die reale, ſondern auch die ideale Wahrheit —; der Schlachtruf eines Courbet und anderer großer Naturaliſten le vrai, le vrai vrai, et rien que le vrai iſt ja noch nicht allzu lange verhallt. Dieſe Wahrheit hat jedoch wieder nichts zu thun mit der Wahrheit der Scholaſtiker, die das ſittlich Gute als das Wahre anſehen, und dann, wie Thomas von Aquino in ſeiner summa theologica, und darauf ſich ſtützend der Jeſuit Jungmann in ſeiner Aeſthetik, das Schöne als das Wahre, d. h. das ſittlich Gute bezeichnen. Der Begriff „ſchön" iſt alſo kein konſtanter, unabänderlich feſtſtehender, ſondern ein nach Zeiten, Völkern und insbeſondere auch nach dem Bildungsgrad wechſelnder. Vor 150 Jahren galt Rembrandt ſo gut wie nichts, er war häßlich; Rubens kam nur wenig in Betracht, während Raffael das größte génie war. Vor zwanzig Jahren etwa hatte man den armen Raffael in vielen Kreiſen von ſeinem Piedeſtal herunter= geholt, heute iſt er wieder im Kurſe am Steigen; Rubens und Rembrandt gelten dagegen für Künſtler von unerhörter Genialität. Und wie ſtand es mit der Muſik? Bach wird noch nicht allzulange (50—60 Jahre) „ſchön" gefunden; Mozarts Figaro fand man ſo ſchön, daß er glatt durchfiel; Beethovens letzte Werke fand man bis in die 40er Jahre hinein abſolut nicht ſchön; von Wagner will ich gar nicht reden; heute empfindet man die Werke dieſer Meiſter als das Schönſte, was es überhaupt gibt. Das πάντα ῥεῖ des Heraklit findet alſo auch im Reiche des Schönen ſeine Beſtätigung. Mit philoſophiſchen, äſthetiſchen Beſtim= mungen des Schönen kommt man in der Praxis keinen Schritt weiter, ſondern ver= ſtrickt ſich nur in Widerſprüche; eine Binſenweisheit, wie ſie das Wort — irren wir nicht, Boileaus — enthält: beau est ce qui plait hilft uns auch nicht, denn sonst müßte ja der Trompeter von Säckingen ein Ausbund von Schönheit sein. Näher zum Ziele, wenn auch keineswegs bis zum Ziele selbst, führt uns ein paradoxes, den Widerspruch geradezu herausforderndes aperçu des geistvollen Edmond de Goncourt. Er sagt: „schön ist, was dem künstlerisch Ungebildeten auf den ersten Anblick mißfällt." Solche Sätze sind natürlich nur cum grano salis aufzunehmen. Das Neue wird dem künstlerisch Ungebildeten — und hier muß „ungebildet" sehr, sehr weit gefaßt werden — in den meisten Fällen mißfallen, weil es ihn aus seinen gewohnten Vorstellungen herausreißt, weil es von ihm eine starke geistige Anstrengung und vielfach eine Verwerfung des früher als richtig Erkannten fordert. Der Mensch ist aber von Natur aus höchst konservativ und will an dem Alten, was es auch sei, nicht rütteln lassen; die homines rerum novarum studiosi sind stets in beträchtlicher Minderzahl. Das erste Gefühl bei der Aufnahme von etwas wesentlich Neuem ist bei den weitaus meisten Menschen die Ablehnung; sie wollen es nicht anerkennen, weil sie es nicht verstehen; das nicht verstehen aber, das „ärgert unsere Alten" und oft auch unsere Jungen. Walther Stolzing hat es schon erfahren müssen, als die Meister von der neuen Kunst nichts wissen wollten; ihnen, den Goncourt'schen Ungebildeten, mißfiel sein Lied; der künstlerisch gebildete Hans Sachs aber sagte: „Ihr Herren, das Lied ist schön", und es war schön; schön wie die einst als greulich, häßlich, scheußlich verschrieene Kunst des großen Wagner es ist, und wie man wohl auch bereinst den verketzerten Strauß schön finden wird. Vor allem sollte man nicht gleich mit der blödsinnigen Frage kommen: das soll schön sein? sondern man soll versuchen, sich auf den Standpunkt eines großen Geistes aufzuschwingen, wenn man diesen Geist auch nicht gleich versteht. Allerdings gehört dazu etwas Demut, sich zu sagen: du verstehst die Sache nicht vollkommen, weil du eben dem Gedankenflug jenes Großen nicht folgen kannst; aber du willst dich strebend bemühen, zu begreifen zu lernen und ihm vertrauend folgen. Vielleicht wird bei solchem Thun mancher, der anfangs in sehr begreiflicher Weise über das unerhörte Neue mißmutig den Kopf schüttelte, nachher aus einem Saulus ein Paulus werden."

Schließlich wirft man Strauß vor, daß seine Musik an unsere Nerven, unsere Aufnahmefähigkeit unmöglich zu erfüllende Anforderungen stelle. Strauß kann sich trösten, denn Aehnliches sagte man vom „kindlich-heiteren" Mozart, so daß dieser einmal schrieb: „Hab' doch halt nit geglaubt, daß die Leut' so blitzdumm wären; erst verstehen's meine Musik nit", und über seine tadelnden Kritiker schrieb Beethoven: „Da stecken sie die Köpfe zusammen, weil sie es noch in keinem Generalbaßbuche gefunden haben"; Heine dagegen schrieb ⌊1841⌋ über Beethoven: „Er treibt die spiritualistische Kunst bis zu jener tönenden Agonie der Erscheinungswelt, bis zu jener Vernichtung der Natur, die mich mit einem Grauen erfüllt; seine letzten Produktionen tragen an der Stirn ein unheimliches Totenmal." Wie man nicht über Tristan und Meistersinger, sondern den heute jedermann verständlichen Tannhäuser und Lohengrin schrieb, ist ja allbekannt.

---

* Ueber „Das Wort »schön« und seine Unbrauchbarkeit" haben wir in Heft 2 und 3 des vorigen Jahrgangs eine eindringende Untersuchung von Karl Otto Erdmann gebracht, auf die wir an dieser Stelle verweisen möchten. Leser, die den Kunstwart damals noch nicht hielten, finden sie jetzt in Erdmanns Essay-Sammlung „Alltägliches und Neues" (Leipzig, E. Diederichs) zusammen mit andern wichtigen Aufsätzen des Verfassers, die zumeist in den nun vergriffenen früheren Jahrgängen des Kunstwarts erschienen sind.   K. L.

Daß Strauß an unsere Aufnahmefähigkeit Anforderungen stellt, die heute unsere Kräfte übersteigen, das gebe ich gerne zu; ganz verdauen können wir ihn noch nicht, aber unser Ohr wird sich schon an ihn gewöhnen, er wird unsere Fähigkeiten des Hörens und Verstehens schon so stärken, daß wir ihn verstehen lernen, wie auch Beethoven, Berlioz und Wagner mit ihren größeren Anforderungen unsere Verständnisfähigkeit vergrößert haben. Allerdings — wir müssen Neues lernen. Da wird nun immer gesagt, die Straußschen Harmonien und Disharmonien, seine krause Polyphonie könnte man gar nicht verstehen lernen. Sehen wir doch einmal zu, wie sich das musikalische Verstehen entwickelt. Wenn wir einem musikalisch völlig ungebildeten, aber normalen Menschen die neunte Beethovensche Symphonie vorspielen, so versteht und begreift er absolut nichts davon. Eine einzige Melodie wird er erfassen und verstehen, nämlich die Melodie aus der IX.: „Freude schöner Götterfunke". Warum? Weil diese Melodie erstens sehr einfach ist und zweitens ganz allein (in den Bässen), ohne daß das Ohr irgendwie durch Begleitung abgelenkt wird, auf ihn eindringt. Führen wir diesen Menschen nun in Mozartsche Opern, so wird er nur die Melodie der Singstimmen, und auch zuerst nur dann, wenn sie sehr verständlich ist, heraushören. „Reich mir die Hand" wird er verstehen und als Melodie empfinden, dagegen ist sein Ohr für die Melodie: „Mich verläßt der Undankbare" noch nicht reif. Von der Begleitung hört er überhaupt nichts, von einem Unterscheiden der Instrumente ist nicht die Rede; zwei Melodien zugleich herauszuhören, ist ihm unmöglich; erst bei längerer Schulung wird er das lernen und zum erstenmale geht ihm wohl ein Verständnis hierfür beim Anhören des Ständchens auf. Er wird sagen: das Orchester (Laute) spielt da eine ganz andere Melodie, die man aber klar heraus hört; von nun an wird sein Verständnis rapide Fortschritte machen; er kann zugleich auf das Orchester und die Stimmen hören, wenn sie nicht allzu kompliziert sind; er fühlt, wie gewisse Harmonien kommen müssen und lernt manche Akkordfolgen, die ihm früher disharmonisch erschienen, als ganz harmonisch und natürlich begreifen; sobald allerdings etwas Neues auftritt, stutzt er; sein Ohr muß sich da langsam hereinhören; so lernt er allmählich immer schwierigere und kompliziertere Gebilde begreifen, zwar nicht beim ersten Anhören, aber wohl beim dritten und vierten. Haben wir uns denn heute nicht an Wagner völlig gewöhnt? Ist uns seine reiche Polyphonie, seine raffinierte Instrumentierung nicht so geläufig und natürlich geworden, daß wir Werke wie die Hugenotten, die einst als das non plus ultra der Schwierigkeiten galten, geradezu dürftig einfach finden? Wagner hat eben unser Ohr in die Schule genommen; da hat es lernen müssen, wenn es ihm auch oft recht schwer fiel, die Sachen zu begreifen. Zwei, drei Melodien übereinander, rapide Taktwechsel (Tristan, III. Akt „O diese Sonne, ha, dieser Tag") haben wir langsam verstehen gelernt; unser Ohr braucht zum Verstehen des schnellen Uebergehens aus einer Tonart in die andere nicht mehr ein halbes Dutzend Zwischenglieder, sondern erfaßt unmittelbar, indem es sich im Geiste das Fehlende ersetzt. Dem logisch gebildeten Menschen ist der Satz: „Gaius ist sterblich" ganz selbstverständlich; der Schüler dagegen muß, um zu diesem Resultat zu kommen, zuerst Zwischenglieder bilden: alle Menschen sind sterblich, Gaius ist ein Mensch, also ist Gaius sterblich. Jener ergänzt im Geiste die Zwischenglieder. Wenn es uns heute schier unbegreiflich vorkommt, daß unser Ohr bei klarer E-dur-Harmonie ein Trompetenmotiv in Des-dur verstehen soll, so wird es sich auch hieran gewöhnen, wie es sich auch ganz nett an die nicht allzu einfachen Harmonien des Tristan und der Götterdämmerung gewöhnt hat, in denen ja auch manchmal der eine in dieser, der andere in jener Tonart spielt. Bedenkt man, was wir bereits alles auf dem Gebiete des musikalischen Hörens gelernt haben, so braucht man vor den Aufgaben, die Strauß uns stellt, und die nicht den zehnten Teil so schwierig sind, wie jene, mit denen Wagner uns überraschte, nicht zurückzuschrecken; wir werden sie schon im Laufe der Zeit lösen lernen. Einfach die Flinte ins Korn zu werfen und zu erklären: „das kann ich nicht, das geht über mein Fassungsver= mögen", wäre eine Feigheit und ein testimonium paupertatis, deren sich ein musikalisches Geschlecht, dessen großer Lehrmeister ein Richard Wagner war, nimmer schuldig machen darf.   Arnold Bischoff.

Justis „Velazquez"
als Kompendium praktischer Aesthetik.*

Die guten Bücher sterben nicht aus. Der modernen von Zeitungslektüre überfütterten Menschheit ist der Gedanke fast fremd geworden, daß zu den reinsten Genüssen derjenige gehört, der durch die Lektüre eines frisch aus der Fülle einer fein durchgebildeten Persönlichkeit geschöpften Buches bereitet wird; der Gedanke, daß dieses Zwiegespräch mit einem Autor, der uns greifbar als Mensch mit seiner Bewunderung und seiner Verachtung, nicht blos als Denk= maschine oder objektiv den Dingen gegenüberstehender Taschenspieler entgegen= tritt, uns selbst bis in die Tiefen unseres Wesens hinein aufregt und in uns die freudige Gewißheit weckt: auch wir haben unsere Selbständigkeit und Freiheit, unsere Ansichten und Meinungen, die uns das Leben lebenswert machen. Da verschafft uns ein Buch wie Justis „Velazquez" die tröstliche Gewißheit, daß es doch zu unserer Zeit noch Idealisten gibt, die ihrem inneren Drange folgend, sich nicht im geringsten um die Bedürfnisse des großen Publi= kums kümmern — zu welchem im einzelnen Fall ja auch niemand gehören will; Idealisten, die schreiben, als hätten sie sich nicht blos mit der Gegenwart, sondern eben so wohl auch mit der Vergangenheit wie mit der Zukunft aus= einander zu setzen. Solche Bücher, für keine bestimmte Zeit geschrieben sind allein die guten, denn sie allein sind Kunstwerke im echten Sinne des Worts. Sie haben einen persönlichen Inhalt mitzuteilen, Fragen zu erörtern, die für den Verfasser Lebensfragen sind; sie bieten ein Positives und lassen es wirken, unbekümmert um die Aufnahme, die es zur Zeit des Erscheinens findet. Solche Bücher, mögen sie nun in dem abgeschliffensten, scheinbar unpersönlichsten Stil oder, wie das vorliegende, im Gegenteil in dem scheinbar abgerissensten, be=

---

* Carl Justi: Diego Velazquez und sein Jahrhundert. Bonn, Max Cohen & Sohn. 2 Bände. gr. 8. Das Velazquez=Jubiläum, das in diesen Tagen mit Spanien die ganze gebildete Welt begeht, gibt uns den Mut, mit dem Folgenden eine Arbeit noch einmal abzudrucken, die bereits vor zehn Jahren im Kunstwart erschienen ist. Vor zehn Jahren — wer las damals unser Blatt? Wir glauben nicht, daß auf fünfzehn bis zwanzig seiner heutigen Leser ein einziger kommt, der schon seinen zweiten Jahrgang verfolgt hat, die alten treuen Freunde aber werden es uns verzeihen, wenn wir zu seltener Gelegenheit, ausnahmsweise, Arbeiten von programmatischer Bedeutung den neuen Freunden zeigen, die von den älteren wohl vergessen sind. Zudem wüßten wir wirklich nicht, wie wir mit der Feder tiefer in das Wesen auch des Velazquez und seiner Kunst hineindeuten könnten, als so.

wegtesten, individuellsten geschrieben sein, sind zugleich stets im höchsten Sinne
des Wortes modern, nicht insofern, als sie einem Modebedürfnis des Tages
entgegen kommen, sondern sofern sie neu, lebendig, anregend, aus eigener
Erfahrung geschöpft, das zum Ausdruck bringen, was zu allen Zeiten den
Menschen auf dem Herzen und auf der Zunge liegt, aber nur selten, sei
es infolge der Furcht, sei es infolge des Unvermögens, frei und offen zu
Tage tritt.

Seit Rumohrs „Italienischen Forschungen" und seit Burckhardts „Cicerone"
hat die deutsche Kunstwissenschaft kein Werk aufzuweisen gehabt, das in ähnlicher
Weise wie Justis „Velazquez" von hohem und zugleich durchaus persönlichem
Standpunkt aus Umschau auf dem gesamten Gebiete der Kunst zu halten gesucht
hätte. Hermann Grimm hat Aehnliches in seinem Michelangelo angestrebt, aber
ihm war es nicht so ernst um die Kunst. Von den Fremden ist allein hier her-
beizuziehen der Franzose W. Burger, der unter dem Pseudonym T. Thoré in
den vierziger Jahren seine berühmten „Salons", dann unter seinem wirklichen
Namen die „Musées de la Hollande" schrieb.*

Eine Zusammenstellung der eindringlichsten Urteile, die Justi in seinem
Buche über Altes und Neues, über Akademien und Freilichtmalerei, über
Aesthetik und Kunstwissenschaft, endlich und vor allem über seinen Helden fällt,
der für ihn der lebendige Vertreter seiner Kunstansichten ist, lohnt sich schon
aus sachlichem Interesse aufs höchste: zugleich aber empfiehlt sie sich auch, um
denjenigen, die sonst allzuleicht, sei es durch den Umfang, sei es durch den
Preis, sei es endlich durch den aus anregendster Kunstbetrachtung und peinlichster Geschichtsforschung gemischten Inhalt des Buches sich abgeschreckt fühlen
könnten, vor allem den Künstlern, einen Begriff von dem beizubringen, was sie
in dem Buche zu finden hoffen können. Vielleicht überzeugt sich dann der Leser
davon, daß es sich hier um ein Werk handelt, das zum Begleiter auf dem
Lebenswege geschaffen ist, um eines der wenigen Bücher, die jeder, dessen
Interessen über Kirchturms- und Staatspolitik hinausgehen, in seiner Bücherei
und sei diese noch so klein, haben sollte.

Die Akademiker.

Was den Ausländer in den religiösen Bildern Spaniens fesselt, heißt es
bei Justi, ist weniger der Reichtum der Empfindung und die Tiefe der Symbolik, als ein Zug des Ernstes, der Einfalt, der Redlichkeit .. Das oftmals
bizarre, seltener abstoßende, meist durch kernige Eigenart anziehende Wesen der
spanischen Kirchenmalerei hat bisweilen sogar zu einer Ueberschätzung ihres
künstlerischen Wertes geführt ... Gerade die rein, ja schroff spanischen Meister,
die, mit einer Ausnahme (Velazquez), nie im Auslande gewesen sind, haben
die Runde durch die Welt gemacht und die Vorstellung von dem geschaffen,
was man Spanische Schule nennt. Von Cervantes wird gesagt: Er besaß in
seinem Geist ein gut Stück Vulgärrationalismus, das was Schlegel den „pro-
saischen Winkel in seinem poetischen Gemüt" nannte. Und gleich wird hinzu-

---

* Justi sagt von ihm (I. 16): Er war einer von jenen geborenen Malern,
die nur mit der Feder gearbeitet haben, und seine Feuilletonaphorismen sind
zuverlässiger als manche gelehrte Bücher; seine geflügelten Worte haben unwiderstehliche Ueberzeugungskraft, weil sie nur die erste Empfindung ausdrücken,
welche das Schreibtischfieber des Monographisten oft verfälscht. Dann fügt er
(II. 150 Anm.) hinzu: Wenn ich sagte, daß Burger den Nagel stets auf den
Kopf getroffen habe, so bezog sich das auf sein Geschmacksurteil; in Attribu-
tionen hat es noch keinen Unfehlbaren gegeben.

1. Juniheft 1899

— 147 —

gefügt: Ein solcher prosaischer Winkel findet sich überall in spanischer Dichtung und Kultur. Neben dem fahlen, dürren Roß der Romantik trabt der Esel praktischer Volksweisheit . . Die spanischen Humanisten waren selbstgemachte Männer, die sich mitten im Strom des Lebens bewegten, sie konnten fechten, kommandieren, segeln, beten, sich kasteien, Geschäfte führen; nichts Banausisches, nichts Philiströses ist in ihnen (I, 32).

Solche Züge werden gleich auf den ersten Seiten (7 fg.) als für den spanischen Charakter zur Zeit des Velazquez bezeichnend herausgehoben. Wir stellen, wie überhaupt im folgenden, die einzelnen Aussprüche, ohne uns gar zu ängstlich um eine völlig genaue Verbindung derselben unter einander zu bekümmern, im wesentlichen durchaus in der ihnen vom Verfasser gegebenen Form einfach neben einander, um möglichst wenig von der Kraft und Feinheit, die ihnen innewohnt, verloren gehen zu lassen. Dieser Zeit des Cervantes und Murillo will Justi eine Nische im Pantheon der Menschheit, nicht bloß ein Gefach im Archiv historischer Funde gesichert wissen.

Vorausgegangen aber waren dieser Periode eines voll entwickelten Volkstums Zeiten der verschiedenartigsten fremden Einflüsse. Auf den maurischen und französischen Geschmack folgte im 15. Jahrhundert, getragen durch die großen gotischen Kirchenbauten, der niederdeutsche, flandrische, der zu Anfang des 16. Jahrhunderts seine volle Blüte erreichte, dann aber allmählich durch die Renaissance verdrängt wurde. Bietet schon die Darstellung dieser Entwickelung, die der Kunstgeschichte ein ganz neues Gebiet erschließt, sehr viel des Interessanten, so fesselt doch noch in höherem Grade die Schilderung der Einführung, Ausbreitung und des Verfalls des italienischen Manierismus in Spanien, weil sie die unmittelbare Einleitung zur Biographie des Velazquez bildet und den Boden untersucht, auf welchem die neue Kunst emporwuchs. Es handelt sich da um Erscheinungen, die auch in unserer Zeit ihre Parallelen haben.

Um die Mitte des 16. Jahrhunderts erscheinen zuerst Gruppen rein italienisch geschulter Maler in Spanien; in der zweiten Hälfte des Jahrhunderts wurde das Studium der Proportionen und des Nackten der Leitstern der Malerei; man machte die Schönheit zu einer Funktion der Zahlen (44). Es kostet Mühe zu verstehen, was den Zeitgenossen an diesen Wiederherstellern der Malerei so groß erschien; wir vergessen die Anstrengungen, welche es ihnen kostete, so langweilig zu malen. Nur die Ehrlichkeit im Verhältnis zum Gegenstand haben sie vor ihren auswärtigen Verwandten voraus (48). Die Gemälde der Meister des neuen Stils in Sevilla sind voll von Entlehnungen und Erinnerungen aus Italien, vergebens sieht man nach Volkstypen und -Gebärden, nach örtlich eigenen Motiven und Tönen: Diese Werke könnten ebensogut in Utrecht oder Florenz gemalt worden sein (33). Pablo de Cespedes († 1618) zeigt uns diese spanischen Cinquecentisten in ihren Tugenden und Schwächen. Ihre Studien waren gründlich und wissenschaftlich, ihre Kunstideale hoch, ihre Bildung universell und fein. Aber das Allgemeine nahm ihre ganze Kraft in Anspruch und für den Blick ins Leben blieb ihnen keine Zeit übrig. Cespedes' Schicksal war die „große Manier", mit der Rom es ihm angetan hatte (50).

In der Jugendzeit Velazquez (geb. 1599) waren freilich diese Sterne des italohispanischen Parnasses schon im Verbleichen begriffen. In Sevilla war der erste wirkliche Maler erstanden, den das 16. Jahrhundert dort hervorgebracht: Juan de las Roelas († 1625). Die beiden Elemente, deren Verschmelzung den Charakter der Sevillaner Malerei der nächsten Generation

ergab: Naturalismus und Mystik, hat er zuerst zusammengebracht (52 ff.)
Keine Rhetorik der Gebärden, keine Treibhausschwärmerei ist bei ihm anzu=
treffen: nur jenes fast heitere Hochgefühl, welches die wahre Steigerung der
geistigen Potenz begleitet. Er war zugleich aber der erste Maler des Hell=
dunkels dort. Neben ihm wirkte Herrera, der Patriarch der Impressionisten (57).
Pacheco aber, der Kunstverbesserer, den die Sonne Andalusiens — nicht erwärmt
hat, der Sonntagmorgens den Gästen seines Ateliers Homilien über die Sym=
bolik seiner Kartons hielt, besaß wenigstens die Vorurteilslosigkeit, die erforder=
lich war, um seinem großen Schüler, der bald sein Schwiegersohn werden
sollte, die nötige Freiheit der Entwickelung zu lassen. Ja selbst an Verständnis
für dessen Größe und Eigenart fehlte es ihm nicht (63 ff., 110 ff.).

Der Widerstreit zwischen den Künstlern der alten und der neuen Richtung
wird aufs anschaulichste in einem Dialog über die Malerei (85 ff.) ge=
schildert, dessen Handlung in das Jahr 1631 verlegt ist und der aus dem
Spanischen übersetzt sein soll. Da er seiner ganzen Tendenz nach ebensogut
heutigen Tages verfaßt sein könnte, wollen wir letztere Frage ganz unerörtert
lassen und uns nur an der Frische dieses Redeturniers erfreuen.

Ihr nennt uns, sagt da Einer, immer Raffael, Michelangelo und Durero.
Das waren göttliche Meister ohne Zweifel. Aber sollen wir denn ewig bei
Italienern in die Schule gehen? Wir haben es nun ein Jahrhundert lang
gethan. Sagt nicht Euer Buonarroti selbst: Wer immer nachfolgt, kommt nie
voran — ? Und was sagte derselbe Michelangelo zu jenem Spanier, der in
Rom die Antiken kopierte? „Gibt es auch lebendige Menschen und Tiere in
Spanien?" fragte er. Nehmt es nicht übel, diese Römerinnen, nach deren
Vorbild wir unsere gemeine spanische Natur veredeln sollen — ich zweifle nicht,
daß wir am Tiberufer allen Beistand S. Antonius des Abts gegen ihre Blicke
anzurufen nötig haben würden — aber hier, an den Ufern des Baetis (Sevilla)
verpflanzt, scheinen sie mir etwas welk geworden zu sein.

Der Vertreter der Alten behauptet, die Zeichnung sei die substantielle
Form der Malerei, die Farbe dagegen ein bloßes Akzidenz; das Kolorit falle
nicht unter unfehlbare Gesetze wie die Zeichnung und gestatte folglich ein ge=
wisses Maß von Willkür. — Ich sollte meinen, antwortet der Jüngere, gerade weil
das Kolorit nicht nach Regeln zu lernen ist, müßte es schwer und folglich edler sein.

Der Gegensatz der neuen und der alten Richtung wird auch bei Gelegen=
heit der Charakteristik Zurbarans (I, 152) in scharfes Licht gestellt. Wie bei
Allen der neuen Generation war bei Zurbaran, doch bei ihm am stärksten der
Zug der Einheit ausgeprägt. Sie sind durch Einseitigkeit groß geworden. Die
Maler des 16. Jahrhunderts pflegten Leute von umfassenden, literarischen,
technischen Studien zu sein; vielgereist; sie kannten die Geschichte ihrer Kunst
und Italien, sie waren Gelehrte, Devote und Dichter. Die von der Art Zur=
barans waren nichts als Maler, sie blieben zu Hause, bekümmerten sich weder
um lebende noch tote Kollegen, überhaupt war ihnen die ganze Kunst, mit
Ausnahme des Kantons, den sie beherrschten, einerlei: bei jenen ist die Bio=
graphie interessanter als ihre Werke, sie sind bedeutender als Menschen denn
als Künstler; ihre Worte besser als ihrer Thaten. Die neuen waren höchstens
außerdem noch Kavaliere. Aber ihre Bilder schlugen sofort alles, was jene
Denker mit unsäglichen Studien fertig gebracht. — Die Spanier bekannten sich
ein Jahrhundert lang zum Idealismus: sie haben mit großer Mühe nur gleich=
giltige Werke geliefert. Dann aber folgte die Rückkehr zum entgegengesetzten
System, aber jetzt mit ganz anderem Kunstvermögen (I, 5).

1. Juniheft 1899

— 149 —

Bezeichnend ist die Art, wie der nach Spanien eingewanderte toskanische Maler Carducho in seinen Dialogos die Sache seiner Heimat gegen diese reinen Spanier und vor allem gegen Velazquez verficht (I, 226 ff.). Die Würde, sagt er etwa, die wir für unsere Kunst beanspruchen, verdankt sie ihrem intellektuellen Charakter, ihrer Wissenschaftlichkeit. Das große (dritte) Zeitalter, die Epoche Michelangelos und Raffaels, war das Zeitalter der wissenschaftlichen Regeln und Vorschriften, docta pintura. Buonarrotti war der Meister der Meister durch sein Wissen... Ist also der echte Künstler ein Denker, ein Dialektiker, der mit Feder und Bleistift „behauptet, beweist, widerspricht, schließt": so ist dagegen der Naturalist ein Leser, der nicht mehr denkt, als was er im Buche findet. Wenn man bloß die Natur vor Augen malt, wo bleibt da für den Geist Platz? Die Kunst wird Sache der Uebung, der Handfertigkeit, d. h. Hand= werk... Der Gebrauch der Wissenschaft aber ist nicht Wissenschaft. Der Naturalismus ist bloß Gebrauch und Uebung, ohne die Kunst, die geübt wer= den soll... Velazquez bezeichnet er als einen Anti=Michelangelo, der mit seiner gesuchten und äußerlichen Nachahmung, seiner wundersamen Lebendigkeit vielen Leuten aller Art hat vormachen können, daß das die gute Malerei sei, und seine Weise und Lehre die richtige; so hat er sie vom Weg der Unsterb= lichkeit abgewandt... „Wer hat je gemalt und es so gut gemacht, wie dieses Monstrum von Geist und Talent, fast ohne Regeln, Lehre, Studien, bloß mit der Kunst seines Genies und mit der Natur vor Augen?"... Das Bildnis ist freilich ein Fach von untergeordnetem Wert. „Kein großer und außer= ordentlicher Maler ist je Bildnismaler gewesen!" Denn ein solcher wird die Natur durch Vernunft und gelehrte Gewöhnung verbessern. Beim Bildnis aber muß er sich dem Modell, sei es gut oder schlecht, unterordnen, mit Ver= leugnung seiner Einsicht und Verzicht auf Auswahl.

Man sieht wohl, bemerkt dazu Justi, von dem Trieb nach dem Schauen und Bilden der Sichtbarkeit und ihrer offenbaren Geheimnisse, von der ernsten Arbeit jener Entdecker auf dem Ozean optischer Reize, — diesem wahren Gegen= stück wissenschaftlichen Forschergeistes — davon hat der dürre Schulstolz des Manieristen keine Ahnung. Allezeit mit seinen „Maschinen" beschäftigt, hat er nie Zeit gehabt, die Gunst der großen Mutter Natur zu erobern. Was ist ihm die Natur? Nur ein Mittel zum Zweck. Man soll ihr zuweilen einen Blick schenken, um den Erfindungen der Phantasie Frische zu geben, die (wie er doch fühlt) in jenem Aether des reinen Denkens schwindsüchtig werden würden. „Die Natur dient zur Erinnerung, als Weckerin der Vergeßlichkeit; sie ist eine Nahrung, welche die Geister der Phantasie belebt und entschlummert, erstorbene Ideen ins Gedächtnis zurückführt."

Obwohl Carduchos Wunsch, eine Akademie in Madrid zu gründen, nicht verwirklicht wurde, hat sich doch die Madrider Schule bis ans Ende des Jahrhunderts so ziemlich auf der Höhe gehalten, nicht arm an eigentümlichen Gesichtern. Boshaft wäre es zu behaupten, meint Justi, daß sie dies dem Aufschub jenes Planes verdanke. Nachdem es nämlich im 18. Jahrhundert unter den Bourbonen, und in Sevilla schon im 17. geschehen, soll fortan von großen Malern dort weniger mehr gehört worden sein als zuvor; auch sollen Akademien zu Zeiten Konservatorien abgewirtschafteter Manieren gewesen sein, Parasiten des Kunstlebens, gleichsam Tummelplätze für solche, die neben dem Talent für Farbe ein noch größeres für „Einflüsse" haben (I, 234).

Die Kunst ging eben ihren Weg, selbst von einem Geist wie dem des Velazquez wenig beeinflußt. Sogar seine Zeitgenossen haben mit ihm nicht viel gemein. Die Kontraposte Tintorettos, die Gruppierungen Bassanos, die vornehmen Posen Paolos bestritten die Kosten der Komposition. Die Ankunft der Abgüsse, welche Velazquez 1650 aus Rom mitbrachte, verriet sich sofort in klassischen Masken; weibliche Modelle waren ja so schwer zu haben. Die großen Maschinen der Visionen und Glorien, die Kargheit des Lohnes, die angeborne Bequemlichkeit drängte zur Maniera; zu feineren Naturbeobachtungen hatten sie keine Zeit. . . Die meisten wandten sich Tizian zu, dessen spätere Manier auf sie solchen Eindruck machte, daß man diese Madrider Schule als die letzten Epigonen des Tizianschen Zeitalters ansehen könnte. . . Selbst im Bildnis scheint ihnen die vornehme aber nüchterne Wahrhaftigkeit des Velazquez weniger zugesagt zu haben, als die Eleganz und malerische Grazie des van Dyck. — Nur mit seiner berückenden Freiheit und Leichtigkeit der Handschrift hatte er es allen angethan, und diese Eigenschaft gefiel ihm auch an Andern (II, 263 ff.).

Daß Velazquez eine Sammlung von Abformungen antiker Werke beantragt und zum Zwecke ihrer Herstellung nach Rom gegangen ist, ein Vorläufer also seines 120 Jahre später gekommenen Nachfolgers Raffael Mengs, das wird viele seiner Verehrer und Anfechter befremden. Die am Ende dieses Jahrhunderts allerwärts auftauchenden Gipsmuseen stehen im Zusammenhang mit dem Sinken des malerischen Sinnes, mit dem zweifelhaften Geschmack der Gerard de Lairesse und van der Werff. Rumohr fand, „daß nach dem Aufkommen der Antikensäle zu Antwerpen (1680) und Amsterdam (1700) in den dortigen Schulen von jener Feinheit des Gesichtssinns, welche ihre frühere Arbeiten so ungemein auszeichnete, in Kurzem jegliche Spur verschwindet." In Spanien war diese Gefahr kein Geheimnis; Jusepe Martinez bemerkt in seinen Discursos practicables, „die Zeichnung werde durch solche Studien hart, trocken und höchst unerfreulich fürs Auge." Indeß dürften diese der jetzigen Zeit so fatal gewordenen afterklassischen und antimalerischen Manieren des folgenden Jahrhunderts doch weniger eine Wirkung der eifriger studierten Antike sein, als des schon eingetretenen Marasmus, der von solchen Transfusionen Verjüngung der Säfte erhoffte. Die natürliche Widerstandskraft der gebornen Maler früherer Jahrhunderte brauchte solche Ablenkungen nicht zu fürchten (II, 156).

Idealismus.

Bevor wir zu dem Hauptgegenstand des Buches, dem Realismus, übergehen, seien in diesem Zusammenhang die köstlichen Worte angeführt, mit denen der Verfasser den Idealismus (der nach Lagarde, Deutsche Schriften II, 479, sehr wohl von der Idealität zu unterscheiden) abfertigt. Was ist Geist in der Malerei? fragt er (II, 273). Geist fehlt in den bildenden Künsten denen meist ganz und gar, welche den Geist in Worten und Ideen haben. Ideen in jenem Sinn, wo Allegorien und Karikaturen, oder Programmalereien vorzugsweise Ideen hätten. „Traut denen nicht", sagt Diderot, „die den Sack voll Geist haben und ihn bei jedem Anlaß ausstreuen. Sie haben den Dämon nicht." Rembrandt, Correggio, Tizian, Murillo sind geistreiche Maler gewesen, nicht weil sie geistreiche Einfälle gehabt haben und Literaten Stoff zu Deklamationen und Abhandlungen gaben, sondern weil sie Geist in Blick und Fingern hatten. Geist ist prägnanter und überraschender Ausdruck, von dem auch der Meister gesteht, daß ihm das nicht eingefallen wäre. Geist haben die, welche sehen, was wir andern nicht sehen, die, bei denen man nicht vorhersagen kann, wie sie einen Stoff behandeln werden, die also, wie Kant sagt, Dinge machen, die nicht auf Regeln zurückzuführen finb. Geiftlos langweilig pflegen Maler zu fein, welchen die Sichtbarkeit bloß als Sprache Wert hat, zu der fich die Jdee, wenn auch noch fo gefällig, herab= läßt (fo auch I, 413). In diefem Sinne ift Geift nicht, wie in jenem andern, dem Genie entgegengefetzt.

Ueberhaupt ift Jufti auf die „Metaphyfik und Archäologie der Schönheit", alfo auf die übliche theoretifche und angewandte Aefthetik, nicht gerade gut zu fprechen. Man hat oft gemeint, fagt er (I, 307), die wahre Kritik beftehe nicht darin, feinen echten Eindruck zu Wort kommen zu laffen, fondern angefichts der Kunftwerke äfthetifche Kompendien im Gedächtnis aufzufchlagen, und „fich die Augen auszuftechen, um beffer durchs Fernrohr zu fehen." — Bei Gelegen= heit von Velazquez' Gemälde „Die Schmiede Vulkans", worin die Eiferfucht des hinkenden Gottes mit übermütiger Jronie als komifches Moment ausge= beutet wird, meint Jufti: es ließe fich hier eine Predigt halten über den Un= dank des Publikums. Man befcheinigt mit fchwülftigen Lobfprüchen die Lange= weile, welche das korrekt befolgte Rezept verurfacht hat und ftraft mit hof= meifterlichen Belehrungen bie gute Unterhaltung, bie einem abgenötigt wurde. Statt dem Manne zu danken, daß er auch in der Villa Medici kein akademifches Waffer in feinen Wein gegoffen, daß er die langweiligfte Klaffe moderner Bil= der mit einem Stück bereichert hat, das niemand ohne Lachen anfieht (obwohl bies Lachen, wie der Graciofo der Komödie, nur eine Zugabe des höflichen Malers war für die, welchen der Genuß feiner ernften künftlerifchen Arbeit nicht genügt hätte): ftatt deffen hält man ihm eine Lektion über den Apoll von Belvedere. — Die klaffifchen Stoffe, fügt er hinzu (II, 365), find eben in einer fchlimmen Lage. Im 17. Jahrhundert der Pedanterie, als felbft in Madrid „der Lakai latinifierte" (Quevedo), arbeiteten fchon die antiken Namen für ein Bild, heute entftrahlt ihnen ein Froft von Langeweile. Wo der Künftler fie durch Griffe in die Natur zu beleben fucht, da ergießt bie unfruchtbare Ge= lehrfamkeit ihren Spott. Die antiken Figuren des Velazquez find eigentlich nicht mehr Parodie, als bie des Rubens und der Renaiffance.   S. S.

(Fortfetzung folgt.)

Lofe Blätter.

Aus Hugo von Hofmannsthals „Hochzeit der Sobeide".

Vorbemerkung. Unfer ftellvertretender Berliner Berichterftatter „X" hat fich über Hugo von Hofmannsthals neue Stücke fo abfprechend ge= äußert, daß wir nun, wo die Buchausgabe des „Theaters in Verfen" (bei S. Fifcher in Berlin) auch fie uns vorgelegt hat, bekennen müffen: fo weit gehn wir nicht mit. Die allgemeineren Bemerkungen unfres Referenten halten wir zwar durchaus für richtig und auch ihre Anwendbarkeit auf die echten Dichtungen Hofmannsthals geben wir zu, wie wir denn ganz befonders das Gerede vom zweiten Teile des Fauft mit X für äußerft oberflächlich halten. Aber es fcheint uns, als wenn Hofmannsthals eigenartige Werte entfchieden höher eingefchätzt werden dürften, und zudem glauben wir einen ganz wefent= lichen Fortfchritt bei der „Hochzeit der Sobeide" zu erkennen. Zeigt fie nicht ein fchönes Wachfen gerade an klarer Anfchaulichkeit und Gefundheit? Wir werden in weiteren Beiträgen gelegentlich zeigen, daß wir diefe ganze Richtung

kaum überschätzen, aber Schönes zeitigt da und dort auch sie. Und da wir
auf kein Parteiprogramm eingeschworen sind, so freut es uns, eine der schönsten
Stellen, die uns bei Hofmannsthal begegnet ist, mit der folgenden Szene
unsern Lesern zeigen zu können.

Sie beginnt, wo die jungverheiratete Sobeide von ihren Eltern mit dem
nunmehrigen Gatten, dem Kaufmann, allein gelassen wird, und schließt mit
dem ersten Akt. Im zweiten erkennt die Sobeide die Nichtigkeit ihres Glaubens
an den, den sie liebt, im dritten kehrt sie zum Hause des Kaufmanns zurück,
um dort den Tod zu suchen.

*

Sobeide: Geht Ihr so leise? wie? und seid schon fort! (Sie wendet sich,
  steht schweigend, den Blick zu Boden.)
Der Kaufmann (umfängt sie mit einem langen Blick, geht dann nach
  rückwärts, bleibt wieder unschlüssig stehen): Willst du den Schleier
  nicht ablegen?
Sobeide (schrickt auf, sieht sich zerstreut um).
Kaufmann (deutet nach dem Spiegel): Dort.
Sobeide (bleibt stehen, löst mit mechanischen Bewegungen den Schleier
  aus dem Haar).
Kaufmann: Es wird dir hier — in deinem Haus — vielleicht
  Im ersten Augenblick an manchem fehlen.
  Dies Haus ist seit dem Tode meiner Mutter
  Entwöhnt, dem Leben einer Frau zu dienen.
  Auch trägt, was etwa an Geräten da ist,
  Kaum solchen Prunk an sich, womit ich gern
  Dich eingerahmt erblickte, doch mir schien
  Das nicht sehr schön, was jeder haben kann:
  Ich ließ aus der gepreßten Luft der stillen,
  Verschloßnen Schränke, die mir selbst den Atem
  Ergriff, wie Sandelholz im Heiligtum,
  Dies alles nehmen und zu deinem Dienst
  In deine Kammer stellen, dort hinein,
  Woran vom Leben meiner Mutter etwas —
  Verzeih — für mich noch hängt. Mir war, ich könnte
  Dir damit etwas zeigen. . . . Manchen Dingen
  Sind stumme Zeichen eingedrückt, womit
  Die Luft in stillen Stunden dich belädt
  Und etwas ins Bewußtsein gleiten läßt,
  Was nicht zu sagen war, auch nicht gesagt sein sollte.
            (Pause.)
  Es thut mir weh, dich so zu sehn, betäubt
  Von diesen überladnen Stunden, die
  Kaum aufrecht gehen unter ihrer Last.
  Es ist zu sagen, alles Gute kommt
  Auf eine unscheinbare, stille Art
  In uns hinein, nicht so mit Prunk und Lärm.
  Lang meint man, plötzlich werd' es fern am Rand
  Des Himmels wie ein neues Land auftauchen:
  Das Leben, wie ein nie betretnes Land.
  Doch bleibt die Ferne leer, allein die Augen

1. Juniheft 1899

Begreifen langsam da und dort die Spur,
Und daß es rings ergossen ist, uns einschließt,
Uns trägt, und in uns ist, und nirgends nicht ist.
Ich rede Sachen, die dir wenig Freude
Zu hören macht. Sie klingen wie Entsagung.
Bei Gott! mir klingen sie nicht so. Mein Kind,
Nicht wie ein Bettler fühl' ich mich vor dir,
          (mit einem großen Blick auf sie)
Wie schön dir auch der große Glanz der Jugend
Vom Scheitel niederfließt bis an die Sohlen . . . .
Du weißt nicht viel von meinem Leben, hast
Gerade nur ein Stück von seiner Schale
Durch eine Hecke schimmern sehn im Schatten.
Ich wollt', du sähest in den Kern davon:
So völlig als den Boden unter'n Füßen,
Hab' ich Gemeines von mir abgethan.
Scheint dir das leicht, weil ich schon alt genug bin?
Freilich, mir sind auch Freunde schon gestorben, —
Dir höchstens die Großeltern, — viele Freunde,
Und die noch leben, wo sind die zerstreut?
An ihnen hing der längst verlernte Schauer
Der jungen Nächte, jener Abendstunden,
In denen eine unbestimmte Angst
Mit einem ungeheuren, dumpfen Glück
Sich mengte, und der Duft von jungem Haar
Mit dunklem Wind, der von den Sternen kam.

— — — — — — — — — — — — — —

Der Glanz, der auf den bunten Städten lag,
Der blaue Duft der Ferne, das ist weg,
Ich fänd' es nicht, wenn ich auch suchen ginge.
Allein im Innern, wenn ich rufe, kommt's,
Ergreift die Seele, und mir ist, es könnte
Auch deine — (Er wechselt den Ton.)
Weißt du den Tag, an dem du tanzen mußtest
Vor deines Vaters Gästen, wie? Ein Lächeln
Blieb immerfort auf deinen Lippen, schöner
Als jedes Perlenband und trauriger
Als meiner Mutter Lächeln, das du nie
Gesehen hast. Der Tanz hat alle Schuld:
Dies Lächeln und der Tanz, die Beiden waren
Verflochten wie die wundervollen Finger
Traumhafter Möglichkeiten. Möchtest du,
Sie wären nie gewesen, da sie's sind,
Die Schuld sind, meine Frau, daß du hier stehst?
Sobeide (in einem Ton, in welchem man hört, wie die Stimme die
     Zähne berührt): Befiehlst du, daß ich tanzen solle, oder
     Befiehlst du etwas andres?
Kaufmann: Meine Frau,
     Wie sonderbar und wild sprichst du mit mir?
Sobeide: Wild? Hart, kann sein: mein Schicksal ist nicht weich.

Du redeſt wie ein guter Menſch, ſo ſei
So gut und rede heute nicht mit mir!
Ich bin dein Ding, ſo nimm mich für dein Ding,
Und laß mich wie ein Ding auch meinen Mund
Vergraben tragen und nach innen reden!
(Sie weint lautlos, mit zuſammengepreßten Lippen, das Geſicht gegen
das Dunkel gewandt.)

Kaufmann: So ſtille Thränen und ſo viele! Dies
Iſt nicht der Schauer, drin der Krampf der Jugend
Sich löſt. Hier iſt ein tieferes zu ſtillen
Als angeborne Starrheit ſcheuer Seelen.

Sobeide: Herr, wenn du in der Nacht erwachſt und mich
So weinen hörſt aus meinem Schlaf heraus,
Dann weck' mich auf! Dann thu' ich, was dein Recht
Iſt, mir zu wehren, denn dann träume ich
In deinem Bett von einem andren Mann
Und ſehne mich nach ihm, das ziemt mir nicht,
Mich ſchaudert vor mir ſelber, es zu denken:
Verſprich mir, daß du mich dann wecken wirſt!

(Pauſe. Der Kaufmann ſchweigt; tiefe Erregung färbt ſein Geſicht dunkel.)
Du fragſt nicht, wer er iſt? Iſt dir's ſo gleich?
Nein? Dein Geſicht iſt dunkel, und dein Atem
Geht ſchwer? So will ich ſelber dir es ſagen:
Du haſt ihn hie und da bei uns geſehn,
Sein Name iſt Ganem — des Schalnaſſar Sohn,
Des Teppichhändlers — und ich kannte ihn
Drei Jahre lang. Doch nun ſeit einem Jahr
Hab' ich ihn nicht geſehn.
Dies ſag' ich dir, dies Letzte geb' ich preis,
Weil ich's nicht leide, daß ein Bodenſatz
Von Heimlichkeit und Lüge in mir bleibt:
Ob du's erfährſt, iſt gleich: ich bin kein Becher,
Für rein gekauft und gift'ger Grünſpan drin,
Der ſeinen Boden frißt — und dann, damit
Du mir erſparſt, in meinem Haus als Gaſt
Ihn etwa oft zu ſehn, denn das ertrüg' ich ſchwer.

Kaufmann (drohend, aber ſchnell von Zorn und Schmerz erſtickt):
Du! du haſt . . . . Du haſt . . . .
(Er ſchlägt die Hände vor's Geſicht.)

Sobeide: So weinſt du auch an deinem Hochzeitstag?
Hab' ich dir einen Traum verdorben? Sieh,
Du ſagſt, ich bin ſo jung, und das, und das —
(zeigt auf Haar und Wangen)
Iſt wirklich jung, doch innen bin ich müd,
So müd, es gibt kein Wort, das ſagen kann,
Wie müd und wie gealtert vor der Zeit.
Wir ſind gleich alt, vielleicht biſt Du noch jünger.
Du haſt mir im Geſpräch einmal geſagt:
Seitdem ich lebe, dieſe ganze Zeit
Wär dir beinahe nur in deinen Gärten

Dahingegangen und im stillen Turm,
Den du gebaut, den Sternen nachzuschauen.
An diesem Tage hielt ich es in mir
Zum erstenmal für denkbar, deinen Wunsch
Und meines Vaters, das war's noch viel mehr,
Ja . . . . zu erfüllen.   Denn mir schien, die Luft
Im Haus bei dir müßt' etwas leichtes haben,
So leicht! so ohne Last! und die bei mir
War so beladen mit Erinnerung,
Der lustige Leib schlafloser Nächte schwamm
Darin umher, an allen Wänden hing
Die Last der immer wieder durchgedachten,
Verblaßten, jetzt schon toten Möglichkeiten;
Die Blicke meiner Eltern lagen immer
Auf mir, ihr ganzes Leben . . . . viel zu gut
Verstand ich jedes Zucken ihrer Augen,
Und über allem diesem war der Druck
Von deinem Willen, der sich über mich
Wie eine Decke schweren Schlafes legte.
Es war gemein, daß ich mich endlich gab:
Ich such' kein andres Wort, doch das Gemeine
Ist stark, das ganze Leben voll davon:
Wie konnt' ich's unter meine Füße bringen,
Da ich darinnen war bis an den Hals?

Kaufmann: So wie ein böser Albdruck lag mein Wunsch
Auf deiner Brust? so haffest du mich doch . . . .

Sobeide: Ich haß' dich nicht, ich hab' zu haffen nicht
Gelernt, vom Lieben nur den Anfang erst,
Der brach dann ab, doch kann ich andre Dinge
Schon besser, als: mit Lächeln, wie du weißt,
Zu tanzen, wenn mir schwerer als ein Stein
Das Herz drin hing, und jedem schweren Tag
Entgegen, jedem Uebel ins Gesicht
Zu lächeln: alle Kraft von meiner Jugend
Ging auf in diesem Lächeln, doch ich trieb's
Bis an das Ende und nun steh' ich da.

Kaufmann: Dies alles hängt nur schattenhaft zusammen.

Sobeide: Wie dies zusamm' hängt, daß ich lächeln mußte
Und endlich deine Frau geworden bin?
Willst du das wissen? muß ich dir das sagen?
So weißt du, weil du reich bist, gar so wenig
Vom Leben, hast nur Augen für die Sterne
Und deine Blumen in erwärmten Häusern?
Merk', so hängt dies zusamm': arm war mein Vater,
Nicht immer arm, viel schlimmer: arm geworden,
Und vieler Leute Schuldner, doch am meisten
Der deine; und von meinem Lächeln lebte
Die kummervolle Seele meines Vaters,
Wie andrer Leute Herz von andren Lügen.
Die letzten Jahre, seit du uns besuchst,

Da konnt' ich's schon, vorher war meine Schulzeit.

Kaufmann: Meine Frau geworden!
Sie hätt' sich eben so mit einer Scheere
Die Adern aufgethan und in ein Bad
Mit ihrem Blut ihr Leben rinnen lassen,
Wär' das der Preis gewesen, ihren Vater
Von seinem großen Gläubiger lösen!
. . . . So wird ein Wunsch erfüllt!

Sobeide: Nimm's nicht so hart. Das Leben ist nun so.
Ich selber nehm's schon wie im halben Traum.
Wie Einer, wenn er krank ist, nicht mehr recht
Vergleichen kann und nicht mehr sich entsinnen,
Wie er am letzten Tag dies angesehen,
Und was er dann gefürchtet und gehofft:
Er hat den Blick von gestern schon nicht mehr . . . .
So, wenn wir in die große Krankheit: Leben
Recht tief hineingekommen sind. Ich weiß
Kaum selber mehr, wie stark ich manche Dinge
Gefürchtet, andere wie sehr ersehnt,
Und manches, was mir einfällt, ist mir so,
Als wär's das Schicksal einer andern Frau,
Grad' etwas, das ich weiß, doch nicht das meine.
Schau, meine Art ist bitter, doch nicht schlimm:
War ich im ersten Augenblick zu wild,
So wird auch kein Betrug dabei sein, wenn ich
Sanft sitzen werd' und deinen Gärtnern zusehn.
Mein Kopf ist abgemüdet. Mir wird schwindlig,
Wenn ich zwei Dinge in mir halten soll,
Die miteinander streiten. Viel zu lang
Hab' ich das thuen müssen. Ich will Ruh'!
Die gibst du mir. Dafür bin ich dir dankbar.
Denk' nicht, das wäre wenig: furchtbar schwach
Ist alles, was auf zweifelhaftem Grund
Aufwächst. Doch hier ist nichts als Sicherheit.

Kaufmann: Und dieser Mensch?

Sobeide: Auch das nimm nicht zu schwer.
Schwer war's zu nehmen, hätt' ich dir's verschwiegen;
Nun hab' ich's hergegeben. Laß es nun!

Kaufmann: Du bist nicht los von ihm!

Sobeide: Meinst du? Was heißt
Denn „los"? Die Dinge haben keinen Halt,
Als nur in unserm Willen, sie zu halten.
Das ist vorbei. (Handbewegung.)

Kaufmann (nach einer Pause): Du warst ihm, was er dir?

Sobeide (nickt).

Kaufmann: Wie aber, wie nur denn ist dies gekommen,
Daß dich zur Frau nicht er —

Sobeide: Wir waren arm!
Nein, mehr als arm, du weißt's. Sein Vater auch.
Auch arm. Dazu ein harter, düstrer Mensch,

1. Juniheft 1899

Wie meiner allzu weich, und auf ihm lastend,
So wie der meinige auf mir. Das Ganze
Viel leichter zu erleben, als mit Worten
Zu sagen. Alles ging durch Jahre hin.
Wir waren Kinder, als es anging, müde
Am End' wie Füllen, die man allzu früh
Am Acker braucht vor schweren Erntewagen.

Kaufmann: Es ist zu sagen: das kann nicht so sein,
Das mit dem Vater. Diesen Schalnassar,
Den Teppichhändler, kenn' ich. Nun, es ist
Ein alter Mensch; von ihm mag Gutes reden,
Wer will, ich nicht! Ein schlechter alter Mensch!

Sobeide: Kann sein, gleichviel! Ihm ist's der Vater eben.
Ich hab' ihn nie gesehn. Er sieht ihn so.
Er nennt ihn krank, wird traurig, wenn er redet
Von ihm. Deswegen hab' ich ihn auch nie
Gesehn, das heißt, seit meiner Kinderzeit,
Und da nur hie und da am Fenster lehnen.

Kaufmann: Doch gar nicht arm, nichts weniger als arm!

Sobeide (ihrer Sache völlig sicher, traurig lächelnd):
Meinst du, dann stünd' ich hier?

Kaufmann: Und er?

Sobeide: Wie er?

Kaufmann: Er ließ dich deutlich sehn.
Daß ihm unmöglich schien, was er und du
Durch Jahre wünschtet und lang möglich hieltet?

Sobeide: Da es unmöglich war! . . . . und dann, zudem
„Durch Jahre wünschtet" — alle diese Dinge
Sind anders, und die Worte, die wir brauchen,
Sind wieder anders. Hier ist dies gereift,
Und hier vermodert. Augenblicke gibt's,
Die Wangen haben, brennend wie die Sonnen —
Und irgendwo schwebt ein uneingestanden
Geständnis, irgendwo zergeht in Luft
Der Widerhall von einem Ruf, der nie
Gerufen wurde; irgend etwas flüstert:
„Ich gab mich ihm" merk': in Gedanken! „gab" —
Der nächste Augenblick schluckt alles ein,
So wie die Nacht den Blitz . . . . Wie alles anfing
Und endete? Nun so: ich that die Lippen
Nicht auf und bald auch meine Augenlider nicht,
Und er —

Kaufmann: Wie war denn er?

Sobeide: Mich dünkt sehr vornehm.
Wie Einer, der im Andern selbst sein Bild
Zerstören will, dem Andern Schmerz zu sparen —
Ganz ungleich, nicht so gütig mehr wie sonst
— Die größte Güte lag drin, so zu sein
Zerrissen, voll von einem Spott, der ihm
Im Innern weher that vielleicht als mir,

Wie ein Schauspieler manchesmal, so seltsam
Voll Absicht. Andre Male wieder so
Von meiner Zukunft redend, von der Zeit,
Da ich mit einem Anderen —
Kaufmann (heftig): Mit mir?
Sobeide (kalt): Mit irgend einem anderen vermählt,
So redend, wie er wußte, daß ich nie
Ertragen würde, daß es sich gestalte.
So wenig, als er selbst es eine Stunde
Ertrüge, denn er gab sich nur den Schein,
Mein Wesen kennend, wissend, daß ich so
Mit mindren Schmerzen mich losmachen würde,
Sobald ich irr an ihm geworden wäre.

— — — — — — — — — — — — — — — —

Es war zu künstlich, aber welche Güte
Lag drin.
Kaufmann: Sehr große Güte, wenn es wirklich
Nichts war, als nur ein angenomm'ner Schein.
Sobeide (heftig): Mein Mann, ich bitte, dieses Eine bitt' ich
Von dir: verstöre unser Leben nicht:
Es ist noch blind und klein wie junge Vögel:
Mit einer solchen Rede kannst du's töten!
Nicht eine schlechte Frau werb' ich dir sein:
Ich meine, langsam finde ich vielleicht
In andern Dingen etwas von dem Glück,
Nach dem ich meine Hände streckte, meinend,
Es wär' ein Land ganz voll damit, die Luft,
Der Boden! und man könnte dort hinein:
Jetzt weiß ich schon, ich sollte nicht hinein . . .
Ich werde dann beinahe glücklich sein,
Und alle Sehnsucht ohne Schmerz verteilt
An Gegenwart und an Vergangenheit
Wie helle Sonne in den lichten Bäumen,
Und wie ein leichter Himmel hinter'm Garten
Die Zukunft: leer, doch alles voller Licht . . . .
Nur werden muß man's lassen:
Jetzt ist noch alles voll Verworrenheit,
Du mußt mir helfen, das darf nicht geschehn,
Daß du mit einem falschen Wort dies Leben
Zu stark an mein vergang'nes knüpfst: sie müssen
Geschieden sein durch eine gläserne,
Luftlose Mauer wie in einem Traum.
                    (Am Fenster.)
Der Abend darf nicht kommen. der mich hier
An diesem Fenster fände ohne dich:
— Schon nicht zu Haus zu sein, nicht aus dem Fenster
Von meiner Mädchenkammer in der Nacht
Hinauszuschaun, hat eine sonderbare,
Gefährliche, verwirrende Gewalt:
Als läg' ich auf der Straße, Niemands eigen,

So meine Herrin, wie noch nie im Traum!
Ein Mädchenleben ist viel mehr beherrscht
Von einem Druck der Luft, als du begreiffst,
Dem Freisein das Natürliche erscheint.
Der Abend darf nie kommen, wo ich hier
So stünde, aller Druck der schweren Schatten,
Der Eltern Augen, alles hinter mir,
Im dunklen Vorhang hinter mir verwühlt,
Und diese Landschaft mit den goldnen Sternen,
Dem schwachen Wind, den Büschen so vor mir!
(Immer erregter.)
Der Abend darf nie kommen, wo ich dies
Mit solchen Augen sähe, die mir sagten:
Hier liegt ein Weg, er schimmert weiß im Mond:
Bevor der schwache Wind die nächste Wolke
Dem Mond entgegentreibt, kann den ein Mensch
Zu Ende laufen, zwischen Hecken hin,
Dann aber einen Kreuzweg, einen Rain,
Im Schatten dann vom hohen Mais, zuletzt
In einem Garten! und dann hätt' er schon
Die Hand an einem Vorhang, hinter dem
Ist alles: Küssen, Lachen, alles Glück
Der Welt so durcheinander hingewirrt
Wie Knäuel goldner Wolle, solches Glück,
Davon ein Tropfen auf verbrannten Lippen
Genügt, so leicht zu sein wie eine Flamme,
Und gar nichts Schweres mehr zu sehen, nichts
Mehr zu begreifen von der Häßlichkeit!
(Fast schreiend.)
Der Abend darf nie kommen, der mit tausend
Gelösten Zungen schreit: Warum denn nicht?
Warum bist du ihn nicht in einer Nacht
Gelaufen? Deine Füße waren jung,
Dein Atem stark genug, was hast du ihn
Gespart, damit dir reichlich überbleibt,
In deine Kissen nachts hineinzuweinen?
(Sie kehrt dem Fenster den Rücken, klammert sich an den Tisch, sinkt in sich
zusammen und bleibt auf den Knien liegen, das Gesicht an den Tisch gedrückt,
den Leib vom Weinen durchschüttert. Lange Pause.)
Kaufmann: Und wenn ich dir die erste Thür aufthäte,
Die einzige verschloss'ne auf dem Weg?
(Er thut's; durch die geöffnete kleine Thür in den Garten rechts fällt Mond
herein.)
Sobeide (auf den Knien, beim Tisch):
Bist du so grausam, in der ersten Stunde
Ein abgeschmacktes Spiel aus meinem Weinen
Zu machen, bist du so, mich recht zu höhnen?
So stolz darauf, daß du mich sicher hältst?
Kaufmann (mit aller Beherrschung):
Ich hätte sehr gewünscht, du hättest anders

Gelernt von mir zu denken, doch dazu
Ist jetzt nicht Zeit.
Dein Vater, wenn's das ist, was dich so drückt,
Dein Vater ist mir nichts mehr schuldig, vielmehr
Ist zwischen mir und ihm seit kurzer Zeit
Dergleichen abgemacht, wovon ihm Vorteil
Und damit hoffentlich ein später Schimmer
Von Freudigkeit erwächst.
(Sie hat sich auf den Knien, zuhörend, ihm näher geschoben.)
Du könntest also —
Du kannst, ich meine, wenn es dieses war,
Was dich am meisten lähmte, wenn du hier,
In einem — fremden Haus, den Mut des Lebens,
Der dir verloren war, neu eingeatmet,
Dich wie aus einem schweren Traum zur Hälfte
Aufrichtest, und es diese Thür hier ist,
Von der du fühlst, sie führt zum wachen Leben:
So geb' ich dir vor Gott und diesen Sternen
Den Urlaub, hinzugehn, wohin du willst.
Sobeide (immer auf den Knien): Wie?
Kaufmann: Ich seh' in dir so wenig meine Frau,
Als sonst in einem Mädchen, das, vor Sturm,
Vor Räubern von der Straße, sich zu schützen
Für kurz hier in mein Haus getreten wäre,
Und spräche mir mein Recht ab über dich,
So wie mir keines zusteht über Eine,
Die solcher Zufall in mein Haus verschlüge.
Sobeide: Was sagst du da?
Kaufmann: Ich sage, du bist frei,
Durch diese Thür zu gehn, wohin du willst:
Frei wie der Wind, die Biene und das Wasser.
Sobeide (halb aufgerichtet): Zu gehn?
Kaufmann: Zu gehn.
Sobeide: Wohin ich will?
Kaufmann: Wohin
Du willst, zu welcher Zeit du willst.
Sobeide (noch immer betäubt, jetzt an der Thür):
Jetzt?! hier?!
Kaufmann: Jetzt, so wie später. Hier, wie anderswo.
Sobeide (zweifelnd): Doch zu den Eltern nur?
Kaufmann (im stärksten Ton): Wohin du willst.
Sobeide (zwischen Lachen und Weinen):
Das thust du mir? Das hab' ich nie im Traum
Gewagt zu denken, nie im tollsten Traum
Wär ich auf meinen Knie'n mit dieser Bitte
(sie fällt vor ihm auf die Kniee)
Zu dir gekrochen, um dein Lachen nicht
Zu sehn bei solchem Wahnsinn ... und du thust's,
Du thust es! du! du guter, guter Mensch!
(Er hebt sie sanft auf, sie steht verwirrt.

1. Juniheft 1899

Kaufmann (sich abwendend): Wann willst du gehen?
Sobeide: Jetzt! im Augenblick!
    O sei nicht zornig, denk' nicht schlecht von mir!
    Sag' selber: kann ich denn die Nacht bei dir,
    Bei einem Fremden bleiben? muß ich nicht
    Sogleich zu ihm, gehör' ich ihm denn nicht?
    Wie darf sein Gut in einem fremden Haus
    Die Nacht verweilen, als wär's herrenlos?
Kaufmann (bitter): Gehörst ihm schon?
Sobeide: Herr, eine rechte Frau
    Ist niemals ohne Herrn: von ihrem Vater
    Nimmt sie der Gatte, dem gehört sie dann,
    Sei er lebendig oder in der Erde:
    Der nächste und der letzte ist der Tod.
Kaufmann: So willst Du nicht, zuminbest bis zum Tag,
    Zurück zu deinen Eltern?
Sobeide: Nein, mein Lieber.
    Das ist vorbei. Mein Weg ist nun einmal
    Nicht der gemeine: diese Stunde trennt
    Mich völlig ab von mädchenhaften Dingen.
    So laß' mich ihn in dieser einen Nacht
    Auch bis ans Ende gehn, daß alles später
    Mir wie ein Traum erscheint, und ich mich nie
    Zu schämen brauch'.
Kaufmann: So geh!
Sobeide: Ich thu' dir weh?
Kaufmann (wendet sich ab).
Sobeide: Erlaub', daß ich aus diesem Becher trinke.
Kaufmann: Er ist von meiner Mutter, nimm ihn dir.
Sobeide: Ich kann nicht, Herr. Doch trinken laß' mich draus.
            (Sie trinkt.)
Kaufmann: Trink' dies und sei dir nie im Leben not,
    Aus einem Becher deinen Durst zu löschen,
    Der minder rein als der.
Sobeide: Leb wohl.
Kaufmann: Leb wohl.
        (Sie ist schon auf der Schwelle.)
    Hast du nicht Furcht? Du bist noch nie allein
    Gegangen. Wir sind außerhalb der Stadt.
Sobeide: Mein Lieber, mir ist über alle Furcht
    Und leichter, als noch je am hellen Tage.
            (Sie geht.)
Kaufmann (nachdem er ihr lange nachgesehen, mit einer schmerzlichen
    Bewegung): Als zög' jetzt etwas seine stille Wurzeln
    Aus meiner Brust, ihr hinterbrein zu fliegen,
    Und in die leeren Höhlen träte Luft!
            (Vom Fenster wegtretend.)
    Scheint sie mir nicht im Grund jetzt minder schön,
    So hastig, gar so gierig, hinzulaufen,
    Wo sie kaum weiß, ob Einer auf sie wartet!

Nein: ihre Jugend muß ich nur recht faſſen,
Ganz eins mit allem Schönen iſt auch dies,
Und dieſe Haſt ſteht dieſem Weſen ſo,
Wie ſchönen Blumen ihre ſtummen Mienen.
(Pauſe.)
Ich glaube, was ich that, iſt einer Art
Mit dem, wie ich den Lauf der Welt erkenne:
Ich will nicht andere Gedanken haben,
Wenn ich die hohen Sterne kreiſen ſeh',
Und andre, wenn ein junges Weib vor mir ſteht.
Was dort die Wahrheit, muß es hier auch ſein.
Auch iſt zu ſagen, wenn es dieſe Frau,
Wenn dieſes Kind es nicht ertragen kann,
Zwei Dinge gleichzeitig in ſich zu halten,
Von denen eins das andre Lügen ſtraft,
Soll ich es können, mit der That verleugnen,
Was ich mit der Vernunft und dumpfer Ahnung
Dem Ungeheuren abgelernt, das draußen
Sich aufſtürmt von der Erde zu den Sternen?
Ich nenn' es Leben, jenes Ungeheure,
Und Leben iſt auch dies, wer dürft' es trennen?
Was iſt denn reif=ſein, wenn nicht: ein Geſetz
Für ſich und für die Sterne anerkennen!
Jetzt gab mir alſo mein Geſchick den Wink,
So einſam fortzuleben, wie bis nun,
Und — kommt einmal das Letzte, ohne Erben,
Und keine Hand in meiner Hand, zu ſterben.
(Verwandlung.)

Rundſchau.

Literatur.

* Kolportage=Lyrik. Nun iſt
ein alter Gedanke verwirklicht worden,
der unſres Wiſſens zum erſten Mal
in der Wiener Flugſchriftenſammlung
„Gegen den Strom" in die Oeffent=
lichkeit gebracht und damals, vor
einem guten Jahrzehnt, ſehr viel er=
örtert wurde. Jacobowſki, der gegen=
wärtige Leiter der „Geſellſchaft", hat
„Neue Lieder der beſten neueren Dich=
ter fürs Volk" zuſammengeſtellt, um
ſie (von dem Verlage M. Liemann
in Berlin) für 10 Pfennige durch
Kolportage vertreiben zu laſſen.
Die Auswahl hätten wir anders ge=
macht, aber es iſt ja ſelbſtverſtändlich,
daß jedem ſeine Auffaſſung von Lyrik
als die richtige erſcheint, und zudem
wirds keinem benommen, eine Samm=
lung nach ſeinem Geſchmack neben

dieſe zu ſetzen. Grundſätzlich ver=
ſchiedener Meinung ſind wir mit
Jacobowſki nur darin: wir halten es
nicht für richtig, bei vollstümlichen
Ausgaben mit einer Sammlung allein
aus den Neuen anzufangen, zumal
wenn darunter ſo viele Neueſte ſind.
Will man's thun, ſo verhehle man ſich
wenigſtens nicht, daß man damit mehr
im Privatintereſſe von uns neuen
Poeten handelt, als in dem allgemeinen
unſres Volks. Unſer Volk braucht von
allem Unveralteten, was es aufnehmen
kann, zunächſt ſchlichtweg das Aller=
beſte, ohne Rückſicht auf ſein Geburts=
jahr. Und die echte Poeſie, die „ſättigt
und nährt", iſt nicht ſo dicht geſäet,
daß man allein vom Felde der Neuen
einen Band mit beſtem Korne füllen
könnte. Möge wenigſtens ein ergän=
zendes Heft aus älteren Dichtern recht
bald nachfolgen.

1. Juniheft 1899

* „Jung-Wien".

In Wien hat's wieder eine Litera-
ten-Prügelei gegeben, diesmal eine,
bei welcher, leider, nur der eine Teil
Prügel bekam. Der Korrespondent
der „Frankfurter Ztg." schließt an den
Bericht darüber ein paar Sätze über
„Jung-Wien", die wir zu lesen bitten.
Die Wiener Blätter, sagt er, „bringen
all diese eklen Vorfälle unter der
Marke »Jung-Wien« — entweder
in höhnischem Sinn oder als ganz
selbstverständlich. Zeit zu prüfen und
Lust zu unterscheiden ist nicht da; eine
Rubrik ist bequem; den Protest derjenigen, welche darunter leiden, hat
man nicht zu fürchten, denn die vornehmste Waffe der Geringschätzung ist
Schweigen. Es gibt hier eine Reihe
von Leuten, welche von sich reden
machen, indem sie reden. Es sind
Journalisten, einige Theaterschriftsteller
von lokaler Bedeutung, doch meist
solche, die nur durch ein oberflächlich-
persönliches Interesse mit der »Literatur« zu thun haben. Man versammelt
sich des Nachmittags in bestimmten
Caféhäusern, und das erhabenste Thema
aller Gespräche ist das Theater.
Schauspieleranekdoten, Komödianten-
klatsch ist die unversiegbare Quelle
endloser Erörterungen; der erfolgreiche
Bühnendichter ist Autorität; in noch
höherem Maß der Kritiker. Ein bedeutender Romancier etwa würde in
diesem Kreise eine höchst bemitleidens-
werte Rolle spielen. Es ist vorgekommen, daß ein berühmter Novellist gefragt wurde, wo man denn eigentlich
seine Bücher »bekommen« könne. Junge
Leute drängen sich herzu, welche Unterhaltung und Belehrung suchen, und
Manchem gelingt es, sich auf einem
unscheinbaren Wege die Freundschaft
eines Machthabers zu erwerben. So
kommen dann Stücke wie das »Dreieck«
auf die Bühne und noch manches
andere, von dem ich nicht reden will.
Mit der Kunst hat das alles nichts
zu schaffen, mit geistigen Interessen
noch viel weniger. Gegenseitige Lobes-
pflicht ist die verbindende Kette, und
die Angst, allein zu stehen, bildet zugleich die günstigste Chance des Erfolgs.
Das ist zu sagen über den Begriff
»Jung-Wien«, welcher auf dem
Punkte steht, ein Gegenstand der Lächer-
lichkeit und des Achselzuckens aller
Einsichtsvollen zu werden: in einer
Stadt wie Wien, wo das spielerische Interesse an allen Dingen so
sehr vorherrscht, ist es nicht wunder-

bar, daß die Kunst zum Tummelplatz
rein gesellschaftlicher Vergnü-
gungen und Ziele geworden ist. Deshalb scheint es Pflicht, darauf zu achten,
daß die Ernsten und die der Sache
dienen, von dieser Atmosphäre der
üblen Meinungen befreit werden. Es
gibt kein »Jung-Wien«. Es gibt einige
Literaten, welche schreien, Gezänke
inszenieren, sich protegieren lassen, oder,
wenn sie die schmutzige Leiter des Erfolgs emporgeklettert sind, selber zu
beschützen beginnen, welche nur der
Eitelkeit dienen, durch eine Liebschaft
oder ein Theaterstück das Geschwätz
der Neugierigen entfesseln, — hier wie
überall, nur prätentiöser, lärmender,
erhitzter, schmieriger, naiver als sonst-
wo. Es gibt aber auch einige andere
Leute, wie Schnitzler, Hofmannsthal,
Bangmann, welche alledem ferne sind
und die zu Jenen gehören, die sich
verurteilt sehen, aus Geringschätzung
zu schweigen, wenn man pompös von
diesem »Jung-Wien« spricht, welches
sich prügelt und Siegesmahlzeiten
feiert."

Theater.

* Von den Berliner Bühnen.
In diesem kalten Frühjahr, wo die
Spargel so spärlich und die Premièren
so üppig sproßten, ging es wie im Winter:
das Beste bekam man nicht auf den
großen Bühnen zu sehn, sondern bei
den Sonderaufführungen. Die „Hi-
storisch-modernen Festspiele",
die sich mit etlichen modernen Sachen,
den verfehlten „Letzten Menschen" Wolfgang Kirchbachs und dem trostlosen
„Kupfer" Duimchens, um jeden Kredit
zu bringen begannen, griffen zuletzt
mit Erfolg wieder auf das Historische
zurück. Kleists „Amphitryon" war
eine ganz köstliche Gabe. Immer wieder fragte man sich vergebens, warum
sich unsere Theater diesen quellfrischen
Humor, wie er namentlich in den Gesprächen der beiden Sosies sprudelt,
und dieses wundersame Wechselspiel
von Götter- und Menschenliebe entgehen lassen. Shakesperes „Troilus
und Cressida" ließ es freilich zweifelhaft erscheinen, ob das große Publikum
sich dabei zurecht finden könne. Begegnete es doch selbst in dem außer-
lesenen Kreise manchem gelegentliche
Mißverstehen. Immerhin war es keine
kleine Zahl, die es mit freudigem
Dank begrüßte, einmal den Thersites,
dieses vollbürtige Seitenstück zu Falstaff, auf der Bühne genießen zu können.

Ein neues Unternehmen, die „Gesell=
schaft für dramatische Aufführ=
rungen im Theater der Urania"
(konnte man keinen weniger holperigen
Namen wählen?) führte sich gut ein
mit einer Einakter=Matinee von Paul
Ernst. Der Dichter erregte voriges
Jahr mit seiner „Lumpenbagasch" ein
gewisses Aufsehen. Seine neuen Stücke
beweisen, daß er keine Eintagsfliege
ist, sondern ein starkes Talent, von
dem man noch Besseres erwarten kann.
Er ist vielseitig. Gerade darum tastet
er nach etwas. Von seinen drei Ein=
aktern ist eine, „Die schnelle Ver=
lobung", ein äußerst wirksamer
Schwank, frisch und keck hingeworfen,
mit ein ganz klein wenig Satire ver=
brämt, aber ohne Individualität. Seinet=
wegen würde ich Paul Ernst an dieser
Stelle gar nicht erwähnen. Viel be=
deutsamer ist die, ja, wie soll ich sagen,
Melancholie „Wenn die Blätter fallen".
Ein schönes, schwindsüchtiges Mädchen
verzichtet auf den jungen Mann, den
sie liebt, um ein frisches junges Ding
mit ihm zu beglücken. Sie wendet ihre
Liebe scheinbar einem andern jungen
Manne zu, der sie anbetet. Sie weiß,
daß er unheilbar herzkrank ist. Er
weißes nicht. Einen wärmenden, leuch=
tenden Sonnenstrahl wirft ihr Liebes=
geständnis auf seine karg bemessene
Tage. Aber zuletzt merkt er, daß sie
nur Illusionen in ihm geweckt hat.
Ein Hauch Maeterlinckschen Geistes
weht durch das Stück. Zwischen den
Worten liegt die Hauptsache. Nur ein
wirklicher Dichter kann so schreiben.
Im schroffen Gegensatz zu dieser weh=
mütigen Stimmungsmalerei steht „Im
(lies: in der) Chambre séparée", ein
Ausschnitt aus dem Berliner Leben,
wie er in so krassen Farben noch auf
keiner Bühne gebracht worden ist: das
Laster zeigt sich nackt. Der Beobach=
tungsgabe des Verfassers macht die
Studie Ehre.

Von den großen Bühnen hat das
Deutsche Theater, wie üblich, die
größten Triumphe gefeiert, an denen
freilich, wie gleichfalls üblich, die Dar=
stellung mit mindestens 50% beteiligt
ist. „Hans" von Max Dreyer war
ein unbestrittener Erfolg. Mir scheint
es das reifste unter seinen Stücken;
außerdem freilich ein Beweis dafür,
daß wir Max Dreyer wohl leider
endgiltig unter die Rubrik „gute Mittel=
sorte" einordnen müssen. Trefflich ist
das Milieu geschildert, eine biologische
Station auf einer einsamen Nordsee=
insel. Trefflich auch ist die Gegenüber=
stellung zweier Frauencharaktere, des
kühlen, klaren, tugendfesten, ganz von
Wille und Verstand beherrschten „Hans"
und der liebedurstigen, anschmiegenden,
ganz den Gefühlen hingegebenen Anna.
Aber beim Konflikt zwischen beiden
Frauennaturen, die um denselben
Mann, den Vater der einen, den Ge=
liebten der andern, ringen, versagt
Dreyer. Er läßt „Hans" sich verlieben
und vor der eigenen Liebe ihre Grund=
sätze hinschmelzen und ihren Charakter
sich umwandeln. Er gehört eben nicht
zu den Leuten, die etwas wagen.
Darum geht er jedem Konflikt aus
dem Wege, auf die Gefahr hin, banal
zu werden. Sein „Hans" ist unzweifel=
haft „sehr nett". Aber das besagt am
Ende nicht den Inbegriff der Anerken=
nung, die sich ein wirklicher Dichter
wünschen müßte.

Viel ernster kam uns Arthur
Schnitzler mit seinen drei Einaktern.
Der „Paracelsus" ist nicht mehr als
eine geistreiche Plauderei. Die „Ge=
fährtin" enthält einen wundervoll ge=
zeichneten Charakter. Professor Pilgram
ist ein älterer Gelehrter. Ein Jahr
hat er mit seiner jungen Gattin Liebes=
lust genossen, dann kam, was nach
seiner Ansicht kommen mußte. Sie
liebt einen jüngeren Mann. Er sieht
es ruhig mit an; jenseits von Liebe
und Haß, die Verkörperung des „tout
comprendre c'est tout pardonner",
sträubt er sich nicht gegen das, was
ihm natürlich erscheint. Er verdenkt es
ihr gar nicht. Es ist ihm gleichgiltig,
und sie ist ihm gleichgiltig geworden.
Wieder, wie zuvor, lebt er nur der
Wissenschaft. Erst die Entdeckung, die
er am Tage ihres Begräbnisses macht,
daß sie nicht die Geliebte eines andern,
sondern seine Dirne war, bringt ihn
aus seinem philosophischen Gleichmut
heraus. Aber auch nur auf einen
Augenblick. Die einzige Schwäche des
Stückes besteht darin, daß man sich
nicht recht denken kann, wie dem Pro=
fessor in seiner siebenjährigen Ehe die
Dirnennatur des Weibes entgangen
sein sollte. Ohne jede Einschränkung
kann ich den „Grünen Kakadu" loben.
Es ist am Tage des Bastillensturms
in Paris. Niemand kennt den Ernst
der Lage, aber man ahnt ihn. Im
Keller Prospères, eines Galgenstricks
von Wirt, führen Schauspieler Ver=
brecherszenen auf und bringen damit
übersättigte Aristokraten und Aristo=
kratinnen in ein wollüstiges Gruseln.

Ein wirklicher Mörder schneit herein, wird aber als ungeschickter Debütant verspottet, weil er seine Thaten ohne pathetische Uebertreibung einfach und natürlich berichtet. Unter der Maske des Spiels werden den „Aristos" blutige Wahrheiten gesagt. Sie zucken manchmal zusammen, weil's ihnen wie Ernst vorkommt. Aber dann, pah, lacht man um so stärker. Draußen heulen die entfesselten Massen. Schein und Wirklichkeit verschlingen sich so ineinander, daß man manchmal nicht weiß, wo das Eine aufhört und das Andre anfängt. Mitten in dieses Spiel fällt die Tragödie des Schauspielers, der eine wilde Improvisation über den Ehebruch seiner Frau und die Rache an ihrem herzoglichen Verführer zum Besten gibt, dabei erfährt, daß der erste Teil seines Schauspiels Wahrheit ist und nun auch den zweiten zur Wahrheit macht. Draußen hört man über den Sturz der Bastille jubeln. Drinnen fällt der Herzog, erdolcht. Dies alles, in einen Einakter zusammengedrängt, dramatisch zugespitzt, von grausem Humor durchtränkt, weist wirklich auf ein ungewöhnlich starkes Talent hin. Schnitzler ist gewiß kein Genie, aber ein Virtuose ersten Ranges.

Mit den andern Theatern ist man rasch fertig. Das Berliner Theater brachte neben einer blödsinnigen Verspottung der Frauenbewegung („Platz den Frauen!" von Valabrègue und Hennequin) und einer Zusammenstoppelung alter und bewährter Witze („Die Badesaison" von Schefranek) ein ernst zu nehmendes Drama eines Anfängers, „Kain" von Ernst Prange. Das Stück ist zwar nur zweimal aufgeführt worden, weil es dem Publikum „zu stark" war, zu stark im Sinne des Ibsenschen „Gespenster". Es endigt mit einer Wahnsinnsszene, die allerdings nicht gerade nervenberuhigend wirkt. Aber die Kraft, mit der hier das Problem des Brudermords aus künstlerischer Eifersucht behandelt wird, ist so offenbar, daß man von dem jungen Verfasser Gutes erwarten kann.

Das Lessingtheater ließ einen bisher in Berlin unbekannten Wiener, Leo Hirschfeld, in einer netten Literaturkomödie zu Worte kommen. Es steckt in „Lumpen" die Schilderung eines Wiener literarischen Cafés drin, die immerhin Wert hat. An größeren Aufgaben, die bis Hirschfeld außerdem gestellt hat, scheitert er. Das Schauspielhaus kann wieder ein-

mal mit vollem Recht den Anspruch erheben, mit seiner Novität zuletzt genannt zu werden. Das dramatische Märchen „Die Krone" von Anton von Perfall versank im Gähnen der Zuhörer. —ch.

* Ueber den Stoff zu Josef Lauffs „Eisenzahn", der nun in Wiesbaden mit Pauken und Trompeten gegeben worden ist, kann man sich aus William Piersons gut hohenzollerischer „Preußischer Geschichte" unterrichten. Dem zweiten Friedrich von Brandenburg erschien es danach als wichtigste Aufgabe, das aufblühende Berlin ganz unter seine Herrschaft zu bringen, wie verbrieft dessen Rechte auch waren — mitten im Frieden überfiel er die Stadt, er vernichtete ihre Privilegien, und später schlug er ihren Aufstand nieder. „Der Bürgermeister von Berlin, Bernhard Ryke, der mit Mut und Thatkraft den Widerstand für das städtische Recht geleitet, sowie mehrere andere Führer der Bürgerschaft wurden verbannt und ihrer Lehen beraubt, Ryke dann in der Fremde durch einen märkischen Edelmann, der sich Hofdank verdienen wollte, ermordet. Alle andern Bürger mußten dem Kurfürsten Treue und Gehorsam schwören, und fortan setzte er die städtischen Behörden ein. So endete 1448 der »Berliner Unwille« mit vollständigem Siege des Fürsten. Berlins Niederlage schreckte auch die andern Städte und schaffte dem Kurfürsten überall Gehorsam. Der Staat im ganzen konnte dabei nur gewinnen; eben deshalb vertrug sich Friedrichs gewaltsames und widerrechtliches Verfahren gegen die Städte in seiner Seele ganz wohl mit seiner Gottesfurcht; sie ging bei ihm immer Hand in Hand mit der Politik." Lauff hat es fertig gebracht, diesen Stoff, der alle Elemente zu einem wirklichen Drama enthält, bei dem bekanntlich beide Teile Recht haben müssen, „umzudichten" in eine Verherrlichung allein des Kurfürsten. Der ist in seinem Stück ein lieber, netter Herr mit einem grundguten Herzen, Ryke dagegen ein Scheusal, vor dem Mutter und Tochter sich entsetzen und das denn auch am Schlusse des Stückes nicht Hofdanks wegen ermordet, sondern geziemender Maßen am steinernen Rolande von Berlin erschlagen wird. Nichts bezeichnender für den Geist des Ganzen, als die „Kleinigkeiten" bei diesem Schluß. Der Roland ist das Wahrzeichen der alten Freiheiten, das Sym-

bol, unter dem Ryle kämpft. Alexis schildert sein Ende so: „Und da er stürzte nach vielen Schlägen, denn er war sehr verwittert, zuckte es durch die Luft wie wildes Schmerzgeheul. Nur eine Stimme (die einer halb Irren) jauchzte. Dann ward es totenstill." Wird Ryle vom Roland erschlagen, so liegt er wie unter der Fahne, für die er stirbt. Wäre so etwas auf der andern Seite geschehen, wie hätte es Lauff „mit ewigem Ruhme umflochten!" Da aber Ryle gegen den Kurfürsten stand, ist der Roland bei Lauff „Idol" und „Fetisch", der ihn „erwürgt", und alles atmet bei seinem Sturze auf.

Lauff hat in der Praxis von der „Theaterkunst" vielleicht gelernt, technisch ist der „Eisenzahn" vielleicht um eine Kleinigkeit weniger miserabel geraten, als sein Vorgänger. Von einem literarischen Werke, von einer Dichtung gar zu reden, wo die Liebedienerei gar nichts gewollt hat, als wieder eine Theaterpuppe neubyzantinischen Stils auf die dynastische Siegesallee zu setzen — das geht wirklich nicht an.

Nach dem offiziellen Festprogramm, dessen Deutsch auf Lauffs Verfasserschaft schließen läßt, endet das Stück „mit einer Apostrophe des Kurfürsten an die sich selbst wiedergefundenen Bürger." Nach dem ersten unwillkürlichen Unwillen über diese Art von Kunst „sich selbst wiedergefundenen" Leser werden Lauff noch einige weitere solche Geisteskinder wünschen für Galavorstellungen auf den Hoftheatern und unserthalben für Prachtausgaben im Buchhandel mit Illustrationen von Knackfuß — es kann zur Aufklärung des Volkes über unsre Hofkunst nichts Zweckmäßigeres geschehen.

* Wie's gemacht wird.

Die unschuldigen kleinen Scherze, mit denen die Bühnenkünstler dann und wann Frau Fortuna zu animieren lieben, werden ihnen bekanntlich leider wohl von Uebelwollenden mißdeutet. Insbesondere beobachtet in neuester Zeit die „Breslauer Morgenzeitung" die leisen Klapperspiele von Tragöden und Komöden mit Frau Reklame geradezu unbescheiden zudringlich. „In Bühnenkreisen", behauptet sie jetzt z. B. mit eherner Stirn, „ist es Sitte, daß sich manche Persönlichkeiten, um sich besser vor der Oeffentlichkeit ihres neuen Wirkungskreises zu präsentieren, Engagements beilegen, die sie in Wirk-

lichkeit nie gehabt haben." Und sie wagt es, diese Unterstellung durch eine Blumenlese beweisen zu wollen, die, allerdings, nur aus den letzten Wochen und nur bei solchen Leuten vorgenommen ist, die sich auf das eine Kunstnebenamt Breslau stützen. Lesen wir: „Kürzlich gastierte am Münchener Schauspielhause ein Herr Arthur Bauer »vom Stadttheater in Breslau« mit komplettem Mißerfolge. Wir erinnern uns eines hier thätig gewesenen Schauspielers Bauer nicht. Vor wenigen Tagen lasen wir in Wiener Blättern die Mitgliederliste eines dortigen Theaters für die kommende Saison. Darunter fand sich ein Frl. Eleonore Weiser »vom Stadttheater in Breslau«. Frl. Weiser ist hier durchaus unbekannt. Am Berliner »Zentraltheater« wird laut »Berliner Tageblatt« am kommenden Sonntag Frl. Elisabeth Wichert »vom Stadttheater in Breslau« als erste Operettensängerin debutieren. Das Stadttheater in Breslau weiß von Frl. Wichert nichts. Endlich lesen wir soeben in der »Neuen Freien Presse«, daß in einem Wiener Wohlthätigkeitskonzert Herr Dr. Anton Raymond, »erster Operntenor des Stadttheaters in Breslau«, mitwirken wird. Herr Dr. Raymond ist allerdings in hiesigen Kunstkreisen nicht unbekannt, denn er trat hier einmal in einem selbst veranstalteten Konzerte auf, und für das Stadttheater war sein Engagement in Aussicht genommen. Er kam aber trotz monatelangen Wartens und mehrfachen Probesingens nicht zum Debut und verließ endlich Breslau, ohne seine Wünsche erfüllt zu sehen. Auf der Bühne des Stadttheaters ist er nicht ein einziges Mal erschienen." — Wir sind davon überzeugt, daß die wohlgesonnene Bühnenwelt fortan die betreffende Breslauer Zeitung als durchaus kunstfeindlich erkennen und verachten wird.

Musik.

* Der Dresdner „Musikwinter", der mit dem Palmsonntagkonzerte des Hoftheaters in der Hauptsache beendet wurde, bot an neuen, bedeutenderen Werken nicht ungewöhnlich viel. Im Hoftheater pflegt man mit Vorliebe die modernen Russen. Bliebe es bei Aufführungen von Werken so starker und echter Talente wie Rimsky-Korsakow und meinetwegen auch noch Glasounow, so könnte man sich's gefallen lassen, jedoch gegen jene Sorte

loben, die, äußerst geschickt aufgebaut, Tanejewsche Salonstückchen und Suitensätzchen, die man außerdem noch über sich ergehen lassen mußte, möchte man denn doch protestieren. Weshalb in der Ferne schweifen, wo sichs um pure Unterhaltungsmusik handelt, wie sie jeder deutsche Musikverleger massenhaft auf Lager hat? Von Rimsky-Korsakow kam die koloristisch interessante, sehr frei gestaltete Symphonie „Antar" zur Aufführung, ohne in ihrer Wirkung der glutvoll instrumentierten und stellenweise fein empfundenen „Scheherazade" gleich zu kommen. Zu beklagen ist die auffallende Vernachlässigung Liszts diesen Winter hindurch und das fortgesetzte grundsätzliche Ignorieren Bruckners. Für Brahms scheint man sich jetzt im Hoftheater mehr zu erwärmen. Es kamen die D-dur- und F-dur-Symphonie und die düstere, groß empfundene tragische Ouvertüre zur Aufführung. Von Richard Strauß, dem stärksten und interessantesten modernen Talent, wurden diesmal sogar zwei Werke gespielt, die frische, prächtige symphonische Suite „Aus Italien", ein Werk seiner ersten Periode, und der „Till Eulenspiegel", über den im Kunstwart ja schon ausführlich gesprochen worden ist. Den „Don Quixote" dirigierte Strauß selber an einem der Nicodé-Abende, die dieses Jahr mit einer vorzüglichen Aufführung der unendlich stimmungsvollen romantischen Symphonie Anton Bruckners begannen und mit einer zumal in Betreff der Chorleistung der höchsten Anerkennung würdigen Aufführung von Beethovens gigantischer „Missa solemnis" abschlossen. Ein volles Jahrzehnt hatte man diese in Dresden nicht gehört, da es mit unsern Chorvereinigungen bislang im allgemeinen trübseliger als in mittleren Provinzialstädten stand. Erst mit dem hoffnungsvollen Aufblühten des Nicodé-Chores hat sichs zum Besseren gewendet. Nicodés Verdienste um das Dresdner Musikleben sind im Kunstwart ja wiederholt gewürdigt worden, er hat seiner ernsteren Kunstauffassung den Weg allen Hemmungen zum Trotze erzwungen.

Auch zwei neue Oratorien lernte man diesen Winter in Dresden kennen. So kam die Martin Lutherkirche unter Leitung des Kantors Röthhild der Bruchsche „Gustav Adolf" zur Aufführung. An diesem Werke wäre einmal ausnahmsweise die Dichtung zu

moderner Russenstücke, wie Cuische und mancherlei poetische Einzelschönheiten aufweist, während die Musik sich in ausgefahrenen klassizistischen Geleisen bewegt und in der glatten Virtuosität ihrer Mache den seligen Mendelssohn zum Paten hat. Das Aschermittwochskonzert des Hoftheaters vermittelte die Bekanntschaft mit dem vielumstrittenen neuitalienischen Oratorium „Die Auferweckung des Lazarus" von Perosi. Der Kunstwart darf den Künstler Perosi nicht entgelten lassen, was an greulicher Reklamemacherei für ihn gesündigt worden ist, er wird gerade hier doppelt vorsichtig urteilen wollen. Und ich für meinen Teil muß da bekennen: dem nach der anfänglichen sinnlosen Verhimmelung jetzt üblich gewordenen völligen Absprechen* über Perosi kann ich auch wieder nicht zustimmen. Es ist doch Vornehmheit, Innigkeit und Reinheit in seiner Tonsprache. *Karl Söhle.*

Bildende Kunst.

* „Dutzenddenkmäler." Wir lesen in den Zeitungen: „Die Bildhauervereinigung des Vereins

* Was das plötzliche Absprechen über Perosi anbelangt, so macht es die vorhergehende ungeheuerliche Reklame für ihn ja freilich noch lächerlicher. Wir wollen schlecht genug sein, das allmähliche Vergessen jenes gewaltigen Reklamefeldzugs nicht zu erleichtern, sondern die Thatsache festzuhalten: vor Perosis erstem Auftreten diesseits der Alpen war in der gesamten deutschen Tagespresse ein Fanfarenblasen, als käme ein neuer Mozart aus Rom. Was war nun der tiefste Grund der allgemeinen Blamage, die sich unsre Presse da geholt hat und jetzt zu vertuschen sucht? War's eine, dann an Wahnsinn grenzende Anbetung des Fremden bloß, weil es fremd war? Oder spielten in der That bei den ersten Alarmnachrichten auch klingende Bezahlungen mit und die einmal geweckte Suggestion that dann das Ihrige? Die Unterstützung, die Perosi seitens der katholischen Priesterschaft schon aus Korpsgeist fand und die ihm den Beistand der klerikalen Parteigänger sicherte, darf freilich auch nicht außeracht gelassen werden. Es wäre wirklich schade, wenn diese schöne Kulturerscheinung nicht zur Lehre für künftige Fälle näher untersucht würde. A.

Berliner Künstler hat neuerdings eine dankenswerte Einrichtung getroffen. Sie hat eine eigene geschäftliche Zentralstelle begründet. Von hier aus sollen Städte, Gemeinden, Vereine aller Art, die Kaiser- und Bismarck-Statuen, Kriegerdenkmäler und ähnliche Gruppen errichten wollen, davon in Kenntnis gesetzt werden, daß eine Anzahl Künstler ihnen zu den betreffenden Zwecken ausführliche künstlerische Entwürfe und Modellskizzen einzureichen geneigt ist. Man folgt hierin einer Anregung des Kaisers, der sich in einer kürzlichen Verfügung gegen die gleichmäßige Ausgestaltung dieser Art Denkmäler, welche an kleinere Städten zumeist die Bronzefabriken liefern, ausgesprochen und eine mehr künstlerische Fassung befürwortet hat.

Das Vorgehen der Berliner Bildhauer ist sehr verständig, die Urheber der Preßnotiz aber möchten wir auf einen kleinen Irrtum aufmerksam machen. Die jetzt gottlob allgemein gewordene Bewegung gegen die fabrikmäßig gelieferten Dutzenddenkmäler geht nicht auf eine „Anregung des Kaisers" zurück, sondern auf einen Aufsatz des Kunstwarts. Im 2. Oktoberheft 1896 erschien im Kunstwart der Aufsatz des Herausgebers „Dutzenddenkmäler". Hunderte von Zeitungen druckten ihn, wie das unsren Anregungen oft geht, nach, das preußische, das österreichische und andere Ministerien traten der Sache näher, und unter den verschiedenen Verordnungen, die daraufhin herauskamen, war auch die kaiserliche Kabinetsordre, auf welche die jetzige Preßnotiz anspielt. Der Herausgeber hat durchaus keinen Grund, auf diesen bescheidenen Erfolg stolz zu sein, denn auch er war zu seinem Vorgehen diesmal aus Künstlerkreisen erst angeregt worden, zudem: der Zufall half uns da, und sehr viel wichtigere unsrer Anregungen sind ja bis jetzt ganz ohne Folgen geblieben. Aber wir erwähnen den Fall aus ganz einwandfreies Beispiel für die Beflissenheit, mit der jetzt von manchen Leuten alles Verdienstliche dem Kaiser zugeschoben wird, wo man nur irgendwie denkt: es läßt sich einrichten.

* Wie berichtet wird.

Im Palaste der deutschen Botschaft zu Rom hat bekanntlich vor kurzem eine Art Einweihungsfest für den neuausgestatteten Thronsaal stattgefunden, der jetzt die Preßschen Wandgemälde

enthält. Das italienische Königspaar war dabei anwesend, und was es dazu gesagt hat, scheint selbstverständlich Vielen ungemein wichtig. Was hat er nun gesagt? Lesen wir zunächst das „Berliner Tageblatt": „Der König und die Königin äußerten sich geradezu enthusiastisch über das Werk des Künstlers, und der König sagte, er werde dem Kaiser Wilhelm telegraphieren, welchen gewaltigen Eindruck der Saal auf ihn gemacht habe." Lesen wir dann die „Neue Freie Presse": „Die Königin unterhielt sich mit Preß lange und lebhaft; der König widmete den Bildern einen flüchtigen Blick und sprach immer wieder ernst und eindringlich mit dem General Pelour, der ihm zur Seite stand." Welcher Reporter hat nun geschwindelt?

Vermischtes.

* Schenkungen. Durch unsre Zeitungen geht die folgende Notiz: „Eine ganze Reihe ansehnlicher Schenkungen haben wieder die amerikanischen Universitäten zu verzeichnen. Solche Listen wie die nachstehende könnte man aus Amerika beinahe jede Woche melden. Miß Catherine Bruce, die sich durch ihre Stiftungen zur Förderung der Himmelskunde geradezu einen Weltruf gesichert hat, hat wiederum der Columbia-Universität 40 000 Mk. geschenkt, die allein zur Ausführung astronomischer Photographien und ihrer Ausmessung bestimmt sind. Dieser Universität allein hat die reiche Amerikanerin zu astronomischen Zwecken bereits 88 000 Mk. überwiesen. Der Eisenbahnkönig Vanderbilt hat der von ihm gestifteten Universität weitere 400 000 Mk. zum Bau eines Gebäudes bewilligt, in dem Zähmungsversuche wilder Tiere vorgenommen werden sollen. Für eine andere Universität, die Brown-University, hat sich ein Ausschuß gebildet, der durch allmähliche Sammlung von 8 Millionen den Ausbau der Hochschule anstrebt, die erste Million ist bereits überschritten worden. Die Staatsuniversität des Staates Kansas wird ein neues Chemiegebäude für 220 000 Mk. erhalten. Die Vermont-Universität erhielt von dem verstorbenen Senator Morill 40 000 Mk. zur Errichtung eines Stipendiums. Die Harvard-Universität empfing von Mrs. Philipps die Summe von 200 000 Mk., deren Zinsen zum Ankauf von Büchern aus der englischen Literatur verwandt

werden sollen. Endlich wird die be=
rühmte Lick=Sternwarte eine Erweite=
rung erfahren, indem eine besondere
Sternwarte für Studenten erbaut wer=
den wird. Sie wird eine zentrale Kuppel
von 25 Fuß Durchmesser erhalten, die
für ein 16 zölliges Fernrohr bestimmt
ist, ferner 4 Kuppeln für kleinere Fern=
rohre. — Alle diese Stiftungen werden
nebeneinander in derselben Wochen=
ausgabe der New=Yorker »Science« ge=
meldet.« Und die New=Yorker »Science«
spricht nur von den Stiftungen für
wissenschaftliche Zwecke, nicht für
literarische, künstlerische u. s. w.

Es ist doch gut, daß wir auch solche
Nachrichten gelegentlich lesen, wenn
wir über den schnöden Materialismus
der Dollar=Yankees uns gerade wieder
entrüsten. Wo sind denn die Stiftungen
unserer Reichen für geistige Zwecke?

Wir haben weniger Reiche — gut,
aber wo sind die wenigeren Stif=
tungen? Unsere Reichen sind nicht
so reich — gut, aber wo sind die
kleineren Spenden? Wir haben
welche, gewiß, aber in welchem Ver=
hältnis stehen sie zu den Schenkungen
und Vermächtnissen, die in andern
Kulturländern üblich sind! Wenn wir
für rein geistige Zwecke oder gar für
einen Künstler „sammeln", ist dann
das Endergebnis nicht regelmäßig eine
Blamage oder ein Skandal? Selbst
die Eitelkeit der Spender hat bei
uns einen lächerlichen Zug nach Kronen=
orden und Kommerzienratsdiplomen
hin, statt nach der jubelnden Zustim=
mung des Volkes. Muß man ein
Yankeefreund sein, um in dieser Be=
ziehung unsere Rückständigkeit zu em=
pfinden?

Unsre Beilagen

erheischen diesmal nicht viele Begleitworte. Die Musikbeilage ist doppelten
Umfangs, um unsre Leser für den Ausfall beim vorigen Heft zu entschädigen.
Adolf Dopplers Komposition von Theodor Fontanes Ballade „Sylvester=
nacht" mag für sich selber sprechen; zu jedem auch nur halbwegs Empfäng=
lichen, davon sind wir überzeugt, wird sie's stark genug thun. — Mit den
Bilderbeilagen ehren wir auch an dieser Stelle das Andenken des Belasquez
als eines von denen, die heute noch leben und in aber drei Jahrhunderten
immer noch leben werden. Wer diesem Großen innerlich noch nicht nahe ge=
kommen ist, dem ebnet vielleicht unser Beitrag über „Justis »Belasquez« als
Kompendium praktischer Aesthetik" den Weg zu ihm. Aber auch unsre Bilder
(denen wir weitere folgen lassen) sind ihm wohl willkommen, so bescheiden sie
sind. Welche wundervoll individualisierende Charakteristik auf dem Bild der
Infantin Maria Teresa wie auf dem Ausschnitt aus der Gruppe der Zecher
im Prado! Welche Breite und überlegene Vornehmheit in der Behandlung dabei,
welche Sicherheit im Treffen des Wesentlichen! Wer beachtet, wie auf dem
Bild der Prinzessin z. B. die Haartracht geschildert oder vielmehr nur ange=
deutet ist, wird fürder auch wissen, wer einem Lenbach den Mut zu seiner
kühnen Unterordnung der Nebensachen gegeben hat.

Verantwortl.: der Herausgeber Ferdinand Avenarius in Dresden-Blasewitz. Mitredakteure: für Musik:
Dr. Richard Batka in Prag-Weinberge, für bildende Kunst: Paul Schultze-Naumburg in Berlin.
Sendungen für den Text an den Herausgeber, über Musik an Dr. Batka.
Verlag von Georg D. W. Callwey. — Kgl. Hofbuchdruckerei Kastner & Lossen, beide in München.
Bestellungen, Anzeigen und Geldsendungen an den Verlag: Georg D. W. Callwey in München.

ADOLF DOPPLER.

SYLVESTERNACHT.
Ballade von Th. Fontane.

GESANG.

PIANO.

Das Dorf ist still, still ist die Nacht, die Mut-ter schläft, die Tochter

wacht.

accel.

Verlag von GEORG D. W. CALLWEY, München.
Alle Rechte vorbehalten.

45869

(höhere Stimme)

portamento

Sie deckt den Tisch, sie

deckt für zwei und sehnt die Mit - ternacht her - bei.

poco rit.

f *p* *mf* *p* *p* *pp*

hart u rasch.

(höhere Stimme)

Wem gilt die Un - ruh, wem die Hast? Wer

bewegter

p

ist der mit - ternächt'ge Gast? Ob ihr sie fragt, sie kennt ihn

nicht. sie weiss nur, was die Sa - ge spricht. Die
spricht: Wenn wo ein Mädchen wacht um Zwölf in der Sylvester-
rit.
mf
nacht, und wenn sie deckt den Tisch für zwei, ge-wahrt sie, wer ihr Künft'ger sei. Und
p
hätt' ihn nie ge-seh'n die Maid, und wär' er hun-dert Mei - len weit, er
poco rit.
markirt
rit.
tritt herein und schickt sich an, und isst und trinkt und
langsam
rit.
markiert
dumpf

Grave.

schei-det dann.

rit. poco accel.

mf Bass dumpf hallend u. schwer

Dampfung
u. Pedal

Ped.

Zwölf schlägt die Uhr. Sie horcht er-schreckt, sie

(ängstlich erregt) zunehmend

pp (nur Dämpfung)

wollt', ihr Tisch wär'un-ge-deckt. Es ü-ber-fällt sie Angst und

p Begleitung halbstark

con Pedal (u. Dämpfung)

Grau'n, sie will den Bräu-ti-gam nicht

f Ped.

schau'n.
pp
sehr langsam u. ausdrucksvoll
accel. (geheimnissvoll)
pp
stacc.
Fort setzt der Zeiger seinen Lauf
portam.
nie-mand tritt ein, sie at-met auf
langsamer
mf
pp
poco ritard.
pp
assai rit.
P
sf
lento
f
Sie starrt nicht länger nach der Thür. Herr Gott, da sitzt er neben
(ängstlich)
(rasch)
ruhiger
ff
ihr!
dumpf u. schwer
rit. assai
pp

Sein Aug' ist glüh,
ppp
blass sein Ge - sicht, sie sah ihn all ihr Leb - tag
nicht. Er blitzt sie an, und schenket ein und
spricht: Heut' Nacht noch bist du mein!
hart
lento
ff
assai ritard.
Ich bin ein stür-misch Ge - sell,
f
f wild

wäh - le rasch und frei - e schnell!
(mit aufdringlichem Hohn)
höhnend
Ich bin der Bräu-ti-gam,
du die
ritard.
Braut, ich bin der Prie-ster, der uns traut
(mit tückischem Pathos)
schnell, kurz u. hart
rit.
Er fasst sie
f
mf
an, er fasst sie an, ein einz'-ger Schrei
sempre dim.

— 8 —

die Mut-ter hört's, sie kommt her - bei.

rasch, dann immer lang-samer.

Zu spät___ ver-schut-tet liegt der

rit. *immer abnehmend u. zurückhaltend*

Wein Tot ist die Toch-ter und al - lein.

sehr zurückhaltend u. ausdrucksvoll

NACH EINER PHOTOGRAPHIE V. BRAUN, CLEMENT & CIE. IN DORNACH I. ELS., PARIS U. NEW YORK

KW

DIEGO VELASQUEZ

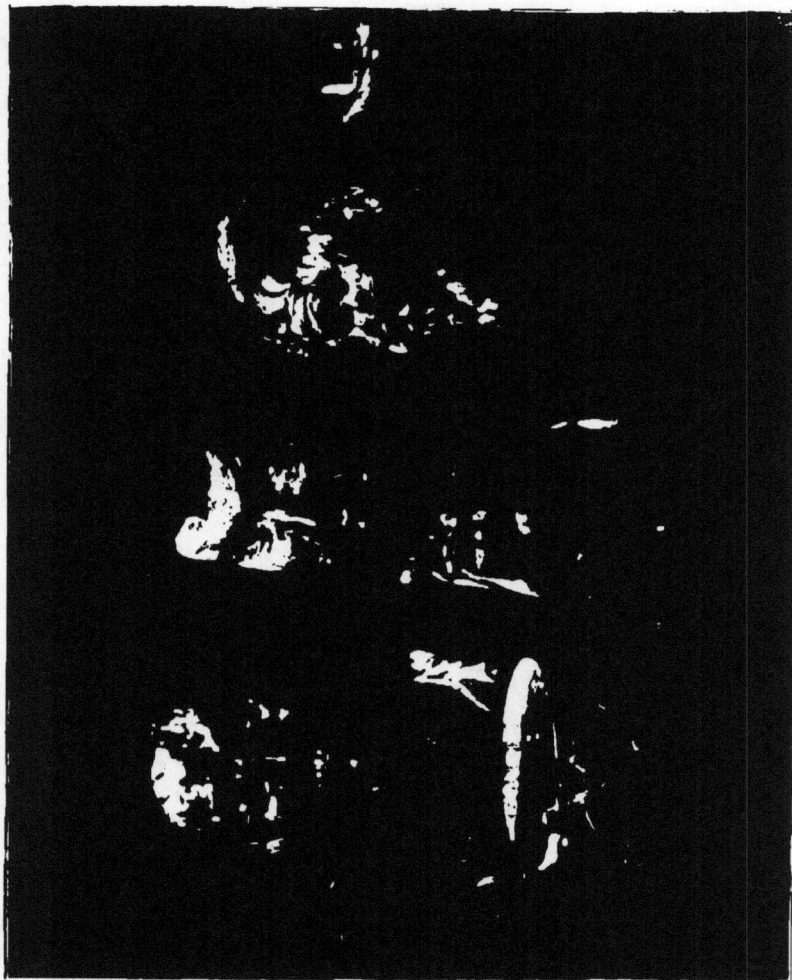

NOUVELLE PHOTOGRAPHIE. V. BRAUN, CLEMENT & CIE. IN DORNACH I. ELS., PARIS U. NEW YORK

DER KUNSTWART

Begeisterung und Kritik.

Wenn einst ein Schriftforscher der Zukunft auf das kritische Wesen zurückblickt, das die Jungen unsrer Tage betrieben haben, so wird er ihr Heer hauptsächlich auf zweierlei Art beschäftigt sehn. Einmal im Kampf gegen den äußern Feind — da halten sie alle so ziemlich zusammen, und wenn sie zu Fehde= und Kriegszügen gegen die Burgen unehrlicher Großer und die Städte ehrlicher Spießer ziehn, springt manche Thüre auf, sei's von Geschossen, sei's schon vom Trarah. In der, sagen wir, inneren Politik des Heeres jedoch herrscht weniger Einigkeit. In Fähnlein sondern sie sich da, und die Hauptarbeit einer jeden Mannschaft ist die: sie heben einen Schönen und Klugen aus ihrer Mitte auf einen Schild und dann den Schild mit seiner köstlichen Last gestreckten Armes womöglich noch höher, als man's im Nebenfähnlein kann, auf daß seine Helmzier leuchte über allem Volk. Ist der betreffende Zukunftsliterat ein grämlicher Mensch, so wird er nun von Klüngelwesen reden. Hat er mehr Humor und — ist er gerechter, so wird er vielleicht von dem erstaunlichen Anwachsen der Begeisterungsfähigkeit in der Kritik unsrer Tage sprechen.

Denn ganz erstaunlich angewachsen ist sie. Will man's bestreiten, so erklär' ich mich hierdurch ausdrücklich bereit, von führenden und wenigstens zum Teil auch von uns respektierten Schriftstellern, wie Bahr, Bierbaum, Conrad, Dehmel (um nur im Anfang vom ABC zu bleiben) eine Anzahl von Proben aus Buch=Besprechungen und ähnlichen Stücken vorzulegen, die von einem kritisch veranlagten Kopfe nur als Ausrufe feuriger Begeisterung zu begreifen sind. Gehen wir zu den kleineren unter den jungen, so wird die Gegend wild: ohne Superlative geht's kaum mehr, Ausrufungszeichen verdrängen beinah die Punkte, und Punkte treten an Stelle von Buchstaben, wie Schluchzer und Juchzer an Stelle von Worten treten. Es ist schon weniger Begeisterung, es ist schon mehr Verzücktheit. Von einem Abwägen, einem Zweifeln an der Zuständigkeit des eignen Urteils, einem Anerkennen verschiedener Standpunkte, einem

Geltenlassen von Konflikten ist natürlich selten etwas in solchen Ergüssen, und von einem Darstellen und Charakterisieren noch seltener; des Kritiker=Künstlers Trapez schwebt in kühnsten Schwingungen zwischen „Famos!" und „Pfui Teufel!" dahin durchs Blau, bis er mit einem genialischen Saltomortale herabhüpft. Genialisch überhaupt ist diese ganze Rezensiererei, wie nur je eine gewesen ist, genialisch in dem bewußten historischen Sinne, auch wo der literarische Künstler nicht in den allergrünsten Farben daherkommt. Es ist eben fast durchweg Stimmungskritik. Un=ehrlich ist sie nicht, sie will der Sache dienen, sie unterscheidet sich da=durch vorteilhaft von der Rezensierkunst der Kopfklowns, welche die Bücher nur benutzt, wie der jonglierende Hanswurst die Bälle. Deshalb ist sie nicht widerlich, sie ist oft sogar, menschlich genommen, sehr sympathisch. Es fragt sich nur, ob sie uns wirklich vorwärts bringt. Fragt sich das? Es muß sich doch wohl fragen, denn es gibt jetzt in der That eine große Anzahl von Leuten, die einer noch so herzlich anerkennenden Kritik einen Vorwurf machen, wenn sie auch erwähnt, was nicht gefällt. „Bewun=derst du", heißt es dann, „so bewundere ganz, lobst du, so lobe ohne Rückhalt, sonst verletzest du uns aufrichtige Bewunderer des auch von dir, aber »lau«, bewunderten Mannes." Man macht sich über die Bis=marck= oder Kaiserschwärmer lustig, die nicht zugeben wollen, daß Bis=marck und der Kaiser doch auch Menschen sind, bei denen es also da und dort menschelt. Man verlangt vom Kritiker Begeisterung in einer Nach=folge durch dick und dünn, ohne daß er sagen dürfe: hier komm ich besser vorwärts, als dort.

Nun halte ich meinerseits Begeisterungsfähigkeit nicht nur für eine der meist beglückenden Eigenschaften des Menschen, ich halte sie auch für eine der wichtigsten Erfordernisse zu umfassendem und freiem Er=kennen. Wer auf ihren Adlersittichen sich hoch erhebt über den nüch=ternen Gang auf der Erde, genießt nicht nur wohligen und stolzen Flug=gefühls, sondern auch tieferer Ein= und weiterer Ausblicke und einer klarer ordnenden Uebersicht. Aber freilich nur, so lange jenes Flug=gefühl nicht anwächst zu einer noch so edeln Trunkenheit ohne Wein. Ist die eingetreten, so kann man von einem Erkennen wohl nur in recht individuellem Sprachgebrauche reden.

Betrachten wir, trotz ihrer also anerkannten Vorzüge, einmal ganz ohne Begeisterung, wie man begeistert wird. Beispielsweise: am Genuß einer dramatischen Dichtung. Noch sind wir „kühl"; irgend eine Anschauung, irgend eine Beobachtung hat zwar unsre Aufmerksamkeit er=weckt, aber doch nur, wie etwas uns Fremdes in der Außenwelt auch — wir sind mit dem Intellekt „interessiert", aber noch nicht mit dem Ge=fühle „beteiligt". Plötzlich springt ein Wort wie ein elektrischer Funke auf unsre Nerven über, und fortan fühlen wir auch Lust und Unlust der Handelnden über uns gleichsam Schatten ziehen. Ich weiß nicht, ob man diesen Zustand des Genusses schon ein „Erwärmen" nennen kann, jedenfalls ist er noch ziemlich äußerlicher Natur, ist er nur ein rein ner=vöses Verhalten sympathetischer Erregtheit durch den Stoff. Dem seiner Empfindenden kann's bei einem Rühr= und Tendenzstück geschehen, daß diese physiologische Rührung eine Thräne ins Auge bringt, während er gleichzeitig eben dies deutlichst als eine Art von Vergewaltigung empfindet und mit Unmut den Schmarren ablehnt, wie zuvor. Das große Publikum freilich kommt oft über solches Verhalten, wie ja bekannt ist, nicht hinaus, — am wenigsten, wenn statt des geistigen Wortes im Buche der Apparat der Bühne die körperlich sichtbaren Dinge vor den körperlich unsichtbaren eindringlich heraushebt, worauf ja die Grundverschiedenheit zwischen innerlicher Dramatik und äußerlicher Theaterkunst hauptsächlich beruht. Man weint mit, weil man Greten weinen sieht, lacht mit, weil der Hanswurst lacht, und versteht nicht recht, was es jenseits von lustig und traurig für ein komisch und tragisch geben soll. Komik und Tragik können erst ihre Keime säen, wenn unser Gefühlsleben mit dem der dichtenden Persönlichkeit in Wechselwirkung tritt. Wenn nicht nur unsre Nerven mit den dort angeschlagenen mitschwingen und mitklingen, sondern wir empfinden, warum diese Künstlerseele dort gerade diese Saiten anschlug, und warum gerade so, warum der Dichter uns gerade diese Gestalten zeigte und warum gerade mit diesen Worten. Dann beginnt der „Kunstmensch" sich zu erwärmen, dann, wo er nicht nur ein Weltbild sieht, sondern dessen Wiederspiegelung in einem andern Ich, das sich ihm öffnet, das sich mit ihm verbündet. Und wenn dieses Ich, wenn das Empfinden des Dichters ihn so beherrscht, daß beim Genusse sein eigenes dem des Dichters folgt, dann ist er auch begeistert. Solche (meist natürlich ganz unbewußte) Anregung der Begeisterung durch den Dichter ist wenigstens der häufigste und der wichtigste Fall. Wir wissen es ja, daß man ohne dieses volle Zusammenfühlen von Schaffendem und Genießendem kein Kunstwerk recht ausschöpfen kann. Begeisterung zu fördern, Begeisterungsfähigkeit zu erziehen, ist deshalb eine sehr wesentliche Aufgabe der Kunstschriftstellerei.

Genügt man ihr aber durch das Schreiben mit Verlaub zu sagen kritiklos begeisterter Kritiken? Es mag manchmal sein, wenn man zu unreifen und unfreien Lesern spricht. Es mag auch hochentwickelten Lesern gegenüber wohl hingehen, wenn man schon bekannte Erscheinungen bespricht, zumal klassische, große, deren Mängel von jedem so anerkannt aber auch als so nebensächlich empfunden werden, daß es ihretwegen keines Satzes bedarf. Wer von Homer spricht, braucht seiner Schläfchen nicht zu gedenken, wer von Shakespere, braucht nicht notwendig vom Euphuismus zu sprechen oder von Anachronismen. Hier kann man eben Bekanntschaft voraussetzen. Aber bei noch Unbekannten liegt es anders. Wenn ein gebildeter Kopf in einem Quartal drei neue Poeten als drei neue Sonnen verkünden hört, die keine Flecken haben, so muß er starken Glaubens sein, wenn er's glaubt. Glaubt er's immerhin und sieht er die neuen Sonnen nun an, so ist zu besorgen, daß er doch Flecken an ihnen findet. Flecken, die ihn vielleicht gar nicht gestört hätten, wenn ihm nicht ausdrücklich versichert worden wäre: es sind keine da. Möglich, daß er im Aerger darüber die Sonnen gar nicht für richtige Sonnen hält, und wahrscheinlich, daß er den Verkündigern sagt: auf euch fall' ich nicht wieder hinein. Deshalb scheinen mir Begeisterungskritiken dieser Art vor neuen Erscheinungen zunächst einmal, wenn man mit ihnen Propaganda machen will, unzweckmäßig, unpraktisch.

Ferner bezweifle ich's, daß die Poeten selbst von solchen Kritiken auf die Dauer angenehm berührt werden. Ich bezweifle es schon aus Höflichkeit, denn die gegenteilige Annahme setzte bei den betroffenen Herren eine Elephantiasis des Selbstgefühls voraus, die eine Atrophie der übrigen

Geisteskräfte befürchten ließe. Man kann, nach dem bekannten Spruch eines Weisen, zwar ein echter Künstler und doch ein großer Esel sein, aber bei einem ausgewachsenen Menschen pflegt trotzdem aus irgend einem dunkeln Winkel seiner eigenen Seele heraus hinter der von fremder Hand noch so schön geschriebenen Erklärung, man sei 'ein Halbgott, ein stilles Fragezeichen zu erstehn. Stimmungskritiken der bezeichneten Art sind eigentlich Anschwärmereien in Rezensionsform, aber nur der noch nicht Gestärkte oder der schon Geschwächte hält auf die Dauer das Angeschwärmt= werden aus, das ihm alsbann den Kopf von den letzten organischen Keimen ausschwefelt. Der Kräftige sagt: „Lieber, willst du rechts, siehe, so gehe ich links", denn der Verkehr mit hypnotisierten Hähnen und Hennen ist auf die Dauer kaum anregend.

Schließlich handelt man mit solcher Art des Bücherbesprechens auch ungerecht. Jeder Aufruf für ein neues Genie entzieht den alten ein Stück Teilnahme, zwingt sie gewissermaßen, auf ihren Plätzen „zuzu= rücken" oder drängt sie ein klein wenig zurück. Handelt sich's um einen wahrhaft Gottbegnadeten, so ist das ganz in der Ordnung, handelt sich's nur um ein Auch=Genie, so ist es von Uebel. Denn unsre von allen irgendwie zuverlässigen literarischen Genealogen als echte Prinzen aus Genieland einstimmig anerkannten Dichtergrößen wirken noch lange nicht so im Volk, wie sie sollten. Die deutsche Bildung hat die Hebbel, Keller, Mörike, Ludwig mit ihren Feinheiten und Großheiten noch keineswegs recht verarbeitet, sie b e g i n n t erst ihre Schätze zu heben, nein, man darf vielleicht sagen: sie beginnt erst, den G o e t h e zu heben (denn die Goethe= Philologen reichen doch wirklich nicht aus) und jene Späteren beginnt sie erst zu s e h n. Sagt man: das allgemein Menschliche in Ehre, aber wir brauchen .auch Dichter der Gegenwart, Moderne — so antworten wir: freilich!, wenn ihr aber deshalb einen jeden tüchtigen Modernen als ein Genie ausruft, als einen dauernden Bereicherer der Menschheit, so braucht ihr für sehr verschiedene Dinge mißverständlich dasselbe Wort. Man kann ein sehr nützlicher Tagesschriftsteller und selbst ein sehr guter Gegenwartsdichter sein, der den Zeitgenossen ihr Schaun und Fühlen darstellt, anreizt und klärt, und doch noch lange kein Genie, das aus Vergangenem und Seiendem bleibende Gefühlsgüter für den Schatz der Menschheit hebt.

Dasjenige Volk, das begeisterungsfähig war, wie sicherlich keines stärker, das „Kunstvolk an sich" der Griechen pries als eine Haupttugend die Sophrosyne, die Besonnenheit. Begeisterung im Schaffen und Genießen, Besonnenheit beim Beurteilen, es wird wohl auch heute noch das Beste sein. Wer nicht im Stande ist, ein inneres Gesicht mit ganzer Hingabe in sich nachzubilden, der mag Hühnerausstellungen, Liebersche Kunstreden oder Anton von Wernersche Oelgemälde besprechen, aber nichts, was mit Kunst zu thun hat. Gewiß, bei wem der Himmelsfunke einschlägt, der wird ein Verlangen und Drängen fühlen, bald hinzugehen zum Volk und zu zeugen von der Herrlichkeit der neuen singenden Flammen. Ich weiß das aus Erfahrung, ich hab' es auch so gemacht, aber ich bekenne: kein einziges Mal, ohne daß ich beim späteren Wiederlesen zwischen meinen Sätzen einige Pudel erkannte. „Was ihr niemals überschätzt, habt ihr nie begriffen", wir sollten nicht öffentlich zeugen, bevor der notwendige erste Zustand des Begreifenden, das Ueberschätzen, vergangen

ist. Begeisterung läßt Begeisterungsfähigkeit zurück und damit die Fähig=
keit, auch andre zu begeistern. Dann ist der rechte Abstand gewonnen,
wir rufen nicht von jeder Höhe: „das ist die riesigste", weil sie uns,
die zwischen den Wänden stecken, alles andre verdeckt, wir erkennen nun=
mehr Bau und Zusammenhänge in sich und mit den Nachbargebirgen,
und können in glücklichem Gedenken an unsern dortigen Aufenthalt sagen:
sucht nicht dies und das, was anderswo ist, sucht d i e s e s da, d a s
f i n d e t ihr, und wenn ihr's gefunden habt, wird es euch dankbar und
froh machen, wie uns.

Gibt es denn wirklich klare Menschen, die meinen, der Versuch, die
Begrenzung einer Begabung zu umzeichnen, sei ein Versuch, sie zu ent=
werten? Es hat noch kein Genie gegeben, das Alles vermochte. Aber
es wäre auch ein unwürdiges Verhältnis, sollten die Minderbegnadeten
den Trägern des Genius nur mit anbetender Bewunderung nahen dürfen.
Alle Wetter, sie sollen vergnügt sein, die Genies, daß sie uns so etwas
Gutes geben können, aber nicht die Nase über uns heben, denn i h r
Verdienst ist die Gottesgabe doch nicht. Sie bleiben M e n s c h e n trotz=
dem, wie wir. Aber weil das echte Genie auch der echte Mensch ist,
deshalb h a t es auch viel mehr als nach Opferqualm das Bedürfnis
nach dankbarer L i e b e. Nicht verstanden zu werden mit dem Kopf,
nicht nachgestaltet zu werden mit der Phantasie, sondern begrüßt und
aufgenommen zu werden vom Herzen, das ist einem jeden denn doch das
Allerbeste. Wir können's ihm nur bieten, wenn wir auch fühlen, was
gleichen Wesens ist zwischen ihm und uns, wenn wir also auch den
Menschen in ihm mit seinen Mängeln sehn. Dann können wir zu ihm
treten: Augen habe auch ich, aber du siehst weiter, eine Seele habe
auch ich, aber die deine ist stärker — bilde mich, mein stärkerer Bruder,
denn dazu gab dir Gott, was du hast. Dem dient kein Anschwärmen,
sondern die warme Herzensruhe der ehrlichen innerlichen Auseinander=
setzung des Ichs mit dem Ich.   A.

Volkstümliche Symphonie=Konzerte.

In München hat Dr. Kaim den Magistrat um eine Geldunterstützung
der von ihm geplanten populären Symphoniekonzerte ersucht. Das veranlaßte
den nachstehenden, ursprünglich in der Form eines offenen Briefes an den
Münchner Magistrat abgefaßten Aufsatz. Wir geben unter Weglassung des
Nebensächlichen seinem gedanklichen Kerne hiermit Raum, aber n i c h t als
schlechtweg Zustimmung, sondern deshalb, weil man Bedenken wie die Pürlingers
in der Oeffentlichkeit nicht einfach unterdrücken darf, was man doch vielfach
thut. Man muß sich mit ihnen auseinandersetzen, man muß sie verarbeiten
und erledigen, wenn man vorwärts kommen will. Für diesmal sagen wir
über unsre eigene Stellung zur Sache zwei Worte am Schluß. Wir geben nun
dem Herrn Einsender das Wort.

*

Die Musik heißt mit vollem Recht die Sprache des Gefühls. Durch einen
Trugschluß oberflächlichen Denkens wird sie aber fälschlich eine a l l g e m e i n
verständliche Sprache genannt. In Wahrheit ist sie dies nur so lange, als sie

2. Juniheft 1899

allgemein verständliche Gefühle zum Ausdruck bringt: ein breites Behagen oder ausgelassene Lustigkeit (Tanzmusik), Lieblichkeit oder schlichte Trauer (Volkslied), endlich andächtige Feierlichkeit und Erhebung (Kirchenmusik). Der Ausdruck dieser genannten Gefühle ist nun gerade jenen klassischen Meisterwerken, die in populären Konzerten den breiteren Schichten der Bevölkerung „vermittelt" werden sollen, nur im allergeringsten Maße eigen. Das Gebiet der Empfindung, also des Gemütsausdruckes erweist sich in diesen symphonischen Meisterwerken von Bach bis Wagner in steigenden Linien als ein ebenso reichhaltiges, unermeßliches, wie das des logischen Denkens; es sind die eigenartigsten, meist sublimsten Gemütsempfindungen, die diese Meister deutscher Tonkunst in den betreffenden Werken zum Ausdruck gebracht haben, die Empfindungen des allertiefsten Erfassens des Weltwesens und der Offenbarung jenes Allerletzten an Gefühl, was dem Dichter durch das Wort nicht mehr auszudrücken möglich ist.

Diese Werke schließen daher von vornherein die Wirkung der Popularität völlig aus. Sie können künstlerischen Genuß, können nachhaltige, veredelnde Wirkung nur bei denen hervorbringen, deren Gemütsleben eines höheren Ueberschwangs, einer Art kongenialer Erregung fähig ist; denn nur mittelst dieses von der Natur nicht allzu verschwenderisch vergabten Ariadnefadens ist es möglich, die mächtigen Labyrinthgänge der von Meisterhand gesetzten Gefühlsbauten ohne Verwirrung und Verirrung zu durchwandern. Ja, die natürliche Anlage zur allgemeinen Erfassung dieser Werke genügt noch nicht einmal, um von derartigen Kunstwerken die gewollte Wirkung zu gewinnen: Dazu gehört auch Uebung und längeres anhaltendes Studium. Wer höchste Gipfel erklimmen will, muß nicht nur physische Veranlagung und den allgemeinen Drang haben, eine solche Aufgabe zu bewältigen, sondern er braucht noch wochen=, monate= oder jahrelanges „Trainieren" (Vorüben) durch beständige Schulung der Körpermuskeln im Besteigen zunächst kleinerer Höhen u. s. w. Dieses „Training" nun, das bei körperlichen Leistungen heutzutage so allgemein, und mit vollem Fug, als Hauptsache angesehen und beachtet wird, sollte bei den schwierigsten geistigen und seelischen Arbeitsforderungen gar nichts zu bedeuten haben?

Wer tagtäglich im engen Alltagskreis des kleinen Geschäftslebens, der ermüdenden Hand= oder noch abspannenderen mechanischen Kopf=Arbeit sich bewegt (und das ist ja bei den „breiteren" Schichten der Bevölkerung der Fall), der soll in sich ein feines Gefühlsorgan haben, mittelst dessen er nun plötzlich den verklärtesten transzendentalen Empfindungen, den ewig fließenden apolalyptischen Gemütsergüssen, die aus den geheimsten Felsenkammern des „Ur" sich ergießen, zu folgen vermöchte? Der wackere Seifensieder, die tüchtige Inhaberin eines kleinen Kramladens, der Tagschreiber, der ehrliche Bierwirt, der oft in rauhester Zucht aufgewachsene Gesell oder Meister irgend eines Handwerks sollen nun einen klaren Resonanzboden in sich haben, der sie befähigte, das extatische Schmachten, Leiden und Erleuchtetwerden, welches beispielsweise aus dem Parsifalvorspiel spricht, zu erfassen und ohne Verwirrung genießend, d. h. mitempfindend in sich aufzunehmen, oder die gigantischen Empfindungsblöcke, als welche sich die Sätze einer Beethovenschen Symphonie darstellen, begeistert übersetzen zu können? Ganz zu schweigen von den modernsten Hervorbringungen der symphonischen Tonkunst, etwa Liszts oder Richard Straußens, welche über das Wesen ihrer Kunst hinausgreifend, sich in ihren sogenannten „symphonischen Dichtungen" geradezu an die gebildete und belesene, ja sogar philosophisch belesene Phantasie ihrer Zuhörer wenden? Nein! Ebenso, wie selbst der begeistertste Verehrer der Dichtkunst sich hüten wird, etwa Vorlesungen des zweiten Teiles "Faust" für die "breiteren Schichten des Volkes" zu veranstalten, so sehr bedachtsam und vorsichtig hat man mit der Idee umzugehen, die Meisterwerke symphonischer Tonkunst den "breiteren Schichten" vermitteln zu wollen und obendrein eine erziehliche, veredelnde Wirkung von solchen Unternehmungen zu erwarten.

Erziehlich kann eine Wirkung nur sein, wenn sie eine nachhaltige ist. Wie ist aber eine solche bei der unausweichlich, stündlich und minutlich mit der Enge und dem Allerrealsten sich beschäftigenden Lebensweise der "breiteren Schichten des Volkes" möglich? Ist es denkbar, daß die festgefügten Bausteine, welche das Fundament eines hohen Turmes bilden, nachhaltig von derselben reinen Luft umgeben sein können, welche diejenigen einatmen, die droben in der Höhe ragen? Aber freilich, wenn man diesen Fundamental=Schichten der Bevölkerung in falsch verstandener Humanitätsschwärmerei das Bedürfnis nach all' dem Besonderen, das nicht ihrer Art ist und daher auch überhaupt nicht ihrer, einimpft und das Verlangen nach derartigen Dingen, wie höhere "Wissenschaft" und "Kunst" ihnen künstlich anzüchtet, läßt sich viel ernstliche Verwirrung anstiften. "Eines schickt sich nicht für Alle."

Noch könnte man über die Zulässigkeit solch "populärer" klassischer Konzerte streiten, wenn wenigstens nachgewiesen werden könnte, daß die Zuhörer, wenn auch keine nachhaltige, also erziehliche Wirkung, so doch eine momentane edlere Glücks= oder Wohl=Empfindung bei solchen Veranstaltungen gewännen.

Hier aber spricht die jedes ästhetische Gefühl tief verletzende Einrichtung der "symphonischen Tischkonzerte" die für unsere Anschauung nötige Summe von Erfahrung aus, welche die wohlmeinenden Unternehmer und Verfechter der Popularisationsbestrebungen in der Kunst selbst gemacht haben. So lange sie nämlich den "breiteren Volksschichten" klassische Tonwerke im ästhetischen Rahmen des modernen Konzertsaales vorführten, war der Zuspruch so gering, daß viele derartige Unternehmungen mit einem erheblichen Defizit schlossen und ganz eingingen, wenn sie nicht durch fortwährende bedeutende Subventionen mühsam über Wasser gehalten wurden. Dann erst belebten sie sich wieder, wenn die Unternehmer einsahen, daß es eine unerfüllbare Zumutung war, das Leute des Abends, da sie der Erholung bedurften, zu einer ganz ungewohnten und ermüdenden Anspannung zu verlocken. Bei solcher Einsicht glauben aber die Herren, mit dem kühnen Schritt vom Konzert= in den Wirts=haus=Saal zu ihrem Ziel gelangt zu sein! Die symphonischen Tischkonzerte "reüssierten". Die "breiteren Schichten" saßen und aßen und tranken bei Symphonien und Ouvertüren der berühmtesten Meister als Tafelmusik. Kein einsichtiger Mensch wird aber behaupten wollen, daß der jetzt essende und trinkende Mann, aus dem Volke etwa durch das Medium des Gaumens dem Genius der Tonkunst näher gerückt worden wäre, der von der Orchestra herab aus 60 sprechenden Munden die innersten Offenbarungen chaotischer Triebe, das furchtbare Ringen lechzender Leidenschaft oder die Erhabenheit stummer Resignation verkündete. Nein, hier hatte man nicht den populus zur Kunst emporgehoben sondern die Kunst verpöbelt.

Ich muß mich nun gegen die mißverständliche Auffassung verwahren, als hätte ich für "das Volk" kein Herz im Leibe. Gewiß ist namentlich für Jeden, der die Idee einer deutschen Kulturmission in sich trägt, die veredelnde Einwirkung auf die breiteren Volksschichten eine herzliebe, weihevolle

2. Juniheft 1899

und Haupt-Aufgabe; aber diese Einwirkung muß eine besonnene sein in der Wahl ihrer Mittel, wenn sie dem Volke auch wirklich zu gut kommen soll. Gewiß sei freudig anerkannt, daß auch „das Volk" ein reiches Gefühlsleben in sich trägt; aber eben ein schlichtes, ein fundamentales. Gewiß, auch das Herz „des Volkes" leidet wahrhaft, und ein gütiger Gott gab auch ihm zu sagen, was es leide; aber diese seine Kunstwerke sind der wunderbare ein-, mehr- und vielstimmige älpische Jodler im besonderen und das wundervolle schlichte Volkslied im allgemeinen. In diesem liegt Art und Geist der „breiteren Volksschichten" künstlerisch verdichtet, hier weht deren ureigenste Atmosphäre, in jener zauberhaft holden Reinheit, die bei einer ernsthaften Pflege dieser Kunstgattung sicher in veredelndem Maße auf die „breiteren Volksschichten" zurückwirken müßte, so sehr, daß diese vielleicht die Kraft von einst zurückgewännen, in dieser Gattung wieder zeugungsfähig zu sein. Und wenn wir hier recht zusehen, erkennen wir leicht, daß, während wir bei der Teilnahme der „breiteren Schichten" an den Meisterkonzerten der gebildeten Kreise weder idealen Zweck noch Nutzen zu erzielen sahen, diese gebildeten, die „schmäleren Schichten" hingegen mit einer ganz unleugbar tiefen Berechtigung und einem unsagbaren seelischen Gewinn bei den „Kunstveranstaltungen des Volkes" sich als Gäste einfinden werden. Das ist ebenso zweifellos, als zugegeben werden muß, daß wir Erwachsenen Kinder in nichts fördern und veredeln, sondern nur verwirren und verderben können, wenn wir ihnen Einblicke in unser Empfindungs- und Leidenschafts-Leben gewähren. Hingegen: welche Fülle von Erfrischung und Anspornung zieht der Erwachsene aus einer Vertiefung in die Seele, in das Herz der Kinderwelt! Kind und Volk aber sind blutsverwandte Begriffe.

Will man also das „Volk" durch Kunst und zumal durch Musik veredeln, so muß man ihm mit der Münze kommen, in der es selber bezahlen kann. Man muß den gemeinen Gassenhauer bekämpfen und zunächst eben das Volkslied aus seiner planlosen Konservierung in ein paar Gesangvereinen, wo es liegt, wie das Schneewittchen im Glassarge (mit roten Wangen, leise atmend, aber unerweckbar — wie tot) hinaustragen in die „breiteren Schichten" des Volkes und zwar so, daß diese selbst in zu diesem Zweck zu gründenden Kunstvereinigungen, unter der Leitung wahrhaft bedeutender musikalischer Kräfte, fern von jeder Liebertafelei, einen vor allem thätigen Anteil an jener Belebung nehmen können. Aus dem vertrauten Umgang mit seinem so lange von ihm verstoßenen Volksliede werden die „breiteren Schichten" sich wieder selbst finden lernen. Auf seinen Tanzböden ferner und bei seinen Wirtshaus-Konzerten spiele man dem Volke statt Wagner und der stillos mit ihm vermengten, rohinstrumentierten Gassenmelodien wirklich echte gute Tanzmusik; in den Walzern und Ländlern eines Lanner oder Strauß liebt auch klassischer Kunstgeist. Drittens und nicht zuletzt gebe man dem „breiteren Volk" in der Stadt sowohl wie auf dem Lande eine gute und auch gut aufgeführte Kirchenmusik. Hier kann man dann ausnahmsweise einmal eines unserer klassischen Kirchenmusikwerke aufführen. Denn, unterstützt von der Weihe des Ortes und den allgemein vertrauten Handlungen des Priesters am Altare, endlich durch das zur Tonsprache hinzutretende allgemein verständliche Wort der Sänger, ist hier so viel sichere Stimmung auch im schlichtesten Zuhörer aufgespeichert und seine Phantasie so sicher gebunden und gehalten, daß ihm auch die vergeistigte Tonsprache unsrer Meister auf diesem Gebiet keine unüberwindlichen Schwierigkeiten bereiten wird.   August Päringer.

Wir finden in diesen Ausführungen viel Nachdenkenswertes, möchten aber auch die notwendigen Einschränkungen hier in Kürze andeuten und zwar umso freier, als wir uns dabei mit den eigentlichen Absichten des Verfassers in Uebereinstimmung zu befinden glauben. Vor allem darf man nicht vergessen, daß es gerade im „Volke", d. h. doch hier einfach: unter den Unbemittelten, eine Menge hoch- wenn auch nicht schulmäßig gebildeter, bildungsuchender und — was die Hauptsache ist — bildungsfähiger Elemente gibt, denen ihr Einkommen den Besuch der teuren Konzerte nicht oder nur unter bedeutenden, insbesondere auch physischen Opfern erlaubt. Man braucht noch nicht einmal an das vielbeklagte „gebildete Proletariat" zu denken, um einzusehen: Wenn nun irgendwie ermöglicht wird, daß auch der Unbemittelte Gelegenheit bekommt, auf einem bequemen Platze guten künstlerischen Darbietungen zu lauschen, so ist das etwas der öffentlichen Unterstützung wertes. Ferner: wenn auch manche Tonwerke stets nur einem engen Kreise verständlich werden dürften, so ist doch die Zahl derjenigen, die auch auf ein großes Publikum ihre Wirkung nicht verfehlen, genügend, um damit die Konzertprogramme zu bestreiten. Haydn, Mozart, Beethoven geben auch dem schlichtesten Geist nicht immer Rätsel auf, und wir glauben, daß auch eine ganze Reihe moderner, gedanklich anspruchsvollerer Werke infolge ihrer rein sinnlichen Eindruckskraft empfängliche Gemüter zu erreichen vermögen, wenn sie auch nicht bis in die letzten Ausblicke hinein verstanden werden. Es kommt eben das meiste auf eine kluge Wahl der Programme an; zuweilen würden auch erläuternde Vorträge von Nutzen sein. Püringers positive Vorschläge unterschreiben wir, Spitteler und andere haben auch im Kunstwart schon vor einer Reihe von Jahren ähnliche gemacht.   R. B.

Musikliteratur.

Zählen wir wieder einmal ein paar neue oder neuaufgelegte musikalische Schriften auf.

Das Jahrbuch der Musikbibliothek Peters für 1898 (Leipzig, Peters) bringt einen wertvollen Aufsatz über Haydn-Porträts vom Herausgeber, E. Vogel, und druckt Guido Adlers Wiener akademische Antrittsrede ab, worin u. a. mit Hinweis auf die Vorurteile der Halbgebildeten, „welche moderne Kunstwerke überhaupt nicht achten oder bei der in den ersten Zeiten ihrer Erziehung gerade herrschenden Kunstrichtung mit zäher Exklusivität stehen bleiben" behauptet wird: „diesen hätte sicherlich eine ernste Kunstbildung auf die Beine geholfen, so daß sie imstande wären, mitzulaufen". Hat es den gelehrten Jahn, Hauptmann, Spitta, Chrysander u.s.w., von Hanslick und Konsorten zu schweigen, wirklich an „ernster Kunstbildung" gefehlt, die sie vor einer Blamage in der Wagnerfrage behütet hätte? — Kretzschmars „Bericht über musikalische Bücher und Schriften aus dem Jahre 1898" ist ein bischen flüchtig ausgefallen. Mit Interesse liest man die letzten Artikel: R. Schwartz über „Das erste deutsche Oratorium" und E. Vogel „Zur Geschichte des Taktschlagens".

Violoncellisten wird der „Führer durch die Violoncell-Literatur, zur Auswahl für Schule, Haus und Konzert zusammengestellt und nach Schwierigkeitsgraden geordnet" (Breitkopf & Härtel) von Philipp Roth in der neuen Bearbeitung von Carl Hüllweck erwünscht sein. Einige Stichproben haben mir eine gute Meinung über seine Brauchbarkeit eingeflößt.

In neuer, stattlich vermehrter Auflage erschien ein vorzügliches Werk, Heinrich Kretzschmars „Führer durch den Konzertsaal" (Leipzig Breitkopf & Härtel). Vorläufig sind drei Bände erschienen, von denen der erste die Symphonik bis einschließlich der romantischen Periode (von Gabrieli bis Schumann) umfaßt, der zweite die Programmusik und die moderne Symphonie behandelt, der dritte Oratorien und weltliche Chorwerke. Ein vierter, über Passionen, Messen, Psalmen, Motetten, Kantaten, soll nachfolgen. Ohne die ästhetischen Urteile des Verfassers unbedingt zu unterschreiben, empfehle ich doch dieses Werk als eine reiche Quelle der Belehrung auf das wärmste und begrüße es als einen guten Gedanken, daß Kretzschmars Erläuterungen zu den wichtigsten einschlägigen Kompositionen vom Verlag auch einzeln in gefälligen Heften ausgegeben werden als „Kleine Konzertführer". (Jede Nummer 10 Pfg.) Die roten Morinschen, an Wert sehr ungleichen Konzertführer dürften durch dies neue Unternehmen verdrängt werden.

Auch auf die Neue Folge der „Musikalischen Essays" von O. von der Pfordten (München, C. H. Beck) mache ich unsere Leser nachdrücklich aufmerksam. In etwas umständlicher, aber sehr gewissenhafter, besonnener Weise, mit seinem kritischen Geist und in vornehmer, wohlgefeilter Sprache wird darin „das Nationale in der Tonkunst" und „das Leitmotiv als Stilprinzip" erörtert, sowie eine sehr einläßliche Vergleichung je zwischen Schillers und Rossinis „Tell" und zwischen Goethes und Gounods „Faust" angestellt. Sie ergibt, daß die Hauptgestalten der Oper nicht grobe Verunstaltungen des literarischen Originals, sondern völlig neue, mit jenem unvergleichbare, aus dem romanischen Empfindungsleben zu verstehende Charaktere sind, und daß der Fehler auf Seite unserer Sänger und Hörer liegt, die in Rossinis und Gounods Oper die Personen des Schillerschen und Goethischen Stückes spielen und wiederfinden wollen.

„Das Klavier und seine Meister" (München, Bruckmann) ist ein Prachtwerk für gebildete Pianisten, bei dem man — ausnahmsweise einmal — nicht bloß die vielen prächtigen, seltenen und lehrreichen Bilder zu loben braucht, sondern auch den begleitenden Text von Oskar Bie ernst nehmen kann. Bie ist ein genauer Kenner der Klaviermusik und ein brillanter Stilist, der auch trockene Stoffe und technische Fragen interessant zu machen und lesbar, nicht in gräulicher Dissertationsprosa zu besprechen weiß. Mitunter freilich mag die Aufmerksamkeit allzusehr von der Sache weg auf das blendende Spiel der Antithesen, geistreichen Parallelen und kulturhistorischen Ausblicke gelenkt werden, — Eigenschaften des Werks, die zu seiner Verbreitung in weiteren Kreisen viel beitragen werden. Fachleute wissen ja auch ohnehin, wohin man sich zu wenden hat, wenn man streng wissenschaftliche Belehrung sucht. Sie greifen zu Weitzmanns vorzüglicher „Geschichte der Klaviermusik" von welcher der erste Band in einer von Max Seiffert besorgten, vollständigen Umarbeitung soeben bei Breitkopf & Härtel herausgegeben wird. Bie gliedert seinen Stoff in neun Kapitel. Die altenglische (Birb), altfranzösische (Couperin, Rameau) und altitalienische (Scarlatti) Klaviermusik führt ihn zu Johann Sebastian Bach. Es folgen „die Galanten" (Ph. E. Bach, Haydn, Mozart) und leiten zu Beethoven. Dann die „Technischen" (Clementi, Cramer, Hummel, Czerny, Kalkbrenner u. f. w.) und die „Romantischen" (Schubert, Field, Chopin, Mendelssohn, Schumann). Das Kapitel über „Liszt und die Gegenwart" bildet den Abschluß. Das Buch

ist von dem Gedanken durchdrungen, daß das Klavier ein intimes, ein Kammer=
instrument sei, nicht ein Vortragsinstrument für Konzerte. „Die Geschichte be=
weist, daß das Klavier nur gedeiht im Gegensatz zur Oper, dem andern Extrem,
dem lauten Triumph aller vereinigten Künste. Aber die Tragik des Theaters
ist zu tief. Da kommen die Stunden, in denen wir uns an den Kamin der
Kammermusik flüchten, zu ihren feinen, einsamen Webelinien, in denen wir
alles Leben groß und ganz enthalten finden, da es sich selbst schildert und nicht
des fremden Apparates bedarf. Das Klavier wird weiter der Sammelpunkt
dieser Selbsteinkehr sein. Keine Konzerte, in denen das zarte Instrument vor
die Masse gezerrt wird und mit dem Orchester Krieg spielen soll. Trotz aller
schönen Kompositionen: das Klavier ist kein Konzertinstrument. Es wird sich
im Saal, an der Virtuosität, gegen das Orchester nicht zu neuen Ideen sammeln."
Beigegeben sind dem Werke, auf das wir demnächst wieder zurückkommen
wollen, Originalkompositionen von b'Albert, Kienzl, Moszkowski, Scharwenka
und Richard Strauß.   R. B.

Justis „Velazquez"
als Kompendium praktischer Aesthetik. 2.
Technik. Manier.

Steht Justi auch auf dem Standpunkt, wonach die erste Eigenschaft eines
Werkes der nachahmenden Künste Wahrheit ist — bestehe doch dessen Genuß
eigentlich in der Wiedererkennung (I, 20) — und macht er sich auch das Wort
Calderons zu eigen, daß die Maler weiter nichts seien als Nachahmer der
großen Natur: so legt er doch immer den Nachdruck nur auf die Art, wie die
Erscheinungen gesehen werden, nicht aber auf die Technik, die nur ein Aus=
fluß dieser Anschauungsweise ist. Dem Genie (wie der Natur) haben noch
immer für das, was es sah und wollte, auch die Mittel nicht gefehlt (I, 8 fg.).
Bei Vielen liegt das Große mehr im Arsenal ihrer bewunderungswürdigen
Darstellungsmittel, denen sie jedweden Stoff anzupassen wissen, als in der Arbeit,
die sie dem Einzelnen zuwenden, in der Geisteskraft, mit der sie aus jedem
Gegenstand eigens die in ihm latente Kraft herausdestillieren. Wenn ihre
Kunst nicht stets berückt: das einzelne Werk gewinnt uns nur halben Anteil ab (10).

Unzutreffend ist Velazquez ein Virtuose genannt worden . . . Mit mehr
Recht könnte man diejenigen Maler Virtuosen nennen, welchen der Gegen=
stand nur Veranlassung zu sein scheint, ihre fertigen Darstellungsmittel in mehr
oder weniger neuen Variationen zu produzieren. In diesem Sinne ist der
Virtuose ein Widerpart des wahren Künstlers (II, 275).

Auch der sogenannten freien Manier (libertad y franqueza), die man
Herrera nachrühmt — einen Naturalisten kann man ihn kaum nennen, da er
meist sich selbst malte, und aus dem Kopfe malte — vermag Justi keinen so
hohen Wert beizumessen. Man spricht von ihr, als sei sie der heilige Geist der
Kunst, und doch ist sie nur eine Manier wie jede andere und leicht von Nach=
ahmern abzusehen. Spanisch ist sie höchstens, weil sie der Bequemlichkeit zu=
sagt (I, 63). Um genial zu scheinen, heißt es in dem bereits angeführten
Dialog (101), hat der Greco die Bilder schließlich mit jenen Golpes (Meister=
strichen) übersäet, welche sie in den Elementarzustand zu versetzen scheinen.
Eigentlich heißt das arbeiten, um arm zu sein.

Wie willst Du mir beweisen, äußert der Alte daselbst, daß das voll=
endete, das verschmolzene Bild weniger Relief haben müsse, als das skizzen=
hafte und zerhackte? . . . Kein Mensch wird mir einreden, daß nicht unser
höchstes Ziel sein sollte: der Natur zu gleichen, d. h. in der Ferne und Nähe
lebendig zu erscheinen. Vollendet in der Nähe, und hervorspringend aus dem
Rahmen, sich rundend aus der Ferne. Wenn das eine Bild nur aus der Ferne
täuscht, und das andere von fern und nahe, so ist doch wohl das zweite das
beste. So malte van Dyck. Ob das so leicht beisammen zu haben ist, ist eine
andere Frage. — Wenn notwendig eins gegen das andere in die Wagschale
steigen oder sinken muß, erwidert dann freilich der Junge, so gestehe ich, ich
werde stets auf der Seite jener alten Venezianer, des Greco und des Herrera
sein, mit ihrer frappanten Plastik und ihrem unmittelbaren Leben, ihrer Leucht=
kraft und ihrem Impasto der Farbe, und gern auf das Lob derer verzichten,
die ein Bild nur genießen können, wenn sie ihre Nasenspitze mit der großen
Brille auf der Leinwand spazieren führen (103).

Der Verfasser fügt hinzu (104, Anm. 2.): Das Recht dessen, was die
Spanier hier borrones nennen, und sonst manejo libre y magisterioso, die
Italiener bravura di tocco, des flotten unverschmolzenen Pinselstrichs,
gründet sich auf optische Beobachtungen, nach welchen gewisse plastische, farbige
und Licht=Erscheinungen besser herauskommen, wenn man das Zusammengehen
der Teile, Striche und Farben dem Vorgang im Sehorgan überläßt, statt sie
schon im Bilde zu bewerkstelligen, was allerdings der Naturwahrheit ent=
sprechen würde . . . Dies ist der Grund, weshalb jene Maler sorgfältig voll=
endete Gemälde nachträglich noch mit solchen Golpes übergingen. Da aber abge=
sehen hiervon Bravour, geistreicher Pinselstrich und dergleichen keinen malerischen
Wert haben und kein Zeichen höherer Begabung sind, so war der Aerger des
Alten (im Dialog) berechtigt gegen die, welche Unfertigkeit und künstliche Roh=
heit zum Kriterium des Genies machten und damit eigentlich der Faulheit
nach dem Munde redeten.

Unvollendetheit gibt freilich den Eindruck, daß man weniger gesagt
hat als man gekonnt hätte. — Aber wo hinter diesen (nicht immer) geistreichen
Manipulationen keine Werte der Darstellung zu entdecken sind, da sind sie
eben ohne Wert. Mit Chafarrinadas, Manchado=Malen, Golpeggiare, ist es
nicht getan. Man sollte nicht vergessen, daß feurige Hand, flotte Mache,
Bravura di tocco, Verve und Brio des Pinsels in keiner engern Beziehung zum
Genie stehe als Gründlichkeit und Phlegma der Vollendung. Denjenigen,
welche hysterisch fiebernde und sprungweise Gedankenbildung für genial halten,
muß gesagt werden, daß ebensoviel Wahrheit der Satz hat: genius is patience.
Hat es nicht Zeiten gegeben, z. B. die des Barockstils, wo Jedermann diese
Furia, diese Bravour in sich fand? Und auch heute noch begegnen uns unter
ihren Adepten sehr langsame und mechanische Talente, die keinen Schritt thun
können, den sie nicht andern abgelernt haben. Sie ist eben Sache der Mode
und Uebung. Waren Albrecht Dürer und Jan van Eyck weniger Maler als
Tintoretto, und Franz Hals weniger genial, weil sie malten, wie Goldschmiede
ziselieren? Man braucht ja nur etwas Kohlensäure in die Flasche zu pressen,
und sie wird ebenso aufschäumen, mag der Wein in der Champagne oder im
Laboratorium geworden sein, im letzteren Falle folgt nur einem augenblick=
lichen Prickeln ein verdorbener Magen (II, 284).

Wohl in keinem Jahrhundert, bemerkt Justi anderwärts, ist in Maler=
kreisen so viel und so tragisch von großen „Kämpfen" gesprochen worden, als

im unsrigen. Es schien zuweilen, als ob von dem Erfolg einer neuen
Manier nicht nur die Gesundheit der Kunst, sondern die Moral und die
Zukunft von Nation und Menschheit abhänge. Hier im 17. Jahrhundert haben
wir auch einen Kampf, der mit den tiefsten Prinzipiendebatten hätte ausge=
fochten werden können. Die Art, wie es geschehen (vier Hofmaler, unter ihnen
Velazquez, wurden vom König veranlaßt, im Wettbewerb die Vertreibung der
Morisfos zu malen, wobei Velazquez den Sieg errang), hatte jedenfalls den
Vorteil, daß die heutzutage unvermeidliche Wort= und Papiervergeudung er=
spart blieb. Nichts vom Qualm hochtönender Phrasen, aus denen Verfolgungs=
und Größenwahn herausklingt; nichts von der Malerei der „Neuzeit",
der messianischen Zeit, die in jedem Menschenalter angekündigt wird und noch
ehe ihre Propheten graue Haare bekommen, schon ein kleiner grauer Ring in
dem Dämmerungskreis der alten Zeit geworden ist, wo nicht in die Nacht des
Vergessens versunken. Nur die Herstellung eines Meisterwerks gilt. So oft und
heftig übrigens Naturalismus und Manierismus gegen einander geprallt sind,
niemals ist man wieder auf diese hispanische Idee eines Malergefechts ver=
fallen (I, 233 fg.).

Noch eine andere Parallele mit unserer Zeit wird nahe gelegt. Die
großen Reiterbildnisse, Breda, die Einsiedler, meist also Werke aus der mittleren
Zeit des Velazquez, sind die Hauptbeispiele der alten Zeit für jene Malerei
diffusen Lichts, welche neuerdings mit Leidenschaft und Erfolg aufs Tapet
gebracht worden ist und, was nicht nötig war, nach der Sitte dieses Jahr=
hunderts der Nervosität, zu Parteisache und fanatischem Sektenbekenntnis ge=
macht worden ist. Man kann sagen, sie sei von allen Arten der Beleuchtung
die schwierigste und ungefälligste vom Gesichtspunkt der Schönfarbigkeit und
der Farbenharmonie, — aber doch die natürlichste, und schließlich schlage sie
alle übrigen. Eigentlich war ja das Neueste hier wieder eine Rückkehr zum
Aeltesten. Die italienischen Tempera= und Freskomaler des 15. Jahrhunderts
hat nicht bloß die Natur ihrer Farben oft auf die natürlichste Art der Be=
leuchtung geführt (z. B. Pier della Francesca); und die altflandrische und
niederrheinische Malerei würde ihr noch öfter nahe gekommen sein, wenn nicht
die Liebe zu schönen und leuchtenden Farben, wie die neue Technik sie ermög=
lichte, davon abgelenkt hätte, jene Beleuchtung auch in der Farbenabtönung
folgerichtig durchzuführen. Aber die Italiener der großen Zeit seit Leonardo
haben sich unter dem Einfluß der Oelmalerei den starken Gegensätzen zuge=
wendet: diese kamen dem Streben nach Vereinfachung des Vortrags, frappanten
Wirkungen, Sammlung des Interesses entgegen (II, 282 fg.).

Man sieht, mit welch ungewöhnlicher Vorurteilslosigkeit Justi (die Be=
wunderung seines Helden wird ihm Niemand als Voreingenommenheit aus=
legen können) allen Erscheinungen des Kunstlebens gegenübersteht.
(Fortsetzung folgt.)

⚜

Die Sammlungen und das Publikum.

„Die Sammlungen und das Publikum" — unter diesem Titel veröffent=
lichte vor einiger Zeit der Geh. Hofrat Dr. Otto Behaghel in Gießen in der
„Frankfurter Zeitung" seine Klagen über die Unzulänglichkeiten in der Ver=
waltung unserer Museen. Er meinte zunächst, es gebe so viele äußere und
innere Hindernisse für den Besuch der Museen, daß sie fast nur dann über=

wunden würden, wenn Verwandte und Freunde uns zu besuchen kommen und von uns erwarten, daß wir ihnen jeden Tag eine andere Sehenswürdigkeit vorsetzen. Von äußeren Hindernissen führt Behaghel an: „Keine Zeitung lädt für bestimmte Stunden zu den Vorführungen ein, und das Betrachten kostet viele Zeit; es ist anstrengend und ermüdend; manche haben sogar den traurigen Mut, zu behaupten, es sei langweilig." Die tieferen Gründe für den Mangel an „Sammlungsfreudigkeit" aber kennzeichnet Behaghel in folgenden Worten: „Um wissenschaftliche Sammlungen zu würdigen, bedarf es vielfältiger Kenntnisse. Auch das Genießen von Werken der bildenden Kunst erfordert Vorbereitung und will gelernt sein. Naturgemäß aber bleibt unsere Ausbildung in diesen Dingen weit zurück und muß zurückbleiben hinter der Erziehung, die wir etwa auf musikalischem Gebiete erfahren. Die Musik ist eine gesellige Kunst; schon deshalb wird es nicht geduldet, daß unsere Talente im Verborgenen bleiben. Die bildende Kunst dagegen ist die Kunst einsamer Beschaulichkeit, eine Thatsache, an der die Photographien und Prachtwerke auf den Tischen unserer gelangweilten Gesellschaften nichts ändern. Die Technik der Musik ist verhältnismäßig leicht; auch der harthörigste Sünder kann es schließlich dazu bringen, die Klosterglocken und der Jungfrau Gebet zu beherrschen. Die musikalischen Meisterwerke sind jedem mit Leichtigkeit zugänglich; die Nachbildungen von Gemälden und Statuen sind vielfach ein trauriges Surrogat, ihre Erwerbung das Vorrecht der Reichen. Anderseits erfordert in der That das Betrachten von bildnerischen Werken viel mehr körperliche und geistige Anstrengung, als der Genuß musikalischer Schöpfungen.* Um so mehr aber müßten die Sammlungen so eingerichtet sein, daß der Besucher möglichst leicht zum Genuß durchbringen, möglichst ausgiebige Belehrung gewinnen könnte. Diese Forderung, die Forderung des intensiven Wirtschaftsbetriebs, muß heute um so nachdrücklicher erhoben werden, als der extensive Betrieb, das heißt die Vergrößerung der Sammlungen von Jahr zu Jahr auf größere Schwierigkeiten stößt. Hat doch vor Kurzem der bayerische Minister in der Kammer erklärt, daß für das Werk eines hervorragenden Künstlers der Staat im Durchschnitt gegenwärtig 25 000 Mark bezahlen müsse. Vorläufig haben manche Sammlungen und Sammlungsvorstände noch keine Ahnung von den Aufgaben, die ihnen aus einer solchen Forderung erwachsen; andere möchten wohl, wenn sie nur könnten —: „Lasciate ogni speranza, voi ch'entrate", das könnte auch über der Pforte mancher Sammlung als Ueberschrift stehen."

In humoristischer Behaglichkeit schildert nun Behaghel seine trüben Erfahrungen bei Besuchen in Museen. Er will in seiner Vaterstadt den angekauften Böcklin im Museum sehen. Er geht hin. Die Inschrift belehrt ihn, daß die Sammlung Mittwoch und Sonntag Vormittag von 11—1 Uhr geöffnet ist und daß man sich in den Zwischenzeiten an den Kastellan wenden muß. Aber Mittwoch Vormittag hat er Dienst, und Sonntags nach der Kirche muß der Herr Hofrat „natürlich seinen Frühschoppen trinken". Eines Sonntags Vormittags fährt er nach Schleißheim, um die Italiener, den berühmten Tintoretto zu betrachten. Höflichst wird er belehrt, daß am Vormittag nur die holländische Schule zu sehen ist, die Italiener werden erst Nachmittags verabreicht. Im Märkischen Museum zu Berlin muß er für die drei Regenschirme seiner selbst, seiner Frau und seiner Tochter 60—70 Pfennige bezahlen, was natürlich

---

* Das kann doch so allgemein kaum aufrecht erhalten werden; es wird sich nach den einzelnen Faktoren wohl sehr verschieden gestalten.

fränkend ist, und dann findet er, daß das Museum einer Tröblerbude gleicht, in der aus Mangel an Raum alles übereinander und durcheinander geworfen ist. In der Cumberland-Galerie zu Hannover ist es gut, eine Blendlaterne zur Besichtigung der Bilder mitzubringen, denn die gegenüberliegende Mauer ist von den Fenstern des Museums keine zwei Meter entfernt. In Augsburg sind an den langen Wänden der Katharinenkapelle die Bilder so vielstöckig über-einandergetürmt, daß nach kurzer Betrachtung die Halswirbel und -Muskeln in den Ausstand treten.

Den Schluß des Aufsatzes geben wir wegen der Anschaulichkeit der Schilderung lieber wörtlich wieder. „»Papachen«, läßt sich meine Tochter ver-nehmen, »hast du keinen Katalog?« Natürlich hab ich keinen, oder vielmehr, er steht zu Hause auf meinem Büchergestell. Also ich beiße in den sauern Apfel und erlege zwei Mark auf dem Altar des Vaterlandes. Eigentlich müßt ich noch zwei weitere Exemplare erwerben. Denn meine Frau und ich wollen uns auch belehren; oder vielmehr — meine Tochter und ich; denn den Katalog hat meine Frau an sich genommen. Verdrießlich drückt sich unsere Nelly an den Wänden umher. »Papachen, könnte nicht an jedem Bilde angeschrieben sein, was es bedeutet?« »Freilich könnte es, du dummes Mädel, und da sind ja auch gleich drei oder vier große Etiketten nebeneinander.« Mit lauter Stimme liest sie vor: »Erstürmung eines Eisenbahndamms«; »Waldsee im Mondschein«; »Bild eines sitzenden Mannes im blauen Mantel«. Das hätte sie schon von alleine gewußt. »Papa«, sagt meine Tochter, »an dem Bilde haben ja zwei gemalt; ist nun die Madonna von Rubens und der Kranz von Brueghel, oder ist es umgekehrt?« Meine Frau wirft ihr einen strafenden Blick zu ob ihrer kunstgeschichtlichen Unwissenheit. Bald aber kommt sie selbst und macht mich darauf aufmerksam, daß der große Rubens dort — Neptun ist es und Amphitrite, das berühmte Bild im Berliner alten Museum — so ganz anders gemalt ist, als da drüben der trunkene Silen oder die Andromeda. Ja, man kann doch Bode doch nicht zumuten, daß er an das Bild hinschreibt, es stamme aus einer ganz besonderen Periode des Künstlers, oder daß er gar an den Namen Rubens ein Fragezeichen macht, bei einem um so schweres Geld erworbenen Kleinod seiner Sammlung. Nelly hat sich mittlerweile ins Neben-zimmer zu den Antiken verzogen. Das erste, worauf ihr Auge fällt, sind Ringe, Nadeln und andere Gerätschaften. Was besagt der sauber geschriebene Zettel? »Ringe, Nadeln und andere Gerätschaften«! Dafür liegt gleich nebenan ein Ding, das jeder Bezeichnung entbehrt. Nelly ist zweifelhaft, ob es römische Fibeln oder ob es Rasiermesser sind. »Papachen, was sind denn Bronnekelte und was ist denn ein Kantharos, ein Peras, ein Skaphos, ein Skyphos?« Das alles steht von gelehrter Hand da angeschrieben. Da kommt meine Frau. Sie hat Augenschmerzen. Ueber dem beständigen Wechsel — bald Anschauen des Bildes, bald Lesen des Kataloges — ist sie nahe daran, einen Akkomo-dationskrampf zu bekommen. Hochbefriedigt wandern wir nach Hause. Aber mich sieht sobald keine Sammlung wieder. Und ich weiß, was ich thue. Ich habe einen Sohn, der bald schulpflichtig sein wird. Der muß mir ein Kunst-gelehrter oder Altertümler werden. Er wird eine Sammlung leiten, die das reine Utopien sein wird. An jedem Stück wird angeschrieben, was es be-deuten soll, wer es gemacht hat, wann sein Meister lebte; ob es aus seiner Jugend oder seinem Alter stammt, aus der Zeit vor oder nach seiner italie-nischen Reise; welcher Gegend es angehörte; aus was es besteht. Es wird veranschaulicht werden, wie das Stück verwandt wurde; bei einer Statue wird

2. Juniheft 1899

man erfahren, was antik, was neuere Ergänzung. Es wird — es wird — es wird jedenfalls die reine Wonne sein, und mein Enkel — wird der dann gerne in die Sammlung gehen?"

Wir bedauern, daß Herr Behaghel den Besuch der Museen so rasch aufgegeben hat. Wir hätten ihn sonst gern einmal zum Besuch der Dresdner Museen eingeladen. Hier hätte er doch vielleicht gefunden, daß nicht erst sein Sohn Kunstgelehrter und Sammlungsdirektor zu werden braucht, damit alle die Verbesserungen eingeführt werden, die er — mit Recht — für alle Museen ersehnt. Alles ist ja auch in Dresden nicht vollkommen, aber vieles ist so vorzüglich eingerichtet, daß man die Dresdner Museen in mancher Beziehung als vorbildlich bezeichnen kann.

Einiges davon wollen wir hier anführen: In keinem Museum wird etwas verlangt für die Aufbewahrung der Schirme, Stöcke u. s. w. Will jemand freiwillig etwas geben, so steht eine verschlossene Büchse da, in die man seine Gabe werfen kann. Den Aufsichtsbeamten und dem Garderobepersonal ist die Annahme von Geschenken untersagt. Wer eine Sammlung zu eingehendem Studium benutzen will und besonderer Begünstigungen bedarf, braucht sich nur an den Direktor der betreffenden Sammlung zu wenden.

Die Sammlungen sind erstaunlich lange geöffnet, so z. B. die Gemäldegalerie im Sommer an fünf Tagen der Woche von 9—5 Uhr (also acht volle Stunden), am Sonntag von 11—2, am Montag (Reinigungstag) von 12—1 Uhr; die Skulpturensammlung Wochentags außer Sonnabends von 9—3 Uhr, Sonntags von 11—2 Uhr, das Kupferstichkabinet Wochentags außer Montags von 10—3, Sonntags 11—2 Uhr, im Winter Dienstags und Freitags auch Abends 5—7 Uhr, u.s.w. Das Kupferstichkabinet ist also im Winter auch zweimal bei Licht geöffnet. Wir glauben nicht, daß irgendwo die Sammlungen in gleich bequemer Weise zugänglich sind. Das Ideal wäre natürlich, daß alle Sammlungen täglich und ganz besonders des Sonntags früh bis Abends um 10 Uhr geöffnet wären, damit jedermann, auch der Arbeiter, in der Lage wäre, sich wissenschaftliche Belehrung und künstlerischen Genuß zu verschaffen; dieses Ideal muß und wird auch noch mit der Zeit erreicht werden. Indeß darf man sich die Schwierigkeiten, die eine solche Maßregel verlangt, nicht verhehlen. Das Aufsichtspersonal müßte geradezu verdoppelt werden, damit die Aufseher auch die nötigen Pausen und ihre Sonntagsruhe haben. Ebenso müßten die verantwortlichen und kunsthistorisch gebildeten Beamten vermehrt werden, da man auch ihnen nicht zumuten kann, täglich von früh 8 bis Abends 10 Uhr auf dem Posten zu sein. Hierin liegen u. E. noch keine unüberwindlichen Schwierigkeiten, denn wo ein so bedeutsames allgemeines Interesse vorliegt, muß eben schließlich von dem Landtage das Geld bewilligt werden. Weiter aber muß für Beleuchtung gesorgt werden. Das kgl. Kupferstichkabinet in Dresden besitzt elektrische Beleuchtung, im Museum der Bildwerke sind Versuche damit angestellt worden, die kgl. Gemäldegalerie besitzt wenigstens eine elektrische Notbeleuchtung. Also verheißungsvolle Ansätze sind da. Die Erfahrungen, die auch hierbei nötig sind, werden helfen.

Da taucht aber nun die wichtige Frage auf, ob auch wirklich ein Bedürfnis für so weitgehende Offenhaltung der Museen vorhanden ist. Für die Gemäldegalerie darf man es voraussetzen; man findet sie nie leer, und Sonntags ist dort oft ein geradezu lebensgefährliches Gedränge, so daß zeitweilig die Thüren gesperrt werden müssen. Auch für zoologische und anthropologisch-ethnographische Museen darf man die gleiche Teilnahme weiter Volkskreise vorausseßen. Für andere Sammlungen fehlt es daran. Das Bedürfnis muß da offenbar noch mehr geweckt werden.

Natürlich stoßen wir da sogleich wieder auf die Frage der künstlerischen Erziehung, die ja bekanntlich noch sehr im Argen liegt und erst ganz allmählich gelöst werden kann. Die Versuche, regelmäßige belehrende Vorträge für weitere Kreise zu halten, sind in Dresden vom Verein Volkswohl gemacht worden, und zwar im Museum für Gipsabgüsse. Doch ist es bei wenigen Versuchen geblieben. Auch hierfür müßten natürlich erst wieder besondere Mittel ausgeworfen werden. Man kann den Assistenten nicht ohne weiteres zumuten, noch derartige Vorträge ohne Entgelt zu übernehmen. Oft sind die Direktoren und Assistenten überdies für derartige volkstümliche Vorträge, bei denen gar keine Voraussetzungen gemacht werden dürfen, als der Wunsch zu lernen und zu genießen, ganz ungeignet, denn gelehrte Forschung und die Gabe volkstümlich belehrend zu sprechen, sind ja ganz verschiedene Dinge. Immerhin werden aber solche Vorträge z. B. im Berliner Kunstgewerbe=Museum regelmäßig gehalten. Wir wissen nicht, ob ohne Entschädigung. Irgendwo habe ich auch einmal gelesen, daß im Thorwaldsen=Museum zu Kopenhagen Sonntags Kunstgelehrte und Lehrer regelmäßig volkstümliche Führungen und Vorträge veranstalten. Entschieden ist dieses Gebiet der Ausnüßung der Museen für die künstlerische Erziehung und die wissenschaftliche Belehrung weiterer Ausbildung würdig und bedürftig.

So lange es an Kräften und an Mitteln hiefür fehlt, wird allerdings auf die Bezettelung der Kunstwerke, die Behaghel so mangelhaft findet, der größte Nachdruck zu legen sein. Da gibt es nun allerdings schon jeßt Museen, wo diese in geradezu musterhafter Weise durchgeführt ist. Wir möchten da Herrn Behaghel einladen, sich einmal in die kgl. Skulpturen=Sammlung (Albertinum) zu Dresden oder in die Aegyptische Sammlung der kgl. Museen zu Berlin oder auch in das Museum für Kunst und Gewerbe in Hamburg zu bemühen. Wir sind überzeugt, er wird staunen über die Art und Weise, wie in diesen Museen durch Bezettelung für Aufklärung und Belehrung gesorgt ist und noch weiter gesorgt wird.

Ein paar Beispiele aus der Dresdner Skulpturensammlung mögen genügen:

Eirene und Plutos.

Frieden und Reichtum.

Nachbildung einer um 375 v. Chr. in Athen errichteten Gruppe von

Kephiodot d. Ä.

dem Vater des Praziteles.

München. Glyptothek.

Harmodios und Aristogeiton

die

„Tyrannenmörder"

von

Kritios und Nesiotes.

Nach 480 v. Chr. auf dem Töpfermarkt (Kerameikos) zu Athen als Ersaß für die von Xerxes entführten Bronzestatuen des Antenor aufgestellt.

Neapel Museo Nazionale.

Die Gliedmaßen zum Teil ergänzt. Der Kopf des Aristogeiton alt, aber einem anderen, gleichzeitigen Werke angehörig.

2. Juniheft 1899

Außerdem hängen hier an den Fußgestellen der Abgüsse für denjenigen, der sich weiter belehren will, Ausschnitte ausführlicherer Museumskataloge mit eingehenden Besprechungen der einzelnen Stücke; Ergänzungszeichnungen und Lichtbilder veranschaulichen den ursprünglichen Zustand oder die einstige Umgebung des Bildwerks. Ausschnitte aus dem „Führer" durch die Sammlung und ausgelegte Handbücher belehren über die geschichtlichen und sachlichen Zusammenhänge der Kunstwerke, und endlich orientieren ausgehängte Pläne den Beschauer in der Sammlung selbst. Mehr kann in der That auch für den museumsmüdesten Besucher kaum geschehen, für dessen Ruhebedürfnis überdies durch überallhin verteilte, leicht bewegliche Stühle auf das ausgiebigste gesorgt ist.

Was endlich die Frage des Eintrittsgeldes betrifft, so ist auch diese nicht so einfach zu lösen, daß man verlangen könnte: alle Museen müssen täglich umsonst offen stehen. Der Idealzustand, der einmal erreicht werden muß, ist es natürlich. Aber nicht überall ist es sofort zu erreichen. Einige Beispiele aus Dresden. Die Skulpturensammlung, die zoologischen, anthropologisch-ethnographischen, mineralogisch-geologischen und prähistorischen Sammlungen sind stets unentgeltlich zu besichtigen. Sonnabend sind sie der Reinigung wegen geschlossen. Die Gemälde-Galerie kann man an vier Tagen der Woche einschließlich Sonntags unentgeltlich sehen, an zwei Tagen kostet der Eintritt 50 Pfg., am Reinigungstage (Montags) 1 M. 50 Pfg. Letzteres erscheint durchaus gerechtfertigt, weil sonst die Reinigung allzusehr erschwert würde; daß man trotz ihrer für 1 Mk. 50 Pfg. eingelassen wird, ist ein anzuerkennendes Entgegenkommen. Daß die Porzellan-Sammlung nur gegen Entgelt zu besichtigen ist, erscheint gerechtfertigt, denn bei der gegenwärtigen Aufstellung würde allzu großer Andrang die wertvollen Porzellangegenstände leicht in Gefahr bringen, zerbrochen zu werden, und die meisten sind unersetzlich. Im Kupferstichkabinet und im mathematisch-physikalischen Salon wird nur an zwei Tagen Eintrittsgeld erhoben. Im historischen Museum, wo ebenfalls Gedränge im Interesse der Sammlung vermieden werden muß, muß regelmäßig der Eintritt bezahlt werden (25 Pfg. bis 1 M. 50 Pfg.). Daß im Grünen Gewölbe bei der großen Kostbarkeit der Gegenstände regelmäßig 1 Mk. erhoben wird, erscheint auch gerechtfertigt. Wie man sieht, bleibt hier schon jetzt nicht allzuvieles zu wünschen übrig. *Paul Schumann.*

❀

Sprechsaal.

In Sachen: Grundsätze moderner Literaturgeschichtschreibung.

Eduard Platzhoff hat neulich im Kunstwart seine Anschauungen über moderne Literaturgeschichtschreibung entwickelt, die in dem Satze gipfeln: Zeitgeschichte, Kulturgeschichte, Sitten- und Seelengeschichte muß die moderne Literarhistorie werden. Ich habe dagegen garnichts einzuwenden, möchte aber doch bitten, darüber nicht ganz zu vergessen, daß die Literaturgeschichte als Geschichte der Dichtung zunächst einmal Kunstgeschichte ist. Und zwischen Kunst- und Kulturgeschichte besteht ein wesentlicher Unterschied: die Kunstgeschichte hat es mit den künstlerischen Individuen in der Ganzheit und den Kunstwerken als Organismen zu thun, für die Kulturgeschichte kommt auch der Künstler nur als Zeittypus und das Kunstwerk nur als „Material" sozusagen, als Gefäß von Gedanken und Empfindungen, die für die Entwicklung der Menschheit irgendwie wichtig erscheinen, als Zeugnis gewisser Fähigkeiten in Betracht. Anders ausgedrückt: für den literarischen Kunsthistoriker sind der Dichter und sein Werk Werte an sich, für den literarischen Kulturhistoriker nur Entwicklungswerte. Man mißverstehe mich nicht so, als wolle ich zu Gunsten der reinästhetischen Betrachtungsweise jede andere abweisen, Gott bewahre: eine bestimmte ästhetische Betrachtungsweise, die Beurteilung eines Kunstwerks nach der in ihm geoffenbarten menschlichen Empfindungsfähigkeit und dem Maße der Entwicklung des technischen Darstellungsvermögens fällt für mich noch durchaus in den Rahmen der kulturgeschichtlichen Literaturgeschichte hinein, auch hier zeigt sich ja Entwicklung. Ich will für die Welt der Kunst nur die Selbständigkeit retten, die sie dem Leben und der Wissenschaft gegenüber unbedingt beanspruchen darf; das Kunstwerk geht aus dem Leben hervor, es kann Gegenstand wissenschaftlicher Betrachtung werden, aber zunächst ist es nun doch einmal eine Welt für sich oder ein organisierter Teil einer besonderen Welt geworden und gewachsen und ein Ganzes. Und dasselbe, was vom Kunstwerk gilt, gilt auch von seinem Schöpfer, dem künstlerischen Individuum. Auf das Ganze geht darum auch die kunstgeschichtliche Betrachtung, nicht auf die Elemente, aus denen sich der Organismus zusammensetzt, und weiter auf das Besondere, nicht das Allgemeine und Typische. Der Begriff der Entwicklung, wenigstens einer allgemein=menschlichen Entwicklung, ist für die Literaturgeschichte als Kunstgeschichte kaum anwendbar; sie hat es, wenn sie auch Entwicklungsreihen von Organismen kennt, zuletzt doch nur mit fertigen und abgeschlossenen Erscheinungen zu thun. Wo ist die Entwicklung, die über Homers Epen, über die griechische Tragödie, über Dante, über Shakespere hinausginge? Gewiß, die Menschheit ist weiter gekommen, auch jene Dichter und Werke haben fort und fort gewirkt, aber sie selber sind unverändert geblieben, sind Welten für sich geblieben, herrlich wie am ersten Tag für den, der zu ihnen gelangen kann. Darauf, daß sie Entwicklungsmomente der Zeit=, Kultur=, Sitten= und Seelengeschichte sind, beruht doch schwerlich ihre ewige Bedeutung; das teilten hundert andere Werke mit ihnen — und wo sind sie hin?

Was ist nun die Literaturgeschichte als Kunstgeschichte? Nun, sie ist zunächst nicht viel mehr als das, was die Naturgeschichte in den Naturwissenschaften ist, nur daß sie eben chronologisch verfahren kann. Sie beschreibt, wenn auch im höchsten Sinne, so daß die Beschreibung zur Darstellung wird. Dann klassifiziert sie: das Klassifizieren steht nun heute freilich in schlechtem Ruf, unsern jungen Genies ist es nicht gut genug. Aber, meine Herren, klassifizieren und klassifizieren ist sehr zweierlei. Aus der Botanik entsinnen Sie sich vielleicht noch, daß es künstliche Systeme (Linné) und natürliche (Decandolle) gibt. Nun wohl, ich behaupte, daß der, welcher in der Literaturgeschichte etwas wie ein natürliches System à la Decandolle schüfe (ein gutes künstliches ist auch schon nicht zu verachten), einer der größten Geister der Menschheit wäre, und ich behaupte, daß es möglich ist. Wir sind freilich davon noch immer sehr weit entfernt, doch natürliche Verwandtschaften zu finden, haben wir allmählich gelernt. Und so stehen in mancher Literaturgeschichte schon große natürliche Gruppen beisammen, bei denen jedem Einzelnen aber sein Recht gewahrt bleibt, und wir wissen meist recht wohl, was eine eigene Art und was eine Abart ist. Ich will den botanischen Vergleich aufgeben, obgleich ich noch viel weiter gehen und die gewöhnliche kulturhistorische Literaturgeschichtschreibung mit Pflanzenchemie, die literarische Kulturpsychologie und Kulturphilosophie mit Pflanzenphysiologie vergleichen könnte: mir genügt es zunächst, wenn man mir zugibt,

daß Blumen Blumen und Früchte Früchte sind und als solche genossen werden
sollen, und daß der sich ein Verdienst erwirbt, der ihre Eigenschaften und den
Baum oder Strauch, von dem sie herkommen, beschreibt und weiter noch zeigt,
wo und wie diese Sträucher und Bäume wachsen, wie sie sich von andern
unterscheiden u.s.w. Das alles kann die Literaturgeschichtschreibung, ohne daß
sie Kulturgeschichte wird, und sie muß es wohl leisten, ehe die Kulturgeschichte
überhaupt ihre Arbeit beginnen kann. Platzhoff kommt zuletzt soweit, die Lite=
raturgeschichte als reine Zeitgeschichte aufzufassen und meint, man solle mit dem
Literaturgeschichtschreiben so lange warten, bis man sich „über manche Grund=
züge des Zeitgeistes" verständigt habe. Gut, er mag warten, bis Brandes und
ein neuer Treitschke Arm in Arm aufmarschieren; wir andern wollen inzwischen
unsere Pflicht thun und ehrlich, nach unsrer Ueberzeugung festzustellen versuchen,
wo in unserer Zeit Kunst ist und wo nicht, und ruhig weiter klassifizieren, da=
mit die Leute die wildwuchernden Abarten nicht für echte Arten halten. Moderne
Seelengeschichte wäre ja auch etwas Schönes, aber die Seelengeschichte der Re=
naissance ist erst jetzt, nach 400 Jahren, von Jakob Burckhardt geschrieben wor=
den, und außer Burckhardt hat, wie mir's wenigstens scheint, überhaupt noch
niemand etwas derartiges zu leisten vermocht. Hettner und Brandes geben
meiner Ansicht nach noch lange keine Seelengeschichte, nur die Geschichte ge=
wisser Gedanken. Daß die Modernen manche Offenbarung über die moderne
Seele losgelassen haben, weiß ich, aber ich kann leider nicht viel von Offen=
barungen solcher Leute halten, die sich, sobald sie einem bestimmten Kunst=
werke gegenüberstehen, völlig kritiklos zeigen und den Künstler und den Jon=
gleur nicht zu unterscheiden wissen.   Adolf Bartels.

❧

Lose Blätter.
Gedichte von Martin Greif.

Vorbemerkung. Ist man kein Mode=, kein Clique= und kein Tendenz=
literat, aber ein so echter Poet, daß es keinem biderben Stickstoff gelungen ist,
das eigenwillige Feuer tot zu kriegen, so pflegt der sechzigste Geburtstag einen
Umschwung in seiner Behandlung einzuleiten. Ausdauer imponiert uns Deutschen:
hat also eine wenn auch kleine Gemeinde so lange behauptet, „der Betreffende"
sei ein Dichter, so denkt man: es muß doch was dran sein, und pflanzt dem so
solid Gefeierten ein Altersrühmchen, das von nun an zu den Geburtstagen
regelmäßig begossen wird. Es wächst denn auch, und ist am siebzigsten größer
und am achtzigsten schon so stattlich, daß der Mann gegen seinen neunzigsten
hin jener Anerkennung genießt, die bekanntlich der weiteren Entwicklung junger
Talente so förderlich ist.

        Auch die Kenntnis von Martin Greif ist bis jetzt, bis zu seinem sechzigsten
Geburtstage am 18. Juni, nicht über den Kreis einer Gemeinde hinaus ge=
drungen, ist jedenfalls noch nicht Allgemeingut all derer geworden im deutschen
Volke, die sich ihrer erfreuen könnten. Auch Greif gehört zu jenen älteren
Dichtern, die vor der jüngstdeutschen Literaturrevolution von den herrschenden
Leuten im Hintergrunde gehalten, dann aber von den Jüngstdeutschen dort belassen
wurden, weil die jungen Herren die guten Plätze für sich selbst und die Ihrigen
brauchten. Mög' es nun anders werden! Die nachfolgenden Proben aus Greifs

Gedichten werden denen, die sie noch nicht kennen, oarthun, wie Schönes be!
uns zuweilen Jahrzehnte lang halb im Verborgenen blühen kann. Sie sint
ben bei C. F. Amelang in Leipzig erschienenen „Gesammelten Werken" Martir.
Greifs entnommen.

Viele unsrer Leser kennen das gute Büchlein von Lichtwark, das „Uebungen
in der Betrachtung von Kunstwerken" heißt. Wir beabsichtigen, im Kunstwart
„Uebungen im Gedichtlesen" einzuführen. Schade, daß wir's, aus leidigen
Gründen des Raumzwangs, nicht heute schon können — gerade die außer=
ordentliche äußere Einfachheit der Greifschen Lyrik läßt selbst den Geübten
oft drei und vier Mal über ihre Schönheiten hinweglesen. Zu glücklicher
Stunde, plötzlich, treten sie aus dem Dunkel hervor, und vielleicht sehen wir
gleich dem Goethischen Schatzgräber den „Glanz der vollen Schale", dann bis=
weilen anders und anderswo, als wir gedacht. Dichtungen, wie der „Hymnus an
den Mond" oder das wunderbar schöne Stück aus dem „Klagenden Lied", nein,
die beste Greiffsche Lyrik überhaupt will von den Meisten erst erobert sein.
Wem sie sich aber erschließt, der erlebt sie. Daß es nur wenige der Greif=
schen Gedichte sind, auf die solches höchste Lob zutrifft, besagt keine Bemänge=
lung. Lassen wir höchstens Goethe selbst aus dem Spiel, so müssen wir sagen,
das kein einziger deutscher Lyriker mehr als vereinzelte Schöpfungen so hohen
Wertes erzeugt hat. Die künstlerische Bedeutung eines Dichters wird nicht an
seinem Mittelgute gemessen.

*

Hoher Mittag am Meere.

Alles Meer und Gestade ruht in Stille,
Nur die Sonne allein am Himmel wandert,
Fern, dem Auge verborgen, rückt sie tiefer
In das einsame Blau des hohen Aethers.
Rings unendliches Licht ergießt sie strahlend,
Und die weite Natur bezwingt Ermüdung.
Alles Meer und Gestade ruht in Stille,
Nur die Sonne allein am Himmel wandert.

Die Schnitterin.

Vor einem grünen Walde
Da liegt ein sanfter Rain,
Da sah ich auf der Halde
Ein rosig Mägdelein.

Das fährt mit ihrer blanken
Geschliff'nen Sichel 'rum,
Und mähet in Gedanken
Die schönsten Blümlein um.

Kuckuck ruft immer weiter
Ins Holz den ganzen Tag,
Und Alles prophezeit er,
Was ihr gefallen mag.

2. Juniheft 1899

Im Walde.

So einsam ist es um mich her,
So friedlich und so still,
Wenn nicht das Leid im Herzen wär',
Das nimmer schweigen will.

Die Vöglein singen dort und hier,
Im Wipfel lind es bebt,
Es steht ein fernes Grab von mir —
Ist's wahr, daß ich's erlebt?

Zwei Falter fliegen ab und zu,
Wo eine Knospe sprang:
So schwärmten wir einst, ich und du,
Den grünen Wald entlang.

Fremd in der Fremde.

Nirgend kann ich lange bleiben,
Ruhelos ist mir der Sinn,
Wolken, Wind und Wellen treiben
Ohne viel Erinn'rung hin.

Wenn im Herbst die letzten Schwalben
Fliehen, wird das Herz mir schwer,
Stimmen rufen allenthalben,
Allenthalben um mich her.

Ordnen sich die Wanderzüge,
Folgt mein Auge sehnsuchtsvoll
Wenn ich mich an Menschen schmiege,
Fühl' ich, daß ich weiter soll —

Wieder weiter von der Stätte,
Die ich wandermüd ersehnt,
An der Liebe goldne Kette
Hat sich nie mein Herz gewöhnt.

Was mich fesselnd möcht' umschlingen,
Bebt mit mir in gleicher Pein,
Mag ich bangen, mag ich ringen,
Immer muß geschieden sein.

Abend.

Goldgewölk und Nachtgewölke
Regenmüde still vereint!
Also lächelt eine welke
Seele, die sich satt geweint.

Doch die Sonne sinkt und ziehet
Nieder alle eitle Pracht,
Und das Goldgewölk verglühet
Und verbrüdert sich der Nacht.

Herbstgefühl.

Wie ferne Tritte hörst du's schallen,
Doch weit umher ist nichts zu seh'n,
Als wie die Blätter träumend fallen
Und rauschend mit dem Wind verweh'n.

Es dringt hervor wie leise Klagen,
Die immer neuem Schmerz entsteh'n,
Wie Wehruf aus entschwundnen Tagen,
Wie stetes Kommen und Vergeh'n.

Du hörst, wie durch der Bäume Gipfel
Die Stunden unaufhaltsam geh'n,
Der Nebel regnet in die Wipfel,
Du weinst und kannst es nicht versteh'n.

Am Schilfe.

Mir kommt es vor bisweilen,
Dort an dem Schilf,
Als hört' ich's leis sich teilen
Und lispeln: hilf!

Ich kann es nicht verstehen,
Ob es mich täuscht,
Die Winde drüber gehen,
Der Reiher kreischt.

Wollt' nie mir Binsen schneiden
Als Kind am Teich,
Als müßte was erleiden
Den Todesstreich.

Es war als wie ein Grinsen
Und ein Genick
Der langen schwarzen Binsen —
Ich floh zurück.

Und doch fand ich mich gerne
Und wieder ein,
Als könnte was nicht ferne
Verborgen sein.

Als müßt' ich noch erfassen,
Was es mir wollt',
Als ob ich's nicht verlassen
Im Leibe sollt'.

Hymnus an den Mond.

Auch du bist wirkendes Licht,
Prangender Mond,
Und deinen Nächsten gebietest du
Froh als unbestrittener Herrscher.

2. Juniheft 1899

— 191 —

Wann du voll heraufsteigst,
Ueber die Kuppen des Gebirgs
Hoch in den kühlenden Aether,
Schwindet die Nacht vor dir
Und deine Strahlen reichen,
Mächtigen Umfangs hinaus
Ueber alles Gefilde.

Fühlsames Leben durchschauerst du;
Trunken schwärmet die Seele
Einsam dem Wandrer.
Vögel erweckst du aus wiegendem Schlaf,
Freudenreich singt die Nachtigall
Aus den silbernen Zweigen.

Pflanzen hauchen stärker in dir,
Ja selbst Felsen und tote Steine
Fühlen dein atmendes Weben.
Leise zu schwingen dann
Scheint ihr starres Inn're
Und wir erkennen erstaunt,
Daß edlerer Abkunft
Ihrer Ordnungen Sinn.

Tempel erbaust du aus ihnen,
Welche machtvoll bestehen,
Während du das Szepter führst,
Herrlicher, nächtlicher Gott,
Bis sie des Morgens
Größere Helle
Wieder entführet.

Liebesnacht.

„O weile, süßer Geliebter!
Es trügt dich nur,
Noch hellt, nur wolkengetrübter,
Der Mond die Flur.“

„„Doch nimmer weilen und halten
Die Wolken dort,
Es führen sie wilde Gewalten
Von Ort zu Ort.““

„Ein Traum ist alle das Treiben
In dunkler Höh',
Doch uns muß ewig verbleiben,
Der Sehnsucht Weh.“

„„Ich seh' nur Kommen und Scheiden
Am Himmelszelt,
Es zieht die Seele der Leiden
Durch alle Welt.““

„Die Wolken wandern so nächtig
Ohn' Schmerz und Luft,
Ich aber ziehe dich mächtig
An meine Bruft."

Die Verlassene.

Denk ich nach, was ich nun bin,
Seit er mich verlassen,
Tauscht mit mir kein' Bettlerin
Wahrlich auf der Straßen.

Tret' ich in die Kirchen ein,
Geht es an's Gedeute;
Donnert recht der Pfarrer d'rein,
Blinzeln alle Leute.

Geh' ich auf dem Bittgang mit,
Weichen sie zur Seiten;
Tanzen! Gott, mein Lebtag nit —
Das Gesichterschneiden!

Mach' ich, was ich machen will,
Niemand thu' ich's rechte,
Trutzig heiß' ich, wenn ich still,
Red' ich, heiß' ich schlechte.

Abends kann ich vor der Thür'
Keine Stunde bleiben,
Noch am liebsten ist es mir,
Meine Gänse treiben.

Komm' an der Godel Haus,
Muß ich mich verfärben —
Wollt', ich wär' zum Dorf hinaus
Oder könnte sterben.

Aus dem „Klagenden Lied".*

Einst kam ein Hirt' vorbei dem Grab
Und wühlte drin mit seinem Stab
Und grub wie von ungefähre,
Da drang was hervor,
Er hob es empor,
Was an dem Ding wohl wäre.
Da hielt er in Händen ein Totenbein,
Wie Rohr gebauet, wie Schnee so rein,

---

* Wir können aus dem „Klagenden Lied" nur einen der sechs Teile
wiedergeben, den dritten. Man kennt die Sage: die verwitwete Königin hat
die Geschwister in den Wald geschickt: wer die Blume fände, der gewänne des
Vaters Reich. Das Schwesterlein findet die Blume, aber ihr Bruder erschlägt
sie darum, begräbt sie, kommt mit der Blume und wird König. Das singende
Knöchlein bringt das an den Tag.

2. Juniheft 1899

Das hob er zu seinem Munde —
Da sang zu ihm
Eine Flötenstimm'
Eine seltsam klagende Kunde:

„O Hirte mein, o Hirte mein,
Du flötest auf meinem Totenbein!
Mein Bruder schlug mich im Haine.
Nahm aus meiner Hand
Die Blum', die ich fand,
Und sagte, sie sei die seine,
Er schlug mich im Schlaf, er schlug mich so hart —
Hat ein Grab gewühlt, hat mich hier verscharrt —
Mein Bruder — in jungen Tagen.
Nun durch deinen Mund
Soll es werden kund,
Will es Gott und Menschen klagen."

So sang die Flöte traurig und bang,
Dem Hirten das zu Herzen drang,
Nachdenklich wurde der Knabe.
Die Augen naß
Er zog fürbaß,
Halb träumend an seinem Stabe.
Und wo er sie blies, kein Vogel mehr rief,
Die Heerde folgte, als wenn sie schlief,
Kein Bienlein thät mehr summen;
Wohin er kam,
Da schien vor Gram
Die ganze Welt zu verstummen.

Uhland.

Der Chor, verklungen war er leise,
Die Gäste drängten sich heran,
Der Sänger stand gerührt im Kreise
Und schickte sich zum Abschied an.
Da bot ein Mädchen im Erglühen
Den Kranz ihm dar mit zager Hand,
Wie wollt' er sich dem Dank entziehen
In seinem teuren Heimatland?

Nun trieb es ihn im Abendlichte
Mit den Gefährten still zurück,
Auf seinem ernsten Angesichte
Lag noch ein Strahl von hohem Glück,
Die Töne, die sich hehr erschwungen,
Bewegten ihm geheim die Brust,
Daß er vergebens nicht gesungen,
Er war sich's ohne Stolz bewußt.

So schritt er die vertrauten Wege
Durch's weiterschloss'ne Neckarthal,

Da ward in seinem Geist es rege,
Als würde jung er noch einmal.
Belebt erschienen ihm die Fluren,
Die blütenreich der Mai geschmückt,
Der Freundschaft und der Liebe Spuren.
Fand er den Pfaden eingedrückt.

Er sah den Fluß in frischem Blinken,
Entwallt der Alb vertieftem Blau
Und von den Höhen sah er winken
Der Burgen grauen Trümmerbau,
Doch da er hielt in stillem Sinnen
Und fast im Traume sich verlor,
War's ihm, als stiegen auch die Zinnen
So herrlich wie dereinst empor.

Und nahend unter hellem Schalle
Gewahrt er einen langen Zug,
Die Ritter und die Frauen alle,
Sie däuchten ihm bekannt genug.
Doch höher wallend schaut er Helden
In fernen immer lichter'n Reih'n,
Sie, deren Preis die Sagen melden
Und denen wir Erinn'rung weih'n.

Noch lauscht dem Bild er hingegeben,
Da hebt die Vaterstadt sich fern,
Und zwischen Hügeln voller Reben
Glänzt über ihr der Abendstern.
Da ruft es aus der Vorzeit Mitte
Ihn neu zum ringenden Geschlecht,
Dem heilig wie der Väter Sitte
Auch gilt das angestammte Recht.

Jetzt zieht der Wald zur Sohle nieder
Und nimmt in seinen Bann ihn auf,
Die Wipfel rauschen alte Lieder
Und locken seinen Blick herauf.
Wohl glaubt er Stimmen zu vernehmen,
Die Meister tönen an sein Ohr,
Und was er sang in Lust und Grämen,
Vermischt sich dem vernomm'nen Chor.

Kaum kann er sich vom Zauber wenden,
Von Schauern fühlt er sich erfaßt,
Er greift den Kranz mit beiden Händen
Und schwingt ihn um der Eiche Ast,
Die grünend außen, markig innen
Gleich seinem Volke vor ihm stand:
Den Ruhm, den Gott ihn ließ gewinnen,
Er bringt ihn dar dem Vaterland.

Rundschau.

* **Klaus Groth** ist am 2. Juni in Kiel gestorben. Der 24. April hat ihm noch reich, wie kein Tag vorher, die Ernte gezeigt, die seiner Aussaat entsprossen war. Aus der Ernte werden neue Saaten kommen, Klaus Groths Arbeit wird noch lange Zeit Frucht tragen. Sie wird gesegnet sein mit dem höchsten Segen: daß sie fortzeugend lebe.

* **Eine ästhetische Unredlichkeit.**

Alltäglich und überall begegnen wir in belletristischen Werken und Werklein bis hinab in die kleinste Feuilletonskizze und hinauf in die Dichtung und die Wissenschaft folgendem Betrügchen. Der Verfasser hebt mit einer lebhaften Szene in lebendiger Situation an, um dem Leser vorzutäuschen, er führe ihn in medias res. Darauf, nach Schluß der Anfangsszene, anstatt, wie erwartet wird, die Erzählung in demselben Stil und Tempo fortzuführen, siehe da, jetzt holt er den Maisch, den Familienbrei, das statistische Register des Helden, deren man überhoben zu sein sich beglückwünschte, einfach nach, mit aller Behaglichkeit und Geschwätzigkeit, nur im Plusquamperfektum statt im Imperfektum. „N. N. hatte schon frühzeitig"... Sein Vater.... Seine Mutter.... Seine Bildung u. s. w. u. s. w.

Das halte ich nicht für recht. Entweder, wenn einer den Leser nicht in medias res zu führen versteht — und es gehört allerdings mitunter namhafte Kunst dazu — so gebe er sich nicht den Anschein, es zu können, sondern beginne schlicht und ehrlich mit dem Anfang, nämlich mit den Vorbedingungen und Vorverhältnissen der Erzählung. Oder aber, wenn er vermeint, das zu können, wenn er es wagt und versucht, den Leser in medias res zu führen, so soll er auch sein Versprechen, das er mit dem Anfangskapitel vor dem Leser übernommen, getreulich halten. Das scheint mir ein einfaches Gebot der Redlichkeit. Wie nennt man denn das Verfahren eines Obsthändlers, der eine große Apfelsine obenauf legt, und die kleinen darunter versteckt? Nun, genau so nenne ich das Verfahren eines Erzählers, der mir zu Anfang eine spannende Szene vorspiegelt und mir dann hinterher die nichts weniger als spannenden biographischen und geneologischen Notizen auftischt.

Carl Spitteler.

* **Reclams Dichter-Biographien.**

Wie früher Musikerbiographien, erscheinen in Reclams Universalbibliothek jetzt Dichterbiographien: Schiller, von Gottschall geschrieben, und Goethe von Julius R. Haarhaus liegen bereits vor. Das Unternehmen ist auch vom Standpunkte des Kunstwarts aus aufs wärmste zu begrüßen: Wer da weiß, was die Universalbibliothek für die deutsche Jugend bedeutet, für die ärmere vor allem, die ihr geringes Taschengeld mit Vorliebe in gelben Heften anlegt, wird sich freuen, daß nun auch Gelegenheit da ist, Leben und Schaffen der Dichter aus billigen Bändchen statt aus teuren Fachwerken zu studieren. Beide Autoren, Gottschall wie Haarhaus, haben sich ihrer Aufgabe gut entledigt. Gottschall ist ja „Schillerianer", überschätzt als solcher den Künstler Schiller, den er Shakespere viel zu nahe bringt, aber er empfindet auch das Fortreißende seiner Persönlichkeit sehr stark und weiß es mitzuteilen. Und das ist die Hauptsache; denn die Persönlichkeit Schillers dürfen wir nicht verlieren, wenn wir auch über sein Drama hinauskommen müssen, ja, zum Teil bereits hinausgekommen sind. Haarhaus dann gibt uns ein vortreffliches Kompendium der heutigen Goethewissenschaft, das zwar die Jugend nicht gerade begeistern, aber ihr den sichern Untergrund für die eigene Beschäftigung mit dem Altmeister geben wird. Seinen Standpunkt bezeichnet folgender Satz: „Erst unserer Zeit war es beschieden, in die tiefsten Tiefen seines Geistes hinabzusteigen und durch die Veranstaltung einer mit peinlicher Genauigkeit redigierten historisch-kritischen Gesamtausgabe seiner Werke den Wortlaut des Goethischen Textes festzustellen und festzuhalten." Freilich, die Weimarische-Goethe-Ausgabe in allen Ehren, aber ob unsre Philologen tiefer in die tiefsten Tiefen des Goethischen Geistes hinabsteigen, als sie schon bei seinen Lebzeiten Schiller und W. v. Humboldt und seitdem sehr viele große Männer gethan, das dürfte doch sehr zu bezweifeln sein. — Als dritter Band dieser Dichterbiographien wird demnächst „Hebbel" von Ad. Bartels folgen.

* Zur Entwicklung der lyri=
schen Technik sagte kürzlich Jo=
hannes Schlaf in der „Wiener
Rundschau" einige ruhige Worte, die
vollkommen auch unsrer Ueberzeugung
entsprechen. Immer wieder tauchen
jetzt, wie unsre Leser wissen werden,
wirkliche oder scheinbare neue „Systeme"
(wir finden kein anderes Wort dafür)
von lyrischer Technik auf; das meist
besprochene davon war das von Arno
Holz, über das bei uns Bartels ge=
schrieben hat. Holzens langjähriger
Arbeitsgenosse Schlaf will sich auf die
Erinnerung daran beschränken, „wie
eine neue Technik organisch sich ent=
wickelt", und er zeichnet zu diesem
Zweck zunächst ein knappes Bild vom
Aufblühen der Lyrik zu den Jugend=
jahren Goethes. Das war eine Zeit,
die nichts von Ismen wußte, die frei
von Selbstgefälligkeit nicht die eitle
Prätension aufstellt, Neues, Unerhör=
tes, noch nie Dagewesenes zu bieten
und es dennoch brachte. Wir müßten
sie uns, meint Schlaf, vergegenwär=
tigen, um unsre heutigen Bestrebungen
richtig zu schätzen und um zu gewahren,
was uns fehlte, uns, die wir das Wort
Technik so aufdringlich und selbstge=
fällig im Munde führen. Schlaf schließt
so: „Gerade in unseren Zeiten der Re=
klame wird auch in der Kunst so viel
als neu, unerhört und noch nie da=
gewesen aufdringlich ausposaunt, mit
dem es, bei Licht besehen, denn doch
so seine Bewandtnis hat; und es zeigt
sich eine Sucht, „alte Formen" zu zer=
trümmern, die bis und zu geradezu
etwas von der bornierten Einsichts=
losigkeit einer Autodidaxis hat, der
eine organisch=geistige Durchbildung
abgeht. — Man hört heute viele, welche
in der Lyrik z. B. die Anwendung des
Reimes als antiquiert ansehen, wenn
ein gewisser Jargon sie nicht bereits
als geradezu „idiotisch" bezeichnet; und
mancher ist heute der unglaublichen
Ansicht, es könne eine Kunstform mög=
lich sein, die ein unüberbrückbarer Ab=
grund von aller bisherigen Entwicklung
trenne. Noch immer aber ist Ent=
wicklung organische Entfaltung, in der
sich ein Phänomen mit den andern
durch mehr oder minder deutliche Ueber=
gänge verknüpft, und es ist nicht viel
mehr als ein Taschenspielerkunststück
des spintisierenden Gehirns, wenn
heute hie und da Kunstformen zu
Stande gebracht werden, welche prä=
tendieren, in dieser Beziehung das Un=
mögliche möglich gemacht zu haben.

So kann es in der Lyrik unmöglich
darauf ankommen, z. B. den Reim zu
beseitigen; so erschöpft seine Mittel auch
erscheinen mögen, eine starke Indivi=
dualität wird es dennoch jeden Augen=
blick zuwege bringen, wieder und noch
einmal „Liebe" und „Triebe" in einer
Weise zu reimen, vor der jede Kritik
des nörgelnden Pedantismus ver=
stummt. Es wird ferner nicht darauf
ankommen, die alten Rhythmen durch
einen neuen unerhörten, noch nie
dagewesenen und allernatürlichsten
Normalrhythmus zu beseitigen; eine
starke Persönlichkeit kann jeden Augen=
blick darthun, daß ihre Wirkungskraft
noch lange nicht erschöpft und in einem
gewissen Sinne unerschöpfbar ist. Unsere
ganze neuerliche Kunst und Aesthetik
duftet hier viel zu sehr und bedenklich
nach Atelier und Experiment. Es läßt
sich einzig sagen, sie werden sich ent=
wickeln mit der künstlerischen Persön=
lichkeit, mit dem ästhetisch=ethischen
Aktivum, das sie bedeutet und in
mannigfach individuellerWeise. — Mög=
lich, daß z. B., wie sich der Reim der
ersten christlichen Hymnendichtung aus
der Assonanz der Antike auf diesem
Wege entwickelte, hie und da Ansätze
zu neuen künstlerischen Formen, die
einen einschneidenden und epoche=
machenden Neucharakter tragen, auch
heute vorhanden sind; forcieren wird
sich hier aber nichts lassen, und es ist
gerade gegenwärtig unser Fehler, daß
wir hier so viel forcieren wollen.

Die Entwicklung, die neuerdings
der freie Rhythmus bei uns genommen,
ist sicher so interessant wie bedeutsam;
entschieden sind sind seine Mittel und
Möglichkeiten in bisher unerhörter
Weise vervielfältigt, um= und aus=
gestaltet; aber zu behaupten, daß sie
im Grunde mehr und etwas anderes
bedeute, als eben eine Entwicklung des
freien Rhythmus, ist eine bedauerliche
ästhetische Verirrung.

Alles in allem aber: Anfang, Mitte
und Ende aller Kunst ist nach wie
vor die Individualität, und zwar die=
jenige, die den stärksten, mächtigsten
und notwendigsten Gefühls= und Ge=
dankengehalt am eindringlichsten dar=
zustellen, zur mächtigsten Suggestion
zu bringen vermag, mit welchen Mitteln,
ist und bleibt ihre Sache.

In diesem Sinne, aber nur in ihm,
werden wir heute in unserer Lyrik
auch diese und jene Erscheinung gelten
lassen können, deren übrige Prä=
tensionen theorethisch=ästhetischer Art

2. Juniheft 1899

— 197 —

lediglich von bedauerlicher, jedenfalls nebensächlicher Bedeutung sind."

* Piersons „Literarische Mitteilungen" als Beilage zu demselben Hefte des Kunstwarts zu finden, in welchem diese „Mitteilungen" unter „Wie's gemacht wird" beleuchtet wurde — das hat, scheint es, einige Leser verwundert. Teilen wir ihnen also mit, daß sich's um einen Scherz des Zufalls handelte: der Verlag hatte sich zum Beilegen verpflichtet, bevor er von der merkwürdigen Entdeckung der Redaktion etwas wußte. Auf das Beilegen der weiteren Nummern der „Literarischen Mitteilungen" wird aber unser Verlag so lange verzichten, bis wir von der Zuverlässigkeit ihrer Zitterkunft eine bessere Meinung gewonnen haben.

Theater.

* Strafbare persönliche Beleidigung durch eine Theaterkritik hat das Berliner Landgericht I in der Besprechung der „Vossischen Ztg." über Georg Ruselers „Stedinger" gefunden. Wie wir unsrerseits über diese Franz Servaesche Rüpelrezension denken, haben wir s. Z. unmißverständlich gesagt. Wenn aber jetzt der Vorstand des Deutschen Lehrer-Schriftstellerbundes auch uns um Abdruck eines Artikels ersucht, in dem sein Verfahren zum Schutze des betroffenen Lehrers und Schriftstellers und zur Wahrung des Standesehre des Lehrerstandes geschildert wird, so müssen wir ihm nüchtern sagen: eben dieses Verfahren verstehen wir nicht. Der Bundesvorstand hat nämlich, wie scheint stolz darauf, gegen Servaes mit dem Erfolg einer Verurteilung zu 30 Mark geklagt oder doch Ruseler auf seine Kosten klagen lassen. Warum hat er das gethan? Servaes hatte von Ruseler geschrieben: „es war eigentümlich, ihn zu sehen, wie er vors Publikum trat, dieser etwa dreißigjährige Schulmeister aus dem Marschland: ein klobiger, bebrillter Bauer." Das war unpassend, grob, wie gesagt: rüpelhaft, und wenn die „Vossische Zeitung" einer Verwahrung gegen diesen Ton nicht Folge gab, so war das unanständig gehandelt. Aber was sollte die Klage helfen? Wollte man Herrn Ruseler amtlich bescheinigen lassen, daß er kein „klobiger, bebrillter Bauer" sei? Doch kaum. Konnte es genugthun, daß der Beleidiger „bestraft" wurde, also das Rachebedürfnis

befriedigen? Doch auch kaum. Mußte man erst gerichtlich feststellen lassen, daß solche Art von Besprechung unanständig sei? Gewiß nicht. Wollte man verhindern, daß dergleichen wieder geschähe? Es gäbe ja hundert Möglichkeiten, weniger faßbar derb, aber weit niederträchtiger zu beleidigen. Ja, wenn es sich um gerichtliche Feststellung eines Thatbestands, um Entlarvung eines Verleumders oder dergleichen gehandelt hätte! Also wir bitten um Entschuldigung: wir verstehen nicht, was mit der Klage erreicht ist oder erreicht werden sollte.

In dem kleinen Artikel, den der Vorstand des Deutschen Lehrer-Schriftstellerbundes mit der Bitte um Abdruck an die Blätter verschickt hat, sind einige Stellen, die wir berühren müssen. Erstens: Es wird darin von Ruselers Drama gesagt, es habe am Oldenburger Hoftheater bereits großen Erfolg gehabt und es sei in Berlin vom Publikum mit stürmischem Beifall aufgenommen worden. Wenn der Vorstand des Lehrer-Schriftstellerbundes mit diesen Notizen die Verwerflichkeit der Servaesschen Ablehnung zu erweisen meint, so irrt er, denn was der Menge im Theater gefällt, kann bekanntlich trotzdem gänzlich wertlos sein. Bringt er aber diese Mitteilung nicht zu solchem Zweck, so setzt er sich der Mißdeutung aus, die Erörterung der von ihm als Spitzmarke benutzten sachlich interessanten Frage: „hat ein Kritiker das Recht, in der Beurteilung eines Dichtwerks die Person des Dichters anzugreifen?" zur Propaganda für ein Mitglied zu mißbrauchen. Zweitens: Es wird erwähnt, daß die Sprache des Werkes von Servaes als „Sprachmüll", als „durchgekautes Zeug" bezeichnet worden. Wir glauben nicht, daß das Gericht hierin Beleidigungen gesehen und es wäre nicht gut, wenn derartige „temperamentvolle", aber immerhin noch sachliche Ausdrücke schlechtweg als unzulässig gälten.

Wir vermissen die klare Mitteilung, welche Äußerungen das Gericht als strafbar bezeichnet hat und welche dem Vereinsvorstande als sträflich erscheinen, während der Sinn des Artikels genaue Auseinanderhaltung dieser beiden Gruppen verlangt hätte. Das gilt auch, drittens, von der „Beschimpfung" der Standesehre des „ganzen Lehrerstandes": „hat auch das Gericht eine solche angenommen oder nicht? Uns nämlich erschiene das lächerlich, denn uns erscheint es lächerlich, daß der „ganze Lehrerstand" „beschimpft" fühlen sollte, weil ein Rezensent von einem seiner Mitglieder als einem „Schulmeister" und weil er davon spricht, daß seine Bildung „durch Schulmeisterei plattgedrückt" worden sei. Sage ich von einem bestimmten Geistlichen, daß er „verpfafft", von einem bestimmten Adeligen, daß er „verjunkert" sei, beleidige ich dadurch den „ganzen Stand" der Geistlichen oder des Adels? Und schätzen die Herren ihren eigenen, den an idealen Kräften so strotzend reichen Lehrerstand so niedrig ein, daß sie ihm so viel Empfindelei und so gar keinen Humor zutrauen?

Zum Schlusse: wir glauben, daß sich unsere Rechtspflege heutzutage gerade genug ins Schriftwesen mischt. Daß sich ein S ch r i f t st e l l e r v e r e i n auch noch bemüht, sogar durch Beschwerde an eine höhere Instanz zu versuchen, ob sich eine häßliche Rezension nicht vielleicht doch noch unter den oder jenen Paragraphen des Strafgesetzbuches bringen läßt, überrascht unter diesen Verhältnissen doppelt.

Musik.

* J o h a n n S t r a u ß, der in Wien gestorben ist, war der Vertreter des neueren Wienertums in der Musik, wie es sein Vater für die etwas philiströsere Zeit des Vormärz gewesen war. Er war ein genialer Melodiker gleich Schubert; seine Weisen konnten sowohl den großen Pathetiker Wagner, wie den ernsten Sinner Brahms entzücken und schmeichelten die Liebenswürdigkeit des Wiener Walzers allen Kulturvölkern ein. Offenbachs Erfolge auf dem Gebiete der Operette lockte auch ihn zu dieser Gattung, und er schuf in ihr Werke, deren musikalischer Reiz ihnen wohl lange noch die Gunst aller deutschen Bühnen erhalten wird. Jedenfalls hat unsre Zeit an Johann Strauß einen der originellsten ihrer Tonmeister verloren, der darum nicht minder groß war, weil sein Genre klein ist. — Wir kommen auf den Verstorbenen in einem besonderen Aufsatze zurück.

* Gelegentlich des K a s s e l e r S ä n g e r f e s t e s soll der Kaiser seine besondre Freude darüber betont haben, daß man zum Wettsingen so viele Gedichte patriotischen Inhaltes gewählt habe. Er müsse aber gleichzeitig sein

Bedauern aussprechen, daß die zu Worte gekommenen Komponisten in Bezug auf die Schwierigkeit des Satzes zu große Anforderungen an die Sänger stellten. Eine orchestrale Behandlung der vier Stimmen sei für den Männerchorsatz nicht passend. Die gehörten schwierigen Gesänge hätten bewiesen, daß sich die Komponisten für Männerchöre in Bahnen bewegten, die für die Entwickelung dieser Kunstgattung ungünstig seien. Man habe einander an musikalischen Kunststücken überbieten wollen. Die ernste Natur des Männergesanges sei aber auf den Ton des Volksliedes und des Volkstümlichen gestimmt. Er bitte die Preisrichter, dahin wirken zu wollen, daß die Komponisten für Männerchöre wieder andere Bahnen einschlagen möchten. — Diese Aeußerung findet je nach der Parteistellung eine sehr verschiedene Aufnahme. Die Anhänger der simplen Liedertafelei finden sich durch dieses Kaiserwort ermutigt, die modernen Chorkomponisten verwahren sich gegen die Verurteilung ihrer Errungenschaften. Wir stehen zu keinem dieser Extreme, meinen aber auch, daß die Neueren im Bereich des Chorgesangs einen Holzweg beschreiten, indem sie ihre Chöre vom Standpunkt des Musikers und Symphonikers konzipieren und schließlich auf denselben Punkt gelangen wie die alten Niederländer: zu vokalen Symphonien, mit instrumental geführten Stimmen. Das ist Unnatur. Unser Ideal des Chorsatzes besteht darin, daß jede Stimme den Text mit möglichst prägnantem Ausdruck singt und daß der Text im Vortrag auch zur Geltung komme. Dies führt allerdings zu einer rhythmischen Gleichartigkeit der Stimmen, zu einer Beschränkung der kontrapunktistischen Feinheiten, also zu einer für den oberflächlichen Hörer scheinbaren Annäherung an den schlichten Stil, läßt aber der musikalischen Phantasie immer noch Spielraum genug. Ob wir in der Oede der Liedertafelei verschmachten oder im Wust der Polyphonie ersticken, bleibt einerlei; in jener eben angedeuteten Natürlichkeit und Angemessenheit des Satzes sehen wir über alle Moden hinaus das wahre Heil des Chorgesanges. Uebrigens ist ja davon schon früher im Kunstwart gesprochen worden und wird noch weiter davon hier die Rede sein. R.B.

* Aus dem W i e n e r M u s i k l e b e n gibt's immer seltener was von

Belang zu berichten. Die großen musikalischen Erstaufführungen finden anderwärts statt. Wir bekommen alles erst aus zweiter Hand, — wenn wir überhaupt etwas neues bekommen. So müssen wir denn unseren Bedarf mit dem decken, was unsere Orts= Größen wie Grädener, Zemlinsky, Robert Fuchs, Karl Goldmark, Camillo Horn, Ignaz Brüll u. s. f. alljährlich produzieren und dem, was gelegent= liche — spärliche — Preisausschreiben zutage fördern.

Der letzteren gabs in letzter Zeit zwei: Bösendorfers Wettbewerb für neue Klavierkonzerte und der um den Beethovenpreis des Konser= vatoriums. Im erstgenannten war — das Publikum Preisrichter. Von den eingegangenen 72 (!) Arbeiten wurden von einem kleinen Ausschuß, dessen Zusammensetzung übrigens eine ganz — merkwürdige war, drei ausge= wählt, als die besten bezeichnet und sodann unter Mitwirkung der Kompo= nisten öffentlich aufgeführt. Das Publi= kum hatte durch Stimmzettel zu ent= scheiden, wem der erste, zweite und dritte Preis zuzufallen habe. Der erste Beste, hatte also das Recht, mitmaßgebend über Musik zu urteilen; für 50 Kreuzer Eintrittsgeld ward man Sachverständiger. Mag hier von einer „Popularisation der Kunst" sa[.].n wer will, ich meine, daß das Kunst herabwürdigen heißt, obgleich man zu= geben darf, daß sich die Wiener in der ungewohnten Rolle ganz honett be= nahmen und sich alle Mühe gaben, „nach bestem Wissen und Vermögen" zu urteilen. Die Abstimmung hatte nämlich in der That ein Ergebnis, das dem Werte der Kompositionen un= gefähr entsprach. Den ersten Preis erhielt Ernst von Dohnányi (Preß= burg), den 2. Jan Brandts=Buys (ein in Wien lebender Holländer) und den 3. Eduard Behm (Berlin). Doh= nányis Konzert (in einem Satz E-moll) ließe sich am besten mit „Tempera= ment und Kraft", Brandt=Buys Kon= zert in F-dur mit „Talent und Humor", Behms Arbeit endlich mit „Mittelgut, solide Kapellmeistermusik" bezeichnen. Dohnányis rhapsodischer Schwung reißt hin, Brandts humoristische, ge= mütvolle Art fesselt, während Behm mit seinen Phrasen und euphonischen Banalitäten vollständig kalt läßt. Die Leute im Parterre haben übrigens ein klareres Urteil bewiesen als die „be= rufenen" Herren Juroren beider „ersten

Sichtung", die mehr als ein wertvolles Stück beiseite legten. Ich kenne zumin= dest eine Arbeit darunter, deren jeder einzelne Satz viel wertvoller ist, als der ganze Behm. Aber seine Schön= heiten liegen tief, sie haben ehrlichen Glanz, kein gleißendes Gefunkel.

Die beiden mit dem Beethoven= preis gekrönten Symphonien sind von Alexander Zemlinsky und Ro= bert Gound. Die des letztgenannten kommt als begabte, aber physiognomie= lose Schülerarbeit hier nicht in Betracht. — Zemlinskys Symphonie (in B-dur) zeigt dagegen schon Züge einer recht ausgeprägten Persönlichkeit. Sie reizt beim ersten Hören durch ihren instru= mentalen Glanz, den polyphonen Charakter und einzelnes Geistreiche, verliert aber bei näherem Zusehen viel. Das Aeußerliche der Mache, die vielen Brahmsreminiszenzen (besonders im Scherzo) treten stark hervor. Nichts= destoweniger bleibt aber noch genug übrig, um das Werk als hervorragend zu bewerten, wenn man auch den Kultus, den man besonders im „Ton= künstlerverein" mit Zemlinsky zu trei= ben beginnt, nicht rechtfertigen mag. — Von sonstigen musikalischen Neu= heiten sei hier zum Beschluß noch Camillo Horns „Deutsches Festlied" genannt, ein markiges Stück von sehr anregender und schöner polyphoner Struktur und echtem Schwunge.

Max Graf.

Bildende Kunst.

* In Düsseldorf soll 1902 eine „Deutsch=nationale" Kunstausstellung stattfinden.

* Für die Ausstellung der Münch= ner Sezession war eine „Danae" von Max Slevogt angenommen worden. Wer Slevogtsche Bilder kennt, glaubt uns ohne besondere Versicher= ung, was uns jeder, der gerade dieses Bild gesehen hat, feierlich bestätigen würde: es war von einer „Anreizung der Lüsternheit" so fern, wie Herr Dr. Sigl von preußischem Chauvinis= mus. Aber der Kultusminister kam, sah und sagte: Das Bild da würde wohl vielfach Anstoß erregen, und das Komitee möchte das doch erwägen. Dieses Wort trug dem Komitee in die Natur. Es hatte sich zwar, wie es mitteilt, schon früher darüber Gedanken gemacht, ob es auf das Gegenständliche des Bildes, auf das es ja freilich bei einem Kunstwerk nicht ankomme, hier vielleicht doch ankomme, aber nun be=

gann es das Erwogene noch einmal und diesmal so kräftig zu erwägen, daß es den Maler bat, das Ding doch lieber noch nachträglich umzutauschen, weil Se. Exzellenz gemeint hätten, man solle doch erwägen, ob u. s. w. — So geschehen am grünen Holze der Münchner Sezession im Frühjahr 1899.

* Farbige Häuser.

Auch unsere Bauherren ahnen jetzt wieder den Wert der Farbe, auf allen Nebenteilen der Bauten breitet sie sich allmählich wieder aus. Aber vor dem, was bei weitem zumeist fürs Auge die Hauptsache ausmacht, scheint sie sich zu fürchten, vor den verputzten Flächen. Wer einmal ein altes Dorf, eine alte Stadt gesehen hat, deren Häuser kecklich gelb, grün, blau, rot oder sonstwie angestrichen und dann ein wenig verwaschen, verbleicht und verschimmelt waren, der erinnert sich der köstlichen malerischen Heiterkeit, die dadurch entstand. Eine Thatsache, die unsere Maler laut Zeugnis ihrer Bilder auch sehr wohl kennen. Weshalb also, fragen wir, weshalb werden unsre Häuser nicht mehr farbig gestrichen? Es gibt keine einfachere und keine billigere Art, einen schlichten Bau freundlich, wohlgefällig und sogar wirklich schön zu machen, als ein gut gestimmter farbiger Anstrich, zu dem dann wieder Dach, Thüren, Fenster, Balkon, Laube, Zaun u. s. w. in andern fröhlichen Farben stehen können. Man braucht sogar mit dem „Stimmen" gar zu ängstlich sein; Sonne und Regen freuen sich so sehr, wenn sie mal was andres als „Steinfarbe" zu sehen kriegen, daß sie bereitwillig nachbessern. Ist noch ein wenig Grün, sind gar Bäume oder ist Wasser dabei, so beginnt all das sofort mit den neuen Farben ein Gesellschaftsspiel, dem zuzusehen ein Gaudium ist. Also: streichen wir unsre Häuser wieder farbig an! U.

* Die Deutsche Kunst-Ausstellung zu Dresden. I.

Wer sich dem Ausstellungspalaste nähert, sieht das Dresden der Uebergangszeit vor sich mit seinem Streben ausgedehnt und großstädtisch zu werden, aber noch seinem Unvermögen, aus der akademischen Langenweile herauszukommen. Wer das Portal durchschreitet, sieht ein neues Dresden des jüngern Künstlergeschlechts, das diesmal hier schon geherrscht hat. Die Ausstattung dieser Ausstellung geht so frisch über das Gewohnte hinaus, daß selbst einige der Jungen nicht mehr mitwollen. Gewiß, daß sie in Einzelheiten Recht haben. Aber Kunstausstellungen sind auch dazu da, in der Ausstattung von Binnenräumen zu versuchen, was angeht. Ausstellungseinrichtungen werden nicht auf drei Tage gemacht, wie Festdekorationen; man gibt den Besuchern am Orte Zeit genug, sich an neuartige Wirkungen zu gewöhnen, bis man sie unbefangen beurteilen kann, und was man macht, steht doch nicht in Metall und Stein auf Jahrzehnte oder Jahrhunderte da. Kritiker, die anderswoher auf drei Tage herüberkommen, mißverstehen demnach die Sache, wenn sie glauben, so schnell könnten sie über diese Farben- und Formenversuche ins Klare kommen. Wer diesmal länger in Dresden weilt, wird dem leitenden Architekten Gräbner wie dem Maler Stuehl für wertvolle Anregungen danken. Eine zugleich so vornehm geschmackvolle und so schlicht ehrliche Dekoration, wie die bei der Kuppelhalle, bei welcher das grüne Nagelwerk sich so klar vom festen Konstruktionsbau sondert und ihn zugleich so glücklich schmückt, haben wir kaum noch gesehen, nur die künstlichen Tulpen erweisen sich als zu viel. Dann: unsre Augen sind in farbenmüden Räumen verzärtelt worden; in der großen Skulpturenhalle zucken sie vor ihrer Farbenkraft. Aber nicht lange: sie zeigt, wie weit sich selbst diese Augen schnell noch an entschiednere Reize wieder anpassen, sie zeigt, nach zwei, drei Besuchen, wie starke Lokalfarben man also dem Spiele des Sonnenlichts darbieten darf. Und im Einzelnen: zu der meist farblosen Formenfülle der Skulpturen ganz formenschlichte aber ganz farbenstarke Ständer — wunderschön, wie natürlich sich das ergänzt! Die Bildersäle selbst geben in einzelnen kleinen Kabinetten komponierte Interieurs, die großen Räume aber begnügen sich damit, durch einen einzigen schönen Ton (der mit dem Maurerpinsel über den Nupfen der Wände hingewischt ist) zusammenfassend Ruhe ins Ganze zu bringen. Im Uebrigen geben sie sich wohlthuend klar als das, was sie sind: als Veranstaltungen, um nicht sich, sondern bestimmte Kunstwerke zu zeigen.

Die Herrschaft des Neuen in Dresdens Kunstleben zeigt sich auffällig noch in einem zweiten, in der Huldigung, die man diesmal Max Klinger gewährt hat. Er, dessen Geist fast in jedem Raume der Ausstellung irgendwo umgeht, ohne freilich mehr als äußerliches zu berühren, er wohnt in ihrem vornehmsten Raume wie in ihrem Tempel. Da waltet, scheu bestaunt, „Christus im Olymp". Doch über den Lauben, nur noch überragt vom Götterschloß übern Pinienhain weilen die Himmlischen. Aber die heitre Bläue des Sonnentags löst sich auf, in allen Lüften zieht sich's unheimlich, drohend, grausig zusammen, braut es Sturm, donnert's leise und wetterleuchtet's von nahenden Gewittern. Da tanzt wohl noch der und die, aber mit der alten Freude nicht mehr, denn schleichend ist eine Müdigkeit gekommen mit der Schwüle. Plötzlich schreitet er herein, an den befremdenen Göttinnen der stolzen Nacktheit vorbei, gefolgt von den ernsten Frauen, welche die Tugenden sind, die kreuztragenden: schreitet hin zu Zeus der, unter dessen Füßen die Veilchen sprießen. Zeus sieht ihn, prüft, erschrickt, zweifelt, greift an seinen eigenen Leib — doch, es ist so; er selbst ist alt und welk geworden, und jener dort ist das Schicksal. Düster durchschauend erkennt er's, düster zwar, doch zornlos ergibt er sich: er wehrt Ganymeds banger Kinderzärtlichkeit — ihre Zeit ist um. Umsonst, daß Eros ihm die Blitze nimmt, diesen dort töten sie nicht, umsonst, daß Ares den Fremden bedroht, — wie der die Schale des blöden Bacchos abweist, sie gleichsam wegwischend mit der Hand, so wird es wegwischen diese ganze alt, greisenalt gewordene Welt und nur Psyche zu sich herübernehmen, die reine. Die empfindet ihn, wie die Leidenden drunten ihn verstehen, von denen er gekommen ist und die nun ihm nachflehen: hilf uns. Die verbannten Titanen rütteln drunten an ihrer Kerker Felsensäulen, aber Schrecklicheres als ihr Aufruhr geschieht droben: ein Neues bricht mit dem Fremden ins Götterreich, Schwäche, und ein Unerhörtes, Unfaßliches in diesem Kreise, Tod.

Noch immer wird dieses Werk, das nun doch den dritten Sommer vor ein Publikum tritt, nur von wenigen richtig bewertet. Man sieht darin eine unklare und sogar gemachte, ja erquälte „Verherrlichung des Christentums". Eine Verherrlichung des Christentums ist es so wenig, wie eine Verherrlichung der heidnischen Antike, es ist eine Dichtung des Gefühls von der ungeheuren Tragik, die im notwendigen Untergange einer geistigen Weltherrschaft durch die andere liegt. Man kann da mit Recht über einzelne Mängel sprechen, vielleicht über stellenweis nicht gänzliche Bewältigung der Anatomie, über Zeichenfehler überhaupt, über Härten der Farbe, aber das darf man doch wohl erst, wenn sich einem das Wichtigere und Wichtigste voll erschlossen hat. Das liegt in der seelischen Wucht des Ganzen, in dem erhabenen ethischen Ernst und in seiner Ausdrucksgestaltung ganz aus Eigenem heraus. Denn die antiken Götterbilder sind für Klinger nur Anregungen für seine Gestalten gewesen, sie sind von ihm gleichsam aufgelöst worden in der eigenen durchglühten Anschauung von den menschlichen Leidens- und Freudenschaften und sind aus dieser heraus dann neu geschaffen worden. Dabei ist der neue Körper nicht allen gleich klar bezeichnend gewachsen. Aber konventionell ist nichts mehr, leer ist so gut wie nichts, und nur das blaue Gewand, das Eros und Psyche verbindet, und vielleicht noch der Veilchenstreifen sind ein wenig „Rebus" geblieben.

Ich möchte doch nicht so unbedingt, wie unser Wiener Vertreter, sagen: das Werk wäre noch schöner als Plastik. Das Hauptbild ist seinem inneren Stile nach Fresko. Aber freilich weisen schon die beiden marmornen Frauenkörper (deren Geberden wie die Worte des Chors im alten Trauerspiel mitfühlend die Handlung begleiten) darauf hin, daß Klingers Können als Bildhauer das des Malers übertrifft. Er hat Bilder gemalt, die ganz Bilder sind, und z. B. diese Predella hier mit den Giganten ist auch rein malerisch, rein koloristisch, außerordentlich schön. Immerhin: malt er, so zeigt er wohl einmal nach Griffelkünstlerart nur dem Geiste, wohin er blicken soll, meißelt er, gibt er, was er geben will, immer ganz. Seine Vorstellungen sind in Formen noch stärker, als in Farbe.

Hier ist seine „Amphitrite", die wir heute im Bilde zeigen, das „Hermenweib", bei dem der Marmorblock zu den Armen nicht mehr reichte; sie waren ihm unwesentlich, so ließ er sie einfach weg. Was da ist, spricht ja auch genug: der Unterleib, dessen Gewandung eine Symphonie vom Wellenspiele zu singen und zu flüstern scheint, der Oberkörper, der in selbstverständlicher Nacktheit daraus aufwärts blüht, das Haupt, das in Hoheit siegreich darüber hinausschaut. Ganz Freude am nackten Menschenleibe und weiter nichts ist die „Badende": ein weiblicher Akt, dessen ungewöhnliche Stellung erlaubte, das Spiel der Formen als der Kräfte im Menschenleib in sprudelnder Mannigfaltigkeit zu schildern. Eine große plastische Skizze endlich, „Drama", erweist vielleicht einen ähnlichen Vorgang, wie den bei Dürers „Ritter, Tod und Teufel": möglich, daß wie dort aus der Kostümstudie so hier aus der Wiedergabe zweier Akte ein tiefes seelisches Motiv dem Künstler während des Gestaltens aufwuchs, die Vorstellung etwa von einem Manne, der ein Weib rächen will. Der echt deutsche Drang zu derlei steckt ja auch in Klinger. Was ihn zunächst reizte, war aber doch wohl wieder nur die Freude am Nackten, wenngleich in anderer Weise: durch

die Kontrastierung eines angestrengt arbeitenden Manneskörpers mit einem ausgestreckt liegenden Frauenleib. Umschließt diese Kontrastierung nicht so viel Bedeutsames, daß wir weitere Motive zum Genusse des Werks gar nicht brauchen, wenn unsre Augen gelernt haben, ihnen nachzugehn?

Schönheit des größten Stils hat die deutsche Plastik nicht herrlicher erreicht, als bei Klinger.   U.

* Eine Münchener Zeitung berichtete kürzlich: „Der Bildhauer Eduard Beyrer hat dem Verband der Prinz-Regent-Luitpold-Kanoniere das von ihm angefertigte Original-Portraitrelief Sr. k. Hoheit des Prinz-Regenten zum Geschenk gemacht." Am nächsten Tag schrieb dasselbe Blatt: „Se. k. Hoheit der Prinz-Regent hat die Gefängnißstrafe, zu der seiner Zeit der Bildhauer Eduard Beyrer wegen der bekannten Affaire im Café Heck verurteilt wurde, im Gnadenwege in Festungshaft umgewandelt."

Unsre Beilagen.

Ueber unsere heutige Musikbeilage, das bisher noch nicht veröffentlichte Lied „Dämmerung" des Münchners Neff, schreibt uns Rudolf Louis: „Es kann als Beispiel dienen, daß das »moderne Lied« durchaus nicht auf jene Geschlossenheit des formalen Aufbaus zu verzichten braucht, welche die ältere Aesthetik sehr mit Unrecht zu einer unumstößlichen und ausnahmslosen Regel erhoben hatte, — vorausgesetzt allerdings, daß die zugrunde liegende Dichtung es zuläßt. Das von Anfang bis zu Ende innerhalb derselben Stimmung verbleibende Gedicht erlaubt es hier nun thatsächlich, allen sogenannten „Formlosigkeiten" bedachtsam aus dem Wege zu gehen. In dieser klaren, durchsichtigen Anlage und Ausführung des Ganzen glaube ich das Hauptverdienst der Neffschen Komposition zu erkennen. Das zeigt sich vor allem auch in der Art seiner Modulation. Nach den im wesentlichen durchaus in der Haupttonart (Des-Dur) gehaltenen beiden ersten Verszeilen wird über As (Takt 21) und B (Takt 23) mit dem Anfang der zweiten Strophe (Sehr langsam) Es-Moll erreicht, das aber seine rein durchgehende harmonische Bedeutung dadurch offenbart, daß es sofort wieder (Takt 39) nach Des zurückführt. Der nun folgende Teil, der »Seitensatz« der alten Liedform, bringt die erste dauernde Abwendung

von der Haupttonart. Es erscheint in dem mit Des-Dur terzverwandten F-Dur,
wobei die Einführung der Dominant der neuen Tonart (Takt 46—47: $\begin{smallmatrix} g \\ e \\ a \ b \\ des \ c\end{smallmatrix}$)
durch ihre Feinheit auffällt. F-Dur führt dann über die Oberdominant C
(Takt 61) zunächst nach B (und zwar Moll, also die Moll-Parallele der Haupt=
tonart Des-Dur, Takt 65), worauf sich die Harmonie über Ces (Takt 71), Fes
(Takt 75), dann durch enharmonische Verwechselung des Dominantseptimen=
akkordes der letzteren Tonart: Ces-es-ges-bb in den übermäßigen Quintsext=
akkord: Ces-es-ges-a nach dem sofort als Dominant von As auftretenden
Es (Takt 77) und endlich (Takt 79) nach Des zurückwendet. Die Haupttonart
wird nun in der Folge trotz der zahlreichen Ausweichungen (C-Dur Takt 81 ff.,
A-Moll Takt 85, D-Moll Takt 88; — die Dominant von E-Moll in Takt 87 ist
reiner Durchgang; — dann enharmonische Verwechselung von a-cis-e-g in:
bb-des-fes-g) im Grunde nicht mehr verlassen. Man beachte vor allem,
wie die entscheidenden Modulationswendungen immer mit den Hauptabschnitten
des Gedichtes übereinkommen. (Takt 35, 47 bezw. 55, 67, 79, 89) und die
tonale Einheit des Ganzen trotz der reichen Harmonik durchaus gewahrt bleibt.
Will man sich das Lied vorführen, so hüte man sich, das erste Tempo zu
langsam zu nehmen. Wirklich „schwebend", also ohne jegliche Spur von
„Erdenschwere", muß das orgelpunktartig durchgeführte Des gleich einem fernen
Klingen immer heraustönen. Weiterhin beachte man das bei „Sehr ruhig"
(Takt 35) auftretende „Glockenmotiv" im Baß, das dann später (Takt 79 ff.)
mit dem Gesang des eigentlichen „Seitenthemas" kontrapunktisch vereinigt wird
Es muß an der ersten Stelle nur ganz leise, aber doch merklich herausgehoben
werden. Im übrigen bietet ja das Lied weder für das Verständnis, noch für
die Interpretation — eine gewisse technische Gewandtheit vorausgesetzt —
besondere Schwierigkeiten.

Von unsern Bildern bedeutet das erste, Wilhelm Trübners
Bildnis Martin Greifs, eine Ehrung, die der Kunstwart dem Dichter bezeugen
möchte, dessen geistiges Bild aus den Gedichten unsrer heutigen „Losen Blätter"
heraussieht. Daß wir unsern Lesern damit zugleich ein bisher der Oeffentlich=
keit noch so gut wie unbekanntes Werk des Frankfurter Meisters Trübner vor=
führen können, betrachten wir als einen Glücksfall. Ein anderer Frankfurter,
der schlichte und innige Wilhelm Steinhausen, ist der Zeichner unsres
zweiten Bildes, des im Kahne predigenden Heilands, eines Werkes von merk=
würdig tiefdringender Kraft des Ausdrucks. Unser drittes Blatt gibt mit einer
Reproduktion der in Carl Meyers graphischem Institut zu Leipzig erscheinenden
„Leipziger Kunst" Max Klingers „Amphitrite" wieder, jenes „Hermen=
weib", von dem in unserer heutigen Rundschau die Rede ist. Wir dürfen auf
das dort im Dresdner Kunstausstellungsbericht Gesagte verweisen.

Verantwortl.: der Herausgeber Ferdinand Avenarius in Dresden-Blasewitz. Mitredakteure: für Musik:
Dr. Richard Batka in Prag-Weinberge, für bildende Kunst: Paul Schultze-Naumburg in Berlin.
Sendungen für den Text an den Herausgeber, über Musik an Dr. Batka.
Verlag von Georg D. W. Callwey. — Kgl. Hofbuchdruckerei Kastner & Lossen, beide in München.
Bestellungen, Anzeigen und Geldsendungen an den Verlag: Georg D. W. Callwey in München.

BEILAGE ZUM KUNSTWART

FRITZ NEFF.

DÄMMERUNG.

Verlag von GEORG D.W. CALLWEY, München

45660

lugt — er her - ab in mei - nen Saal.
Sehr langsam.
Und
ritard.
lei - se durch den Dam - mer - frie - den
im ersten Zeitmass
Sehr langsam.
gleich fer - nen Glok - ken klingest du!

Ruhig.

ritard. molto

Auf samt - nen

Soh - len kommt das Glück _____ durch

Lebhaft.

wei - te Hal - - len auf uns

ritard.

Im ersten Zeitmass.

zu. Nun stil - le, dass auch kein Ge-dan - ke, kein Wunsch das

Flüch - ti - ge wie-der scheucht, _____

45660

Ruhig.
oh' es auf wel - chen samt - nen
Soh - - len durch wei - te Hal -
- - len uns er - reicht.
zart
p
mf ritard.
pp
mf
ritard.
rit.
zurückhaltend
mf
8
pp
ppp

KW

WILHELM TRÜBNER
MARTIN GREIF

KW

MAX KLINGER

Piepenbrinks im Garten.

Ich kann mich mit meinem Freunde, dem Maler, in Sachen des Gartens nicht schnell verständigen, denn ich meine, es kommen da weit mehr Dinge in Frage, als ein richtiger Kunstmann ohne weiteres gelten läßt. Es geht nicht an, denke ich nämlich, das Stückchen Natur-Surrogat, das die Göttin mit dem schönen Namen Zivilisation ihren Anbetern in glücklichen Ausnahmefällen nachsichtig gewährt, einzig und allein nach den Bedürfnissen eines feinstgebildeten Augenschmausers einzurichten. Der ideale Kunst-Garten ist, das wissen wir ja, eine Erweiterung der Architektur; er klingt mit ihren Linien, er klingt mit ihren Formen zusammen, hat wenige aber kräftige Motive, hat ruhige aber schöne Wirkungen, hüllt das Haus ein, sondert es von der profanen Straße ab, aber wie ein Rahmen, indem er es hervorhebt, — er bildet, kurz gesagt, eine rechte Einheit mit ihm, wie eine Melodie mit dem Texte. Wir haben früher davon gesprochen, wie solch ein Garten aussehen soll, wir thun's bald wieder einmal. Aber wenn die Wohnung das weitere Kleid des Bewohners ist, so ist's auch der Garten, und so muß auch der Garten zum Bewohner „passen". Wie nun, wenn dieser Bewohner zum Beispiel eine ganz besondere Freude gerade an Einzelschönheiten hat? Darf man's ihm übel nehmen, wenn er dann das Hauptgewicht darauf legt, recht viele recht malerische Stellen herzurichten, große, oder aber, wenn das nicht angeht, auch kleinere Flecken, wo Pflanzen wild und üppig ranken, selbst über die Beeträuder hinaus, Bäume, an deren Stämmen die Adventivreiser unbeschnitten grünen, Wege, auf denen das hier verpönte Gras wuchert, Gras, zwischen dem ‘der schrecklichste der Schrecken aller Gärtner gedeiht, das goldige Moos? Malerischer ist solch ein Garten, als der übliche, malerischer, wenigstens in gewissem Sinne, ist er wirklich auch als der Kunstgarten strengen Stils, überreich kann er sein an entzückenden Einzelheiten. Also Nachsicht, bitten wir, für den Besitzer, mag man seinen Garten auch nur eine „Wildnis" und seinen Rasen einen Kuhrasen nennen. Man gewährt sie. Schön —

aber die Gattin liebt den Obstbau: je einen Apfel-, Birnen-, Pflaumen-, Zwetschgen-, Süß- und Sauerkirschen-, Quitten-, Paradiesapfel- und Nußbaum, je einen wenigstens will sie doch haben, sowie je eine bescheidene Anzahl Stachel-, Johannis-, Erd-, Him- und sonstiger Beerenträger. Sie hat ein Recht darauf — also! Da sagt die älteste Tochter: und meine Küchengewächse? Jedoch die jüngere liebt Blumen, und Zimmerblumen, die sind doch nichts, also pflanzt sie Blumen, wo immer uns Haus herum sie kann. Und der Sohn — soll ihm der Garten gar nichts nützen als Versuchsfeld für seine Botanik? Und die Tochter, die musikalische, möchte gute Nistplätze haben von wegen der Singvögel. Der Tertianer soll turnen, — wo pflanzen wir Bock und Barren hin? Und der Quartaner, — darf der keinen Spielplatz im Garten haben, daß er sich mit den Freunden bei Croquet und Boccia von der Grammatik erhole? Das Kleinste indessen, wo thut's seinen Sandhaufen hin, erschreckliche Burgen zu bauen und liebliche Topf-Sandkuchen? Für alle diese Bedürfnisse stehen 500 Quadratmeter zur Verfügung, einschließlich der Wege. Und: alle diese Bedürfnisse sind berechtigt. Soll man so und so viele davon einfach totdrücken, um nur dem Auge zu dienen? Also hilft eben nichts, es gilt, Kompromisse zu schließen. Ach, wir Verheirateten, wir vielerfahrenen, wir lächeln unsern Besuchern aus, den ästhetischen Junggesellen, der über das Ergebnis solcher Kompromisse in seitlicher Richtung das Haupt bewegt und im Stillen seiner Seele das Sternbild eines Pantoffels über dem Garten erglitzern sieht. „Kann Euch denn das Freude machen?", fragt er. Bevor wir Aestheten sind, sind wir Menschen: es macht uns zunächst mal Freude, weil es den Unsern Freude macht, quellen aber nicht auch ästhetische Werte aus jederlei Freude heraus? Wer gibt dir das Recht, den Garten allein als Gebiet der bildenden Kunst in Beschlag zu nehmen? . . .

Diese Einleitung, verehrlicher Leser, hat den Zweck, unsre bewundernswerte Toleranz in gärtnerischen Dingen unwiderleglich darzuthun. Es liegt uns, ernsthaft gesprochen, wirklich weit, weit abseits vom Wege, eine so vielseitige Sache, wie den Hausgarten, beurteilen zu wollen wie etwa ein nur zum Besehenwerden bestimmtes Bild. Wir lieben die Gärten vom Park der Paläste bis zum Bauernhauspärkchen und haben Freude daran, wenn sich in tausend Abweichungen vom Lieblichen und auch vom bildnerisch „Schönen" ein unbefangenes Ausleben der Persönlichkeiten zeigt, die in den verschiedenen Besitzern hausen. Aber gerade deshalb ist eine Erscheinung uns in der That ein Gräuel, besser gesagt: eine besondere Sorte von „Geist", die sich in vielen Gärten breitmacht. „Piepenbrinks im Garten" — woran erkennt man sie?

Schon an den Grundrissen. Der Gärtner von natürlichem Gefühl, der einen Garten anlegen soll, sagt sich: dort steht das Haus, dort ist der Eingang, hier hebt sich das Terrain, dort senkt es sich, dort hebt es sich wieder, so und so ist Boden und Bewässerung, dieses und jenes wollen die Besitzer gerne hineinhaben — gut, nun hätt ich die Elemente, nun gestalte ich, was gegeben ist. Anders Herr Landschaftsgärtner Piepenbrink. Der ist unabhängig von solcher Erdenschwere, er nimmt nur den Umriß des Grundstücks mit nach Hause, setzt sich dort an seinen Arbeitstisch und dichtet den Garten nun aus dem Haupte aufs Papier. Das heilige Symbol all seiner Kunst, auf das er mit dem Zeichenstift Hymnen dichtet, so oft er nur arbeitet, das Sinnbild alles Herrlichen, das seinem seligen Schauen entsteigt, siehe, es ist die Bretzel. Also zeichnet er eine Bretzel aufs Papier, und wenn es breit ist, längs an die erste gesetzt, und wenn es zu schmal ist, der Breite nach an die erste gesetzt, zeichnet er abermals eine Bretzel, und wenn es ihm gut scheint, noch eine dritte. Damit wären die Wege gegeben. Innerhalb der einzelnen Kringel aber setzt er Blumenbeete, und zwischen die Bretzeln und den Zaun setzt er Büsche. Nun noch an die vier Ecken des Gartens zwei Lauben und zwei „Berge", und das Gebild des Herrn Landschaftsgärtners Piepen=brink ist im Grundriß dem Wesen nach ausgereift. Sei glücklich, Auf=traggeber, wenn das gar zu widerwillige Terrain seine Ausführung unmöglich macht oder wenn du dem Manne gesagt hast: es darf nicht viel kosten. Nur in diesem Falle wird er mit bedauerndem Achselzucken diejenige Ausführung unterlassen, die das Gebild seines Geistes korrekt in die Wirklichkeit überträgt. Uebertreibe ich? Natürlich thu ich's, denn um den Schaden klar zu zeichnen, muß ich's ja thun. Aber übertreibe ich zu stark? Wer mich deß zeihen will, der betrachte zu=nächst einige Dutzend gewöhnlicher Gartenpläne. Der Schematismus in unsren Gärten ist gerade so langweilig, gerade so innerlich tot, wie der in unseren Zinsvillen. Auf Straßen, Plätzen und Vorgärten Lineal und Zirkel, in größeren Gärten die Bretzelwege zum Erweis, daß hier das Gehen weiter keinen Zweck hat, — es scheint wirklich mitunter, als sei das der Weisheit letzter Schluß. — Nun ziehe hinein, Besitzer, der du dem „Fachmann" die Anlage eines Gartens anvertraut hast, nun ziehe hinein und mache was draus!

Ach was, gar so schwer ist das immer noch nicht. Selbst wenn der nunmehrige Bewohner auch Piepenbrink heißt, kann er das Schema trotz allem beleben, denn auch die Piepenbrinks sind ja im Grunde Men=schen. Sie sollten sich nur gehen lassen als das, was sie sind, sie sollten sich nur nicht „zieren" und nicht „haben". Man denke mal an die richtigen Bauerngärten — manche Bauern sind doch auch Piepenbrinks, aber wie wenige sind unter ihren Gärten, die nicht lustig und behaglich wären! Man denke an Gärten auch solcher Stadt= und Vorstadt=Menschen, die, außerhalb der sogenannten „höheren Kultur" lebend, sich mit den alten guten Mitteln gerade so einrichten, wie's ihnen gefällt. Ihnen allen glückt's, selbst einen schematischen Bretzelgrundriß mit ihrem be=scheidenen aber natürlichen Wesen gleichsam zu übergrünen, einfach, in=dem der Garten allmählich Ausdruck ihres vergnüglichen Kramens, Grabens, Pflanzens und Bastelns wird. Nun aber naht sich das Malheur, denn jetzt kommt der Musterreisende des Herrn Fabrikanten Piepenbrink. O, wenn die Piepenbrinks, sonst so gute Menschen, das Produktivwerden bekommen und anfangen zu schaffen, dann kündigen wir ihnen die Freund=schaft, dann gibt's Kampf auf Tod und Leben — was die Industrie, so sich mit „Gartenschmuck" befaßt, in den letzten Jahren verbrochen hat, das verdient dantische Höllenstrafen!

Nehmen wir an, der noch unbescholtene Gartenbesitzer sei den Ein=flüsterungen des Versuchers und dem Gleißen der Muster erlegen und habe darein gewilligt, „nun wirklich mal was an seinen Garten zu wen=den". Das erste ist dann, daß die Stätte vorbereitet wird, die neuen

Schätze würdig zu empfangen. Also Ausrupfen allen Unkrauts, und sei es noch so hübsch anzusehn, Wegputzen jeder neckisch auswachsenden Form, Aufbinden jeden hangenden Zweigleins, bis der Garten korrekt ist, wie ein Angesicht mit gebranntem Stirnhaar, „deutscher Barttracht" und frisch rasiertem Kinn. Haben die gärtnerischen Brenneisen, Bartbinden und Rasiermesser das Ihre gethan, so kommen frische Ladungen Kies auf die Wege, womöglich „Marmorkies", grauer, der zwar teurer ist, aber auch ganz besonders schön nach gar nichts aussieht. Dann werden neue Lauben gesetzt. Die alten bestanden aus Stangen mit Rinde oder höchstens aus simpeln Latten, die neuen kriegen Laubsägemuster, so zierliche, wie sonst Handschuhkästen, und oben herum ein Gestachel von kleinen, netten Akroterionchen, die allerdings bald abknacken. Möglich auch, man bevorzugt Eisenstangenlauben; diese streicht man meistens „steinfarben" an. Nun kommen die Gartenmöbel, — das Feinste in dieser Branche sind imitiert naturhölzerne aus Gußeisen. Ein Wässerchen steht zur Verfügung, in Stein oder Zement anspruchslos gefaßt, gäb es was Nettes, man macht daraus einen See mit kühn geschwungenen Küsten, der nun drein-schaut wie eine naßgewordene Karte des kaspischen Meeres. Die Ränder der Beete, schon vorher so schön abgestochen, daß die Grasfläche sich ab-grenzt, wie eine Kompagnie in Richtung bei Stillgestanden, sie bekommen nun eine Einfassung sinnreichster Art: sei's von Ragoût-Muscheln, sei's von gegossenen Korallen. Dann aber kommt das Figürliche. Das neueste für Springbrunnen ist ein buntangemaltes Mädchen mit einem Regen-schirm, den sie, ob der Brunnen springt oder nicht und bei Sonnen-, Mond- und Sternenschein, konsequent wie sie nun einmal ist, über den Kopf hält. Diese junge Dame pflegt aus Blech zu sein, das Schönste aber ist aus „Majolika". Ach, dieser süße, dieser wahrhaft himmlische „Gartenschmuck aus bemalter Majolika", der selbst auf Gartenbauaus-stellungen dicke Preise bekommt! Kann man sich etwas Sinnigeres denken, als einen ungeheuren roten Pilz zum Gartensessel? Oder, als einen imitierten Baumstumpf, mitten auf dem Wege, womöglich noch mit einem imitierten Kissen darauf mit imitierten bronzierten Trotteln dran? Oder etwas Witzigeres, als einen Fuchs, und wenn man ihm näher kommt, ist es keiner? Oder gar einen bösen Kettenhund, und hat man sich ge-fürchtet, ist es nicht wahr? Oder einen Gnomen, der den ganzen Sommer lang jede Stunde und jede Minute, haha, von einer Leiter fällt? Ueber-haupt, die Gnomen, die sind doch das Allerreizendste. Sie sind auch so poetisch. Wenn man das liebe Volksmärchen kennt, wird einem da nicht ganz sonderbar, guckt einem so ein Kobold aus Majolika entgegen? Womöglich von einem Kunstfelsen, der aus zwölf Pflastersteinen recht sauber aneinandergebaut ist, immer die Spitzen nach oben? Freilich wird einem da sonderbar, denn die Piepenbrink-Figuren aus Majolika bedeuten den chemisch rein destillierten Stumpfsinn.

Unser großes Publikum hat nun einmal keine ästhetische Erziehung, dem ist es nicht übel zu nehmen, wenn es auf solcherlei Kram herein-fällt. Daß aber selbst unsre großen Tagesblätter dieses Zeug, wenn's mal erwähnt wird, loben, gibt auch einen der Belege dafür, wie weit* unsre Feuilletons von den Annoncenseiten her dirigiert werden. Ueber Kunstausstellungen u. f. w. schreiben die besseren so gut sie's können, aber auf den Gebieten, wo eine praktische Erziehung des Geschmacks vor allem einzusetzen hätte, drucken sie Waschzettel der Fabriken oder beeinflußte Lokalreporte. Es wäre doch so einfach, den Leuten zu sagen: laßt euch nicht vorreden, hier sei „Künstlerisches". Jedes Kunstwerk sondert sich, wie es sich einerseits der Umgebung anpaßt, so anderseits doch auch von ihr als etwas selbständig Symbolisches, als ein Wesen gleichsam aus anderer Geisteswelt ab, Plastik z. B. durch Farblosigkeit oder abweichende Färbung oder wenigstens durch Rahmen oder Sockel. Aber diese Sachen dort wollen täuschen, wollen Wirklichkeit in der Wirklichkeit scheinen, und da ihnen das natürlich höchstens einen Augenblick lang gelingt, verfehlen sie für alle folgende Zeit ihr bischen Zweck und sind einfache Läppischkeiten. Stellt man sie aus dem Rasen heraus auf ein Postament, so wird man eine merkwürdige Wirkung sehen: Sie werden zunächst ästhetisch erträglicher sein, weil die mißglückende Absicht zu täuschen wegfällt, aber man wird auch sofort erkennen, wie schlecht diese Fabrikware gemacht ist. „Ach, es sind ja Scherze." Und man bekommt es nicht satt, sich tagaus, tagein auf genau dieselbe Weise genau denselben sogenannten Witz vormachen zu lassen? Es kann doch wirklich allerhöchstens ein paar Wochen dauern, bis selbst der zäheste Majolikaspaß totgehetzt ist. Deshalb will ich alles Böse zurücknehmen, wenn mir fünf nachweislich lebendige Menschen gezeigt werden, denen ihre Majolika=Männchen und Tierchen noch in einem z w e i t e n Sommer nach dem Ankauf Spaß machten.

Uebrigens: wie sehr sich Piepenbrinks auch irren, wenn sie ihre Beete derartig ausstaffieren, auf zweierlei deutet ihr Verhalten doch vielleicht was g u t ist.

Zunächst: auf ein gewisses unbewußtes Verlangen, immer mehr L e b e n d i g e s in den Garten zu bringen, das ohnehin auf und unter den Zweigen fleucht und kreucht. Die gebrannten Kunst=Rehe, Hennen und Karnickel lassen fragen, ob sich nicht mehr, als schon geschieht, von zwei= und vierbeinigem Getier in unsern Gärten setzen ließe. Ein noch so bescheidenes Stückchen zoologischen Hausgartens im botanischen Hausgarten, wie viel trägt es bei, zu beseelen, behaglich, heimelig zu machen. Nur müßte man machen, daß die Ausgestaltung nicht wieder in piepenbrinkische Hände käme, als welche sonst ohne Zweifel künstliche Puppen=Burgen und Ruinen errichten würden. Sondern: die kleinen Bauten und Einrichtungen müßten sich so weit nur irgend möglich den Bedürfnissen der Tiere anpassen und das auch ehrlich und ohne Spielerei in ihrer Entstehung zeigen. Wie ungefähr, darüber haben wir schon gelegentlich der öffentlichen Tiergärten gesprochen. Das tote Material von Stein und Erz, die Farbe und vor allem das lebendige Material der Gartenpflanzen (man denke nur an Epheu und Schlingrosen!) bieten in Fülle Möglichkeiten, auch die zweckmäßigsten Tierbehausungen ohne alles Spielerische zu prächtigem Gartenschmuck zu machen.

Aber noch ein zweites „Unbewußtes" spielt beim Ankauf der besprochenen Schrecklichkeiten mit, ein im ästhetischen Irrgarten lustwandelndes Begehren nach S k u l p t u r e n fürs Grüne. Und für dasselbe Geld, das für diese Kobolde, Dachshunde und Riesenpilze ausgegeben wird (denn solche Ware ist auch noch teuer), könnte man wirklich gute Plastiken abgießen und anschaffen. Natürlich nicht Originale, — Originale sind jene Piepenbrinkscherze ja auch nicht — aber brauchbare Kopien gediegener Werke.

Selbst etwas flaue Nachformungen antiker Figuren in Zinkguß, wie sie zu recht mäßigen Preisen längst im Handel sind, bieten schon unvergleichlich mehr und dauerhaftere Freude, und in der jüngsten Zeit hat man ja Mittel gefunden, selbst Gipsabgüsse wetterbeständig zu machen. Gerade in Majolikatechnik ließe sich aber hier Vortreffliches bilden, wenn die betreffenden Fabriken die Sache nur ernst nähmen und sich nach einem guten künstlerischen Beirat umsähen. Warum z. B. werden die köstlichen Werke der italienischen Renaissance (ich erinnere nur an die Della Robbia und ihre geistigen Verwandten) nicht für unsre Gärten (und unsre Hausfassaden) nutzbar gemacht? An unsre köstlichen deutschen Werke aus alter Zeit denkt man erst in zweiter Reihe, denn die scheinen ja selbst für den gewöhnlichen Gipsabgußhandel kaum dazusein. Der Handel mit Gartenplastik steckt überhaupt noch in den ersten Anfängen. Stände da eine größere Auswahl feil, so würde das allmählich den Sinn des Volkes für diesen edelsten Gartenschmuck wecken und dann bei den Begüterten auch das Verlangen nach Originalwerken kräftigen. Das aber bedeutete wieder eine recht wesentliche Förderung unsrer deutschen Bildhauerkunst, die auf diesem ihr leider noch „neuen" Gebiet breiteren Zusammenhang mit den edleren Lebensgewohnheiten in der Nation gewänne. A.

Neue Gesamtwerke, Romane und Novellen.

Es ist das gute Recht der Dichter und Schriftsteller, einmal in der Gesamtheit ihrer Werke betrachtet zu werden, aber nur verhältnismäßig wenigen wird es so gut. Wer großen Namen und Ruf hat und siebzig Jahre alt wird, der kommt freilich dazu, außer ihm aber nur, wer so glücklich ist, seine Gesamtwerke herauszubringen; sehr viele tüchtige Talente müssen mit gelegentlichen lobenden Kritiken und einem meist sehr kargen Nachrufe zufrieden sein. Eine Aenderung in diesen Verhältnissen könnte nur eintreten, wenn unsere sogenannte Provinzialpresse selbständiger würde und die Entwicklung der „heimischen" Talente, einerlei, ob sie auf dem Heimatboden verharren oder ihn mit einem anderen vertauschen, fester im Auge behielte. Aber sie ist von der großstädtischen in allem, was Kunst heißt, fast vollständig abhängig, und wenn sie doch etwas Eigenes bringt, so sind es nur unverständige Lobhudeleien, die die Streber unter den Dichtern und Schriftstellern in ihre Spalten einzuschmuggeln wissen — verständige Leute lachen dann darüber. Ich will zugeben, daß es einige Ausnahmen von der hier festgestellten Regel gibt, häufig sind sie aber nicht; die Schablone herrscht im Zeitungswesen des angeblich individualistischen Deutschlands in schreckenerregender Weise.

Einstweilen gibt es für nicht allgemein berühmte Dichter in Deutschland also kein anderes Mittel, Anerkennung für ihr gesamtes Lebenswerk zu erlangen, als die Herausgabe der gesammelten Werke. Aber damit ein Verleger diese unternimmt, bedarf es mindestens der Beliebtheit des Verfassers, er muß, wenn nicht überall, doch in kleineren Kreisen gern gelesen werden. Das ist bei Th. H. Pantenius, dem baltischen Dichter, sicherlich der Fall, und so war denn auch für seine „Gesammelten Romane" (9 Bde., Velhagen & Klasing) auf eine stärkere Teilnahme zu rechnen. Sie liegen jetzt vollendet vor, und ich stehe nicht an, zu behaupten, daß sie ihrem Verfasser die feste Stellung nicht bloß in der Literaturgeschichte der deutschen Ostseeprovinzen — die hat er wohl schon —, sondern auch in der großen deutschen sichern werden. Bisher habe ich von den neun Bänden erst vier, einen modernen und einen historischen Roman gelesen — man kann ja nicht alles auf einmal erzwingen —, doch aber bin ich meiner Sache gewiß. Pantenius gehört zu den Talenten, die vom Heimatboden aus fest und sicher in das weitere Deutschtum hineinwachsen; er ist kein Wegebahner, obwohl er doch ein neues Gebiet erobert hat, aber er bewegt sich mit glück-licher Selbständigkeit auf den Pfaden, auf denen ihm die großen Talente der deutschen Dichtung vorangegangen sind. Der moderne Roman, den ich las, ist ein guter Zeitroman, der historische ergibt ein vortreffliches Kulturbild, und es geht ein starker Zug unmittelbarer Anteilnahme an den Geschicken des eigenen Stammes hindurch, der alles Archäologische fernhält. Die Zeit, in der die hauptsächlichste dichterische Wirksamkeit von Pantenius fällt, ist die der siebziger und achtziger Jahre, im Grunde literarisch eine trostlose Zeit. Aber doch fehlen auch die erfreulicheren Erscheinungen nicht ganz: neben die Großen Konr. Ferdinand Meyer, Anzengruber, die Ebner-Eschenbach treten doch, je tiefer wir eindringen, eine ganze Reihe kleinerer Talente, solche, die eben den Heimatboden nicht ver-loren, und es ist nun wohl zu hoffen, daß sie, die Eduard Paulus und Karl Stieler, die Viktor Blüthgen und Heinrich Seidel, die Heinrich Schaumberger und Th. H. Pantenius, um von den älteren „poetischen Realisten" zu schweigen, um so mehr hervortreten, je mehr die Ebers und Wolff, die Lindau und Blumen-thal bei gebildeten Menschen vergessen werden.

Ein wenig früh mit seinen „Gesammelten Werken" kommt mir Her-mann Friedrichs (geb. 1854), und ich kann die Notwendigkeit ihres Er-scheinens auch nicht so recht einsehen. Friedrichs war in der Zeit des letzten Sturmes und Dranges einmal einigermaßen bekannt, als Mitkämpfer der M. G. Conrad und Bleibtreu, dann hörte man nicht viel mehr von ihm. Das würde nun nichts entscheiden, aber ich habe in den vier Bänden seiner Werke (Freund & Jeckel, Berlin) bisher noch nichts zu entdecken vermocht, was mir die Bürgschaft auch nur augenblicklicher tieferer Wirkung in sich zu tragen scheint. Friedrichs' Lyrik ist gewöhnliche Reflexionspoesie, seine episch-lyrischen Dichtungen enthalten sinnlich-glühende Schilderungen, sind aber dabei ganz konventionell — hier und da blickt sogar der alte lüsterne Papa Wieland durch —, die No-vellen, die ich schon gründlich studiert habe, gehören zur Gattung der Novelle im eigentlichen Sinn, die auf unerhörte Begebenheiten ausgeht, sind aber meist bloß krass und nicht einmal stilistisch besonders, geschweige benn künstlerisch, seine Dramen... Doch ich will mich des abschließenden Urteils noch enthalten; denn ich weiß, daß man über ein Lebenswerk nur nach sehr gründlicher, wie-derholter Prüfung und nach reiflicher Ueberlegung urteilen soll. Aber ich fürchte, das letzte Urteil wird dem ersten Eindruck entsprechen. Sollte es nicht der Fall sein, so trauen mir die Leser des Kunstwarts wohl zu, daß ich an dieser Stelle selbst Pater peccavi sagen werde.

Auf dem Gebiet des Romans und der Novelle liegt diesmal allerlei wirklich Bemerkenswertes vor. Da ist zunächst Ludwig Jacobowskis „Loki, Roman eines Gottes" (Bruns, Minden). Jacobowski hat schon früher einmal einen merkwürdigen Roman geschrieben, „Werther der Jude", der aus mancherlei Gründen in der Literatur des letzten Sturmes und Dranges einen Platz zu behaupten verdient. Diesmal ist er künstlerisch noch weiter gekommen

— 211 —

und hat — ich überlege genau, was ich sage und bitte, auch nicht mehr, als ich sage, zu lesen — wohl den besten Roman des modernen deutschen Symbolismus geschrieben. Freilich nicht ganz aus eigener Kraft; es ist ja selbstverständlich, daß ein Loti-Roman der Ebba, in zweiter Linie auch Wagner und Felix Dahn, der die Form des germanisch-mythologischen Romans geschaffen, sehr vieles verdanken muß. Aber zunächst einmal gehört der glückliche Gedanke Jacobowski an: den großen Kampf des Aristokratismus und Demokratismus und nebenbei vielleicht auch noch den des Germanen- und Judentums mit Hilfe der riesigen Gestalten der germanischen Mythologie symbolistisch zu schildern, anstatt nach Weise der andern Symbolisten eigene Gestalten heraufzubeschwören, wozu dann in der Regel die Kraft nicht reicht. Dann hat er seinen Stoff gut gegliedert und für das Einzelne die richtige Behandlung gefunden, das Dunkel der Ebba geklärt, ohne doch die Größe zu zerstören und nüchtern zu werden. Es steckt wohl keine große Kraft, mehr das seit Heine bekannte jüdische Aneignungsvermögen, aber doch sicheres Können in dem Werke, das unzweifelhaft seinen Weg machen wird.

Ein wirklich gutes Werk ist die neue Novelle von Wilhelm von Polenz „Wald" (bei Fontane). Das zu Grunde liegende „Problem" — ein furchtbar einfaches: eine in jeder Beziehung vereinsamte Förstersfrau unterliegt sündiger Liebesleidenschaft — hätte auch Storm brauchen können, aber freilich, er hätte alles viel konzentrierter gegeben; Polenz wendet die gewöhnliche Romantechnik an, erzählt ab ovo und malt das Milieu breit aus. Aber er erfüllt auch alles mit Leben, und darauf kommt es ja an. Wahrhaft erfrischend war für mich die schlichte Weise der Novelle, der Mangel alles Gemachten, Berechneten, Erzwungenen im Ganzen wie im Einzelnen, vom Stil bis zur Komposition. Es liegt Polenz, scheint es, gar nichts daran, ob man ihn, den Erzähler, für einen „interessanten" und „bedeutenden" Menschen hält, und das ist so selten und so erquickend in unserer Zeit. Dennoch leistet er auch in schwierigen Dingen mehr als die „Interessanten" — man lese einmal seine Waldschilderungen von S. 75 an! Da haben wir den Wald selbst und nicht die virtuos in neuester Technik gemachte Theaterdekoration, die den Wald darstellen soll, wie bei den meisten Modernen.

Ich kann als Gegensätze zu Polenz gleich Otto Julius Bierbaum und Joseph Ruederer aufführen, von denen mir neue Werke vorliegen. Bierbaum nennt seine Novellensammlung „Kaktus" (Schuster & Löffler) und widmet sie seinem „verehrten kritischen Gönner, dem Herrn Geheimrat Professor Fürchtegott Ernsthaft". Ach, Herr Bierbaum, wir Kritiker werden niemals Geheimräte und Professoren, wir habens noch viel schlechter, als die „produktiven" Künstler, denn erstens traut man uns nichts zu und zweitens alles Schlechte. Bierbaum, glaube ich, käme weiter, wenn er nicht jedem seiner Werke ein „Seht, was bin ich doch für ein Mordskerl!" beizufügen müssen glaubte, wenn nicht, was noch viel schlimmer, seine ganze künstlerische Weise ewig das „Ich, der Mordskerl!" ausriefe. Der Band „Kaktus" enthält sechs Humoresken, die ganz amüsant sind, aber doch das „Viel Geschrei und wenig Wolle" in Erinnerung bringen. — Auch Josef Ruederer scheint leider der Mordskerlsucht zu verfallen. Seine „Wallfahrer-, Maler- und Mördergeschichten" (Berlin, Georg Bondi) gehören dem Genre der „Groteske" an, über das unsre modernen Aesthetici allerlei Tiefsinnigkeiten auszukramen beginnen. Aber sie entstammen keinem ganz freien Geiste und sind impressionistisch „hingehauen". Ich erlaube mir, die Herren auf des alten Grabbe „Scherz, Satire, Ironie und tiefere Bedeutung"

zu verweisen — die Groteske muß etwas Grandioses und zugleich feste Züge
haben; bei Nuederer fehlt entweder das eine oder das andere. — Anschließen
kann ich hier den „Wolkenkukuksheimer Dekamerone" von Eduard Aly
(Fontane), „einer Toten" gewidmet, in der Hauptsache allerlei Zustände noch
in Heinischer Weise satirisierend und ironisirend, aber doch im Kern gesunden
Geistes.

Noch seien drei Unterhaltungswerke genannt. Ja, auch Adolf Wil=
brandts neuester Roman „Der Sänger" (Cotta) ist nur ein Unterhaltungs=
werk, wenn auch ein gutes. Wilbrandts Vorzug vor den meisten unserer modernen
Romanschriftsteller besteht darin, daß er geistige Strömungen und Prozesse
besser als sie über= und durchschauen und typische Gestalten in dieser Richtung
schaffen kann. Auch beherrscht er in der Regel das Milieu — diesmal ist das
jedoch nicht der Fall; die hier gegebene Entwicklung vom Schlossergesellen
bis zum großen Sänger entspricht nur stellenweise den Anforderungen, die wir
heute an die Wiedergabe der Wechselwirkung von Charakter und Umgebung.
stellen. Gewiß, an und für sich ist der Charakter des kunstbegeisterten Schlosser=
gesellen möglich, aber wie er sich gibt, das entstammt der Münchner Dichterschule
und nicht der Wirklichkeit; erst die Theaterschilderungen werden dann realistischer,
um später bei der Marburger Episode noch einmal dem himmelblauen Idealis=
mus Platz zu machen. Doch ist diese Episode im alten Sinne poetisch, ja, es
liegt ihr sicher eine Schwärmerei Wilbrandts für die alte Berg= und Uni=
versitätsstadt an der Lahn zu Grunde, und so wirkt sie doch. Im ganzen muß
jedoch von diesem Roman gesagt werden, daß der Abstand, der ihn von Fried=
rich Wilhelm Hacländer trennt, nicht allzugroß ist, Wilbrandt kann mehr. —
Ottomar Enkings „Johann Rolfs" und Hans von Sandens „Brot
und Salz" (beide bei Reißner) sind gute Unterhaltungsromane aus dem Bereiche
der Heimatkunst. Ersterer spielt in Ostholstein und gibt vor allem ein hübsches
Jugendbild, fällt dann freilich etwas ab, letzterer zeichnet sich durch eine noch nicht
dagewesene Prachtfigur aus dem ostpreußischen Lithauen aus. Beide Romane
räumen dem Humor sein Recht ein und sind im Ganzen gesunde Kost, obschon
auch bedenkliche Verhältnisse geschildert werden.   Adolf Bartels.

Johann Strauss.

Nun ist sie ganz verwaist, die frohe Phäakenstadt an der Donau, die
trotz allem und allem seit Haydns, Mozarts, Beethovens und Schuberts Tagen
ihr Ansehen als musikalische Hauptstadt Deutschlands immer wieder gewonnen
hat. In weniger als einem Lustrum sind all die leuchtenden Gestirne ver=
blichen, die ihr in den Augen des Musikers so unvergleichlichen Glanz verliehen
hatten: 1896 Bruckner, der urkräftige Symphoniker, 1897 Brahms, der ernste
Meister der Kammermusik, 1898 versank der Geist Hugo Wolfs, des genialen
Tonlyrikers, in ewige Nacht, und 1899 beklagen wir den Tod von Johann
Strauß, des „Walzerkönigs", der mit seinem plötzlichen Scheiden die von
ihm stets nur entzückte und den Lebenssorgen entrückte Welt zum ersten Mal
in wahre Betrübnis versetzt hat.

Johann Strauß! Es klingt und singt in jedem Ohr und zuckt in jedem
Fuß bei diesem Namen. Seit drei Vierteljahrhunderten waren wir alle ge=

1. Juliheft 1899

wöhnt, mit ihm den Inbegriff des Reizvollsten, Beschwingenden der Tanzmusik zu verbinden, seit fünfundfünfzig Jahren knüpft sich ihre Blüte an die Person seines letzten, eben heimgegangenen Trägers. Johann Strauß Vater, Johann Strauß Sohn — mag sie der Historiker noch so achtsam auseinanderhalten: im Gedächtnis des Volkes sind sie beinah zu einer mythischen Gestalt, zum typischen Heros des Wiener Tanzes und des Walzers im besonderen geworden. Die „Erfinder des Walzers" darf man sie gleichwohl nicht nennen: Franz Schubert und Lanner (neben Weber in Deutschland) hatten den Walzer schon vor ihnen in die Kunstmusik eingeführt; aber während er bei diesen Vorgängern den Charakter einer freundlich lockenden „Aufforderung zum Tanze" trug, flößten ihm die beiden Strauße einen Tropfen leidenschaftlicheren Blutes ein, und damit eine suggestive Kraft, die nicht mehr bloß schmeichlerisch einlud, sondern auch unwiderstehlich mit sich fortriß. Die taumelige Lust, das dionysische Außersichsein der Wiener Faschingsstimmung kam in ihren Weisen zum Ausdruck. Wenn in den Straußkonzerten der schlanke, blasse, schwarze Mann, der bis dahin, die Geige in die Hüfte gestemmt, so lebhaft den Takt mit dem Fibelbogen gefuchtelt hatte, auf dem Höhepunkte des Tonstücks auf einmal das Instrument emporriß und ekstatisch über die Saiten strich, daß sein feuriger Ton das Orchester grell durchblitzte — dann ergriff eine korybantische Erregung das bei vollen Tischen schmausende oder im hellen Ballsaal sich wiegende Publikum, und es schien, als empfange sein menschliches, allzumenschliches Treiben eine höhere seelische Rechtfertigung in dem Dämonismus der Tonkunst.

Von der Wiege bis zum Grabe begleiteten Straußische Melodien das Leben der Kaiserstädter an der Donau. Es sind thatsächlich Fälle vorgekommen, wo Leute aus purer Straußbegeisterung für ihr Begräbnis sich irgend einen Favoritewalzer als Totenlied bestellten. Ging der Wiener Bürger um die Mitte des Jahrhunderts völlig auf im Vergnügen und realen Genuß, so mußten ihm die Klänge, in denen dieser eingeborene Frohsinn austönte, mehr sein, als nebensächliche Lock- und Reizmittel des Amusements. In ihnen fand er sich selbst, das verklärte Abbild seines ganzen Empfindens wieder, Straußens Tänze wurden seine Nationalhymnen, die in den manigfachsten Variationen immer das Eine verkündeten: „'s gibt nur a Kaiserstadt" — „Wien, mein Sinn", und die den herrlichen Flecken Landes „An der schönen blauen Donau" in „Geschichten aus dem Wiener Walde" priesen. Von der „Viennoise" bis zu „Neu-Wien" und „Groß-Wien" hat Johann Strauß seine schöne Heimat durch alle Phasen ihrer Entwickelung gefeiert, aber auch ihre politische und wirtschaftliche Geschichte bot seiner Muse manchen willkommenen Anknüpfungspunkt. Daher seine „Ligurianerseufzer", „Revolutionsmärsche", „Wahlstimmen" u. s. w. Jedes Schlagwort des Tages griff er begierig auf; er war ein Journalist in Tönen nicht bloß, weil er „Morgenblätter", „Leitartikelpolkas" und „Feuilletonwalzer" komponierte. Patriotische Anlässe ließ er nicht ohne ein „Hoch Oesterreich" oder einen „Kaiserwalzer" vorübergehen. Obwohl Urdeutscher, versäumte er doch nicht, — je nachdem diese oder jene Nation in dem Völkergemenge der Monarchie die öffentliche Aufmerksamkeit auf sich lenkte — ihr ein musikalisches Kompliment in Zwei- oder Dreivierteltakt zu machen, sei es mit einer muntern Tschechen- oder Heski-holki-Polka, sei es mit einer geräuschvollen Serbenquadrille, sei es mit einem sprühenden „Eljen Magyar!" Aber auch als — musikalischer Lokalreporter, sozusagen, hat Strauß seinen Landsleuten oftmals Dienste erwiesen, hat z. B. den Schah bei seinem Besuch mit einem „Persischen Marsch" empfangen, hat das Jubiläum eines großen Chorvereins mit „Sängerluſt", die Inſtitution der Vergnügungszüge mit einer darnach benamſeten Polla begrüßt, hat ſogar aus der flotten Stimmung der Gründerzeit und ihren „Glückskindern" noch Tonbilder „Von der Börſe", ja einen „Dividendenwalzer" gezogen. Die zahlloſen „Souvenirs", die er von ſeinen Debuts in Petersburg, Paris, London, Italien, Amerika heimbrachte, ließ er gleichſam als orcheſtrale Reiſefeuilletons aufſpielen, und die übrige Belletriſtik verraten bei ihm jene „Gunſtwerber", „Jugendträume", „Lebensweder", „Accelerationen", „Irrlichter", „Sträußchen", „Roſen aus dem Süden", „Sinnen und Minnen" u. ſ. w., die man beinahe muſikaliſche Gedichte und Novelletten nennen möchte und deren oft bezaubernde Poeſie mehr in den Tönen ſteckt, als in den Titeln. Hier wie in der unabſehbaren Reihe von Stücken, deren Ueberſchriften ſchon ihre Be- ziehungen zum Wiener Karneval verraten, in denen er entweder die Parole ausgab („Freut euch des Lebens", „Man lebt nur einmal", „Seid umſchlungen, Millionen") oder den Kreis bezeichnete, an den er ſich wandte (wie in den „Flattergeiſtern", „Jucbrüdern", „Gemütlichen", „Nachtfaltern", in den „Juriſten- balltänzen", „Sanguiniterwalzern" und „Fidelenpolkas" rollt das leichte), ſüd- deutſche, durch ſlawiſche und magyariſche Miſchung noch verflüſſigte „Wiener Blut", weht die laue, gliederlöſende Luft vom Kahlenberg, ſchwelgt und ſchmachtet die öſterreichiſche geſunde Sinnlichkeit. Und in dem Maße, als Wien immer mehr aus ſeiner geiſtigen Abgeſchiedenheit hervortrat, als es größer, wohlhabender, eleganter, als es Weltſtadt wurde, machte auch ſeine Tanzmuſik dieſen Wandel mit. Während Straußens ältere Walzer noch ſehr an die derbere, ein wenig ſpießerhafte, beſcheidene, verträumte Art des Vaters erinnern, ſpricht aus den ſpäteren ſchon der verfeinerte, nervöſere, aber auch ſtolzere, weltbürgerliche Charakter des modernen Wiens.

Wir hätten kein Recht, bei dieſen Blüten des genius loci ſo lange zu verweilen, wären ſie nicht auch im rein künſtleriſchen Sinne genial. Strauß verfügt über einen ſo ergiebigen Schatz köſtlicher melodiſcher und rhythmiſcher Einfälle und weiß ſeine Tonjuwelen harmoniſch ſo blank zu ſchleifen und in- ſtrumental ſo originell zierlich zu faſſen, daß ſelbſt der anſpruchsvolle Muſiker ſie bewundert. Er verſelbſtändigte die Mittelſtimmen; er wußte die Bläſer, die vordem nur den Zweck hatten, zu lärmen, individualiſierend zu verwenden; er erhob das Genre, ohne daß es ſeine Tanzbarkeit einbüßte, aus der niederen Sphäre bloßer Gebrauchsmuſik zu konzertfähiger Klaſſizität. Das konnte Vater Strauß, der als Muſiker eben doch nur ein allerdings begnadeter Naturaliſt war, nun eben doch nicht zuſtande bringen. Der Sohn füllte die ſchematiſche, von ihm übrigens vielfach erweiterte Tanzform nicht einfach mit angenehmen Tonfolgen aus, ſondern mit echtem, warmem, wohllautendem Leben, das aber doch nur auf Wiener Boden ſo friſch pulſiert, denn anderswo verſteht man Straußiſche Walzer noch immer gar nicht zu ſpielen. Die unvergleichliche Wirkung des Walzervortrags im Mutterlande liegt nicht bloß in der elaſtiſchen Rhythmik (der Zeitraum zwiſchen dem erſten und zweiten Viertel iſt kürzer als jener zwiſchen dem zweiten und dritten), ſondern auch in der Phraſierung, in dem ſprechenden Ausdruck der Inſtrumente, in eigentümlichen Bindungen und dynamiſchen Nüancen, in allerlei Dingen, die nicht in den Noten ſtehen, ſon- dern die der warm empfindende Spieler unbewußt in oder zwiſchen ſie hinein- legt. Die ſteife oder brutale Art, womit man öſterreichiſche Tanzmuſik in Berlin oder Leipzig ausführt, berührt den Wiener darum wie ein komiſches Zerrbild. Bezeichnenderweiſe erſt während ſeines Wiener Aufenthalts (1863) kam Richard Wagner zu der Erkenntnis, ein einziger Straußiſcher Walzer überrage, was Anmut, Feinheit und wirklichen musikalischen Gehalt betrifft, die meisten der oft mühselig eingeholten ausländischen Fabriksprodukte, wie der Stephansturm die bedenklichen, hohlen Säulen zur Seite der Pariser Boulevards. Liszt, Tausig, Rubinstein, Brahms, so verschieden sonst in ihren Anschauungen, spielten mit Vorliebe daheim und öffentlich Straußsche Walzer am Klavier, ja, Hans v. Bülow schätzte sie nicht zu gering, um sie in großen Orchesterkonzerten nach einer Beethovenschen Symphonie zu dirigieren. Bei dieser einmütigen „Anerkennung der Besten" konnte es ihm nicht schwer fallen, den zaghaften Widerspruch zu überwinden, womit ihm die konservativ verstockte Kritik anfangs begegnete. Hanslick glaubte noch in den sechziger Jahren in der Musik von Strauß Sohn etwas wie „Wildprethautgoût" zu verspüren und warf dem so populären Meister vor, er „streiche die Saiten der Wehmut mit dem Bogen der Gelehrsamkeit". Uebrigens sei daran erinnert, daß just seine vollendetsten Schöpfungen, der „Donauwalzer" und die Operette „Fledermaus" zunächst nur schwachen Erfolg hatten und erst auf dem Umwege über Paris und über Berlin die heut unbestrittene Volkstümlichkeit errangen.

Zu Beginn der siebziger Jahre drängten die Zureden seiner Freunde Strauß auf das Feld der Operette, und damit in eine Folge von internationalen Triumphen, die vor einem auch sehr weitherzigen ästhetischen Forum nur sehr bedingte Billigung finden können. Aber man muß stets im Auge behalten, daß Strauß eine ausschließlich musikalische Natur war; ein Komponieren aus einem Texte heraus, etwa gar mit stetiger Rücksicht auf dessen sprachliche Struktur, lag ihm völlig fern. Sind doch bei seinen ersten Operetten die Verse erst nachträglich den bereits fertigen Tonstücken unterlegt worden, pflegte er doch, wenn er jemandem etwas aus einem neuen Werke vorspielte, den Text im Gesange dadurch, daß er sich nur an die Konsonanten hielt und dazwischen willkürliche Vokale einschob, zu einem unverständlichen Kauderwälsch zu entstellen. Die musikalische Inspiration kam ihm anderswoher, als aus der poetischen Grundlage. So konnte er denn unbedenklich den Segen seiner Melodien über den lüderlich-burlesken Unsinn ergießen, den die Oberflächlichkeit seiner Berater dem Arglosen als Libretto einhändigte, so entstanden unter dem Jubel des gebildeten und ungebildeten Pöbels „Indigo", „Cagliostro in Wien", „Eine Nacht in Venedig", „Der Zigeunerbaron", „Waldmeister" u. s. w. Zum deutschen Offenbach zu werden und den Kampf gegen die öffentlichen Mißstände durch ihre satirische Karrikierung aufzunehmen, dazu war Strauß viel zu naiv gutmütig. Zum Erneuerer der komischen Volksoper aber fehlte ihm zwar durchaus nicht der Humor und das musikalische Vermögen, wohl aber die dramatische Ader und — ein verständiger Librettist, der ihm die Stoffe seiner Persönlichkeit gemäß so gewählt und hergerichtet hätte, daß darin die Straußsche Tanzform als stilbildendes Prinzip hätte gelten können. Nur einmal (1874) spielte ihm das Glück einen halbwegs passenden Stoff in die Hand: die „Fledermaus". Die wurde denn auch sein Meisterstück. Eine Apotheose des Leichtsinns, eine Verherrlichung der großstädtischen Lebewelt in ihrer harmlos-liebenswürdigen Erscheinung, von den fesehen, champagnerseligen Ton des Karnevals gestimmt, wo die entzückenden, anmutigen Tanzweisen ungezwungen aus der lockeren Handlung selber entsprangen. Hier steht Strauß auf der Höhe seiner Erfindungskraft; wenn der „Karneval in Rom" unter seinen Operetten die nobelste Musik enthält, so ist die zur „Fledermaus" unstreitig seine genialste. Man hat sie darum nach Gustav Mahlers Vorgang in Hamburg zur „komischen Oper" aufrücken lassen, und die ersten Hoftheater öffnen ihr bereitwillig die Pforten.

Sie wird wohl auf lange hinaus ein standard work der heiteren Muse ab=
geben; wer an der allerdings nicht einwandfreien Moral des Stückes Aerger=
nis nimmt, müßte dann folgerichtig z. B. auch Mozarts „Figaro" von der vor=
nehmen Bühne ausschließen.

Seinem geradezu für die Oper bestimmten Werke „Ritter Pazman" wurde
ein Vorurteil hinderlich. Mag es unleugbar sein, daß auch darin die Tanz=
und Balletweisen das Beste sind, so war die Musik doch im übrigen so reich
an Köstlichkeiten aller Art, wie sie unter den Zeitgenossen eben nur einem
Johann Strauß einfallen konnten. Aber man beurteilte auch hier Strauß nur
als einen Operettenmann, nicht als Musiker, und ging an den vorhandenen
Schönheiten achtlos vorüber. Zuletzt entschloß er sich, ein Ballet zu schreiben,
wozu er wie kein zweiter berufen zu sein schien. Der Tod ereilte ihn mitten
bei der Komposition. Ein Quell der Heiterkeit und Freude ist der Welt mit
seinem Ableben versiegt. Wenn die albernen Theatermachwerke, bei deren Sumpf
sich die Crème und die Hefe des Volkes fand und verstand und mit denen das
Schaffen seiner letzten Periode zwar verknüpft, aber glücklicherweise nicht ver=
wachsen ist, längst vergessen sein werden, wird das Volk noch die darüber hin=
gesäten Straußschen Melodienblumen — und zwar losgelöst von dem fragwür=
digen Boden umso reiner — musikalisch genießen. Und es wird verehrungs=
voll gedenken des letzten wirklich originellen, naiv schaffenden Tonmeisters aus
dem neunzehnten Jahrhundert, der in seinem kleinen Genre mit erstaunlicher
Fruchtbarkeit als ein großes Genie gewirkt hat.   R. Batka.

Kunstpflege im Mittelstande.
16. Kleider.

Wenn die Beobachtung richtig ist, daß sich noch bei weitem der meiste,
wenn auch „latente" Kunstgeschmack beim weiblichen Geschlecht vorfindet, so ist
das gewiß nicht zum mindesten auf die stäte Beschäftigung mit einem gewissen
Stückchen Kunst, der Kleidung, zurückzuführen. Mag diese Art von Kunst
noch so bescheiden sein — sie arbeitet doch mindestens mit dem Bestreben,
durch das Auge zu wirken, und so rostet dieser Sinn nicht ganz ein. Doch
läßt sich in der That Kleidung ins Gebiet der wirklichen Kunst erheben und
sich zum sinnfälligen Ausdruck des Charakteristischen machen. Genau so, wie
wir uns im Hause, bei der Wohnung zuerst mit den praktischen Forderungen
auseinandersetzen mußten, so ist es bei der Kleidung notwendig, uns das in
den vorigen Aufsätzen über den Körper Gesagte als Grundlage der hierbei
maßgebenden praktischen Forderungen ins Gedächtnis zurückzurufen.

Es erscheint natürlich, wenn das hier Gesagte sich im wesentlichen um
Frauenkleidung bewegt. Denn einmal ist es diese ja fast allein, bei der sich Kunst
schon jetzt zeigen kann; zum zweiten macht sie es nach ihrem heutigen Stand
besonders notwendig, auf das Prinzipielle dabei einzugehen.

Jede gute Kleidung wird den organischen Bau des Körpers ebenso ver=
hüllen wie heben. Schon im vorigen Aufsatze war gesagt, daß das Prinzip bei
der weiblichen Kleidung, wie es heute besteht, dem Prinzipe des Körpers nicht
entspricht. Der Körper kennt die starke Einsenkung über den Hüften nicht, und
der vorquellende Busen, der vorspringende Unterleib und die allzu breiten
Hüften, welche die Kleidung künstlich herstellt, würden, wenn sie im Körper

1. Juliheft 1899

begründet lägen, den Einzelfall einer häßlichen Mißgestalt voraussetzen. Das Vorbild historischer Trachten kann man als Entschuldigung für unsere heutige Tracht nicht anführen, denn gerade die vergangenen Jahrhunderte haben hygienisch sowohl, wie ästhetisch in Kleidung und anderen Dingen aufs ärgste gesündigt, und es wäre nichts unrichtiger, als sich auf etwas als Muster zu berufen, weil es aus dem 16. Jahrhundert stammt.

Das Schönheitsideal des nackten menschlichen Körpers ist seit Phidias' Zeiten mit geringen Schwankungen bis heute das gleiche geblieben. Die Mode macht ihre Sprünge darum herum, naht sich und schmeichelt ihm, entfernt sich wieder, indem sie es verhöhnt. Trotzdem können wir die Mode nicht entbehren. Eine Besserung läßt sich nicht herbeiführen durch Phantasieen unpraktischer Theoretiker, die eine Kleidung ersinnen wollen, sie entsteht allein durch die Zeit. Aber man kann dafür sorgen, daß in den Köpfen ein Begriff vom Bau des menschlichen Körpers aufgehe, das Schönheitsgefühl Fuß fasse und der Wunsch entstehe, sich auch in der Kleidung den schönen Körper zu bewahren. Deshalb bürgert sich auch vorläufig so wenig von den „Normaltrachten" ein, die eine Art von Kleidervolapük einführen möchten.

Notwendig ist es allerdings, einen Grundgedanken hier festzuhalten. Ich deute auf die Kleidung, wie ich sie in Aufsatz 15 besprach, auf die Kleidung, die durch die Schultern gehalten wird, und höchstens im Notfall einen Stütz= punkt sucht auf den Hüften. Bei normalen jungen Mädchen wird freilich meist gar keiner zu finden sein. Der Grundriß der weiblichen Kleidung war von jeher der Art: ein faltiges Gewand, das durch einen Gürtel lose zusammen= gehalten wurde. Durch praktische Anforderungen aller Art entstand daraus allmählich jene Trennung in Rock und Taille, die schließlich zu der sinnlosen Zerlegung des Körpers in zwei Hälften geführt hat, die eher wie eine Karikatur des Körpers, als wie eine Umschreibung durch die Kleidung aussieht.

So unpraktisch ist nun das Gewand auch für die moderne Frau eben nicht. Es läßt sich besonders für das Haus- und Gesellschaftskleid aufs an= mutigste verwerten, selbst ganz in den Grenzen unserer Mode, natürlich nur für Leute und von Leuten, deren Begriffe sich nicht aus Vorurteil, sondern aus wirklichem Gefühl für Schönheit ableiten. Wir kämen also im Wesen auf das natürliche, das Gewand, zurück und würden da, wo es sich um eine Trennung von Rock und Taille handelt, durch Verbindung der beiden etwas herstellen, was den Grundbegriff wieder vom Gewand nimmt. Ganz unvereinbar damit ist allerdings die Unsitte, sich drei, vier, fünf und sechs Röcke auf den Leib zu binden, wodurch einmal eine unnütze Schwere der sich auf den Hüften auf= legenden Kleidung entsteht, zum andern die Breite der letzteren zum Nachteil vermehrt wird. Der einzige Zweck dieser Sitte könnte der sein, genügenden Schutz gegen Kälte zu geben. Doch geschähe das zweckmäßiger durch genügend dicke, einheitliche Unterkleidung, wie die Kombinations. Dem ästhetischen Moment würde besser Rechnung getragen durch einen einzigen Ueberrock aus starkem Stoff, der dann allein dazu diente, das äußere Gewandmotiv zu bilden, und zum höchsten einen Unterrock. Dies in ganz kurzen Umrissen das Aller= wichtigste vom Wichtigsten über die Frauenkleidung. Möge es bald besser werden als es ist — leise Anzeichen dafür sind zu spüren. Möge vor allem einmal das alte törichte Wort des Selbstbetrugs verstummen: „Ja, Sie haben ganz recht, es ist abscheulich, wie jene Damen sich schnüren — aber ich selbst, mein Korset ist ganz lose." Man hört es vorläufig noch immer wieder, auch wo die eigene Figur zur Evidenz beweist, daß der Körper längst seine Form durch Schnüren verloren hat.

Im übrigen freue man sich ruhig über die Mode und ihre Späßchen und mache sie in Gottesnamen mit, wenn man's nicht lassen will. Sie bietet dem einigermaßen sorgsam Auswählenden auch wirklich immer noch eine Fülle selbst des Geschmackvollen und hat besonders in den letzten zehn Jahren so viel Farbenfeinheit ins Land gebracht, daß es ungerecht wäre, immer wieder hochmütig über sie den Stab zu brechen.

Bei der Herrenkleidung wäre, abgesehen vom Schuh, weniger auszusetzen, — wenn der Zeitgeist, gegen den wir doch nicht „an" können, unsere Tracht einmal asketisch haben, und uns hinsichtlich des von Vischer und andern vergeblich verspotteten großen Röhrensystems von den Hosen bis zum Zylinder in seinem Banne behalten will. Nur für eines wäre es wirklich Zeit zur Verdrängung durch etwas Besseres: für unsre gestärkten Kragen und Manschetten. Nachdem man so weit gekommen, daß man das Hemd selbst nicht mehr wie ein Brett stärken läßt, sondern es weich trägt, sollte man auch mit dem pappenähnlichen Kragen brechen. Nicht etwa um Jägersche Normalwäsche einzuführen, die nichts weniger als schön ist. Es wäre sehr schade, wenn das reine Weiß unsrer Wäsche fiele. Man setze aber etwas an die Stelle, was dem Begriff „Wäsche" entspricht, während eine solche, die dem Kartonpapier am ähnlichsten sieht, allen hier aufgestellten Grundsätzen Hohn spricht. Ein einzelner kann schwer Mode machen, da es nicht jedermanns Geschmack ist, in der Kleidung aufzufallen. Aber jene Zentren, in denen Mode gemacht wird, sollten sich einmal zur Aufgabe stellen, Kragen und Manschetten einzuführen, wie wir sie so schön im siebzehnten und achtzehnten Jahrhundert sehen. Die waren Wäsche und waren zugleich eine Zierde.

Noch eins läßt sich beim Thema Kleider anfügen: der Schmuck. „Schmuck ist selten ein Schmuck." Viele Leute gehen beim Schmuck von einem Gedanken aus, der etwa diesem entspricht: je mehr man von einer Medizin trinkt, um so gesünder muß man werden. Ich meine, man kann Schmuck überhaupt nur betrachten wie die letzte, feinste Vollendung eines Bildes, wie eine Art Glanzlicht, das man hineinsetzt. Mag es auch Fälle geben, in denen einmal viele Glanzlichter am Platze sind, so ist es doch viel notwendiger darauf hinzuweisen, daß man im allgemeinen gar nicht sparsam genug mit Schmuck umgehen kann. Es gibt manchen fürstlichen Hausschmuck, der nach seiner Kostbarkeit berühmt geworden ist und doch, wie wenig Kunst ist meist darin! Es ist ein so offenbarer Trugschluß, daß, wenn man Steine und Perlen von höchstem Wert, deren jeder einzelne als Material entzücken kann, zu Dutzenden aneinanderfügt, daß dann auch wirklich etwas künstlerisch Wertvolles erzeugt werde. In der That wetteifert bei den meisten Diademen die Kostbarkeit mit ihrer Plumpheit.

Beim Schmuck ist es das einzig richtige Prinzip, ihn nach dem Körperteil oder der Kleidung, auf die er kommen soll, zu gestalten. Ich meine das so: setzt sich jemand hin und versucht, irgend welchen anmutigen Formideen Gestalt zu geben, und fragt sich dann, wenn es entstanden ist, erst: wozu soll ich das verwenden, — so schlägt er damit einen Weg ein, der unmöglich zu etwas gutem führen kann. Sollte z. B. ein Halsschmuck wirklich künstlerisch gestaltet werden, so müßte man sich zuerst den Hals in seinen anatomischen Beziehungen denken oder als Modell nehmen. Dann fragte man sich: wie kann ich ihn in seiner Eigenschaft als organisches Gebilde ausschmücken? Dabei kommt

1. Juliheft 1899

es vielmehr auf die Verteilung, die große Form an, als auf die einzelne Schmuckform, die erst auf deduktivem Wege entstehen, also erst als Teil vom Ganzen aus diesem Ganzen abgeleitet werden kann. Gewöhnlich macht man's umgekehrt. Gerade Schmuck ist ein Prüfstein für einen feinen künstlerischen Takt. Am rechten Ort, wohl abgewogen, schön in der Form kann Schmuck eine wirkliche Bereicherung bedeuten. So wie man ihn heute meist verwendet, bezeugt er nur Barbarismus.

So viel für heute über Kleider und Schmuck, von denen der Kunstwart ja noch öfters sprechen wird.

Paul Schulze-Naumburg.

Justis „Velazquez"
als Kompendium praktischer Aesthetik. 3.
Realismus.

Ueber den Realismus, dieses System, welches stets die Wirkung gehabt, Eigentümlichkeiten zu befreien, weil es auf die wahre Quelle, die nächstliegende Natur hinweist und das Talent auf eigene Füße stellt (I, 5), wird natürlich auch in dem Dialog (95 fg.) eifrig verhandelt. Sehen die Schulen heutigen Tages, äußert der Alte, nicht aus wie Sekten der Ketzer? Statt der Einheit der alten Zeit, die der Einheit des Glaubens glich, schlägt jeglicher seinen eigenen Weg ein, wie die Füchse des Simson u. s. w. Ein schöner Pfad zur Unsterblichkeit! Nicht nur das Schöne verachten sie, es scheint ihre Hauptsorge, Häßlichkeit und Wildheit und blöde Dummheit zu verkünsteln! Wie eine Sage klingt es, was ehedem von der Kunst gesagt wurde: ein Mittel und Werkzeug sei sie zum höherem Flug.

Solchen Angriffen gegenüber macht Justi darauf aufmerksam, daß schon damals der sonst ganz idealistisch gesinnte Pacheco in seiner Arte de la Pintura sagt: Ich halte mich an die Natur für Alles und wenn ich sie für jeden Teil und ununterbrochen vor Augen haben könnte, um so besser würde es sein (I, 115).

Wie aber findet sich Justi mit dem Häßlichen ab, das sich unvermeidlicherweise im Gefolge des Realismus einstellt? Wo die Kunstformen eines Zeitalters, sagt er (II, 361), sich ausgelebt und verbraucht haben, da treten umstürzende Bewegungen auf, die mit der Ueberlieferung aufräumen. Dann sieht man sich der unendlichen Natur ohne Medium gegenüber, und das Häßliche, die vielgestalte Welt der menschlichen Tierheit, das Chaos der Affekte tritt, unter dem Einflusse des Widerspruchsgeistes, vor die Lichter der Bühne. So lebendig es dabei hergehen mag, so sind diese Dinge doch an sich noch kein neues Lebenselement der Kunst, aber sie haben ihre Bedeutung als Ingredienzen; Häßlichkeit z. B. als Bestandteil des komischen und humoristischen Fachs. Häßlichkeit, dieser Augenschmerz, kann an sich kein Gegenstand schöner Kunst sein. Auch Charakteristik ist nicht die vornehmste Aufgabe des Malers, sie allein, selbst wenn man Sprache der Leidenschaft und Lebhaftigkeit der Erzählung hinzunimmt, würde nur erst einen guten Illustrator machen, und Dilettanten hatten in diesen Stücken oft mehr Glück als große Künstler.

Kunstwart

Nachdem so Stellung genommen, sowohl gegenüber den Idealisten wie gegenüber den Impressionisten, ist die Bahn für eine Würdigung der ganz eigenartigen und dabei durch und durch echten, d. h. allgemeingültigen Kunst des Velazquez geebnet. Von ihm heißt es: Oft zog ihn das schwer Faßbare und Darstellbare an, was aber zugleich das Nächste und Alltäglichste war, wie das allverbreitete Tageslicht: er hat Aufgaben sich gestellt, auf die man erst in der neuesten Zeit wieder gekommen ist. Richtig ist freilich, daß dafür auch wenige so enthaltsam gewesen sind im Gebrauch der Phantasie, die Gelegenheit, Schönheit zu verewigen, so wenig benutzt haben, wenige auch für das Verlangen der menschlichen Natur nach jenem Nichtseienden, das uns für die Wirklichkeit tröstet, so wenig gesorgt haben (I, 7). Ihm fehlte das Organ für das Allgemeine und folglich das Bedürfnis, ihm Gestalt zu geben; den Menschen, diesen höchsten Gegenstand der bildenden Kunst, kannte er nur als Einzelwesen, das Individuum war ihm die „erste Substanz" (II, 3). Wenige gibt es, welche die Unterstützung durch das Stoffliche, die Ideenassoziation so wenig benötigen, obwohl er so viele Gedankenverbindungen anregt (II, 5).

Wenn er weniger als alle Anderen in die Dinge hineinlegte, so zog er dafür mehr als Alle aus ihnen heraus. Niemand hat wie er mit Dürers Grundsatz Ernst gemacht, daß „wahrhaft die Kunst in der Natur steckt; wer sie heraus kann reißen, der hat sie". Darauf beruht ihr Rang (I, 8). In den „Meninas" erblickte Mengs „den Beweis, daß die vollendete Nachahmung der Natur etwas ist, das alle Arten von Betrachtern in gleicher Weise befriedigt", und Justi fügt hinzu (II, 316): Wahrlich, wohl nie ist jenes Dogma des Leonardo da Vinci, daß der Rilievo „die Seele der Malerei" sei, daß in dem Schein des Erhabenen, von der Fläche losgelösten Körpers „die Schönheit und das erste Wunder" dieser Kunst liege, mit soviel Ueberzeugung verstanden, mit solcher Macht des Könnens befolgt und durch die Bewunderung der Künstler und Laien in seiner Richtigkeit bewährt worden, wie in diesem Bilde.

Velazquez' kühles und doch feinfühliges Wesen, sein einfacher, redlicher, wahrhaftiger Charakter, wies ihn auf das Bildnisfach, das, mehr nach dem beobachtenden, nachahmenden Pol der Kunst, als nach dem schaffenden gravitiert; störende Einmischungen der Phantasie, dieses oft zu stark brechenden Mediums, hatte er nicht zu besorgen (II, 3). Freilich hatte er auch, würden die Frauen sagen, ein unglückliches Auge für absonderliche Spiele der plastischen Natur, die ihn mehr interessierten als das Geheimnis der Harmonie in der Schönheit (I, 315).

Seine Portraits, Landschaften, Jagdstücke und alles was er gemacht hat, kann als Vergleichungspunkt gebraucht werden, an dem man die Grade oder Reste konventioneller Schlacke in andern abmißt. Das Medium, durch welches er die Natur sah, verschlang, um ein physikalisches Bild zu gebrauchen, weniger Farbenelemente als das andere. Wie neben dem elektrischen Licht auch sonst weiß erscheinende Flammen farbig aussehen, so verlieren neben den seinigen die Werke der Naturalisten; neben Velazquez erscheint Tizians Kolorit konventionell, Rembrandt phantastisch und Rubens mit einer Dosis manirierter Unnatur behaftet (I, 8). Die Details seiner Werke bestehen vor dem Auge des Anatomen wie des Sportsmanns und des Schusters (I, 10). Aus einem Urteil des Velazquez über Tintoretto geht hervor, wie er vor allem die Darstellungskraft schätzt und die Interpretation des Gegenstandes, die dem Laien eins und alles ist, gar nicht bemerkt (I, 276).

1. Juliheft 1899

So kann denn auch von einem Küchenstück seiner Hand gesagt werden
(I, 133 fg.): Wohl noch nie bis dahin hatte ein Spanier sich zu einem so an=
spruchslosen Gegenstande herabgelassen ... Aber: da ist keine präparierte
Beleuchtung (das Feuer hätte die schönste Gelegenheit geboten), nichts vom
Hautgoût raffinierter Gemeinheit und Unsauberkeit, nichts von geschäftsmäßigen
Modellen oder malerischen Atelier= und Kostümfiguren, nichts von Herablassung:
bloß Ehrlichkeit. Es ist ein Stückchen Wirklichkeit, das aber einen Kreis
von Eindrücken, Erinnerungen an Land und Leute ausstrahlt ... Bei aller
Niedrigkeit der Sphäre ein sehr bestimmter Geschmack — in dem Kreis der
Modelle, in dem recht haushälterischen Inventar der „toten Natur", in der
Geringschätzung wohlfeiler Effekte, endlich in dem Bedürfnis, diese anspruchs=
losen Studien durch gewisse Motive der Anordnung, Verkürzung und des Hell=
dunkels auf den Rang eines Kunstwerks zu erheben. Nichts Rohes, Impro=
visiertes ist je von seiner Hand gekommen.

Velazquez gehört nicht zu der Klasse Realisten, welche auch die Ueber=
lieferungen der alten Schulen in der Kunst der Komposition zum alten Plunder
werfen (II, 332). Er hat sich gewiß auch nicht als Parteihaupt gefühlt, nach
Art der Modernen, die Rembrandts „Anatomie" nicht bewundern können, ohne
einen Seitenblick auf Raffaels „Philosophie" zu werfen. Er vertrat nur seine
persönliche Art, neben der er auch vielen anderen Platz gönnte (I, 234).

Kunstgeschichtliches.

Hier ist der Ort, auf die sehr beherzigenswerten Aeußerungen Justis
über die Behandlung gewisser kunstgeschichtlicher Fragen in Kürze einzugehen.
Eine Biographie, sagt er, ist keine chronologische Tabelle (II, 343). — Das
Bedürfnis, sich über die äußeren Lebensumstände eines Künstlers zu unter=
richten, beruht auf einem einfachen psychologischen Gesetz, hat aber an sich gar
nichts zu thun mit der wissenschaftlichen Absicht (durch die man solche Ab=
schweifungen zu rechtfertigen sucht), den Menschen und sein Werk nach Zeit=
begriffen und dem ursächlichen Zusammenhang zu erklären. Das wissen=
schaftliche und das assoziative Interesse stehen sogar oft in umgekehrtem Ver=
hältnis. Je größer ein Mensch gewesen, je weiter die Verbreitungskreise sind,
welche das letztere Interesse um ihn beschreibt, desto weniger ist er ein Produkt
seiner Umgebung (I, 22 fg.). Studien nach großen Meistern, Berührungen mit
großen Meistern versetzen in der That den wahren Künstler in jenes Spiel
von Beziehungen und Abstoßungen, wo im Kampf gegen deren mächtigen Ein=
fluß (durch den die Nachahmer alles sind, was sie sind) die Eigenart zum
Dasein entbunden wird. Aber daß x eines Künstlercharakters läßt sich nicht
durch Aufstellung einer Gleichung begreifen, deren Wert aus einem halben
Dutzend Namen der Vergangenheit besteht. Heute ist der Eklektizismus mög=
lichst diskreditiert; aber die Theorie der Einflüsse ist um so beliebter, denn
der mechanische Geist kann sich das Wesen des Genies nur analog der Funktions=
weise seines eigenen Kopfes vorstellen (I, 412).

Gewiß ist die Hauptaufgabe auch der Kunstgeschichte, den ursächlichen
Zusammenhang der Erscheinungen festzustellen; aber man sollte nicht vergessen,
daß es äußere und innere, einzelne und allgemeine Ursachen gibt. Aehnlichkeit,
ja Gleichheit des Stils und der Mache, oder gar bloß des Geschmacks und der
Gegenstände aufzeigen, heißt noch nicht, den Nachweis eines Zusammenhanges,
einer Anhänglichkeit erbringen. . . Jedes Zeitalter vermacht dem folgenden
ein Erbe latenter Kräfte, fortbildungsbedürftiger Formen, beunruhigender

Fragen. Deshalb ist die Unähnlichkeit von Künstlern zweier Menschenalter an demselben Ort bei engem Zusammenhang (oft) erheblich größer, als der Unterschied gleichzeitiger an verschiedenen Orten bei völliger Unbekanntschaft. So hat man in Velazquez' Werken Anklänge an Niederländer und Italiener gefunden; aber noch nie ist ein Sanchez, Coello, Greco, Roelas und Herrera mit Velazquez verwechselt worden, der unter ihren Werken aufwuchs. Diese Bedeutung der Zeit bemerkt man ebenso bei der Masse wie bei den her- vorragenden Geistern, nur daß jene ihr unterliegt, diese sie schaffen und be- herrschen. Diese Kraft der Initiative ist, was man Genie nennt. Wenn das Genie auch in zeitlicher und örtlicher Umgebung erscheint, es selbst ist kein Produkt der Zeit und Umgebung. Die letztere liefert nur die Elemente, aus denen sich der Charakter aufbaut. Die Abwägung von Anziehung und Abstoßung wird darauf führen, daß bei einem solchen Mann eine gewisse Entschiedenheit der Wahl und der Widerstandskraft vorliegt, die annehmen läßt, daß er auch diejenigen, deren Einwirkung er sich überlassen hat, nur ausgezeichnet hat, eben weil sie mit seiner ursprünglichen Richtung überein- stimmten. Etre maitre, sagt W. Burger, c'est ne ressembler à personne. Man sollte also bei wirklichen Meistern eigentlich an Niemand erinnert werden — statt an Alle. Man wird auch finden, daß die wirklichen Entlehnungen bei einem solchen meist gegenständliche oder nebensächliche Einzelheiten be- treffen. — Je mehr es aber gelingt, einem Meister wirklich nahe zu kommen und ihn durch unermüdliches Fragen zum Sprechen zu bringen, desto strenger erscheint er in seinen Werken, wie in eine eigene Welt eingeschlossen. Jenes Allgemeine von Stamm, Schule und Zeit, das er von Anderen hat, mit Anderen teilt und auf Andere vererbt, ist, um sich scholastisch auszudrücken, wie Justi sagt, nur sein sekundäres Wesen, das Individuelle, Idiosynkrasische, seine erste Substanz. Daher auch die sekundäre Bedeutung der sogenannten Entwicklungsgeschichte (in weiterer Ausführung I, 124 zu lesen).

Man glaubt, der werdende Künstler bedürfe genialischer Lehrer. Die Geschichte zeigt das Gegenteil. Wie wenig glücklich waren oft die großen Männer mit ihren Schülern und Verehrern, wie erfolgreich die langsamen. methodischen und mechanischen Geister (I, 117). Wie Liebe und Freundschaft, beruht auch das Verhältnis von Meister und Jünger neben einem Fond von Gleichartigkeit auf einem Gegensatz. Der starke Jchheit des Genius ist eine überspannte Subjektivität weniger passend, als der mechanische Kopf, die lang- same analytische Natur, welche seinen Drang nach dem Unbekannten an das wohlthätige unentbehrliche Gesetz gewöhnt. Solche vertreten in der Künstler- erziehung das allgemeine Element, welches ebenso wichtig, vielleicht wichtiger ist als das persönliche, die Berührung mit kongenialen Naturen. Zeichnung und Perspektive, Modellierung und Farbentechnik, das Fundament und die Kernmauer der Kunst, überliefert der gründliche Schulmeister, der geübte Experimentierer. Das Genie wird durch pedantische Zucht nicht geknickt und ihm genügen zur Entzündung Funken: eine Zeichnung, ein Kupferstich, wie sie überall hinkommen (118).

Angesichts der Thatsache, daß die Schüler des Velazquez sich kaum von der breiten namenlosen Mittelmäßigkeit ihrer Zeit unterschiedn haben, wendet sich Justi (II, 271) gegen die, welche glauben, das Recht der Künstler auf einen Platz in der Geschichte gründe sich auf den Nachweis ihrer Einflüsse und ansehnliche Deszendenz. Der Wert eines großen Dichters und Künstlers,

1. Juliheft 1899

sagt er, wird um kein Gramm leichter, selbst wenn von seiner Nachfolge nichts Besseres zu sagen wäre, als das römische Heroum filii nequam.

Neben dieser Bedeutung der Künstlerindividualität weiß er auch den Wert der historischen Kunstbetrachtung zu schätzen. Der Reiz der alten Denkmäler, sagt er (I, 10), liegt in der hier niedergelegten besonderen Erscheinung der Menschheit, der geistig-körperlichen, die durch gewisse Verhältnisse von Zeit, Bildung und Rasse bedingt, so wenig wie diese Verhältnisse, je wiederkehren wird. — Die Orientierung in dem Zeitalter eines solchen Mannes muß man freilich suchen, nicht in Geschichtswerken, um banale kulturhistorische Einleitungen zu schreiben, sondern in Tagebüchern, Depeschen und Komödien der Zeit (I, 20); wobei freilich archivalische und dergleichen Studien nur Ruhepausen bilden neben der eigentlichen Arbeit des Studiums der Bilder, der Regeln und der Technik der Kunst (19).   S. S.

Lose Blätter.
Der Wald im Vorfrühling.
Von Wilhelm von Polenz.[*]

Dem Schneefall war bald Tauwetter gefolgt. Die Zeitung meldete vom Steigen der Flüsse und von Wasserfluten, die drunten in der Ebene viel Schaden angerichtet haben sollten. Hier oben merkte man davon nichts; der Wald mit seinem moosigen Grunde sog das Schneewasser in sich ein und speicherte es vorsichtig auf, recht wie ein kluger Hausvater, der in Zeiten des Ueberflusses an magere Tage denkt, um später, wenn die Ebene in Sommerdürre lechzt, von seinem Vorrate abgeben zu können.

Noch lag an schattigen Stellen in Abgründen und Schluchten der Schnee, aber am Waldesrande nach Süden zu, wo die Sonne anprallte, befreite sich schon junges Leben.

Die Anemonen gucken hervor. Ihre Pracht ist vergänglich wie Kindesschönheit; milchzart sind sie, im Blühen schon welkend, man würde sie gänzlich übersehen, wenn ihrer nicht so viele bei einander stünden. Ihre Geschwister, die Himmelsschlüssel, halten noch zurück. Die Grashalme dagegen beginnen sich zu recken, jeder für sich, als wäre er was Rechtes. Es ist ein Leben und Streben des kleinen Volkes. Die Bäume sind noch tot oder scheinen wenigstens so; sie wollen sich die Maskerade zu ihren Füßen eine Weile mit ansehn, ihre Zeit kommt später. Erhaben blicken die hohen Fichten drein, sie haben den Rummel nun schon manch liebes Jahr gesehen; auf den Winter muß Frühjahr folgen, sie wissen es ganz genau, wozu sich so beeilen! — Die Salweide ist allen voraus auf dem Plane mit honiggelben und silbergrauen Kätzchen. Sie nimmt die Zeit wahr. Jetzt ist sie noch die Vielgesehene, die Allbewunderte; später, wenn sich aus ihrem Schmucke erst die unscheinbaren Blätter entwickelt haben werden, dann wird sie zum Aschenbrödel unter den schöneren Geschwistern. Auch mit der Birke geht etwas vor. Wie ein Schleier liegt es über ihrer jungfräulichen Gestalt. Ueberzart, spröde, nachsichtig, ein wenig ge-

---

[*] Aus der neuen Polenzschen Novelle „Wald". Vgl. die Besprechung von Bartels im heutigen Hefte unter „Neue Gesamtwerke, Romane und Novellen".

bückt steht der weiße Stamm, gekrönt von dem lila schimmernden Rutengewirr des Wipfels. Sie scheint selbst nicht zu wissen, wo das hinaus will: diese tausend schwellenden Triebe zum Aufbrechen bereit. Bald wird auch sie in Blüte stehen, hell leuchtend, lieblich und keusch mitten im Ernste des Schwarzholzes, wie ein Mädchen, das sich unter Männer verirrt hat.

Der Wald wartet, der treue Wald! Der Lenzeshauch, der jetzt mit seinen Wimpfeln spielt, schmeichelt ihm nur; ganz anders hat der Wintersturm zu ihm gesprochen. Da ging es ums Leben. Wer da nicht stark war in Kern, Splint und Wurzelwerk, der lag, ehe er sichs versehen, zerschmettert am Boden.

Noch wirbelt eine Menge alten Laubes umher, friedlos, rastlos, jedem Windstoße preisgegeben — landstreichendes Volk ohne Heimat.

Krähen stolzieren auf der nassen Wiese. Der Hase geht seinem verliebten Treiben im Unterholze nach, wo so leicht kein Auge hindringt. Die ersten Sänger üben schüchtern ihre Kehlen. Es ist Vorfrühling. Alles noch jugendlich schülerhaft, nur so versuchsweise. Das Große soll erst noch kommen, das fühlen auch diese Kleinen.

Ueber den Bergen liegt ein Dunst, milchweiß ist der Himmel, die Erde buntscheckig, braun der Sturzacker, gelbgrau Stoppel und Brache, dazwischen hie und da eine saftgrüne Wintersaat. Dieses Grün, so prächtig leuchtend unter all den alten, toten, schmutzigen, bleichsüchtigen Tönen. Wie sichs das so hat unter der Schneedecke entwickeln können! — Man kann auch leben in Kälte und Finsternis, abgeschlossen von allem Licht, aller Freiheit, fern aller Wärme, unter eisiger Decke.

Einmal muß der Schnee ja doch schmelzen, einmal wird die Saat den blauen Himmel über sich lachen sehen, einmal muß es doch Frühling werden . . .

Von der inneren Schönheit.
Von Maurice Maeterlinck.

Vorbemerkung. Das folgende Stück bildet den Abschluß von Maeterlincks Buch „Der Schatz der Armen", dessen autorisierte Uebersetzung (von Friedrich von Oppeln-Bronikowski) kürzlich in künstlerisch sehr wertvoller Ausstattung bei Eugen Diederichs in Leipzig erschienen ist. Maeterlinck hat so viele Bewunderer in Deutschland, und sein Einfluß auch auf unser jüngstes Schrifttum ist so groß, daß auch unsre Losen Blätter ihn nicht übergehen dürfen. Wir bekennen aber, daß wir auch in den Gaben des „mystischen Philosophen" Maeterlinck nur den Dichter Maeterlinck sehen können; Stücke, wie das folgende, sind uns nicht Gedanken- sondern Stimmungsgeschenke, die wir als solche mit freudiger Versenkung genießen, aber nicht auf ihren Wert an begrifflich faßbaren Erkenntnissen prüfen mögen. Uebrigens ist eben ein neues Buch von Maeterlinck, „Weisheit und Schicksal", auch in deutscher Uebersetzung schon erschienen, das den Denker im Dichter auf wesentlich anderem Boden zeigt, als der „Schatz der Armen". Wir kommen wohl auch darauf zurück.

•

Es gibt nichts auf Erden, das nach Schönheit begieriger wäre und sich leichter verschönte, als eine Seele. Es gibt nichts auf Erden, das sich natürlicher erhöbe und unbedingter veredelte. Es gibt nichts auf Erden, das gewissenhafter den reinen und edlen Befehlen gehorchte, die ihm zu teil werden. Es gibt nichts auf Erden, das sich gelehriger der Herrschaft eines Gedankens

1. Juliheft 1899

unterzöge, der höher ist als andere. Auch widerstehen sehr wenige Seelen auf
Erden der Herrschaft einer Seele, die sich schön werden läßt.

Man könnte in der That sagen, daß die Schönheit die einzige Nahrung
unsrer Seele ist; sie sucht allerorten, und selbst im niedrigsten Leben stirbt sie
nicht Hungers. Das heißt, es gibt keine Schönheit, die völlig unbemerkt vor=
überginge. Möglich, daß sie immer nur unbewußt vorübergeht, aber sie handelt
bei Nacht ebenso machtvoll, wie am hellen Tage. Dort veranlaßt sie eine minder
faßliche Freude, und das ist der einzige Unterschied. Man prüfe die gewöhn=
lichsten Menschen, wenn ein Hauch von Schönheit ihre Finsternis streift. Sie
sind da beisammen, gleichgiltig, wo; und wenn sie sich vereinigt finden, ohne
daß man wüßte, warum, so scheint ihre erste Sorge zu sein, zuvörderst die
großen Thore des Lebens zu schließen. Und doch hat jeder von ihnen, so lange
er allein war, mehr als Einmal seiner Seele gemäß gelebt. Er hat vielleicht
geliebt und ohne Zweifel gelitten. Auch hat er unvermeidlich die „Klänge des
fernen Landes voller Glanz und Schrecken" vernommen und manchen Abend
stillschweigend zu Gesetzen hingeneigt, die tiefer sind als das Meer. Aber
wenn sie beisammen sind, lieben sie, sich an niedren Dingen zu berauschen.
Sie haben, ich weiß nicht welche seltsame Furcht vor der Schönheit; und je
zahlreicher sie sind, desto mehr Furcht haben sie davor, wie sie vor dem
Schweigen oder einer zu reinen Wahrheit Furcht haben. Und das ist so wahr,
daß, wenn es geschähe, daß einer von ihnen am Tage etwas heldisches gethan
hätte, er versuchen würde, es zu entschuldigen, indem er seiner That elende
Beweggründe unterschiebt, Beweggründe, die er der niedrigen Sphäre entnehmen
würde, wo sie beisammen sind. Man höre indessen zu: Ein hohes und stolzes
Wort ist gesprochen worden und hat gleichsam die Quellen des Lebens auf=
gedeckt. Eine Seele hat gewagt, sich für einen Augenblick so zu zeigen, wie
sie in der Liebe, im Schmerze, vor dem Tode, oder in der Einsamkeit in Gegen=
wart der nächtlichen Gestirne ist. Sogleich gibt es Unruhe, die Gesichter blicken
erstaunt oder lächeln. Aber empfandest du in diesen Augenblicken nicht, mit
welch einmütiger Kraft alle Seelen bewundern und auch die schwächste in der
Tiefe ihres Kerkers in unaussprechlicher Weise das Wort billigt, das sie als
ihresgleichen erkannte. Sie leben plötzlich in ihrer ursprünglichen und ihnen
angemessenen Atmosphäre auf; und wenn du die Ohren von Engeln hättest,
hörtest du, deß bin ich sicher, allmächtigen Beifall im Reiche des wundervollen
Lichtes, wo sie unter sich leben. Glaubt man nicht, daß wenn ein entsprechendes
Wort allabendlich fiele, die furchtsameren Seelen mehr Mut faßten und die
Menschheit wahrhaftig erleben würde? Es braucht nicht einmal ein entsprechen=
des Wort wiederzukehren. Etwas tiefes hat stattgehabt und wird sehr tiefe
Spuren zurücklassen. Die Seele, die dieses Wort ausgesprochen hat, wird von
ihren Schwestern jeden Abend wieder erkannt werden; und ihre bloße Gegen=
wart wird von nun an in die gleichgiltigsten Vorschläge etwas erhabenes
hineinlegen. Auf alle Fälle hat eine Veränderung stattgehabt, die man nicht
näher bestimmen kann. Die minderwertigen Dinge haben nicht mehr die
gleiche, ausschließliche Gewalt, und die erschrockenen Seelen wissen, daß es
irgendwo eine Zuflucht gibt ... Sicherlich sind die natürlichen, ursprünglichen
Beziehungen von Seele zu Seele Beziehungen der Schönheit. Schönheit ist die
einzige Sprache unsrer Seelen. Sie verstehen keine andre. Sie haben kein
andres Leben; sie können nichts andres hervorbringen und an nichts andrem
Anteil nehmen. Und darum zollt jedem Gedanken, jedem Wort, jeder That,
die groß und schön ist, auch die bedrückteste und niedrigste Seele Beifall, —

wenn es erlaubt ist, zu sagen, daß es niedrige Seelen gibt. Sie hat kein Organ, das sie einem andren Elemente verknüpfte, und kann auch nur nach Schönheit urteilen. Das sieht man täglich in seinem Leben; auch wer die Schönheit mehr als Einmal verleugnet hat, weiß es, ebenso gut wie Der, welcher sie unaufhörlich in seinem Herzen sucht. Wenn du eines Tages das tiefe Bedürfnis nach einem andren Wesen hast, wirst du dann zu Dem gehen, der mit erbärmlichem Lächeln lächelte, als die Schönheit vorbeiging? Wirst du zu Dem gehen, der eine große That oder eine sehr reine Bestrebung mit Kopfschütteln besudelt hat? Vielleicht gehörtest du zu Denen, die es billigten; aber in diesem ernsten Augenblicke, wo die Wahrheit an deine Thür klopft, wirst du dich jenem Andern zuwenden, der sich zu beugen und zu lieben gewußt. Deine Seele hatte in ihren Tiefen geurteilt, und dieses schweigsame und untrügliche Urteil taucht vielleicht nach dreißig Jahren an der Oberfläche auf und führt dich einer Schwester zu, die mehr du selbst bist, als dein ganzes Ich, da sie der Schönheit näher stand.

So wenig ist nötig, um die Schönheit in einer Seele zu ermutigen, so wenig, um die eingeschlafenen Engel aufzuwecken. Man braucht vielleicht nicht einmal aufzuwecken, es genügt einfach, nicht einzuschläfern. Vielleicht ist es nicht das Aufsteigen, sondern das Absteigen, was Kräfte erfordert. Bedarf es nicht einer Anstrengung, um angesichts des Meeres oder der Nacht an mittelmäßige Dinge zu denken? Und welche Seele weiß sich nicht Tag für Tag am Meere oder in Gegenwart einer ewigen Nacht? Wenn wir die Schönheit minder fürchteten, so gelangten wir dahin, nichts andres mehr im Leben zu finden. Denn in Wirklichkeit ist unter allem Sichtbaren nur dies vorhanden. Alle Seelen wissen das und sind bereit; aber wo sind Die, welche ihre Schönheit nicht verbergen? Und doch bedarf es nur einer von ihnen, die „den Anfang macht". Warum nicht wagen, du zu sein, die „den Anfang macht"? Denn alle andern sind da, begierig rings umher, wie kleine Kinder vor einem Zauberschlosse. Sie drängen sich auf der Schwelle, sie flüstern und blicken durch die Ritzen, aber sie wagen nicht, die Thür aufzustoßen. Sie warten, bis ein Großer kommt, zu öffnen. Aber der Große kommt fast nie vorbei ...

Und was wäre gleichwohl nötig, um der Große zu werden, den man erhofft? Fast nichts. Die Seelen sind nicht anspruchsvoll. Ein nahezu schöner Gedanke, den du nicht aussprichst, und den du in diesem Augenblicke nährst, erleuchtet dich wie ein durchscheinendes Gefäß. Sie sehen es und werden dich auf ganz andre Weise aufnehmen, als wenn du daran dächtest, deinen Bruder zu täuschen. Man erstaunt, wenn uns gewisse Menschen sagen, sie hätten noch keine wahre Häßlichkeit angetroffen und wüßten noch nicht, was eine niedrige Seele ist. Aber das ist nicht erstaunlich. Sie hatten „den Anfang gemacht". Weil sie selbst zuerst schön waren, lockten sie jede Schönheit an sich, wie der Leuchtturm die Schiffe von allen vier Himmelsrichtungen auf sich zieht. Es gibt solche, die sich zum Beispiel über die Weiber beklagen und nicht bedenken, daß bei der ersten Begegnung mit einem Weibe Ein einziges Wort genügt, Ein Gedanke, der die Schönheit und Tiefe verneint, um für ewig ihr Dasein in seiner Seele zu vergiften. „Was mich betrifft", sagte mir ein Weiser, „so habe ich kein einziges Weib gekannt, das mir nicht etwas großes gebracht hätte". Er war zuerst groß, das war sein Geheimnis. Es gibt nur Ein Ding, das die Seele nicht verzeiht, das ist, gezwungen gewesen zu sein, eine Haltung, ein Wort oder einen Gedanken schlechter Art mitanzusehen, zu berühren oder zu teilen. Sie kann es nicht verzeihen, denn hier verzeihen, hieße sich selbst verneinen. Und doch heißt für die meisten Menschen genial, stark und geschickt sein soviel wie: vor allem seine Seele von seinem Leben fernhalten und sorgfältig alle zu tiefen Strebungen brachlegen. Sie handeln derart bis in die Liebe hinein, und darum hat auch das Weib, das der Wahrheit noch näher steht, fast nie einen Augenblick wahrhaften Lebens mit ihnen. Man könnte sagen, daß sie Furcht haben, ihrer Seele wieder zu begegnen, und daß sie sich Mühe geben, um tausend Meilen unter ihrer Schönheit zurückzubleiben. Und im Gegenteil müßte man doch über sich hinausgehen. Denke oder sprich in diesem Augenblick Dinge, die zu schön sind, um in dir wahr zu sein; morgen schon werden sie wahr sein, wenn du versucht hast, sie heute Abend zu denken oder zu sagen. Versuchen wir nur, schöner als wir selbst zu sein; wir werden unsre Seele nicht überflügeln. Man täuscht sich nicht, wenn es sich um schweigsame und verborgene Schönheit handelt. Ueberdies ist es von dem Augenblick an, wo die innere Quelle ganz klar rinnt, ziemlich gleichgültig, ob ein Wesen sich täuscht oder nicht. Aber wer denkt auch nur daran, die geringste Anstrengung zu machen, die man nicht sieht! Und dennoch befinden wir uns hier in einem Bereiche, wo alles von Wirkung ist, weil alles wartet. Alle Thore sind geöffnet — man braucht sie nur aufzustoßen — und das Schloß ist voll von gefesselten Königinnen. Oft genug reicht ein einziges Wort hin, um Berge von Kehricht fortzufegen. Warum nicht den Mut haben, einer niedrigen Frage eine edle Antwort entgegenzusetzen? Glaubt man, sie ginge völlig unbemerkt vorüber und weckte nur Staunen? Glaubt man nicht, dies näherte uns mehr der natürlichen Zwiesprache zweier Seelen? Man weiß nicht, was es ist, das dies ermutigt oder befreit. Selbst, wer diese Antwort zurückweist, macht wider Willen einen Schritt auf seine eigne Schönheit zu. Etwas Schönes stirbt nicht, ohne etwas geläutert zu haben. Es gibt keine Schönheit, die sich verlöre. Man muß sich nicht fürchten, die Straßen damit zu besäen. Sie werden dort Wochen und Jahre lang liegen bleiben, aber sie werden sich ebensowenig auflösen, wie ein Diamant, und endlich wird einer vorübergehen; der sie glitzern sieht, aufhebt und dann beglückt von dannen geht. Warum in dir selbst ein schönes und hohes Wort zurückhalten, weil du glaubst, die andern möchten dich nicht begreifen? Warum einen Augenblick höherer Güte im Entstehen aufhalten, weil du glaubst, daß Die, welche dich umgeben, keinen Nutzen daraus ziehen möchten? Warum eine unwillkürliche Bewegung deiner Seele nach den Höhen unterdrücken, weil du unter Leuten des Thales bist? Verliert denn ein tiefes Wort in der Finsternis seine Kraft? Hat ein Blinder keine andren Mittel als die Augen, um Die, welche ihn lieben, von Denen zu unterscheiden, welche ihn nicht lieben? Braucht die Schönheit verstanden zu werden, um zu bestehen; und glaubt man nicht vielmehr, daß es in jedermann etwas gibt, das weit mehr begreift, als was er dem Anscheine nach begreift, weil mehr, als was es zu verstehen meint? „Selbst den Elendesten", sagte mir eines Tages das höchste Wesen, das ich kennen zu lernen das Glück hatte, „selbst den Elendesten gegenüber habe ich nie den Mut besessen, etwas Häßliches oder mittelmäßiges zu antworten". Und ich habe gesehen, daß dieses Wesen, das ich lange im Leben verfolgt habe, eine unerklärliche Macht über die düstersten, verschlossensten, blindesten und aufrührerischesten Seelen hatte. Denn kein Mund nennt die Macht einer Seele, die sich bestrebt, in einem Dunstkreise von Schönheit zu leben und thätig schön in sich zu sein. Und ist es nicht auch die Eigenschaft dieser Thätigkeit, die das Leben erbärmlich oder göttlich macht?

Könnte man den Dingen auf den Grund gehen, — wer weiß, ob man da nicht entdecken könnte, daß diese Macht einiger schöner Seelen die andern am Leben erhält. Ist nicht die Vorstellung, die jeder sich von einigen erwählten Wesen macht, die einzige lebendige und wirksame Moral? Aber welches ist in dieser Vorstellung die Rolle der erwählten Seele und die desjenigen, der sie erwählt? Vermischt sich das nicht sehr geheimnisvoll, und berührt diese Moral der Vorbilder nicht Tiefen, welche die Moral auch der schönsten Bücher nie wird streifen können. Es gibt da eine Beeinflußung von einer Ausdehnung, deren Grenzen schwer zu bestimmen sind, und eine Kraftquelle, aus der jeder von uns täglich mehr als einmal trinkt. Vermindert ein Fehlgreifen in einem dieser Wesen, die man für vollkommen angesehen und im Bereiche der Schönheit geliebt hat, nicht unmittelbar unser Zutrauen zur allgemeinen Größe der Dinge und unsre Bewunderung für sie?

Und andrerseits glaube ich nicht, daß etwas auf Erden eine Seele unmerklicher und natürlicher verschönte, als die Versicherung, daß es irgendwo, nicht fern von ihr, ein reines und schönes Wesen gibt, das sie ohne Hintergedanken lieben kann. Wenn sie sich wirklich einem solchen Wesen genähert hat, hört die Schönheit auf, eine schöne tote Sache zu sein, die man dem Fremden zeigt; sie bekommt plötzlich ein gebieterisches Leben und ihre Thätigkeit wird so natürlich, daß nichts mehr Widerstand leistet. Darum denke man daran; man ist nicht allein, die Guten müssen wachen.

Im achten Buche seiner fünften Enneade schließt Plotin, nachdem er von der intelligiblen — d. h. göttlichen — Schönheit gesprochen hat, wie folgt: „Was uns betrifft, so sind wir schön, wenn wir uns selbst zugehören, und häßlich, wenn wir zu einer niedrigern Natur herabsinken. Auch sind wir schön, wenn wir uns kennen, und häßlich, wenn wir uns nicht kennen." Nun aber wollen wir nicht vergessen, daß wir hier auf Bergen sind, wo sich-nicht-kennen nicht einfach heißt, nicht wissen, was in uns vorgeht, wenn wir verliebt oder eifersüchtig, furchtsam oder neidisch, glücklich oder unglücklich sind. Sich-nicht-kennen heißt dort, wo wir sind, das Göttliche, was im Menschen vorgeht, nicht kennen. Wir sind häßlich, wenn wir uns von den Göttern entfernen, die in uns sind, und wir werden in dem Maße, wie wir sie entdecken, schön. Aber wir werden das Göttliche in den andern nicht finden, wenn wir ihnen nicht zuerst das Göttliche in uns selbst zeigen. Einer der Götter muß dem andern ein Zeichen geben, und alle Götter antworten auf ein kaum wahrnehmbares Zeichen. Man kann es nicht oft genug wiederholen, es bedarf nur einer fast unsichtbaren Spalte, daß die Wasser des Himmels in unsre Seelen eindringen. Alle Becher sind den unbekannten Quellen zugeneigt, und wir sind an einem Orte, wo man nur an Schönheit denkt. Wenn man einen Engel fragen könnte, was unsre Seele in der Finsternis thut, so würde er, nachdem er vielleicht lange Jahre weit über das hinausgeblickt hat, was sie dem Anschein nach in den Augen der Menschen thun, — würde er, glaube ich, antworten: „Sie bilden die kleinen Dinge, die man ihnen gibt, in Schönheit um." Ach! man muß gestehen, daß die menschliche Seele einen eignen Mut hat. Sie schickt sich darein, eine ganze Nacht in der Finsternis zu arbeiten, wohin die meisten von uns sie verbannen und keiner mit ihr spricht. Sie thut dort, was sie kann, ohne sich zu beklagen, und bemüht sich, den Kieseln, welche man ihr zuwirft, den Kern ewigen Lichtes zu entlocken, den sie vielleicht bergen. Und mitten in ihrer Emsigkeit lauert sie auf den Augenblick, wo sie einer mehr geliebten oder zufällig näher stehenden Schwester die mühsam aufgespeicherten Schätze wird zeigen können. Aber es gibt tausend Wesen, die keine Schwester aufsucht und das Leben so furchtsam gemacht hat, daß sie sich fortstehlen, ohne etwas zu sagen und ohne sich ein einziges Mal mit den dürftigsten Steinen ihrer dürftigen Krone geschmückt zu haben . . .

Und trotzdem wacht sie in ihrem unsichtbaren Himmel über allen Dingen. Sie warnt, sie liebt, sie bewundert und stößt ab. Bei jedem neuen Ereignis taucht sie an der Oberfläche auf — und erwartet, daß man sie nötige, wieder hinabzusteigen, da sie für lästig und toll gilt. Sie irrt wie Kassandra unter der Halle der Atriden. Sie spricht dort unaufhörlich Worte, deren Wahrheit selbst nur ein Schatten ist, und kein Mensch hört sie. Wenn wir die Augen erheben, erwartet sie einen Sonnen= und Sternenstrahl, aus dem sie einen Gedanken machen will, oder vielmehr eine unbewußte Strebung, die sehr lauter ist. Und wenn unsre Augen ihr nichts übermitteln, so kann sie ihre arme Enttäuschung in etwas Unaussprechliches verwandeln, das sie bis zum Tode verbirgt. Wenn wir lieben, so berauscht sie sich an Licht hinter geschlossenen Thüren, und in ihrem Hoffen und Harren verliert sie nicht die Stunden. Das Licht, das durch die Spalten dringt, wird für sie zu Güte, Schönheit oder Wahrheit. Wenn aber die Thür sich nicht öffnet, — und bei wie vielen Wesen öffnet sie sich überhaupt? — kehrt sie in ihren Kerker zurück, und ihr Bedauern wird vielleicht eine höhere Wahrheit sein, als man je zu Gesichte bekommen wird; denn wir sind am Orte unsagbarer Verwandlung, und was nicht dies= seits der Thür geboren ist, ist nicht verloren, sondern vermischt sich nur nicht mit diesem Leben . . .

Ich sagte soeben, daß sie die kleinen Dinge, die man ihr gibt, in Schön= heit verwandelt. Es scheint sogar, je mehr man darüber nachdenkt, daß sie keinen andern Daseinsgrund hat und ihre ganze Thätigkeit darauf verwendet, auf dem Grunde unsres Wesens einen Schatz von Schönheit anzusammeln, der sich nicht beschreiben läßt. Würde nicht alles von Natur sich in Schönheit ver= wandeln, wenn wir nicht unaufhörlich die hartnäckige Arbeit unsrer Seele störten? Wird nicht selbst das Böse kostbar, wenn sie den tiefen Diamanten der Reue daraus gewonnen hat? Werden nicht zuletzt auch die Ungerechtig= keiten, die du begangen, die Thränen, die du hervorgerufen, in deiner Seele eines Tages Licht und Liebe? Hast du je in dir selbst in dieses Reich läutern= der Flammen geblickt? Man that dir heute großes Unrecht; die Gebärden waren klein, die Handlung niedrig und traurig, und du hast in der Häßlichkeit geweint. Aber wirf ein paar Jahre später einen Blick in deine Seele, und sage mir dann, ob du nicht unter der Erinnerung an diese Handlung etwas siehst, das schon reiner ist als ein Gedanke, ich weiß nicht, welche Kraft, die man nicht nennen kann, die keinerlei Beziehung zu den gewöhnlichen Gewalten dieser Welt hat, ich weiß nicht, welche Quelle eines „andern Lebens“, aus der du bis zu deinem letzten Stünblein trinken kannst, ohne sie zu erschöpfen. Und doch hast du der unermüdlichen Königin nicht geholfen und an andre Dinge gedacht, dieweil die Handlung sich ohne dein Zuthun im Schweigen deines Wesens läuterte und das köstliche Wasser dieses großen Behälters der Schönheit und Wahrheit mehrte, der nicht bewegt ist, wie der minder tiefe Behälter der wahren oder schönen Gedanken, sondern immerdar vor dem Odem des Lebens geschützt bleibt.

„Es gibt keine That, kein Ereignis unsres Daseins“, sagt Emerson, „das nicht früher oder später einmal seine träge, anhangende Form verliert und uns in Erstaunen setzen wird, wenn es sich aus der Tiefe unsres Leibes zum Feuerhimmel aufschwingt.“ Und das ist wahr, im höheren Sinne noch, als

Emerson vielleicht ahnte, denn je weiter man in diesen Gegenden vorbringt, desto göttlichere Sphären entdeckt man.

Man weiß nicht zur Genüge, was diese schweigsame Thätigkeit der Seelen ist, die uns umgeben. Du sprachest ein lauteres Wort zu einem Wesen, das es nicht verstanden hat; du hieltest es für verloren und dachtest nicht mehr daran. Aber eines Tages tauchte das Wort doch zufällig wieder auf, in uner= hörter Verwandlung, und man kann die unerwarteten Früchte sehen, die es im Dunkel getragen hat; dann fällt alles zurück in Schweigen. Aber was thut es? Man lernt, daß nichts in einer Seele verloren geht, und daß auch die kleinsten unter ihnen ihre glänzenden Augenblicke haben. Man kann sich dar= über nicht täuschen; die Unglücklichsten selbst und Entblößtesten besitzen, sich zum Trotze, auf dem Grunde ihres Wesens einen Schatz von Schönheiten, den sie nicht erschöpfen können. Es handelt sich einfach darum, sich anzugewöhnen, daraus zu schöpfen. Es ist nötig, daß die Schönheit nicht ein vereinzeltes Fest im Leben bleibt, sondern zum täglichen Feste wird. Es bedarf keiner großen Anstrengung, um unter Die aufgenommen zu werden, „in deren Augen die blumenreiche Erde und die strahlenden Himmel nicht mehr in unendliche Teil= chen, sondern in erhabenen Massen eindringen"; und ich spreche von Blumen und Himmeln, die reiner und dauerhafter sind, als die, welche man sieht. Durch tausend Kanäle kann die Schönheit unserer Seele bis zu unsren Gedanken aufsteigen. Vor allem gibt es den wunderbaren Mittelkanal der Liebe.

Hat man nicht in der Liebe die reinsten Elemente der Schönheit, die wir der Seele bieten können? Es gibt Wesen, die sich derart in der Schönheit lieben. So lieben, heißt allmählich den Sinn für Häßlichkeit verlieren, heißt blind werden gegen alle kleinen Dinge und in den geringsten Seelen nur noch Frische und Jungfräulichkeit erblicken. So lieben, heißt selbst des Verzeihens nicht mehr bedürfen, heißt nichts mehr verbergen können, weil es nichts mehr gibt, das die allezeit gegenwärtige Seele nicht in Schönheit umformte, heißt das Böse nur noch sehen, um die Nachsicht zu stählen und zu lernen, daß man den Sünder nicht mehr mit seiner Sünde verwechsle. So lieben, heißt in sich alle, die uns umgeben, auf Höhen heben, wo sie nicht mehr fehlen können, und wo eine niedre Handlung von so hoch herabfallen muß, daß sie beim Herabstürzen der Erde trotz allem ihre diamantene Seele hergibt. So lieben, heißt die kleinsten Absichten, die um uns wachen, ohne daß man es weiß, in grenzenlose Be= wegungen umwandeln und alles Schöne, was es auf Erden, im Himmel und in der Seele gibt, zum Feste der Liebe zu sich rufen. So lieben, heißt vor einem Wesen bastehen, wie man vor Gott dasteht, und mit der geringsten Gebärde die Gegenwart seiner Seele und aller seiner Schätze heranziehen. Es bedarf nicht mehr des Todes, der Unglücksfälle oder Thränen, damit die Seele erscheine; ein Lächeln genügt. So lieben, heißt die Wahrheit im Glücke so tief erschauen, wie einige Helden sie in der Klarheit des größten Leidens sahen. So lieben, heißt nicht mehr sagen können, wo der Strahl eines Sterns endet oder der Kuß einen gemeinsamen Gedanken anfängt. So lieben, heißt Gott so nahe kommen, daß die Engel uns besitzen, heißt zusammen die nämliche Seele verschönen, die allmählich zum e i n z i g e n Engel Swedenborgs wird. So lieben, heißt jeden Tag eine neue Schönheit an diesem geheimnisvollen Engel entdecken und gemeinsam einer immer lebendigeren und höheren Güte entgegen= schreiten. — Denn es gibt auch eine tote Güte, die nur aus Vergangenem be= steht; aber die wahrhafte Liebe macht Vergangenes unnötig und schafft bei ihrem Nahen eine unerschöpfliche Z u k u n f t von Güte ohne Unglück und Thränen.

l. Juliheft 1899

So lieben, heißt seine Seele befreien und so schön werden, wie seine befreite Seele. "Wenn du in der Bewegtheit, die dir dies große Schauspiel verursachen muß" — sagt bei Gelegenheit entsprechender Dinge der große Plotin, der von allen Geistern, die ich kenne, der Gottheit am nächsten kommt, — "wenn du in dieser Bewegtheit nicht ausrufst, daß es schön sei, und wenn du dann, beim Versenken deines Blickes in dich selbst, den Zauber der Schönheit nicht empfindest, so suchst du in solchem Zustand vergeblich nach intelligibler Schönheit; denn du suchtest sie nur mit dem Unschönen und Häßlichen. Darum auch richten sich die Zwiegespräche, die wir hier halten, nicht an alle Menschen. Wenn du aber in dir die Schönheit erkannt hast, so erhebe dich zum Gedanken der intelligiblen Schönheit . . ."

Frieden.
Am längsten Tage.

Ging vor mir ein Mägdlein her,
Im Haar einen Blütenkranz,
Sang leise über die Saaten hinaus,
Die lagen im Abendglanz —

Schritt vor mir die Jugend hin,
Sang leise hinaus übers Grün,
Und wo ihr Auge leuchten wollt',
Da that sich's auf zum Blühn.

Schritt vor mir die Jugend,
Ich stille hinterdrein,
So zogen wir beide in Frieden
Ins Abendgold hinein.

F. Avenarius.

Rundschau.

Literatur.

* Als wir die erste Ankündigung der Kölnischen Blumenspiele lasen, lachten wir über manches darin, schüttelten über anderes den Kopf, dachten aber schließlich: warum nicht, es ist ein Faschingspaß wie andre auch und kann den Kölnern ein ganz hübsches Vergnügen bereiten. Aber nun geschieht das Unerwartete: diese Spielereien werden ernst genommen; kleine nicht nur sondern auch große Tageszeitungen drucken lange ernsthafte Berichte darüber, und jetzt zeigt selbst ein Fachblatt, das "Literarische Echo", im Bildnis den "hochherzigen Gründer der Blumenspiele", Herrn Hofrat Dr. Fastenrath, wie er in seinen sämtlichen Orden strahlt. Ja, es feiert den Scherz als eine fruchtbringende Schöpfung für unsre Poesie. Da hilft es wohl nichts, wir müssen die Blumenspiele noch einmal ansehn.

Fastenrath, der Uebersetzer spanischer Dichtungen, hat auch sie aus dem Spanischen übersetzt. Es sind Preisverteilungen, bei denen eine "Blumenkönigin" goldene Blumen und dergleichen an die poetischen Konkurrenten verteilt, mit provenzalisch-spanischem Drum und Dran. Eine mächtige Reklame, der es besonders auf Titelaufzählung anzukommen schien, leitete die Sache ein, Leute, die einen literarischen Namen hatten, wurden angeschrieben und gebeten, poetische Grüße zum Feste zu schicken (damit es s. Zt. nach einer allseitigen Teilnahme der Berufenen aussähe), man erklärte sich „mit Vergnügen bereit", ihre Sprüchlein beim Bankett vorzulesen, man ernannte Carmen Sylva, die außerhalb des Parnasses bekanntlich rumänische Königin ist, zur ersten Blumenkönigin, und ließ entsprechend diesen Vorbereitungen das Fest mit geradezu kindlichen Eitelkeiten in Szene gehn. Trotzdem mag es ganz nett gewesen sein und war es auf jeden Fall harmlos. Anregungen genug zu solchen Spielen wären freilich auch in alten deutschen Einrichtungen zu finden gewesen und hätten dann den Import aus dem Lande der stolzen Granden überflüssig gemacht. Gut, aber was in aller Welt sollen die „Blumenspiele" der deutschen Poesie und den deutschen Poeten nützen? Glaubt einer der Herren im Ernst, eine wirkliche Dichtung könnte durch diese Prämiierung geschaffen werden? Echte Poesie pflegt wirklich auf andre Weise zu entstehen. Oder glauben sie, echte Poesie, die da ist, könnte dadurch unters Volk kommen? Wir wollen abwarten, ob von den preisgekrönten Gaben eine einzige weitere Kreise interessieren wird. Oder glaubt man, echte Poeten, die mal da sind, so belohnen zu können? Echte Poeten sind so arrogant, einen Gerichtshof von Ihresgleichen zu verlangen, das Lob von ein paar Dilettanten und Journalisten für ein einziges Pröbchen wird sie kaum stärken und erheben. Und wenn sie arme Teufel sind, die der Unterstützung bedürfen, so helfen ihnen die goldnen Rosen im Knopfloch auch nicht. Nicht auf wirkliche Belohnung, nicht auf Befriedigung, alles das geht nur auf Eitelkeit. Man mache zu seinem Vergnügen so viele Blumenspiele, wie man will. Aber mit der gewaltig ernsten Frage, wie zum allgemeinen Vorteil den Künstlern mit der Feder und ihrer Kunst geholfen werden könne, mit dieser Kulturfrage verquicke man sie lieber nicht.

* „Der Sängerkrieg zu Trarbach." Unter diesem Titel hat Johannes Trojan im Verlage von Georg Balmer in Trarbach ein hübsches Plauderbüchlein über seine Erfahrungen als Preisrichter beim Wettbewerb um die für das beste Moselweinlied gestifteten tausend Flaschen herausgegeben. Der Kunstwart hat f. Z. über die preisgekrönten Lieder und ihren poetischen Wert kurz gesprochen. Da nun in diesem Bande noch reichlich hundert von

den eingegangenen 2140 Gedichten mitgeteilt werden, so kann man den Preisrichtern — es waren außer Trojan H. Seidel und Hans Hoffmann — „Entlastung" erteilen: so sicher die Preislieder dichterisch nicht höher stehen als zahlreiche andere der eingesandten, ebenso sicher haben sie doch von allen die glücklichste sprachliche Prägung, und die mußte denn freilich bei gutem poetischen Durchschnitt der Maßstab werden. Besonders amüsant zu lesen ist in dem Büchlein der Abschnitt „Unfreiwilliger Humor und Kuriosa"; da ist Treffliches geleistet worden. Mir besonders auffällig ist, daß die Anklänge an das Volkslied, die man doch bei solcher Gelegenheit überall erwartet, zumal bei Autoren aus dem Volke fast völlig fehlen; die papierne Dichtung hat die mündliche also jetzt vollständig totgeschlagen. Nur die Dichtung eines wackern Steinbossierers in Ammelshain bei Naunhof in Sachsen, der wendischer Abkunft zu sein scheint, weist noch die nötige „Naivetät" auf; sie lautet, richtig geschrieben:

„Wein, du bist ein edles Getränke. Wer dich erdacht, wer dich gemacht, der hat den ersten Rausch gehabt. Drum trinket Wein, laßt Schnaps sein, das ist das Beste. Wein, du bist ein edles Getränk! Wie mancher zieht ins fernste Land und sucht sich einen andern Stand und kann ihn doch nicht finden."

„Drum bleib zu Haus in deinem Land und schaffet einen andern Stand. Drum trinket Wein, laßt Schnaps sein, das ist das Beste. Bauet Wein und Korn, laßt Schnaps sein, das ist das Beste. Wie mancher fällt in Wahnsinn hin. Schaffet Wein, laßt Schnaps sein, das ist das Beste."

Das wäre also das deutsche Volkslied der Gegenwart. Uebrigens ist es ein sehr „ernsthaftes" Gedicht (der Steinbossierer wird wohl wissen, warum er das „Laßt Schnaps sein!" immer wiederholt) und ben zahlreichen Nachahmungen von „Strömt herbei, ihr Völkerscharen", ja, vielleicht selbst dem Original „dem Gehalt nach" vorzuziehen. A. B.

* „Ein neues Buch von Georg Brandes bedeutet ein literarisches Ereignis", sagt der Uebersetzer seines „Julius Lange", eines biographisch-zeitgeschichtlichen Werkes, in dessen Mittelpunkt ein mit Brandes von Jugend auf befreundeter dänischer Kunsthistoriker steht. Das heißt nun wohl den Mund etwas voll nehmen:

für die dänische, die nordische Entwick=
lung hat das Buch sicher große Be=
deutung, für uns Deutsche aber nur
eben soviel, daß die Uebersetzung noch
zu rechtfertigen ist, und dies nicht
seines eigentlichen Inhalts, sondern
der Streiflichter wegen, die nebenbei
auf den Charakter seines Autors fallen.
Brandes gilt ja auch in Deutschland,
wenigstens in bestimmten Kreisen, für
eine sehr große Größe. Der Däne
Lange, obwohl durchaus kein Freund
der Deutschen, steht uns nun im Grunde
doch näher als Georg Brandes, und
wo er sich im Gegensatz zu seinem
Freunde befindet — es ist dies sehr
oft der Fall —, da stimmen wir ihm
mit Vergnügen zu und werden uns
des eigenen Gegensatzes zu Brandes
bewußt. Wenn Brandes von Lange
sagt: „Seinen Verstand zu gebrauchen,
um alles zu untersuchen und zu prüfen,
selbst das Heiligste, betrachtete er als
Ausfluß eines heidnischen Triebes,
eines ungetauften Instinktes, dessen
Berechtigung ihm dunkel erschien", so
entsinnen wir uns, daß es germanische
Art ist, Pietät zu haben und die Lösung
aller Welträtsel von dem
auflösenden Verstande zu erwarten.
Wenn Brandes weiter meint: „Er
grübelte über literarischen Erwerb und
wünschte, seine Darstellungsgabe zu
verwerten, wurde dann aber unmittel=
bar darauf durch eine Scheu vor der
Oeffentlichkeit und einen Unwillen
gegen alle Zeitungsschreiberei gequält,
welche in den Bessern der damaligen
Jugend tief wurzelte, was einem
heutzutage jedoch ganz komisch
vorkommt", so bekennen wir, daß
wir jene Scheu und jenen Unwillen
auch heute noch besitzen. Den Nagel
auf den Kopf trifft aber Lange, wenn er
Brandes schreibt: „Mir scheint, daß du
als Schriftsteller einen weit größeren
Geschmack an den Brillanten ge=
funden hast. Mir scheint, als habe
es eine Zeit gegeben, wo du als
Schriftsteller weniger brille=
rend, aber wahrer warst." Ja,
das Brillante — es ist wohl nicht
anzunehmen, daß Lange Freytags
„Journalisten" kannte. Ganz vortreff=
lich erscheint uns Langes Urteil über
Ibsen: „Er besitzt nicht die nötigen Kräfte,
um den Odysseusbogen zu spannen,
den er absolut spannen will — ja, er
hat vielleicht genau so viel Kraft, um
ihn zu spannen, wenn er dann aber
den Pfeil von der Sehne fahren läßt,
wird er durch die Anstrengung über=

wältigt, sein Blick verwirrt sich und
der Pfeil geht irgendwo hin, wo er
es nicht erwartet hätte." Später soll
Lange Ibsenianer geworden sein. Man
sieht, das Werk enthält manches Inter=
essante (die Philologen mache ich noch
auf eine Vergleichung der Goethischen
„Iphigenie" mit der des Euripides
aufmerksam), und es ist Brandes jeden=
falls zu danken, daß er soviel Ma=
terial zu seiner eigenen Charakteristik
geliefert hat. Das Buch ist im Ver=
lage von H. Barsdorf in Leipzig er=
schienen, dem Brandes (auch den Kunst=
wart brachte die Nachricht) jüngst vor=
warf, alle seine Werke zu drucken, ohne
ihm einen Pfennig zu bezahlen. Han=
delt sich's hier um einen Nachdruck?
Barsdorf ist der berechtigte Verleger
der Strodtmannschen Uebersetzung der
Brandesschen „Hauptströmungen". Von
dieser hat Brandes dann selbst eine
deutsche Uebersetzung veranstaltet und
damit die Strodtmannsche überflüssig
machen wollen; da nun aber der Ver=
leger Strodtmann natürlich das Ueberseter=
honorar gezahlt, so mußte er das als
empfindliche Geschäftsschädigung em=
pfinden. So verhält sich meines Wissens
die Sache; sollte ich mich irren, so
wird Georg Brandes wohl gelegent=
lich eine genauere Darstellung ver=
öffentlichen. Adolf Strodtmann hat
natürlich mit seiner Erlaubnis über=
setzt, ja, es war für Brandes einmal
ein Gewinn, von Strodtmann über=
setzt zu werden. Adolf Bartels.

Theater.

• Am Münchner Hoftheater ging
„Heinrich Raspe", ein Drama in vier
Akten von Dr. Franz Klasen, in
Szene. Heinrich Raspe, stellvertreten=
der Reichsregent in Thüringen, ein Theater=
präparat aus Wildheit, Weichheit, Bru=
talität und Menschenliebe, quält seine
Schwägerin, die hl. Elisabeth, durch
vier Akte hindurch, bis er endlich von
den Kriegern des Kaisers niedergestoßen
wird. Ausgeführt ist diese auferbau=
liche Geschichte mit der richtigen pein=
lichen Gewissenhaftigkeit der gänzlichen
Impotenz. Nicht das Charakteristische,
Hervorstechende, Wesentliche wird er=
griffen und dargestellt, sondern ohne
Unterschied so ziemlich alles, was mit
der Sache irgend einen logischen Zu=
sammenhang hat, so daß das Ganze
schließlich nicht als Dichtung, sondern
als Referat anmutet. Bringt's doch
z. B. der aufmerksame Verfasser fertig,
eine ältliche Dame empört „Oho!"

breinrufen zu lassen, als mitten in wildester Erregung auf der Bühne ein Krieger schmerzlich aufschreit: „man wird uns alte Weiber schmähen." Dazu eine Sprache! Schrecklichstes Phrasengedresch im Wechsel mit Zeitungsdeutsch. Bald heißt's, daß er „die Elsbeth verehrte, als ob er geharrte von ihr seines Lebens alleiniger Gunst", dann schreit's auf: „wenn Steine Menschen werden!", an andrer Stelle wieder wehrt sich's entrüstet, man hätte nie seinen Mann in Bezug auf den Kreuzzug „beeinflußt", und auf einmal taucht die tiefsinnige Bemerkung in Jamben auf: „Erstaunlich ist die Krankenpflege!" Was das für ein Musikant sein mag, der seinem Instrument solche Töne entlockt, braucht nicht näher auseinandergesetzt zu werden. Das ganze Stück brauchte überhaupt im Kunstwart mit keinem Wort erwähnt zu werden, hätten ihm nicht die energischen Freunde des Verfassers thatsächlich einen Riesenerfolg heraufgeklatscht. Der Verfasser ist ehemaliger katholischer Stadtpfarrer, einstiger Prinzenerzieher und gegenwärtiger Lokalblatt=Redakteur.   L. Weber.

* In München gab's kürzlich ein merkwürdiges Schauspiel aus Deutschlands Geschichte" zu sehen, seines Namens „Der junge Fritz" und verfaßt von „Franz Baier", als welcher Poet sich der Schauspieler Graf enthüllte. Das Stück spielt in der Jugend Friedrich des Großen, beginnt in den Räumen des Tabakkollegiums und schließt mit dem Tode Kattes. Da unser regelmäßiger Vertreter L. Weber das Stück nicht ansehen konnte, warten wir Edgar Steigers Urteil aus den „Neuesten Nachrichten ab. „Franz Baier wandelt im ersten Akt vorsichtig den Spuren Karl Gutzkows nach, um später mit lautem Hurrah auf das rauschende Meer patriotischer Festdichtung hinauszusegeln. Vergleicht man »Zopf und Schwert« mit diesem »Jungen Fritz«, so kommt unser Festdichter schlecht weg. Dort haben wir ein festgefügtes Lustspiel, bei dem alles, was gethan und gesprochen wird, von vornherein auf den komischen Endzweck zugeschnitten ist. Die einzelnen Charaktere Gutzkows gleichen guten Portraits, die, so derb sie oft hingepaßt sind, niemals die Familienähnlichkeit verleugnen. Die Sprache, die die handelnden Personen reden, will in ihrer knappen Kürze lediglich das innerste Wesen derer, die sie sprechen,

offenbaren. Da ist kein Wort zu viel, keine Phrase, die, sozusagen zum Fenster hinausgesprochen wird, um durch die wohlfeile Erregung des nationalen Selbstbewußtseins beim Zuschauer Stimmung für die Dichtung selbst zu machen. Franz Baier dagegen hat auf so unkünstlerische Mittel nicht verzichtet. Schon die wechselnde Beleuchtung, in die die einzelnen Personen gerückt werden, schwächt den Eindruck des Ganzen. Mit einer derben Komödie, um nicht zu sagen: Posse, beginnt das Stück, um sich nach und nach zu etwas, das wie eine Tragödie aussieht, auszuwachsen. Zwar werden schon im ersten Akt von Friedrich Wilhelm I. über des Sohnes Genialität einige unpassende Thränen der Rührung geweint, aber sie trocknen rasch bei den rohen Späßen der Herren vom Tabakkollegium. Erst im zweiten Akt beginnt die große Wandlung: die Welt wird mit einem Mal sentimental. Die Liebesszene des zweiten Aktes mit ihren Klischeephrasen ist wohl das Banalste, das seit Beginn auf diesem Gebiete geleistet wurde. Die beiden Liebenden spielen zwei unglückselige Rollen. Niemand wird diese Theaterpuppen für Menschen von Fleisch und Blut halten. Aber was will das alles besagen gegen den tragischen Schluß, in in dem der Gamaschenkönig Friedrich Wilhelm I. als Schicksalsgott einen Unschuldigen aufs Schaffot schickt, damit der leichtsinnige junge Fritz in Friedrich den Großen verwandelt werde! Wer die preußische Geschichte kennt, wird über diesen Theaterkönig den Kopf schütteln. Warum mußte Franz Baier aus dem ehrlichen Soldatendriller, der sich an sieben Fuß langen Genadieren und blankgeputzten Uniformknöpfen ergötzte, einen weitschauenden Politiker, warum mußte er aus dem knickerigen Haustyrannen einen feinfühligen Pädagogen machen? Dieser allwissende Monarch, der sich nur aus Liebe zum Sohn als hartherzigen Quälgeist aufspielte, ist mir persönlich viel widerlicher als der geschichtliche Friedrich Wilhelm I., der wider Willen in seiner ehrlichen Beschränktheit gerade das Gute und Große in seinem Sohne heranzüchtete. Ich kann mir schon denken, welche Ueberlegungen den Dichter beim »jungen Fritz« zu dieser Metamorphose bestimmten. Sollte Kattes Tod auf dem Schaffot tragisch wirken, so mußte der junge Mann freiwillig in den Tod gehen. Ging er aber freiwillig in den Tod, so mußte ihn der König, der als Kriegsherr die Deserteure zu richten hatte, selbst vor diese Wahl stellen. Wie gesagt, ich verkenne die klugen Erwägungen, von denen der Dichter ausging, keineswegs. Aber gerade durch diese klugen Erwägungen, die aus dem nüchternen, ja grausamen Soldatenkönig und dem trockenen, pflichtgetreuen Finanzmann um jeden Preis einen tragischen Helden machen wollten, ist der urwüchsige Hohenzoller zu einer phrasenhaften Theaterfigur geworden. Kein Wunder, daß ihm da der Festdichter auch allerlei unpassende Prophezeihungen über die künftige Größe Preußens in den Mund legte! Im Zeitalter Laufs ist man ja dergleichen groben Unfug auf der Bühne gewöhnt."

* Wegen der Aufführung von Max Halbes „Jugend" hat das Erzbischöfliche Ordinariat zu Freiburg i. B. eine Eingabe an das badische Ministerium gerichtet. Sie lautet: Herabwürdigung des katholischen Klerus durch das Theater betreffend.

Großherzoglichem Ministerium der Justiz, des Kultus und des Unterrichts beehren wir uns ergebenst mitzuteilen: In dem Hof- und Nationaltheater zu Mannheim wurde in der zweiten Hälfte des Monats April das „Liebesdrama« »Jugend« von Max Halbe aufgeführt. Die katholische Presse (Neues Mannheimer Volksblatt Nr. 91 und 99) hat daraus mit Recht Veranlassung genommen, gegen einen solchen Mißbrauch der Bühne aufs Schärfste zu protestieren. Wir konnten uns der Aufgabe nicht entziehen, angesichts dieser öffentlich gegen die Mannheimer Theaterleitung erhobenen Anklage, einen »Unzuchtsakt in einem katholischen Pfarrhause in allen seinen Einzelheiten vorbereitet und mehr als denkbar erzählt« dem Publikum vorgeführt zu haben, auch unsererseits das in Rede stehende Stück einer Durchsicht zu unterziehen. Zu unserem größten Bedauern müssen wir danach feststellen, daß die Aufführung eines solchen Stückes nichts anderes ist, als eine raffinierte schwere Herabwürdigung des katholischen Klerus, gegen welche zu protestieren unsere Pflicht ist. Wir wollen nur hervorheben, daß in dem Stücke ein Kaplan »im Meßornat« zum Kaffeetisch kommt, daß keiner der beiden Priester im Stücke seinen Beruf mit dem sittlichen Ernste gewählt hat, wie die Kirche es verlangt und seine Heiligkeit es vorschreibt, daß der Kaplan über die Berufswahl skandalöse Grundsätze vertritt, daß er einerseits sich als wütender Fanatiker gerirt und trotzdem andererseits mit einem Mädchen nach eingeholter »Dispense« des Pfarrers tanzt. Zum Schlusse kommt eine »Absolution« vor, welche eine Herabwürdigung des Bußsakraments darstellt.

Nimmt man dazu den geradezu unsittlichen Charakter des Stückes, so glauben wir, daß es im Interesse der öffentlichen Ordnung und Sittlichkeit geboten sei, gegen einen solchen Mißbrauch eines Theaters einzuschreiten, und wir bitten dringend, Maßregeln ergreifen zu wollen, welche für die Zukunft demselben vorbeugen."

Wir wollen annehmen, alles, was diese Eingabe an thatsächlichen Feststellungen bietet, sei einwandfrei richtig, alles in den Sätzen von „Wir wollen nur hervorheben" bis „eine Herabwürdigung des Bußsakraments darstellt". Selbst dann wäre das Stück eine „raffinierte schwere Herabwürdigung des katholischen Klerus" nur, wenn daraus erstens hervorginge, daß der Verfasser jene Erscheinungen als typisch für die katholische Geistlichkeit betrachtet, und zweitens, daß er selber sie sittlich mißbilligt und als verwerflich hinzustellen sucht. Stellt er selbst jene Gesinnungen und Handlungen entweder nur als Ausnahmen hin, oder aber, entsprechen sie seinem eigenen Sittlichkeitsgefühl, billigt er sie also, — so kann von einer „schweren Herabwürdigung des katholischen Klerus" gar nicht die Rede sein. In der That trifft aber für die angegebenen Fälle entweder die eine oder die andere der letzterwähnten Voraussetzungen zu, die Behauptung des Erzbischöflichen Ordinariats zu Freiburg ist deshalb entweder eine verständnislose oder aber eine leichtfertige Unterstellung. Davon daß Halbes „Jugend" im letzten Absatze „geradezu unsittlicher Charakter" nachgesagt wird, gilt das Entsprechende.

Ganz anders läge die Sache, wenn das Erzbischöfliche Ordinariat geschrieben hätte: bei einem allgemeinen, also nicht auf seines Verständnis in Kunstdingen hin ausgewählten Publikum ist eine mißverständliche Auffassung möglich, ja, wahrscheinlich, die das Stück als eine schwere Herabwürdigung des katholischen Klerus wirken lassen, deshalb erscheinen uns Aufführungen davon gefährlich. So zu schreiben hätte man vom Standpunkte des Klerus aus ein volles Recht gehabt, und die Eingabe wäre schwerlich minder wirksam gewesen, wenn sie so allein mit dem gerechnet hätte, was man auf allen Seiten zugeben muß.

Die Antwort der Gegner hätte in diesem Falle nur lauten können: Mißverständnisse solcher Art sind leider nicht zu vermeiden, da man Theaterbesuch nicht von dem Nachweis sachlicher Urteilsfähigkeit abhängig machen kann. Es ist das Recht jeder Partei, auf solche Gefahren aufmerksam zu machen, wer sie vermeiden will, bleibe dann draußen. Es ist aber auch ihre Pflicht, durch Sachverständige ihre Leser belehren zu lassen, daß und weshalb die betreffenden Mißverständnisse eben Mißverständnisse wären, — damit der Kreis der Urteilsfähigen nach Möglichkeit sich erweitere. Als ernstes Ziel das zu erstreben, hat ja jeder öffentlichen Kunstbesprechung A und O zu sein. Unterläßt man es, fördert man etwa gar gleichzeitig (wie jüngst in München und in Wiesbaden) den in der That „geradezu unsittlichen Charakter" von Tendenzpoesie, so werden sich die betreffende Presse und ihre Verteidiger gefallen lassen müssen, daß man entweder ihr Sachverständnis oder ihre Unbefangenheit anzweifelt.

Auf andere Fragen, die auch bei dieser Gelegenheit wieder recht unerquicklich in Erscheinung treten, kommen wir zurück. U.

Musik.

* **Studienpreise.** Das Ideal des jungen Künstlers ist in einem gewissen Lebensalter, einmal einen Studienpreis zu erhalten, damit er mehrere Jahre sorgenfrei seiner weiteren künstlerischen Ausbildung sich widmen könne. Aber es ist mit den preisgekrönten Künstlern wie mit den preisgekrönten Opern: sie halten sich nicht lange. Die Stiftungen selbst sind daran schuld. Goethe sagt einmal in den Gesprächen mit Eckermann: „Eure Gelehrten machen es wie unsre weimarischen Buchbinder. Das Meisterstück, das man von ihnen verlangt, um in die Gilde aufgenommen zu werden, ist keineswegs ein hübscher Einband nach dem neuesten Geschmack. Nein, weit entfernt; es muß noch immer eine dicke Bibel in Folio geliefert werden, ganz wie sie vor zwei bis drei Jahr-

hunderten Mode war, mit plumpen Deckeln und in starkem Leder. Die Aufgabe ist eine Absurdität. Aber es würde dem armen Handwerker schlecht gehen, wenn er behaupten wollte, seine Examinatoren wären dumme Leute." Da ist nicht viel hinzuzufügen. Man sehe z. B. einmal die Bestimmungen des großen Meyerbeerpreises an: Text gegeben! Thema gegeben! Doppelfugen! Da haben wir die dicke Bibel mit plumpen Deckeln. — An den alten Preisen wird nichts zu ändern sein. Die werden weiter die Leder- und Kleister-Jünglinge nähren. Springt für die Kunst etwas dabei heraus, dann haben die Herren Preisrichter eben 'mal „Blindes Huhn" gespielt.

Aber neue Stiftungen von der Art können nur dann Segen bringen, wenn sie, erstens, jeden jungen Künstler zulassen, er sei aus welcher Schule er wolle, wenn sie, zweitens, in den Aufgaben alles vermeiden, was zu sehr bindet, und wenn sie, vor allen Dingen, zeitgemäße Aufgaben stellen, zu denen frischer, freier Künstlergeist gehört. Man muß bei solchen Angelegenheiten nie fragen: „Was hat der Künstler davon?", sondern: „Was nützt es der Kunst?" Denn wenn der Künstler für seine einfachen Kontrapunkte preisgekrönt, „behufs weiterer Ausbildung" in eine Meisterschule gesteckt und schließlich selbst Meister, will sagen: Akademieprofessor im alten Stile geworden ist, in wiefern ist dann der Zweck erreicht? Insofern, als das Stipendium sich nun einen neuen Examinator gezüchtet hat, von dem der nächste Prüfling nicht behaupten darf, er wäre dumm. Er ist imstande, es zu denken, aber das ist der Fluch der bösen That: er wird hingehen, um seinesgleichen zu werden. G. G.

* **Peter Tschaikowskys** „Musikalische Erinnerungen und Feuilletons" sind soeben in vorzüglicher deutscher Uebersetzung von Heinrich Stümcke im Verlag „Harmonie" zu Berlin erschienen. Sie bilden ein schätzbares Material nicht nur für die Charakteristik des großen Russen, sondern auch für die Zeitgeschichte. Was sich auf künstlerischem Gebiete zu seinen Lebzeiten (1840—1893) ereignete, findet bei ihm seinen Wiederhall. Schade, daß Tschaikowsky, abgestoßen durch Streitigkeiten und angewidert durch Kleinigkeiten, seiner publizistischen Thätigkeit so bald entsagte! Seine Urteile über Mozart, Beethoven, Mendelssohn,

Schumann, Meyerbeer, Verdi, Auber, Bülow, Brahms sind stets ganz unbeeinflußt und ursprünglich. — Als Kritiker gab er sich redliche Mühe, auch das ihm fernliegende, fremde zu verstehen und zu begreifen. Dadurch erweist er sich als vornehme Künstlernatur und berufener Kunstrichter, sehr im Gegensatz z. B. zu dem Musikhofrat Hanslick, den man auch aus Tschaikowskys Erinnerungen von der blamabelsten Seite kennen lernt. So soll er 1883 über Tschaikowskys wunderbares Violinkonzert, das heute mit vollem Recht zum eisernen Bestande jedes ernsten Geigers zählt, geschrieben haben: „Das Konzert des Herrn T. hat uns gezeigt, daß es auch übelriechende Musik gibt.“ — Sehr interessant ist, was Tschaikowsky seinen Lesern über die ersten Bayreuther Festspiele berichtet. Es beweist, wie unklar man damals auch in Künstlerkreisen über Wagners Bestrebungen war. Tschaikowsky hält nämlich die Patronatsvereine für eine — Aktiengesellschaft! Den wahren „Gedanken von Bayreuth“ hat er bloß teilweise begriffen. Während er die künstlerische That Wagners vollauf würdigte, stand er als Russe der nationalen Bedeutung Bayreuths ohne Verständnis gegenüber. Aber er kehrte doch heim mit dem Bewußtsein, einem Ereignis edelster Art beigewohnt zu haben, und hat dem Genius neidlos und würdig als ehrlicher Mann und Künstler seine Verehrung bezeugt. Max Gatr.

* Vorträge am Klavier zur Vorbereitung auf die Bayreuther Festspiele hält in Stuttgart Dr. Grunsky ab, und er bedient sich dabei einer neuen praktischen Methode. Er spielt den Klavierauszug und spricht dazu die Worte genau im Rhythmus, aber nur so leise, daß der Zuhörer mit dem Textbuch in der Hand der Handlung zu folgen vermag. Auf diese Weise lernt man das ganze Werk, den motivischen Aufbau und dessen Zusammenhang mit der Dichtung kennen. Diese Art der Interpretation ist nach Aussage der Zeitungen nicht bloß belehrend, sondern auch mit einem künstlerischen Genuß verknüpft, was uns, die wir im Kunstwart die (natürlicherweise bedingte) ästhetische Berechtigung des Melodrams, insbesondere des nach Humperdincks Vorgang durch Sprechnoten „gebundenen“, vertreten haben, weiter nicht wunder nimmt. Als

Surrogat für die umständliche gesangliche Wiedergabe dürfte die Methode Grunskys, die Deklamation zum Klavier, bei ähnlichen Unternehmungen zu empfehlen sein.

* Zur Frage des musikalischen Konversationslustspiels schreibt uns Hermann Teibler: „In seiner gewiß dankenswerten Würdigung der feinsinnigen »Abreise« Eugen d'Alberts (Kunstwart Heft 14) meint A. Bischoff, daß diese Oper »vielleicht einmal als ein grundlegendes Werk des musikalischen Konversationsstiles zu betrachten sein wird«. Dazu erlaube ich mir die Bemerkung, daß Hans Sommer bereits vor vier Jahren in seinem »Saint Foix« diese Grundlage geschaffen und dem Stilprinzip Wagners die Form des feinen musikalischen Lustspieles abgewonnen hat. In meiner Analyse des Sommerschen Werkes (Neue Musikal Rundschau 1896) habe ich auf diese bleibende, von dem Mangel an äußeren Erfolgen völlig unabhängige historische Bedeutung des »Saint Foix« hingewiesen und — wie Bischoff mit Bezug auf die »Abreise« — in dem feingestimmten, intimen Grundton des Stückes das Hindernis für eine allsogleich geräuschvoll durchschlagende äußere Wirkung erblickt. Darum und in der Ueberzeugung, daß die Empfänglichkeit des Publikums für diese Gattung Opern noch erwachen wird, möchte ich auch für den Fall, daß d'Albert seine »Abreise« ohne Anregung von Sommer her geschrieben hat, letzterem das Verdienst wahren, mit seinem »Saint Foix« das Neuland des musikalischen Konversationslustspiels zuerst betreten zu haben.“ Auch Urspruchs komische Oper „Das Unmöglichste von Allem“ gehört in diese jetzt sichtlich aufblühende Gattung und müßte nicht bloß der geschichlichen Genauigkeit wegen, sondern vor allem auch wegen ihres musikalischen und und stilistischen Wertes hier mitgenannt werden.

Bildende Kunst.

* Die beiden Berliner Kunstausstellungen, die alte im Landes-Ausstellungsgebäude in Moabit und die neue der Sezession in deren eigenem Gebäude am Theater des Westens in Charlottenburg, sind ungefähr so ausgefallen, wie man erwarten mußte. Die erstere ist sogar noch etwas besser, als man erwartete (denn man hatte sich „auf Alles“ gefaßt gemacht), die

zweite hat ganz das Gepräge, wie man es seit Jahren von den gewählten Veranstaltungen des Münchener Vereins gewohnt ist. Mit der einen Ausnahme, daß man auf die Unterstützung des Auslandes ganz verzichtete. Dadurch wird natürlich das Gesamtbild weniger reich, man hat aber auch das Bewußtsein, daß man das Gelingen nicht den Fremden verdankt.

Man thäte gewiß unrecht, wenn man sagte, daß in Moabit nur bunte Bilderbogen der preußischen Geschichte und die bekannten Fabrikbilder der verschiedenen Gattungen hingen. Wem nicht Parteistreiterei das Urteil trübt, der wird bald erkennen, daß sich auch hier doch eine ganze Anzahl feine Leistungen finden, aus denen sich recht gut eine kleine und gewählte Ausstellung bilden lassen könnte. Aber sie fallen dem falschen Ausstellungsmodus zum Opfer; man findet sie nur nach mühseligem Suchen oder auch gar nicht, man sieht sie ermüdet nach all dem Mittelmäßigen an und mißmutig gemacht von der harten Arbeit, welche die zweitausend und so und so vielen überflüssigen Nummern einem zumuten. Die alte Klage, die man müde wird, immer und immer wieder niederzuschreiben! Die leitenden Persönlichkeiten scheinen durch Erfahrungen nichts lernen zu können oder nichts lernen zu wollen, oder ihr Ehrgeiz geht wirklich nicht höher, als auf einen großen Bildermarkt und auf Beifall beim Berliner Sonntagspublikum.

Anderseits darf nicht verkannt werden, daß auch die Ausstellung der Sezession denn doch nicht aus lauter Meisterstücken besteht. Von hoch überragenden Leistungen sind eigentlich nur einige ältere da. Aber einige neue Werke sind in der That echte Kunstwerke in jedem Sinne. Und alles übrige, mehr oder minder gut, ist doch mit ganz verschwindenden Ausnahmen mit ausreichendem Können und Geschmack aus einem nur nach Kunstausdruck zielenden Streben heraus gebildet. Bei dem glücklichen Gelingen und guten Erfolg des Unternehmens ist ein etwas allzulauter Jubel auf Seiten der Sezession gewiß zu verstehen. Aber gerade wir, die wir der Sezession so herzlich alles Gute gönnen, wollen uns bei diesem schönen Erfolge vor einer Uebertreibung des Lobes recht

sorgfältig hüten. Sonst geben wir den Gegnern den Vorwurf der Plusmacherei in die Hand, den wir unserseits mit gutem Recht wiederholt gegen sie erhoben haben.

* Die folgenden Leitsprüche für den Kunstgenuß, von F. Avenarius, sind im Kuppelsaale der Deutschen Kunstausstellung zu Dresden angebracht:

Kunst ist Pforte am Haus der Natur —
Bleib nicht im Thorweg, durchschreit'
ihn nur!

•

So viel Meister du lernst verstehn,
Mit so viel Augen lernst du zu sehn.

•

Scheust du Kunst ohne Kleider?
Gott der Herr ist kein Schneider.

•

Kunst, was magst du geben?
Arbeitswochen als Feste zu leben.

* Kunstklatsch hat in der letzten Zeit wieder recht üppig in Berlin geblüht. Seit Adolf Menzel Ritter vom schwarzen Adler ist, steht seine Kunst im offiziellen Kurszettel noch um 100% höher, weshalb es für Viele ein großer Schmerz war, Bilder von ihm bei den Sezessionisten zu wissen. Was man „machte", um dies zu verhindern, und wie man schließlich in die selbstgegrabene Grube ohne Anmut fiel, das stand in allen Zeitungen zu lesen, wenn auch nur zwischen den Zeilen. Hier also genügt es, daran zu erinnern. Man kroch aber gegen die gefährlichen Neuen auch noch in andern Gräben vor; bei einem „denkwürdigen" Besuch des Kaisers in der Nationalgalerie, hieß es im Blättchen der guten Alten, habe der Fürst dem Direktor, dem schlimmen Tschudi, nahe gelegt, zu gehn. Auch das war ein Klatsch, wie aber mag er entstanden sein? Etwa dadurch, daß der Kaiser gegen Tschudi seine abweichende Einschätzung der Modernen nicht verhehlt hat? Ja, woraus soll er sonst entstanden sein? Das ist ja eben das Widerliche, daß eine Gesellschaft von sogenannten „Künstlern" sich nicht schämt, dem Privatgeschmack des Kaisers eine Bedeutsamkeit anzudichten, als wären Apollo und die neun Musen Angestellte Seiner Majestät. Daß dem Kaiser selbst eine so lächerliche Auffassung gar nicht beikommt, beweist ja gerade sein Verhalten in Sachen der Nationalgalerie.

Unsre Beilagen.

Als Illustration unseres Aufsatzes über den jüngst verstorbenen „Walzer=
könig" Johann Strauß bringen wir diesmal eine Probe aus dem Eva=
Walzer des Dahingegangenen, mit besonderer Bewilligung des Verlegers
N. Simrock in Berlin. Er entstammt dem „Ritter Pazman", dem Schmerzens=
kind der Straußischen Muse, dessen Schicksal ein seltsames Streiflicht auf die
vorausgegangenen Bühnenerfolge des Wiener Meisters wirft. Man hatte seiner
immerzu seinen und delikaten Musik zugejubelt, so lange sie in Verbindung
mit Theaterstücken auftrat, die auf die niedersten Instinkte des Publikums
spekulierten und in denen Zote und Clowntric als Triumph galt. Als Strauß
seine Melodien wie ein „Ritter Pazman" über ein nur maßvoll albernes und
wenig pikantes Libretto schüttete, zeigte sichs, wie viel mehr Anteil die Stoffe
an den Triumphen gehabt hatten, als der musikalische „Belguß".

Mit unsern Bildern stellen wir heute eine der größten Schöpfungen
der gesamten germanischen Bildnismalerei neben eine der größten der roma=
nischen. Dürers mächtiges Bildnis des Hans Imhof, oder wer nun der
dargestellte energische Herr gewesen sein mag, befindet sich im Museum zu
Madrid und ist deshalb nicht so bekannt in Deutschland, wie z. B. der Holz=
schuher. Anton Springer nennt es geradezu „die Krone aller Dürerschen
Porträte". Ist es hier Dürer gelungen, die Massen wunderschön malerisch zu
ordnen und zusammenzuhalten, so zeigt die ziemlich saubere Durchführung doch
die echt germanische Liebe zum Kleinen und Kleinsten. Freilich wie der Maler
Dürer so beherrscht auch der seelische Charakteristiker Dürer das reiche Einzel=
werk nach heißem Bemühen nun so, daß alles zu wuchtiger Geschlossenheit
zusammmengeht. Der Romane Velasquez dagegen hat auf hoher Stufe von
Natur, was Dürer erst in sich ausbilden mußte, den Sinn fürs Wesentliche, den
„Geschmack", den „Stil", er wirtschaftet deshalb mit dem Detail viel souveräner,
es „imponiert ihm nicht" an sich, er liebt es nicht, wie es Dürer liebt,
bewertet und benutzt es nur auf sein Verhältnis zum Großen hin, nur in seiner
Beziehung auf den Gesamteindruck. Allein die Bittschrift, auf die der Beschauer
besonders neugierig blicken mag, ist neben dem Angesichte sorgfältig ausgeführt.
Welch ein Meister des Charakterisierens Velasquez ist, das zeigt nun evident
eine Vergleichung des fertigen Bildes Innozenz' X. mit der Studie dazu, die
wir nach dem Petersburger Originale heute gleichfalls zeigen. Wie oft ist
sonst die Studie wertvoller als das Bild! Aber welche Verfeinerung im
Schildern des Seelischen hier, als sei die Studie nur ein schnelles Festhalten
des Äußerlichen gewesen, während der Meister dann alles, was seine Menschen=
kenntnis ihm über Innozenz sagte, in diese selben äußeren Züge zum fertigen
Bilde hineinmalte.

Was wir sonst über den großen Spanier noch sagen könnten, findet der
Leser in der Arbeit über Justis Velasquez, welche durch diese Hefte läuft, und
auf die wir nochmals besonders aufmerksam machen möchten.

Verantwortl.: der Herausgeber Ferdinand Avenarius in Dresden=Blasewitz. Mitredakteure: für Musik
Dr. Richard Batka in Prag=Weinberge, für bildende Kunst: Paul Schulze=Naumburg in Berlin.
Sendungen für den Text an den Herausgeber, über Musik an Dr. Batka.
Verlag von Georg D. W. Callwey. — Kgl. Hofbuchdruckerei Kastner & Lossen, beide in München.
Bestellungen, Anzeigen und Geldsendungen an den Verlag: Georg D. W. Callwey in München.

JOHANN STRAUSS.

1.

EVA - WALZER
aus der komischen Oper:
„RITTER PAZMAN." *)

Tempo di Valse.

Piano.

poco rit.

a tempo

pp

*) Mit Bewilligung des Verlegers N. Simrock in Berlin. Alle Rechte vorbehalten.

46186

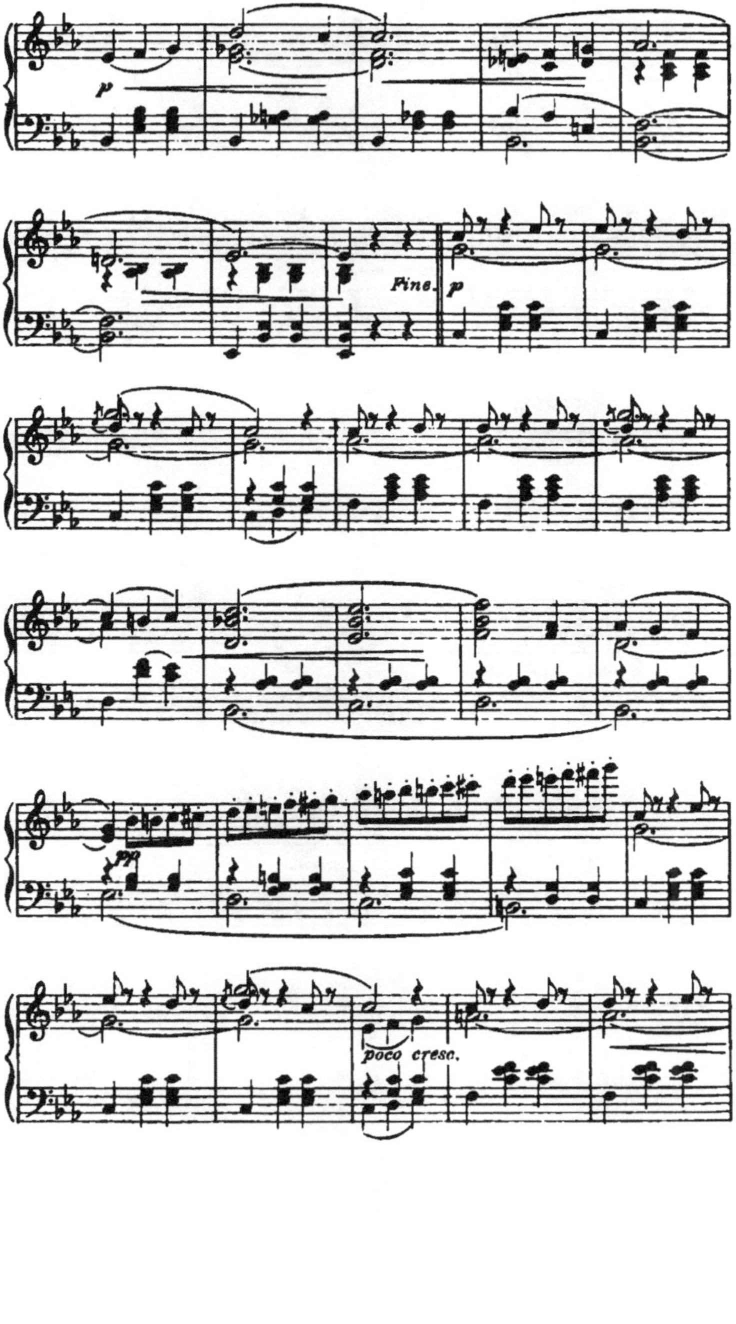
p
Fine.
p
ppp
poco cresc.

D. S. al Fine.

2:

Eingang.

Walzer.

scherzando

poco rit.

a tempo

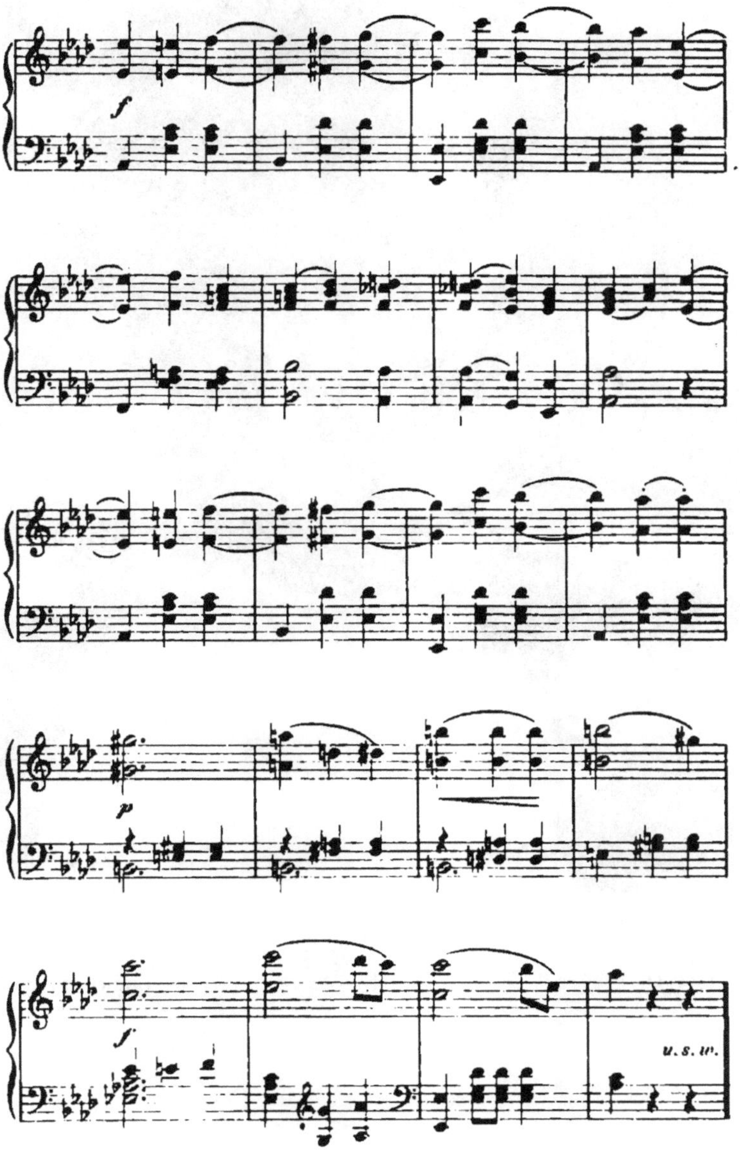
f
p
f
u. s. w.

NACH EINER PHOTOGRAPHIE V. BRAUN, CLÉMENT & CIE. IN DORNACH I. ELS., PARIS U. NEW YORK

KW

DIEGO VELASQUEZ

NACH EINER PHOTOGRAPHIE V. BRAUN, CLEMENT & CIE. IN DORNACH I. ELS., PARIS U. NEW YORK

KW

DIEGO VELASQUEZ

NACH EINER PHOTOGRAPHIE V. BRAUN, CLEMENT & CIE. IN DORNACH I. ELS., PARIS U. NEW YORK

KW

ALBRECHT DÜRER

12. Jahrg. Zweites Juliheft 1899. heft 20.

Vom Kunstpietismus.

Wir haben früher einmal im Kunstwart ausgeführt, daß manche Menschen es mit der Kunst halten wie mit der guten Stube, die schmuck und sauber geputzt und fein abgeschlossen bleibt, in die man nur bei besonderen Anlässen hineindarf und deretwegen man Gemütlichkeit und Schönheit in den eigentlichen Wohnzimmern opfert. So kommen mir auch diejenigen vor, welche von einem vermeintlich aristokratischen Standpunkt alle Bestrebungen auf Bervolkstümlichung der Kunst als unfruchtbar, ja für den Gegenstand unseres Bemühens herabwürdigend bezeichnen. Nicht daß ich sie mit gleicher Entschiedenheit bekämpfen möchte: das hieße einer Gemeinde edeldenkender, aufrichtiger Freude der Kunst eine Genossenschaft kündigen, die uns das Heer jener Flachköpfe, welche das aufgefangene Schlagwort vom Popularisieren ohne Nachdenken durch alle Gassen schreien, nimmer ersetzen könnte. Aber gerade, weil die erstere Auffassung einem hochachtbaren, idealen Sinne entspringt, ist es zum Wohle der praktischen Kunstpflege notwendig, sich mit ihr kritisch auseinanderzusetzen, das heißt: die Grenzen ihrer Berechtigung sorgfältig aufzusuchen und deutlich abzustecken.

„Man kann der Kunst nicht helfen", schrieb mir neulich jemand, den ich schätze, „indem man sie dem Bolk als Genußmittel neben Speis' und Trank präsentiert, sondern indem man dem Volke Andacht empfinden lehrt vor ihr, als einem hoch über dem Alltagleben stehenden Göttlichen. Uns sei die Kunst nicht eine Erfrischung, mit der des Gaumens zusammenhängend, sondern ein Weihetrank, wie das Blut des Herrn, das wir bei der Kommunion genießen. Spenden wir sie als den Gral, das Volk aber ist seines Glühens erst wert und würdig zu machen. Aller Segen kommt von oben. Soll die Musik segenbringende Wirkung ausüben, so muß sie über der gewöhnlichen Atmosphäre des zu Segnenden stehen. Dem Volke von der Kunst Begriffe als von etwas besonders Weihevollem und Verklärtem beizubringen, ist unsere wahrhaftige Aufgabe." Das klingt allerdings sehr wacker und überzeugend, — nur nicht für den, der gelernt hat, das Ideal in den Dingen, nicht über den Dingen zu suchen, denn der will die Kunst nicht vom Leben trennen und in die „gute Stube" verweisen, sondern das Leben selbst durch die Kunst verschönen und heiligen. Jene zur Mystik hinneigenden Idealisten vergessen in der Regel, daß es neben der „Gipfelkunst", die sie allein im Auge zu haben scheinen, eine volksmäßige Kunst gibt — an dieser Stelle ist das oft genug betont worden — und daß die Versuche zu popularisieren sich fast ausschließlich auf diese volksmäßige Kunst bezogen.

Es wird also alles auf eine sichere Bestimmung des Begriffes der Volksmäßigkeit ankommen. Zunächst: wer gehört zum „Volke"? Richard Wagner hat es als die Gesamtheit jener bezeichnet, „die eine gemeinsame Not empfinden." Der Kunst gegenüber bedeutet also Volk etwa die Gemeinschaft aller, die ein Bedürfnis nach künstlerischen Eindrücken hegen. Leute, die ein Buch, ein Konzert- oder Galeriebillet aus andern als aus künstlerischen Absichten kaufen, wird es natürlich immer geben, wir haben kein Mittel, sie fern zu halten. Auf sie wollen wir nicht wirken. Sehen wir noch ab von den sogenannten Fachleuten, so bleibt doch immer noch ein beträchtlicher Rest von Menschen, die für die Kunst interessiert und empfänglich sind, und diese bilden das Volk in unserem Sinne.

Natürlich ist das eine recht ungleichartige Masse. Da sitzen einige, die man schon fast als Kenner bezeichnen könnte, dort in breiter Schicht solche, die kaum mehr als einigen guten Willen mitbringen. Ein Publikum, ebenso verschieden an Bildung wie an Besitz und geistiger Auffassungskraft. Und zwar hängt diese Kraft und jene Bildung ganz von den jeweiligen Ortsverhältnissen ab. Es gibt Gegenden, besonders in Mittel- und Norddeutschland, wo auch der Arbeiter und Kleinbürger eine ansehnliche Geistesentwickelung und also vielfache geistige Interessen zeigt. Es gibt Städte, z. B. Wien, wo diese Stände im Durchschnitt arg versumpft sind und als eigentliches „Volk" vor der Kunst kaum mitzählen. Schon diese Erwägung sollte uns zur Vorsicht bei allen verallgemeinernden Sätzen auf dem Gebiete der Kunstpflege mahnen. Während also in A. ein populäres Konzert nicht über den Kreis des Volksliedes und guter Tanzmusik hinausgehen darf, kann man in B. schon getrost eine Haydnsche Symphonie und etwas von Schubert zu bieten wagen, anderwärts vielleicht sogar schon Beethoven und Schumann. Wir sehen, der Begriff des Volksmäßigen, d. h. des dem Volke gemäßen, ist schwankend und von mannigfachen individuellen Umständen bedingt. Ja, er wird an demselben Orte sich wandeln, sich erweitern, sobald sich die geistige Ebene infolge andauernder popularisierender Kunstbestrebungen zu heben beginnt. Beethovens Fünfte kann heute schon da und dort als volksmäßig gelten, wo sie vor einigen Jahren noch als einsame Gipfelkunst angesehen ward. Alle heute populären Werke sind, mit wenigen Ausnahmen, zur Zeit ihres ersten Erscheinens „Kaviar fürs Volk" gewesen und nur von einem engen Kreise wenn nicht verstanden, so doch wenigstens geschätzt worden.

Es ist überhaupt ein großer Irrtum, zu glauben, die Werke unserer Großmeister seien ihrer Mehrheit nach hochheilige, apokalyptische Offenbarungen, an die nur der Eingeweihte in stummer Verehrung herantreten dürfe. Soll man zuvor fasten und beten, ehe man Goethes Liebeslyrik zu lesen beginnt? Ist es ein Verbrechen, zwischen zwei Haydnschen Quartetten

einen frischen Trunk zu nehmen, da doch die Spieler zu des Meisters
Zeiten gleich ihm nach den einzelnen Sätzen, o pfui, geschnupft haben?
Und Franz Schubert, dessen schönste Lieder bei qualmender Pfeife ent=
standen sind, wie würde der lachen, wenn ers erlebte, daß unsere
Ideologen alles den schnöden Gaumen Letzende gebannt wissen wollen,
bevor man das Haidenröslein, den Lindenbaum oder den Wanderer
singt! Sollte das Gläschen Wein, das bei der Konzeption so mancher
göttlichen Idee mitwirkte, diese selbe Idee entehren, sobald sie in die
Oeffentlichkeit tritt? Weg doch mit solch gespreizter Prüderie! Wenn
wir in der öffentlichen Kunstpflege das Essen und Trinken in den Vor=
tragspausen verpönen, so geschieht das einfach wegen der damit ver=
bundenen Störung und wegen der Schwierigkeit, im gegebenen Augen=
blick die Ruhe und Ordnung wieder herzustellen. In den Landstädten
bei uns sind überhaupt nur Tischkonzerte möglich, und die Disziplin ist
gewöhnlich durchaus lobenswert. Gespeist wird nur in der großen Pause,
bei Beginn jedes Vortrags schließt man die Thür, und das Publikum folgt
den Darbietungen meist mit so gespannter Aufmerksamkeit, daß es ganz
vergißt, sich körperlich zu laben. Und wenn wirklich ab und zu einer, der
etwa den Faden des Verständnisses verloren hat, sich über eine rätselhafte
Stelle mit einem herzhaften Schluck aus dem Glase hinweghilft, so stört
mich das als Nachbar nicht viel mehr, als wenn er mit gelangweiltem Gesicht
auf seinem Platze rutscht oder nach irgend einer Schönen im Saale visiert.

Die ideale Forderung einer voll verstehenden, voll auffassenden
Hörerschaft gilt in der grauen Theorie; in der Praxis ist sie undurch=
führbar. Selbst ein Parterre von Kennern wird ihr nicht entsprechen,
denn auch der Kenner naht einem Kunstwerke nicht immer und unbe=
dingt, um sich von ihm bis ins tiefste ergreifen zu lassen. Es gibt
ein wunderbares Vermögen des menschlichen Geistes, seine Aufmerksam=
keit auf ganz bestimmte Seiten einer Erscheinung zu richten und alle
andern Ausblicke wie durch Vorhänge willkürlich zu verschließen. Man
kann sich einmal dem Gesamteindrucke eines Tonstückes hingeben, man
kann es aber auch nach gewissen besonderen Gesichtspunkten verfolgen,
in Bezug auf formalen Aufbau, thematische Entwickelung, Deklamation,
Instrumentation, im Vergleich mit verwandten Werken u. s. w. Und es
ist gut, daß man das kann. Denn müßte einer, so oft er etwa die
neunte Symphonie hört, unumgänglich den ganzen ihr innewohnenden
Gemütsvorgang jedesmal voll durchempfinden, so käme er nie zu einer
genauen Kenntnis des technischen Gefüges, wie sie der ausführende
Künstler braucht, weil niemand die seelische Durchschütterung so oft ver=
trüge, wie nötig ist, um das Werk bis zur vollständigen Einprägung ins
Gedächtnis vorzunehmen. Man weiß, wenn man ein Werk studierens=
halber spielt, von früher her oft genau, welche Macht des Ausdrucks
darin liegt, aber man hat zuweilen das Organ für die Gefühlswirkung
gleichsam ausgeschaltet und die Phantasie gerät in keine Schwingung.
Nur dank dieser Beschränktheit unserer künstlerischen Aufnahmskraft ist
es möglich, Musikproben mitzumachen, weil sonst die fortwährenden
Unterbrechungen des Gedankenflusses unerträglich würden. Bei der Auf=
führung selbst stößt man dann sozusagen die Läden vor den Fenstern
des Geistes auf, läßt das helle Licht der Kunst hereinfluten und die
Fülle der seelischen Affekte darin auflösen.

2. Juliheft 1899

Was der Fachmann auf Proben oder durch häusliches Studium sich erwirbt, das lernt der Laie durch häufiges Hören guter Aufführungen. Der Hauptfehler unserer Musikpflege scheint mir darin zu liegen, daß wir die Konzert= und Theateraufführungen als ästhetische Andachts= übungen auffassen statt als Lernabende, bestimmt, uns zunächst mit dem Äeußerlichen des Kunstwerkes vertraut zu machen. So angesehen, würde sich die große Zahl der Konzerte in unsern Musikhauptstädten rechtfertigen (so viele Abende mit echter Feststimmung wären unnatür= lich), und in diesem Sinne bin ich auch für gekürzte Aufführungen um= fangreicher Werke eingetreten. Wir rufen in schwierigen Fällen dem kunstfreundlichen Laien nicht mit Donnerstimme zu: „In den Staub, elende Kreatur!" wir wollen nicht, daß er vor dem Kunstwerke sich in gedankenloser Zerknirschung wälze wie der Kirgise vor seinem Fetisch. Sondern freundlich treten wir zu ihm und sagen: „Du wirst die Schöpfung eines großen Meisters hören. Sammle dich und paß auf! Du wirst zwar zum ersten Mal kaum alles begreifen, aber das darf dich nicht abschrecken. Kommt Zeit, kommt Rat." Zuletzt geben wir ihm noch ein paar kurze Fingerzeige fürs Nötigste und überlassen ihn für ein Weil= chen seinem Schicksal.

Der gewöhnliche Hergang ist dann der: Aus der Flut des Unver= standenen tauchen einige Stellen wie Inseln auf, deren sinnliche Schönheit sogleich entschiedenes Wohlgefallen erweckte. Diese Stellen dienen dem Laien bei der nächsten Wiederholung als Orientierungs= punkte. Neue treten hinzu. Die Lücken des Verständnisses zwischen den Oasen füllen sich, bald sind ganze zusammenhängende Stücke in ihrem formalen Gedankengange klar — und plötzlich blitzt, unberechenbar wann und wo, die Erkenntnis auf, daß sichs in diesem Werk um mehr handle, als um ein bloßes meisterhaftes Spiel mit melodischen Gebilden. Die seelische Bedeutung geht dem Hörer auf: je tiefer, verwickelter und feiner dieser seelische Gehalt, je ungeübter oder schwungloser die Phantasie des Hörers ist, um so unvollkommener, reicher an Lücken, oder später. So haben wir alle, Fachleute und Laien, die meisten Kunstwerke kennen und lieben gelernt, so sind sie uns durch häufigen Verkehr auf du und du zu teuren Gefährten unseres Lebens worden und beanspruchen durchaus nicht, daß wir ihnen mit salbungsvoller Pose, als verzückte Kunstbetbrüder begegnen.

Allerdings, eine Anzahl von Kunstwerken gibt es, zu denen wir ein richtiges Andachtsverhältnis eingehen. Das sind jene, die nicht Empfindungen wecken, wie sie auch im täglichen Leben, wenn auch viel= leicht mit geringerer Stärke, zur Geltung kommen, sondern die aus Gefühlen erwuchsen, wie sie nur Ausnahmsmenschen in den Flutstunden ihres Geistes eignen und derer zu genießen andern nur selten einmal vergönnt ist. Solchen Eleusinien gegenüber dürfen wirs an der gehörigen Weihe nie fehlen lassen. Oft erzwingen sie sich ja suggestiv die gehobene Stimmung aus eigener Kraft. Es wird auch keinem einfallen, sie je populär machen zu wollen. Nur hüte man sich, andere Werke künstlich mit einem geheimnisvollen Nimbus zu umhüllen, die dessen vor gesunden Sinnen nicht bedürfen und denen wir uns auf eine weit herzlichere Weise nähern können, ohne ihnen etwas zu vergeben und ohne uns einen Zwang anzutun.   R. Batka.

Kunstleben und Kunstpflege in der Schweiz.

Der die Schweiz besuchende Fremde wird, sofern er für geistige Verhältnisse überhaupt einen Blick hat, die künstlerische Bethätigung des Landes zunächst als ein Problem empfinden: wie kann bei einem aus mehreren Rassen
zusammengesetzten Volke von nationaler Kunst — denn das ist jede Kunst in
gewissem Sinne — die Rede sein? Gewiß ist dieses fragende Bedenken nicht
wegzuleugnen; es wird nur in der Regel überschätzt. Denn daran kann ein
unparteiischer Beobachter der Völkergeschichte heute nicht mehr zweifeln: gemeinsame Rasse und Sprache haben nicht in erster Linie volksbildende
Kraft. Sein eigener Wille macht ein Volk zur Nation; gemeinsame Güter
und gemeinsame Feinde treiben kleine Gemeinschaften zu engem politischen
Zusammenschluß. Zur Verwirklichung dieses Zieles scheuen sie keine Opfer;
ist es aber einmal erreicht und seine Dauer gewährleistet, so machen sich die
Rassen- und Sprachenunterschiede in den gezogenen Grenzen wieder geltend und
geben dem geistigen Leben der Nation sein eigentümliches Gepräge und — seine
besonderen Aufgaben. Diese Entwicklung hat auch die Schweiz genommen;
Sprachstreitigkeiten und Rassenkämpfe sind ihr darum erspart geblieben. Inwiefern kann aber die geistige und speziell künstlerische Arbeit des Landes bei
seiner Rassenverschiedenheit etwas Gemeinsames haben?

Dieses Problem ist natürlich auf demjenigen Kunstgebiet, dessen Werkzeug die Sprache ist, der Literatur, am wenigsten lösbar. In der That strebt
auch in den beiden Landesteilen die literarische Arbeit dem bezüglichen Kultur-
zentrum, Berlin und Paris, zu. Besonders in der schweizerdeutschen Literatur
der Gegenwart läßt sich eine eigenartige Physiognomie nicht mehr recht erkennen.
Man denkt dabei natürlich zuerst an die Dialektdichtung, die ja durchaus nicht
am Aussterben ist. Aber gerade, weil sie ihre Aufgabe erkannt hat, ist sie sich
ihrer Grenzen bewußt und pflegt mit ihren unschätzbaren, aber doch elemen-
taren Mitteln das Einfach-kindliche, Naiv-herzliche, Volkstümliche im engen
Kreise der Stammesgenossen. Wer wie Keller eine weitere Aufgabe sich gestellt
hatte und doch aus den Schätzen des Volkstums schöpfte, fühlte sich im Dialekt,
der auch heute noch die Umgangssprache selbst der Gebildeten ist, bei der dichterischen Arbeit doch beengt. Nun ist der Zürcher Staatsschreiber dahin, Meyer
folgte, die wir schauen nach neuen Sternen aus. Was ich Gutes von Spitteler
denke, darf ich ja hier nicht sagen, wo er so häufig als Mitarbeiter spricht.
Junge Talente tauchen auf und versprechen manches; sie jetzt schon zu nennen,
wäre zu früh. Die Namen Frey, Marti, Widmann sind auch in Deutschland
bekannt; von Frauen soll A. Hämmerli-Marti (Dialektdichtungen) und R. Bergmann („Die Nacht an der Reichsgrenze", Leipzig, G. Wigand) genannt sein. Auch
mag ich Isabelle Kaiser nicht übergehn, die das Unerhörte unternahm, in beiden
Sprachen zu dichten und dabei so Gutes leistete, wie es in einem solchen Dilemma
eben möglich ist. — Das Schlimme ist, daß es der schweizerdeutschen Literatur an
einem Sammelpunkte fehlt. Sechs Jahre lang hatten wir die „Schweizerische
Rundschau", die aber an dem bedeutsamen Versuch, auch das romanische Element in seinen Idiomen zu Worte kommen zu lassen, scheiterte. Seitdem ist
die Halbmonatsschrift „Schweiz" aufgekommen, ein ernstes, würdiges Blatt,
dazu schön illustriert, aber doch für zu weite Kreise im Volk berechnet, als daß
es die feinsten Geisteskräfte des Landes recht zur Geltung bringen könnte.* —

---

* Wir halten die beim „Polygraphischen Institut" zu Zürich erscheinende
„Schweiz" als Familienblatt in mancher Beziehung geradezu für vorbildlich,

2. Juliheft 1899

Es fehlt außerdem noch an einem großen Verlage. Mit Recht wird es schmerz=
lich empfunden, daß man die Werke der heimischen Dichter Keller und Meyer
von Berlin und Leipzig mit dem Zuschlag (von 8 %) beziehen muß, den die Buch=
händler der deutschen Schweiz, meistens Reichsdeutsche, trotz heftigen Protests
immer noch erheben. Man durfte es aber eben diesem Keller und Meyer nicht
verargen, wenn sie, an ein größeres Publikum sich wendend und auf ihren
Schriftstellerverdienst angewiesen, ihre Bücher in Deutschland verlegen ließen.
Es scheint jetzt manches langsam anders zu werden. Freilich müßte sich da=
bei auch eine innere Wandlung vollziehen. Der Respekt vor dem Ausland ist
zu groß, und man traut sich selbst zu wenig zu. Der alte Drang des Schwei=
zers nach dem Ausland ist noch immer nur zu lebendig, erst allmählich be=
sinnt man sich, daß das Schweizerland, wie die Dinge nun einmal liegen, ein
ganz beneidenswerter Aufenthalt ist. Im Grunde ist es dem Schweizer auch
ganz unmöglich, zu Jungdeutschlands Fahne zu schwören: dazu ist er noch zu
naiv und gesund, zu bescheiden und der Phrase zu abhold. Es fehlen auch die
geschichtlichen Voraussetzungen, fehlt vor allem die Großstadt, der notwendige
Hintergrund der naturalistischen und sozialen Dichtung und es fehlt — die
Unzufriedenheit. Es steckt auch in der heutigen Generation noch viel von der
gesunden Naturwüchsigkeit, die dem Fremden zum wenigsten durch Gottfried
Keller bekannt ist. Das Milieu für einen großen Dichter hat die deutsche
Schweiz immer noch; die Vorbedingungen für eine frische, frohe Kraft, die mit
dem traurigen Einerlei der Dirnengeschichten und der bleichen Stutzerpoesie auf=
räumt, sind vielleicht nirgends mehr so günstig. Nur sollte man den Helvetern
aus Berlin etwas von dem dortigen Selbstvertrauen verschreiben, und die
heimische Produktion müßte größere Unterstützung finden. Das alte deutsche
Erblaster macht eben an der Basler Grenze nicht Halt: man liest nicht zu viel
und man kauft gar nichts.

Ganz anders liegen die Dinge in der romanischen Schweiz. Der Zug
nach dem Kulturmittelpunkte Paris ist viel schwächer. Zwar hat sich ein großes
Stück französischer Literaturgeschichte auf Schweizerboden abgespielt — man denke
nur an Rousseau, Voltaire, Frau von Staël, Benjamin Constant, Ste. Beuve —
aber die Geschichte hat dafür auch eine Scheidewand errichtet, die konfessionelle.
In der That hat die kalvinistische und pietistische Erziehung noch heute sicht=
bare Spuren hinterlassen: es ist dem Volke der moralisierende Zug und ein
wenig konfessionelle Engherzigkeit geblieben, die das Geniale, sofern es jenseits
von Gut und Böse wandelt, nicht zu würdigen weiß. Keine Literatur kommt
aber diesen Bedürfnissen weniger entgegen, als die des heutigen Frankreichs.
Darum hat die romanische Schweiz längst einen kleinen Poetenkreis, eine
Literatur der goldenen Mittelmäßigkeit im vollen Sinn beider Worte, eine
Literatur, die für die Familie bestimmt und aus ihr erwachsen ist, schöpfend
aus dem Reichtum der heimischen Natur, Geschichte und Sitte. Wie in Frank=
reich besteht ein einheitlicher Preis und möglichst gleiches Format. Man kauft
viel Bücher, und mehrere größere Verlagshandlungen können bestehn. Für den
Vertrieb in Frankreich — besonders der dortige Protestantismus hat mit der
Schweiz enge literarische Beziehungen — wird mit Pariser Buchhändlern ein
Abkommen getroffen und in der Regel ihr Name gleichfalls oder allein auf den
Titel gesetzt. Verhältnismäßig zahlreich sind die Uebersetzungen aus dem

empfehlen sie der Beachtung auch unsrer reichsdeutschen Leser und würden uns
freuen, wenn ein ähnliches Unternehmen bei uns entstände.   K.·E.

Deutschen und Englischen, obwohl die gute Kenntnis beider Sprachen häufig ist. Zwei tüchtige literarische Zeitschriften machen sich eine heilsame Konkurrenz; die über hundertjährige Bibliothèque Universelle hat ja auch in Frankreich und sonst im Ausland einen guten Ruf. — Hin und wieder kommt es vor, daß einem begabten Schriftsteller, Eduard Rod, z. B. diese literarische Luft zu schlaff ist; er geht dann wohl nach Paris und kommt früher oder später wieder; in den seltensten Fällen verliert er (wie Cherbuliez) mit der Heimat ganz die Fühlung.

Ich komme nun zum Theaterleben, daß ichs gleich sage: zum Theater-elend. Man pflegt dessen Ursache leicht in dem Mangel an großen Städten zu suchen. Die Hunderttausend haben erst Zürich, Basel und Genf überschritten; wären sie noch einmal so groß, es stünde gewiß besser. Aber es bleibt gleich-wohl in dieser Teilnahmlosigkeit des Publikums dem Schauspiel gegenüber ein hiermit nicht erklärter Rest. Karl Spitteler hat in seinen „Lachenden Wahr-heiten" so eingehend auseinandergesetzt, „warum die Zugstücke in der Schweiz nicht ziehen" (S. 270—77), daß mir kaum mehr übrig bleibt, als ihn zusammen-zufassen. Das naive Empfinden des Volks wird sich gegen einen Stand, der die Erzeugung der bewußten Illusion, des schönen Scheins zum Beruf macht, immer als gegen ein Unnatürliches auflehnen. Das Vergnügen, Träger eines höheren Gedankens, Interpret einer großen Persönlichkeit zu sein, will es sich in seinen Mußestunden selbst machen. Den Schauspieler für seine Leistung zu entschädigen, scheint ihm ein ebenso großer Luxus, wie „unthätig genießend" zuzusehn. Davon einmal abgesehn, stellt das Volk aber auch bestimmte An-forderungen an die Stücke: sie müssen „erhebend" sein, d. h. sich in edlen Versen ergehn, die zu dem Alltagsleben nicht die leiseste Beziehung haben. Ein Volk muß schon einmal am Abgrund gestanden haben, ehe es die in den Wolken schwebende Kunst hilflos verzweifelnd zu sich herabzieht, ehe es mit andern Worten zum Realismus über- oder durch ihn hindurchgeht. Das gesuchte Erhebende nun findet das Volk am ersten in der Geschichte, womöglich der eigenen Heimat. Ist der gewählte Stoff obendrein noch von einem mythologischen Schleier um-woben, so ist das Volksdrama vollkommen. Weil Schillers „Tell" für den Schweizer diese beiden Momente vereinigt, ist er bis heute das einzige und wirk-samste Zugstück der Landesbühnen. — Natürlich trifft diese volkspsychologische Erklärung die große Menge der Gebildeten nicht; warum bleiben sie dem Theater fern? Da beachte man vor allem, daß aus den genannten Gründen die Schweiz selbst kaum Berufsschauspieler stellt; die Truppen bis zu den Char-gen hinab samt den Direktoren sind also Reichsdeutsche. Nun weiß man ja, was heute im Reich als dramatische Kunst gilt; die Herren beeilen sich also uns die neuesten Berliner Schwänke vorzusetzen. Ziehn sie nicht, so kommt Ibsen und Hauptmann an die Reihe, dann Sardou und Dumas. Schlägt alles fehl, so konzentriert man sich auf den „Tell" und — nimmt am Ende der Saison leichten Herzens ewigen Abschied. Die Psychologie des Geschmacks auch nur ganz dunkel zu studieren, kommt niemandem in den Sinn. Daß ein Berliner Witz nicht verstanden, mindestens nicht genossen wird, daß für ein preußisches Offiziersduell jede Voraussetzung des Verständnisses fehlt, daß man für Ibsen noch nicht reif ist, Sardou nur französisch hören mag und den Tell sich lieber selbst spielt, fällt den Herren nicht ein. Man versuche es mit guten klassischen Stücken, leite sie durch Vorträge ein, gewinne die Jugend und werbe durch sie die Alten. Man erziehe das Publikum, das vielleicht nirgends so aufnahme-freudig und doch so ungeschult ist. Aber die „Künstlerschar" denkt nur ans

Geschäftemachen. Viel beſſer ſteht es auch in Genf und Lauſanne nicht, den einzigen romaniſchen Städten, die Truppen unterhalten. Doch iſt das Verhältnis der Franzoſen zu ſeiner Literatur nicht das gleiche: man ſieht die Klaſſikergern und wenn auch gelegentliche Mißgriffe der Direktoren, die natürlich ebenfalls keine Schweizer ſind, das Publikum zeitweiſe zum Boykott treiben, ſo füllen andere Stücke, in denen der Romane ſich ſelbſt lebendig findet, wie Cyrano de Bergerac, oft auch den letzten Platz. Nachteilig auf die Stadttheater, aber anregend auf das künſtleriſche Leben wirken die einmaligen Vorſtellungen franzöſiſcher Wandertruppen auch in d e u t ſ c h e n Städten, deren Repertoire nur aus e i n e m Stück beſteht, das dann eine vorzügliche Aufführung erlebt. Man hat überhaupt die Empfindung, als ſei der franzöſiſche Schauſpieler literariſch und techniſch beſſer vorgebildet, als der deutſche. Trotz alledem fehlt hier ebenſo gut wie in der deutſchen Schweiz die Brücke zwiſchen der Theaterkunſt und den eigentlichen Bedürfniſſen der Volksſeele.

Von Alters her hat in der Schweiz das V o l k s ſ c h a u ſ p i e l dieſe Lücke ausgefüllt, das Spitteler darum mit Recht „den feindlichen Konkurrenten des Kunſtbramas" nennt. Dieſe Volksſpiele, wie ſie in den letzten Jahren in Granſon, Neuenburg, dem Jorathal, Rheinfelden, Payerne und Chur gefeiert wurden, von denen auch der Kunſtwart ſchon kurz berichtet hat, ſind hiſtoriſche Feſtſpiele, zur Verherrlichung eines Gedenktages von einem damit Beauftragten verfaßt; Muſik und Chöre dürfen nicht fehlen, je mehr Mitſpielende nötig ſind, deſto beſſer; an Zuſchauern, mag auch etwa ſchlechtes Wetter auf den halbgedeckten Tribünen noch ſo unangenehm fühlbar ſein, wird es nie mangeln. Natürlich ſind dieſe Feſtſpiele techniſch nicht unfehlbar, treten auch oft nur unter dem Namen „hiſtoriſche Szenen" auf; ihr Ruhm pflegt überdies die Feſttage nicht zu überdauern. Aber was thuts? Das Volk hat an Ort und Stelle ſeine Ahnen gefeiert, es hat in dieſe Neubelebung alter Zeit ſein Beſtes gegeben und hat im Genuß „ſpielend" etwas gelernt. Wo wirklich der Anlaß zu ſolchen Feſtſpielen aus der Lokalgeſchichte ſich ergibt — das Ende unſeres Säkulums iſt ja für die Schweiz an hundert= und fünfzigjährigen Gedenktagen ſo reich — und wo das Volk für ſ i c h ſ e l b ſ t ſpielt, da iſt das Ideal der Volkskunſt erreicht*. Miſchen ſich aber Geſchäftsſpekulationen ſehr irdiſcher Art ein, wie bei den Paſſionsſpielen in Selzach und bem Tellaufführungen in Altdorf, oder dienen die Volksfeſte, von alter Sitte nur den Namen behaltend, zur „Hebung des Frembenverkehrs", wie bei dem Narziſſenfeſte in Montreux, dann wird in uns etwas von dem Unwillen des Viſcherſchen „Auch Einer" wach, den der Hirtenbub auf dem Rigi um ein Trinkgeld für den geblaſenen Morgenſegen bittet.

Im ganzen erfreulich ſteht es mit der M u ſ i k p f l e g e in der Schweiz. Brauchte ich ſchon bei der Charakteriſtik der Volksſpiele das germaniſche und romaniſche Element nicht mehr geſondert zu behandeln, ſo iſt hier die Scheidewand gänzlich gefallen. Dies gilt vor allem für den Volksgeſang. Zwar iſt die natürliche muſikaliſche Begabung des Weſtſchweizers geringer, doch wird das Fehlende durch Eifer und die im ganzen Lande gleich hohe muſikaliſche Bildung, der ſich neben der privaten Initiative beſonders die Schule und das Militär annehmen, nahezu erſetzt. Ausgleichend und anſpornend wirken die kantonalen und mehr noch die großen eidgenöſſiſchen Geſang= und Muſikfeſte,

* Auch die koſtümierten Feſtzüge wie in St. Gallen und Zürich ſind höchſt erfreuliche und kulturgeſchichtlich intereſſante Erſcheinungen.

für die monatelang ehrgeizig und unermüdlich geprobt wird. Auch der Wett=
bewerb mit dem Ausland ist keine Seltenheit. Wäre nicht das Wirtshaus und
die Politik, die Schweizer könnten die ersten Sänger der Welt sein. — Der
Liederschatz des Volkes besteht teils in den längst Gemeingut aller Schweizer
gewordenen Vaterlandsliedern, teils in den jeder Rasse eigentümlichen Volks=
gesängen. Hier sind die Germanen, wie jeder weiß, den Romanen überlegen.
Diese haben darum, den Mangel empfindend, den Versuch einer Belebung des
Volksliedes gemacht. Jaques=Dalcroze aus Genf hat eine Sammlung von
Volksliedern (Chansons romandes enfantines et populaires) herausgegeben und
sie durch in den einzelnen Städten selbstgebildete Frauen= und Kinderchöre
einem begeisterten Publikum vorgeführt. Wer die Jugend hat, hat die Zukunft.
Ehe man gegen Jaques den Vorwurf künstlicher Züchtung erhebt, wäre abzu=
warten, ob dieses Okuliersystem sich doch nicht bewährt. — Die Leistungen der
größeren den Kunstgesang pflegenden Vereine sind denen in Deutschland zu
ähnlich, als daß sie eine gesonderte Besprechung verdienten. Auch hier zeigt sich
das Bestreben der Landvereine, sich an Aufgaben zu versuchen, die über ihre
Kraft und Bildung weit hinausgehen, während die Städter gelegentlich mit
dem Volks= und Dialektlied kokettieren.

Auch die Kunstmusik hat im großen und ganzen keine von der deutschen
unterschiedene Physiognomie. Basel und Zürich unterhalten eine gute Oper;
in Bern wird man nach Vollendung des Theaterneubaues den guten Willen
nicht mehr für die That nehmen müssen. Genf ist hier ausschließlich von
Frankreich beeinflußt. So hat dort die Auferweckung der „Zauberflöte“ und
des „Fidelio“ — böse Zungen behaupten, es sei die „überhaupt erste“ Auf=
führung gewesen — kürzlich den größten Beifall gefunden. — Die Orchester
der Schweiz sind mit Ausnahme Genfs sämtlich durch Reichsdeutsche besetzt
und zum Teil sogar geleitet. Das Basler (Volkland) und Zürcher (F. Hegar)
kann sich mit jeder deutschen Kapelle messen; Bern (Munzinger) und Lausanne
(Humbert) haben noch Mühe, sich zu halten und allen Anforderungen zu ent=
sprechen. Beachtenswert ist auch das kleine Kurorchester in Montreux (Jüttner),
das in seinen dreißig jährlichen Symphoniekonzerten nicht nur die Klassiker
und Modernen durchspielt, sondern auch aus der jung=
französischen und jungrussischen Komponistenschule das Beste auch vom Neuesten
zu bringen bemüht ist. Genf und Zürich werden gelegentlich auch von auslän=
dischen Orchestern (Colonne, Nikisch) und Dirigenten (Massenet, R. Strauß)
aufgesucht. Nur zu selten wird ein Versuch gemacht, der Schweizer Oper
(Weigls „Schweizerfamilie“, Goetz' „Widerspenstige“, Curtis „Rösli vom
Säntis“) zu ihrem Recht zu verhelfen. — Von Schweizer Komponisten ist
G. Doret durch sein Oratorium (Les sept paroles du Christ) und Atten=
hofer durch seine Männerchöre dem Auslande bekannt geworden. Von Künst=
lern seien Rob. Freund (Klavier), die Damen Welti=Herzog, E. Widekind und
Sutter (Gesang), die Herren Rob. Kaufmann, Sandreuter und Burgmeier (Ge=
sang) und Anna Hegner (Violine) genannt.

Zum Schluß ein Wort über die Pflege der bildenden Künste. Hier
macht sich natürlich der Mangel an Großstädten, die allein die nötigen Bildungs=
institute unterhalten können, am meisten bemerklich. Unsere Maler und Bild=
hauer studieren darum auch in der Regel im Ausland und zwar mehr in
Paris als in München, Dresden oder Berlin. Trotzdem finden sich die Schweizer
Künstler gerade in der bildenden Kunst am engsten zusammen, sie haben sich
z. B. in Paris zu einem Verein zusammen gethan und werden auch als solche

2. Juliheft 1899

auf der Weltausstellung vertreten sein. Nicht nur die Gemeinsamkeit der landschaftlichen, historischen und patriotischen Stoffe verbindet sie; es kommt dazu eine grundsätzliche Sympathie für das Moderne, der einige freilich ganz zum Opfer gefallen sind. Kein Salon in Paris thut sich auf, in dem nicht Bilder von Schweizern zu finden wären. Namen hier zu nennen hat ohne Eingehen auf den Einzelnen wenig Wert, ein solches aber verbietet sich von selbst in einer Skizze die nur durch die kunstschaffende Gegenwart einen Querschnitt legen will. Einen Begriff der künstlerischen Leistungen geben die Museen und Ausstellungen. Basel hat herrliche alte Sachen, Genf, Zürich und Neuenburg (Neuchâtel) sind an Werken aus diesem Jahrhundert besonders reich. Jährlich findet in einer der großen Städte die Landesausstellung statt; der Bund kauft dort vierzig bis fünfzig Bilder* an und verteilt sie auf alle Museen des Landes als „Depot". Außerdem veranstaltet die „Schweizerische Kunstgesellschaft" jährliche Wanderausstellungen; Zürich und Basel haben überdies „Salons". Daß das Volk in Sachen der bildenden Kunst entschieden Stellung nimmt, konnte der heftige und noch ungeschlichtete Streit* um die für die Wände des Landesmuseums bestimmten Fresken F. Hoblers beweisen, deren „blutige Roheit" entrüsteten Widerspruch fand. — Von der Bildhauerei läßt sich wenig berichten. Tüchtig war des kaum verstorbenen Max Leu Bubenbergdenkmal (Bern) und die Hebelstatue (Basel), vielversprechend sein Entwurf zur „Stauffacherin". — Der Denkmalsbazillus kommt auch in der Alpenluft fort: Die Zürcher wollen Keller und Meyer ein Gruppendenkmal errichten! Wird das, so wirds nicht nur äußerlich ein Monstrum, es gäbe auch von dem Verhältnis beider Dichter ein verkehrtes Bild. Mit Recht bemerkte man, die schönste und notwendigste Ehrung sei eine billigere Ausgabe ihrer Werke; diesem Vorhaben wünschen wir auf Kosten des andern alles Glück. — Genannt sei hier noch das voriges Jahr in Zürich eröffnete Landesmuseum, gewiß eine der reichsten und bestgeordneten historischen Sammlungen der Welt. — Aus der Kleinkunst endlich dürfen die Bestrebungen der jungen Genfer Plakatgesellschaft (Société Suisse d'affiches artistiques), der eben dort gemachte Versuch einer künstlerischen Weihnachtszeitung nach englischem Vorbild (Noël Suisse) und die hübschen Abreißkalender des Neuenburger Comptoir de Phototypie, sowie des Berner Malers Lauterburg nicht unerwähnt bleiben.

Alles in allem darf gesagt werden, daß die Schweiz auf dem Gebiet der Kunst nicht hintenansteht.*** Ein kleiner demokratischer Staat, dessen eher nüchterne Bewohner vorwiegend von Ackerbau, Viehzucht und Handel leben, ist ja der Kunstentwicklung nicht eben förderlich. Ihr günstiger Boden wäre ein Minimum von Regierung und Bureaukratie, eine reiche Natur, warme Sonne, große Ausblicke und die absolute Freiheit des Individuums; mit andern Worten: das Italien von ehemals, der „unmoderne" Staat, wie er nicht mehr zu haben ist. Trotzdem wird das Schweizerische Kunstleben, wenn es sich noch

---

* Der jährliche Kredit des Budgets für Kunst beträgt 100 000 Frs. Bis hierher nur auf den Bilderkauf verwandt, wünscht der Bund ihn jetzt auch der Plastik und Nationalliteratur irgendwie zugute kommen zu lassen. Diese Entscheidung hängt von der Zustimmung der Kantone ab, die ihrerseits wieder Gelegenheitsbeiträge stiften.

** Er ist nun geschlichtet und zugunsten der Hoblerschen neuen Kartons offiziell entschieden, doch murren die Zürcher noch.

*** Zusammenfassendes über die Kunst in der Schweiz wird der Weihnachten dieses Jahr erscheinende 2. Band des Sammelwerkes „Die Schweiz im 19. Jahrhundert" bringen. Deutsch: Bern, Schmied & Francke. Französisch: Lausanne, Payot.

mehr auf sich selbst besinnt, gerade in seiner Vielgestaltigkeit auf das Ausland immer anregend wirken; es wird in seiner Eigentümlichkeit Vermittler zwischen germanischer und romanischer Kultur werden können und so die Rolle über= nehmen, die das Elsaß früher geschickt und gewissenhaft zu spielen verstand.

Eduard Platzhoff.

Franz Liszts „Christus".

„Wahrheit in Liebe wirkend, lasset uns in allem wachsen an dem, der das Haupt ist, Christus." Ueber drei Jahrzehnte sind vergangen, seit Liszt an die Spitze seiner »Christus«=Partitur das Wort setzte. Wahrheit wirken, Liebe finden, in Allem wachsen! Ein Künstlerspruch ohne gleichen, der das ganze Sinnen und Sehnen der Seele schlicht in herrliche Worte faßt. Aber der ihn sich erwählte, dachte nicht daran, daß dieselbe heilige Schrift, die diese Himmelslosung für die Geister im Lande ausgab, ein anderes nüchternes Erben= wort weiß: „Der Geist der Wahrheit, welchen die Welt nicht kann empfangen. Denn sie siehet ihn nicht, und kennet ihn nicht."

„Denn sie siehet ihn nicht, und kennet ihn nicht." Immer wieder klingen diese trostlosen Silben mit ihrer öden Leere mir vor dem Ohre, das sich gegen die Wahrheit sträuben möchte und doch nicht mehr kann. Denn es ist wirklich so, und man hat mirs nicht bloß geschrieben. Nüchterne Zahlen habens be= wiesen: Ein zweimaliger, energischer Versuch, für das größte Werk Liszts Propaganda zu machen, ist einfach gescheitert.* Angesichts einer derartig ernüchternden Thatsache ist wohl die Frage erlaubt: Wer hat nun Recht? Das große Publikum, das mit entschiedener Zurückhaltung gegen die Anerkennung eines Werkes protestiert, oder die kleine Schar von Getreuen, die sich davon mit fast grenzenloser Bewunderung in höchste Begeisterung versetzt fühlt und derselben Schöpfung herrliche Unsterblichkeit prophezeit? Sind alle, die im Studium des Werkes schönsten Genuß, in der Aufführung reinste Erhebung fanden, sind sie alle voreingenommene Narren?

Es ist an der Zeit, daß über diese Frage ein unparteiisches, aber geistig hoch stehendes Publikum entscheidet. Die folgenden Zeilen sollen zur Anregung dienen und die Freunde des Kunstwarts veranlassen, einem Werke ihre Auf= merksamkeit zu widmen, das zum mindesten nach der Größe der Anlage und der Kühnheit der Konzeption unter die allerersten Meisterwerke der Musikgeschichte zu rechnen ist. Die Frage, die dann eben durch jeden Einzelnen zu beant= worten wäre, lautet: „Ist Liszts »Christus« im Stande, als Ganzes zu wirken, und ist der Widerspruch gegen das Werk nur aus dem noch nicht genügend entwickelten Verständnis dafür zu erklären — oder sind die Mängel des Werkes derartig prinzipielle, daß trotz der vielen Schönheiten dem ganzen Oratorium niemals eine Zukunft werden kann?" — Ich persönlich bekenne mich insofern offen als Partei, als ich thatsächlich den »Christus« für eines der höchststehenden Werke in der gesamten Entwicklung der Kunst halte, ein Werk, dem ich in der geistlichen Musik einen Platz neben Händel und Bach einräume. Aber die folgen=

---

* Gemeint sind die Aufführungen des „Christus" durch den Riebel= Verein in Leipzig am 29. Januar und 5. Mai, die ganz schwach besucht waren. In Wien hat man glücklicherweise bessere Erfahrungen gemacht. R.B.

2. Julibeft 1899

ben Betrachtungen sollen sich nach aller subjektiven Möglichkeit auf die Dar=
legung des aus der Lisztschen Partitur sich ergebenden Thatbestandes be=
schränken, sie sollen dem willigen Kunstfreund nur zeigen, wie er den Lisztschen
Christus — allerdings mit den Augen der Liebe, aber die verlangt ja jedes
Kunstwerk! — sich anschauen soll.

Die erste Entdeckung dabei wird sein, daß die Furcht vor dem kompli=
zierten Liszt dem erstaunten Bekenntnis weicht: „Und ist doch so kinderleicht!"
Man braucht kein Musiker zu sein, um den „Christus" verstehen zu können.
Man wird sogar die Beobachtung machen, daß die Fachmusiker zwischen ihren
Fugen und anderen Formen oft viel zu sehr die Fähigkeit verloren haben,
einfach als Menschen von Fleisch und Blut ein solches mit Herz und Gemüt
mehr gebetetes als geschriebenes Werk zu genießen. Vielleicht kommt einmal
die Zeit, wo sich der kunstverständige Laie von den immer musikalischer wer=
denden Monstre=Polyphon=Musikwerken, die alle Wunder haben und wirken,
nur nicht die des Herzens, zu Liszt rettet mit dem erlösten Ausruf: „Hier bin
ich Mensch, hier darf ichs sein!"

Liszt gliedert sein Oratorium in drei Teile: Weihnachtsoratorium,
Nach Epiphania, Passion und Auferstehung. Der erste Satz gibt
eine doppelte Einleitung, die zu dem ganzen Werke und die zur Weihnachts=
feier. Die erste baut sich über eine altkirchliche Melodie auf: „Thauet, Ihr
Himmel, von oben; die Erde thue sich auf und sprosse den Heiland." Mit
schlichter Eindringlichkeit singt das Orchester von der großen, unbewußten
Sehnsucht der Völker, suchend, fragend, bittend; der Himmel öffnet sich und
aus der Höhe tönt die Stimme, welche die Sendung des Heilandes verheißt.
Sofort führt uns Liszt hinaus auf das Feld zu den Hirten und läßt uns deren
köstlicher Nachtmusik lauschen. Aus wenigen, pastoralen Themen baut der
Meister einen reizvollen Satz, der seinen Charakter durchweg beibehält, dessen
ziemlich breite Ausdehnung aber durch ein paar geschickte Striche bequem und
ohne Schaden für den Gesamteindruck zu reduzieren sein wird. — Ohne jede
Begleitung ertönt vom Himmel die Stimme des Engels, dessen Schlußkadenz
leise im Echo als Alleluja wiederklingt; die himmlischen Heerscharen stimmen
ihr Gloria an, erst im feierlichen Kirchenton, dann zart auf und niederschwebend,
dann durchrauscht vom klingenden, weichen Schlag ihrer Fittige, jetzt in mäch=
tigem Aufschwung mit jubelndem Gloria, plötzlich leise tröstend und „Frieden"
verkündend, um endlich in gewaltiger Steigerung mit ihrem „Alleluja" alle
Himmel zu erfüllen. Im größten Glanze zergeht die Wunderwelt: Aus weiten
Fernen bringt ein leises Echo der himmlischen Chöre; Nacht umhüllt die Felder,
wie im Traum klingt die Musik zauberhaft aus. — Liszt vermeidet sehr richtig,
Ueberleitungen zu geben; jeder neue Satz gibt ein neues Bild. — „Stabat
mater speciosa" lautet die Ueberschrift des nächsten. Man hat behauptet,
seine Ausführung sei archaisierend, mit Hinweis auf die psalmodierenden
Weisen des Stücks. Ich meine, es ist die modernste „Heilige Nacht", die uns
in Musik gemalt worden ist, und muß immer wieder an das gleichnamige
Bild von Uhde in der Dresdener Galerie denken. Das dämmernde Halb=
dunkel, in dem dort alle Gestalten leise verschwimmen, ist auch der Grundton
in der Komposition Liszts; sein Lento sostenuto misterioso anderseits trifft
ausgezeichnet den Charakter der Auffassung Uhdes. Liszt zieht die Schleier
noch etwas dichter; bei ihm fehlen die frischen Engelsköpfchen, die dem Christ=
kinde bei Uhde ihre hellen Weisen singen. Weit vom Felde her schallt ihr
himmlischer Sang. Dafür aber gewinnt der Musiker mit dem sich anschließen=

den Gebet an die Gottesmutter neue, wärmere Töne, die sich bei dem Inflammatus et accensus zu einem mächtigen Ausbruch leidenschaftlicher Begeisterung steigern. Es ist eigentümlich, daß man die urmoderne Auffassung dieses Stückes nie recht betont hat. Was liegt daran, daß Form und Farbe des Satzes, Material und Technik alt sind? Der Geist, der darin lebt, gehört eher ins 20. als ins 19. Jahrhundert und ist so überreich, daß lange Jahre noch vergehen werden, ehe die verborgenen Reize dieses äußerlich so anspruchslosen Kunstwerks alle gewürdigt sind. Leider ist der Satz so enorm schwierig, daß in der Mehrzahl der Fälle äußere Hindernisse (Intonation!) die freie, ungetrübte Entfaltung eines vollendeten Vortrags hemmen werden. Vielleicht erleben wir auch einmal eine „Muster-Aufführung" des „Christus", bei der dieser Satz von lauter geschulten Künstlern ersten Ranges zu singen wäre! — Liszt fügt seinem Weihnachts-Oratorium noch zwei Bilder ein: „Die Hirten an der Krippe" und „Die heiligen drei Könige". Ueber diese beiden Sätze, die dem Orchester allein zufallen, hat sich von jeher der brave Musikphilister am ehrlichsten aufgeregt; solcher Mangel an Rücksicht auf den traditionellen Begriff „Oratorium" ist ihm doch zu stark. Der Laie, der Musik anhört, gewinnt in seiner Unschuld und Reinheit die gegenteilige Ueberzeugung, ihm gefällt diese Musik. Freilich, die Hirtenmusik ist etwas lang, besonders, da schon im Anfang eine Pastoral-Symphonie geboten worden ist! Als einzelner Satz genommen ist aber dieser „Hirtengesang an der Krippe" eines der vollendetsten musikalischen Idylle, das wir überhaupt besitzen. Uebersichtlich aufgebaut, eingänglich melodiös, sprechend naturgetreu in der Charakteristik, einheitlich in der Stimmung, gibt diese Musik von den ersten Tönen an, mit denen die Hirten ihre Instrumente prüfen, bis zu dem aus der Ferne hallenden Abschiedsgruß der zu ihren Herden zurückwandernden Musikanten ein Stimmungsbild allerersten Ranges. Zweierlei freilich gehört zum Genusse eines solchen Kunstwerks: zunächst ein feiner Sinn für musikalische Farben, ein lebendiges Auge, das die einzelnen Gestalten zu erfassen vermag. Wer die köstliche Einfalt, mit der der Dudelsackbaß des Englischen Horns und des Fagotts die fromme ergebene Weise der beiden Klarinetten begleitet, nicht zu scheiden vermag vom den schalkhaften Munterkeit, mit der ein anderer von den ländlichen Musikern auf der Oboe seine Huldigung dem Christkind darbringt, wer in dem ebenso schön instrumentierten wie rhythmisierten Liede, das zwischen drei- und zweiteiligem Takt sich hin und hermiegt, nicht die Natürlichkeit des Volkstons fühlt, wem die fromme Andacht des Religioso in F-Dur unzugänglich ist, für den bleibt selbstverständlich dieser Satz stumm. Dazu kommt als Zweites: Die meisten der Zuhörer scheitern an ihm, weil ihnen die nötige Ruhe fehlt. Nichts ist vielleicht so beklagenswert (und, ach, so kennzeichnend für unsere Zeit), als daß wir die Fähigkeit zum Genusse idyllischer Stimmungen fast verloren haben. Woher das in der Musik kommt, ist leicht zu sagen, gehört aber nicht zur Sache. Mit diesem Sinn für den Zauber der Intimität ist aber weit mehr verloren, als die Ekstase in und für die sogenannten großen Affekte zu ersetzen vermag. Nicht nur, daß diese Aufregung recht oft künstlich und ungesund ist: der moderne Mensch liebt so sehr, sich universal zu fühlen, will alles genießen, vom Höchsten zum Niedrigsten, vom Subtilsten zum Gröbsten, — meist allerdings nur im Schwalle seiner Phrasen — ein wenig Sinn für die einfachen Reize eines künstlerischen Idylls könnte diesen Genießlingen sehr heilsam sein. Und dünken sie sich dazu schon zu übermenschlich, so gilt trotzdem auch in Kunstdingen für den, der recht zu deuten weiß: „Selig sind, die arm

2. Juliheft 1899

sind, denn das Himmelreich ist ihrer!" — — Bei weitem nicht diese seine Genußfähigkeit und Konzentration verlangt der nächste Satz, der **Marsch der heiligen drei Könige.** Höchstens die Einleitung, in der nach leisen Signalrufen die drei Wanderer sich zusammenfinden und durch die dunkle Nacht daherreiten — man denke wieder an das Bild von Uhde — verlangt etwas Phantasie. Aber hat man die, so kann man sich über den ewig neuen Liszt freuen, der jedem der drei ein besonderes Gewand gibt und sich nicht scheut, einen echten Ungar dort in Bethlehem mit einreiten zu lassen. — Fast verlegen halten die einsamen Reiter nach längerem Ritt, unsicher, wohin der Weg nun führte. Der leitende Stern, dessen Zauberglanz Liszt mit der ganzen Meisterschaft seiner Instrumentationskunst wiedergibt, weist sie zur Stätte der Geburt. Sie treten ein und bringen dem Kinde ihre Gaben, Weihrauch, Gold, Myrrhen, — in Musik übersetzt: eine klanggesättigte Melodie, einen Gesang, der ganz beseligte Hingebung atmet. Mit leisen Schritten und einem letzten, langen Blicke nehmen die drei Abschied von dem himmlischen Bilde und treten wieder hinaus in die Nacht. Immer leuchtender wird die Pracht des Himmels, immer strahlender der Glanz der Gestirne, und drinnen im Herzen gibt die selige Wahrheit, die sie geschaut haben, hellen Widerschein; in ihnen und um sie klingt in tausendstimmiger Herrlichkeit sieghaft verklärt die Weise der Anbetung.

Klug in der Verteilung der Mittel läßt Liszt nach diesen beiden Orchesterstücken den zweiten Teil seines Werkes durch zwei Chorsätze mit Orgel einleiten, die „Seligpreisungen" und das „Vater unser". Ueber den Reichtum der Stimmung in diesen Stücken, über die künstlerische Feinheit, mit der in dem ersten die Soli des Baryton mit dem Chor verbunden sind, ließe sich viel sagen. Da beide aber in ihrem Aufbau sofort verständlich sind, sei nur betont, wie peinlich genau Liszt jedem einzelnen der vielen Abschnitte gerecht wird und trotzdem vollständig einheitliche Kunstwerke schafft. Das sind Muster von subjektiver Form, von sich selbst bindender Freiheit, — auf Konservatorien allerdings verrufen; deshalb also bestes Studienmaterial für „Sezessionisten". Es folgt Nr. 8, „Gründung der Kirche". Ein monumentaler Quaderbau mit einem kühn gewölbten, fest gefügten Portal. Aber durch den Vorraum führt uns Liszt erst in eine stille Kapelle; da neigt sich der Herr des Hauses zu seinem Jünger mit der Frage: „Hast du mich lieb?" Darauf gibt er ihm seine Menschheit zu eigen und führt ihn in die weiten Hallen seiner Kirche. In überwältigender Fülle flutet das Licht durch den Ewigkeitsbau, dessen Himmelswölbungen wiederhallen von dem Triumphgesang: „Et portae inferi non praevalebunt!" — Nr. 9 „Das Wunder" bringt denselben Gegensatz von stark und mild in neuer Harmonie: Erst ein mit Realistik groß und kühn hingeworfenes Bild eines Seesturms — (wer von unseren Musikgalerie= und Parketbesuchern kennt dieses Meisterstück!) — dann, fast noch schöner: „Und es ward eine große Stille." Das Staunenswerte an diesem Schlusse ist seine Größe. — Mit immer tollerer Steigerung des Lärms — sagen wir ruhig des Radaus — sich zu einer sogenannten Größe wörtlich „hinaufregen", das können auch Pseudokünstler, aber Erhabenheit, Unendlichkeitsgefühl, geweckt durch ruhige Feierlichkeit, das gibt es doch nur bei den wirklich Großen. Man glaube ja nicht, daß das leicht nachzumachen sei: das Kleinliche im Rein=Musikalischen zu vermeiden, ohne Lärm zu schlagen, ist das Allerschwerste. Warum haben wir denn seit Beethoven fast kein wirkliches Adagio mehr, sondern nur Nippsachenzwischensätzchen im Stile derer aus der achten Symphonie? ... Der „Einzug in Jerusalem" ist wieder ein Meisterstück, und deutlich und kinderleicht zu verstehen, sogar mit

einer Ueberschrift oben darüber in großen Buchstaben, nämlich mit der Haupt=
melodie des Sates, Forte im Unisono gespielt. Dann wird das Bilderbuch
aufgeblättert, und wir erleben den ganzen Einzug vom Stadtthore bis zum
Tempel mit derselben Lebendigkeit wie vorher die Anbetung. Es sei dem ein=
zelnen Leser überlassen, sich die verschiedenen scharf gezeichneten Episoden selbst
zu deuten; zu beachten ist dabei immer das Marschmotiv in den Bässen, das
die Bewegung des Zuges mit realistischer Deutlichkeit malt. Die große Szene
in der Mitte des Sates, bei der es fehlt, ist herrlich gedacht: In den Jubel
des jauchzenden Volkes haben ehrwürdige Greise ihr priesterlich=feierliches
„Benedictus" gerufen; vom Hosanna des Volkes unterbrochen, singen sie noch=
mals ihren ehrfürchtigen Gruß. Der Heiland gebietet Halt, und die gläubige
Menge hält unter dem strahlenden Palmsonntagshimmel einen weihevollen
Gottesdienst zu Ehren des einziehenden Königs. Kaum hat sich der Zug wieder
in Bewegung gesetzt, so brausen die hellen Hosanna-Rufe wieder durch die Luft;
im Triumph wird der Herr zum Tempel geleitet, der nun sein Haus werden
soll. Einem Trompetenruf folgt andachtsvolle Stille: der Herr zieht in den
Tempel ein. Hosanna in altissimis!

Der letzte Teil des Oratoriums beginnt mit der Szene am Oelberg, dem
einzigen Solo=Stücke des ganzen Werks. Was hier in den erschütterndsten
Lauten gefühlt und gedichtet ist, muß gehört und nachempfunden sein: Worte
sind überflüssig oder nutzlos. — Auf den ersten Blick beängstigend wirkt das
nun folgende, in den breitesten Dimensionen angelegte Stabat Mater, dessen
Ausführung etwa eine halbe Stunde dauert. Das Stück ist aber äußerst klar
aufgebaut und außerdem durch leitmotivartige Verwendung einzelner Themen
sehr übersichtlich. Der Text gibt stets die bündige Erklärung für die musikalische
Entwicklung, glänzend ausgeführt sind die Szenen der Geißelung und des
jüngsten Gerichtes, von wunderbarer Milde die Gebetsmelodie, überirdisch ver=
klärt der Abschluß auf die Worte: „Paradisi gloria". Daß wir in diesem Sate
wohl die geistvollste und würdigste Tondichtung über die altberühmte Sequenz
haben, wissen selbst wenige Musiker. Als Ueberleitung zum Schlußchor bedient
sich Liszt einer alten Osterhymne, deren schlichte Einfalt ein Doppeltes vermag:
die hochgespannte Stimmung ganz unmerklich zu beruhigen und durch die
Erzählung von dem Osterwunder das folgende „Resurrexit" vorzubereiten.
Bei diesem selbst wird es, wenn einmal unsere Kunstfreunde angefangen haben,
mit dem »Christus« Liszts vertraut zu werden, immer wieder als ein Wunder
und Rätsel erscheinen, wie am Schlusse eines Werkes von solchen Dimensionen,
nachdem alle Mittel aufgebraucht scheinen, noch eine derartig gewaltige Steige=
rung erzielt werden konnte. Mir scheint: die Begriffe Erhabenheit, Unendlich=
keit, Allmacht sind durch Töne noch nirgends mit solcher Urgewalt ausgesprochen
worden, wie hier am Schlusse des »Christus«.

Für meine anfangs gestellte Frage ist, wie ich nun sehe, nicht viel
Daseinsberechtigung übrig geblieben; ich habe mich wieder in eine solche
»Christus«=Begeisterung hineingeschrieben*, daß eigentlich für den Leser nur
zweierlei übrig bleibt: entweder sich unbesonnen mitzubegeistern oder kopf=
schüttelnd wegzulaufen. Ich möchte ein Drittes vorschlagen, was es in diesem
Falle zum Glück gibt: Der Leser nehme einen Klavier=Auszug des »Christus«
und vertiefe sich in das Werk. Die voranstehenden Anmerkungen erweisen
sich dabei hoffentlich als brauchbare Anleitung zum schnelleren Verständnis.

***

* Ach ja! — Der Verfasser des Aufsatzes über „Begeisterung und Kritik".

2. Juliheft 1899

Noch beffer wäre es, er könnte das Werk hören, aber dazu wird felten Gelegen=
heit fein. Ueber eines ift dann erft zu reden: Wie foll man fich zu dem Werk
als einem Ganzen ftellen? Ich für meine Perfon gebe nur zu, daß die Anlage
des erften Teiles infofern ungünftig ift, als fie zwei Hirtenmufiken bringt und
überhaupt den Fortgang ziemlich lange aufhält. Hier find gefchickte Striche
zu empfehlen, fonft wohl nur noch in dem großen Stabat Mater Nr. 12. Vom
zweiten Teil ab ift fo reiche Abwechslung und fo folgerichtige Entwicklung,
daß Ermüdung nur für diejenigen Zuhörer zu befürchten ift, die bloß des
"guten Tones wegen" da find, was fo viel fagen will, wie: für niemanden;
denn fich den »Chriftus« anzuhören, gehört — zum Glück — noch nicht
zum guten Ton. Am zweckmäßigften zur Einführung in das Werk dürfte
eine Sonderaufführung der letzten Nummern fein: Einzug, Oelbergszene,
Auferftehung; das gibt ein gefchloffenes Ganzes und kann nicht ermüden.
Die glänzendften Chorfätze und das einzige Solo=Stück des Werkes find in
diefer Abteilung enthalten. Die a capella-Sätze verlangen fehr gute Aus=
führung; fie find die einzigen Nummern, die man einzeln in Konzerten
antrifft. Die Gründung der Kirche „Tu es Petrus" verliert, wenn das Orchefter
fehlt, wirkt aber mit einer machtvollen Orgelbegleitung immerhin fo, daß ihre
Aufnahme in diefer Faffung zu befürworten ift. Warum unfere ftändigen
und reifenden Konzert=Dirigenten nicht längft den Marfch der Könige als
Glanzftück in ihre Spielpläne aufgenommen, warum fie nicht mit dem Hirten=
fpiele gezeigt haben, wie viel Sinn fie auch für paftorale Unfchuld befitzen
und wie delikat ihre Holzbläfer den Ton anfetzen, — das ift mir fchwer er=
klärlich; denn aus Rückficht auf das edle Werk, aus dem man nichts heraus=
reißen und ins profanierende Konzert zwifchen Virtuofenpaffagen und Diva=
koloraturen zerren wollte, aus diefer Rückficht thut man's doch nicht! Der
Hauptgrund für die Teilnahmslofigkeit gegenüber dem ganzen Oratorium ift
zunächft die immer noch herrfchende prinzipielle Abneigung gegen Lifzt, deffen
noch lange nicht abzufehende Wirkung auf die Entwicklung der Mufik end=
gültig erft im nächften Jahrhundert beginnen wird. Dazu kommen die fehr
große Ausdehnung des Werks (eine vollftändige Aufführung dauert vier
Stunden), ferner die befremdenden Neuerungen in der Anlage, die Orchefter=
fätze, die vollftändig moderne Auffaffung des Ganzen. Schließlich ift nicht zu
unterfchätzen die Proklamierung des Werkes als eines fpezififch katholifchen, ja
tendenziös katholifierenden Werkes. Meine Antwort bleibt bis auf weiteres:
Wir Proteftanten müßten Gott auf den Knien danken, wenn wir wieder ein=
mal ein Werk von diefer allgemein religiöfen geiftigen Größe und Wahrheit
befchert erhielten.

Daß Lifzts „Chriftus" vor allem unter den gebildeten Kunftfreunden
endlich bekannt werde, daß diefe dann feine Aufnahme durch die großen
Chorinftitute gebieterifch fordern und daß dadurch endlich der Einfluß des
ganzen Reichtums diefer gewaltigen Schöpfung auf unfer Mufikleben be=
ginne, das mit erreichen zu helfen, ift der Zweck diefer Zeilen. Und fchließlich
wird jeder, wer diefer Anregung folgt, erkennen, daß er an feinem befcheidenen
Teile mit der Arbeit für den »Chriftus« genau das kann, was Lifzt wollte:
„Wahrheit wirken! Liebe finden! In allem wachfen!"

Georg Göhler.

Justis „Velazquez"
als Kompendium praktischer Aesthetik. 4.
Velazquez.

Seine ersten Werke geben uns den Eindruck einer kühlen, besonnenen, ganz auf Erfassung der sichtbaren Erscheinung in ihren großen Verhältnissen und besonderen Feinheiten gerichteten Künstlernatur (I, 112). — Von den Borrachos, dem Bacchus inmitten der Trinker, heißt es (I, 259), sie seien griechischer als vielleicht der Maler selbst gewußt hat. Nur ist hier alles aus dem Prestissimo des hellenischen Komus in das Lento spanischer Phlegmas übersetzt. — Die Schmiede Bulkans (I, 302 fg.) ist ein Bild ganz nach des Künstlers Herzen, ein Bild, wie es sich der Künstler wünscht, wenn er einmal frei atmen und die Kunst um der Kunst willen ausüben will. Sein und Schein, die Kenntnis der Muskulatur und die Wahrheit der äußeren Schale sind in gleicher Weise berücksichtigt; hier ist die Linie der Naturwahrheit zwischen gelehrt plastischer oder anatomischer Härte eines Michelangelo und malerisch weicher Unbestimmtheit bei den Venezianern. Athletische Kraft ist hier mit einer Oekonomie in der Masse bestritten, die von der Knochen= und Fleischexpansion gefeierter Stilmaler auffallend abweicht, bei deren Menschen es zuweilen den Anschein hat, als hätten sie zuviel an sich selbst zu schleppen. — In der Uebergabe von Breda drängt sich Alles, was die dargestellten starken, klugen und kühnen Männer gearbeitet haben — mit jener Veste als Kampfspreis — in einem Moment voll natürlichen Pathos, einem militärischen Sakrament gleichsam zusammen (I, 366 fg.). Es hat freilich Kritiker gegeben, denen es schon ärgerlich gewesen wäre, daß Velazquez nur den 5. Juni 1625 malte. — Dafür aber enthalten auch wenige Historienbilder so wenig Geistloses (d. h. Phrase und Schablone); an wenige ist soviel Geist (künstlerisch und menschlich) gewandt worden; wenige geben so viel zu denken, und noch wenigere lassen wie dieses einen Künstler von wahrem Geistesadel erkennen. — Unbedingte Bewunderung wird seinem Kruzifix zu S. Placido zu Madrid gezollt (I, 416). Die Durchbrechung der strengen Symmetrie durch das über eine Hälfte des Gesichts herabfallende Haupthaar, wird als der eine, dem Künstler durch einen Zufall aus dem unbekannten, unbewußten Dunkel der schaffenden Phantasie in den Pinsel geflossene, dämonische Zug des Bildes bezeichnet. Velazquez, der besser als irgend einer zu wissen glaubte, was dazu gehört, um auch den einfachsten Gegenstand „gut zu malen", d. h. der Natur nahe zu kommen, konnte wohl nicht im Ernst unternehmen, ein Kruzifix naturwahr, wahrscheinlich darzustellen. Das läßt sich nicht erdenken. Noch weniger traute er sich zu, den Ausdruck des sterbenden Gottes mit dem Pinsel zu erreichen. Er vertraute, daß hier das Gefühl der Kunst entgegenkommen werde, welches in dem Angedeuteten oft mehr liest als in dem Ausgesprochenen. — Ueber die Bildniskunst des Meisters wird am Anfang des 2. Bandes ausführlich und eingehend gehandelt. Mit den Venezianern gehört er zu den Koryphäen des großen Stils, der auf dem großen Zug der Linien beruht, in Gestalt wie Antlitz, auf der breiten Anlage der Flächen, auf der Einheit des Motivs und der strengen Unterordnung der Einzelheiten. Er hat immer die ganze Figur, stehend, im Auge gehabt, auch wo er bloß Halbfiguren und Büsten malte (5). Velazquez war vielleicht der beste Charakteristiker unter den Neueren, eine Eigenschaft, die nicht so häufig ist, als man denkt. Er malt den Tonus der Nerven, die „Mischung der Säfte", die Dosis von Eisen und Galle im Blut,

2. Juliheft 1899

das Quantum von Weisheit und Narrheit im Verstand (6). Statt seine Menschen so aufzufangen, wie die Erregung der Gesellschaft, der Wunsch zu gefallen, sie belebt, läßt er sie sozusagen auf ihr einsames Selbst zurücksinken, wo jene günstige Spannung, jenes Arrangement der Züge verschwindet. Sie scheinen sich um kein fremdes Auge zu kümmern, auch um das des Malers nicht, welches auf ihnen ruht. Sie stehen fast immer seitlich gekehrt, in Dreiviertelansicht, den Maler mit zurückgewandtem Blick fixierend, und deshalb auch dem Betrachter überallhin folgend. Ein solcher Seitenblick macht den Eindruck des Stolzes, wo nicht der Verachtung. Dem Stolz liegt nichts daran, wie er erscheint, er ist sich selbst genug wie er ist, „er bewirbt sich nicht viel um den Beifall anderer", wie Kant von den Spaniern sagte, denen er Hochmut zuschrieb. Man muß ihn als Ganzes annehmen, mit Lichtern und Schatten (7 fg.).

Durch seine Bildnisse im Freien wurde er auf ein besonderes Prinzip der Beleuchtung und Farbengebung geführt. Den Gegensätzen der Beleuchtung substituiert er die Farbe, die Funktion von Hell und Dunkel löst er durch den Gegensatz von Kalt und Warm ab. So bethätigte er den Satz: Gemälde sollen plastisch sein durch den Schein körperlicher Rundung und Tiefe, nicht plastisch in dem Sinn, daß ihre Gestalten hart und steinern erscheinen und im Leeren stehen. Sie sollten nur Glieder eines Ganzen von Licht und Luft sein (9 fg.). An die Stelle der bisher allgemein üblichen Nachmittags- und Abendbeleuchtung setzte er das Morgenlicht. In seinen herrlichsten Reiterbildnissen zerfällt das Gemälde in zwei große Massen, die Figur und ihr Standort in warmem, gelbem, blaßrotem und bräunlichem, die Landschaft in kaltem, blauem Ton, beide sich gegenseitig steigernd (12). Als Beispiel hierfür biene das Reiterbildnis Philipps IV. Wie man sonst durchsichtigen Kleinodien eine Metallfassung gibt, so steht hier eine in Metallglanz schimmernde Gestalt im durchsichtigen Luftmeer. In jener wird alles Licht zurückgestrahlt: das gleißende Gold, der spiegelnde Stahl, die Seide, die jugendliche Wange, das feuchte Kastanienbraun des Rosses, fast alles warme Strahlen. Aufbringliche Lokalfarben sind zurückgesetzt, der Federbusch ist weiß und braun, die Beinkleider nußbraun, die rosa Schärpe in weißlichem Reflexlicht. In der Landschaft wird alles Licht durchgelassen, aber nur in kalten Strahlen. Hier zieht die Farbe das Auge hinein in die Tiefe des Raumes; dort bringt sie ihm aus der Bildfläche entgegen. Nur das Antlitz mit seinem weißlich blonden Inkarnat und kühlem, bläulichem Reflexlicht steht in keinem Kontrast zum Grund, es ist unmittelbar auf den wolkigen Tageshimmel gesetzt (II, 96). — Interessant ist der Nachweis, wie Velazquez fortwährend den Raum nach der Tiefe und den Seiten hin zu erweitern und aufzuhellen suchte (II, 16). In den ältesten Gemälden ist die Gruppe wie eingepackt im Rahmen; in einigen der spätesten reichen die Figuren nicht bis zur Mitte der Leinwand.

Von dem Eindruck des Bildnisses Papst Innozenz' X., so bekennt Justi (II, 4), datiert sein Interesse für Velazquez und der erste Anstoß zum Studium dieses Künstlers. Meisterhaft ist denn auch die Zergliederung dieses Wunderwerkes der Kunst (II, 183 fgg.). Was den Künstlern bei diesem Bilde imponiert, ist nicht die Aufbietung der Künste und Handgriffe des gewiegten Praktikers, sondern die Abwesenheit dieser Künste, nicht die Harmonie der Farben, sondern die mit den ungünstigsten Zusammenstellungen gewonnene Wirkung; die Planlosigkeit, mit der hier die eifrig erstrebten Ziele des Bildnismalers erreicht scheinen. Diese Wirkung beruht auf der Zusammendrängung aller Kräfte

der Beobachtung und Darstellung in wenigen Stunden. Wie die Marmor=
werke jener Bildhauer, die ohne Modell den Stein angreifen, anders aussehen,
als die, wo kein Schritt ohne die Führung des Zirkels gewagt wurde. Sie
mögen zuweilen straucheln, aber sie gewinnen dafür auch Züge, die nur in
Feuer und Gefahr kommen; wobei an das Wort Longins erinnert wird:
Nimm alle Fehler eines Homer, Demosthenes, Plato zusammen: sie werden
durch eine einzige erhabene Stelle vergütet — die Werke und Worte der Be=
geisterung enthalten eine Panazee aller Verwegenheiten der Rede — in der
Größe muß etwas von Nachlässigkeit sein — die großen Genies sind am
wenigsten korrekt.

    In der Schilderung seines dritten Stils (II, 272 fgg.) erreicht auch
die Darstellungskraft des Verfassers ihren Höhepunkt, wie sie überhaupt sich
bestrebt, stets im Verhältnis zu der Bedeutung des Gegenstandes zu bleiben.
Dieser dritte Stil ist gewissermaßen nur die letzte Wandlung, der Punkt der
Reife einer im Grunde sich stets gleichen Kunst, infolge wechselnder Be=
herrschung der Darstellungsmittel und Erfahrung des Auges. Man könnte sagen,
Velazquez' Maxime sei, mit dem geringsten Aufwand von Mitteln und Zeit
die größte Wirkung zu erzielen; oder es sei hier Ernst gemacht mit der Grund=
regel der zeichnenden Künste: zu malen, was man wirklich sieht, nicht was
man zu sehen glaubt oder erschließt; farbige Lichterscheinungen bis zu den
optischen Täuschungen. Je weniger meßbar und faßbar aber dies eigentliche
Objekt der Malerei ist, desto feinfühliger und fixer muß die Hand sein, welche
das innere Bild niederschlägt und festmacht. Daher die Breite des Vortrags,
weil man aus der Uebersicht des Totaleindrucks arbeitet, daher die Unberechen=
barkeit der vom subtilsten optischen Gefühl des Augenblicks eingegebenen
Manipulationen. — Niemand hat besser als Velazquez die Kunst verstanden,
„die Skizze zu bewahren". Was dem Laien das leichteste dünkt, ist im der That
das schwerste, wie Lemoine sagt, qu'il fallait trente années de métier pour
savoir conserver son esquisse. — Ueber seine Technik und Farbenbehandlung
findet man eine Erörterung von höchstem Interesse (II, 277 fgg.). Man hat
von ihm gesagt, er habe den Reiz eines Koloristen mit der äußersten Nüchtern=
heit der Farbe vereinigt. Das Richtige, daß der Schwerpunkt seiner Malerei
anderswo liegt, hat Mengs bestimmt ausgesprochen: „Wenn ihm Tizian über=
legen ist im Kolorit, so hat er den Venezianer übertroffen im Verständnis von
Licht und Schatten und in der Luftperspektive."

    Hier werden seine beiden großartigsten Schöpfungen besprochen. Die
Meninas (die Familie Philipps IV.) erscheinen durchaus als das Faksimile
eines Zufallsmoments (II, 315 fgg.). Es ist das Bild der Darstellung eines
Bildes. In dem Motiv der Durchbrechung der hinteren dunklen Wand durch
fernere Lichtquellen berührt sich Velazquez mit dem gleichzeitigen größten
Maler des Sonenlichts, Peter de Hooghe. Nicht bloß die Gegenstände sind
hier gemalt, sondern auch die Mühe des Auges, sie zu erfassen im Kampf
mit der Dämmerung. Bei guter Betrachtung erscheinen die Gruppen wie
mit spinnwebenartig zarten Lichtschleier umzogen. Dieses technische
Interesse deckt sich aber so vollständig mit dem Inhalt des Bildes, daß Justi
den Ausspruch des Luca Giordano, das sei die Theologie der Malerei, getrost
dahin deuten kann, es habe dadurch die Unmittelbarkeit des Eindrucks und der
Erkenntnis ausgedrückt werden sollen. Die Kunst hat auch sonst wohl in ihren
höchsten Schöpfungen diesen Eindruck des Ungewordenen, Inspirierten gemacht,
da wo in der Vollkommenheit des Daseins das endliche Werden verschwindet.

2. Juliheft 1899

Er bezieht daher das Wort, das Mengs von den Hilanderas gesagt, auch auf dieses Werk: die Hand scheine an seiner Ausführung keinen Anteil gehabt zu haben, sondern der bloße Wille. — In den Hilanderas (den Spinnerinnen) scheint der Maler darauf ausgewesen zu sein, zu versuchen, wie weit der Schein des Zufälligen, der Schein der Beseitigung des Apparats der Kunst gehen könne. Hier ahnt keine der handelnden Personen, daß ein Künstler ihr auflauert. Die Gruppen könnten in einer Augenblicksphotographie nicht zufälliger aussehen; auch sind es, wie meist im Leben, lauter Nebenpersonen ohne Hauptperson (a novel without a hero). — Der Schwerpunkt aber liegt hier erst recht in der Darstellung des Lichts. Der eigentliche Gegenstand dieses Gemäldes ist das Licht; die Figuren sind nur da um des Lichtes willen, das mit ihnen sein Wesen treibt. Die Sonne, die mit ihren verschiedenartigen Strahlen Gemälde vor uns webt, wer hat sie je so in ihrem Thun belauscht! Sie selbst scheint hier ihre Zaubereien zu treiben, zittert auf seidenen Stoffen, liebkost einen blendenden Nacken, versinkt in kohlschwarze kastilische Locken; macht dies plastisch deutlich, jenes malerisch nebelhaft, löst Körperlichkeit auf in Imponderabilien und gibt Flächen die Rundung des Lebens, macht das Wirkliche zum Bild und das Bild zur Vision. Man fühlt hier, daß Licht Bewegung ist, und jedem schwebt das Wort auf der Zunge: Musik der Farben. Es ist auch des Meisters bewegtestes Bild. Und da Bewegung von einem gewissen Punkt an hörbar, so füllt sich das Bild mit dem wunderlichsten Konzert: des sausenden Spinnrads, des knurrenden Haspels, des gedämpft herabbringenden Geschnatters durcheinander redender Senoras und des schnurrenden Katers.

S. S.

Lose Blätter.

Das Tanzlegendchen.

Von Gottfried Keller.

Vorbemerkung. Wir verdanken es dem Verleger Herz in Berlin und dem Testamentsvollstrecker Gottfried Kellers, daß wir diejenigen unserer Leser, die zu den glücklichen Besitzern seiner Werke noch nicht gehörten, in ihrem Namen heut mit einem der feinsten Sprachkunstwerke daraus beschenken dürfen. Es gehört ein freier Geist dazu, sich seiner recht zu freuen, aber man darf es beileibe nicht ansehen wie ein jungdeutsches freigeisterndes Tendenzstück, man darf nicht zu den Leuten gehören, die, wie Vischer sagt, wohl Kirschgeist schmecken können, aber nicht Kirschen. „Es ist die Stoßvogelhaft, mit welcher eine obenhinfahrende Kritik den »Grundgedanken«, die »Tendenz« aus dem lebendigen Leib eines Dichterwerks herauszuhacken eilt, woraus Beurteilungen, wie die genannte, hervorgehen. Da gibt es kein Verweilen, kein Betrachten, kein Schauen; wer aber nicht schaut, wie will der den Schauenden verstehen, denn was anderes ist der Dichter, als ein Schauender?" Wir sind so seltsam eng und befangen geworden jetzt, daß es uns nicht einmal wundern dürfte, wenn man da und dort eine „Herabziehung religiöser Gebräuche" oder womöglich gar eine „Entweihung des Heiligen" selbst ins Tanzlegendchen hineinsehen sollte. Keller verleugnet ja sein Denken auch hier nicht, das ist wahr, aber wo kämen wir hin, wenn wir dem gestaltenden Künstler die Voraussetzungen seines aufrichtigen Empfindens nicht mehr verstatten wollten, wo kämen wir hin, wenn wir Homer und Shakespere und Calderon und wer sie seien nur noch genießen könnten, falls wir auf gleichem Standpunkte der Weltanschauung ständen mit ihnen? Wer aber meint, der Freigeist Keller spotte hier nur, ach, dem bleibt das „Tanzlegendchen" verschlossen. Erhalten wir uns die Zunge für „Kirschen", wer erst den Alkohol dazu haben will, der kann ihn sich aus dem Kerne ja wohl herausdestillieren, aber das Fruchtaroma, wo blieb dann das? Das wundervolle an diesem Lieblingsstück der Maler und Poeten ist die Sicherheit und die Anmut der gestaltenden Phantasie, die uns von lebendigem Bild zu lebendigem Bilde geleitet, als gingen wir wie Parsifal mit Gurnemanz: „zum Raum wird hier die Zeit". Nie und nimmer ist an warmer Lebensfülle diese Kellersche Sprache übertroffen, kaum jemals ist sie erreicht worden. Erst wenn man in Keller den größten Prosadichter der deutschen Sprache verstehen kann, erfaßt man unserer Ueberzeugung nach seine Bedeutung ganz.

●

Du Jungfrau Israel, du sollst noch fröhlich pauken, und herausgehen an den Tanz. — Alsdann werden die Jungfrauen fröhlich am Reigen sein, dazu die junge Mannschaft, und die Alten miteinander.   Jeremia 31. 4. 13.

Nach der Aufzeichnung des heiligen Gregorius war Musa die Tänzerin unter den Heiligen. Guter Leute Kind, war sie ein anmutvolles Jungfräulein, welches der Mutter Gottes fleißig diente, nur von einer Leidenschaft bewegt, nämlich von einer unbezwinglichen Tanzlust, dermaßen, daß, wenn das Kind nicht betete, es unfehlbar tanzte. Und zwar auf jegliche Weise. Musa tanzte mit ihren Gespielinnen, mit Kindern, mit den Jünglingen und auch allein; sie tanzte in ihrem Kämmerchen, im Saale, in den Gärten und auf den Wiesen, und selbst wenn sie zum Altar ging, so war es mehr ein liebliches Tanzen als ein Gehen, und auf den glatten Marmorplatten vor der Kirchenthüre versäumte sie nie, schnell ein Tänzchen zu probieren.

Ja, eines Tages, als sie sich allein in der Kirche befand, konnte sie sich nicht enthalten, vor dem Altar einige Figuren auszuführen und gewissermaßen der Jungfrau Maria ein niebliches Gebet vorzutanzen. Sie vergaß sich dabei so sehr, daß sie bloß zu träumen wähnte, als sie sah, wie ein ältlicher aber schöner Herr ihr entgegen tanzte und ihre Figuren so gewandt ergänzte, daß beide zusammen den kunstgerechtesten Tanz begingen. Der Herr trug ein purpurnes Königskleid, eine goldene Krone auf dem Kopf und einen glänzend schwarzen gelockten Bart, welcher vom Silberreif der Jahre · wie von einem fernen Sternenschein überhaucht war. Dazu ertönte eine Musik vom Chore her, weil ein halbes Dutzend kleiner Engel auf der Brüstung derselben stand oder saß, die dicken runden Beinchen darüber hinunterhängen ließ und die verschiedenen Instrumente handhabte oder blies. Dabei waren die Knirpse ganz gemütlich und praktisch und ließen sich die Notenhefte von ebensoviel steinernen Engelsbildern halten, welche als Zierat auf dem Chorgeländer fanden; nur der Kleinste, ein pausbäckiger Pfeifenbläser, machte eine Ausnahme, indem er die Beine übereinander schlug und das Notenblatt mit den rosigen Zehen

2. Juliheft 1899

zu halten mußte. Auch war der am eifrigsten: die übrigen baumelten mit den Füßen, dehnten, bald dieser, bald jener, knisternd die Schwungfedern aus, daß die Farben derselben schimmerten wie Taubenhälse, und neckten einander während des Spieles.

Ueber alles dies sich zu wundern, fand Musa nicht Zeit, bis der Tanz beendet war, der ziemlich lang dauerte; denn der lustige Herr schien sich dabei so wohl zu gefallen, als die Jungfrau, welche im Himmel herumzuspringen meinte. Allein als die Musik aufhörte und Musa hochaufatmend dastand, fing sie erst an, sich ordentlich zu fürchten und sah erstaunt auf den Alten, der weder leuchte noch warm hatte und nun zu reden begann. Er gab sich als David, den königlichen Ahnherrn der Jungfrau Maria, zu erkennen und als deren Abgesandten. Und er fragte sie, ob sie wohl Lust hätte, die ewige Seligkeit in einem unaufhörlichen Freudentanze zu verbringen, einem Tanze, gegen welchen der so eben beendigte ein trübseliges Schleichen zu nennen sei?

Worauf sie sogleich erwiderte, sie wüßte sich nichts Besseres zu wünschen! Worauf der selige König David wiederum sagte: So habe sie nichts anderes zu thun, als während ihrer irdischen Lebenstage aller Lust und allem Tanze zu entsagen und sich lediglich der Buße und den geistlichen Uebungen zu weihen, und zwar ohne Wanken und ohne allen Rückfall.

Diese Bedingung machte das Jungfräulein stutzig und sie sagte: Also gänzlich müßte sie auf das Tanzen verzichten? Und sie zweifelte, ob denn auch im Himmel wirklich getanzt würde? Denn alles habe seine Zeit; dieser Erdboden schiene ihr gut und zweckdienlich, um darauf zu tanzen, folglich würde der Himmel wohl andere Eigenschaften haben, ansonst ja der Tod ein überflüssiges Ding wäre.

Allein David setzte ihr auseinander, wie sehr sie in dieser Beziehung im Irrtum sei und bewies ihr durch viele Bibelstellen, sowie durch sein eigenes Beispiel, daß das Tanzen allerdings eine geheiligte Beschäftigung für Selige sei. Jetzt aber erfordere es einen raschen Entschluß, ja oder nein, ob sie durch zeitliche Entsagung zur ewigen Freude eingehen wolle oder nicht; wolle sie nicht, so gehe er weiter; denn man habe im Himmel noch einige Tänzerinnen von nöten.

Musa stand noch immer zweifelhaft und unschlüssig und spielte ängstlich mit den Fingerspitzen am Munde; es schien ihr zu hart, von Stund' an nicht mehr zu tanzen um eines unbekannten Lohnes willen.

Da winkte David, und plötzlich spielte die Musik einige Takte einer so unerhört glückseligen, überirdischen Tanzweise, daß dem Mädchen die Seele im Leibe hüpfte und alle Glieder zuckten; aber sie vermochte nicht eines zum Tanze zu regen, und sie merkte, daß ihr Leib viel zu schwer und starr sei für diese Weise. Voll Sehnsucht schlug sie ihre Hände in diejenige des Königs und gelobte das, was er begehrte.

Auf einmal war er nicht mehr zu sehen und die musizierenden Engel rauschten, flatterten und drängten sich durch ein offenes Kirchenfenster davon, nachdem sie in mutwilliger Kinderweise ihre zusammengerollten Notenblätter den geduldigen Steinengeln um die Backen geschlagen hatten, daß es klatschte.

Aber Musa ging andächtigen Schrittes nach Hause, jene himmliche Melodie im Ohr tragend, und ließ sich ein grobes Gewand anfertigen, legte alle Zierkleidung ab und zog jenes an. Zugleich baute sie sich im Hintergrunde des Gartens ihrer Eltern, wo ein dichter Schatten von Bäumen lagerte, eine

Zelle, machte ein Bettchen von Moos darin und lebte dort von nun an abge=
·schieden von ihren Hausgenossen als eine Büßerin und Heilige. Alle Zeit
brachte sie im Gebete zu und öfter schlug sie sich mit einer Geißel; aber ihre
härteste Bußübung bestand darin, die Glieder still und steif zu halten; sobald
nur ein Ton erklang, das Zwitschern eines Vogels oder das Rauschen der
Blätter in der Luft, so zuckten ihre Füße und meinten, sie müßten tanzen.

Als dies unwillkürliche Zucken sich nicht verlieren wollte, welches sie
zuweilen, ehe sie sich dessen versah, zu einem kleinen Sprung verleitete, ließ
sie sich die feinen Füßchen mit einer leichten Kette zusammenschmieden. Ihre
Verwandten und Freunde wunderten sich über die Verwandlung Tag und
Nacht, freuten sich über den Besitz einer solchen Heiligen und hüteten die Ein=
siedelei unter den Bäumen wie einen Augapfel. Viele kamen, Rat und Für=
·bitte zu holen. Vorzüglich brachte man junge Mädchen zu ihr, welche etwas
unbeholfen auf den Füßen waren, da man bemerkt hatte, daß alle, welche sie
berührt, allsogleich leichten und anmutigen Ganges wurden.

So brachte sie drei Jahre in ihrer Klause zu; aber gegen das Ende des
dritten Jahres war Musa fast so dünn und durchsichtig wie ein Sommerwölk=
chen geworden. Sie lag beständig auf ihrem Bettchen von Moos und schaute
voll Sehnsucht in den Himmel, und sie glaubte schon die goldenen Sohlen der
Seligen durch das Blau hindurch tanzen und schleifen zu sehen.

An einem rauhen Herbsttage endlich hieß es, die Heilige liege im Sterben.
· Sie hatte sich das dunkle Bußkleid ausziehen und mit blendend weißen Hoch=
zeitsgewändern bekleiden lassen. So lag sie mit gefalteten Händen und erwartete
lächelnd die Todesstunde. Der ganze Garten war mit andächtigen Menschen
angefüllt, die Lüfte rauschten und die Blätter der Bäume sanken von allen
Seiten hernieder. Aber unversehens wandelte sich das Wehen des Windes in
Musik, in allen Baumkronen schien dieselbe zu spielen, und als die Leute em=
porsahen, siehe, da waren alle Zweige mit jungem Grün bekleidet, die Myrten
und Granaten blühten und dufteten, der Boden bedeckte sich mit Blumen
und ein rosenfarbiger Schein lagerte sich auf die weiße zarte Gestalt der
.Sterbenden.

In diesem Augenblicke gab sie ihren Geist auf, die Kette an ihren Füßen
sprang mit einem hellen Klang entzwei, der Himmel that sich auf weit in der
Runde, voll unendlichen Glanzes und jedermann konnte hineinsehen. Da sah
man viel tausend schöne Jungfern und junge Herren im höchsten Schein,
tanzend im unabsehbaren Reigen. Ein herrlicher König fuhr auf einer Wolke,
·auf deren Rand eine kleine Extramusik von sechs Engelchen stand, ein wenig
gegen die Erde und empfing die Gestalt der seligen Musa vor den Augen aller
Anwesenden, die den Garten füllten. Man sah noch, wie sie in den offenen
Himmel sprang, und augenblicklich tanzend sich in den tönenden und leuchten=
den Reihen verlor.

Im Himmel war eben hoher Festtag; an Festtagen aber war es, was
zwar vom heiligen Gregor von Nyssa bestritten, von demjenigen von Nazianz
aber aufrecht gehalten wird, Sitte, die neun Musen, die sonst in der Hölle
saßen, einzuladen und in den Himmel zu lassen, daß sie da Aushilfe leisteten.
Sie bekamen gute Zehrung, mußten aber nach verrichteter Sache wieder an den
andern Ort gehen.

Als nun die Tänze und Gesänge und alle Zeremonien zu Ende und die
himmlischen Heerscharen sich zu Tische setzten, da wurde Musa an den Tisch
gebracht, an welchem die neun Musen bedient wurden. Sie saßen fast ver=

schüchtert zusammengedrängt und blickten mit den feurigen schwarzen oder tief=
blauen Augen um sich. Die emsige Martha aus dem Evangelium sorgte in
eigener Person für sie, hatte ihre schönste Küchenschürze umgebunden und einen
zierlichen kleinen Rußfleck an dem weißen Kinn und nötigte den Musen alles
Gute freundlich auf. Aber erst, als Musa und die heilige Cäcilia und noch
andere kunsterfahrene Frauen herbeikamen und die scheuen Pierinnen heiter
begrüßten und sich zu ihnen gesellten, da tauten sie auf, wurden zutraulich
und es entfaltete sich ein anmutig fröhliches Dasein in dem Frauenkreise. Musa
saß neben Terpsichore und Cäcilia zwischen Polyhymnien und Euterpen, und
alle hielten sich bei den Händen. Nun kamen auch die kleinen Musikbübchen
und schmeichelten den schönen Frauen, um von den glänzenden Früchten zu
bekommen, die auf dem ambrosischen Tische strahlten. König David selbst kam
und brachte einen goldenen Becher, aus dem alle tranken, daß holde Freude sie
erwärmte; er ging wohlgefällig um den Tisch herum, nicht ohne der lieblichen
Erato einen Augenblick das Kinn zu streicheln im Vorbeigehen. Als es der=
gestalt hoch herging an dem Musentisch, erschien sogar unsere liebe Frau in
all' ihrer Schönheit und Güte, setzte sich auf ein Stündchen zu den Musen und
küßte die hehre Urania unter ihrem Sternenkranze zärtlich auf den Mund, als
sie ihr beim Abschiede zuflüsterte, sie werde nicht ruhen, bis die Musen für
immer im Paradiese bleiben könnten.

Es ist freilich nicht so gekommen. Um sich für die erwiesene Güte und
Freundlichkeit dankbar zu erweisen und ihren guten Willen zu zeigen, rat=
schlagten die Musen untereinander und übten in einem abgelegenen Winkel der
Unterwelt einen Lobgesang ein, dem sie die Form der im Himmel üblichen
feierlichen Choräle zu geben suchten. Sie teilten sich in zwei Hälften von je
vier Stimmen, über welche Urania eine Art Oberstimme führt, und brachten
so eine merkwürdige Vokalmusik zuwege.

Als nun der nächste Festtag im Himmel gefeiert wurde und die Musen
wieder ihren Dienst thaten, nahmen sie einen für ihr Vorhaben günstig erschei=
nenden Augenblick wahr, stellten sich zusammen auf und begannen sänftlich
ihren Gesang, der bald gar mächtig anschwellte. Aber in diesen Räumen klang
er so düster, ja fast trotzig und rauh, und dabei so sehnsuchtschwer und klagend,
daß erst eine erschrockene Stille waltete, dann aber alles Volk von Erdenleid
und Heimweh ergriffen wurde und in ein allgemeines Weinen ausbrach.

Ein unendliches Seufzen rauschte durch die Himmel; bestürzt eilten alle
Aeltesten und Propheten herbei, indessen die Musen in ihrer guten Meinung
immer lauter und melancholischer sangen und das ganze Paradies mit ihren
Erzvätern, Aeltesten und Propheten, alles, was je auf grüner Wiese gegangen
oder gelegen, außer Fassung geriet. Endlich aber kam die allerhöchste Trinität
selber heran, um zum Rechten zu sehen und die eifrigen Musen mit einem
lang hinrollenden Donnerschlage zum Schweigen zu bringen.

Da kehrte Ruhe und Gleichmut in den Himmel zurück; aber die armen
neun Schwestern mußten ihn verlassen und durften ihn seither nicht wieder
betreten.

Rundschau.

Dichtung.

* Von der Glaubhaftigkeit.

Warum arbeiten wir gedrängt, ge=
schlossen, gefügt, mit Thalten? Um
Spannung und Gipfelung zu gewin=
nen? Diese Erklärung möchte zur Not
für das Drama gelten und genügen.
Allein geschlossene „dramatische" Hand=
lungsführung ist ja durchaus nicht
eine Eigentümlichkeit dramatischer Ar=
beit, sie kommt ebensosehr der Novelle,
dem Roman, dem Epos zugute. Zielt
doch z. B. die Odyssee nicht minder als
Macbeth oder Wallenstein vom ersten
Wort nach dem Ende.

Der Hauptvorzug einer geschlossenen
Führung beruht vielmehr darauf, daß
sie die Glaubhaftigkeit eines Wer=
kes erhöht. Ich meine natürlich nicht
die bäurische Glaubhaftigkeit, welche
ein Werk auf seine Wirklichkeitsfähig=
keit prüft, sondern die poetische Glaub=
haftigkeit, die Glaubwürdigkeit, mit
andern Worten: die Möglichkeit, daß
ein vernünftiger Leser sich willig mit
Herz und Seele in die Welt des Dich=
ters versetze, sei nun dessen Welt ein
Abbild der Wirklichkeit, oder eine ge=
träumte. Diese Glaubhaftigkeit also
wird durch geschlossene Handlungsfüh=
rung gefestigt und zwar auf mehrfache
Weise.

Die Vorahnung eines Zieles ver=
leiht dem Weg Zweck und Sinn, den
Zwischenstationen pathetische Bedeu=
tung, unterstreicht jedes einzelne Er=
eignismoment, jedes geringste Wort,
indem alles und jedes neben seinem
unmittelbaren Ereignis= oder Rede=
gehalt obendrein noch Erklärungs=
oder Symbolwert für die aufgesparte
Hauptszene besitzt Ja, sogar die bloße
Witterung einer Absichtlichkeit zwingt
uns schon zum engern Anschluß an
das Werk. Ein Kunstvorteil, den nach
Schiller am öftesten und bewußtesten
C. F. Meyer ausgenützt hat, indem er
dem Leser die Absichtlichkeit, d. h. die
zielstrebende Nebenbedeutung der An=
fangsereignisse und =Reden so stark
verrät, daß keiner sie übersehen kann.
Ich möchte fast sagen, er reibt sie dem
Leser um die Nase.

Sodann — und dies scheint mir
das Wichtigste — erzeugt geschlossene
Führung von einer Unmenge von Be=
ziehungen, nicht bloß die schon erwähn=
ten Beziehungen zwischen den Teilen
eines Werkes, also zwischen Anfang
und Ende und zwischen den Unter=
abteilungen, sondern auch Beziehungen
sämtlicher geschilderter Personen zu
einander. Je mehr Wechselbeziehungen
aber ein Werk innerhalb seines Dar=
stellungskreises enthält, einerlei wel=
cher Art die Beziehungen seien, desto
glaubhafter wird es, d. h. desto stärker
zwingt es uns in seinen Bann, desto
unauslöschlicher beharrt es in unserer
Seele. Ich glaube nämlich dem Dichter
inniger eine solche Gestalt, an welche
eine zweite Person des Gedichtes glaubt,
als eine noch so treu geschilderte Per=
son für sich allein oder in loser Ver=
bindung mit anderen. Von allen Be=
weisen des wechselseitigen Glaubens
aneinander ist aber der überzeugendste
die stätige Beeinflussung des Einen durch
den Anderen, wie sie bei geschlossener
Handlungsweise stattfindet. Diesem Be=
ziehungsgesetze entspringt unter andern
auch die von Schiller bemerkte That=
sache, daß das sicherste Mittel, uns
eine Person sympathisch darzustellen,
darin besteht, zu zeigen, wie sie auf
andere sympathisch wirkt.

Und die psychologische Erklärung
des Beziehungsgesetzes? Sie lautet:
Wir erkennen alle Kräfte der Erde,
also auch die Menschenseele, nur an
ihren Wirkungen. Carl Spitteler.

Theater.

*** In München gab's wieder
etwas von „Franz Bauer", die vier=
aktige Komödie „Ruwit".** Sohn und
Tochter einer Beamtenwitwe mit schma=
ler Pension und großen Ansprüchen,
entpuppen sich samt ihrer Frau
Mama als ganz gemeine Cha=
raktere und fallen zum Schluß ver=
dientermaßen hinein. Der japanische
Graf Kiwoto, „die Idee" des Stückes,
der mit gebrochenem Deutsch und asia=
tischen Naivitäten die Zuschauer durch
vier Akte hindurch amüsieren muß,
entlarvt die Gesellschaft.

Das Stück auf etwaigen literarischen
Wert hin zu untersuchen, wollen wir
lieber bleibenlassen. Franz Bauer,
alias Ferdinand Bonn, der Verfasser
des „jungen Fritz", hat ja auch in
dieser Hinsicht keine unberechtigten Er=
wartungen wachgerufen. Hervorzu=
heben wäre allenfalls eine Verführungs=
szene im zweiten Akt, die, mit einer das
Gemeine noch übertreibenden Rohheit
geschildert, auf Lacheffekt zugeschnitten
ist und bei unserm deutschen Publikum
jubelndes Verständnis fand. Den glei=
chen Geist atmeten die Familienszenen,

— 265 —

die zum größten Teil mit den dabei enthüllten Widerlichkeiten belustigen wollten. Herr Bonn allerdings wird möglicherweise behaupten, daß ihn bei solchen Gelegenheiten satirische Entrüstung und hochmoralische Bitterkeit zwangen, der bösen Welt ein grotestes Spiegelbild ihres Innern vorzuhalten, und er wird ja auch unzweifelhaft gute Menschen finden, die ihm das glauben, denn „unsre modernen Aesthetici beginnen über das Genre der »Groteske« allerlei Tiefsinnigkeiten auszukramen“, bemerkt Bartels in der letzten Kunstwartnummer sehr zur Zeit.   L. Weber.

Musik.

• Die Konkurrenz um das Zwickauer Schumann-Denkmal, das am 8. Juni 1900 enthüllt werden soll, hat wieder allerhand gezeigt. Zunächst eine trostlose Einförmigkeit der Entwürfe, unten einen Sockel, eckig oder rund, oben den Künstler, sitzend oder stehend, mit Stimmgabel (!!), Taktstock (!), Löwe (!), Muse u. s. w. — Durchschnittsarbeiten in erschreckender Menge. An sich ist gerade diese Aufgabe sehr interessant, sie läßt viele Lösungen zu. Doch Geist und Phantasie verbat sich der Ausschuß ohne weiteres durch sein Ausschreiben, das nicht nur „Sockel und ganze Gestalt“ vorschrieb, sondern auch als Ort der Aufstellung den Marktplatz angab. Damit war von vornherein alles verdorben. Ein Poet wie Schumann gehört in die Natur, nicht zwischen Geschäftshäuser. Der schöne Entwurf Th. von Gosens („Träumerei“) gab eine gute Lösung; aber auf dem Markt: ein Träumer zwischen Fisch- und Gemüseweibern? Schon mehrfach ist der andre Fehler der Preisausschreiben als eine dreiste Anmaßung der Auftraggeber gerügt worden: Das Binden der Phantasie durch Vorschrift über die Weise der Ausführung. Diesmal war aber trotz Kothners Gesang: „Was euch zum Bilde Richt' und Schnur, vernehmt nun aus der Tabulatur!“ ein Walther von Stolzing gekommen mit einem Entwurf im Stile von „Fanget an!“, geistvoll, echt künstlerisch, selbständig. Natürlich hat er „versungen und verthan“, denn „hier wird nur nach den Regeln eingelassen.“ Der zur Ausführung vorgeschlagene Entwurf von Johannes Hartmann (Leipzig) sagt nichts besonderes; daß er technisch gut ist, ist wahrscheinlich aus-

schlagend gewesen. Für mich genügt zur Charakteristik des künstlerischen Geistes der Umstand, daß unter dem Stuhl, auf dem der Künstler sitzt, Partituren liegen — mich dünkt das mindestens unnatürlich und ungeschickt. Einer bemerkte trocken dazu: „Wahrscheinlich sollens welche von Meyerbeer sein!“ — Aber sollen solche brave Normal-Leistungen das Ergebnis sein? An den Künstlern liegts nicht; man könnte welche haben, wenn man sie haben wollte. Aber an den Ausschüssen und ihren „Bedingungen“ liegts.
  G. G.

• Ueber „Künstler und Kritiker“ sagt in der Wiener „Extrapost“ Max Graf mit besonderem Hinblick auf die Musikrezensenten:

„Der produktive Künstler ist ein höchstes und letztes Naturprodukt. Der Kritiker ein Produkt der Kultur und Kunst. Zusammengesetzt, kompliziert, mannigfach um- und durchgebildet.

Der Künstler ist ewig beweglich, ewig aus dem Neuen schaffend. Seine Welt ist in ewigem Flusse. Der Kritiker ist gefestigt, oder er wird es im Laufe der Jahre. Künstler um Künstler, Konzert um Konzert, Oper um Oper ziehen an ihm vorbei. In all jenem Wechsel ist er ein fester Punkt. Aus einem Organismus, welcher fortwährend aufnimmt, verdaut, wird ein Mechanismus mit bestimmten geistigen Funktionen. Statt aktiv zu sein, wird er passiv; der Künstler höchste Aktivität, der Kritiker höchste Passivität. Allmählich, in jenem Wechsel, jenen Bewegungen betrachtet er sich als einen wesentlichen Faktor, einen notwendigen, mitbestimmenden. Er konzentriert sich immer mehr auf sich; gibt sich Schwerkraft, Bedeutung, Gewicht. Und statt ewig flink, ewig beweglich, ewig rezeptiv bei der Bewegung der Künstler und Künste — wie ein »Pülcher« bei der Burgmusik — mitzugehen: wird er schwer, träg, unbeweglich. Die erste Verknöcherung des Kritikers. Nun kommt hinzu, daß er sein Publikum findet. Er tritt dem individualistischen Künstler nicht mehr als einzelner, sondern als Masse gegenüber. Sein Wort ist nicht seine persönliche innerste Meinung, sondern ist ein Repräsentant von hunderten, vertritt die Interessen, Absichten und innersten Instinkte einer Menge. Ganz unbewußt, indem in seinen Worten hundert Geister mitreden, wird seine Sprache allgemein, unpersönlich. Aus diesem kommunistischen Grundgefühl werden ästhetische Ueberzeugungen, ästhetische Gesetze, und schließlich wird aus dem kritischen Individuum eine kritische Institution, eine ästhetische Pagode. Die zweite Verknöcherung des Kritikers. Die dritte Verknöcherung bewirken die unredliche Oberflächlichkeit und kritische Leichtfertigkeit. Es sind die Berufskrankheiten des Kritikers. Auf jede Frage hat er die Antwort parat zu haben, und ununterbrochen werden Fragen an ihn gestellt. Ihm fehlt, wie es Leschetizky fein benannt hat, die Pause. Jedes Werk des Künstlers wird aus geistiger Konzentration, aus einer inneren Einsamkeit, geschaffen; das Wort des Rezensenten kommt aus einer oberflächlichen Bewegung seiner kritischen Haut. Und je mehr ihm Zeit zur Vertiefung, die Stille und die Möglichkeit des Selbstbelauschens fehlen, desto entschiedener wird sein Wort sein, um die innere Unsicherheit zu betäuben."

* Wie's gemacht wird.

Von der Redaktion der „Allgem. Musikalischen Rundschau" erhielt der Direktor eines Berliner Konservatoriums diesen Brief:

„Geehrter Herr! Ueber Ihre Aufführung erhalte ich heute von Ihnen nahestehender Seite den einleidenden Bericht. Ich war selbst verhindert von Ihrer freundlichen Einladung Gebrauch zu machen, und sende Ihnen deshalb vor Druck die Notiz zur Kenntnisnahme für den Fall, (daß) Sie noch Abänderungen treffen wollen. Die nächste Schluß-Nummer des Quartals wie auch die erste des neuen 3. Quartals wird stark verbreitet. Wenn Sie die Einschaltung Ihres Inserats wünschen, bitte ich um gefl. Angabe bis heute Nachmittag. Hochachtend Ihr ergebener Emil Hunger."

Bildende Kunst.

* Die diesjährige Ausstellung der Sezession in München verdient thatsächlich den Namen einer Musterausstellung: zum mindesten werden unter den 322 Werken, die sie bringt, nur ganz wenige technisch unzulängliche aufzufinden sein. Für die Besprechung im Kunstwart freilich heißt's unter der Menge tüchtiger Könner nach den Künstlern zu suchen, die zugleich Schöpfer sind. Unter den Schöpfern aber müssen wir wieder einen Unterschied machen zwischen solchen, deren Kunst nicht weiter gelangt, als dazu,

die sinnliche Erscheinung der Dinge, ihre äußere Wirkung, auf eigne Weise wiederzugeben, also reinen Augenkünstlern, und den andern, die nicht nur Augenkünstler sind (was ja natürlich die erste Bedingung der Meisterschaft), sondern die auf uns mit den besonderen Mitteln ihrer Kunst auf dem Wege der Anschauung zugleich seelische Werte übertragen.

Ich will mit Böcklin beginnen. Er ist mit seinem „Krieg" aus dem Jahr 96 vertreten. Ueber eine sonnige italienische Landschaft wälzt sich aus der brennenden Stadt hinten eine rauchumhüllte Flammenmasse majestätisch empor; aus Glut und Rauch saust ein rasender Geisterchor durch die Lüfte; unter den vier Dämonen der Tod, die Faust in die Hüfte gestemmt, grimmig und still. Die ruppigen Gespensterrosse mit den unheilgierigen Augen strecken die Hälse im rasenden Lauf. Vor allem grandios wirkt der Rhythmus des Bildes in seinem Wechsel von tiefer Ruhe und daraus hervorbrechender Leidenschaft, in deren Wut dann wieder ein eisiger Geisterton klingt. Ein ganz wunderbarer Kerl ist auch der Tod in der unglaublichen Naivität seiner Erscheinung, ein richtiges Gerippwesen. Mit einem ganz grausig wirkenden Humor hat Böcklin dem Scheusal ein schäbiges Mäntelchen umgeschlagen und einen Lorbeerkranz auf den grimmig grinsenden Schädel gedrückt. Technisch gehört das Bild freilich durchaus nicht zu den besten Böcklins. Verzeichnungen gibt's genug. Der Tod z. B. kann nicht mehr als drei, vier Rippen unter seinem Mantel haben, und die Roßleiber wirken geradezu hölzern, und der dritte Reiter jagt zwischen den andern ohne Roß mit, einfach weil halt kein Platz mehr fürs Tier auf dem Bilde war. Und doch vermag dies alles der Wirkung des Ganzen keinen Eintrag zu thun.

Von Thoma sind zwei verhältnismäßig wenig bedeutende Sachen da. In seinem „Angler" aus dem Jahre 84 ist zwar eine echtdeutsche, heimlig anmutende Flußlandschaft gegeben, doch kann Thoma so etwas mit noch viel kräftigerem Naturgefühl packen. Das italienische Motiv wieder, Obstgärtchen an einem Hügel, hat ja an sich gewiß viel Schönes, aber es sucht wie alle mir bekannten Bilder Thomas aus Italien doch vor allem einen deutschen Zug aus der italienischen Landschaft herauszuheben, wodurch natürlich we=

der die Landschaft, noch Thoma sich ganz frei in ihrem Eigensten zeigen können.

Eins der besten Bilder der Ausstellung ist zweifellos Graf Kalkreuths „Fahrt ins Leben". Ein krummgebücktes altes Weib zieht sein schlafendes Enkelkind im Wägelchen über Land. Die Greisin mit ihrem Krückstock, das Kind mit seinem verblüffend richtigen Schlafausdruck unter der heißen bunten Decke, alles groß und klar angeschaut — aber nicht bloß mit einem begabten Maleraugе, das ja häufig nach rückwärts weiterhin keine Verbindung mit Hirn und Gemüt hat, sondern zugleich von einer männlich kräftigen Seele erfaßt, die allem von ihrem erfreulichen Wesen und der ihr eignen tüchtigen Poesie mitteilt, bis ins ruhig farbenfrohe Kolorit hinein.

Was Franz Stuck anlangt, so muß ich mich hier zu der letzterischen Ansicht bekennen, daß ich ihn inbezug auf sein Künstlertum im ganzen nicht so hoch stellen kann, wie Kalkreuth. Natürlich weiß ich, daß Stuck über einen größeren Reichtum an Ausdrucksmitteln verfügt, als selbst Kalkreuth, und ihn auch an geradezu genialer Treffsicherheit übertrifft. Durchaus nicht immer aber scheint mir Stuck in seinem Gegenstande vollständig aufzugehen, ihn nach allen Richtungen hin zu durchdringen. An Stucks Statuette, dem verwundeten Kentauren, tritt das ganz klar zu Tage. Oben der Mensch, der in jähem Schmerz nach seiner Wunde greift, ist vortrefflich erfaßt, der Pferdeleib unten dagegen thut nicht pferdemäßig sich aufbäumend mit, es ist eben ein gemachter, 's ist kein lebendig geborener Roßmensch. Beim „Sisyphos" wieder, einem großen Oelgemälde, scheint mir die starke Farbenstimmung, die da ist, nicht organisch aus dem Kern der Sache heraus gewachsen. Das unheimlich schwere Höllenkolorit ist energisch hingeworfen; aber der „Held des Stückes", die eigentliche Seele des Ganzen, der den Stein rollende Sisyphos, ist nicht mit entsprechender Wucht bei seiner Arbeit gegeben, von einem tieferen Erfassen des einstigen Götterfreundes ganz zu schweigen. So wirkt's wie ein schöner, mächtiger Rauch um ein schwaches Feuer. Stuck hat ja auch schon durchaus beseelte Werke geschaffen, aber es scheint ihm da ein ziemlich enger Kreis gezogen zu sein. Wo er brutale Gewalt schildern kann, wie auf dem bekannten

Sphinxbilde, oder bei der Darstellung derbsinnlicher Szenen, da ist er meisterhaft. Aber er versucht sich, durch lockende Beispiele wie die Böcklins verführt, an allen möglichen Themen, die ihm nicht liegen. Vertreibungen aus dem Paradiese, symbolische Darstellungen des Krieges, der Sünde u. s. w., das sind Aufgaben, deren hohen geistigen Gehalt er meines Erachtens nicht erschöpfen kann.

Es liegt nahe, in Verbindung mit Stuck Slevogt zu nennen. Slevogt, dessen Danaëbildnis sich für die Sezession nachträglich als nicht anständig genug erwies. Auch Slevogt greift manchmal zu Themen, die seiner Ausdrucksweise widersprechen; denn fürs Erste sucht er wohl mit Vorliebe das Wüste an den Dingen zur Anschauung zu bringen. Doch strebt sich Slevogt im Gegensatz zu Stuck nicht nach einer ihm unerreichbaren Ideenhöhe, sondern er biegt sich seine Themen zusammen, bis er sie erreichen kann; seine Scheherezade z. B., die heuer in Dresden ist, gibt sich durchaus als schauerliche Vettel ohne Anspruch auf die seelischen oder körperlichen Reize einer sinnigen Märchenerzählerin. In dem diesjährigen Bilde stellt uns Slevogt eine Danaë vor, die mit mürrischer, handwerksmäßiger Gelassenheit daliegt, während der befruchtende Goldregen vom Himmel schüttet. Für mich ein Bild voll überlegenen Humors und derb treffender Charakteristik. Nur die das Gold in ihrer Schürze auffangende Duenna mein' ich ähnlich schon irgendwo bei einem alten Meister gesehen zu haben. Gemalt ist's mit der bei Slevogt bekannten Virtuosität.

L. Herterichs grünliches Kolorit, in das er unabänderlich all seine Welten taucht, hielt in mir lange Zeit den Verdacht rege, daß er darin das unfehlbare Ausdrucksmittel für Poesie zu besitzen glaube; aber nun, nach einem gründlicheren Kennenlernen des Künstlers, muß ich gestehen, daß mich doch eine bedeutende Persönlichkeit aus seinen Werken ansieht, obwohl ich mich auch jetzt nicht entschließen kann, seine Leibfärbung als die Beleuchtung anzusehn, in der sich die Welt seiner Phantasie wirklich darstellt. Unbedingt das Beste, was Herterich bis jetzt geschaffen, noch viel stärker in Stimmung und Ausdruck als der im Kunstwart reproduzierte Ritter, ist sein Hutten von diesem Jahre. Ein barhäuptiger Mann in voller Rüstung, das gezogene Schwert mit der Spitze am Boden. Man sieht's dem hagern Antlitz an, daß Leben ist dem Manne hart gewesen; umso tiefer packt der ernste, kampfbereite Bekennermut, der aus den Augen leuchtet.

Auch Uhde hat sich diesmal mit einem Bilde eingestellt, an dem man sich uneingeschränkt freuen kann. Uhde scheint mir nämlich nicht immer frei von Pose oder Gesuchtheit zu sein, und manchmal schlägt wohl auch seine Empfindung in Sentimentalität um. Von all' diesen Mängeln spürt man auf dem neuen Bilde nichts. Eine Anbetung. Maria, ein Weib von innig schlichten Zügen, schaut den heiligen drei Königen entgegen; die treten aus dem Dunkel des Hintergrundes ehrfürchtig mit ihren Gaben heran. Im Schoß der Gottesmutter das Kind, dessen zartes Hinterköpfchen sich vor dem Beschauer wölbt. Die graue neblige Malweise Uhdes hüllt den ganzen Vorgang ohne alle Aufdringlichkeit in einen leisen märchenhaften Duft.

Von Trübner ist ein kleines, lebensvolles Bildchen „im Atelier" zu sehn: ein Paar in Unterhaltung. Uebrigens muß ich bekennen, daß mich die Landschaften des Meisters bei weitem stärker ansprechen, als seine figürlichen Sachen.

Mit Wilhelm Volzens Frau Musika kann ich persönlich mich ebensowenig befreunden, wie mit seinen sonstigen, viel bewunderten Arbeiten. Freilich wär' es lächerlich, dem Bild seine starken technischen, reinmalerischen Vorzüge abstreiten zu wollen, obwohl mich auch schon im Kolorit ein allzuweicher Zug stört. Aber das, was der Maler mit seinem ganz vorzüglichen Können zum Ausdruck gebracht hat, ist ein schreckliches, sentimentales Zeug. Eine süß lächelnde Frau (mit aufdringlichem weißem Wogebusen übrigens) beugt sich schmachtend halbgeöffneten Augs zu einem Knäblein nieder mit einem Ausdruck, ach: wie ihn unsre ganz feinen Damen haben, wenn sie sich huldvoll lieblich zur Kinderwelt herabbeugen: „Gott, wie reizend!" Und das Knäblein schaut von unten herauf wie eins, das wegen seiner Gescheitheit schon so oft gelobt worden ist, daß es in jedem Moment sein eignes Persönlein fühlt. Es ist schier unfaßlich, wie diese süßliche, naturfremde Weise Volz den Ruf eines durchaus naiven Künstlers eintragen konnte.

Dann ist Albert Keller da. Ja,

ließe er es bei der Schilderung pikanter Frauenkörper oder mondäner Damen in eleganten Toiletten bewenden, er könnte nur erfreulich wirken. Aber die „Auferweckung von Jairi Töchterlein" und „Herodias"? Wer sein „Glück" gesehn hat, das — eine richtige Weltdame, nur im Flügelkostüm — einen Arme=Leute=Besuch abstattet, weiß, wie's um die Phantasiekraft Kellers bestellt ist. Auf dem „Trio" wieder kommen an der auf dem Sopha hingestreckten Frauengestalt alle Vorzüge Kellerscher Malweise zur Geltung. Warum aber nun noch die zwei Hunde hinsetzen, von denen der eine seine Herrin höchst „bedeutend" anblicken muß, und das Ganze unter dem anekdotenhaften Titel „Trio" in die Welt schicken? Wenn der Maler auf solche Weise ausdrücklich selbst dazu auffordert, sein Bild nicht nur auf das rein Malerische anzusehn, sondern nach seelischen Werten zu suchen, so darf er's dem Kritiker nicht verübeln, daß er dem nachkommt und sagt: von solchen finde ich nichts.

Viel Bewunderung und Entrüstung erregt eine großes Bild „Liebesgarten" von Hierl=Deronco. In einer paradiesischen Landschaft, deren Farbenreige allerdings unter vollständiger Emanzipation von der Natur zustande gekommen, spaziert allerhand affektiertes Weibervolk, das sich zu freun bemüht, als wär's eine Gesellschaft von Seligen. Aber eine starke dekorative Wirkung übt das Bild aus, und auf die kam's ja auch wohl dem Maler hauptsächlich an.

Auch in des „romantischen" Jank „Eiserner Wehr" und in seinem Landschaftsbild „ein altes Nest" scheint mir der Vorwurf mehr zum Anlaß gedient zu haben, dekorative Wirkungen an ihm zu entwickeln.

Khnopff, der feine Bildnismaler, der vornehme Kolorist, leider aber auch: der große Mystiker, dessen Phantasiekunst uns unter anderm Adlerleiber mit den Salonköpfen blasser Dämchen als organische Geschöpfe anbietet, bringt einen „Edelknaben" mit schwarzer Kappe, darunter „hervorquellend" rötliche Haarflut, dazu unglaublich „vornehme", Augen. Ein Menschlein von einer prätentiösen Feierlichkeit, daß einem bei seinem Anblick unwillkürlich die Gruppe jener allerjüngstdeutschen Poeten in Erinnerung kommt, die sich unter dem Banner Georges scharen. Es ist zu befürchten, daß der in dem Bilde steckende Humor ein unfreiwilliger ist, aber das liegt allerdings nicht am Künstler Khnopff. Der hatte aufrichtig zu gestalten, wie der Mensch Khnopff nun einmal empfand, und das hat er ausdruckskräftig gethan.

Eine kuriose Erscheinung unter den Porträtmalern ist Samberger. Ich muß sagen, es hat für mich etwas Trauriges, wenn ein starkes Talent wie Samberger es fertig bringt, sich in den meisten seiner Bilder einfach als ein Lenbach zu geben, und wenn er das auch noch so meisterhaft bewerkstelligt. Es berührt denn doch als ein peinlicher Mangel an seinerem künstlerischen Selbstgefühl. Umsomehr als Samberger gutes Eignes zu geben vermag, wenn er sich einmal so weit befreit, daß seine herbere Auffassung der Dinge nicht nur unter der fremden Maske durchschimmert, sondern deutlich zu Tage tritt. So auf der gegenwärtigen Ausstellung in seinem Bildnis einer älteren Dame: es liegt entschieden etwas von einer hoheitsvollen Herbheit in dem Ausdruck dieser leidvollen Züge. Leider aber gibt sich Samberger selten so rein. Er teilt mit seinem Meister, ja er übertrifft noch dessen Unart, die Züge der Porträtierten zu verzerren, um sie mit Gewalt geistreich oder bedeutend erscheinen zu lassen. Ein ganz böses Beispiel für diese Art Vergewaltigung liefert Samberger heuer in seinem Selbstporträt und in dem Bildnis eines alten Gelehrten.

Ich gebe die technische Meisterschaft Habermanns zu, ich gebe zu, daß seine Personen auch scharf charakterisiert sind, andrerseits wird man aber auch mir zugeben müssen, daß Habermann nun seit Jahren, wenn nicht dieselbe Person so doch immer wieder dieselbe mondäne Art Frau in immer denselben schicken, exzentrischen Stellungen darstellt. Kann man einer Künstlerpersönlichkeit wirklich weitergehende Bedeutung zumessen, die sich selber auf solch ein enges Feld einschränkt? Es sind früher anders um Habermann. Sein „Sorgenkind" z. B. zeugt davon, daß er auch einmal fähig war, an andern Dingen, als an pikanten Erscheinungen künstlerischen Anteil zu nehmen.

Von den Landschaftern erlaube ich mir Leistikow und Dill mit seinem Dachauer Kunstverwandten Hölzel zusammen zu nennen. Mir scheinen ihre Werke nicht auf dem Wege

des reinen Sichversenkens in den erwählten Vorwurf entstanden zu sein, oder genauer: es macht mir den Eindruck, als übernähmen Verstand und Geschmack bei ihrem Schaffen die Führerrolle. Mit andern Worten, sie scheinen mir mit Absicht zu stilisieren, in der Hauptsache dekorative Künstler zu sein, im Gegensatz zu solchen wie Böcklin, bei denen sich der Stil ungewollt, aus der angebornen, eigentümlichen Anschauungsweise ergibt. Wo aber hauptsächlich Verstand und Geschmack zu uns sprechen, da wird auch in uns in erster Linie Verstand und Geschmack angeregt; unsre ganze Seele öffnet sich erst vor etwas, das aus dem vollen Wesen eines Menschen heraus vor uns tritt. Bei den letzthin ausgestellten Landschaftsbildern von Dill, die alle wie durch rauchiges Glas gesehn erscheinen, ist die Absichtlichkeit ohne weiteres klar. Mit diesen Umgrenzungen sollen natürlich Dills Vorzüge nicht etwa geleugnet werden: das Raffinement seiner Farbenempfindung, und sein Geschick, das Wesentliche herauszuheben. Unzweifelhaft geht auch von Leistikows kräftig und mit einer Art weihevollen Geschmacks stilisierten Baumgruppe am Teich eine starke Stimmungswirkung aus, obwohl das Naturgefühl vor ihr weniger stark erregt, als der Geschmack geweidet wird.

Von Skarbina ist ein großes Landschaftsbild da, nicht nur mit seinem Gefühl für Lichtwerte, sondern auch entschieden von einer Stimmung beseelt. Ein alter Bauer geht am Abend über beschattetes Brachland und schaut nach seinem Dorf; das leuchtet im Hintergrund ganz verklärt aus dem Dunkel in einer Thalmulde auf.

Der aus den Fliegenden Blättern bekannte Hengeler hat zwei nette, behagliche Landschäftchen gebracht. Ich glaube, daß das freundlich Trauliche in der Farbe noch entsprechenderen Ausdruck hätte finden können, wenn Hengeler im Kolorit ganz selbständig wäre. Noch bedauerlicher freilich ist's, wenn der liebenswürdige Humorist auf seinen Figurenbildern „stuckelt", was ihm auch schon passiert ist.

Ein Bild von ganz ungewöhnlich starkem Naturgefühl und inniger Beobachtungstreue ist W. Ruffels „Meeresküste". Meeresgeschäume an flachem Strand. Badende Kinder. Mit dem Wind kämpfende Menschen.

Von älteren bekannten Künstlern sind unter anderen Liebermann mit einem Strandbild „Badende Jungen" und Claude Monet mit einer feingestimmten Winterlandschaft voll bläulich bunter Schatten vertreten.

Neu hinzugekommen ist in den letzten Tagen ein prächtiger Kroyer. Am Rand einer langgedehnten, in der Ferne von Hügeln begrenzten Ebene lagert eine Jagdgesellschaft beim Frühstück. Landschaft und Leute sind mit kräftigem Behagen erfaßt und mit Entschiedenheit hingesetzt.

Außerdem ist noch nachträglich ein ganz kurioser Böcklin erschienen, „Armut und Sorge" betitelt. Die Armut, ein üppiges Weib mit brennroten Haarflechten kreuzt die Arme über der Brust. An ihre unterwürfige Demut zu glauben, fällt einem bei ihrer prächtig-kräftigen Körperlichkeit nicht ganz leicht. Neben ihr steht die Sorge, auch eine sehr starke Erscheinung, und hebt den Zeigefinger. Ich kann mir nicht helfen, das Bild ist über eine Allegorie nicht herausgekommen, abgesehen davon, daß sich Böcklin bei Schilderung der Misère auf ein ihm fremdes Gebiet begeben zu haben scheint.

Leopold Weber.

* Die Berliner Sieges-Allee besprach jetzt Otto von Golm in der „Täglichen Rundschau" u. a. von einem neuen Standpunkte aus, und es ist lehrreich zu lesen, worüber er, der gut konservativ fühlt, sich wundert. Er findet, daß hier „eine der größten Zierden und Sehenswürdigkeiten der Reichshauptstadt" entsteht, lehnt den Gedanken „einer Galerie von Kunstwerken" als ungehörig ab, sieht nur eine patriotische Denkmälerreihe in der Siegesallee — und ist doch selbst von diesen Voraussetzungen aus mit ihr nicht zufrieden. Denn er meint, man hätte die Auswahl auf die tüchtigen Regenten beschränken sollen, statt Vollständigkeit anzustreben. Insbesondere sollte die Jugend von Lehrern und Erziehern auf die in Marmor verherrlichten Männer hingewiesen werden und von ihnen rühmliche Thaten vernehmen können, die zur Nachahmung spornen und vaterlandsliebende Gesinnung erwecken und stärken." Aber o weh, da steht schon das Denkmal jenes Otto, der den schimpflichen Zunamen »der Faule« führt". „Wie soll es vor den deutschen Volke, wie vor der wißbegierigen Jugend gerechtfertigt werden, daß er in einer Reihe mit Albrecht dem Bären und dem Kurfürsten Friedrich I. steht und sich demnächst den Standbildern des Großen Kurfürsten, Friedrichs des Großen und Kaiser Wilhelms I. gegenüber befinden wird? Etwa indem man erzählt, wie er sich von Karl IV. hat hansnarren lassen, bis er diesem sein Land schmachvoll verschachert, sich mit den erbeuteten 500000 Goldgulden nach der oberpfälzischen Burg Wolffstein zurückgezogen und dieses Geld mit der »Müller-Gretel« verpraßt hat?" „Leider muß es als ausgemacht gelten, daß schon in allernächster Zeit auch Kurfürst Georg Wilhelm, unter welchem der brandenburgisch-preußische Staat so weit herunterkam, daß sein großer Sohn Friedrich Wilhelm denselben erst wieder neu gründen mußte, als schimmerndes Marmorbild seinen Einzug in die Sieges-Allee halten wird!" — Wir glauben, Herr v. Golm sorgt sich ohne Not. So häßliche Dinge wird man von höchsten und allerhöchsten Monumental-Herrschaften eben nicht mehr erzählen künftig, denn die Sieges-Allee soll den Berlinern die glorreiche Brandenburger Geschichte gegenwärtig halten, und wenn man in einzelnen Fällen den Ruhm noch nicht gefunden hat, so wird man ihn schon noch finden. Wozu dichtet denn Herr Major Lauff in Wiesbaden jene Jahrhunderte um? Der wird schon den annoch Verkannten dieser Potentaten den zugehörigen Ruhm noch zusammenentdecken.

* Zur Denkmalpflege. Mitunter werden „Notrufe" in der Presse erfreulicher Weise doch noch gehört. Die Braunschweiger Stadtverwaltung hat für 113000 Mk. (wozu der Staat und der Prinzregent je 15000 Mk. beigesteuert haben) die Fassade des „Demmerschen Hauses" angekauft, um sie an anderer Stelle wieder aufzubauen. Damit wird bei weitem das Wertvollste des herrlichen alten Baus gerettet.

Vermischtes.

* Wie's gemacht wird. Zur Wissenschaft von den Auszeichnungen wird der „Frkft. Ztg." aus Bayern geschrieben: „Ein Spezialdienst für die Pariser Welt-Ausstellung ist von einem »technischen und kommerziellen Vertreter für Industrie und Gewerbe auf allen Ausstellungen des In- und Auslandes« organisiert worden, der folgende verlockende Einladung den Industriellen zusendet: »Seit Jahren im Ausstellungswesen thätig, bin ich mit

2. Juliheft 1899

sämtlichen Formalitäten vertraut und wäre imstande, Ihnen für Ihre Spezialitäten hohe Auszeichnungen, wie goldene Medaillen mit Diplom garantiert," wie golden Medaillen mit Diplom garantiert. Sie hätten nur Kataloge u. s. w. und Proben an die betreffende Ausstellung zu senden, eventuell durch meine Vermittelung, und würde ich alsbann alles weitere, ohne Vorzahlung für Sie besorgen, auch wäre ber auf Wunsch von mir veranschlagte Gesamtkostenbetrag erst bei Empfang der betreffenden Auszeichnung an mich zu entrichten, somit wäre jedes Risiko für Sie ausgeschlossen. — Erfolg garantiert." — Schade, daß der Mann nicht genannt wird. Aber: er ist der Einzige nicht. Mit den Medaillen wird jetzt ein solcher Unfug getrieben, daß ihre Verteilung bei gewerblichen Ausstellungen fast immer nur die Gewährung eines Reklamemittels als Bezahlung für die erwachsenen Unkosten bedeutet. Wir haben das ja schon früher an haarsträubenden Fällen nachgewiesen.

Unsre Beilagen.

Unsre Notenbeilage ist diesmal bestimmt, den Göhlerschen Aufsatz über Liszts "Christus" zu illustrieren und zu ergänzen. Um unsre Noten-Beispiele hier nicht gar zu "lakonisch" sprechen zu lassen, geben wir ihrer heut auf acht Seiten und lassen das nächste Mal "die Töne schweigen".

Von unsern Bildern zeigt das erste Karl Stauffer-Berns berühmte Bildnisradierung nach Gottfried Keller, deren Original im Kunsthandel wenn überhaupt, so nur noch in ganz wenigen Abzügen von Amsler & Ruthardt in Berlin (für je 100 Mk.) zu beziehen ist. Stauffer hat das unübertrefflich ähnliche und charakteristische Bild ohne Wissen des Dichters ihm abgefangen, während Keller ihm zu einem Oelgemälde saß. — Mit den beiden andern Blättern unterbreiten wir den Lesern zwei Bilder des in der Schweiz jetzt so viel umstrittenen Hodler, von dem auch Platzhoff in diesem Hefte spricht. Mit ein paar Witzen kommt man ja über alles Neue am schnellsten und bequemsten hinweg, nur, daß mans damit zwar überspringt, aber nicht verarbeitet. Will man Hodlers Arbeiten verstehen, so ist, gleichviel, ob mans nachher billigen mag, das erste ein Eingehen auf seine Voraussetzungen, und so beachte man, daß er nicht Tafelbilder, sondern architektonische Malereien geben will. Auch unserm Gefühl nach geht er in dem Bilde der "âmes deçues" mit der Uebertragung der architektonischen Symmetrie wohl zu kühn und zu hart vor, aber man kann das zugeben, und doch die merkwürdige zeichnerische Größe und den herben Ernst der seelischen Erfassung und Charakteristik fühlen. Die Charakteristik der Träumenden auf unserem zweiten Bilde verlohnt bei jeder einzelnen Gestalt eine wirkliche Versenkung des beschauenden Geistes, man wird dann staunend gewahr werden, wie einfach und dabei, wie tiefdringend sie ist. Die Mittelgestalt, die des Schläfers, den der Alb quält, ist nur ein zeichnerischer Aufbau, die wichtigste, man darf die Betrachtung der andern Gestalten und des Ganzen ja nicht von ihr beherrschen lassen. Wir halten Hodler für ein sehr starkes und eigenartiges Talent.

Verantwortl.: der Herausgeber Ferdinand Avenarius in Dresden-Blasewitz. Mitredakteure: für Musik: Dr. Richard Batka in Prag-Weinberge, für bildende Kunst: Paul Schultze-Naumburg in Berlin. Sendungen für den Text an den Herausgeber, über Musik an Dr. Batka. Verlag von Georg D. W. Callwey. — Kgl. Hofbuchdruckerei Kastner & Callwey, beide in München. Bestellungen, Anzeigen und Geldsendungen an den Verlag: Georg D. W. Callwey in München.

BEILAGE ZUM KUNSTWART

FRANZ LISZT.
Aus dem Oratorium „CHRISTUS".

Aus No. IV: „Hirtengesang".

Allegretto pastorale.

8
dolce un poco espressivo quasi rallentando
Ped.
più dolce e un poco rallentando
più dolce
dim.
perdendosi
Quasi Andante. Religioso.
p
p dolce
p
etc.

Aus No. V: „Marsch der heiligen drei Könige."

„Apertis thesauris suis obtulerunt Magi Domino aurum, thus et myrrham."
„Sie thaten ihre Schätze auf und brachten Weihrauch, Gold und Myrrhen."

Adagio sostenuto ed espressivo assai.

molto espressivo il canto

Tempo I.

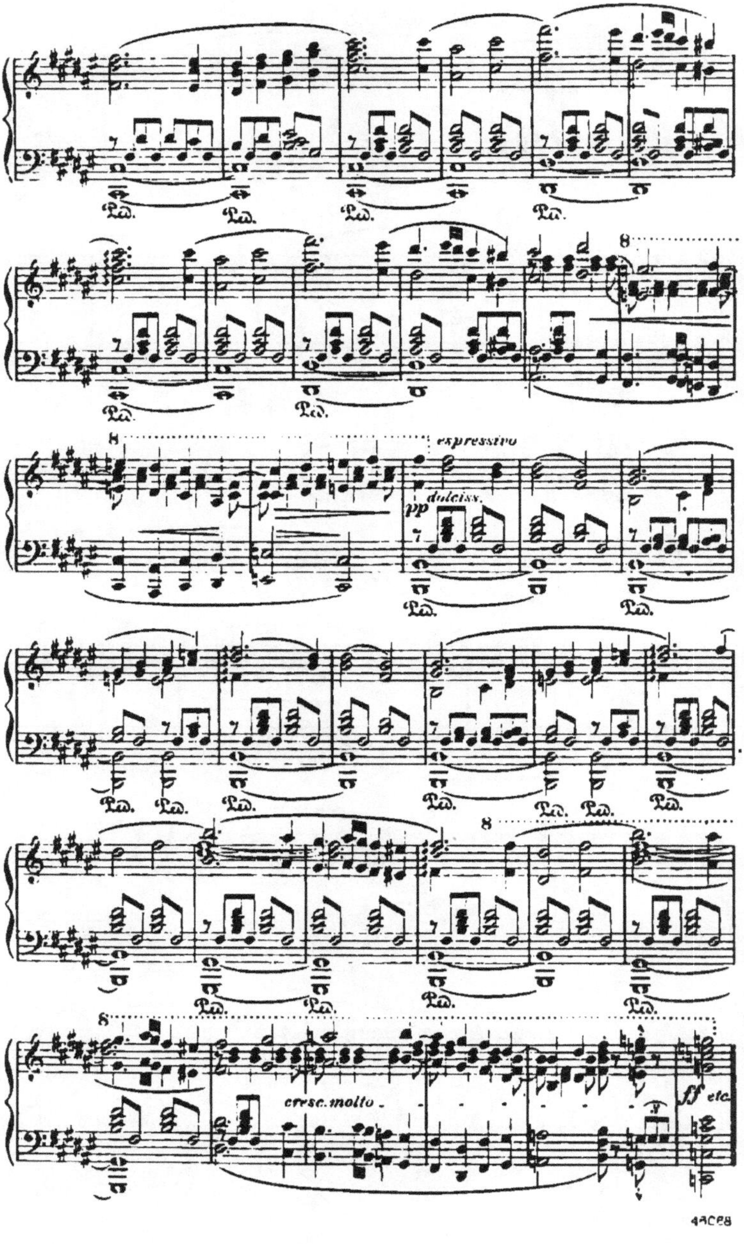
Ped.
8
espressivo
pp dolciss.
cresc. molto
ff etc.

Schluss von No. IX: „Das Wunder."

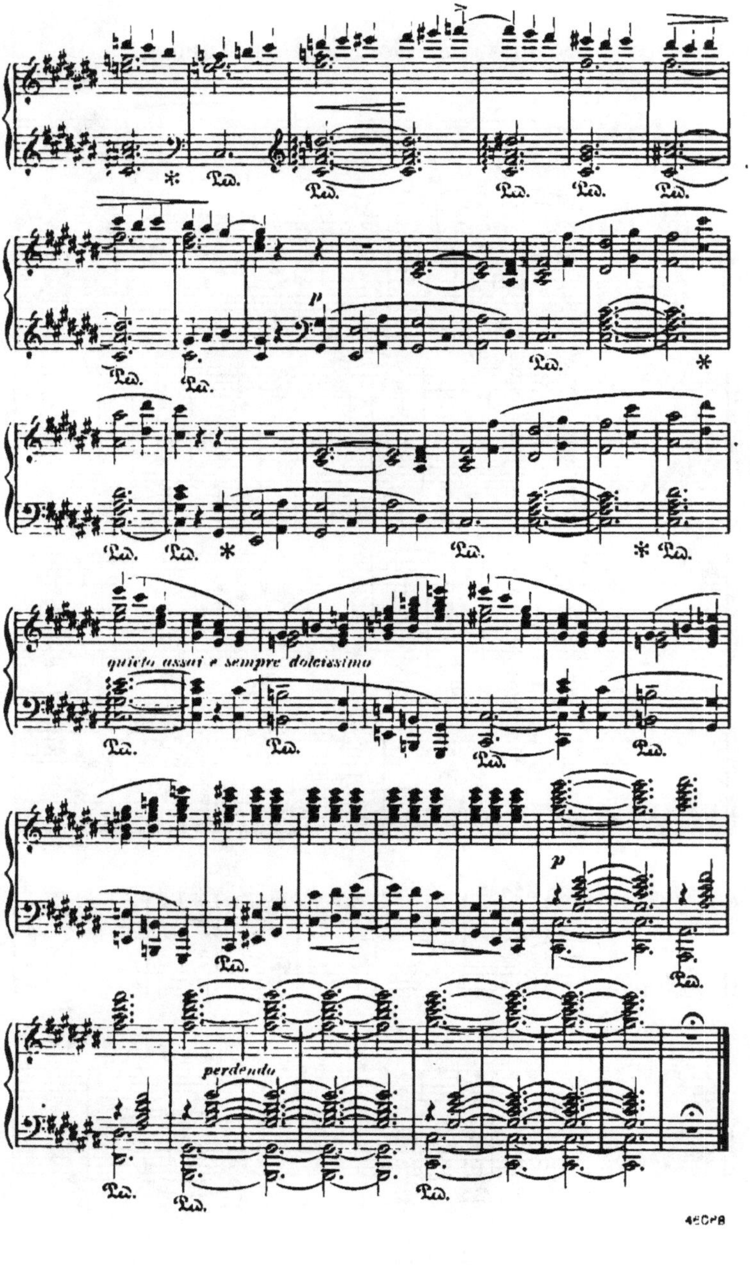
p
quieto assai e sempre dolcissimo
p
perdendo
Ped.
*

Soloquartett aus No. X: „Einzug in Jerusalem".

Andante (non troppo Moderato).

KARL STAUFFER-BERN

FERDINAND HODLER

FERDINAND HODLER

Moderne Weltanschauung und geschichtliche Dichtung.

Die literarische Revolution der achtziger Jahre hat ja allerdings nicht alle Hoffnungen erfüllt, die von ihren Wortführern in sie gesetzt wurden. Wer ein feines Gehör hat, hört aus den heutigen Auslassungen damaliger Koryphäen ganz deutlich einen Mißton der Enttäuschung heraus. Aber einen Trost wenigstens wollen die Enttäuschten sich auch heute noch nicht rauben lassen: den Nachwuchs an Talenten, den die literarische Revolution bewirkt haben soll. Ach, Talente gab es auch vorher schon in Deutschland, und wenn es weiter nichts galt, so hätte man sich mit den Lindau, Ebers, Julius Wolff ganz gut begnügen können, ja sogar mit Oskar Blumenthal. Ueberhaupt wird es einer großen Kulturnation an Talenten niemals fehlen. Gerhart Hauptmann hätte sich auch ohne Revolution sicher durchgesetzt, wenn auch vielleicht in anderer Form, mit ein wenig anders gearteten Zügen in seiner Physiognomie. Denn allerdings, so viel bewirkte die Revolution immerhin, daß ein Talent in den achtziger Jahren andere Vorbedingungen des literarischen Schaffens vorfand, als in den siebziger Jahren — ein ganz anderes geistiges Klima. Und da lag in der That des Pudels Kern, der eigentliche Zweck und Inhalt der ganzen Bewegung: man wollte ein anderes geistiges Klima schaffen, dem Dichter oder Schriftsteller andere Probleme und geistige Ziele aufzwingen, als die der unmittelbar vorhergehenden literarischen Generation. Es war kein Kampf um die künstlerische Technik, der hier entbrannte, sondern ein heißer, erbitterter und unversöhnlicher Kampf um die Weltanschauung. Alles andere folgte von selbst. Die neue Art, die Welt zu sehen, erforderte natürlich auch eine neue Art der Darstellung, und es ist psychologisch begreiflich, daß diese Aeußerlichkeiten in der Hitze des Kampfes von beiden Parteien oft mit der Hauptsache verwechselt wurden. Aber es ist wirklich nur eine Frage von nebensächlicher Bedeutung, ob ein Drama in Versen geschrieben wird oder in Prosa, und ob in einer Erzählung der Dialog auch das Räuspern und Spucken und die Ahs und Ohs photographisch getreu wiedergeben soll, oder ob hier dem Dichter einige Freiheit gewährt wird. — Dinge, die im gegebenen Fall doch immer nur das individuelle Gefühl des schaffenden Künstlers zu entscheiden pflegt. Schwerer, viel schwerer, wog schon die Frage, ob für den Dichter der Mensch ein in sich ruhendes, rein geistiges oder ein abhängiges Naturwesen bedeutete. Die menschliche Abhängigkeit war wieder einmal von der Wissenschaft konstatiert worden, und es war Aufgabe des Dichters, der an diese neualte Lehre glaubte, sowohl den Schrecken, wie auch die Majestät einer solchen Gebundenheit poetisch und ergreifend zum Ausdruck zu bringen. Da diese Weltanschauung diesmal nicht, wie sonst schon öfters, aus eigentlich metaphysischen Quellen stammte, sondern aus den so peinlich exakten Naturwissenschaften, so trat der ganz merkwürdige Fall ein, daß eine im Grunde mystische Empfindung sich einer durch und durch realistischen, ja naturalistischen Methode der Darstellung bediente. Dieser geheime Widerspruch, der einem gleich an der Schwelle der modernen Literatur begegnet, erklärt vieles und eigentlich alles. Hier liegt die Erbsünde vor, die überwunden werden muß, soll die literarische Revolution der achtziger Jahre, die so große Hoffnungen erregte, zu bleibenden Ergebnissen führen.

Der Ahnherr des modernen deutschen Dramas ist, wie jeder Unbefangene eingestehen muß, Henrik Ibsen. Sein Schauspiel „Die Gespenster" war in den Tagen des Kampfes fast wie eine Fahne, um die sich die literarische Jugend scharte. Und noch heute muß diese Dichtung als der getreuste Ausdruck und dauerhafteste Niederschlag der jüngst verflossenen Literaturepoche bezeichnet werden. Jedenfalls kann man sich ein besseres Schulbeispiel gar nicht wünschen, um die moderne Literatur bei ihrem geheimsten Widerspruch zu ertappen. Nun wird es nötig sein, das eigentlich Dichterische in diesem Stück von den moralischen und sozialen Kontroversen zu trennen, die sich einst daran knüpften. Lassen wir also die Frage ganz bei Seite, ob Ibsen mit seiner Anklage gegen die moderne Ehe im Recht war oder ob er über das Ziel hinausschoß. Nur die einfach dichterische Grundstimmung wollen wir auf uns wirken lassen und uns dabei fragen, was auch ohne die soziale Frage wertvoll und bleibend an diesem Stück erscheint. Der Bibelspruch vom eifervollen Jehovah, der die Sünden der Väter an Kindern und Kindeskindern bis in das vierte und fünfte Glied bestrafe, trifft noch keineswegs den innersten Kern von Ibsens Dichtung, sondern erst die vollkommene Schuldlosigkeit von Alwings Vater und das grausige Verhängnis, das trotz aller Schuldlosigkeit über die ganze Familie hereinbräche, würde den modernen Charakter der „Gespenster" stimmungsgetreu und vollwertig wiedergeben, würde offenbaren, wohin instinktiv die literarische Revolution eigentlich strebte: zur Schicksalstragödie auf naturwissenschaftlicher Grundlage. Die Vererbung war die Zauberformel, welche der Phantasie des Dichters neue, ungeahnte Welten zu erschließen scheint. Warum auch nicht? So lange der Mensch noch ein Naturwesen ist, abhängig von Schmerz, Krankheit und Tod, so lange kann auch sein physischer Leib für ihn zum Schicksal werden, und so lange ist es entscheidend, welche körperlichen Merkmale die Vorfahren ihm vererbten. Scheinbar also schien hier die Lösung des schon von Schiller so stark empfundenen dramaturgischen Problems vorzuliegen, einen modernen König Oedipus ohne Zuhilfenahme von Orakelsprüchen und Prophezeihungen hervorzu-

bringen. Aber gerade diese fatalistisch-mystische Auffassungsweise widerspricht ganz und gar dem innersten Geist der durchaus optimistisch gestimmten modernen Naturwissenschaft. Diese hält ja allerdings energisch
daran fest, daß alles, auch der Mensch, ewig unentrinnbaren ehernen
Gesetzen unterworfen ist, aber — sie bemächtigt sich dieser Gesetze, unter-
jocht oder will wenigstens mit ihrer Hilfe das Universum unterjochen.
Der Ausspruch Dubois-Reymonds „Ignorabimus" wird von dem durchschnittlichen Naturwissenschaftler immer bestritten werden, weil der Gute
sich nicht denken kann, daß für seine hochentwickelte Forschungsmethode
irgend ein Ding zwischen Himmel und Erde unenthüllbar wäre. Wohl
gibt es pessimistische Aerzte, die in ihrer Praxis eine gewisse gallige
Bitterkeit erlernten. Aber ein Arzt, der die Keckheit hätte, zu behaupten,
diese oder jene Krankheit wäre nicht nur nach dem gegenwärtigen Stande
der Wissenschaft, sondern ein für alle Mal, in alle Ewigkeit unheilbar,
dürfte so bald nicht gefunden werden — oder er ist ein nicht ernst zu
nehmender Sonderling. Einem durchschnittlichen Psychiater oder Irrenarzt
müßte über Ibsens „Gespenstern" genau so die Geduld vergehen, wie
dem durchschnittlichen Naturwissenschaftler vor dem Ignorabimus eines
Dubois-Reymonds. Was in aller Welt soll nun diese annoch unheilbare
Krankheit auf der Bühne? Oder liegt der Fall Alwing noch nicht hoffnungs-
los, ist eine Heilung noch denkbar? Im Sinne des Dichters ist eine
Heilung freilich undenkbar, und der schlichte Zuschauer gibt sich damit
zufrieden, wie sich ein alter Grieche mit einem Orakelspruch von Delphi
zufrieden gab. Das aber ist auch alles. Auf die unbedingte und in
diesem Fall so wichtige Zustimmung der Naturwissenschaftler wird der
moderne Dichter verzichten müssen — wenigstens so weit es gilt, das
Kausalitätsgesetz nicht als den Schlüssel zum Weltgeheimnis zu empfinden,
sondern als ein finsteres dämonisches oder auch grandioses Fatum. Und
wir müssen sogar weiter gehen, unsern Satz von der ruhigen Hingabe
des Laien wesentlich einschränken. Der Laie glaubt ja allerdings im
gegebenen Fall an die Unheilbarkeit einer Krankheit. Er glaubt daran,
weil man es ihm sagt, und — ballt die Faust in der Tasche. Niemals
erweckt eine Krankheit den majestätischen Eindruck einer furchtbaren und
in ihrer Furchtbarkeit erhabenen Notwendigkeit. Bis zum letzten Augenblick hofft man auf Rettung, und erweist sich diese Hoffnung als Trug,
dann fügt man sich ja allerdings mit einem Gefühl des tiefsten Grolles,
der aber wenig oder gar nichts mit dem titanischen Aufbäumen einer
großen gegen eine große Notwendigkeit enthält, sondern weit
mehr nur den verbitterten Aerger über einen unglücklichen Zufall. Darum
findet Ibsen mit seinen „Gespenstern" nicht nur bei den Aerzten keinen
Anklang, sondern im Grunde auch nicht beim Laien, der an die Naturnotwendigkeit von Oswald Alwings Schicksal trotz alledem nicht glauben
will, und der dem Dichter nur dann willig zuhört, wenn diese schreckliche
Krankheitsgeschichte — der Vorwand für andere Dinge ist. So kam
mit innerer Notwendigkeit die Polemik gegen gesellschaft-
liche Einrichtungen in das Stück hinein, und viele glaubten gar, es
wäre darum überhaupt nur gedichtet worden. Man kann sich ja allerdings auf eigene, vereinzelte Aussprüche Ibsens berufen, und wenigstens
so viel liegt klar auf der Hand, daß auch der Dichter an seinem Schicksal kein rechtes Genüge fand, daß er ganz innerlich daran nicht glaubte,

sondern sich dagegen empörte und an Verbesserungsmöglichkeiten dachte. Ein sonderbares Schicksal aber, das sich korrigieren läßt! Trotzdem muß die Annahme, daß es dem Dichter nur an einer Polemik gegen die heutige Form der Ehe gelegen war, unbedingt zurückgewiesen werden. Das hatte er viel umfassender schon in der „Nora" besorgt. Von einem bedeutenden Denker, wie Ibsen doch einer ist, darf man schon annehmen, daß er nicht um einer schlicht sozialreformatorischen Ansicht willen an die härtesten und bedenklichsten Probleme der modernen Naturwissenschaft gerührt hätte.

Aehnlich, wie Ibsen, erging es dem großen Naturalisten Zola. Auch dieser war ganz erfaßt von dem Gedanken der menschlichen Gebundenheit an das Naturgesetz, und er empfand sehr intensiv die in der neuen Lehre enthaltene Poesie einer großen und erschütternden Notwendigkeit. In verstärktem Maße verwertete er die Mittel Ibsens und fügte zu der Vererbung noch die Uebergewalt des Milieu und der Rassenanlage hinzu. Das lag an seiner vorwiegend epischen Richtung im Gegensatze zu dem durchaus dramatisch veranlagten Ibsen. Aber eben deshalb tritt bei dem Dichter von „Germinal" und von „l'Assomoir" der Widerspruch noch viel greller hervor. Mag er uns immerhin symbolische Ungeheuer vorführen, wie seinen gespenstischen Destillierapparat in der nicht minder gespenstischen Arbeiterkneipe, oder in „Germinal" das gefräßige Bergwerk, ferner den Moloch Bazar, den Moloch Börse, das finstere Ungetüm Eisenbahn — wir lassen uns doch davon nicht überwältigen, sondern wir sind entrüstet, wir rufen nach Reformen oder womöglich nach der Polizei. Zweifellos ist es um diesen Eifer eine schöne Sache, und man wird einem Zola die Anerkennung nicht versagen dürfen, daß er zu den größten sozialreformatorischen Schriftstellern der Gegenwart gehört. Nur daß er gern noch etwas mehr sein möchte und bis zu einem gewissen Grad auch ist — der moderne Epiker einer an das Naturgesetz gebundenen Gesellschaftsordnung. Es ist eigentlich eine drollige Tragik: Zola auch als Dichter gar nicht bestehen ohne die großen Entdeckungen der modernen Soziologie, die das Bedürfnis des Menschen, seine Gesellschaftsordnung um jeden Preis aus der Gebundenheit herauszuheben, doch wieder in einer Weise gesteigert hat, daß Zola der Dichter — entschieden dabei zu kurz kommt. Man glaubt nicht an seine gespenstischen Symbole, sondern lieber an die Sozialreform.

Diesem, nun wohl als typisch erkannten Schicksal der modernen Poeten ist in Deutschland auch Gerhard Hauptmann nicht entgangen. Wie viele gibt es denn im Publikum, welche die eigentlich dichterischen und zugleich ganz modernen Eigenschaften der „Weber" nach Gebühr zu würdigen wissen? Doch nur Vereinzelte kommen zu dem Bewußtsein, daß es sich in diesem Stück weit weniger um Fragen der Sozialreform oder auch der Sozialrevolution handelt, als vielmehr um die Darstellung eines überwältigenden, kausal naturgesetzlichen Schicksales innerhalb einer scheinbar gänzlich entfesselten Volksbewegung. Hauptmanns „Weber" sind in der That genau so, wie Ibsens „Gespenster", ein Schicksalsdrama auf naturgesetzlicher Grundlage. Aber auch hier glaubt der Durchschnittsmensch nicht an dieses Schicksal, sondern denkt an Reform und Revolution und beurteilt das Stück nur vom politischen Parteistandpunkt aus. Dieser Zustand kann unmöglich so weiter dauern, soll nicht die Dichtung einfach in den Dienst der politischen Parteien treten, wie in den vierziger Jahren, und zu einer höheren Journalistik entarten. Auch hat die moderne Literatur bereits sehr lebhaft die Notwendigkeit empfunden, aus diesem Zwiespalt um jeden Preis herauszukommen. Leider schwebte ihr dabei als Muster der berühmte Doktor Eisenbart vor, der die Leute nach seiner Art kurierte. Weil das naturwissenschaftlich=mystische Schicksal fortwährend durch das gesellschaftlich=reformatorische Problem gekreuzt wurde, so schaltete man die Gesellschaft einfach aus und predigte einen zwar sehr extremen und zügellosen, dennoch aber unbewußt an das Naturgesetz gebundenen Individualismus. Dadurch wurde aber das Problem nicht gelöst, sondern nur verschoben. Der Naturalist und Sozialreformator verwandelte sich in einen Symbolisten und Dekadenten.

Gewiß, der Mensch ist ein durchaus abhängiges Naturwesen. Nur, daß er davon nichts weiß! Der gesunde Mensch wirkt und handelt, ohne sich über die Grundbedingungen seiner Handlungsweise weiter den Kopf zu zerbrechen. Er spürt die Gebundenheit seines Thuns an den realen Hindernissen, die sich ihm entgegenwerfen — weiter nicht. Wegen Freiheit und Unfreiheit des Willens läßt er sich keine grauen Haare wachsen, weil diese Fragen für ihn nur müßige Doktorfragen sind. Selbst wenn er sich theoretisch schon zur Willensunfreiheit bekennen wollte, so würde sein praktisches Thun dadurch nicht beeinflußt werden, ähnlich wie wir alle uns durch die Kenntnis des Kopernikanischen Systems nicht abhalten lassen, mit festen, markigen Knochen auf der dauernden Erde zu stehen, obwohl wir doch wissen, daß diese sich in schnellem Umschwung um die Sonne dreht. Darum kann der moderne, individualistische Dichter, welcher die innige Verkettung des Individuums mit dem Universum zur Darstellung bringen möchte, mit einer realistischen Nachahmung des wirklichen Lebens nicht durchkommen, und für ihn liegen sogar noch größere Schwierigkeiten vor als für seinen gesellschaftskritischen Kollegen. Die soziale Gebundenheit wird uns wenigstens immer glaubwürdig erscheinen, wenn wir auch weniger willig uns dem Wunsche fügen, in ihr ein unabwendliches Verhängnis zu erblicken. Dagegen die absolute Unfreiheit des Individuums hat nicht nur mit unserer starken Abneigung, sondern zugleich auch mit dem unmittelbaren Zeugnis unserer Sinne und unseres Gefühles zu kämpfen. Es wäre gerade so, als wollte ein Novellist zum Ausgangspunkt seiner Darstellung nehmen, daß alle Menschen plötzlich vom Schwindel befallen würden, nachdem es ihnen erst einmal klar geworden ist, daß sich die Erde um die Sonne dreht. Menschen, die solcher Anwandlungen wirklich fähig wären, müßten an einem außerordentlichen Feingefühl von hochgradig pathologischem Charakter kranken, hätten sie nicht gar die Schwelle des Irrenhauses schon überschritten. Mit andern Worten, diese moderne Literatur ist wesentlich pathologischer Art. Sie hält sich mit Vorliebe an die „Nachtseiten der Natur" und unterscheidet sich von ähnlichen Erscheinungen der deutschen Romantik nur durch ihre größere Exaktheit in wissenschaftlicher Beziehung. In der Naturerkenntnis sind wir denn doch schon ein Stück weiter, und die Wundergläubigen und Hexenmeister der Romantik finden bei uns keine Gegenliebe mehr. So bleibt dem mystischen Individualisten nur die analytische Psychologie übrig, welche Schritt für Schritt, Stufe für Stufe das werdende Gefühl begleitet und zugleich es zergliedert, um der Urtriebe und geheimsten Motive Herr zu werden. Natürlich offenbart sich bei solcher Forschung die vielfache Hilflosigkeit des Menschen gegenüber der Uebergewalt seiner Nerven und primitven Instinkte, die er seiner Rasse und seinen Ahnen zu verdanken hat. In edlerer Form gibt die sogenannte impressionistische Schule diese Theorie wieder. Sie hält sich weniger an Blut und Nerven, als an die Stimmungen. Nicht in jedem Moment ist unser Gehirn hell und wach, und manchmal wird es auch zurückgedrängt, zu einem Halbschlummer verurteilt — gerade dann oft, wenn der eigentliche, der ganze Mensch fieberhaft wach mit allen seinen Sinnen allen Dingen der Außenwelt hingegeben ist, wenn er dreifach schärfer, als gewöhnlich, sieht, hört und empfindet. Alsdann wehrt er sich instinktiv gegen jede voreilige Denkthätigkeit, die den Stoff bearbeiten will, bevor er ihn genügend aufgenommen hat. Wohl jede reiche Natur hat solche Zustände schon durchgemacht, und namentlich der Künstler und Dichter würde ohne eine solche vorausgehende Stunde der Empfängnis nie auch nur das kleinste Werk hervorbringen. Diese Gebundenheit ist doch zugleich höchste und schöpferische Freiheit, und wenn der impressionistische Künstler solche Momente dichterisch festzuhalten weiß, so können wir ihm dafür nur dankbar sein. Namentlich die Lyrik hat diesen Bemühungen im einzelnen manches zu verdanken, wenn auch viele mißglückte Experimente mit unterliefen. Ebenso soll nicht verkannt werden, daß die „psychologische Neurasthenie", wie man in mißmutiger Stunde diese ganze Kunstübung wohl benennen möchte, manche feine Novelle und Skizze an das Tageslicht gefördert hat, die in ergreifender und manchmal sogar erschütternder Eindringlichkeit die Poesie der Krankheit, der qualvollen Sensibilität zum Ausdruck brachte. Und auch das gespenstische Grauen vor der unbekannten Uebergewalt fand manchen begabten Darsteller, wenn darin auch keiner von den Neueren dem alten E. T. A. Hoffmann gleichkommt. Mehr aber wird die moderne Individualpsychologie nicht leisten, sie wird über eine naturwissenschaftlich fundierte Neuromantik nicht hinauskommen — mit einem Wort, sie wird immer nur eine Episode in der Literatur bleiben, immer nur ein interessanter Zwischenfall. Die moderne „literarische Revolution" würde nur ihre eigene Verurteilung aussprechen, wollte sie bekennen, daß ein bischen Sozialkritik in der Erzählung und ziemlich viel Neuromantik, alles beides verbrämt mit Mystik, ihr eigentlicher Zweck, ihre geheimste Tendenz und darum auch ihr Endziel gewesen wäre. So weit aber ist es fast schon, wenn es nicht gelingt, die ganze Bewegung auf ein Gebiet hinüberzuleiten, auf welchem sie sich freier und großartiger entfalten kann, ohne ihr Grundprinzip der menschlichen Gebundenheit an das Naturgesetz im geringsten preiszugeben. Die moderne Literatur wird der Naturwissenschaft im engeren Sinne den Rücken kehren müssen und sich einer anderen Wissenschaft zuzuwenden haben, welche dem poetischen Schaffen überhaupt viel näher steht — der Geschichte.

Ja wohl, die richtig verstandene Geschichte offenbart die ganze Schrecklichkeit und Größe der menschlichen Abhängigkeit. Gerade die Schicksale der ganz Großen, die an der Spitze der Völker standen, sind hiefür der beredteste Beweis. Ein großer Mann ist auch dann noch groß, wenn er sich seinem Zeitalter leidenschaftlich widersetzt, statt ihm zu dienen — dann gerade oft am größten. Man denke zum Beispiel an den großen Hohenstaufen Friedrich den Zweiten, der sich im Besitz der reichsten Mittel geistiger und materieller Art befand, die sein Zeitalter überhaupt bieten konnte. Dennoch gelang es ihm nicht, das ihm vorschwebende universale Weltreich zu verwirklichen, dieses Mittelding von altrömischem Imperatorium und späterem aufgeklärtem Despotismus des achtzehnten Jahrhunderts. Sein Zeitalter hatte eben andere Bedürfnisse und andere Tendenzen, fügte sich nicht den Ansprüchen und unerhörten Forderungen des genialen Hohenstaufen, der seiner Zeit um Jahrhunderte voraus war und doch wieder in anderer Beziehung um Jahrhunderte hinter ihr zurückblieb. Nach einem gewaltigen Kampfe, der seinen Namen dauernder auf die Nachwelt brachte, als die Namen seiner siegreichen Gegner, unterlag er endlich, und es hängt lediglich von dem Gesichtswinkel ab, unter dem wir ihn betrachten, ob er uns als ein erschütterndes Beispiel menschlicher Abhängigkeit oder als ein erhebender und erhabener Beweis menschlicher Größe erscheint. Solcher Beispiele, denen es wahrlich an Poesie nicht fehlt, bietet die Geschichte in Fülle und Ueberfülle, und der Dichter hätte den Vorteil, daß wir ihm die Schicksalsnotwendigkeit seiner Gestalten und Ereignisse viel unbedingter glauben würden, als dem Gesellschaftsdichter der Gegenwart. Wir Nachgeborenen wissen eben, daß die Geschichte keine Sprünge macht und daß es eine Entwicklung gibt. Wir sind gern geneigt zu glauben, daß in der Vergangenheit manches möglich, nützlich und notwendig war, dessen Dasein in der Gegenwart uns nur erbittern, tief verwunden und beleidigen würde. Darum hat der Dichter eigentlich nichts zu thun, als den ewig und wesentlich menschlichen Gehalt aus der historischen Form herauszuschälen und vor allem strengste Unparteilichkeit zu bewahren. Es kann seine Aufgabe nicht sein, Friedrich zu erheben und Innozenz oder die Lombarden zu verfluchen. Er darf in keinem Fall mit dem politischen Maßstab der Gegenwart an eine entfernte Vergangenheit herantreten, sondern er betrachtet beide Teile als gewaltige und prächtigschreckliche Naturprodukte, die gar nicht anders sein konnten, als sie eben waren. Hier wäre dann wirklich auch die moderne Psychologie und die moderne Mystik recht am Platz, weil gerade s i e gewisse mystische Erscheinungen der Vergangenheit nicht nur nachzuempfinden verstände, sondern sie überhaupt erst erklären und auf ihren psychologischen Ursprung zurückführen würde. Hier wäre die Aufgabe also keine Verdunkelung, sondern eine Erhellung. Wenn man erst die Stimmungen und innersten Empfindungen einer Epoche der Vergangenheit, die scheinbaren Unbegreiflichkeiten verstehen, analysieren und begründen lernt, dann wird uns auch das eigentlich geschichtliche Ereignis leuchtend klar, dann offenbart sich uns, warum jezuweilen ein Kaiser einem Papst erlag, warum und wie Kreuzzüge, Hexen- und Ketzerprozesse möglich waren. Wie gesagt, hier wäre die moderne Psychologie sehr am Platz, und vor allem wäre hier die Möglichkeit gegeben, den Eindruck schicksalsvoller Notwendigkeit heraufzubeschwören, wobei die Zeitverhältnisse in ihrer Gesamtheit, in ihrem weitesten sozialen und politischen Sinn als das unerbittliche und unüberwindliche Fatum erscheinen.

Aber die Geschichte kennt noch ein anderes Fatum von mehr persönlicher, doch vielleicht noch tieferer Art. Glücklich die weltgeschichtliche Persönlichkeit, die nur mit ihrem Zeitalter zu kämpfen hat, nicht mit sich selbst! Gerade im Wesen der führenden Menschen liegt es, die ganze Zeit in sich zu verkörpern, zu einer grandiosen Allheit in ihrer Persönlichkeit zusammenzufassen. In ihrer eigenen Brust finden die Schlachten des Zeitalters den gewaltigsten Widerhall, und der Schmerz der Zerrissenheit, wenn die Zeit in Stücke geht, bleibt unter allen Umständen gleich groß, ob sie nun rein äußerlich einer siegreichen oder unterliegenden Partei angehören. Was heißt hier überhaupt Sieg, was heißt Niederlage? Der mazedonische Alexander, der den Orient und Okzident in sich vereinigte, schnitt sich in das eigene Fleisch und in die eigene Seele, als die Verhältnisse ihn zwangen, im Kampf der beiden Welten Partei zu ergreifen und zu Gunsten des Orients den Okzident zu vernichten. Ja, er blieb Sieger — äußerlich. Niemals überwand er diese schreckliche Notwendigkeit und schreckliche Enttäuschung, und schließlich starb er daran. Noch vielen erging es so: einem Cäsar zum Beispiel, einem Luther, einem Cromwell. Hier liegt eine noch gänzlich unausgeschöpfte Tragik verborgen, wirklich die Tragik des Uebermenschen. Zugleich aber eine durchaus moderne Tragik der absoluten menschlichen Gebundenheit. In der That, hier lägen Aufgaben ersten Ranges für individualistische und naturalistische Dichtung zugleich, für Massen= und für Individualpsychologie. Auch würde die deutsche Dichtung hierbei nur auf Wegen wandeln, die schon ein Friedrich Hebbel einschlug, den die Modernen nicht ganz mit Unrecht als einen ihrer Ahnherren hoch verehren.

Freilich bedarf es, um diesen letzten Schritt zu thun, noch einer kleinen, aber entscheidenden Korrektur der modernen Weltanschauung.

Wer einfache und faßliche Formeln liebt, ohne es mit den Einzelheiten peinlich genau zu nehmen, mag die Weltanschauungsgegensätze der Zeit getrost in den beiden Namen zusammenfassen: Karl Marx und Friedrich Nietzsche. Extremster Sozialismus und extremster Individualismus stehen sich gegenüber, und namentlich auch in der Art, wie beide Teile die Geschichte betrachten, scheint eine ganz unversöhnliche Grundverschiedenheit herauszutreten. Dieser Schein muß aber schon deshalb trügen, weil jede dieser Anschauungen eigentlich auch noch die entgegengesetzte in sich enthält — ohne sich freilich des Widerspruches gegen die Theorie voll bewußt zu werden. Der Sozialist glaubt nur an Massengesetze in der Weltgeschichte, die nun und nimmermehr nur von einzelnen Menschen gemacht würde, sondern von den wirtschaftlichen Verhältnissen, deren unbewußtes Werkzeug der Einzelmensch mit all seinen politischen, geistigen und künstlerischen Bestrebungen darstellt — nach der Theorie von Karl Marx. Aber merkwürdig, sehr merkwürdig, wieder nach Karl Marx wird sich dieser Einzelmensch in nicht zu ferner Zeit aller wirtschaftlichen Mittel, dieses ganzen Milieus bemächtigen, es beherrschen und meistern, es ganz seinen Zwecken unterwerfen. Der Tag soll nicht mehr fern sein, allwo der Einzelne sich von allen wirtschaftlichen Fesseln emanzipiert und nur noch seiner Persönlichkeit lebt, die er alsdann in all ihren Möglichkeiten vollauf entfalten wird. Dieses Endziel ist der Sozialdemokratie ja wohl die Hauptsache, alles andere nur Mittel zum Zweck. Jedenfalls muß dann doch die Persönlichkeit von vornherein dagewesen sein, und sie ist es demnach, die alle Wirtschaftssysteme der Welt überhaupt erst geschaffen hat. Was die theoretischen Sozialdemo=

kraten meinen, das ist, ihren eigenen Schlagworten zum Trotz, nicht die Alleinherrschaft des Wirtschaftssystems, sondern die Wechselwirkung zwischen Wirtschaft und Persönlichkeit. Gegenüber dem Individualismus ist diese Doktrin lange nicht so extrem wie sie sich ausgibt.

Und der Individualismus und Nietzsche? Ach ja, dieser unselige „Uebermensch", der immer noch in der neudeutschen Literatur sein Wesen treibt — wobei aber die Jungen und Jüngsten ihren Herrn und Meister gröblich mißverstehen. Nietzsches Höhentypus ist nämlich gar kein Individualist, sondern ein Rassen= und Gesellschaftsmensch zugleich. Der höhere Mensch der Zukunft soll systematisch und naturwissenschaftlich herange= züchtet werden, soll in seinem Leib und in seiner Seele die ererbten Tugenden und Kräfte ganzer Geschlechter, die ungezählte Arbeit vieler Jahrhunderte vereinigen. Mit Vorliebe unterwarf Nietzsche die Helden der Weltgeschichte einer sehr sorgfältigen Ahnenprobe, die sich natürlich nicht um Heraldik bekümmerte, wohl aber die physiologischen Tugenden und Laster der näheren oder entfernteren Ahnen sehr sorgfältig in Be= tracht zog. Die allerdings utopistische und unmögliche Idee, den Darwi= nismus zur Züchtung eines höheren übermenschlichen Typus zu verwerten, beweist doch klärlich, wie sehr der scheinbar so überextreme Individualismus Nietzsches von der absoluten Gebundenheit des Menschen an das Natur= gesetz ausging. Und gar nicht anders in gesellschaftlicher Beziehung. Die berühmte Definition von der Herren= und Sklavenmoral besagt wenig= stens das eine, daß der Uebermensch nicht allein stehen kann, daß er herrschen will und sich diesem innersten Bedürfnis zuliebe sogar den härtesten Entbehrungen und Kämpfen unterwirft, sogar einer sehr straffen Selbstzucht, die sonst nicht eben zu den Eigentümlichkeiten des absoluten und konsequenten Individualisten gehört. Ferner wird ja mit geraden Worten von einer Wechselwirkung zwischen dem Einzelnen und der Ge= sellschaft gesprochen, die sogar eine besondere Moral hervorruft — frei= lich jene angebliche, von Nietzsche zornvoll verhöhnte Sklavenmoral. Jedoch auch seine eigene Sittenlehre ist keine rein individualistische Ethik, sondern schließlich die Moral eines Standes — Herrenmoral. Man sieht, die ganz extremen Individualisten haben von Nietzsche nicht allzuviel zu erwarten. Sie fühlen das auch schon und wenden sich daher Max Stirner zu, einem Denker, der vor fünfzig Jahren kurze Zeit populär war, für eine wirklich moderne Weltanschauung aber gar nichts bedeutet, trotz der verzweifeltsten Bemühungen seiner Anhänger. Nietzsche und sogar die Sozialdemokraten stehen der Gegenwart denn doch bedeutend näher, weil diese beiden Lehren wenigstens im Keim die lösende Formel für alle Weltanschauungsbedürfnisse der Gegenwart enthalten. Sie lautet: engste Wechselwirkung zwischen Masse und Indivi= duum und strengste Gebundenheit beider an das Naturgesetz.

Mit diesem Weltanschauungskanon in der Hand betrachten wir die moderne Dichtung und erkennen sofort, daß sich in ihr die entscheidende Formel nur sehr unvollkommen verwirklicht hat, und daß diese Unvoll= kommenheit als die Hauptursache ihres gegenwärtigen, kritischen Zustandes erscheint. Wir haben zwei Parteien: Zola schaltet beinahe das Indivi= duum aus, und die Impressionisten schalten die Masse aus. Dem einen Teil gelingt es nicht, die eherne Notwendigkeit der gesellschaftlichen Ge=

bundenheit nachzuweisen, während der andere Teil doch auch bloß den
nicht beabsichtigten Eindruck hervorruft, als gelte die Gebundenheit an
die Natur nur für das abnorme Ich, nicht für das normale Individuum.
In beiden Fällen wird also die moderne Weltanschauungsformel nur in
verstümmelter und verkrüppelter Gestalt künstlerisch verwirklicht. Sobald
aber ein wahrer und echter Künstler einmal daran gehen wird, die
Formel in seinem Weltbild voll zu erschöpfen, wird er sofort auch fühlen,
daß nur auf dem Boden der Geschichte einem solchen Bemühen Erfüllung
winkt. Nur auf diesem Boden kann er Zustände gestalten, an deren
Naturnotwendigkeit wir glauben und glauben dürfen, weil die Entfernung
es ermöglicht, nur das Wesenhafte und Dauernde ins Auge zu fassen,
die zufällige Einzelerscheinung aber ganz zu übersehen. Und die Gebunden=
heit der Individualität braucht alsdann nicht an ganz abnormen und
schwächlichen Individuen nachgewiesen zu werden, so daß wir trotz aller
Psychologie nicht recht daran glauben — nein, in der Geschichte offen=
bart sich auch die Gebundenheit der größten und gewaltigsten Indivi=
duen, wie viel mehr erst die des Durchschnittsmenschen. Und zwar
gleich in doppelter Weise, als soziale und als individuelle Gebundenheit
und Tragik, je nachdem, ob der große Einzelmensch es nur mit dem
Widerstreit der Gesellschaft zu thun hat oder auch mit den fürchterlichsten
Zweifelkämpfen in der eigenen Brust. Nur von hier aus können wir
zur Höhenkunst, zu dem monumentalen Werk emporgelangen, welches die
moderne Literatur uns immer noch schuldig geblieben ist. Und so weit
kommen wir nur dann, wenn wir uns entschließen, die moderne Welt=
anschauung, welche bisher nur fragmentarisch von den Dichtern aufge=
griffen wurde, in ihrer Ganzheit zu erfassen, festzuhalten und durchzu=
führen. Ohne eine große und geklärte Weltanschauung ist eben auch eine
große und geklärte Kunst nicht möglich.   S. Lublinski.

Die Pole nähern sich.
Ein Blick in die musikalische Zukunft.

Als ich kürzlich das Lied von Stransky (Musikbeilage des Kunstwarts
Heft 9) auf dem Klavier spielte, ward mir ganz sonderbar zumute. Das
Tonstück erschien mir wie ein tropisches Gewächs mit rotglühender Blüte und
gesättigt grünen Blättern, aber verpflanzt auf nordischen kalten Boden, dort
in heißer Lebenskraft aufstrebend, aber allein — vereinsamt und in seiner
Pracht unverstanden.

Wird es gedeihen oder gar sich vermehren? — Der musikalische Laie
weiß nur die von ihm gekannten und geliebten Tongestaltungen zu pflegen und
geht in heiliger Einfalt an den selteneren Tonblüten achtlos vorüber. Indessen
weht ein neuer Hauch durch die Empfindungswelt des Tonlebens. Das Ton=
material scheint in seiner Halbstufengrundlage nicht mehr auszureichen. Wie
ein unendliches Sehnen ziehen die Tonformen eines Strauß, Wolf, Mahler an
unserem Ohr vorüber, unser Inneres aufwühlend und doch nicht befriedigend.
Sind wir nicht imstande, diesen Größen zu folgen, wie einst Bach und Beethoven
von den Zeitgenossen unverstanden geblieben? Nein, das ist es nicht. Den

Musiker kann an modernen Kompositionen nichts mehr überraschen. Die bizarrsten Wendungen, Tonfiguren, Orchesterfarben nimmt das Ohr auf, wie der Gaumen eine pikante Sauce. Man findet Geschmack daran oder auch nicht. So. fing es mit Berlioz an, aber dieser ließ wenigstens das eiserne einheitliche Gerüst des Tongebäudes stehen, nämlich die Tonalität. Selbst in den Wagnerschen Werken hat Kistlers Harmonielehre in großen Zügen eine einheitliche Tonalität nachweisen können. Nun ist im letzten Jahrzehnt von den jungen musikalischen Geistern auch diese Zusammengehörigkeit beiseite geworfen worden. Das Genie greift in das Chaos der zersetzten Harmonien hinein und schweißt Tongebilde aus ihnen, denen ganz neue, merkwürdige Eigenschaften anhaften. Man betrachte z. B. das uns naheliegende Lied von Stransky. Mit Beginn der kleinen Sekunde, dem liebsten Kinde der Dissonanz, führen uns die Synkopen anscheinend nach einem G-dur. Doch wie ein plötzlicher Abgrund gähnt uns ein undefinierbares Tonetwas entgegen; wankend, widerstrebend empfängt unser wohlerzogenes musikalisches Ich diesen wirren Klang; es weiß ihn nicht unterzubringen in die Registratur der Tongesetze. Das Maß zum letztgehörten Tone geht vollständig verloren, dessen letzte Instanz immer noch die Halbstufen bilden. Bei gleicher Wirkung können wir ruhig das Halbstufenmaß verlassen und einen Viertel- oder Drittelton tiefer oder höher diesen Akkord anschlagen. In dieser Verrückung spielen wir etwa fort bis zur Generalpause. Vollständig unvermittelt tritt dann „mit hohler Stimme", „wie eines toten Königs Geist", ein fremdartiger Klang an unser Ohr, der unser Inneres erschauern macht. Die Pointe der Entrückung liegt wie anfangs in der riesigen Entfernung von G-dur, deren Maß uns fehlt. Die Addition der Halbstufen geht also auch hier verloren, und gewiß hätte der Terzquartakkord mit cis an der Spitze in ein oder drei Viertelton tieferer Lage dieselbe Wirkung erzielt. Bei der Stelle „da wandelts bleich übers Feld" wird im Uebermaß der Gefühle die Steigerung des as in b oder in den Ton zwischen a und b die gleiche künstlerische Berechtigung haben, wie nach a, da ein logischer Zwang nicht vorliegt. Leider reicht das Instrument bloß für b aus. Der Musiker wird merken, worauf ich hinaus will: ich finde in der Stranskyschen Sangesweise eine versteckte Klage gegen die starren, festliegenden Halbstufentöne des Klaviers. Mir scheint es, als wenn unser Tongefühl darüber hinaus wolle. Es sucht Befriedigung in den Tönen des Gesanges, der Geige, deren faszinierende Wirkung meiner Ueberzeugung nach nicht bloß im Klange selbst, sondern auch der Darstellung der Tonstufen beruht. Diese, frei und ungefesselt von dem Halbstufengesetz, dehnen sich aus und wirken nicht tonal, nein, in sich, wie der Gesang eines Vogels. Die begleitungslose Melodie folgt uneingedämmt den inneren Tonempfindungen und findet sich oft in Intervallen wieder, die weit abliegen von dem alltäglichen Maß der Halbstufen. Doch sobald die Harmonie, die allgewaltige Herrscherin der Musik unseres Jahrhunderts, hinzutritt, fällt die Melodie erschrocken in die konventionellen Tonformen zurück.

Wir haben hier zwei Mächte vor uns, welche beide ein besonderes Reich beherrschen. Die Harmonie ist Königin über alle Länder, deren Bewohner der Zivilisation angehören. Die Melodie spielt in diesen Ländern nur die Rolle eines Vasallen, aber sie regiert daneben ein Reich, dessen geographische Größe und Zahl der Einwohner schier unermeßlich ist: alle Natur- und orientalischen Kulturvölker sind ihr unterthan. Beide Herrscherinnen verfolgen ein und dasselbe Ziel und erreichen es teils vereint, teils getrennt: die Erregung seelischer Empfindungen. So bekannt uns nun die Wirkung der Harmonie ist, so sehr wir

die Melodie nach unseren Begriffen in ihrem Werte verstehen, — so wenig
kennt der musikalisch gebildete Laie das Wesen der Melodie und ihre Beziehungen
zu bestimmten Gefühlen unter den egotischen Völkern, deren Musik doch im
Empfindungsleben gleiche Ziele verfolgt und die man zumeist aus Unkenntnis
verachtet. Wir sollten uns aber hüten, über diese Musik ein fertiges Urteil
zu fällen, da wir das feinere Wesen, die Grundprinzipien dieser Musik
bis heute nicht verstehen. Wer kennt von uns die echte indische Musik, die wir
als höchste Potenz einer fein gegliederten, in zartesten Tonnüancen kolorierten,
melodischen Kunst anzusehen haben? Diese indische Musik erscheint mir als der
entgegengesetzte Pol der europäischen harmonischen Musik, und es sei gestattet,
dies in Kürze zu erörtern.

Die Entwickelung der Musik hat zwei Wege eingeschlagen; auf dem einen,
der erst seit mehreren Jahrhunderten ausgebaut wird, entwickelte sich die Harmonie, die sich nun aufs Äeußerste entfaltet hat. Der andere Weg, als Träger
der Melodie, ist so alt wie das Menschengeschlecht. Das schon vorhin genannte
Endziel beider Wege ließ die Melodie nach einer uns merkwürdigen Entfaltung
streben: der Tonstoff wurde in Bruchteile zerlegt, die ebenfalls zu einer unendlichen Mannigfaltigkeit führten. Die glutvolle Phantasie des Inders z. B. hat
daraus 84 Tonreihen geschaffen. Der dortige Kunstgenius war bemüht, jeder
Tonart den ihr eigenen Klangcharakter auf das Feinste abzulauschen und
ihn zum Ausdruck seelischer Erregungen zu formen. Dieses äußerst zarte Tongefühl ist uns durch die Temperatur geraubt worden, und daher eine besondere
Eigentümlichkeit unserer Tonarten nur in groben Zügen bemerkbar und der
vielmaligen Ignorierung der Komponisten ausgesetzt.

Die orientalische Musik wird getragen von einem äußerst feingelenkigen,
unendlich gegliederten Knochengerüst, welches dem menschlichen Willen: eine
Melodie nach innerer Stimmung zu gestalten — den weitesten Spielraum
läßt. Werfen wir jetzt ein paar Röntgenstrahlen auf die Harmonie. Wir
glauben alle an das Gesetz der Ganz- und Halbstufen, alles andere sei vom
Uebel, falsch. Die schönste Frucht dieses Gesetzes ist die Harmonie. Ein Fortschritt derselben z. B. in Bildungen aus anderen Bruchtonstufen erscheint uns
undenkbar, weil er in tonphysiologischen Grundlagen (der aus der Verschmel-
zungstheorie hervorgehende Zusammenklang, unterstützt von der Perzeption der
mit den reinen Intervallen sich deckenden Obertöne) widerspricht. Ein Fortschritt kann deshalb nur aus neuen Zusammensetzungen der uns angelernten
Intervalle bestehen. Die Zeitspanne hierzu ist in der deutschen Musikent-
wickelung verschieden. Es werden in der Harmonie gebraucht: die Quinte seit
etwa 1000 Jahren, die Quarte seit 800, die große Terz seit 600, die kleine Terz
und Septime seit etwa 350 Jahren. Damit ist das Gebiet des Wohlklanges
erschöpft. Die Tonheroen der letzten vier Dezennien mußten deshalb zu anderen
Mitteln greifen, um den Trieb zu neuen Gestaltungen zu befriedigen. Da wurde
denn die große Septime, None, übermäßige Quarte und Quinte herangezogen,
um das Heer der alterierten Akkorde zu vergrößern. Nachdem auch dieses Fett
von der Suppe geschöpft, suchte man sie durch schärfere Gewürze schmackhaft zu
machen. So entstand schließlich aus der harmonischen Polyphonie die polyphone
Harmonie. Ich weiß nicht, wer dieses merkwürdige Wortspiel erfunden hat,
aber nach streng musikalischer Auffassung ist der polyphon laufende Zusammenklang von mehreren Harmonien eigentlich ein Unding. „Was heißt: streng
musikalisch?", würde Richard Strauß darauf entgegnen.

Wenn wir die jedem Volke anhaftenden, anerzogenen, mit den Jahrhunderten sich ändernden Sonderideen der Musik ablösen, dann bleibt ein Kern, den wir spezifisch musikalisch nennen können. Ich verstehe darunter die Uebereinstimmung der im akustischen Sinne, als Harmonie und Melodie gebrauchten Konsonanzen und Dissonanzen mit den uns angeborenen sympathetischen Tonempfindungen. In der Harmonie ist die Grenze des Gebrauchs durch das Halbstufengesetz weit enger eingepfählt als in der Melodie. Einzelne Komponisten sind schon über die Grenze gesprungen und winken nun und winken, wir Zuhörer sollen mitspringen. Unser natürliches Tongefühl hält uns davon zurück, mit Recht, denn Harmonien, deren Zusammenklang mehr einem künstlichen Geräusch, als einem wahren musikalischen Klang nahekommt, können in dem Register unserer Tonempfindungen nicht mehr untergebracht werden. Wohlverstanden, ich spreche von der Aufnahmefähigkeit des rein musikalischen Klanges. Die ästhetischen Veranlassungen zu den polyphonen Akkordverbindungen, mögen sie nun der Programmusik angehören oder dramatischen Zwecken dienen, spielen nur insofern eine Rolle, als sie die Aufnahmefähigkeit des musikalischen Klanges erleichtern, vorkommende angehäufte Dissonanzen entschuldigen, wie z. B. die Tonmalerei der Hammelherde in „Don Quixote" von Strauß. Aber wir verlassen damit das Gebiet der absoluten Musik und kommen schließlich auf den Standpunkt, wo man die Anwendung von Kanonenschüssen, welche seinerzeit in Amerika gelegentlich eines Gesanges von 6000 Männern zur Befestigung des Taktes mitdonnerten, für erlaubt hält. Mag der unermüdliche Fortschrittsgeist den Menschen zu noch tolleren Verbindungen von Geräusch und Musik verleiten, die Herrschaft der Disharmonien (in unserem Sinne) wird bald ihr Ende erreicht haben.

Was dann?

Schon eingangs habe ich darauf hingedeutet: nur die Loslösung von den europäischen Halb= und Ganzstufen kann noch einen Fortschritt in Aussicht stellen. Wie nachgewiesen, geht die Ausnutzung der Harmonie ihrem Ende entgegen, weil ihre Verwendung einzig und allein dem Gesetz der Halb= und Ganzstufen unterworfen ist. Wir müssen darum auf den Ausgangspunkt der Musikentwicklung zurückgehen und den Weg verfolgen, den die orientalischen Völker seit Jahrtausenden betreten, d. i. die Einführung der von obigem Gesetze losgelösten, uneingedämmten Melodie. „Das wäre entsetzlich!", höre ich den wohlgesinnten Musiker rufen, „eine solche Musik ist undenkbar, weil sie unserm Tongefühl widerspricht." Gut. Zunächst möchte ich mir die Zusicherung verschaffen, daß eine Melodie, welche außer den Halb= und Ganzstufen auch andere Bruchtonstufen gebracht, daseins fähig ist. Der Beweis, daß diese Form seit dem Anfang des Menschengeschlechtes bis zum heutigen Tage sich bei den Natur- und orientalischen Kulturvölkern erhalten, mag für einzelne nicht stichhaltig sein, sie entgegnen, daß die diatonisch=chromatische Musik sich aus dem Nebeldunst jener Musik verdichtet hat und somit einen Fortschritt, eine Errungenschaft bedeutet — die neuerliche Aufnahme jener Musik wäre daher ein Rückschritt. Das trifft indessen nur auf die Harmonie zu, weil wir uns eine solche bloß mit Hilfe unserer Tonstufen denken können. Die Melodie nimmt in der Musik aller Völkerschaften eine ganz andere Stellung ein. Sie ist ein Spiegelbild der Kultur, des Geistesfortschritts eines Volkes, bewegt sich infolgedessen bei einem Volke in diatonischen, bei einem anderen in sonstigen Bruchtonstufen, hier in 4, dort in 7 taktigen Perioden; aber erstens dienen sämtliche Weisen dem Gefühlsleben und zwar in der orientalischen Musik umsomehr, als zur Abschätzung der feinen Nüancen unseres Stimmungslebens der ganze Tonstoff

in weiteren Grenzen zur Verfügung steht, als bei uns, und ferner eine Har=
monie (in unserem Sinne) zum Ausdruck der Gefühle fehlt. Zweitens kann der
Gebrauch der diatonischen Stufen nur in beschränktem Maße als Fortschritt
angesehen werden, denn die Hinterindier, die Laovölker in Hinterindien, viele
Stämme in Afrika und die Bewohner einzelner Inseln von Polynesien und
Mikronesien wenden die Diatonik in gleicher Weise an, wie wir. Wir müssen
deshalb jeder anderen Art der Melodie die gleiche Daseinsberechtigung mit
der unseren zusprechen.

Als entgegengesetzter Pol sträubt sich die Harmonie gegen die Einführung
einer in anderen Tonstufen sich bewegenden Melodie. Wir pflegen jedoch zu
vergessen, daß die Abweichungen längst, wenn auch oft versteckt, üblich sind.
Die Temperatur, das Sinken und Steigen eines Chorsatzes im Gesang, der
Sprechgesang, das Portamento, nicht verwandte Akkordverbindungen (wie hier
in dem Stranskyschen Liede) sind Erscheinungen, welche mit der Diatonik und
Chromatik nur teilweise zusammenhängen. Die Musikgeschichte verzeichnet
einen Zeitabschnitt, in welcher die Freiheit der Tonstufen zur Ausübung der
Verzierungsmusik vorherbestimmt war. Die Auswüchse sowohl des Diskan=
tierens als auch des Faux bourdon im 12. bis 14. Jahrhundert wurden in ihrer
Mehrstimmigkeit meiner Ueberzeugung nach in freien Tonstufen gesungen, zu=
mal die diatonischen Töne durch die Tonalität wenig Unterstützung fanden.

Wie haben wir uns die Anwendung der freien Melodie für die Zukunft
zu denken? Die Entwicklung wird langsam vor sich gehen. Es hat mehrerer
Jahrhunderte bedurft, ehe wir uns von der strengen Diatonik befreiten.
Wir leben jetzt im Zeitalter der Chromatik. Der Schluß auf noch engere Ton=
stufen wird für die Zukunft zu erwarten sein. Die engen Beziehungen der
Akkorde haben aufgehört; so werden auch einst die Beziehungen einzelner Töne
sich, wie bei den Orientalen, bloß auf den Haupton, höchstens mit Quinte
reduzieren. Die Verschmelzungen der akustischen Intervalle, welche als ton=
physiologische Grundlagen unser Tonbewußtsein bis heute beherrscht haben,
werden verblassen, wie es bei den Indern geschehen. Die Tonstufen verfeinern
sich zur Darstellung zartester Stimmungen. Wir werden eine Harmonie an=
nehmen, wie sie heute etwa die Japaner auf den Kotos (13 bis 19saitiges
Instrument mit großem Resonanzboden) ertönen lassen, wenn sie ihre freien
Weisen singen, oder wie sie einst auf den Harfen der alten Aegypter geklungen
haben muß, wenn Tausende von Harfenspielern ihren Herrscher besangen. Die
Abstände der Harmonietöne werden, soweit es uns faßbar ist, einer erweiterten
Enharmonik entsprechen. Die dazu gebrauchten Instrumente stellen die höchste
Potenz eines Enharmoniums (nach Art Tanakas) dar, welche mit Hilfe elektrischer
Mechanismen gespielt werden. Die Streich= und Blasinstrumente bedürfen kleiner
Veränderungen, um den Intentionen des Solisten nach einer besonderen Noten=
schrift zu folgen. Nach fünfhundert Jahren werden unsere Nachkommen uns
bemitleiden über das barbarische Ohr, das die damalige Musik geleitet, und
den Kopf schütteln über die merkwürdige Notenschrift, die nur die Entfernung
eines rohen Halbtones angab. Da nach menschlichem Ermessen die Ausführung
einer solchen Bruchtonmusik wegen der verwickelten Spielart der Instrumente
(24 bis 36 Stufen in der Oktave) nicht auf heutige Musikformen paßt, wird
die musikalische Kunst der Zukunft einen erhabenen, würdigen Charakter an=
nehmen. Sie ist dazu berufen, die Nerven unserer Nachkommen, die infolge
der Unmasse neuer Erfindungen auf das höchste angespannt werden, in dieser
Form zu beruhigen.

Kunstwart

Die erste schwache Morgenröte dieser Zeit ist bereits angebrochen. Wir wehren uns entsetzt, sie zu erleben; aber der Kunstjünger wird gespannt dem bahnbrechenden Genie folgen, und unsere Nachkommen werden auch diese Früchte der Zeit als etwas Selbstverständliches hinnehmen, wie es einst ihre Väter mit denen früherer Tage gethan.   Ludwig Riemann.

Lose Blätter.
Die Reise nach Athen.
Von Hans Hoffmann.

Vorbemerkung. Die Leser finden die folgende Geschichte, aus der wir des leibigen Raumzwangs wegen eine schöne Episode weglassen mußten, unverkürzt in Hans Hoffmanns Novellensammlung: „Das Gymnasium zu Stolpenburg" (Berlin, Gebr. Paetel, Mk. 4). Möge sie anregen, auch die übrigen Geschichten dort zu lesen. Zwar vom Standpunkt realistischer Kritik kann man dies und das gegen sie einwenden, aber wie nur selten wird man hier auch die besten Eigenschaften gerade des deutschen Erzähler-Poeten finden, vor allem den Humor. Der deutsche Lehrer neueren und alten, besonders aber alten Schlags ist von seinen verschiedenen Seiten kaum jemals mit mehr Laune sowohl wie Liebe betrachtet worden, als in diesem durch und durch gesunden Buche. Fragt man uns nach einer freundlichen und leichten Sommerlektüre, die doch auch der „literarische" Mensch ohne das unerquickliche Gefühl lesen kann, vom Herrn Verfasser als ein bischen dumm betrachtet zu werden, so nennen wir an erster Stelle auch Hans Hoffmanns Geschichten.

*

Die Sonne ging auf über Hinterpommern; oder sie versuchte es doch; entweder war sie nicht stark genug, den frostigen Herbstnebel ganz zu durchbringen, oder sie verzichtete freiwillig darauf, wohl wissend, daß sie doch nicht viel Sehenswertes darunter finden werde. Wenigstens nicht in der Gegend von Stolpenburg; was es dort zu sehen gab, waren Chausseen, von Pappeln wie von aufmarschierten Gensdarmen begleitet, und Landwege, an denen die Weidenstümpfe gleich buckligen Bettlern herumkrochen, und dazwischen in langen, langweiligen Streifen Kartoffelfelder und Roggenfelder und Haferfelder und Kartoffelfelder; und alle diese Felder sahen aus, als habe man hier aus Versehen statt der Frucht zum größeren Teile Sand gesäet. Diese Landschaft schien den Nebel recht mit Vergnügen festzuhalten wie einen grauen Mantel, der doch ein wenig ihre Blöße bedeckte.

Der Oberlehrer Kanold war eben dem Bett entstiegen und blickte durchs Fenster hinaus in die zähen Dünste und die Schmutzlachen des schlechten Straßenpflasters darunter.

„Grau — grau — grau!" murmelte er fröstelnd. „Und das habe ich ausgehalten sechsunddreißig Jahre lang! Sechsunddreißig Jahre im Nebel gepilgert!"

Er kehrte sich schnell herum, und ein merkwürdiges Leuchten verklärte sein faltenreiches Antlitz.

„Strahl des Helios, schönstes Licht,
Wie's der siebenthorigen Stadt
Theben nimmer zuvor erschien —"

deklamierte er laut mit freudig bewegter Stimme und schaute dabei zur Decke

1. Augustheft 1899

empor, als ob aus deren kahlem Felde ihm dieses Licht beglückend entgegen=
glänzte.

Dann glitt sein Auge mit gesteigertem Ausdruck stillen Entzückens an
den Wänden hin: sie waren geschmückt mit zahlreichen verkleinerten Nach=
bildungen antiker Marmorwerke, teils Zeichnungen oder Stichen, teils kleinen
Relieftafeln in Gips; auch einige Standbilder waren angebracht. Das alles
nicht eben Arbeiten kostbarer Art, zumeist wohl Tröbelware von fahrenden
Händlern erstanden, oder sonst in zufälligem Anlauf zusammengerafft, viele
Stücke angestoßen, fleckig, halb vernichtet, Fragmente noch einmal zu Frag=
menten geworden.

Sein Blick blieb haften an der sandalenbindenden Nike von der Akropolis.
„Siegesgöttin, du geflügelte!", rief er mit feierlichem Ton. „Sei du
meine Führerin! Geleite du mich aus dem Nebellande ans sonnige Ufer
der Abria — Thalatta! Thalatta! — und weiter durch die ionische Flut, an
Maleas Klippe vorüber, an Felseninseln vorüber, bis endlich das hohe Gestade
sich hebt —

O könnt' ich hin, wo waldig des Berges Haupt,
Von Meereswogen umspült, sich hebt,
Unter Sunions hohen Fels,
Heilige Stadt Athenas, dir
Grüße zu senden!

Ja, ich komme, heilige Stadt! Sechsunddreißig Jahre der Sehnsucht sinken
unter in dem einen großen Tage der Erfüllung."

Er hob beide Arme begeistert empor, als wollte er sogleich auffliegen
mit der anmutumflossenen Göttin; und die Schöße und Aermel seines abge=
rissenen Schlafrocks schlotterten sonderbar um seine hageren und ungelenken
Glieder.

Er selbst empfand dieses gefühlvolle Mitthun des unklassischen Kleidungs=
stückes als etwas Störendes und Verdrießliches; fast zornig zerrte er es herunter
und warf es von sich mit der großen Gebärde eines Prometheus, der seine
Fesseln sprengt; und so, in Unterhosen und auf groben Socken schreitend, be=
gann er ein rätselhaftes Thun.

Er öffnete vorsichtig ein wohlverschlossenes Schubfach seiner altfränkischen
Wäschekommode, holte aus dem Hintergrunde ein großes Stück Zeug hervor,
weiß, mit purpurnem Saum, entfaltete es bedachtsam und mit einer gewissen
stillen Feierlichkeit und legte es nicht ohne Beschwerde und mühevolle Ver=
renkungen säuberlich um seinen Leib, so daß der eine Zipfel mit zierlicher Troddel
kunstgerecht über die Schulter herüberfiel. Solcherart mit dem hellenischen
Chiton bekleidet, wandelte er stattlich und verklärten Angesichts im Zimmer
auf und nieder, zuweilen mit feierlich verschämtem Blick am Spiegel vorüber=
streifend.

Sehr bald jedoch empfand er wieder etwas Störendes: diesmal war es
die eigene Person, die sich der klassischen Veredlung nicht fügen wollte. Sein
Gang blieb schleppend, unsicher, wunderlich undulierend, die Haltung gebückt
wie unter einer dauernden Rückenlast, jede Bewegung gebunden und dennoch
haltlos: bei jedem Schritte fühlte er diese Unbeholfenheit, strebte sich aus ihr
herauszuwickeln wie aus einem schlecht angepaßten Gewande und ward nur
schwerer gezwängt von dem vergeblichen Bemühen.

Endlich that er den Chiton wehmütig in die Lade zurück und stand in
seiner skythischen Beingewandung still vor dem Gipsbilde eines Jünglings

edelster Gestalt, der beschäftigt ist, die seinen starken Glieder vom Staube des Ringplatzes zu reinigen; die Archäologen nennen ihn Apoxyomenos.

„Ich habe es freilich nicht erreicht", seufzte er zu dem Bilde hin, „aus mir einen Menschen zu machen, einen schönen und guten nach hellenischem Sinne; die germanische Schwere hängt wie Blei in meinen Gliedern; aber dich, mein Wolfgang, Sohn meines Geistes, mein Alkibiades, dich habe ich mir herausgebildet; du bist in meiner Hand geworden, was mehr als ein großes Kunstwerk gilt, ein ganzer Mensch, ein echter, unverkümmerter, der selber schön an Leib und Seele, ein Herr im Geiste ist über alles Schöne der reichen Welt und ein Bildner des Schönen, ein echter Hellene aus deutschem Blute, ein edler Zeuge für die wundervolle Kraft der nordischen Natur, mit heißer Arbeit zu erringen, was doch die Götter nur als mühelose Gabe zu schenken scheinen, und die eigene derbe Tugend mit fremdem Adel zu durch= bringen, zu verklären und glänzend zu erhöhen. Du bist es, der mir besiegelt, daß mein einsames Wirken im Dienste der Schönheit kein verlorenes war: und wenn ich in sechsunddreißigjähriger Arbeit nichts gewann als deine Seele, so ists genug, und ich bin zufrieden mit meinem Werke."

Er warf noch einen Blick begeisterter Zärtlichkeit auf die stumme Gips= gestalt und fuhr dann fort, sich regelrecht anzukleiden, indem er zwischendurch an dem Packen eines großen und unförmlichen Koffers sich versuchte. Nach kurzer Zeit hatte er mit dieser Arbeit sowohl im Koffer selbst als auch im ganzen Zimmer eine so vollkommene Unordnung erzielt, daß er schaudernd stillstand, als ob er das orphische Urchaos vor sich sähe, und entmutigt die Arme sinken ließ.

„Der Schuldiener muß es machen", sprach er betrübt, „ich kann es nicht und die Schwestern thun es nicht. Die armen Geschöpfe mißgönnen mir die Reise."

Er zog nun den Rock an, verließ das Schlafgemach und begab sich nach dem Frühstückszimmer.

In diesem größten Raume der bescheidenen Wohnung erwarteten ihn seine drei Schwestern. Sie saßen wohlgeordnet vor ihren Kaffeetassen, stippten, schlürften und bewahrten dazu ein unheimliches Schweigen. Von Zeit zu Zeit griff eine oder die andere nach dem Strickzeug, das auf ihrem Schoße lag, und strickte mit übellaunigem Nadelwippen zwischen der dritten und der vierten Tasse schnell einmal herum. Dabei warfen sie alle sehr häufige siegesgewisse, doch nicht siegesfrohe Blicke nach der Thüre hin, mit dem lauernden Ausdruck: „Ja, komm du nur!" Erinnyen an der Pforte des Tempelhaines lauernd. Ein Paris hätte Arbeit gehabt zu entscheiden, welche von den dreien die älteste, häßlichste und verdrießlichste sei.

Auch in diesem Zimmer fehlte es nicht an plastischen Bildwerken, doch sie waren alle mit dichten Gazeschleiern überzogen, daß von ihren Formen nichts mehr zu sehen war, teils zum Schutze gegen Staub und Fliegen, teils aus Rücksichten der Sittlichkeit. Vielleicht auch, daß die hellenischen Fremdlinge selbst gebeten hatten, ihnen den täglichen Anblick der Herrinnen und mancher anderen kaum minder unschönen Hausgeräte zu entziehen oder doch abdämpfend zu mildern.

Der Oberlehrer trat herein mit ungeschickten, jetzt hastig ansahrenden, jetzt wieder zaudernden Schritten; doch auf dem faltigen Antlitz lag noch der Widerschein eines tiefen inneren Glückes.

Er bot verlegen freundlichen Morgengruß, nahm Platz und tappte mit unsicheren Fingern an seiner Tasse herum. Das Schweigen dauerte fort, ver=

1. Augustheft 1899

tiefte sich, lastete schwüler; keine Nadel klapperte mehr, kein Löffel klirrte; ein eisiger Hauch schien den Raum zu durchwehen und den molligen Kaffeeduft langsam würgend abzutöten.

Die Haltung des Hausherrn ward unsicherer, gequälter mit jeder Sekunde; die olympische Heiterkeit schwand spurlos von seiner Stirn. Er warf einen heimlich betenden Blick in die Zimmerecke, wo Athena Proxenos, die Schirmerin des umgetriebnen Orest, eine schüchterne Aufstellung, Lanze bei Fuß, genommen hatte: allein auch sie vermochte den blauen Fliegenschleier weder Hilfe gewährend noch Hilfe winkend zu durchbringen. Der Oberlehrer Kanold fühlte sich ganz allein.

Er bemerkte jetzt, daß irgend ein unbequemer Zufall ihn gegen alle Gewohnheit ganz einsam an die eine Langseite des großen Tisches verwiesen hatte, während die Schwestern in einer, ihm schier unabsehbaren Linie ihm gegenübersaßen. Hier der Angeklagte, dort der Areopag, doch dieser wider alles menschliche Recht aus Erinnyen zusammengesetzt. Athena Proxenos verhielt sich schweigend.

Er ließ einen rührenden Blick voll zusammengedrängter Unbefangenheit über die drei stummen Gesichter gleiten: er fand keine Spur eines Zornes, einzig den Ausdruck eines tiefen, stillen, allgemeinen Leidens.

„Es ist doch ein sonderbares Ding um jedes Abschiednehmen", bemerkte er schüchtern im Anschluß an diese Beobachtung; er entfesselte einen schweren Windhauch von Seufzern.

„Mir scheint, er weiß sich kaum zu fassen vor Freude, daß er uns los wird!", sprach die Erste düster, mehr zu sich selbst als zu den Schwestern redend. Sie glich dabei auffallend einer altniederländischen Schmerzensmutter furchtbar unklassischer Stilrichtung.

„Daß er seinen Lüsten nachgehen kann und uns hier im Elend läßt!", fügte die Zweite in verschärfter Tonart hinzu mit einem sanften Verziehen des Mundes, als ob sie eben ein Chininpulver auf der Zunge hätte und dazu glauben machen wollte, es schmecke köstlich.

„Sechsunddreißig Jahre haben wir mütterlich für ihn gesorgt!", klagte die Dritte, indem sie mit dem Strickstrumpf eine Thräne in den winzigen grünen Aeuglein zu zerdrücken vorgab.

„Und nun treibt er feigen Selbstmord und stürzt sich unter die griechischen Räuber!", brummte die Erste wieder. Ihre Nase war lang und spitz wie ein türkisches Minaret.

„Warum haben wir auch diese albernen Spielereien mit den nackenden Götterpuppen immer gedulbet!", rief die Zweite mit einem giftigen Blick auf eine verwundete Amazone, die hinter ihrem blauen Gewölk sogleich noch tiefer zusammenzukniden schien.

„Alle Menschen machen sich lustig über diese quackeligen Abgöttereien", ging der Klaggesang weiter aus dem Munde der Dritten. Sie hüpfte dabei ein wenig auf ihrem Stuhle in einer eigenen Art, ungefähr als wenn eine strenge Hofetiquette sie veranlaßt hätte, auf einer Aloe Platz zu nehmen.

„Seine Herren Kollegen am allermeisten", tönte die Gegenstrophe.

„Der Herr Direktor sagt, das Zeug zerstreut die Jungens nur und stört den Ernst der Wissenschaft. Ich aber sage, es verderbt die Jugend bis ins Mark."

„Man sieht es an unserem Herrn Bruder. Was ist das Ende vom Liebe? Daß er zu den Griechen und Türken geht, das bischen Geld verquast und natürlich mit einem Harem wiederkommt!"

Kunstwart

„Geschlachtet werden wir auf dem Altar dieser Kindereien. Ich habe es aber immer geahnt, daß unser Unglück von daher kommen müßte, schon als Kind, wo diese türkisch-griechische Halbinsel immer so zackig und verderblich aussah. Wie eine Geierkralle, richtig wie eine Geierkralle. Und dann diese greulichen Namen, ordentlich unanständig. Philippopel und so was — da wird er natürlich auch hingehen!"

Ein Schweigen des Schauderns oder der Entrüstung trat ein. Fünfzehn Stricknadeln klimperten krampfhaft gegen einander wie zerborstene Armesünderglöcklein in trüber Ferne.

Auch Kanold saß eine Weile schweigend und blickte starr die grollenden Gesichter eines nach dem andern an. Ihm war zu Mut, als sähe er eine vernebelte Sumpflandschaft.

„Und das habe ich ausgehalten sechsunddreißig Jahre lang!", wollten seine Lippen hauchen; er verschluckte das laute Wort, doch eine tiefe Bitterkeit durchzuckte seine scharfgeschnittenen hageren Züge. Langsam stand er auf, durchmaß ein paar Mal das Zimmer heftig unbullerenden Ganges, die Hände in den Hosentaschen, mit augenscheinlich bringender Zertrümmerungsgefahr entweder für seine gespreizten Ellenbogen oder für alle andern schwächeren Gegenstände. Vorläufig fiel ihm zum Glück nur ein Wandleuchter zum Opfer. Plötzlich haftete er, von einem neuen Gedanken ergriffen, mit langen Schritten man könnte fast sagen kopfüber, aus der Thür.

Er trat in seine Arbeitsstube. Dem Eintretenden gegenüber stand auf dem ärmlichen Schreibpult das große Bild der Juno Ludovisi. Er hemmte seinen Schritt und staunte mehrere Minuten lang stumm in die eherne Seligkeit dieses Antlitzes. Und dann war in seinen eigenen Zügen Friede geworden.

„Sie wissen es nicht anders, die Armen", sagte er leise, „sie haben keine Götter."

Ruhig entnahm er aus einem verschlossenen Fache des Pultes ein großes Wirtschaftsbuch nebst verschiedenen andern umfangreichen Papieren und begab sich gebändigten Schrittes in das Kaffeezimmer zurück.

Jetzt stand er hochaufgerichtet an der leeren Langseite des Tisches wie ein mild zürnender Lehrer vor seinen Schülerinnen, die aus Unbedacht, nicht aus Schlechtigkeit gesündigt haben. Als er zu reden begann, geschah es im Tone eines freundlichen Beraters.

„Ihr habt Recht", sagte er, „ich bin Euch Rechenschaft schuldig. Als Scipio der Veruntreuung von Staatsgeldern angeklagt war, verbrannte er seine Bücher vor allem Volke, und das Volk jauchzte ihm zu. Ich aber bin kein siegreicher Held: hier sind meine Bücher. Vor sechsunddreißig Jahren trat ich mein Amt hier an; Ihr zoget in mein Haus; mein Gehalt betrug fünfhundert Thaler; von diesem Einkommen haben wir vier Menschen gelebt; Ihr verstandet es einzurichten. Aber doch war es ein klägliches Dasein, lichtlos, dumpf und zerdrückend; ein knechtisches Leben, ohne Würde und ohne Glück, für mich unerträglich. Auch ein zäher Baum vermag nicht zu grünen ohne einen Schimmer von Sonne: und ich habe vor tausend andern all mein Leben lang nach Sonne und Schönheit gedürstet. Ich wäre zusammengebrochen ohne einen Schimmer von Hoffnung. Doch ich mußte mich zu wahren. Unter dem trüben Himmel jener Tage erzeugte ich mir zuerst die große Hoffnung, die mein rettender Anker ward, mein Leitstern, mein einziges Glück: die Hoffnung, bereinst an meinem Lebensabend das Land der Hellenen mit eigenem Fuße zu betreten, vor den Tempeln Athens und ihren Marmorgöttern meine

1. Augustheft 1899

Augen beten zu lassen. So habe ich ausgehalten. Kein leeres Spielwerk war
es, daß ich den Vers in Goldschrift über meinen Arbeitstisch hängte:

> O könnt' ich hin, wo walbig des Berges Haupt,
> Von Meereswogen umspielt, sich hebt,
> Unter Sunions hohen Fels,
> Heilige Stadt Athenas, dir
> Grüße zu senden.

Mein Leben war ein langer, öder, mühevoller Weg auf der schroffen Kante
eines unfruchtbaren Gebirges: doch von der einsamen Höhe sah ich unverdeckt
vor mir beständig das goldene Ziel tief unten am Ende des Thales im Strahl
der Abendsonne. Das war meine Hoffnung, mein Glaube, meine Andacht,
mein Gebet; davon lebte ich und nährte ich meine Kraft; auf anderes Glück
des Lebens, auf Weib und Kind und Liebe mußte ich verzichten. So habt
auch Ihr wohl Grund, mir dieses Spiel der gedrückten Seele zu Gute halten:
ich wäre ohne das nicht fest geblieben auf meinem Posten.

Mit welcher Art Verschwendung ich das Geld für diese Fahrt erübrigt
habe, sollt Ihr erfahren: ich trug alljährlich den hundertsten Teil meines Ein-
kommens auf die Sparkasse und ließ die Zinsen und Zinseszinsen stehen; in
den ersten Jahren je fünf Thaler, dann sechs, dann mehr, im letzten Jahre
fünfundvierzig Mark. So habe ich im Laufe der Zeit mein Reisegeld gesam-
melt. Inzwischen schämte ich mich, vor Euch etwas voraus zu haben, und ich
machte die gleiche Einlage jährlich für jede von Euch; hier sind die Sparkassenbücher; durchmustert sie: es ist vier Mal die gleiche Summe. Ich hatte Euch
diese stillen Maßnahmen verheimlicht; vielleicht that ich Unrecht daran: ich
traute Euch die Kraft der Geduld nicht zu, dem schleichenden Wachstum dieses
Sümmchens mit Freuden zu folgen.

Ich selbst vermochte das mit meiner Hoffnung im Herzen; ich hatte die
zähe Lust des Försters, der junge Eichen wachsen sieht. Mit jedem Jahre
ward mein Harren fröhlicher, ich konnte die Stationen der künftigen Reise
Schritt für Schritt mit Zahlen erreichen. Ich überschritt die Grenze nach
Oesterreich, die Grenze nach Italien, ich sah das adriatische Meer, ich schiffte
mich ein und kam nach Brundusium, nach Kerkyra; nach dreizehn Jahren schon
vermochte ich auch die Ueberfahrt bis Athen in barem Gelde zu bezahlen.
Damals befiel mich eine erste Versuchung: Reise ab, laß alles im Stich, dies
Leben ist nicht des Lebens wert, sieh Athen und stirb! Stirb wie Faust, wenn
du zum Augenblicke sagen kannst: Verweile doch, du bist so schön!

Doch ich widerstand und ließ die Eiche weiter wachsen. Nach zwanzig
Jahren hatte ich auch das Geld für die Rückfahrt beisammen; jetzt, da ich des
Zieles sicher war, jetzt ward mirs leicht zu warten, um mir die Zeit des
Aufenthaltes zu verlängern. Noch vier Jahre weiter, und ich konnte einen
Monat dort verweilen; und noch sechs Jahre, und ein halber Winter war
gewonnen. Das war genug, um das zu erwerben, was ich brauchte, nur
mehr, als die Neugier des kalten Reisenden verlangt, genug, mein Herz für
den Rest des Lebens ganz mit hellenischer Schönheit, hellenischer Sonne zu
durchtränken. Schon damals, vor nun sechs Jahren, wäre ich gereist — da
lernte ich den jungen Wolfgang Freyhold kennen, der alsbald, Ihr wißt es,
mein Lieblingsschüler wurde, fast könnte ich sagen, mein einziger Schüler. Ihr
wißt es und habt es nicht immer gebilligt, daß ich, wie Ihr meintet, zu viel
für ihn that, meine Zeit an ihn verschwendete. Doch das war die Verschwendung des Sämanns, der sein Saatkorn in einen fetten Fruchtboden wirft.

Mein Herz ergriff ihn mit ganzem Feuer von Anfang an. Er war ein wilder Knabe, da er in meine Klasse trat, doch seine Wildheit hatte nichts Rohes, nichts Ungebärdiges, sie war schön wie die erwachende Ueberkraft des jungen Löwen. Und eins vor allem erkannte ich schnell an ihm, das allen andern dieser Knaben versagt war: es war ihm gegeben, schön zu staunen. Das aber ist die erste Pforte, die zur Erkenntnis des Schönen führt, und die breite Mauer, die ausschließt vom Tempel, ist jene arme Klugheit, die nicht zu staunen vermag. Das helle Auge dieses Knaben sah ich groß aufgethan den Wundern der Welt entgegenglühen; und ich fühlte, daß dieser vor allen, die ich kannte, geschaffen war, ein schöner und guter Mann zu werden, ein Mensch, wie die Griechen ihn wollten, dem das Böse fremd bleibt, weil es häßlich ist, und der das Häßliche haßt, weil es ihm das Böse ist.

Ich gewann es nicht über mich, vom Platze zu weichen, bis ich diese Seele mir gewonnen und ganz gefestigt hätte; er sollte mein Sohn werden im Geiste, in ihm sah ich meine Zukunft und zweite Jugend, er sollte bereinst erreichen und verkörpern, was mir versagt geblieben. Sechs Jahre noch habe ich ihm gewidmet. Ich zog ihn an mich und suchte den jungen Geist zu nähren mit edelster Kost, ihn ruhig wirkend bis ins Mark zu durchtränken mit der geräuschlosen Begeisterung, die nicht schwankt und nicht versiegt und der Kern eines schönen Lebens ist. Und Ihr wißt auch, ich durfte des besten Gelingens mich rühmen; der Jüngling vergalt mein Bemühen mit dem Edelsten, das er geben konnte, mit dem rückhaltlosen Hineinwachsen seines jungen Geistes in meine Gedanken. In ihn allein vermochte ich ganz den seelenlösenden Quell aus dem Sonnenlande der Hellenen herüberzuleiten, ihn ganz zu durchklären mit dem echten Geiste der Antike, welcher ist nichts anderes als der heilige Geist der Schönheit, der durch alle Adern des hellenischen Lebens strömt und aus allen Poren sickert, der Geist des Maßes und der Anmut, des Adels und der Stille, der Heiterkeit und Gesundheit, des freien Handelns und des kräftigen Genießens; denn das alles und noch viel mehr ist zusammenzufassen in dem einen holden Worte Schönheit. Er hat es gelernt in unablässiger Arbeit, was sonst die große Völkermutter, ihr Füllhorn an Gaben überreich über uns nordische Germanen ausstürzend, allein uns versagte, den Sinn für das Maß und die freie Lust an der Schönheit. Jetzt ruht auf ihm meine Hoffnung sicher aus; darf ich da klagen, wenn vielleicht an etlichen Tausenden der Andern meine Arbeit fruchtlos war? Geht es doch sogar dem Schöpfer selbst nicht anders; kaum daß auf Tausende ihm einmal ein rechter Mensch gelingt! Dieser Eine bleibt mir: wer sollte seine Seele mir jetzt noch rauben, da ich sie so weit hinauf geführt habe allen zum Trotz, die hier meine Widersacher sind, der Trägheit zum Trotz, dem Unverstande und feindlicher Meinung. Wie sollte ich also bereuen, daß ich ihm sechs Jahre gewidmet? Jetzt freilich, da er geistig versorgt und sicher gestellt ist, da er seit einem Jahre schon draußen im Leben weilt, ein wachsender Künstler voll Kraft und Hoffnung, jetzt habe ich die Arme frei, jetzt darf ich an mich selber denken. Ich bin sechzig Jahre alt; es ist spät genug, ein längeres Zögern zu verbieten, noch nicht zu spät, das Heimweh meines Lebens herrlich zu stillen. Mein Kapital ist inzwischen gewachsen; das Höchste ist erreicht, das ich mir träumen konnte, ich darf vom Herbst bis zum Frühling mich der goldenen Wintersonne des Südens erfreuen, ohne Euch das Geringste von dem früher Genossenen zu entziehen. Mein Urlaub ist bewilligt, der Vertreter bestellt: den größeren Teil meines Gehaltes beziehr Ihr weiter, ein Drittteil nur habe ich jenem abzugeben: das genügt bequemlich, Euch ohne

1. Augustheft 1899

mein Mitzehren das gewohnte Leben weiter zu ermöglichen. Es ist kein Un=
recht, nach langer trüber Pflichtarbeit ein eigenes edles Glück zu suchen, zumal
wenn dies Glück die sichere Kraft besitzt, die müde Brust zu neuer Last und
Arbeit zu erfrischen."

Diese Rede hielt der Oberlehrer Kanold im Tone schlichter Wahrhaftig=
keit als eine sachliche Darlegung, wenn auch die Gewohnheit, von erhabener
Stelle aus unwidersprochen zu Geringeren zu reden, manchem seiner Sätze ein
etwas lehrerhaft gefärbtes Pathos lieh.

Als er die unter dem Sprechen gesenkten Augen nun aufhob, um den
Eindruck seines Rechenschaftsberichtes festzustellen, sah er die drei Strickzeuge
in gedrückter Haltung und gleichsam zerknirscht auf dem Tische liegen, die
Schwestern aber hatten die ausgeteilten Sparkassenbücher mit schweigender
Gier ergriffen, hielten sie scharf in gekniffenen Fingern, studierten schnüffelnd
darin herum und begannen halb neidische und mißtrauische Blicke jede nach
dem gleichen Posten der anderen hinüber zu blinzeln.

(Nun folgt eine Episode, die wir aus Raummangel übergehen müssen.
Der Schuldiener bringt Kanold eine Mappe von seinem früheren Lieblings=
schüler, der nun Jünger der bildenden Kunst ist, packt ihm den Koffer und
ergeht sich mit dem Alten in einer gescheiten Unterhaltung. Als er gegangen,
unternimmt Kanold —)

... Er unternahm eine Wanderung durch beide verbundene Zimmer in
lebhafter, fast tänzelnder Gangart, die Hände tief in den Hosentaschen, die Blicke
freudig emporgerichtet zu dem gestaltenreichen Schmuck seiner Wände.

Da stolperte er über den Koffer, der mitten im Wege stand, griff in die
Luft, um einen Halt zu suchen, erfaßte einen festen Gegenstand und riß die
schwere Figur des Apoxyomenos von ihrem Standort herunter, daß sie mit
greulichem Klirren zu seinen Füßen zersplitterte, nicht ohne zuvor ihn schmerz=
haft auf den Kopf zu treffen. Er stand in dumpfem Schrecken, bis draußen
ein Kreischen weiblicher Stimmen ihn auffahren ließ. Hastig stieß er den Riegel
vor die Thür und rief mit gepreßter Stimme hinaus:

„Es war nicht das Waschgeschirr, sondern nur eine Gipspuppe."

Da verstummte das Klagen, und er blieb ungestört. Und mit lauter
Stimme tröstete er sich selbst:

„Was thut mir das jetzt noch? Es ist kein Marmor."

Gleichmütig kehrte er in sein Arbeitszimmer zurück, trat an die große
Mappe, öffnete sie, nahm eines der zahlreichen Studienblätter, die sie enthielt,
heraus, trug es sorgsam zu seinem Tische und begann mit freudig gespannten
Blicken die Betrachtung.

Es war eine große, figurenreiche Skizze in Wasserfarben, von einer auf=
fallenden, eigenartigen und etwas verwirrenden Buntheit; darstellend eine Szene
aus dem bewegten Straßenleben der Hauptstadt. Der Beschauer war auf dem
Oberdeck eines Pferdebahnwagens sitzend gedacht; Straßenschilder und Haus=
nummern hätten einen herbeigerufenen Polizeibeamten keinen Zweifel gelassen,
an welcher Ecke der Leipzigerstraße er sich gerade befinde. Es war ein unge=
mein regsames Treiben, auf das man hinuntersah. Ein störrisches Schwein
wurde ganz im Vordergrund von einem entrüsteten Schlächtergesellen beim
Schwanze hoch emporgezerrt und solcherart weitergeschoben; durch das Geschrei
des Tieres erschüttert, suchte ein feingekleidetes junges Mädchen mit einer Musik=
mappe am Arm, von strophulöser Gesichtsfarbe und rotgeschwollenen Augen=
lidern, sich dadurch Luft zu machen, daß es einem vorüberlaufenden kleinen

Hunde einen Fußtritt versetzte. Diese Bewegung war mit einer solchen Sicher=
heit gegeben, daß kein Zweifel blieb, der Hund würde in eine tiefe Pfütze fliegen
und ein verkrüppeltes, krankes Kind, das eben in einem niedrigen Wägelchen
vorbeigefahren wurde, über und über mit Kot bespritzen. Weiterhin standen
zwei Streichholzverkäufer, ein buckliger und ein pockennarbiger, der eine mit
gestreiftem, der andere mit gewürfeltem Hosenstoff, und aßen gemeinsam an
einer Knackwurst, der man einen abscheulichen Knoblauchsgeruch ansah; man
wußte genau, sie war von Pferdefleisch. Daneben bot ein verwelktes, stülp=
näsiges Blumenmädchen mit schläfrigem Grinsen seine zarte Ware feil, während
ein rotgedunsener, betrunkener Bierkutscher von der Firma Gabriel Sedlmayr
(Spatenbräu) vom Wagen herabfiel und das Genick brach. Die Mitte der
Komposition bildete ein schöner Wurstladen, hinter dessen klarer Spiegelscheibe
die Käufer sich drängten und in dessen Hintergrunde ein knochiges, altes Weib
ein junges Huhn mit einem stumpfen Messer schlachtete; der Reflex des durch
seitliche Butzenscheiben schräg einfallenden gebrochenen Sonnenlichts auf den
zuckenden Flügeln des Tierchens war mit besonderer koloristischer Feinheit ge=
geben. Ein Schinkenrest war etwas madig geworden, und die Käuferin, ein
sittlich schwer verwahrlostes Nähmädchen, versuchte, mit der Nase den üblen
Zustand des Fleisches betonend, daraufhin fünfundreißig Pfennige abzuhandeln.
Am Fenster des Nebenhauses stand eine griesgrämige Krankenwärterin und
lutschte gelangweilt an einem angefaulten Pfirsiche, in dessen triefendes Fleisch
sich zwei schmutzige Finger wie eine Kneifzange gepreßt hatten. Ein berittener
Schutzmann hielt die Mitte der Straße und blickte unentwegt und stumpfsinnig
über die verworrene Menge hin.

Diese und viele andere ähnliche Gegenstände waren auf dem Bilde in
musterhafter Naturtreue dargestellt. Kanold starrte darauf hin mit einem
trüben, stumpfen, fast leeren Blicke. Endlich schloß er die Augen fest, als ob
ein Schwindel ihn ergriffe; dann drehte er sich hastig herum und heftete den
Blick mit hilfesuchendem Ausdruck auf seine Juno, seine Nike, seine Parthenonreiter.

Der Feind ist in Attika eingebrochen und hat die heiligen Oelbäume
niedergeschlagen!", rief er ihnen entgegen.

Matt und langsam ließ er sich in seinen Sessel gleiten, die Augen mit
der runzligen Hand bedeckend. So saß er lange ganz unbeweglich.

Aber noch einmal zog es ihn zu dem fremdartigen Bilde hin. Dieselbe
mürrische Wahrhaftigkeit, alles dumpf und frostig, wie mit erbittertem Pinsel
gemalt:

> „Wo aller Wesen unharmonische Menge
> Verdrießlich durcheinander klingt!"

klagte er schauernd.

Da entdeckte er eine Kleinigkeit, die ihm vorhin entgangen war: hinter
einem in die Gosse gestürzten, mit widrigen Abfällen gefüllten Hundekarren
guckte ein seltsam liebliches Kinderköpfchen in die Höhe; die kleinen Hände hatten
einen groben Sack um das ganze Gesicht geschlungen wie eine Nonnenkapuze,
und die dunklen Augen lachten aus der Vermummung heraus schelmisch zwin=
kernd und sprühend von Daseinslust; die seitliche Neigung des neckisch geduckten
kleinen Kopfes war von bezauberndem Liebreiz. Er sah aus, als sei dies win=
zige Nebenfigürchen durch all das wüste Getreibe gewaltsam aus dem Bilde
hinausgeschoben worden und dränge sich nun wider den Willen aller Beteiligten
und zumal des argwöhnisch verdrossenen Künstlers mit schalkhafter Hartnäckig=
keit wieder herein. Kanolds ernste Augen blitzten auf bei dieser Entdeckung;

1. Augustheft 1899

ja, faſt wie ein kleiner Widerſchein jener Schalkheit zuckte es in ſeinen ge=
furchten Zügen.

„So kann er doch noch nicht verloren ſein", murmelte er, „vielleicht —"
Er fuhr auf einmal heftig zuſammen und ſtrich mit der flachen Hand
ſcharf preſſend über die Stirn.

„Vielleicht, daß es ein Rettungsmittel gibt, ein letztes —"

Langſam durchſchritt er das Zimmer und ſtand vor einem großen, ſehr
vergilbten Holzſchnitte ſtill, darſtellend die Akropolis von Athen mit den hohen
Säulen des Parthenon und der Propyläen. Maleriſch zerlumpte Hirten in Fez
und Fuſtanella weideten im Vordergrunde ihre Ziegen.

Er hob mit einem wunderlichen Zucken beide Arme in die Höhe, als
wollte er dieſe Säulen ergreifen und ſich daran feſtklammern; dann ließ er ſie
mit ebenſo haſtigem Ruck wieder ſinken, ſchob die Hände in die Hoſentaſchen,
riß ſie wieder heraus und ſchwenkte ſie zappelnd wie in leidenſchaftlicher Angſt,
wankte endlich zu ſeinem Seſſel zurück und ſank mit dem Kopfe ſchwer auf die
Platte ſeines Schreibpultes, beide Hände mit wirren Fingern gegen die Schläfe
preſſend. Alle dieſe Bewegungen waren von einer bemerkenswerten Un=
geſchicklichkeit.

Nach einer beträchtlichen Weile hob Kanold den Kopf mit müder Ruhe
wieder empor, ſchloß ein Fach des Pultes auf und nahm ein klirrendes Beutel=
chen heraus; er griff hinein, zog einige franzöſiſche Goldmünzen hervor und
ließ ſie klingend wieder zurückfallen. Er lächelte zu dieſem Spiel, doch ſeine
Augen füllten ſich langſam mit Thränen.

Er ſchob den Beutel zur Seite, nahm ein Stück Papier und einen Blei=
ſtift zur Hand und begann mit Eifer zu rechnen. Das Blatt bedeckte ſich ſchnell
mit einer wirren Fülle von Zahlen.

„Sophokles war neunzig Jahre alt und ſchrieb den Oedipus auf Kolonos",
ſagte er, den Stift niederlegend, „und ich ſollte dann nicht einmal mehr ge=
nießen können?"

Er erhob ſich ſchnell von ſeinem Seſſel und reckte die Glieder gewaltſam
mit ſonderbaren Zerrungen.

„Nein", ſagte er innehaltend und zuſammengeknickt mit dumpfer Stimme,
„ich bin kein Sophokles, kein Hellene, kein ganzer Menſch, der ſich ausleben
durfte in Lichtfülle und Heiterkeit. Ich bin ein königlich preußiſcher Schul=
meiſter in Hinterpommern."

Er ſetzte ſich und rechnete abermals.

„In zehn Jahren!", ſagte er endlich und machte einen kräftigen Strich
unter die Rechnung, „in zehn Jahren habe ich das Geld für die Reiſe nach
Athen und einige Wochen Aufenthalt. Für die Rückreiſe brauche ich mit ſiebzig
Jahren nicht mehr zu ſorgen."

Er ſaß nun lange, ſchwieg und ſah die Juno Ludoviſi an. Von Zeit zu
Zeit ſtöhnte er leiſe auf, drückte die Hand gegen die Stirn und wiſchte auch
wohl eine Thräne von der Wimper. Doch mehr und mehr durchleuchtete ſich
ſein Antlitz im Anſchauen jener ehernen Seligkeit der ſtrengen Göttin.

Ein kräftiger Tritt ward auf der Vordertreppe vernehmbar. Haſtig er=
hob ſich Kanold und verſchloß die Thür zum Schlafgemache, wo der gepackte
Koffer ſtand. Als er an dem bemalten Blatte auf dem Tiſche vorüberging,
machte er eine krankhafte Bewegung, wie ein Raubtier, das ſich mit einem
jähen Seitenſprunge auf ein Opfer werfen will; doch ein raſcher Blick auf die
Juno gab ihm die Haltung wieder, und er erwartete ruhig ſtehend ſeinen Beſuch.

Der Jüngling trat mit lebhaftem Schritte herein. Seine schönen Züge waren etwas blaß und gespannt, doch festen und selbst ein wenig trotzigen Ausdrucks.

„Mein gütiger Vater —", begann er mit einer gewissen Feierlichkeit, da er das Blatt auf dem Tische liegen sah. Doch Kanold machte eine heftig abwinkende Bewegung.

„Laß das, mein Junge", sagte er im freundlichsten Ton, ihm herzlich die Hände schüttelnd, „ich weiß ja alles, was du mir sagen willst. Ich kenne eure neuen Lehren zur vollen Genüge. Ihr wollt an die Stelle des schönen Scheins die strenge Wahrheit setzen. Ihr wollt euch befreien von uralt überlieferten Satzungen, mit freien Augen der Natur ins unverhüllte Antlitz blicken. Ihr wollt eure eigenen Wege gehen. Und fern sei es mir, dich mit Gewalt und Tadel auf meinem Wege festzuhalten. Ihr wollt die Welt der Dinge sehen und wiederspiegeln, wie sie wirklich ist. Das meinten die Hellenen von Phidias bis Goethe zwar auch zu thun, nur daß sie etwas anderes für das Wirkliche hielten: doch die neue Zeit mag andere Ziele und andere Mittel haben, als die alte: welche die besseren sind, muß die Zukunft lehren. Folge du getrost den eigenen Gedanken; man kann auf mancher Straße zum Heil gelangen."

Er machte eine Pause und schien die weiteren Worte mit einiger Mühe zu suchen. Eine tiefe Blässe lag auf seinen Wangen, und seine Augen zeigten ein unruhiges Zucken, das ihnen sonst nicht eigen war. Endlich fuhr er fort:

„Doch nun höre einen Vorschlag, den ich dir zu machen habe. Er ist nicht von heute oder gestern, sondern alterwogen und mit Ruhe vorbereitet. Ich habe seit Jahren ein Sümmchen erspart, das groß genug geworden ist, einem anspruchslosen Manne eine Reise in den Süden, nach Griechenland, nach Athen, und einen längeren Aufenthalt daselbst zu ermöglichen. Vielleicht hatte ich einst vor Jahren daran gedacht, diese Reise selbst zu unternehmen; doch das ist vorüber, die Umstände gestatteten es nicht: und jetzt bin ich alt geworden und scheue die Beschwerden der Reise, bedarf auch wohl der Schulung des Auges nicht mehr, zum mindesten wäre es zu spät, sie noch zu verwerten. Die ursprüngliche Bestimmung des Geldes aber soll auf keinen Fall geändert werden: wenn man alt wird, hat man seinen Eigensinn, der nicht mit sich handeln läßt. So habe ich dich denn ausersehen, die große Fahrt statt meiner zu machen. Du sollst vor Fortsetzung deiner künstlerischen Studien ein halbes Jahr oder solange die Kasse reicht, auf attischem Boden verweilen und mir nachher berichten, was du gelernt und gesehen hast. Fürchte nichts Unbilliges, das dir etwa zugemutet werde: du weißt zwar, ich habe eine kleine Liebhaberei für alte Säulenstümpfe und andere unbrauchbare Marmorbröckel; doch nicht dies ist die Meinung, daß du dich um meinetwillen in diesen veralteten Dingen verlieren sollst. Lerne vielmehr und sammle dort alles, was dir gefällt und dir für deine Zwecke nützlich scheint. Die wunderbare morgenländische Welt wird dir genug zu schauen und zu staunen geben; es ist eine Welt der Wirklichkeit nicht minder, wie es Berlin und Hinterpommern sind. Dann wirst du heimkehren und die vertraute heimische Welt mit neuen und geschärften Augen sehen. So wirst du deinen eigensten Zielen dienen, und das ist die einzige Rücksicht, die deine Schritte dort lenken soll. — Nur zuweilen dann nach der Arbeit gedenke auch deines väterlichen Freundes: laß deine Augen in einer stillen Stunde an meiner Statt einmal auch zu den alten Göttern beten. Steige zuweilen um die Zeit der Abendröte hinauf zur Akropolis, tritt durch die Propyläen, sitze nieder unter den hingesäeten Marmortrümmern und halte einsam

1. Augustheft 1894

deine Andacht vor den goldglühenden Säulen des Parthenon und vor den stillen Jungfrauen des Erechtheion. Und wenn der Hymettos heißrot aufstrahlt im Widerschein der scheidenden Sonne, wenn das dunkle Blau des Meeres seine weichen Arme um Salamis Felsen schlingt, wenn feierlich rauschend der Abendwind durch den heiligen Oelwald streicht: dann — dann gedenke deines Freundes! Weiter ist nichts vonnöten, und weiter verlange ich nichts von dir."

Der Alte schwieg und blickte mit stiller, fast schüchterner Frage auf den Jüngling. Den aber riß schnell eine überquellende Begeisterung des Glückes dahin; mit wirrer Knabenrede stammelte er wieder und wieder seinen Dank, küßte wieder und wieder die Hände des Treuen, und in herrlicher Hoffnung auf kommende Wunder strahlte sein Auge beglückt, feurig und ahnungsvoll.

Der Greis aber legte in stummer Erschütterung noch einmal die Hände auf sein Haupt und drängte ihn dann mit liebevoller Gewalt aus der Thür. „Zu deiner Mutter!", stotterte er. Denn er vermochte die Thränen nicht länger zurückzuhalten.

Doch indem er den freudevoll Enteilenden aus dem Fenster nachblickte und die schlanke Gestalt schön schreitend langsam im Nebel verschwinden sah, da bewegte er das graue Haupt mit einem sonderbaren, listigen und fast boshaften Lächeln, und es klang wie ein leckes Triumphieren, das er da murmelte

„Geh hin, mein Sohn — du bist mir noch nicht verloren! Deine Augen sind offen und froh und können nicht umsonst im Allerheiligsten der Schönheit wachen. Sieh Athen und dann lebe! Ich habe deine Seele mir wiedererobert." Dann schluchzte er einmal auf aus tiefster Brust; doch er bändigte sich schnell und sprach mit fester und lauter Stimme das sophokleische Sehnsuchtslied seinen Göttern entgegen wie ein heißes Gebet:

O könnt' ich hin, wo waldig des Berges Haupt,
Von Meereswogen umspült, sich hebt,
Unter Sunions hohen Fels,
Heilige Stadt Athenas, dir
Grüße zu senden!

Rundschau.

Kunstwart

Dichtung.

* Die siebziger Jahre in unsrer Literatur. In einem Aufsatz von Eugen Wolff „Ueber Klaus Groths Leben" (Beilage des Hamburgischen Korrespondenten) lese ich zufällig die folgenden Sätze: „Leider schließt er (H. Sierds, der Biograph Klaus Groths) sich sogleich im Vorwort der schrullenhaften Literaturgeschichtskonstruktion von Adolf Bartels an, die für die siebziger und ersten achtziger Jahre unseres Jahrhunderts eine »Zeit tiefsten Verfalls der deutschen Literatur« voraussetzt ... Das ist denn doch einseitig jüngstdeutsche Literaturgeschichtschreibung: ist es im Ernst erlaubt, die Schaffenszeit eines Anzengruber, die Zeit des eigentlichen Aufstiegs von Gottfried Keller, Konrad Ferdinand Meyer, Wilhelm Raabe und Fontane, des Uebergangs von Theodor Storm zum künstlerischen Realismus, des Fortwirkens von Gustav Freytag und — Richard Wagner eine »Zeit tiefsten Verfalls der deutschen Literatur« zu nennen?" Es ist mir, wie ich Kennern

unserer Literaturverhältnisse wohl kaum auseinander zu setzen brauche, recht gleichgültig, was die Herren Eugen Wolff, Leo Berg u. s. w. über mich persönlich schreiben; ich weiß, wodurch ich mir ihr Mißfallen zugezogen habe, und trage mein Schicksal mit Fassung. Aber dem Versuche, die siebziger und beginnenden achtziger Jahre zu "retten", müssen wir entgegentreten, denn sehr leicht könnte dadurch eine der bekannten Geschichtslügen entstehen, die dann von Geschlecht zu Geschlecht fortgeschleppt werden. Man hat — es ist sehr schlimm, daß man selbst Literaturgeschichtsprofessoren noch solche Dinge auseinander setzen muß — eine Literaturgeschichtsperiode nach den Talenten, die mit neuen Bestrebungen in ihr auftreten, und weiter nach den Erscheinungen, die ihre "Signatur" bilden, das heißt: welche die herrschenden werden, zu beurteilen. Beweis: Goethe lebte bis 1832, wird aber jemand die Restaurationsepoche mit ihrem Schicksalsdrama, ihrer lüsternen Belletristik à la Clauren, ihrer Almanachspoesie darum eine Blütezeit deutscher Dichtung nennen, weil Goethe noch lebte? Die sich auslebenden großen Talente einer früheren Zeit kommen also bei der Beurteilung späterer nicht in Betracht. Gerade wie mit der Restaurationsepoche verhält es sich mit den siebziger und achtziger Jahren. Es ist zunächst einmal nicht wahr, daß diese Zeit für Gottfried Keller die des eigentlichen Aufstiegs sei; seine Hauptwerke bleiben auf alle Fälle der "grüne Heinrich" und die "Leute von Seldwyla", die in die fünfziger Jahre gehören. Weiter: Freytags "Ahnen" bedeuten geradezu ein Sinken gegen seine früheren Werke und begünstigten nur das Aufkommen des archäologischen Romans. Wilhelm Raabes große Romane "die Leute aus dem Walde" und "der Hungerpastor" fallen in die beginnenden sechziger Jahre, und zu so umfassenden Weltbildern ist er seitdem nicht wieder gekommen, wenn er auch gerade in den siebziger Jahren eine Reihe vortrefflicher kleiner Erzählungen gab — die aber damals nur vereinzelte begeisterte Verehrer fanden; Storm, das ist richtig, hat sich stetig fortentwickelt, aber seine eigentlich realistischen Meisterwerke "Böttcher Basch", "Hans und Heinz Kirch" und "der Schimmelreiter" liegen über 1882, nach meiner Literaturgeschichte das Wendejahr, hinaus, eben-

so Theodor Fontanes moderne Romane, deren Reihe mit "L'Adultera" 1882 beginnt und erst um 1890 gipfelt. Wagner anzuführen, halte ich überhaupt für einen bloßen Fechterstreich, er war vor 1870 schon alles und hat seitdem nur mehr sein Alterswerk, den "Parsifal", geschaffen. Bleiben nur Konrad Ferdinand Meyer und Anzengruber; ersterer ist, da er erst mit reichlich vierzig Jahren zu schaffen begann, eine Ausnahme und gehört im Grunde einem früheren Geschlechte an, Anzengruber aber, die bedeutendste Erscheinung des (damals) Jüngeren, sah sich Ende der siebziger Jahre genötigt, vom Drama zum Roman überzugehen, weil er keine Bühne fand; erst der Naturalismus brachte ihn dann empor. Das sind alles Thatsachen, und ebenso sind es Thatsachen, daß die Lindau und Blumenthal, die Ebers und Wolff die herrschenden Talente der Zeit waren, daß sie und sie allein das große Publikum hatten. Wir haben's doch alle erlebt — wie kann man da schon wagen, es uns bestreiten zu wollen? Ich weiß auch recht wohl, daß zuletzt die Erfolgsleute nicht die Literatur sind, aber sie allerdings, gerade sie kennzeichnen die Zeit — und in den siebziger und achtziger Jahren standen ihnen mit Ausnahme von Anzengruber und Greif auch keine gleichaltrigen großen Talente gegenüber, — man gehe doch nur die Reihe der zwischen 1835 und 1845 Geborenen durch! Die kleineren tüchtigen Talente, die allerdings vorhanden waren, kamen nicht zur Geltung, höchstens noch die von der Decadence nicht ganz freien, wie Wilbrandt und Jensen. Ich bin, sehr wenig jüngstdeutsch, immer dafür eingetreten, daß man die älteren großen Talente nicht voreilig, wie es die Moderne dann that, zu den Toten werfe, ihnen im Gegenteil erst zur vollen Wirkung verhelfe. Aber über die herrschende Literatur der siebziger und ersten achtziger Jahre wollen wir doch ja keinen Mythus erstehen lassen.

Adolf Bartels.

Theater.

* Eine Lauff-Biographie.
"Von der Parteien Gunst und Haß
verwirrt
Schwankt sein Charakterbild"
— in den Zeitungen. Aber Joseph Lauff ist zur Zeit ein berühmter Mann, er kommt be..m großen Publikum gleich nach Hauptmann, Sudermann,

Wildenbruch, und so darf man sich nicht wundern, wenn auch ein Buch über ihn geschrieben wird. Ich hätte große Luft, für dieses Buch (Joseph Lauff, ein literarisches Zeitbild von Dr. Adalbert Schroeter, Wiesbaden, Verlag von Rud. Bechthold & Comp.) einzutreten, denn es ist ein ehrliches Buch. Sein Verfasser hat bereits über die früheren Werke Lauffs begeistert geschrieben, ist also nicht erst durch die kaiserliche Gnadensonne für ihn warm geworden, und er hat auch unzweifelhaft mit der Behauptung Recht, daß die Kritik, die über Lauffs Dramen herfällt, sich das Kennenlernen seiner früheren Werke in der Regel schenkt. Aber das verbessert die Stellung des Hofdramatikers Lauff nun freilich nicht. Daß sein erstes Werk, der „Burggraf", ein bloßes Gelegenheitsstück gewesen sei, hebt Schroeter selbst hervor, über das spätere Drama hat der Kunstwart sicherlich gerecht geurteilt, es ist dort der Geschichte aus äußeren Gründen Gewalt angethan. Bleibt noch die Frage, ob Lauff denn überhaupt Talent habe. Nach meiner früheren Kenntnis seiner Werke und der, die ich aus Schroeters Buch gewonnen, möchte ich diese Frage immerhin bejahen. Er verhält sich ungefähr so zu Scheffel, wie Wildenbruch zu Schiller, es ist ein gewisses poetisches Draufgängertum und daneben eine unverkennbare Begabung für koloristische Wirkungen in seinen Epen und Romanen, die sie über die zahmeren und geflügelteren Sachen Julius Wolffs erheben. Viel sagt das ja freilich nicht. Und mehr darf unsereiner von Lauff auch bei noch so wohlwollendem Bemühen, die Wandeln in seinen Kuchen herauszuschmecken, leider nicht sagen. Ein „starker" Poet, eine selbständige dichterische Persönlichkeit überhaupt ist Lauff nun einmal nicht.   A. Bartels.

Schließen wir an diese Anzeige einige Bemerkungen zu einem Angriff, den Karl Pagenstecher gegen unsre Besprechung des Lauffschen „Eisenzahns" richtet. Er steht im 40. Hefte der in Leipzig erscheinenden „Redenden Künste". Der letzte Angriff der „Redenden Künste" gegen uns, mit dem sie zu Ehren Bungerts den Schwindel der „Gegenwart", Dr. Batka, der Sekretär des politischen Klubs der Deutschen in Prag, sei ein Tscheche, durch einen Herren Chop wider besseres Wissen der Redaktion verbreiteten, war

unanständig. Dieser neue durch Herrn Pagenstecher, den Referenten des „Rheinischen Kuriers" zu Wiesbaden, ist sehr scharf in der Form, aber sachlich und also anständig. Wir antworten unserm geehrten Herrn Gegner mit Vergnügen. Zwar hoffen wir nicht, uns mit ihm zu einigen, aber wir wünschen, in unsrer Meinung nicht mißverstanden zu werden.

1. Pagenstecher entgegnet auf unsre Geringschätzung der Lauffschen Arbeiten zunächst, indem er eine Anerkennung zum mindesten der epischen Dichtungen Lauffs, die er „wahrhaft bedeutend" und von „mächtigem Schwunge" nennt, als selbstverständlich annimmt. Die Werke nun, meint er, habe aber der Kunstwart ignoriert. Herr Pagenstecher irrt darin. Der Kunstwart hat Lauffs Epik nicht ignoriert, er hat sie vielmehr lange, ehe von Lauffs Beziehungen zum Hofe die Rede war, besprochen. Und zwar schon damals ungefähr im Sinne des oben gedruckten Bartelsschen Urteils, d. h. unter entschiedener Ablehnung der Meinung, hier walte eine irgendwie bedeutende dichterische Kraft.

2. Die Angriffe des „Kunstwarts" auf den „Eisenzahn" sucht unser Gegner dadurch zu entkräften, daß er der Piersonschen Auffassung von der Geschichte jener Zeit eine andere, seiner Ansicht nach minder tendenziöse entgegenstellt, nach der die Bestrebungen des eisernen Markgrafen in noch höherem Maße dem geschichtlichen Fortschritt dienten. Wäre dem so, so änderte das an der Berechtigung unsrer Kritik nichts. Vorbedingung jeder echten Tragödie ist, daß zwei für das Gefühl der feindlichen Parteien heilige Güter in unversöhnlichem Gegensatze aneinander prallen. Diese Vorbedingung war hier gegeben, ein Dichter hätte sie benützt, indem er eine wirkliche Tragödie aus dem Stoffe gestaltete, ein Werk, in welchem für das Gefühl, nicht für das Denken, „beide Recht haben", der Sieger wie der Besiegte. In der Tragödie wird auch der Besiegte verherrlicht, Lauff verzichtete auf die höhere Gattung, er zog es vor, den Besiegten lieber nicht mit der tragischen Glorie zu zeigen, er wählte von zwei Möglichkeiten die niedrigere und schrieb ein Schauspiel. Unsres Erachtens begab er sich schon dadurch des Anspruchs, als Schriftsteller mit Achtung behandelt zu werden. Und nun sagt Pagenstecher selbst: „Der

Kurfürst steht (im Stücke) allein, und in seiner Umgebung ist niemand, der seine gute Sache etwa leidenschaftlich verzerrte, wie dies auf bürgerlicher Seite geschieht, auch bleibt er zu abstrakt in seiner Rhetorik, ist mehr Vertreter eines theoretischen Prinzips, als warmherziger Mensch, abgesehen von dem 4. Oktober, wo er Gelegenheit findet, sein Recht durch selbstlose Liebe zu seinem Volke zu offenbaren. Bei den städtischen Bestrebungen aber werben die reineren Elemente durch die Schuftigkeit des zynischen Stadtschreibers Porkeles in den Hintergrund gedrängt, und auch Bernd Ryles Verdammung durch Mutter und Schwester erscheint unnatürlich übertrieben." Braucht es mehr, um unsern Vorwurf, daß es sich hier um einseitige Tendenzschriftstellerei handle, zu begründen? Den klassischen Beweis für die Berechtigung dieses Urteils aber erbringt der Schluß, bei welchem Ryle "erwürgt" wird vom eignen "Fetisch" und "Jbol". Unser Referent hat dem gegenübergestellt, wie Alexis den Sturz des Rolands bespricht. Auch unser Herr Gegner weist auf Alexis; wohl denn, er braucht nur dessen Behandlung desselben Stoffs mit der Lauffs zu vergleichen, um den Unterschied zwischen Kunst und Nichtkunst, zwischen Gestaltung und Mache verkörpert zu finden.

3 Trotz dieser Thatsachen ist also Pagenstecher darüber empört, daß wir solche Lauffsche Arbeiten verächtlich besprechen. Darüber läßt sich nicht weiter rechten. Wenn von uns verlangt wird, selbst diese Stücke als Gestaltungen echten, d. h. nur nach ihm innewohnenden Gesetzen schaffenden Dichtens anzusehn, so fragen wir: hat man vergessen, daß Lauff die Thatsache, nach allerhöchsten Aufträgen zu arbeiten, selber, und mit Stolz, zugegeben hat? In Dingen des staatlichen Lebens ist solche Auffassung die achtbare des Offiziers oder des Beamten, aber auf die Dichtung übertragen läßt sie sich nicht. Dichtung kann nur geben, was eignem inneren Drange einer Menschennatur entsprang, ihr "Gefühl und Schaun zu offenbaren". Solche innerliche Auseinandersetzungen mit den Stoffen gibt z. B. Alexis, Lauffs Stücke jedoch sind in der That für uns nur geringzuschätzende Arbeiten eines schriftstellernden Hoflieferanten. Mitbestimmt gerade durch Lauffs naiven Stolz auf

kaiserliche Aufträge, bezweifeln wir keineswegs, daß er diesen Sachverhalt nicht erfaßt und daß deshalb seine menschliche Ehre unangetastet bleibt, — eine Kritik seiner Leistungen jedoch hat zur Vermeidung von Verwirrungen die Pflicht, diese Art von Produktion unmißverständlich beim rechten Namen zu nennen.

4. Herr Pagenstecher bedauert, nach anerkennenden Worten über die nationale Richtung der Kunstwarts, bei uns einen Mangel an "rechtem Verständnis" "für die eigentümliche, herbe Kraft des Preußentums" und "für die Bedeutung des monarchischen Gedankens". Herr Pagenstecher hat übersehen, daß gerade die ganz "spezifischen" Dichter des monarchischen Preußentums, Willibald Alexis und Theodor Fontane, zu den wenigen Männern gehören, auf die unser Blatt grundsätzlich immer und immer wieder in Liebe und Bewunderung hinweist. Gestaltete Lauff in der That die "herbe Kraft des Preußentums", wie jene Echten und Tüchtigen, wir würden ihn freudig und herzlich begrüßen. Aber unser Meinung nach "gestaltet" er, erstens, überhaupt sehr wenig, eben weil er ein schwacher Poet ist, und ist, zweitens, was aus seinen Sachen spricht, etwas ganz anderes, als herbe, preußische Kraft. Auch wenn der Kaiser der Sachverständige in Kunstdingen wäre, der er unsrer Überzeugung nach nicht ist, wär' es noch wahrscheinlich, daß er Lauffs Stücke hoch überschätzen müßte, da bei ihm die natürliche Freude an der Verherrlichung seiner Vorfahren ein stoffliches Interesse von höchstem Gewicht dem ästhetischen Urteil gegenüberlegte. Aber mit der Wertschätzung des "monarchischen Gedankens" hat es gar nichts zu thun, wenn wir den persönlichen Empfindungen des Kaisers die Gefolgschaft auf diesem Wege verweigern. Den "monarchischen Gedanken" zu diskutieren, gehört überhaupt nicht in den Kunstwart. Der hat ihn ruhig und achtungsvoll hinzunehmen, wie jedes aufrichtige Empfinden, jeden überzeugten Gedanken, jeden ehrlichen Glauben. Er hat, als Kunstwart, danach zu fragen, ob sich ein Seeleninhalt in der Erscheinung aufrichtig ausdrückt, wie er ist. Das aber hat er eben zu fragen, er darf es nicht nur, er muß es auch. Kunst ist uns Ausdruck des Fühlens der Menschen als Mitteilung ihrer nach gegenseitiger Förderung ver-

langenden Seelen. Wird diese Sprache gefälscht, so ist's eine Gefahr, auf die er zu zeigen hat. Dergleichen Fälschungen aber sind oder bringen mit sich nicht an letzter Stelle alle jene traurig-lächerlichen Erscheinungen des Byzantinismus, die unsrer Ueberzeugung nach vor allem der ehrliche Monarchist wie Tempelschändungen bekämpfen sollte. Und wenn das subjektive sittliche Verschulden gering sein oder fehlen mag, wie etwa bei Lauff, so zeigt gerade das, wie dunkel das Empfinden unsres Volkes überhaupt in solchen Dingen schon geworden ist, wie dringend also das Hineinleuchten not thut.　　　　　　　　　　F. A.

Bildende Kunst.

* Zeichenunterricht als Erziehung des Betrachtens und damit des mit Bewußtsein vollzogenen Sehens ist es, was vor allem die Bemühungen Fedor Flingers in Leipzig als Ziel einer Reformation des Zeichenunterrichts erstreben und an vielen Stellen schon erreicht haben. Bei der neulichen Jubiläumsversammlung des Vereins deutscher Zeichenlehrer sprach Flinger wiederum über den Gegenstand. An Arbeiten nach andern Methoden, die von ihren Urhebern als maßgebend veröffentlicht waren, wies er zugleich zeichnerische Verständnislosigkeiten und damit eben den Mangel an „bewußtem Sehen" überzeugend nach. Seitenstücke hierzu finden sich, so bemerkte er, leider auch in so manchen unserer heutigen Kunstwerke, selbst in solchen bedeutenden Ranges, zu deren Beweise dafür: wie häufig der Ausdruck selbst des feinsten Kunstempfindens an der mangelhaften Beherrschung der Formen scheitere. Geschieht dies aber sogar hier, wo der Beruf zum eingehendsten Beobachten, zum Studium der Elementargesetze hindrängen müßte, so kann man darauf schließen, welche Verständnislosigkeiten in all den Schichten unseres Volkes herrschen, denen jenes Berufsinteresse fehlt. Unser Volk kann nicht sehen. Man beklagt es, aber man ist dessen doch nicht recht bewußt, welch ein Schatz von Natur- und Kunstgenüssen sowohl wie von praktisch verwertbaren Kenntnissen dadurch verschlossen bleibt — wäre es anders, man müßte den Flingerschen Bemühungen auch in „Laienkreisen" längst weit allgemeinere Teilnahme entgegenbringen. Ehedem wurde bekanntlich der Zeichenunterricht nur als

eine Handfertigkeit betrachtet und betrieben, wie das Strümpfestricken: man lehrte das Kopieren nach Vorlagen, d. h. an Nachahmungen von Nachahmungen, so und so zu stricheln und so und so zu wischen, — aber warum auf dem Vorlageblatt gerade hier und nicht anderswo die Striche und Schatten saßen, davon erfuhr der Schüler nicht viel. Flingers reformatorische Methode geht umgekehrt gerade darauf aus, das Zeichnen vor allem als Mittel zum Verständnis der Naturformen auszubilden, also: beobachten zu lehren, sehen zu lehren und so zu erziehen ein „verständnismäßig ausgebildetes sicheres Beurteilen von Form und Gestalt auf Grund der Maßverhältnisse". Nicht darauf kommt es beim Flingerschen Zeichenunterricht in den Schulen an, in geschickter Anwendung kleiner Praktiken Bildchen machen, noch auch darauf, die Phantasie mit Naturformen spielen zu lassen, sondern darauf, ein scharfes, verstehendes Erfassen der Formen heranzubilden, das denn freilich auch zu wirklich richtiger zeichnerischer Wiedergabe eine Vorbedingung ist.

Flinger widmete fünfzig Jahre der Reformation des Zeichenunterrichts. Er ebnete immer sorgfältiger den Weg, auf dem auch der Geringbegabte durch die Anleitung zum selbständigen Beobachten mit Frage und Antwort in fortwährender Steigerung zu dem höchsterreichbaren Ziele gebracht werden konnte. Für den Begabten erstrebte er dabei, selbst Künstler, zugleich Anregung zu künstlerischer, d. h. selbständig schaffender Arbeit, indem er die Schüler insgesamt zu selbständiger zeichnerischer Verwertung des selbständig Gesehenen anleitete. Bis zu wie hohem Grade das möglich ist, kann nur beurteilen, wer die Arbeiten der Flingerschen Schüler z. B. in einer Ausstellung sachverständig besichtigt, wie sie jetzt aus den 65 Schulen Leipzigs, deren Zeichenunterricht unter Flingers Oberleitung steht, veranstaltet war.

Flinger hat seine Ansichten ja auch im Kunstwart (10. Jahrg., Heft 9) auseinandergesetzt, während, wie sich unsre älteren Leser erinnern, Konrad Lange in seinem Buch über die künstlerische Erziehung der Jugend und gleichfalls im Kunstwart gegen diese Gedanken sprach. Flingers Standpunkt ist nach seiner neuesten Rede der, daß Lange und seine Meinungsgenossen bei ihrer wahrlich sehr berechtigten Forderung

nach einer größeren äfthetifchen Er=
ziehung zu wenig den Mangel an einer
Schulung des Sehens berückfichtigen,
denn diefem würden ihre Vorfchläge
wenig abhelfen. Wir unferfeits ftim=
men da Flinzer zu, wir glauben, daß
die Angriffe gegen feine Auffaffung
aus Mißverftänniffen hervorgehn.
Man kritifiert Flinzers Methode fo oft
darauf hin, welche Anregung fie der
künftlerifchen Phantafie bieten
könne, unterfchätzt dabei wohl den
Wert, den klares Formenverftännis
auch auf die Geftaltung der Erinne=
rungsbilder und damit der Phantafie
hat, überfieht aber vor allem, daß im
Mittelpunkt diefes Flinzerfchen Zeichen=
unterrichts gar nicht die Phantafie=
fchulung, fondern das fonft vernach=
läffigte andere Erfordernis der Kunft=
bildung fteht, das verftänisvolle
Sehen=, das bewußte Betrachten=Können.
So gewiß eine gewaltige Menge an
Bildungsftoff ausfchließlich oder teil=
weife durch Anfchauung aufgenom=
men wird, fo gewiß ift diefes Sehen=
können ein Erfordernis der allge=
meinen Bildung, und fo gewiß es
erforderlich ift zu wirklich richtiger
Wiedergabe des Gefehenen, fo gewiß
wird es von der künftlerifchen Bil=
dung verlangt. Die jetzt noch fo
fchwer unterfchätzte, die fo unfäglich
wichtige Erziehung der Phantafie,
die Lange nahe an den Mittelpunkt
feiner Ausführungen rückt, ift gerade
in unfern Blättern von Anfang an
erftrebt und verfochten worden, und
auch wir werden fie weiter fordern,
fo lange wir reden können. Aber die
Frage liegt nicht fo: Schulung des
Betrachtens oder Schulung der Phan=
tafie, fondern die Sache will beides.
Flinzers Zeichenunterrichtsreform hat
wahrhaft glänzende Ergebniffe aufzu=
weifen gehabt; wir wollen auch die Seite
der Erziehung der deutfchen Jugend, die
er behandelt, ja nicht unterfchätzen.

Vermischtes.

* Zur künftlerifchen Hei=
matskunde. Wir lefen in einer
Dresdner Zeitung: „Wir haben eine
Menge Straßen, welche zu Ehren ver=
dienter Männer mit deren Namen be=
nannt wurden. Nun kennt zwar der
Fachgelehrte alles das, was der Be=
treffende bei Lebzeiten gethan und er=
ftrebt hat, aber weitere Kreife wiffen
felten etwas Eingehenderes darüber.
Auf der Permoferftraße foll der An=
fang damit gemacht werden, eine Ge=
denktafel für den f. Zt. berühmten Hof=
bildhauer Balthafar Permofer zu
fchaffen. In der Frenzelfchen Gaft=
wirtfchaft dafelbft will eine neue
Vereinigung alle auf Permofer bezüg=
lichen Schriftftücke, Druckwerke, Bilder
und Photographien feiner Hauptwerke
fammeln und in einem der Zimmer,
foweit das angeht, unter Glas und
Rahmen bringen laffen, um den dort
Verkehrenden ein Bild von dem Leben
und Wirken des berühmten Mannes
zu geben. Das Haus foll dann »Per=
moferhaus« genannt werden. Viel=
leicht findet der Gedanke weitere Nach=
ahmung.“ Jedenfalls fcheint er uns
hübfch und ausbildungsfähig genug,
um weitergegeben zu werden.

* Krieg den neuen Herren=
ftrohhüten!
Als man den weichen Filzhut er=
fand und ihm mit der Fauft oder den
Fingern alle möglichen „Dellen“ machte,
hatte man noch Gefchmack. Und als
vor wenigen Jahren die Form des ge=
wöhnlichen Knabenftrohhuts nach dem
„Vorgang“ des Damenhuts nachgebil=
det wurde, konnte niemand etwas ein=
wenden, denn der Filz kann hart und
weich fein. Nun aber dem feiner Natur
nach harten und höchftens zu runden
Formen verwendbaren Stroh jetzt die
Geftalt des weichen Filzhutes zu geben
und mit diefer weißgelben Regenrinne
auf dem Kopfe fich auf der Straße zu
zeigen, das ift fchlimm. Gut, daß die
Schauerhüte fo hell find und bald
fchmutzig fein werden. Wer es aber
nun unternehmen wird, eine dunkle
Ausgabe zu veranftalten, der verdient
einen Mühlftein an feinen Hals. P.

Unsre Beilagen.

An erfter Stelle, aber als brittes, alfo fozufagen zugegebenes Bild bieten
wir heute den Lefern ein allbekanntes von Tizian, ein allbekanntes, aber in
feinem geiftigen Kerne bis in die Gegenwart unverftanden gebliebenes. Es
war bis vor kurzem im Publikum ausfchließlich als „Himmlifche und irdifche
Liebe“ bekannt, obgleich durch die Jahrhunderte, feit es gefchaffen, mancher die

1. Auguftheft 1899

Unzulänglichkeit dieses Namens empfunden und sich um eine neue Deutung bemüht hat. Dann schrieb, vor ungefähr sechs Jahren, Avenarius im Kunstwart
(6. Jahrg., Heft 21): „In allen jenen Deutungen des Tizianschen Meisterwerks,
das als »irdische und himmlische Liebe« berühmt ist, kann ich nur neue Beweise für die alte Thatsache sehen: nichts ist schwieriger, als einmal verlaufene
Gedanken zur Umkehr zu bringen. Denn wie mir scheint, liegt die richtige
Deutung des Bildes so nahe, daß der Unbekannte sie ganz mühelos in sich
selber erzeugt — aber seit Jahrhunderten hat eben die Unbefangenheit jedem
gebildeten Beschauer gefehlt, und nur mit der oder jener Voraussetzung ist er
vor das Werk getreten. — Eine vornehme Spröde hat sich aus ihrer Gesellschaft entfernt und am einsamen Brunnen niedergelassen. Da riß sie nun im
Gedenken an »ihn« unwillig die Rose aus dem Strauß. Aber die Bildereien am
Brunnen selbst erinnern sie an Liebe, und die Abendlandschaft, in die sie hinaus-
träumt, redet ihr von Liebe, und wie sie auf das Plaudern des Wassers lauscht,
da ist es Amor, der mit seinem Plätschern spielt. Und siehe: leise ist ihr ein
überirdisches Weib genaht, Frau Venus selber — die sitzt noch am andern
Brunnenrand, aber sie spricht gar verführerisch auf die Stolze ein, deren Stolz
bald zerschmelzen wird, wie die Göttin ihr leise näher rücken und ihr Odem
sie berühren wird. So könnte man dem Werk etwa diese Unterschrift geben:
Ueberredung zur Liebe. Es geht alles zusammen, wenn man es darauf
hin nur erst ansieht. Nichts mehr von toter Allegorie, alles jene echt künstlerische Symbolik, die zugleich volles Leben ist, und alles aufgelöst in Stimmung, in eine so volle Stimmung sogar, daß man diese von je empfunden
hat, auch wenn man sie angesichts der falschen Auslegungen des Inhalts nicht
recht begreifen konnte. Nach seinem ganzen Geiste und auch darin, daß
einer der wichtigsten Träger hier die Farbe ist, erscheint mir dieses Tizianische
Werk geradezu als ein höchst merkwürdiger Vorläufer der Phantasiemalerei
Böcklins.“ Jetzt finden wir das Werk bezeichnet als „Ueberredende Venus“.
Wir dürfen auf den zufälligen guten Einfall, der uns die richtige Lösung gab,
die jetzt ganz selbstverständlich erscheint, durchaus nicht stolz sein. Erinnern
wir uns aber der Bände, die von Kunsthistorikern gelegentlich über die richtige
Deutung berühmter künstlerischer Meisterwerke als über hochwichtige und hoch-
gelahrte Fragen verschrieben wurden, so wundert es uns, bei der Annahme
unserer Deutung gerade von dieser Seite mit keinem Worte der „Quelle“
gedacht zu sehn. — Das Blatt von Edmund Kanoldt ist einer dekorativen
Füllung für ein Schloß am Rheine entnommen. Ganz gemäß dem Sinn der Wand-
malerei ist hier besonderes Gewicht auf den Lauf der Linie gelegt. Wer sich
die Mühe gibt, sich in die eigene Poesie dieser öden kahlen Höhen, wie wir sie
in unsern deutschen Mittelgebirgen so viel finden, zu vertiefen, wird hier
den Reiz einer ganz eigenen Welt empfinden. Eigentümlicherweise knüpft diese
in gewissem Sinne romantisch zu nennende Richtung hier gerade an die heroi-
sche Landschaft von einstmals an. — Unser letztes Blatt ist eine Kunstphotographie von O. Ehrhardt, „Abendwetter“. Wir geben sie als eine neue
Illustration zu unsern früheren Bemerkungen über die künstlerische Entwicklung
der Photographie in unserer Zeit.

Verantwortl.: der Herausgeber Ferdinand Avenarius in Dresden-Blasewitz. Mitredakteure: für Musik:
Dr. Richard Batka in Prag-Weinberge, für bildende Kunst: Paul Schultze-Naumburg in Berlin.
Sendungen für den Text an den Herausgeber, über Musik an Dr. Batka.
Verlag von Georg D. W. Callwey. — Kgl. Hofbuchdruckerei Kastner & Callwey, beide in München.
Bestellungen, Anzeigen und Geldsendungen an den Verlag Georg D. W. Callwey in München.

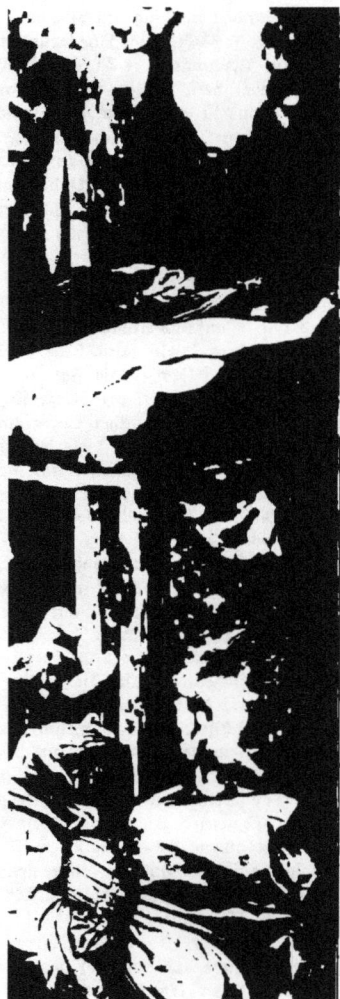

SACH EINER PHOTOGRAPHIE VON BRAUN, CLÉMENT & CIE. IN DORNACH I. ELS., PARIS UND NEW YORK

TIZIAN
ÜBERREDENDE VENUS

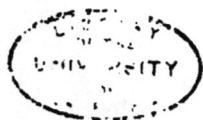

EDMUND KANOLDT

KW

O. EHRHARDT phot

DER KUNSTWART

Goethe.

Ein mild sonniger Spätsommertag nahe der See. Aus der
Ferne hör ich sie leise herüberrauschen, dort hinter dem feinen, weißen
Dünenzuge hervor. Wo ich bin, breiten sich weithin die grünen Wiesen.
Und hoch vom Himmel her singt noch eine Lerche. Es ist, als höre ihr
alles zu, Luft und Land, und das Meer selber, und nur zu sanfter Begleitung rausch' es, zurückhaltend, mit. Nein, es ist, als singe alles
selber leise vor sich hin durch diese eine Lerche. Es ist schön in der
Welt, und du gibst dem Stimme, du da droben, die ich nicht sehe, du,
die sich verloren hat im blauen Raum.

„Im blauen Raum verloren" — wie ich weiterschlendere, verweilt
mein Sinn bei dem Wort, hält mit ihm Zwiesprach, bis er seiner ganz
genießt, dankt ihm und läßt es weiterschweben. Und ich denke des
Meeres dort drüben, über das hinweg ich noch gestern die Lieben „mit
der Seele gesucht" und dessen Wellenspiel überm schimmernden Grund
mich noch heut so seltsam zur Tiefe gelockt, denke drüben des Pfades
an den gespenstischen Weiden hin, den ich gestern abends ging, und des
Haideröschenbusches dort, an dem ich vorhin ausruhte. Ja, wir haben
noch eine Lerche anderer Art, wir Deutschen, die singt uns über allem,
und an keinem gesegneten Tage gehen wir durch Wies' und Feld, ohne
daß wir sie hörten. Freilich, oft merken wir das gar nicht klar. Wir
fühlen nur: es ist irgend etwas Liebes in der Luft, die Welt ist heut
schöner, und wir sind reiner und froher. Wollten wir die Sängerin sehn,
so braucht' es nüchterner Anstrengung und womöglich gar der Augen-
gläser. Aber da ist sie, sie singt in der Gotteswelt über uns allen und
stimmt uns Deutschen das Herz, da ist sie, „im blauen Raum verloren",
die Lerche der Goethischen Lyrik.

Wer überhaupt zu denen gehört, die nicht im dumpfesten Frohn
ihre Tage nur schleppen müssen, der versuche, sich Goethe wegzudenken
aus seiner Welt und sich zu fragen, was mit ihm ginge. Was er in
der Natur betrachten mag, nachdenksam oder träumend, er wird staunend

finden, daß faſt überall ein Goethiſches Wort, vielleicht ſchon zu früher Jugendzeit, ihn zum erſten Male die Tiefe erſchloß. Goethe lehrte die deutſche Natur, zu ſagen, was er empfand. Aber wie er das that, lehrte er ſie überhaupt, zu ſagen: Goethe ſchenkte der Seele der deutſchen Land= ſchaft das Wort. Zu allem Singen unſeres Herzens, zu Hoffen, Fürch= ten, Sehnen ſpricht ſeit ihm Blume und Baum, Thal und Hügel der Heimat mit darein. Und daran wuchs wiederum unſeres Fühlens eigene Kraft, wie es Nahrung entnehmen konnte und Halt aus ſolcher Vertraut= heit, und lernte es tiefer zu graben nach den Schätzen der Erde und kühner ſich zu erheben über Wolken und Sturm.

Aus nüchterner Wiſſenſchaft haben wir's gelernt, was für den Menſchengeiſt die Sprache bedeutet. Sprachvermögen und Seelenleben, ſie ranken ſich aneinander herauf, jedes ſtützt das andere, jedes ſiecht ohne das andere. An der Sprache klomm unſer Geſchlecht aus der Tier= heit zum Geiſt. Halten wir uns das im Bewußtſein, wenn wir be= denken: die Sprache als Ausdruck der Phantaſie und des Empfindens verdankt keinem einzelnen Deutſchen den zehnten Teil ſo viel, wie ſie Goethe verdankt. Sehen wir dann in unſere Geſchichte auf das Werden der dichteriſchen Sprache zurück. Aus der Dämmerung ein vereinzeltes freundliches Licht, blinkt aus dem Mittelalter Walthers von der Vogel= weide „Tandarabei“ zu uns her. Es iſt Goethiſch, würden wir ſagen, wär's heute geſchaffen. Dann ein weiter dunkler Weg bis zu der Kirche hin, wo mit Luthers Bibeldeutſch kraftvoll der deutſche Choral erſchallt. Und wieder ein langer Weg durch Oedeland, nur von ſeltnen Lichtern ungewiß beſchienen. Dann beim Boten zu Wandsbeck eine behaglich fromme Flamme. Und: ein Flimmern und Aufflackern da und dort und da rings. Als zündete man Licht in den Hütten, dieweil es Zeit ſei, aufzuſtehn. Denn über dem Oſten hellt es, über dem Oſten goldet ſich's. Goethes Sprache geht auf, daß alles, was da ruht und ragt, ſich erwärmt in ihr und leuchtet.

Und ſiehe: aus dem betauten Boden der Heimatſprache, dem neu befruchteten, ſteigen jetzt Geſtalten. Verklärte aus Gräbern ſind's, denn der Gewaltige vermag auch das: atmen und wandeln zu heißen, was tot ſchien, und durchbluteten Leib zu ſchenken dem, was ſchattenhaft im Halbdunkel geiſterte. Da ſinkt vom alten Steinſarg der Deckel, und wieder zwiſchen die Lebenden ſchreitet wuchtigen Tritts und markigen Denkens der Ritter mit der eiſernen Hand. Clavigo kommt, Egmont. Abſeits wandelt, wehvoll und warnend, der grübelnde Traurige, der einſt ſich erſchoß, ein Einzelner und doch ein Geſchlecht und eine Zeit. Ein Mädchen, halb ein Kind, mit großen Augen, die nach innen glühen — Gott helfe dir, Mignon, du biſt die Sehnſucht. Wir grüßen dich ehr= erbietig, erhabene Fremde, Iphigenie. Wir reichen dir froh die Hand, die du ſchön biſt gleich ihr und ſtolz gleich ihr, aber mit uns gleicher Heimat, Dorothea, du Tüchtige. Und dort ſehen wir ſie, um die der Duft der Jugend, der Glanz der Liebe und die Heiligkeit des Leibes eine Glorie geſponnen haben, wie um keine andere ſonſt, ſo weit die Menſchen lachen und weinen, Gretchen. Neben ihr droht der Vernichter, — ſichtbar geworden er, der unſichtbar neben jedem droht. Aber neben ihm ſteht, der den Vernichter beſiegt, Fauſt. Das Gewaltigſte, was im deutſchen Geiſte ſchlief, trat ja mit ihm aus jahrhundertelangen, ahnen=

den Träumen plötzlich ans klare Licht, daß er nun darin weiter schreite, führend die Freien und Starken jeglichen neuen Geschlechtes, das je kommen wird. So wandeln überall Gesandte Goethes zwischen uns. Mehr als wir, und doch Menschen mit uns. Ich wiederhole: man suche Goethe wegzudenken aus dem Verkehr unseres Geistes, und frage sich, was mit ihm ginge.

Es ist kein glücklicher Zufall, daß unser größtes Genie durch und durch gesund war, denn es gehört ja zum Wesen der größten Dichter= genies, gesund zu sein. Homer, Shakespere, Goethe, bei jedem der Namen denken wir an gesund blühende Kraft. Ein einseitiges Gestalten mit noch so glänzender Begabung kann auf Kosten der andern Seelen= kräfte, der Harmonie des Geistes, also der der Gesundheit gehen, aber das treffen wir ja bei Goethe nicht. Sondern ein gesetzmäßiges Runden aus dem Vollen ins Ganze sehen wir bei ihm, ein natürliches Wachsen= lassen schier ohne Treibhaus und ohne Spalier, daß die Form der freie Ausdruck der innen waltenden Mächte werde. Seine Seele hat ge= gesunden Hunger und sie ernährt sich aus allem, was nur erreichbar ist: aus der gesamten Bildung der Zeit, aus dem Spielen, Forschen und Hoffen, aber auch aus dem nüchternen Arbeiten der Zeit an ihren häm= mernden Werktagen. Ein Dienen dem Tage mit solchem Ernst, daß es jahre= lang den ganzen Mann aufzubrauchen scheint, bis plötzlich ein Neues erscheint, das zwischen all dem im Geheimen empfangen worden und ge= wachsen ist. Seherausblicke dazwischen in Fernen der Wissenschaft, wo die Dichterphantasie im Umriß ahnt und erschaut, was der Denker noch nicht vermuten kann. Bei allem die Ruhe, die der Gesundheit Zeichen ist, diese Goethische Ruhe. Mag sein Stoff und das eigene Ich so tief und leidenschaftlich bewegt sein, wie die Welt im Sturm, wir wissen doch: der verliert sich nicht. Der Künstler thut's nicht, noch der Mensch, der sich aus Verbitterung und Unlust an Arbeit in stätem Empfangen und Geben zu Güte und Heiterkeit durchringt. Kommt es nicht von dieser Ruhe tief unter allen Wellen, daß uns keines der großen Goethischen Werke verdrossen entläßt? Wie düstre Gestalten hat er geschaffen, der Dar= stellung welchen Leides ist er ausgewichen! Und wir alle empfinden ihn doch als unsern ersten Mehrer im Reich der Freude.

Trotz allem: auch er hat dem Vergänglichen den Zoll gezahlt. Und wenn uns heute am Goethefeste Liebe und Dankbarkeit zu ihm drängt, sollten wir glauben, wir, indem unserm Größten huldigen zu sollen, wie einem eiteln Schauspielerjubilar: indem wir unser Empfinden von seinen Grenzen verstecken? Ich wenigstens bekenn' es offen: ich glaub es nicht, daß der Dichter Goethe bis ins hohe Alter des Menschen Goethe hinauf jugendstark geblieben sei. Jedenfalls blieb es der Dichter nicht, von dem ich eben sprach. Die Verschmelzung antiker Dichtweise mit germanischer, auch meiner Ueberzeugung nach hat sie zwar Goethe erreicht; ich denke an Stellen der „Iphigenie", denke an „Hermann und Dorothea", denke an jene lyrischen Oden, die zu dem Erhabensten selbst in der Goethischen Lyrik gehören. Aber wie oft, ach wie traurig oft sehen wir beim Dichten des älteren und alternden Goethe nur das Gewand der Helena, das äußerlich schönen Faltenwurfes gelegte dort, wo ein Goethe selbst uns gelehrt hat, Form als Körper zu verlangen, als Fleischwerdung, der Idee. Wir sehen Goethes Weisheit Ernten auf Ernten der Erfahrung

2. Augustheft 1899

— 307 —

einsammeln bis ins höchste Greisenalter; noch heute geht k e i n e r aus
diesen Speichern heim ohne gute Gabe zur Aussaat auf seinem eigenen
Feld. Wer aber mehr sehen will von P o e s i e sogar im zweiten Teile
des Faust, — abgesehen von wenigen Spätlingen Goethischer Schöpfer=
phantasie — als ein früchteloses Wuchern verspätet gelegten edeln Samens,
dem nun die Frühlingsſonne fehlt, — den verweiſen wir vom greiſen
Goethe auf Goethe den Mann.

Wir wollen uns heute Goethes f r e u e n. Zum mindeſten an
dieſer Stelle wollen wir deßhalb nicht anders denn mit flüchtigem Seiten=
blick an all den Mälern trockner Schwärmerei vorübergehen, welche die
deutſchen Philiſter auf hölzernen Karren zuſammengefahren haben. Ganz
unerwähnt laſſen dürfen wir ſie nicht, denn immer wieder ſtellen ſie vor
die freie Ausſicht auf Goethe wichtigthuend ihre Nichtigkeiten. Aber wenn
uns der Zorn über die Nachkommen Wagners des Famulus erfaßt, wie
ſchnell löſt ihn das heilige Lachen ab, das gerade über ſie uns gerade
Goethe gelehrt hat! Sie mögen ihn in ihre Kränze ſtecken bis zur
Naſenſpitze, wie die Pariſer die Elſaßſtatue, am nächſten Morgen liegt
doch alles rings welt um ſeine befreite Größe. Er lebt eben, Gott ſei Dank
und kann ſich ſchütteln. Allerdings, das dürfen wir uns nicht verhehlen:
trotz der zehntauſend Bände, die über Goethe geſchrieben worden ſind,
iſt er immer noch nicht geiſtiger Heimgenoſſe all denen, denen er's ſein
könnte. Gewiß, es liegt zum guten Teile am Herrn Geheimrat ſelber.
Ihm auf ſeinen Gedankengängen bis dahin in den tiefſten Schacht zu
folgen, wo er vor Ort die Erzader ſchlägt, das kann nur, wer ſelber
ein Bergmann iſt. Er hat zudem, man weiß es ja, „hineingeheimnißt“
in ſeine Bergwerke; nicht a l l e s iſt, was dort glänzt, auch dort gewach=
ſenes Edelmetall. Und wir müſſen es zugeben: ach, ſelbſt von ſeinen
Dichtungen kann m a n c h e s niemals volkstümlich werden auch der Form
wegen. „Hermann und Dorothea“ vor allem, das ſeinem ganzen G e h a l t
nach doch wie berufen erſcheint, Hausſchatz zu werden wie Ludwig Rich=
terſche Bilder. Nein, aber wir ſehnen uns nach einer wirklichen Goethe=
K r i t i k. Das klingt wunderlich neben allem, was da iſt. Wohl denn:
haben wir eine Goethe=Monographie, die, geſchult an wiſſenſchaftlicher
Pſychologie, Goethes dichteriſches Schaffen im ganzen und im einzelnen
auf ſeine künſtleriſchen Werte hin unterſuchte und darſtellte? Friedrich
Biſcher hat ſolche Betrachtung Goethes eingeleitet, aber nur Vereinzelte
ſind ihm gefolgt, während faſt jede Goethe=Biographie, die wir auf=
ſchlagen, alle Gattungen geiſtiger Werte mit billigen Allgemeinreden
durcheinander beſpricht. Und hätten wir nur zehn Bände ernſthaft
äſthetiſcher, ernſt pſychologiſcher Goethe=Kritik, ſie nützten uns wirklich
mehr, als die Büchereien philologiſcher, die wir beſitzen und nicht etwa
ohne weiteres verachten wollen. So lange die Konfuſion über Fauſt,
den zweiten Teil noch anhält, ſo lange es gar noch als Kunſtthat be=
grüßt wird, wenn ein fixer Junge vom Theater aus dieſen Allegorien
ein Ausſtattungsſtück macht, ſo lange iſt über den K ü n ſ t l e r Goethe
weiß Gott noch wenig Klarheit im Lande. Viele der in der „Goethe=Sache“
arbeitenden Geiſter ſind nicht mehr imſtande, vorurteislos zu bewerten.
Konnt' es doch einem ihrer Führer, und unzweifelhaft einem geiſtvollen
Mann, geſchehn, daß er die Verſe der den Gartenlaubenpoeten nachreimen=
den Johanna Ambroſius als bedeutende Dichtungen begrüßte, das will

sagen: poetischen Aufguß nach dem Aufguß auf den Abguß Goethes.
Es schmeckte halt immer noch ein klein wenig nach dem alten Herrn, und
auf diesen Schmack war man eingeprobt. Wir denken wieder des
Gewandes der Helena. Es ging nicht bloß bei der Antike so: wenn ein
teurer Geist aus seinem Irdischen tritt, beginnt die Schätzung für seine
Kleider. Was nun gar in Haltung und Gang, Wuchs und Ausdruck
an den Geschiedenen erinnert, das rührt wie mit Grüßen von ihm.
Das Aeußerliche ist ja auch das schnellst Erfaßliche, und wo wir ähnlichen
Zügen wiederbegegnen, vergessen wir leicht, nachzuprüfen, ob sie denn
Ausdruck wirklich ähnlichen Wesens sind. War der Gestorbene ein Greis,
kommt noch eine andere Gefahr hinzu. Der Widerspruch gegen einen
hochverdienten Alternden wird dem Wohlwollenden schwerer und schwerer,
seine neuen Gaben sieht man schon unter dem Einfluß seines Ruhmes
selber an, also befangen, sein Ruhm greift allmählich von den Gebieten,
wo er sie bildete und somit am besten wurzelt, auf andere über, wo
er vielleicht nur unter der Pflege der einmal vorhandenen Verehrung
erhalten wird. Auch Goethes Ansehen in unserm Volk, vor allem aber
bei weitem das Meiste der Goetheforschung entwickelte sich auf der Grund=
lage seines Greisenruhms, ja, sucht den ganzen Goethe mit den Augen
Goethes des Greisen zu betrachten.
       Kritik also ist es, was wir für Goethe ersehnen, und so gewiß er
der Allergrößte ist, so gewiß die allerernsteste und strengste. Wir brauchen
uns kaum vor dem Verdachte zu wehren, wir könnten darunter ein Be=
tasten auf „Korrektheit" und dergleichen, könnten darunter etwas wie eine
ärztliche Untersuchung nach „Fehlern" verstehen. Wir ersehnen eine
vor allen Dingen unbefangene und voraussetzungslose eingehende und
eindringende berufene Prüfung seiner Dichtungen auf ihre verschiedenen
Lebenswerte und auf das Verhältnis dieser Werte zu einander im ein=
zelnen Fall. Eine Kritik also, die zu unterscheiden weiß zwischen be=
deutenden Gedanken, glühenden Gefühlen und leuchtenden Anschauungen,
die dem Leser zu zeigen vermag: sieh, hier versagt das eine, quäle dich
nicht, aus diesen und diesen Gründen kannst du's nicht finden, aber
dafür findest du jenes andere, da rein vertiefe dich, erfreue dich dessen.
Träte eine solche Kritik an der admiratio omnivorans Stelle, sie würde
Einzelnes, vor allem den zweiten Teil des Faust, nicht geringschätzen
lehren, aber aus dem Tempel der höchsten künstlerischen Emanationen
des Menschengeistes hinweg zu jenen stillen Heiligtümern der Pietät
stellen, die von dem vergeblichen Ringen auch der Gewaltigsten unter
uns Menschen tragisch rührend erzählen. Dafür würde sie in anderen
Schöpfungen mit jedem tieferen Blick eine reifere Schönheit finden, sie würde
davon zeugen können, sie würde sie zeigen können Mehreren und immer
Mehreren, daß ihr heilender Strahl immer neue Herzen sonnte und segnete.
Das macht's ja nicht, daß man Goethe „kennt", und wenn man ihn auswendig
weiß. Das macht's, daß man befähigt wird, nach all den Tiefen die Seele
bringen, nach all den Höhen sie schweben, nach all den Weiten sie blicken
zu lassen, auf die er hinweist. Welch eine Welt dann schon in einem
Bildchen, wie dem „König von Thule", in einem Liede, wie „An den
Mond", von all dem Breiteren zu schweigen. Und wenn einst auch
Goethes Persönlichkeit nicht mehr Huldigung duldend als vergötterter
Greis mit antikischer Toga sondern als Goethe der Mann unter uns

Deutschen schreitet, als Goethe der Vollkraft, dem nichts Menschliches aber alles Gemeine fremd, wahrhaftig bis in den Kern, freiheitlich, thätig, gesund, stark und froh, dann wird selbst damit die Fülle seines Segens noch immer nicht erschöpft sein. Noch wertvoller wird für unser Volk die Anregung sein durch das Wie seines Dichtens, denn hierdurch, nicht durch das Was seiner noch so bedeutenden ästhetischen Schriften, ist er in Wahrheit der große ästhetische Erzieher der Deutschen. Würden wir bei ihm selber sehn, wo seine Kraft versagt, hätte nicht er selber uns die Augen geschult? Ach, hülfe die Goethe=Literatur ihm da bei!   A.

Die Goethe=Gesellschaft und Weimar.

„Die am 21. Juni 1885 zu Weimar begründete Goethe=Gesellschaft", so heißt es in ihren Satzungen, „steht unter dem Protektorate Seiner Königlichen Hoheit des Großherzogs von Sachsen und ist mit den Rechten der juristischen Persönlichkeit beliehen. Zweck der Gesellschaft ist die Pflege der mit Goethes Namen verknüpften Literatur, sowie die Vereinigung der auf diesem Gebiete sich bethätigenden Forschung. Zur Erreichung ihres Zweckes wird die Goethe=Gesellschaft namentlich jährliche Zusammenkünfte der Mitglieder zu gegenseitigem Meinungsaustausche veranstalten, sowie größere Veröffentlichungen, welche auf Goethe und dessen Wirkungen Bezug haben. Daneben wird die Gesellschaft der Fortführung des zu ihrem Organe bestimmten Goethe=Jahrbuchs ihre Thätigkeit zuwenden, Anregung zur theatralischen Darstellung Goethescher Werke und zu gleichmäßiger Bearbeitung und Inszenierung derselben, sowie zu Vorlesungen aus und über Goethe geben, ferner die Schaffung einer Goethe=Bibliothek anstreben, deren Aufstellung im Goethe=Archiv zu Weimar erfolgen soll, nicht minder auch Erwerbungen für das Goethe=Archiv und das Goethe=Museum zu Weimar in den Blick fassen und ihren Mitgliedern empfehlen, daß sie an ihren betreffenden Wohnorten zeitweilig Zusammenkünfte zur Förderung des Gesellschaftszwecks veranstalten. Ueberhaupt aber wird die Goethe=Gesellschaft dafür Sorge zu tragen bestrebt sein, daß wie Goethes eigenem Wirken und Schaffen, so auch der Goethe=Forschung immer weitere Gebiete im geistigen Leben der Nation erschlossen werden. Der bleibende Sitz der Goethe=Gesellschaft und der Mittelpunkt der Geschäftsführung ist Weimar."

Der wichtigste Satz in diesen Ausführungen ist wohl, daß die Goethe=Gesellschaft bestrebt sein will, wie Goethes eigenem Wirken und Schaffen, so auch der Goethe=Forschung immer weitere Gebiete im geistigen Leben der Nation zu erschließen. Da wird die hohe nationale Aufgabe der Gesellschaft berührt, die wir etwas bestimmter etwa so ausdrücken möchten: daß dafür gesorgt werde, daß Goethes Schaffen und der Einfluß seiner großen Persönlichkeit der deutschen Kultur nicht verloren gehe. Nur insoweit sie dazu beiträgt, hat uns die Goethe=Forschung für uns, die Laien, Wert. Unter Goethes Schaffen verstehen wir dann die Gesamtheit seiner noch lebendig fortwirkenden Werke, seine Persönlichkeit aber wollen wir immer in ihrem Wesenskerne, groß, frei, wenn auch unter den natürlichen Bedingungen ihres Seins, also lebenswahr, nicht abstrakt schauen. Was von Goethes Werken im Laufe der Zeit die Lebenskraft verloren hat oder gar vielleicht von vornherein tot geboren war, mag unsertwegen ruhig verftauben, wir glauben auch nicht, daß es für die Erkenntnis der dichterifchen Perfönlichkeit von befonderer Wichtigkeit ift; ebenfo legen wir auf die Voll= ftändigkeit des biographifchen Materials nicht allzu hohen Wert, es ift fchon längft genug vorhanden, um den Menfchen Goethe klar und deutlich zu erkennen. Aber für die Gefamtheit des deutfchen Volkes lebt er noch nicht, obgleich er als Dichter wie als Menfch auch dem Geringften etwas fein kann, und die Deutfchen, die auf der Höhe der geiftigen Kultur ihres Volkes ftehen oder zu ftehen glauben, kommen in unfern vielbewegten Tagen leicht in Verfuchung, die hohen Güter, deren Bringer Goethe war und ift, um andere, minderwertige hinzugeben. Kann die Goethe=Gefellfchaft in diefem Sinne Goethes Reich wahren und zugleich etwas wie ein treuer Eckart des deutfchen Volkes in Bezug auf Goethe fein, fo er= füllt fie ohne Zweifel eine der höchften nationalen Aufgaben unferer Zeit, eine weit höhere, als wenn fie bloß der Mittelpunkt der Goethe=Forfchung von Gelehrten für Gelehrte ift, mögen immerhin einzelne Ergebniffe diefer Forfchung zuletzt auch dem ganzen Volke zu gute kommen. Wer die Mitglieder= liften der Gefellfchaft lieft, die ein fehr ftarkes Laienelement aufweifen, der wird fich der Anfchauung gar nicht verfchließen können, daß man im allge= meinen eben die Hoffnung, zu deren Mundftück wir uns hier machen, ftets auf die Goethe=Gefellfchaft gefetzt hat und noch fetzt.

Was hat fie nun in diefer Richtung bisher geleiftet? Eine große rein literarifche Bedeutung hat fie ohne Zweifel erlangt. Manche gute Schrift zur Goethe=Literatur, auch im weiteren Sinne, ift durch fie herausgegeben worden, die zwanzig Jahrgänge des Goethe=Jahrbuchs (vierzehn feit dem Beftehen der Gefellfchaft) haben eine Maffe von Mitteilungen, Abhandlungen und Notizen, teilweife von größerer Wichtigkeit, aufgefpeichert, die Goethe=Bibliothek ift ftetig gewachfen, Goethe=Archiv und Goethe=Mufeum haben reiche Zuwendungen er= halten. Man wird fich der Annahme nicht verfchließen dürfen, daß von all diefem auch Wirkungen auf weitere Kreife ausgegangen find. Aber doch wohl nur mittelbar; eine unmittelbare Ausbreitung und eine Stärkung des Einfluffes unferes Goethe auf das deutfche Volk in feiner Gefamtheit ift auf diefe Weife ja nicht gut erreichbar. Wichtig könnte die in den Satzungen auch vorgefehene Anregung zu theatralifcher Darftellung Goethifcher Werke werden, aber da hat die Goethe=Gefellfchaft bisher nichts zu thun vermocht; denn die Weimarifchen Feftaufführungen bleiben in ihrer Wirkung natürlich auf den engen Kreis der Mitglieder der Gefellfchaft befchränkt und betrafen auch in der Regel bloße Goethe=Kuriofitäten, die für den Kenner ja unter Umftänden ganz inter= effant, aber dem deutfchen Volke gleichgültig find und fein müffen. Sollte auf diefem Gebiete etwas erreicht werden, fo müßte fich die Goethe=Gefellfchaft fchon mit fämtlichen großen deutfchen Bühnen in Verbindung fetzen und eine regelmäßige Vorführung der dramatifchen Hauptwerke Goethes — vor allem des erften Teils des „Fauft", der auf manchen Bühnen jahrelang nicht er= fcheint, des „Götz" und „Egmont" — zu erreichen verfuchen. Dazu ift fie, wie die Dinge liegen, bei der Verkommenheit des deutfchen Theaters, nicht einfluß= reich genug. Unfer Ideal wäre etwa der „Fauft" auf einer wirklichen Volks= bühne, die ganz Deutfchland in ihren Bereich zöge, aber trotz Luther=Feftfpiel= Aufführungen u. dgl. ift daran bis jetzt nicht zu denken. Alfo hier verfagt die Goethe=Gefellfchaft. Ebenfo wenig hat fie, foviel wir wiffen, im Bereich der Vorlefungen aus und über Goethe bisher etwas Nennenswertes gebracht. Die jährlichen Zufammenkünfte in Weimar haben regelmäßig ftattgefunden, und ficherlich find fie nicht unwichtig, weniger des „gegenfeitigen Meinungsaus=

2. Augustheft 1899

tausches" der Mitglieder wegen, als weil sie einen stark "atmosphärischen" Ein=
fluß zu gunsten Goethes auf weitere Kreise, die der "Goethetag" anzöge, üben
könnten. Aber es ist bisher leider nicht gelungen, dem Tage den Stempel
eines wirklich nationalen Festtages aufzudrücken, im Gegenteil hat er mehr
und mehr von seiner Bedeutung verloren. Nun nimmt auch die Mitglieder=
zahl der Gesellschaft schon leise ab.

Es liegt uns fern, der Gesellschaft oder ihren Leitern hier Vorwürfe zu
machen — leider ist es ja eine Eigenschaft des deutschen Nationalcharakters,
für die großen nationalen Aufgaben geistiger Natur viel zu wenig Kraft ein=
zusetzen und sie nicht mit der nötigen Beharrlichkeit zu verfolgen. So können
denn nationale "Institute", wie die Goethe=Gesellschaft unzweifelhaft eines ist,
ihre Aufgabe nicht erfüllen, sie kommen herab, sie werden wohl gar zu be=
stimmten "Interessen=Gemeinschaften", deren Interessen aber nicht immer ideale
sind. Bei der Goethe=Gesellschaft liegt die Gefahr nahe, daß sie eines Tages
ganz der "Goethe=Forschung" in dem bekannten banausischen Sinne und weiter
einer bestimmten Gruppe, um nicht Klique zu sagen, von "Forschern" verfällt
und den Zusammenhang mit der Nation verliert, und anderseits die, daß sie zu
sehr Weimarisches Lokalinstitut wird, was sie im Interesse ihres gesamtdeutschen
Charakters und im Grunde auch Weimars selbst nicht werden darf. Gerade bei
der letzten Tagung, die in der Pfingstwoche dieses Jahres stattfand, traten allerlei
bedenkliche Symptome ans Licht. Der langjährige Präsident der Goethe=Ge=
schaft, Eduard von Simson, war gestorben, die Ersatzwahl stand bevor. Da
wurde in unsrer Ansicht nach geradezu unziemlichen Zeitungsartikeln für die
Präsidentschaft Erich Schmidts Propaganda gemacht: es kämen im Grunde nur
drei Kandidaten in Betracht, Kuno Fischer, Paul Heyse und Erich Schmidt;
erstere beiden seien, der eine wegen seines hohen Alters, der andere wegen
seines häufigen Fernbleibens vom Goethetage als ungeeignet und daher Erich
Schmidt als der einzig richtige Mann zu bezeichnen. Nun war aber die Präsident=
schaft Simsons gerade deswegen eine so glückliche, weil er ein der ganzen Nation
bekannter Mann und dabei kein literarhistorischer Fachmann war; der nationale,
nicht fachmännische Charakter der Gesellschaft wurde durch nichts glücklicher ver=
gegenwärtigt, als durch diesen Präsidenten. Erich Schmidt an der Spitze —
und die Goethe=Gesellschaft erscheint sofort als eine Spezialisten=Gesellschaft.
Dann aber, warum kam man den durchaus kompetenten Wählern des Vor=
standes der Gesellschaft mit derartigen Versuchen moralischen Zwanges? Es
war wohl keiner unter ihnen, der nicht die Bedeutung der etwa in Betracht
kommenden Männer weit besser beurteilen konnte, als die betreffenden Artikel=
schreiber. Nun, Erich Schmidt wurde nur erster Vizepräsident, Präsident aber der
Geh. Hofrat C. Ruland in Weimar, Direktor des Großherzoglichen und des Goethe=
Nationalmuseums daselbst. Ein verdienter und sehr beliebter Mann, der die
Geschäfte sicher gut leiten wird, — aber leider keine deutsche Notabilität, wie sie
nun doch einmal an die Spitze der Goethe=Gesellschaft gehört. Da hatte eben
der Weimarisch=lokale Einfluß gesiegt, der aber, wie schon angedeutet, durchaus
nicht im Interesse Weimars selbst ist. Nicht, daß die maßgebenden Leute in
Weimar sitzen, sondern, daß sie nach Weimar kommen, ist ja für die
"klassische Stätte" wünschenswert.

Ach Gott, es fehlten beim letzten Goethetage überhaupt sehr viele, die
man sonst zu sehen gewohnt war. Die Literaturgeschichtsleute, ja, eine be=
stimmte, für deutsche Literatur eigentlich nicht berufene Kategorie von ihnen
überwog durchaus —

Man sieht an den Mienen und Geberden,
        Der ist schon Professor oder will es werden,
zitierte ein boshafter Freund von mir. Charakteristisch war auch, daß bei der
Festtafel Alexander Meyer, der frühere Reichstagswitzbold, den Vogel ab=
schoß. Was hätte im übrigen eine breitere Teilnehmerschaft anlocken sollen?
Der Vortrag Erich Schmidts über „Goethes Prometheus“? Er liegt jetzt im
Goethe=Jahrbuch gedruckt vor und beweist nur, daß die merkwürdige Ver=
stiegenheit des von Haus aus sicher sehr begabten Mannes immer größere
Fortschritte macht. „Die trunkene Konzeption (!) der höchst genialen Knittel=
verse (des ewigen Juden), die in der Mansarde des Hirschgrabens einsetzt“,
„Weltgestalten, die machtvoll ans Thor der Goethischen Frühzeit schlugen“, ein
„Daimonion“, das „dem Dichter mit unordentlicher, sprunghafter Improvisation
etwas zurauscht“, ein „kühner Freiheitsdrang, der sich gegen die gebundene
Stille des Alltags und jede Schulgenügsamkeit auflehnt, nicht gemeint, in
vielerlei übernommenen Kenntnissen treufleißig zu schwelgen, Einzelresultate zu
fassen, ein ruhiger Biedermann, Orthodoxer oder Rationalist zu sein“, Goethe,
der „vor dem Straßburger Münster, vor dem Will of all Wills das Panier
grandioser und charakteristischer Schöpferkraft ergreift“ (!) — das sind so
einige Leckerbissen aus dem Vortrage, der den überzahlreich herbeigeströmten
Weimarer Weiblein, die für gewöhnlich das Radfahren im „Stern“ vorziehen,
sicherlich einen großen und tiefen Genuß bereitet haben wird. So blieb nur
etwa die Tasso=Aufführung mit Possart, der Hohenfels und Paul Wiecke als
„great attraction“ des diesjährigen Goethetags, auch sie in der Hauptsache nur
ein Experiment.

    Ueber die Goethetage überhaupt ist schon früher, von Max Osborn, Klage
geführt worden: man sorge nicht mehr für gemeinsame Veranstaltungen. Nun,
deren Notwendigkeit sehe ich bei der Reichhaltigkeit dessen, was Weimar als
historischer Ort seinen Gästen bietet, im Grunde nicht einmal ein, obwohl es
schlimm genug ist, wenn alles, statt das angesagte zwanglose Zusammensein
in einem öffentlichen Garten mitzumachen, ins Künstlerhaus läuft, weil dort
— Paul Lindau den Leuten vorscherzt. Vor einigen Jahren ist das nämlich
wirklich passiert. Aber für die größtmögliche Beteiligung, für das allmähliche
Festwurzeln des Tages als eines nationalen Festtages für die wahrhaft Goethe=
begeisterten und die echten frommen Weimarpilger müßte doch mit allen
Mitteln gesorgt werden, jedes deutsche Land müßte seine Teilnehmer entsenden,
in jedes müßte seine erhebende und doch anregende Wirkung hinausgetragen
werden. Gerade der Festteilnehmer ist der wünschenswerteste, der allein Goethes
und der noch wohl zu spürenden klassischen Atmosphäre Weimars wegen kommt.
Jetzt gibt es etwa 2600 Mitglieder der Goethe=Gesellschaft, darunter etwa 100
ausländische; wenn es 26000 gäbe und von diesen ein stattlicher Bruchteil all=
jährlich in Weimar erschiene, dann wäre ein gewaltiger Einfluß der Gesellschaft
und auch des Tages sicher. Für eine so große Nation wie die deutsche, für sechzig
Millionen ist die Zahl 26000 keinesfalls zu hoch gegriffen, jeder Gebildete
könnte und müßte gut Mitglied sein. Etwas Besonderes wäre es dann freilich
nicht mehr, Mitglied der Goethe=Gesellschaft zu heißen, aber ihre nationale
Aufgabe würde nach und nach erfüllt. Goethe im deutschen Volke lebendig zu
machen, das lohnte es, eine Goethe=Gesellschaft zu gründen; die Goethe=Forschung,
ihre Leistungen in allen Ehren, ist eine nationale Sache von sehr viel geringerer
Wichtigkeit. Die würde auch ohne die Gesellschaft gedeihen, zu einem „Markt
der Eitelkeiten“ aber ist Goethes Name zu gut. Nimmt die Goethe=Gesellschaft

ihre nationale Aufgabe ernſt, dann wird ſie auch blühen und gedeihen — bis einſt, vielleicht erſt nach Jahrhunderten, der neue Große kommt, der den Alten von Weimar in der geiſtigen Führung der Nation ablöſt.

Goethe und das Theater.

Nicht die Stellung Goethes zum Theater ſeiner Zeit, nicht ſeine Thätigkeit als Leiter der Weimarſchen Bühne ſoll uns heute beſchäftigen und nicht ſoll die Literatur, die hierüber vorliegt, um einen kleinen Beitrag vermehrt werden. Wir fragen vielmehr: wie ſtellt ſich das Theater der Gegenwart, wie ihre dra= matiſche Dichtung zu Goethe?

Ohne Zweifel wird das Jubiläumsjahr wieder einmal die Aufmerkſam= keit der Theaterunternehmer auf den Alten von Weimar lenken und ihn wieder auf Zeit aus dem Hintergrund hervorrücken, in den ihn die lachenden Erben Kotzebues gedrängt haben. Wie zu Goethes und Schillers Lebzeiten, ſo iſt auch heute noch Kotzebue der Herr der Situation auf deutſchen Bühnen, und auch der Hund des Aubry iſt noch nicht geſtorben. Ja, man muß leider bekennen, daß die Verhältniſſe zwiſchen Dichtung und auch dichteriſcher Induſtrie im Laufe von mehr als einem Jahrhundert, nicht zuletzt infolge der außerordentlichen Vermehrung der ſtändigen Bühnen, ſich durchaus zu Ungunſten der Dichtung weiter entwickelt haben. Unter dieſen Umſtänden wird man gut thun, den Erfolg der jetzt von allen bemerkenswerten Bühnen geplanten oder ſchon veranſtalteten Aufführungen Goethiſcher Dramen nicht zu überſchätzen, iſt doch der Einfluß der Bühnen auf die öffentliche Geſchmacksbildung überhaupt ein außerordentlich geringer, weil zumeiſt eine gute Wirkung durch eine Mehrheit von ſchlechten wieder aufgehoben wird. Immerhin wollen wir den Erfolg der Goetheabende auch nicht ganz hinwegleugnen. Für gar viele, namentlich für ſolche, die nicht gewohnheitsmäßige Theaterbeſucher ſind, bedeuten derartige Klaſſiker= abende bei nur halbwegs entſprechender Darſtellung ein Feſt, von deſſen Ein= drücken ſie noch lange zehren, ja für die ſie ſich daheim durch vorheriges Leſen vorbereiten und die ſie wohl auch nachher durch nochmaliges Leſen zu vertiefen ſuchen. Wo von ernſthaften künſtleriſchen Bildungsbeſtrebungen, von wirklicher Genußfreudigkeit die Rede iſt, da muß man allenthalben mit ſolchen Stillen im Lande rechnen, die keine laute Majorität bilden, die nicht in den Premièren in den erſten Reihen der Balkons prangen und ſich nicht mit Vorliebe von Dramen unterhalten, die noch gar nicht geſchrieben ſind, die aber doch ernſte künſtleriſche Traditionen pflegen und entſprechende Anregungen dankbar aufnehmen und weiter geben. Der Grund für ſolche Empfänglichkeit, wie wir ſie für einen dauernden Erfolg des Goethejubiläums wo nicht vorausſetzen, ſo doch wünſchen müſſen, muß in der Jugend, durch Haus und Schule gelegt werden. Gerade für Goethe pflegt freilich in dieſer Beziehung nicht viel zu geſchehen. Jedenfalls nicht in dem Maße, wie für Schiller und Körner. Schwebt um ihn, wenn auch uneingeſtandener Weiſe, auch für evangeliſche Familienhäupter etwas von dem Bann, unter den ihn die Literaturgerichts= ſprechung des Zentrums gethan hat, fürchtet man von dem Menſchlichen, Allzu= menſchlichen ſeines Lebens und Dichtens, von ſeinem klaren und ſtarken Wirklich= keitsſinn einen ungünſtigen Einfluß auf die Jugend?

Kunſtwart

Wie dem auch sei: von Goethes auf den deutschen Bühnen heimischen Dramen braucht auch von dem strengsten Erzieher keines der Jugend vorenthalten zu werden. Namentlich die Dramen des jungen Goethe, Götz von Berlichingen, Egmont, auch Clavigo, ferner der erste Teil des Faust haben von der Bühne herab, so oft ich Gelegenheit hatte, es zu beobachten, auch auf die Jugend den stärksten Eindruck gemacht, und selbst die schwierigeren Dichtungen, die eine geübtere psychologische Beobachtungsweise voraussetzen, werden von ihr mit lebhaftem Anteil entgegengenommen. Von größter Bedeutung ist es natürlich, daß die Bühnen die Pflege Goethischer Dramen nicht auf das Jubiläumsjahr beschränken, sondern sie dauernd auf dem Spielplan erhalten und vielleicht auch in den noch zu wenig eingeführten billigen Nachmittagsvorstellungen den unbemittelten Kreisen zugänglich machen. Die würdigste Bühnenfeier für Goethe wäre gewiß eine Folge solcher billiger Volksvorstellungen, in die durch kurze Vorträge und durch Rezitationen einiger kleinerer Dichtungen Abwechslung gebracht werden könnte.

Wie stellt sich nun unsere moderne dramatische Dichtung zu Goethe? Bei dem Versuch, diese Frage zu beantworten, kann von dem allgemeinen Einfluß der Goethischen Dichtung, wie er namentlich in der Sprache zu Tage tritt, natürlich hier nicht des Näheren die Rede sein. Das Studium älterer deutscher Sprachquellen, der Luther-Bibel, der Hans Sachsischen Schwänke und Spiele, der älteren Volksliederliteratur, das sich für Goethe so fruchtbar erwiesen hat, hat leider bei unseren modernen Dichtern (im Gegensatz zu älteren wie z. B. Gottfried Keller) nur wenig Nachahmung gefunden. Was aber den Stil des modernen Dramas anlangt, so könnte man versucht sein, für ihn eine engere Verwandtschaft mit dem des Goethischen Dramas als mit dem Schillers in Anspruch zu nehmen. In der That darf man das Drama im Stil der Schillerepigonen als völlig abgewirtschaftet ansehen, zumal sich in ihm die Talentlosigkeit und der Wahn, mit einem guten Rohstoff und einigen schönrednerischen Phrasen ein auchklassisches Werk schaffen zu können, mehr und mehr verheerend breit gemacht hat. Vestigia terrent! Das wird wohl so lange so bleiben, als nicht starke Talente von weitem welthistorischen Blicke dem Drama sich zuwenden. Ist nun auch dem modernen Drama – unter selbstverständlicher prinzipieller Ausschließung der Tagesware — ein Wirklichkeitsstil eigen, so ist es doch nicht der künstlerisch abgeklärte des Goethe nach der italienischen Reise, auch nicht der noch ungezügelte, aber kraftvolle und lebendige des jungen Goethe, sondern der ein wenig pedantische des grüblerischen Ibsen, oder der sensationell gefärbte der französischen Sittenkomödie, während das symbolistische, das weltflüchtige Märchendrama seine Muster der Romantik entlehnt. In seinem tiefsten Grunde ist das moderne Drama ein Werk des experimentierenden Eklektizismus mit ausgesprochenem Hinstreben zu einer farblosen Internationalität. Im Gegensatz zu dieser Neigung kündet sich in einzelnen Werken eine Art Heimatkunst an, die einen beschränkten lokalen Kreis mit allen seinen Eigentümlichkeiten in Sprache, Sitte und Empfinden erschöpfend zur Darstellung bringen möchte. So bewegt sich die Entwickelung des modernen Dramas zwischen zwei schroffen Gegensätzen, ohne zunächst die Vereinbarung auf einer Mittellinie in Aussicht zu stellen, und sie wird in ihrem natürlichen Verlauf durch die Anforderungen einer nach Novitäten hungernden Bühne und durch die vorherrschende Neigung der Schriftsteller ihnen entgegenzukommen in einer Weise beeinflußt, die jede Prognose als kühnes Wagnis erscheinen lassen muß.

2. Augustheft 1899

Ob der Anschluß an Goethe wieder gefunden wird, wer vermöchte es unter diesen Umständen zu sagen? So viel ist gewiß, daß sich seine Dramen auch dem durch den modernen Wirklichkeitsstil geschärften Blicke in unvergänglicher Jugend darstellen, ja daß er in ihnen Feinheiten entdeckt und genießt, die früher vielleicht weniger stark empfunden worden sind. Die in kräftigem Freskenstil gehaltene, nichts verschönernde Charakteristik im Göz, wenigstens in dem Urbild, dürfte wohl kaum noch als ungebärdiger Most stürmender und drängender Jugend mit einer kaum verhehlten Scheu betrachtet werden; wir haben gelernt, sie in ihrer historischen Echtheit und was noch mehr ist, in ihrer inneren Wahrhaftigkeit und Ehrlichkeit, in ihrem starken, ursprünglichen Temperament zu bewundern. In ähnlicher Weise haben wir gelernt, in Stella und Clavigo trotz aller Kluft zwischen dem in diesen Werken lebenden Empfinden und dem Empfinden unserer Tage Meisterwerke einer geschlossenen Charakteristik, einer treuen Gesellschaftsschilderung und besonders in Stella (natürlich nur in der ursprünglichen Fassung) ein Muster einer Problemdichtung zu erkennen, in welchem ein psychologisches Thema nicht mit dem trockenen Für und Wider des kritischen Verstandes abgehandelt, sondern mit dem fortreißenden Tönen unmittelbarer, echter Leidenschaft durchgelebt und einer individuell wohl denkbaren Lösung entgegengeführt wird. Beide Dramen, Clavigo sowohl wie Stella, könnten, nach der durchaus modernen Beschaffenheit des Vorwurfes, auch heute noch geschrieben werden, nach dem Genius aber, der in ihnen sich von einem persönlichen Erlebnis dichterisch befreit, schaut man noch vergebens aus. Auch für Egmont und Faust könnte man von einem neuen Verhältnis reden, das wir zu ihnen gewonnen haben.

Wie aber steht es mit den Dramen des älteren Goethe? Man hat die Vorbildlichkeit Goetheschen Schaffens auf die Zeit diesseits von Weimar beschränken wollen, und wir stehen auch unsererseits nicht an, den Werken dieser Zeit eine größere Reihe von Punkten zuzuerkennen, an denen das moderne Schaffen anknüpfen kann. Es hieße jedoch das unvergängliche Leben, das von Werken wie Iphigenie und Tasso auf uns strömt, verkennen, wollten wir nicht die schier unerschöpfliche Fülle psychologischer Wahrheit und innerer leidenschaftlicher Bewegtheit in ihnen bewundern. Ja, wir dürfen wohl sagen, daß sich unser Blick, der nicht mehr nur nach dem äußerlichen Geschehen trachtet, für das hin und her wogende, wenn auch in edle, stilisierte Formen gebannte innere Leben in diesen Werken verschärft hat. Je mehr wir uns aber von der Blindheit befreien, die moderne Partei=Aesthetik in steter Ueberschätzung des Neuesten über unsere Augen verhängen möchte, desto innigere Beziehungen werden wir auch nach der Wende des Jahrhunderts zu dem Alten von Weimar gewinnen und erkennen, daß wir nach Knabenart altklug sind, wenn wir die Jugend in ihm nicht verstehen und würdigen.   Leonh. Lier.

Goethische Lieder in der Musik.

Um das Jahr 1820 machte der junge Musikus Lobe dem großen Alten von Weimar seine Aufwartung. Goethe lenkte das Gespräch auf Zelter und fragte, was Lobe von den Kompositionen seines Berliner Freundes halte. Der Besucher antwortete unverhohlen, er kenne von Zelter nur dessen Lieder. In der geistigen Auffassung halte er sie für bedeutend und treffend im Ausdruck. Aber ihre Form sei veraltet.

„Erklären Sie mir das näher," versetzte Goethe. „Unsere Musilsprache",
begann Lobe zu dozieren, „ist seit Haydn und Mozart eine blühendere, sprechen=
dere und anmutigere geworden. Die Melodie erscheint bei Zelter zwar immer
charakteristisch bellamiert, akzentuiert und rhythmisiert, aber seine Konfiguren --
Nächstverwandte der Schulzeschen und Reichardtschen — sind jetzt veraltet. Dies
fällt bei einfachen Singmelodien, die sich besonders dem Bollston nahe halten,
nicht auf, aber es tritt stark hervor beim Akkompagnement. Das Zeltersche ist
selten etwas mehr als die nötige Erfüllung der Harmonie und die Ergänzung
und Ausgleichung des rhythmischen Flusses. Die Neueren haben es in ihren
besseren Werken zur Mitsprache des Gefühls erhoben. Wenn Exzellenz den
Versuch machen wollen, Baß und Mittelstimme manches Zelterschen Liedes
ohne die Melodie spielen zu lassen, so werden sie kaum etwas von einer mit
dem Gefühl sympathisierenden Regung vernehmen; dasselbe Experiment mit
einem Mozartschen, Weberschen, Beethovenschen Liede angestellt, zeigt etwas
ganz anderes; da fühlt man oft schon Leben und Regung des bezüglichen
Gefühls auch ohne die Melodie, und doch ist dieses erst ein Lallen. Die
Musik wird hoffentlich dahin gelangen, daß jede Nebenstimme einen Beitrag,
sei er auch gering, zu dem Ausdruck des Gefühls liefert."

Goethe hatte mit etwas geneigtem Haupte und nachdenklichem Blick
aufmerksam und nicht ohne Interesse zugehört; blieb auch, nachdem Lobe
innehielt, einen Augenblick stehen. Plötzlich ging er an den Flügel, der im
Empfangzimmer stand, öffnete ihn und sagte: „Machen Sie mir das vorge=
schlagene Experiment gleich selbst. Was man dedu ziert, muß man, wenns
wahr und klar ist, auch durch Thatsachen erhärten können."

Lobe spielte nun zuerst das „Akkompagnement" eines Zelterschen Liedes,
dann das zu dem Liede Klärchens aus Egmont „Trommeln und Pfeifen", und
endlich die Melodie zu beiden.

„Gut", sagte Goethe, als der Spieler geendet hatte, „die Welt bleibt
nun einmal nicht stille stehen, wenn auch ihr Weiterschreiten uns zuweilen aus
der Gewohnheit reißt und uns unbequem wird. Denn ich will Ihnen nicht ver=
hehlen, daß mich Ihre Beispiele nicht so getroffen haben, als ich von Ihrem
neuen Prinzip erwartete, das auch gelten mag, wenn es die Musik überhaupt
erfüllen kann. Aber darin liegt für Euch Jüngere eben der gefährliche Dämon.
Ihr seid schnell fertig mit der Kreierung neuer Ideale, und wie stehts mit der
Ausführung? Ihre Forderung, daß jede Stimme etwas sagen soll, klingt ganz
gut, ja, man sollte meinen, sie müßte schon längst jedem Komponisten bekannt
gewesen und von ihm ausgeübt worden sein, da sie dem Verstande so nahe
liegt. Aber ob das musikalische Kunstwerk die strenge Durchführung dieses
Grundsatzes vertragen könne und ob dadurch nicht andere Nachteile für den
Genuß an der Musik entstehen, das ist eine andere Frage, und Sie werden
gut thun, wenn Sie dieselbe fleißig nicht bloß durchdenken, sondern auch durch=
experimentieren. Es gibt Schwächen in allen Künsten der Idee nach, die aber
in der Praxis beibehalten werden müssen, weil man durch Beseitigung derselben
der Natur zu nahe kommt und die Kunst unkünstlerisch wird."

Es waren die letzten Prinzipien=Fragen der Liederkomposition, die Goethe
da mit dem jungen Musiker erörterte. Große schöpferische Naturen pflegen durch
ihre bloße Gegenwart selbst kleine Geister produktiv zu machen, und so entwickelt
denn Lobe mit wahrhaft divinatorischem Blick die Theorie des modernen Liedes,
der die Praxis seiner Zeit im allgemeinen noch keineswegs zu entsprechen ver=

mochte. Dies wars, was Goethes Zweifel hervorrief. Wir bewundern ihn, wie sicher er auf dem ihm fremden Gebiet der Musik aus der Rede des enthusiastischen Kunstjüngers das künstlerische Problem klipp und klar herausholt. War es ein Zufall, daß dieser selbe Lobe, der hier als Anwalt des musikalischen Fortschritts auftritt, von dem nächsten Geschlecht schon als verzopfter Philister bekämpft werden konnte? Durchschaute vielleicht Goethe, daß die vielen großen Worte seines jungen Freundes nicht so sehr einer tiefeinsichtigen Ueberzeugung entsprangen, sondern kaum mehr waren als klingende Phrasen?

Einerlei. Die Geschichte hat diesen Phrasen einen Inhalt gegeben, wie ein kurzer Blick über die lange Reihe der Kompositionen Goethischer Gedichte lehrt. Zuerst wagten sich einige Talente aus der norddeutschen, an P. A. Schulz anknüpfenden Schule an die Aufgabe. Ihre Versuche ähneln einander in den kennzeichnenden Merkmalen sehr. Eine den Rhythmus des Verses nachahmende, trockene Strophenmelodie ist allen gemeinsam; dazu einfache Harmonien, schlicht akkordisch oder in gleichmäßig wiegende Bewegung aufgelöst. So hat Reichardt u. a. „Die schöne Nacht", das „Veilchen", „Jägers Abendlied", „Heidenröslein", „Rastlose Liebe" und den „Erlkönig", und Zelter die „Nähe des Geliebten", den „König in Thule", „Wer sich der Einsamkeit ergibt", „An den Mond", das „Bundeslied" u. a. in Musik gesetzt. Des Beste, was man diesen Weisen nachsagen kann, ist: sie verderben nichts. Sie lassen das Wort des Dichters nicht untergehen, sondern gleichsam auf der Oberfläche schwimmen; sie schließen alle jene Stimmungen aus, die der Dichter nicht erwecken wollte. Dagegen sind ihre wirkenden Vorzüge gering: sie schlagen nur für die erste Strophe den zutreffenden Ton an, und überlassen es dem Vortragenden, sie dem Verlaufe der Dichtung entsprechend im Ausdruck zu wandeln. Sehr bezeichnend ist hiefür die Erzählung Genasts, der Goethe des „Jägers Abendlied" von Reichardt vorgesungen hatte. „Das Lied singst Du schlecht", rief Goethe. „Der erste Vers sowie der dritte müssen markig sein, mit einer Art Wildheit vorgetragen werden, der zweite und vierte weicher, denn da tritt eine andere Empfindung ein. Siehst Du, so!" (indem er scharf markierte:) „Da ramm! da ramm! da ramm! da ramm!" Dabei bezeichnete er zugleich, mit beiden Armen auf und abfahrend, das Tempo. Genast verstand nun, was er wollte, und erntete bei der Wiederholung Goethes Lob. „So ist es besser! Nach und nach wird es Dir schon klar werden, wie man solche Strophenlieder vorzutragen hat."

Gegenüber dieser Richtung kommt in Wien eine andere auf, mit der Tendenz auf blühende Melodie, reiche Harmonik, freie Entwicklung der Form. Strophische Gliederung wird nicht vermieden, aber das Streben nach innigem Anschluß an das Dichterwort führt zum Durchkomponieren. Eines der ersten Erzeugnisse der österreichischen Tonlyrik, zugleich ihr unübertroffenes Muster und Meisterwerk ist Mozarts „Veilchen", das eigentlich dem Genre der erzählenden Kunst, der Ballade, angehört. Die Singstimme erblüht aus der ausdrucksvoll deklamierten Rede zum melodisch reizvollen Sprachgesang, ganz wie bei Wagner, wo es nicht mit dem Gesange geht, liegt die Schilderung der Einzelheiten ob. Es malt eingangs das idyllische Stilleben des Veilchens, dann den „leichten Schritt und muntern Sinn" des herankommenden Mädchens; es versinnlicht ihren lerchenfroh aufjubelnden Gesang, die Betrübnis, den herb durchzuckenden Schmerz der armen Blume, den verderblichen Tritt, das erhebende Gefühl, „durch sie" zu sterben. Alles geistvoll „geschaut" und in musikalischer Hinsicht mit naiver Genialität wiedergegeben.

Der Vortragende braucht gar nichts hinzuzuthun; er muß froh sein, wenn er alles herausbringt, was der Komponist hinein gelegt hat. Der ganze Ausdruck steckt schon in den Noten. Wort und Ton verschmelzen zu einem vollendeten Gesammteindruck, wie ihn selbst Beethoven in seinen besten Goethe-liedern („Mailied", „Freudvoll und leidvoll", „Wonne der Wehmut" und „Mignon") nicht erreichte. Der Meister der Instrumentalmusik verleugnet sich auch nicht in der Liederkomposition. Er prägt die Melodie meist nur für die erste Strophe; aber er sucht sie dem Inhalte der folgenden durch neue Formen der Begleitung anzupassen, er will dem Sänger vom Klavier aus die erforderlichen Nüancen des Vortrags diktieren und bänkelsängerhaftes Ableiern der Melodie verhindern. Die angeführten Lieder sind durchaus bedeutend, übertragen wenigstens alle andern Vertonungen dieser Gedichte. Aber daß sie dermaßen vollkommen den dichterischen Gehalt ausschöpfen und steigern, wie Mozart im „Veilchen", wird kaum behauptet werden können.

Den reichsten Schatz an Goethe-Liedern verdanken wir Schubert. Dieser war durch Goethes Lyrik überhaupt erst auf die Bahn der Liederkomposition gelockt worden und hat über fünfzig Goethischen Gedichten Töne verliehen. Ein Drittel davon mag man als nicht ganz ebenbürtig ausscheiden; der Rest (er steht zumeist in den drei ersten Bänden der Peterschen Ausgabe) zählt zu dem Vorzüglichsten unserer Kunst. Da sind die volkstümlichen Lieder durch das „Heidenröslein", die Balladen durch „Erlkönig" und den „König in Thule" vertreten; da erklingen die verklärten Weisen „Mignons" und die tiefschmerzlichen „Gesänge des Harfners". Auch für die Lyrik des „Westöstlichen Divans" ist hier schon der zukömmliche Ton angeschlagen, für die gewaltigen Rhapsodien „An Schwager Kronos", „Ganymed", „Grenzen der Menschheit" und „Prometheus" ist die kongeniale Größe des Ausdruckes erreicht. Dem wechselvollen Inhalt entspricht die Mannigfaltigkeit der Formen. Wir treffen einfache Strophenlieder z. B. „Nähe des Geliebten", aber auch Gesänge, die sich frei über der instrumentalen Durchführung eines einzigen Motivs entfalten, z. B. „Gretchen am Spinnrad". Goethes herrliche Sprache erzwang sich von selbst die Achtung vor dem Dichterwort; indem sie einen künstlerisch empfindenden Komponisten lockte, sich in ihre Schönheit zu versenken, erweckte sie unwillkürlich sein Bestreben, sie durch die Musik nicht zu verschleiern, sondern womöglich in ihrer Eindringlichkeit zu steigern. So ist Goethe der Erzieher unserer Musiker zur sprachgemäßen Behandlung des deutschen Gesanges worden, hat insbesondere Schubert sowohl zu den höchsten Schwüngen seiner Phantasie wie zu den kühnsten sprachgesanglichen Treffern angeregt.

Weber, der Vermittler zwischen der nord- und süddeutschen Liederkomposition hat merkwürdigerweise kein Goethisches Gedicht in Musik gesetzt, wohl aber Carl Loewe, dessen „Erlkönig" neben dem Schubertschen stets seinen Platz behaupten wird, dessen „Hochzeitslied" zu den Kleinodien der deutschen Gesangsliteratur zählt, dessen „Treuen Eckart", „Zauberlehrling" und „Wandelnde Glocke" man immer gerne wieder hört. Die übrigen großen Tonlyriker konnten zu Goethe kein rechtes Verhältnis finden. Von Schumanns Goethe-Liedern dürfte man kaum mehr als den „Freisinn" (in den „Myrthen") annehmen; auch die Robert Franzschen gehören durchaus nicht zu den bedeutendsten Gaben seiner Muse; wiewohl man seine „Wonne der Wehmut" und „Rastlose Liebe" nicht so leicht übersehen mag. Desgleichen kommt Johannes Brahms hier kaum in Betracht, da auch er seine Stärke gerade an andern Dichtern bethätigte. In der Lisztschen Lyrik hat wenigstens eines, „Ueber allen Wipfeln

2. Augustheft 1899

— 359 —

ist Ruh", eine hervorragende Stelle inne, und Martin Plüddemanns kostbare Komposition der „Legende vom Hufeisen" wird wohl kaum je durch eine
andere verdrängt werden.

Im Schaffen aller dieser Tondichter spielt Goethe nur eine Episodenrolle.
Sich mit ihm gründlich auseinanderzusetzen, hat seit Schubert erst wieder
Hugo Wolf unternommen, und der Ertrag dieser Beschäftigung liegt in einem
51 Lieder umfassenden Bande* vor, auf den ich zuletzt noch nachdrücklichst hinweisen möchte. Man weiß, mit welcher schrankenlosen Hingebung sich Wolf in
den Geist des Dichters versenkt, der ihn einmal ergriffen hat, und so zeigen
diese Kompositionen des großen Objektiven unter den Meistern wieder eine ganz
andere Physiognomie als jene des im Weihnachtsheft besprochenen Mörike-
bandes. Mörikes sonnige Lieder hatten das musikalische Genie Wolfs zum
Blühen gebracht; unter Goethischem Einfluß schoß es wie nach einem warmen
Regen gleichsam ins Laub. Aus dem wuchernden Blatt- und Astwerk lugen
freilich auch ein paar entzückende Melodienblütensterne hervor, z. B. „Blumen-
gruß", „Gleich und Gleich", „Anakreons Grab" und „Frühling übers Jahr",
aber bemerkenswert bleibt, daß Wolf, wenn er seinen Goethe las, just an den
sinnenfälligsten Gedichten vorüberging, um die sublime Alterslyrik des „Westöstlichen Divans" (Buch Suleika) nachzusingen, der versonnenen Keckheit des
Schenkenbuchs, den lehrhaften oder betrachtenden Gedichten (zweites „Kophtisches
Lied", „Phänomen", „Beherzigung") Töne zu verleihen und das Pathologische
in den Gesängen aus „Wilhelm Meister" („Harfenspieler", „Mignon") bloßzu-
legen. Die lyrische Empfindung ist meist überzart und macht die mit ihr ge-
tränkten Lieder zu einer Kost für musikalische Feinschmecker. Aus den meisten
spricht eine ernste, überlegene Gehaltenheit der Seele, doch gibt sich der Humor oft
berber, knochiger möchte man sagen, als in der Mörikesammlung („Erschaffen
und Beleben"). Der Formenreichtum ist größer, von den einfachen, strophischen
Melodienzügen, die z. B. das erste „Kophtische Lied" und „der Rattenfänger"
aufweisen und die nur durch eine wundervolle Harmonik, sowie charakteristische
Rhythmen der Begleitung aus der Sphäre des Kuplets herausfallen — bis zu den
freien Affreskolinien der Oden („Prometheus", „Ganymed", „Grenzen der
Menschheit"), worin Wolf mit Schubert um die angemessene Kraft des Ausdrucks ringt. „Prometheus" ist aus einer großartigen Anschauung beinahe
dramatisch konzipiert: als titanenhaft trotzige Anrede, die der Vertreter der
Menschenwürde zum dräuenden Himmel emporrichtet. Wie da der beleidigte
Zeus mit weithin grollenden Donnerschlägen dem Gegner immer zornig ins
Wort fällt und dieser darnach unter seinen ohnmächtigen Blitzen unerschroken,
immer stolzer, zuversichtlicher, hoch erhobenen Hauptes fortfährt: das ist
von überzeugender, fast handgreiflicher Bildlichkeit, ebenso herrlich gedacht wie
ausgeführt. Wie echt volkstümliche Melodien Wolf zu Gebote stehen, zeigt da-
wider das Gelegenheitsstück „Epiphanias". Am wenigsten kann ich mich für
seine Balladen begeistern: der epische Stil liegt ihm eben ferner, und die Menge
geistreicher Einzelheiten schließt sich zu keinem rechten Ganzen zusammen. Die
Lieder jedoch müssen intelligente Sänger und Musikfreunde, wenn sie sich erst
mit Wolfs „Mörike" vertraut gemacht haben, aber wohl gemerkt: erst nachher
— zu bewältigen suchen. Viele davon gehören zu dem Bedeutendsten Wolfs,
und das heißt so viel als zum Bedeutendsten der deutschen Tonlyrik überhaupt.

* Gedichte von Goethe für eine Singstimme und Klavier, komponiert
von Hugo Wolf. Zweite Gesamtausgabe (Mannheim, F. Heckel. Mk. 15.—.)

Diese kurze Ueberſicht dürfte den Goethekenner eines lehren: daß noch
lange nicht alles Gold ſeiner Lyrik muſikaliſch gemünzt iſt und daß zu thun
noch manches übrig bleibt. Vielleicht geht aus dieſer Erkenntnis auch einmal
die Anregung für unſere Tondichter hervor, ihre Kraft an den Liedern des
großen Wortdichters zu meſſen. Was dieſer Verſuch auch immer ergeben mag:
die einläßliche Beſchäftigung mit einem ſolchen wahrhaft bildenden Geiſte kann
den heutigen, meiſt hinter jedem Günſtling der literariſchen Tagesmode her-
laufenden Muſikern nur zu Nutz und Frommen gereichen.   R. Batka.

Goethe und die bildende Kunſt.

Goethes Stellung zur bildenden Kunſt kann in einer Goethe-
Nummer des Kunſtwarts nicht übergangen werden. Doch kann es ſich hier
natürlich ebenſowenig um Neues über dieſen ſo oft behandelten Gegenſtand
wie um eine erſchöpfende Darſtellung handeln. Goethe war alles in einem:
Kunſtfreund, Kunſtſammler, Kunſtgelehrter und Künſtler auf mehreren Gebieten:
und wenn er es auch als Maler und Radierer nicht zu nennenswerten Leiſtungen
gebracht hat, ſo zeigen doch ſeine Bemühungen auch auf dieſem Gebiete, wie ernſt
und tief ſeine Teilnahme für die bildende Kunſt geweſen iſt. Von früheſter
Jugend auf wurde Goethe, wie jedermann aus „Dichtung und Wahrheit" weiß,
zu dem intimen Verhältnis zur Kunſt erzogen, das er bis in ſeine ſpäteſten
Tage bewahrte. Sein väterliches Haus in Frankfurt a. M. war der Mittelpunkt des damaligen Frankfurter Kunſtlebens; ſein Vater „hatte den Grund-
ſatz, den er öfters und ſogar leidenſchaftlich ausſprach, daß man die lebenden
Meiſter beſchäftigen und weniger auf die abgeſchiedenen wenden ſolle, bei deren
Schätzung ſehr viel Vorurteil mitunterlaufe". Dieſem Grundſatze, den der Vater
auch kräftig in die That umſetzte, verdankte der junge Goethe ſeine genaue
Bekanntſchaft mit den Frankfurter Malern Juncker, Trautmann, Schütz d. Ä.,
Hirt und Morgenſtern und dem Darmſtädter Seekatz, die in der Thorane-
Epiſode eine Rolle ſpielen. Dieſe früheſten Kunſteindrücke haben einen Grundzug in Goethes Kunſtanſchauung gebildet, der trotz aller Wandlungen feſt-
haftete, ſich bei Goethe bis ins ſpäte Alter erhielt und ſich immer von
neuem geltend machte. Goethes künſtleriſches Empfinden wurzelte vermöge
der intimen Jugendbekanntſchaft mit dieſen Frankfurtern, ſo unbedeutend an
ſich ſie uns auch erſcheinen mögen, in heimatlicher Kunſt. Seiner nur zuweilen ſchlummernden Vorliebe für deutſch-niederländiſches Weſen verdanken
wir u. a. die bekannten klaſſiſchen Schilderungen der Ruisdaelſchen Landſchaften
in der Dresdner Galerie.

Keime ganz anderer Art legte dann der Leipziger Aufenthalt in den
jungen Goethe. Sein Zeichenlehrer, der klaſſiziſtiſche Maler Oeſer, übermittelte
ihm die Lehren Winckelmanns von der „ſtillen Größe und edlen Einfalt" der
Kunſt der alten Griechen — die man freilich damals nur aus römiſchen Kopien
kannte — und von der Notwendigkeit, ſie nachzuahmen, wenn man Muſter-
gültiges ſchaffen wolle. Freilich, ins Innere ging ihm dieſe Oeſer-Winckel-
mannſche Lehre damals noch nicht: in Dresden würdigte Goethe im März 1768

die Antiken noch keines Blickes, und in der Galerie interessierten ihn seinen Jugendeindrücken gemäß nur die Niederländer.*

Der Straßburger Aufenthalt zeitigte dann die so bedeutsame kleine Schrift Goethes „Von deutscher Baukunst D. M. Erwini a Steinbach" 1773, jene in überquellend begeisterter Sprache geschriebene Würdigung des Straßburger Münsters und damit der gotischen Baukunst, die so vereinzelt im 18. Jahrhundert dasteht. Er preist die Gotik, die damals allgemein als Barbarei galt, als deutsche** Kunst und würdigt mit feiner Erkenntnis ihren organischen Aufbau, während er die Renaissance (mit Laugier) bezeichnet als ein Flickwerk aus antiken Trümmern und zusammengebettelten Verhältnissen, als eine geistlose Nachahmung angestaunter unverstandener Griechenschönheit. Mit der gotischen Baukunst preist Goethe zugleich die große, damals aber noch ganz allgemein verachtete Kunst Dürers. „Wie sehr unsere geschminkten Puppenmaler mir verhaßt sind, mag ich nicht deklamieren; sie haben durch theatralische Stellungen, erlogene Teints und bunte Kleider die Augen der Weiber gefangen; männlicher Albrecht Dürer, den die Neulinge anspötteln, deine holzgeschnitzteste Gestalt ist mir willkommener." — Sogar gegen Winckelmann nimmt Goethe in dieser Schrift noch Stellung. Sie zog ihm den überlegenen Spott des Architekten Krubsacius zu, der damals an der Dresdner Kunstakademie in klassizistischem Sinne wirkte, des Mannes der Grundsätze und Regeln in der Kunst. Ein paar Jahrzehnte später erst sollte diese Straßburger Schrift Goethes ihre Früchte tragen. In ihr liegen die Keime der romantischen Kunstrichtung, die im Anfang des 19. Jahrhunderts ihren Weg fand, als Goethe längst in ganz anderen Bahnen wandelte.

Während der junge Goethe so als der Vater der Romantik bezeichnet werden kann, ist Goethe als Mann bekanntlich der begeisterte und einflußreiche Förderer der klassizistischen Kunst geworden. Den Umschwung brachten der erste Weimarische Aufenthalt und die erste italienische Reise. In den zwölf Jahren von 1775—87 waren die Lehren Oesers und Winckelmanns in ihm aufgegangen. Mit immer neuem Erstaunen beobachten wir in der Beschreibung seiner italienischen Reise, wo er jedem antiken Rest eingehend liebevolle Betrachtung widmet, was alles anderseits er nicht bemerkt und würdigt — fast ganz Florenz, die Franciscuskirche in Assisi mit den Fresken Giottos, Perugia mit den umbrischen Malern u. v. a. Jetzt wuchs in ihm die Anschauung empor, daß man die alten Griechen nachahmen müsse, und je mehr sich ihm das Wesen der Antike entschleierte, umso mehr kam er dazu, Freiheit und Willkür in der Kunst zu bekämpfen, für die Kunst die Grenzen, Regeln und Gesetze anzuerkennen und zu fordern, die er noch 1773 so gewaltig verdammt hatte. Von den lebenden Künstlern bewunderte und schätzte Goethe damals Raffael Mengs, Angelica Kaufmann, Tischbein, Philipp Hackert und Heinrich Meyer, Künstler, die heute, zumeist als Nachahmer, tief in der Schätzung stehen. Aber ihre Bewunderung

---

* Vgl. Theodor Vollbehr, Goethe und die bildende Kunst, Leipzig, Seemann 1895, und Karl Wörmann, Goethe in der Dresdner Galerie, Kunst für Alle, 1898/99, 14—16.
** Nachdem lange Zeit diese Ansicht als ein gründlicher Irrtum angesehen und der nordfranzösische Ursprung der Gotik als feststehend angenommen worden ist, hat neuerdings Franz Xaver Kraus darauf hingewiesen, daß zur Zeit der Entstehung der Gotik in Nordfrankreich die Trennung der Völker in Franzosen und Deutsche nicht derart vollzogen gewesen sei, daß man die Gotik eine französische Kunst nennen könne. Sie sei vielmehr in fränkischem, also deutschem Geiste auf französischem Boden geboren.

durch Goethe ist bezeichnend für das ihm nun aufgehende Ideal. Waren sie auch keine Meister, so boten sie doch wenigstens den äußeren Schein, die antikisierende Form, die Goethe jetzt über alles zu stellen begann.

Hatte er in Italien vor allem die Antike und die der Antike am nächsten stehenden altitalienischen Künstler studiert und genossen, so brachte der erneute Aufenthalt in Weimar auch die vertiefte Würdigung der Renaissance um ihrer selbst willen. Hierin äußerte sich vor allem der Einfluß des Kunstgelehrten Heinrich Meyer, der fortan von Goethe unzertrennlich war. In dem Hause am Frauenplan zu Weimar brachte er eine erlesene Sammlung von Renaissance-Kunstwerken zusammen, wie sie in damaliger Zeit wohl nicht wieder anzutreffen war. Er sammelte vor allem italienische Medaillen, Plaketten, Majoliken und Bronze-Arbeiten des 15. und 16. Jahrhunderts, und namentlich mit seiner Auswahl der Bronzen und Plaketten ist er, wie Ruland sagt, der offiziellen Kunstgeschichte um ein halbes Jahrhundert vorausgeeilt. Von den Plaketten, auf die neuerdings wieder Lichtwark so energisch und erfolgreich hingewiesen hat, hat Goethe über hundert zusammengebracht, „und zwar weitaus die meisten in Exemplaren von vorzüglicher Schönheit, viele derselben noch in keiner Sammlung nachgewiesen". Im Jahre 1797 begann Goethe die Früchte seiner Bekanntschaft mit der altrömischen und der italienischen Renaissancekunst auch literarisch zu verwerten. Er gab 1798—1800 die erste seiner beiden Kunstzeitschriften heraus, die „Propyläen", durch die er seinen Einfluß auf die bildende Kunst seiner Zeit zu vergrößern hoffte. Er eröffnete auch, um die Künstler selbst in Bewegung zu setzen, 1799 alljährliche Preisausschreiben. An die Propyläen schloß sich 1799—1809 die Jenaische „Allgemeine Literatur-Zeitung" und weiter die Zeitschrift Ueber Kunst und Altertum 1816—32, während in den Jahren 1810—16 das „Morgenblatt für gebildete Stände" einige Aufsätze Goethes über bildende Kunst veröffentlichte. Im Jahre 1804 tauchte zum ersten Male die Chiffre W. K. F. (Weimarer Kunstfreunde) auf, die eine so große Berühmtheit erlangte (und in Hermann Grimms B. K. F. in der Deutschen Rundschau auch Nachahmung gefunden hat). Unter den W. K. F. sind im Wesentlichen Goethe und Heinrich Meyer zu verstehen, welche auch, gemeinsam oder selbständig, die meisten Beiträge zu den von Goethe selbst herausgegebenen Zeitschriften (Propyläen, Kunst und Altertum) lieferten. Diese aufzuzählen — S. Hirzel und W. v. Biedermann haben sie gesondert — ist hier nicht Raum. In den Propyläen vertrat Goethe in einseitiger Weise den Standpunkt der Vorbildlichkeit der griechischen Kunst. Während er früher auf Grund der Jugendeindrücke eine rein realistische Auffassung der Kunst vertreten, jede Abweichung von der Natur als Abfall und Verirrung angesehen hatte, stellt er in den Aufsätzen der Propyläen immer von Neuem Kunstwahrheit und Naturwirklichkeit einander gegenüber. „Die Kunst sei eine Welt für sich, die nach ihrer inneren Wahrheit und Folgerichtigkeit, nach ihren eigenen Gesetzen und Eigenschaften beurteilt und gefühlt sein wolle; wer nur nach Naturwirklichkeit strebe, erniedrige sich auf die niedrigste Stufe; er verdopple nur das Nachgeahmte, ohne aus sich selbst etwas hinzuzuthun." Fürwahr, treffliche Grundsätze, die noch heute gelten, — aber was haben sie mit der immer wieder empfohlenen Nachahmung der Griechen zu thun, was mit der Hoffnung auf eine Wiedergeburt des Hellenismus? Gemäß der Anschauung von der vorbildlichen Idealität des Griechentums entnahmen die Weimarer Kunstfreunde die Aufgaben für ihre Preisausschreiben durchaus der homerischen Welt. „Homers Gedichte sind von je die reichsten Quellen gewesen, aus welchen die Künstler Stoff zu Kunstwerken ge-

schöpft haben. Vieles ist bei Homer so lebendig, so einfach und wahr dar=
gestellt, daß der bildende Künstler bereits halbgethane Arbeit findet." Sehen
wir die preisgekrönten Zeichnungen von Rahl, Kolbe, Hummel, Wagner, Hart=
mann u. a., so erfahren wir eine herbe Enttäuschung. Daß so schwache ma=
nirierte Kompositionen den Beifall Goethes erlangen konnten, erklärt sich viel=
leicht nur daraus, daß er Mangels an Besserem den Willen für die That nahm,
um nicht geradezu bekennen zu müssen, daß die Bestrebungen der W. K. F. im
ganzen erfolglos blieben. Entschiedenen Einfluß haben übrigens die Propyläen=
läen=Aufsätze nach seinem eigenen Bekenntnis auf den Bildhauer Christian
Rauch gehabt. Im Sinne Goethes schufen auch Asmus Carstens, dessen Zeich=
nungen er 1804 für das Museum in Weimar ankaufte, dann Thorwaldsen und
Schinkel. Aber die Jugend, das aufstrebende Künstlergeschlecht trat nicht auf
des alternden Goethe Seite. Es stand auf Seite des jungen Goethe, der für
das Straßburger Münster und Albrecht Dürer geglüht hatte. Seine literarischen
Gegenwartskämpen aber waren Friedrich Schlegel, Tieck und Wackenroder. An
Stelle der homerischen Helden empfahlen sie die Gestalten der heimischen
Vorzeit und des christlichen Lebens zur Darstellung, und inmitten eines
Schwulstes von Unklarheit und phantastischer Ueberschwänglichkeit betonen sie
in richtiger Weise, daß wahre und unmittelbare Empfindung der Kern
alles künstlerischen Schaffens sein müsse.

Dieses heranwachsende Geschlecht der Romantiker gewann schließlich den
alten Goethe selber für sich, wenn auch nicht als begeisterten Mitkämpfer,
so doch als freundlichen Zuschauer und Förderer. Mit dem Jahre 1805, dem
Todesjahre Schillers, gab er die vielverspotteten Preisausschreibungen der
W. K. F. auf. Bald darauf wandte er sich dem Faust wieder zu, dem merk=
würdigen Denkmal der doppelten Kunstseele, die in Goethe wohnte. Im
Jahre 1808 erschien der Faust zum zweiten Male; im gleichen Jahre begannen
die Romantiker Friedrich Schlegel und Sulpice Boisserée ihren Feldzug, um
Goethe für ihre Bestrebungen um die altdeutsche Malerei und die altdeutsche
Baukunst zu gewinnen. Zn Jahre 1807 hatte Goethe zum ersten Male das
Nibelungenlied gelesen, 1808 zeigte ihm Friedrich Schlegel Moslers Zeichnungen
nach altdeutschen Gemälden, im Frühling 1810 schickte Boisserée die Zeichnungen
und Risse des Kölner Domes an Goethe, im Mai 1811 überwand er durch
seine persönliche Beredsamkeit den letzten Widerstand Goethes gegen die alt=
deutsche Kunst. Fortan verknüpfte beide ein enges Freundschaftsband. Goethe
sah in den Bestrebungen Boisserées zur That geworden, was er selbst einst
geahnt und erstrebt, dann aber, von einer entwickelten Kunst angezogen, völlig
im Hintergrunde gelassen hatte; im Hinblicke auf die Bestrebungen Boisserées
setzte er vor den zweiten Teil von Dichtung und Wahrheit den sinnigen Spruch:
„Was man in der Jugend wünscht, hat man im Alter die Fülle." Im
Jahre 1813 besuchte Goethe zum letzten Male die von ihm so hochgeschätzte
Dresdener Galerie, und die herrlichste Frucht dieses letzten Besuches war der
tief und warm empfundene Aufsatz über die drei Ruisdaelschen Gemälde
(„Ruysdael als Dichter"), worin Goethe, zu seiner Vorliebe für die Niederländer
zurückkehrend, ebensowohl ein Bekenntnis seiner Wiederbekehrung ablegte, wie
durch seine Reisen an den Rhein und die Aufsätze „Kunstschätze am Rhein,
Main und Neckar", worin er über seine Studien altdeutscher Kunst am Rhein
öffentlich Bericht gab.

Im Jahre 1817 ließ nun allerdings Goethe in einer neubegründeten
Zeitschrift „Kunst und Altertum" den Aufsatz Heinrich Mayers über „Neudeutsche

religiös-patriotische Kunst" erscheinen, der die Schwächen der romantischen Richtung in der bildenden Kunst so rücksichtslos an den Pranger stellte. Als eine Absage an die romantische Kunst ist er aber nicht aufzufassen. Was darin gesagt ist gegen die altertümelnde Form in den Werken der Nazarener, gegen die Lehre, der Künstler brauche vorzüglich Frömmigkeit und Genie, um es den Besten gleich zu thun, gegen die ungesunde Anschauung, ein Gemälde sei dann erbaulicher und vaterländischer, wenn die Anordnung kunstlos, die Haltung und Wirkung von Licht und Schatten fehlerhaft, das Kolorit des Fleisches eintönig, die Farben der Gewänder nicht auf die erforderliche Weise gebrochen und das Ganze eben deswegen flach und unfreundlich aussah — alles das kann man getrost noch heut unterschreiben; und nur das mag man bedauern, daß Mayer in dem Aufsatze ebenso einseitig das Heil der Kunst im Mengsschen Sinne in dem Klassizismus sieht, der doch mit dem Aufhören der Propyläen und der Preisausschreibungen der W. K. F. abgethan gewesen sein sollte. Die Feindschaft gegen die Auswüchse des Nazarenertums, vor allem die katholisch-propagandistische Ausbeutung der Kunst, hat Goethe nicht abgehalten, Cornelius bis an sein Lebensende überaus hochzuschätzen, überhaupt der romantischen Kunst in ihren Vorzügen die volle Wertschätzung entgegen-zubringen, die wir heutigen wenigstens für ihre Frühzeit haben, — die Goethe ja im wesentlichen allein erlebt hat. Merkwürdig ist übrigens, wie richtig Goethe, der doch die Nachahmung f. Z. so warm empfohlen hatte, die damals ein-setzende Nachahmung der Gotik beurteilt; er nennt die neue Gotik eine Art Maskerade, die mit dem lebendigen Tage in Widerspruch stehe und wie sie aus einer leeren und hohlen Gesinnungsweise hervorgehe, so auch darin bestärke.

Einen festen einheitlichen Standpunkt gegenüber der zeitgenössischen Kunst kann man Goethe in den letzten 23 Jahren seines Lebens nicht zuerkennen. Oft findet er anerkennende Worte für Bestrebungen, die nicht die seinigen waren, ebenso oft aber bricht der Geist der Propyläenzeit wieder bei ihm durch. Sein Rat verschuldete es z. B., daß Gottfried Schadow, nachdem er einst Ziethen schlicht und recht mit seinen ehrlichen Lederhosen dargestellt hatte, Blüchers Brust mit dem Löwenfell schmückte. So kann man leicht noch zahlreiche andere Zeugnisse dafür beibringen, daß Goethe das Griechentum doch nicht völlig über-winden konnte, wenn er auch mit der Zeit anderen Grundsätzen Gerechtigkeit widerfahren ließ.

Von den Aufsätzen über Kunst, die in die letzten zwanzig Jahre von Goethes Leben fallen, wollen wir hier außer den schon genannten über Ruisdael als Dichter (1816) nur noch den über Lionardo da Vincis Abendmahl (1818) nennen. Mag er auch mit die Schuld daran getragen haben, daß neben den Stichen nach Raffael auch Raffael Morghens Stich nach dem mailändischen Abendmahl noch jahrzehntelang in deutschen Wohnzimmern hing, — daran, daß das Lionardosche Werk als die schlechthin künstlerische Darstellung der Schil-derung des Abendmahls Christi gegolten hat, ist Goethe unschuldig. Vielmehr kann der Aufsatz sogar als ein Beispiel der Sachlichkeit und Unparteilichkeit gelten, mit der an Kunstdinge heranzutreten Goethe sich in seinem Alter allmählich gewöhnte. Wie Goethe in dem Lionardoschen Werke den national-italienischen Grundzug feststellt, wie er die Welt des Stoffes, die Verörtlichung des Vor-gangs aus den gegebenen Verhältnissen darlegt, und wie er die künstlerischen Absichten Lionardos bis ins Einzelne zergliedert, das ist eine ästhetische Meister-leistung. Man kann sich, um an anderer Stelle Gesagtes hier nochmals zu wiederholen, keine bessere Rechtfertigung für Fritz von Uhdes deutsche Auf-

2. Augustheft 1899

faſſung des Abendmahls denken, als Goethes Aufſatz über das Lionardoſche
Abendmahl.

Ueberſchauen wir Goethes Aeußerungen und Beziehungen zur bildenden
Kunſt, ſo unterſcheiden wir alſo deutlich drei Perioden. Theodor Vollbehr hat
ſie am Schluſſe ſeines erwähnten Buches in trefflicher Weiſe mit folgenden
Worten gekennzeichnet:

„Im jungen Goethe lebte der heiße Drang, ſich voll auszuleben als
echter Sohn der Zeit, auch in den Kunſtbeſtrebungen im heimiſchen Boden zu
wurzeln und alle Kraft einzuſetzen für eine geſunde Entwicklung der Kunſt aus
den Bedingungen des eigenen Volkes heraus; der Geheimrat und Miniſter hielt
die deutſche Eiche für weniger ſchön als die ſüdländiſche Zypreſſe und verſuchte
mit ernſtem Bemühen, den nordiſchen Baum unter ſüdlichen Himmel zu ver=
pflanzen in der ſtillen Hoffnung, er werde die Formen der Zypreſſe annehmen;
der alte Goethe ſitzt auf hoher Warte und blickt mit klugen Augen in das
Getriebe der Welt; alles intereſſiert ihn, aber nichts bringt ſein Herz mehr in
ſtürmiſche Wallung. Wird das Treiben zu bunt, dann ruft er wohl ein Wort
hinein, von dem er gute Wirkung erhofft; aber er zürnt nicht, wenn das Wort
ungehört verhallt. Der junge Goethe war eine vorwärts treibende Kraft in
der Entwickelung der Kunſtanſchauungen ſeiner Zeit, die Theorien des Geheim=
rats Goethe waren ein retardierendes Moment. Dann aber entwickelten ſich
die Dinge ohne eine Mitwirkung des greiſen Dichters langſam und ſtetig weiter.
Der Klaſſizismus ging unaufhaltſam einer Niederlage entgegen. Das aber
bedeutete in letzter Konſequenz den Sieg des künſtleriſchen Subjektivismus,
den Sieg jener Kunſtanſchauung, die der junge Goethe ſo meiſterhaft verfochten
hatte.“   Paul Schumann.

Lose Blätter.

Aus dem Urfauſt.

Vorbemerkung. Daß eine Zeitſchrift imſtande iſt, heute zu Wolf=
gang Goethes hundertundfünfzigſtem Geburtstag den Leſern Stücke aus Fauſt
vorzulegen, welche bei weitem die meiſten in dieſer Form noch nicht kennen,
iſt gewiß eine überraſchende Thatſache. Aber eine Thatſache iſt es: der ſo
lange und ſo ſchmerzlich vermißte „Urfauſt“, der erſt 1887 in einer Abſchrift
des Fräuleins von Göchhauſen aufgefunden ward, fehlt in den Ausgaben der
Goethiſchen Werke. Er liegt als Buch bis jetzt nur in der von Erich Schmidt
veranſtalteten Ausgabe vor, und auch deren zweiter Abdruck hat elf volle Jahre
gebraucht, bis er vergriffen ward. Jetzt erſt, zum Goethe=Jubiläum, wird er
bei Böhlau in Weimar in dritter Auflage erſcheinen.

Wir machen unſere Leſer auf dieſes Neuerſcheinen aufmerkſam und hoffen,
ſie durch die folgenden Stücke zu einer Vergleichung des fertigen Fauſt mit
dem Urfauſt anzuregen. So wichtig ſcheint uns dieſe Vergleichung, daß wir
lange geſchwankt haben, ob wir nicht die beiden Texte unmittelbar neBen ein=
ander drucken ſollten, ein Vorhaben, von dem uns nur die Erwägung abhielt,
daß unſere Leſer um einen ſo auserleſenen künſtleriſchen Genuß die kleine
Mühe, ihren Fauſt vom Brett zu holen, doch wohl nicht ſcheuen werden. Den
ganzen Urfauſt abzudrucken, geht zudem aus räumlichen Gründen doch nicht

Kunſtwart

an, der ganze Urfaust aber follte zur Vergleichung empfohlen werden. Wir hätten bei Parallel=Abdruck vielmehr unsere Lock=Proben auf die Hälfte der beschränken müssen, die wir so vorführen dürfen. Nun bringen wir die= jenigen Szenen, welche die meisten Abweichungen zeigen. Zunächst, schon in Versen, das Gespräch zwischen Mephisto und dem Studenten, aus dem die lustige Unterweisung über die „Logic"=Frage u. s. w. später gestrichen, und in welches die Sprüchlein über Juristerei und Theologie später eingefügt worden. Dann Auerbachs Keller, wo noch Fauft den Zauberspaß vollführt, der später seinem Begleiter zufällt — die Reden noch alle in Prosa. Zum Schluß nach einem knappen Bilde „Landstraße", das später ganz wegblieb, die Kerkerszene. Wir wollen über sie Weitbrecht sprechen lassen, dessen prächtiges Buch „Diesseits von Weimar" wir überhaupt den Lesern als Genossen bei der Vergleichung des Urfaust mit dem fertigen Werke warm empfehlen möchten. „Es ist nun Prosa", sagt Weitbrecht von der Fassung dieser Szene im Urfaust, „von der man eigentlich nicht sagen kann, Goethe habe sie später in den Vers umgearbeitet; sie mußte sich ganz von selbst zum Vers gestalten, sobald der Dichter nur daran dachte — so durchtränkt von Stimmung und Rhythmus ist sie schon, so fern von aller Prosa im gewöhn= lichen Sinne, Poesie durch und durch. Und hier ist einmal ein Fall, wo einem geradezu die Wahl weh thun könnte, ob man die prosaische oder Versform vorziehen solle. Die spätere Versform ist stilvoller, aber gottlob ohne jeden Hauch von Bemühung um klassizistischen Stil, vielmehr nur die reifste Frucht der ganzen klassizistischen Periode Goethes, formell absolut unübertrefflich, deutsche Form geworden im höchsten Sinne — nicht klassizistisch, sondern klassisch. Die Prosaform des Urfaust greift noch tiefer in Herz und Mark, kommt noch unmittelbarer — man könnte sagen: nicht aus Goethes, sondern aus Gretchens Mund. Immerhin wirkt sie teilweise noch etwas pathologisch, es sind einige Punkte darin, die nach vollendeterer Form, nach reinerer Stili= sierung begehren. Auf alle Fälle ist es ein Gewinn, daß wir auch diese Fassung haben, und man muß sie kennen."

Unsre „Recht"schreibung ist die, welche die Urschrift in der Göchhausen= schen Handschrift zeigt, obgleich bei ihr außer der allgemeinen „Genialität" des damaligen Geschlechtes in solchen Dingen wohl auch die private des schreib= freudigen Hoffräuleins mitgewirkt hat. Es schien uns doch, als gäbe sie ein gewisses Zeitkolorit, das man wenigstens am heutigen Erinnerungstage be= wahren dürfe.

*

Mephistopheles im Schlafrock eine große Perücke auf. Student.

  Student. Ich bin alhier erst kurze Zeit,
     Und komme voll Ergebenheit
     Einen Mann zu sprechen und zu kennen,
     Den alle mir mit Ehrfurcht nennen.
  Mephistopheles. Eure Höflichkeit erfreut mich sehr,
     Ihr seht einen Mann wie andre mehr.
     Habt ihr euch hier schon umgethan?
  Student. Ich bitt euch nehmt euch meiner an.
     Ich komm mit allem gutem Muth,
     Ein leidlich Geld und frischem Blut.
     Meine Mutter wollt mich kaum entfernen,
     Mögte gern was rechts hier außen lernen.

2. Augustheft 1899

Meph: Da feyd ihr eben recht am Ort.
Student. Aufrichtig! Mögt schon wieder fort!
    Sieht all so trocken ringsum aus
    Als fäs Heishunger in iedem Haus.
Meph: Bitt euch! dran euch nicht weiter kehrt,
    Hier alles sich vom Studenten nährt,
    Doch erst, wo werdet ihr logiren?
    Das ist ein Hauptstück!
Student. Wolltet mich führen
    Bin warrlich ein ganz irres Lamm.
    Mögt gern das gute so allzusamm,
    Mögt gern das böse mir all vom Leib,
    Und Freyheit, auch wohl Zeitvertreib,
    Mögt auch dabei studiren tief,
    Daß mirs über Kopf und Ohren lief!
    O Herr helft daß meiner Seel
    Um guten Wesen nimmer fehl.
Mephis: krazt sich. Kein Logie habt ihr? wie ihr sagt.
Student. Hab noch nicht 'mal darnach gefragt.
    Mein Wirthshaus nährt mich leidlich gut,
    Feines Mägdlein drinn aufwarten thut.
Meph: Behüte Gott das führet euch weit!
    Caffee und Billard! Weh dem Spiel!
    Die Mägdlein ach sie geilen viel!
    Vertripplistreichelt eure Zeit.
    Dagegen sehn wirs leidlich gern,
    Daß alle Studiosi nah und fern
    Uns wenigstens einmal die Wochen
    Kommen untern Absaz gekrochen.
    Will einer an unserm Speichel sich lezzen
    Den thun wir zu unsrer Rechten sezzen.
Student. Mir wird ganz greulich vorm Gesicht!
Meph: Das schadt der guten Sache nicht.
    Dann fordersamst mit dem Logie
    Wüßt ich euch wohl nichts bessers hie,
    Als geht zu Frau Sprizbierlein morgen
    Weis Studiosos zu verforgen.
    Hats Haus von oben bis unten voll,
    Und versteht weidlich was sie soll.
    Zwar Noes Arche war saubrer gefacht,
    Doch ists einmal so hergebracht.
    Ihr zahlt was andre vor euch zahlten
    Die ihren Nahm aufs — Haus mahlten.
Student. Wird mir fast so eng uns Herz herum
    Als zu Haus im Colegium.
Meph: Euer Logie wär nun bestellt.
    Nun euren Tisch für leidlich Geld!
Student. Mich dünkt das gäb sich alle nach,
    Wer erst von Geists Erweiterung sprach!
Meph: Mein Schatz! das wird euch wohl verziehn,

Kennt nicht den Geist der Akademien.
Der Mutter Elfch müßt ihr vergeffen,
Klar Waffer gefchiedne Butter freffen.
Statt Hopfen Keim und iung Gemüs,
Genieffen mit Dank Brenneffeln füs,
Sie thun einen Gänfe stuhlgang treiben,
Aber eben darum nicht baff befleiben,
Hammel und Kalb fähren ohne End,
Als wie unfers Herr Gotts Firmament.
Doch zahlend wird von euch ergänzt
Was Schwärmerian vor euch gefchwänzt.
Müßt euren Bentel wohl verforgen,
Befonders keinem Freunde borgen
Aber redlich zu allen Maalen
Wirth, Schneider und Profeffor zahlen.
Student. Hochwürdger Herr das findet fich.
Aber nun bitt ich leitet mich!
Mir steht das Feld der Weisheit offen,
Wäre gern fo grade zu geloffen,
Aber steht drinn fo bunt und kraus
Auch feitwärts wüst und trocken aus.
Fern thät fich's mir vor die Sinnen stellen,
Als wie ein Tempe voll frifcher Quellen.
Meph: Sagt mir erst eh ihr weiter geht,
Was wählt ihr für eine Fakultät?
Student. Soll zwar ein Mediziner werden,
Doch wünfcht ich rings von aller Erden,
Von allem Himmel und all Natur,
So viel mein Geist vermögt zu faffen.
Meph: Ihr feyd da auf der rechten Spur,
Doch müßt ihr euch nicht zerstreuen laffen .
Mein theurer Freund ich rath euch drum,
Zuerst Collegium Logikum.
Da wird der Geist euch wohl dreffirt,
In Spanfche Stiefeln eingefchnürt,
Daß er bedächtger fo fort an
Hinfchleiche die Gedanken Bahn.
Und nicht etwa die Kreuz und Queer
Irrlichtelire den Weeg daher.
Dann lehret man euch manchen Tag,
Daß was ihr fonst auf Einen Schlag
Getrieben wie Effen und Trinken frey,
Eins! Zwey! Drey! dazu nöthig fei.
Zwar ifts mit der Gedanken Fabrick
Wie mit einem Weber Meisterstück,
Wo ein Tritt taufend Fäden regt
Die Schifflein rüber hinüber fchieffen
Die Fäden ungefehen flieffen.
Ein Schlag taufend Verbindungen fchlägt.
Der Philofoph der tritt herein

2. Augftheft 1899.

Und beweist euch es müßt so seyn.
Das erst wär so, das zweyte so
Und drum das dritt und virte so.
Und wenn das erst und zweyt nicht wär
Das dritt und viert wär nimmermehr.
Das preisen die Schüler aller Orten
Sind aber keine Weber worden.
Wer will was lebigs erkennen und beschreiben,
Muß erst den Geist heraußer treiben,
Dann hat er die Theil in seiner Hand,
Fehlt leider nur das geistlich Band.
Encheiresin naturae nennts die Chimie!
Bohrt sich selbst einen Esel und weis nicht wie.

Student. Kann euch nicht eben ganz verstehen.

Meph: Das wird nächstens schon besser gehen.
Wenn ihr lernt alles reduziren,
Und gehörig klassifiziren.

Student. Mir wird von allem dem so dumm
Als ging mir ein Mühlrad im Kopf herum.

Meph: Nachher vor allen andern Sachen
Müßt ihr euch an die Metaphisick machen,
Da seht daß ihr tieffsinnig faßt,
Was in des Menschen Hirn nicht paßt,
Für was drein geht und nicht drein geht,
Ein prächtig Wort zu Diensten steht.
Doch vorerst dieses halbe Jahr
Nehmt euch der besten Ordnung wahr.
Fünf Stunden nehmt ihr ieden Tag,
Seyd drinne mit dem Glockenschlag.
Habt euch zu Hause wohl preparirt,
Paragraphos wohl einstudirt.
Damit ihr nachher besser seht
Daß er nichts sagt als was im Buche steht.
Doch euch des Schreibens ia befleißt,
Als dictirt euch der heilig Geist.

Student. Verzeiht ich halt euch auf mit vielen Fragen
Allein ich muß euch noch bemühn.
Wollt ihr mir von der Medizin,
Nicht auch ein kräfftig Wörtgen sagen!
Drey Jahr ist eine kurze Zeit,
Und Gott das Feld ist gar zu weit.
Wenn man ein' Fingerzeig nur hat
Läßt sichs schon ehe weiter fühlen.

Meph: [: vor sich :] Bin des Professor Tons nun satt
Will wieder einmal den Teufel spielen.
[: laut :] Der Geist der Medizin ist leicht zu faßen,
Ihr durchstudirt die gros und kleine Welt,
Um es am Ende gehn zu laßen
Wie's Gott gefällt.
Vergebens daß ihr ringsum wissenschafftlich schweift,

Ein ieder lernt nur was er lernen kann.
Doch der den Augenblick ergreift,
Das ist der rechte Mann.
Ihr seyd noch ziemlich wohl gebaut,
An Kühnheit wirds euch auch nicht fehlen,
Und wenn ihr euch nur selbst vertraut
Vertrauen euch die andern Seelen.
Besonders lernt die Weiber führen
Es ist ihr ewig Weh und Ach
So tausendfach,
Aus Einem Puncte zu kuriren.
Und wenn ihr halbweg ehrbar thut,
Dann habt ihr sie all unterm Hut.
Ein Citel muß sie erst vertraulich machen,
Daß eure Kunst viel Künste übersteigt
Zum Willkomm tappt ihr dann nach allen Siebensachen
Um die ein andrer viele Jahre streicht.
Versteht das Pülslein wohl zu drücken,
Und fasset sie mit feurig schlauen Blicken,
Wohl um die schlanke Hüfte frey
Zu sehn wie fest geschnürt sie sey.

Student. Das sieht schon besser aus als die Philosophie.
Meph: Grau, theurer Freund, ist alle Theorie
　　Und grün des Lebens goldner Baum.
Student. Ich schwör euch zu mir ists als wie ein Traum.
　　Dürft ich euch wohl ein andermal beschweeren,
　　Von eurer Weisheit auf den Grund zu hören.
Meph: Was ich vermag, soll gern geschehn.
Student. Ich kann ohnmöglich wieder gehn,
　　Ich muß euch noch mein Stammbuch überreichen,
　　Gönn eure Gunst mir dieses Zeichen.
Meph: Sehr wohl. [: er schreibt und giebts :]
Student [: liest :] Eritis sicut Deus scientes bonum et malum.
　　　　[: machts ehrbietig zu und empfielt sich :]
Meph: Folg nur dem alten Spruch von meiner Muhme der Schlange,
　　Dir wird gewiß einmal bey deiner Gottähnlichkeit bange.

•

Auerbachs Keller in Leipzig
Zeche lustiger Gesellen.

Frosch. Will keiner sauffen keiner lachen!
　　Ich werd euch lehren Gesichter machen!
　　Ihr seyd ia heut wie nasses Stroh
　　Und brennt sonst immer lichterloh.
Brander. Das liegt an dir, du bringst ia nichts herbey,
　　Nicht eine Dummheit, keine Sauerey.
Frosch [: gießt ihm ein Glas Wein übern Kopf :] Da hast du beides!
Brander. Esel! Schwein!
Frosch. Muß man mit euch nicht beydes seyn.
Siebel. Drey Teufel! ruht! und singt rundal und drein gesoffen drein
gekrischen. Holla he! Auf! He da!

2. Augustheft 1899

Alten. Baumwolle her! der sprengt uns die Ohren.

Siebel. Kann ich davor daß das verflucht niedrige Gewölbe so wieder-schallt. Sing.

Frosch. A! Cara! Cara! lara! di! — Gestimmt ist! Und was nun?
Das liebe heilge römsche Reich
Wie hälts nur noch zusammen.

Brander. Pfuy ein garstig Lied! Ein politisch Lied, ein leidig Lied. Dankt Gott daß euch das heilige römische Reich nichts angeht. Wir wollen einen Papst wählen.

Frosch. Schwing' dich auf Frau Nachtigall
Grüs mein Liebgen zehntausendmal.

Siebel. Wetter und Todt. Grüs mein Liebgen! — Eine Hammelmaus-pastete mit gestopften dürren Eichenblättern vom Blocksberg, durch einen ge-schundnen Haasen mit dem Hahnenkopf überschickt, und keinen Grus von der Nachtigall. Hat sie mich nicht — Meinen Stuzbart und alle Appartinenzien hinter die Thüre geworfen wie einen stumpfen Besen, und das um — Drey Teufel! Keinen Grus sag ich als die Fenster eingeschmissen!

Frosch [: den Krug auf den Tisch stoßend :]. Ruh iezt! — Ein neu Lied Kammeraden, ein alt Lied wenn ihr wollt! — Aufgemerkt und den Rundreim mit gesungen. Frisch und hoch auf!
Es war ein Ratt im Keller Nest,
Lebt nur von Fett und Butter,
Hätt sich ein Ränzlein angemäst
Als wie der — — —
Die Köchin hätt ihr Gift gestellt
Da wards so eng ihr in der Welt,
Als hett sie Lieb im Leibe!

Chorus jauchzend. Als hett sie Lieb im Leibe.

Frosch. Sie fuhr herum sie fuhr heraus
Und soff aus allen Pfüzzen,
Zernagt zerkrazt das ganze Haus,
Wollt nichts ihr Wüten nüzzen.
Sie thät so manchen Aengstesprung
Bald hätt das arme Tier genung,
Als hett es Lieb im Leibe.

Chorus. Als hett es Lieb im Leibe.

Frosch. Sie kam vor Angst am hellen Tag
Der Küche zu gelaufen,
Fiel an den Heerd und zuckt und lag
Und thät erbärmlich schnauffen.
Da lachte die Vergiftrinn noch:
Ha sie pfeift auf dem lezten Loch
Als hett sie Lieb im Leibe.

Chorus. Als hett sie Lieb im Leibe.

Siebel. Und eine hinlängliche Portion Rattenpulver der Köchin in die Suppe. Ich bin nit mitleidig, aber so eine Ratte könnte einen Stein erbarmen.

Brander. Selbst Ratte! Ich mögte den Schmeerbauch so am Heerde sein Seelgen ausblasen sehn!

Kunstwart

— 332 —

Meph: Nun ſchau wie ſie's hier treiben! Wenn dirs gefällt, dergleichen Sozietät ſchaff ich dir Nacht nächtlich.

Fauſt. Guten Abend ihr Herren.

Alle. Großen Dank!

Siebel. Wer iſt der Storcher da!

Brander. Still! das iſt was vornehmes inkognito, ſie haben ſo was un= zufriednes böſes im Geſicht.

Siebel. Pah! Commödianten wenns hoch kommt.

Meph: [: leiſe :]. Merks! den Teufel vermuthen die Kerls nie ſo nah er ihnen immer iſt.

Froſch. Ich will 'en die Würme ſchon aus der Naſe ziehn, wo ſie her= kommen! — Iſt der Weeg von Rippach herüber ſo ſchlimm, daß ihr ſo tief in die Nacht habt reiſen müſſen.

Fauſt. Wir kommen den Weeg nit

Froſch. Ich meinte etwa ihr hättet bey dem berühmten Hans drüben zu Mittag geſpeißt.

Fauſt. Ich kenn ihn nicht.

[: die andern lachen :]

Froſch. O er iſt von altem Geſchlecht. Hat eine weitläufige Familie.

Meph: Ihr ſeyd wohl ſeiner Vettern einer.

Brander [: leiſe zu Froſch :]. Steck's ein! der verſteht den Rummel.

Froſch. Bey Wurzen iſts fatal, da muß man ſo lang auf die Fähre manch= mal warthen.

Fauſt. So!

Siebel [: leiſe :]. Sie kommen aus dem Reiche man ſiehts 'en an. Laßt ſie nur erſt fidel werden. — Seyd ihr Freunde von einem herzhaften Schluck! Herbey mit euch.

Meph: Immer zu. [: ſie ſtoßen an und trinken :]

Froſch. Nun Herrn ein Liedgen. Für einen Krug ein Liedgen, das iſt billig.

Fauſt. Ich habe keine Stimme.

Meph: Ich ſing eins für mich, zwei für meinen Cameraden, hundert wenn ihr wollt, wir kommen aus Spanien wo Nachts ſo viel Lieder geſungen werden als Sterne am Himmel ſtehn.

Brander. Das verbät ich mir, ich haſſe das Geklimpere, auſſer wenn ich einen Rauſch habe, und ſchlafe daß die Welt untergehen dürfte. — Für kleine Mädgen iſts ſo was die nit ſchlafen können, und am Fenſter ſtehen Monden Küh= lung einzuſuckeln.

Meph: Es war einmal ein König
    Der hett einen groſen Floh!

Siebel. Stille! Horch! Schöne Rarität! ſchöne Liebhaberey!

Froſch. Noch ein mahl.

    Meph: Es war einmal ein König
        Der hett einen groſen Floh
        Den liebt er gar nit wenig
        Als wie ſein eignen Sohn,
        Da rief er ſeinen Schneider,
        Der Schneider kam heran:
        Da meſſ dem Junker Kleider
        Und meß ihm Hoſen an.

Siebel. Wohl gemeßen! Wohl! [: sie schlagen in ein Gelächter aus :]
Daß sie nur keine Falten werfen!

Meph: In Sammet und in Seide
War er nun angethan
Hätte Bänder auf dem Kleide
Hätt auch ein Kreutz daran.
Und war so gleich Minister
Und hätt einen grosen Stern,
Da wurden sein Geschwister
Bey Hof auch grose Herrn.

Und Herrn und Fraun am Hofe
Die waren sehr geplagt,
[Die Königinn und die Zofe
Gestochen und genagt]
Und durften sie nicht knicken,
Und weg sie jagen nicht
Wir knicken und ersticken
Doch gleich wenn einer sticht.

Chorus, jauchzend :] Wir knicken und ersticken
Doch gleich wenn einer sticht.

Alle durcheinander. Bravo! Bravo! Schön und trefflich! Noch eins!
Noch ein paar Krüge! Noch ein paar Lieder.

Faust. Meine Herren! Der Wein geht an! Geht an wie in Leipzig die
Weine alle angehn müssen. Doch dünckt mich ihr würdet erlauben daß man euch
aus einem andern Fasse zapfte.

Siebel. Habt ihr einen eignen Keller? Handelt ihr mit Weinen? Seid
ihr vielleicht von denen Schelmen aus 'm Reich? —

Alten. Wart ein bißgen [: er steht auf :] Ich hab so eine Probe, ob
ich weiter trinken darf. [: Er macht die Augen zu und steht eine Weile :] Nun
nun! das Köpfgen schwanckt schon!

Siebel. Pah! eine Flasche! Ich wills vor Gott verantworten und vor
deiner Frauen. Euren Wein!

Faust. Schafft mir einen Bohrer.

Frosch. Der Wirth hat so ein Körbel mit Werckzeug in der Ecke stehn.

Faust. nimmt den Bohrer Gut! Was verlangt ihr für Wein?

Frosch. He!

Faust. Was für ein Gläsgen mögtet ihr trinken? Ich schaffs euch!

Frosch. He! He! So ein Glas Reinwein ächten Nierensteiner.

Faust. Gut! [: er bohrt in den Tisch an Froschens Seite :] Nun schafft Wachs!

Alten. Da ein Kerzen stümpfgen.

Faust. So! [: er stopft das Loch :] Haltet iezzo: — und ihr?

Siebel. Muskaten Wein! Spanischen Wein sonst keinen Tropfen. Ich
will nur sehn wo das hinaus läufft.

Faust [: bohrt und verstopft :] Was beliebt euch?

Alten. Rothen Wein! Einen Französchen! — Die Franzosen kann ich
nicht leiden, so grosen Respect ich vor ihren Wein hab.

Faust [: wie oben :] Nun was schafft ihr?

Brander. Hält er uns für'n Narren?

Faust. Schnell Herr nennt einen Wein!

Kunstwart

— 334 —

Brander. Cockayer denn! — Soll er doch nicht aus dem Tiſche laufen!

Fauſt. Stille iunger Herr! — Nun aufgeſchaut! Die Gläſer untergehalten. Jeder ziehe den Wachspfropfen heraus! Daß aber kein Tropfen an die Erde fällt, ſonſt giebts ein Unglück!

Alten. Mir wirds unheimlich. Der hat den Teufel.

Fauſt. Ausgezogen!

[: Sie ziehn die Pfropfen, iedem läuft der verlangte Wein in's Glas :]

Fauſt. Zugeſtopft! Und nun verſucht!

Siebel. Wohl! trefflich wohl!

Alle. Wohl! Majeſtatiſch wohl! — Willkommner Gaſt.

[: ſie trinken wiederhohlt :]

Meph: Sie ſind nun eingeſchifft.

Fauſt. Gehn wir!

Meph: Noch ein Moment.

Alle ſingen. Uns iſt gar kannibaliſch wohl
Als wie fünfhundert Säuen!

[: Sie trinken wiederholt, Siebel läſſt den Pfropf fallen, es flieſt auf die Steine und wird zur Flamme die an Siebeln hinauf lodert :]

Siebel. Hölle und Teufel!

Brander. Zauberey! Zauberey!

Fauſt. Sagt ichs euch nicht.

[: er verſtopft die Oeffnung und ſpricht einige Worte, die Flamme flieht :]

Siebel. Herr und Satan! — Meynt er, er dürft in ehrliche Geſellſchafft ſich machen und ſein Hölliſches Hokuspokus treiben.

Fauſt. Stille Maſtſchwein!

Siebel. Mir Schwein! Du Beſenſtiel! Brüder! Schlagt ihn zuſammen! Stoſt ihn nieder! [: ſie ziehn die Meſſer :] Ein Zauberer iſt Vogelfrey! Nach den Reichsgeſetzen Vogelfrey.

[: Sie wollen über Fauſten her, er winckt, ſie ſtehn in frohem Erſtaunen auf einmal und ſehn einander an :]

Siebel. Was ſeh ich! Weinberge!

Brander. Trauben um dieſe Jahrs zeit.

Alten: Wie reif! Wie ſchön!

Froſch. Halt das iſt die ſchönſte!

[: ſie greifen zu, kriegen einander bey den Naſen, und heben die Meſſer :]

Fauſt. Halt! — Geht und ſchlaft euern Rauſch aus!

[: Fauſt und Meph: ab. Es gehen ihnen die Augen auf, ſie fahren mit Geſchrey aus einander :]

Siebel. Meine Naſe! War das deine Naſe? Waren das die Trauben? Wo iſt er?

Brander. Fort! Es war der Teufel ſelbſt.

Froſch. Ich habe ihn auf einem Faſſe hinaus reiten ſehn.

Alten. Haſt du! Da iſt gewiß auf dem Marckt nit ſicher. Wie kommen wir nach Hauſe.

Brander. Siebel geh zu erſt!

Siebel. Kein Narr.

Froſch. Kommt wir wecken die Häſcher unterm Rathaus, für ein Trinck-geld thun die wohl ihre Schuldigkeit. Fort!

Siebel. Sollte wohl der Wein noch laufen. [: er viſitirt die Pfropfen :]

Alten. Bildt dirs nicht ein! Trocken wie Holz!

2. Auguſtheft 1899

Frosch. Fort ihr Bursche! Fort! [: alle ab :]

Land Strase. Ein Kreuz am Wege, rechts auf dem Hügel ein altes Schloß,
in der Ferne ein Bauerhüttgen.

Faust. Was giebts Mephisto haft du Eil?
Was schlägst vorm Kreuz die Augen nieder?
Meph: Ich weis es wohl es ist ein Vorurtheil,
Allein genung mir ists einmal zuwieder.

Kerker.
Faust mit einem Bund Schlüssel und einer Lampe an einem eisernen Türgen.
Es fasst mich längst verwohnter Schauer. Inneres Grauen der Menschheit.
Hier! Hier! — Auf! — Dein Zagen zögert den Todt heran!
[: er fasst das Schloß es singt inwendig :]
Meine Mutter die Hur
Die mich umgebracht hat
Mein Vater der Schelm
Der mich gessen hat
Mein Schwesterlein klein
Hub auf die Bein
An einem kühlen Ort,
Da ward ich ein schönes Waldvögelein
Fliege fort! Fliege fort!

Faust [: zittert wankt ermannt sich und schließt auf, er hört die Ketten
klirren und das Stroh rauschen :].
Margarethe [: sich verbergend auf ihrem Lager :]. Weh! Weh! sie kommen.
Bittrer Todt!
Faust [: leise :]. Still! Ich komme dich zu befreyn. [: er fasst ihre Ketten
sie aufzuschliessen :].
Marg: [: wehrend :]. Weg! Um Mitternacht! Hencker ist dir's morgen
frühe nicht zeitig gnug.
Faust: Laß!
Marg: [: wälzt sich vor ihm hin :]. Erbarme dich mein und laß mich
leben. Ich bin so iung, so iung, und war schön und hin ein armes iunges Mädgen.
Sieh nur einmal die Blumen an, sieh nur einmal die Kron. Erbarme dich mein!
Was hab ich dir gethan? Hab dich mein Tage nicht gesehn.
Faust: Sie verirrt und ich vermags nicht.
Marg: Sieh das Kind! Muß ich's doch tränken. Da hatt ich's eben!
Da! Ich habs getränckt! Sie nahmen mirs, und sagen ich hab es umgebracht,
und singen Liedger auf mich! — Es ist nicht wahr — es ist ein Märgen das sich
so endigt, es ist nicht auf mich daß Sie's singen.
Faust [: der sich zu ihr hinwirft :]. Gretgen.
Margr. [: die sich aufreist :]. Wo ist er! Ich hab ihn rufen hören! er
rief Gretgen! Er rief mir! Wo ist er! Ach durch all das Heulen und Zähn-
klappen erkenn ich ihn, er ruft mir: Gretgen! [: Sich vor ihm niederwerfend :]
Mann! Mann! Gieb mir ihn schaff mir ihn! Wo ist er!
Faust [: er fasst sie wütend um den Hals :]. Meine Liebe! Meine Liebe!
Margr: [: sinckt ihr Haupt in seinen Schoos verbergend :].

Fauſt: Auf meine Liebe! Dein Mörder wird dein Befreyer. Auf! — [: Er ſchließt über ihrer Betäubung die Arm Kette auf :] Komm, wir entgehen dem ſchröcklichen Schickſal.

Margr: [: angelehnt :]. Küſſe mich! Küſſe mich!

Fauſt: Tauſendmal! Nur eile Gretgen eile!

Margr: Küſſe mich! Kannſt du nicht mehr küſſen? Wie! Was! Biſt mein Heinrich und haſt's Küſſen verlernt! Wie ſonſt ein ganzer Himmel mit deiner Umarmung gewaltig über mich eindrang. Wie du küßteſt als wollteſt du mich in wollüſtigem Todt erſticken. Heinrich küſſe mich, ſonſt küß ich dich [: ſie fällt ihn an :] Weh! Deine Lippen ſind kalt! Todt! Antworten nicht!

Fauſt: Folge mir, ich herze dich mit tauſendfacher Glut. Nur folge mir.

Marg: [: ſie ſetzt ſich und bleibt eine Zeitlang ſtille :]. Heinrich biſt du's?

Fauſt: Ich bin's, komm mit.

Margr: Ich begreiffs nicht! Du? Die Feſſeln los! Befreyſt mich. Wen befreyſt du? Weiſt du's?

Fauſt: Komm! Komm!

Margr: Meine Mutter hab ich umgebracht! Mein Kind hab ich ertränkt. Dein Kind! Heinrich! — Groſer Gott im Himmel ſoll das kein Traum ſeyn! Deine Hand Heinrich! — Sie iſt feucht! — Wiſche ſie ab ich bitte dich! Es iſt Blut dran — Stecke den Degen ein! Mein Kopf iſt verrückt.

Fauſt: Du bringſt mich um.

Margr: Nein du ſollſt überbleiben, überbleiben von allen. Wer ſorgte für die Gräber! So in eine Reihe ich bitte dich, neben die Mutter den Bruder da! Mich dahin und mein Kleines an die rechte Bruſt. Gieb mir die Hand drauf du biſt mein Heinrich.

Fauſt [: will ſich weg ziehen :]. Fühlſt du mich! Hörſt du mich! komm ich bins ich befreye dich.

Margr: Da hinaus.

Fauſt: Freyheit!

Margr: Da hinaus! Nicht um die Welt. Iſt das Grab drans, komm! Lauert der Todt! komm. Von hier in's ewige Ruhe Bett weiter nicht einen Schritt. Ach Heinrich könnt ich dir in alle Welt.

Fauſt: Der Kerker iſt offen ſäume nicht.

Margr: Sie lauren auf mich an der Straſe am Wald.

Fauſt: Hinaus! Hinaus!

Margr: Uns Leben nicht — Siehſt du's zappeln! Rette den armen Wurm er zappelt noch! — fort! geſchwind! Nur übern Steg, gerad in Wald hinein links am Teich wo die Planke ſteht. fort! rette! rette!

Fauſt: Rette! Rette dich!

Margr: Wären wir nur den Berg vorbey, da ſizzt meine Mutter auf einem Stein und wackelt mit dem Kopf! Sie winckt nicht ſie nickt nicht, ihr Kopf iſt ihr ſchweer. Sie ſollt ſchlafen daß wir könnten wachen und uns freuen bey-ſammen.

Fauſt [: ergreifft ſie und will ſie wegtragen :].

Margr: Ich ſchreye laut, laut daß alles erwacht.

Fauſt: Der Tag graut. O Liebgen! Liebgen!

Margr: Tag! Es wird Tag! Der lezte Tag! Der Hochzeit Tag! — Sags niemand daß du die Nacht vorher bey Gretgen warſt. — Mein Kränzgen! — Wir ſehn uns wieder! — Hörſt du die Bürger ſchlürpfen nur über die Gaſſen! Hörſt du! Kein lautes Wort. Die Glocke ruft! — Krack das Stäbgen bricht! — Es zuckt in iedem Nacken die Schärfe die nach meinem zuckt! — Die Glocke hör.

Meph: erscheint. Auf oder ihr seyd verlohren, meine Pferde schaudern, der Morgen dämmert auf.

Marg: Der! Der! Laß ihn schick ihn fort! Der will mich! Nein! Nein! Gericht Gottes komm über mich, dein bin ich! rette mich! Nimmer nimmermehr! Auf ewig lebe wohl. Leb wohl Heinrich!

Faust sie umfassend. Ich lasse dich nicht!

Margr: Ihr heiligen Engel bewahret meine Seele — mir grauts vor dir Heinrich.

Meph: Sie ist gerichtet! [: er verschwindet mit Faust, die Thüre rasselt zu, man hört verhallend :] Heinrich! Heinrich!

Rundschau.

* Friedrich Theodor Vischer — ja, wir wenigstens bringen es nicht fertig, von Goethes Gruft wieder auf die Straße zu treten, ohne einen Gruß der Dankbarkeit hinüberzusenden auch nach Vischers Grab. Wer hat den Großen gekannt, wie er, wer ihn geliebt, wie er, wer mit so flammendem Wort uns Deutschen seine Tiefen erhellt! Es ist eine Lust, zu lesen alles, was Vischer über Goethe geschrieben hat, alles, und es ist viel: welche Wissenschaftlichkeit, vereint mit wie blühendem Kunstgefühl, welcher sittliche Ernst, vereint mit welch innerer Freiheit, welche Beweglichkeit der Form zwischen ruhigster Erwägung und heiterstem Scherz! Vischer beweist ja auch, daß wahre Liebe nicht blind ist, sondern die hellsten Augen hat — wie haßte er die „Anbetungsmichelei", wie verspottete er im „dritten Teile" zu Faust mit wahrhaft befreiendem Gelächter die Goethebonzen! Es wird einmal zu den Unbegreiflichkeiten unsrer Epoche gerechnet werden, daß insbesondere Vischers Kritik über den zweiten Faust-Teil noch immer in Deutschland nicht allgemein gekannt und anerkannt ist. Sie ist nie widerlegt worden und nie zu widerlegen, sie ist klar wie das Sonnenlicht — aber die Goethegelahrtheit geht in weitem Bogen um ihn herum, spricht gewichtige Worte von Augur zu Augur und thut dem Volke gegenüber, als hätte kein Vischer je ihre Hohlheit gezeigt.

Er that das aber nicht nur, sondern er thut's noch, und wird es

künftig, so scheint es, noch kräftiger thun. Sein Sohn ist dabei, des Vaters Vorträge herauszugeben, der erste Band, „das Schöne und die Kunst", ist schon bei Cotta erschienen: mag das Metaphysische bei Vischer anfechtbar sein und veraltet sein, man kann ganz davon absehen und wird eine Fülle von kunstkritischer Belehrung und Anregung aus seinen Büchern schöpfen, die unversieglich scheint. Einen im besten Sinne geistvolleren Kunstschriftsteller als ihn hat ja das ganze deutsche Schrifttum nie gehabt. Besonders erfreulich ist es, daß von der großen, längst vergriffenen Aesthetik Vischers nunmehr ein Neudruck vorbereitet wird.

* Goethe-Biographien.
Karl Heinemanns „Goethe" ist bei E. A. Seemann in Leipzig kürzlich in zweiter, verbesserter Auflage erschienen; der Verfasser hat den Text noch mehr zusammengedrängt, hat die neue Goetheliteratur berücksichtigt, hat eine ganze Anzahl neuer Bilder zu den vielen, die schon die erste Auflage brachte, eingefügt. Es handelt sich um ein populäres Buch; Erörterungen, die nicht von vielen verstanden werden könnten, sind darin vermieden, und Ansichten, die weit abseits lägen von dem, was über Goethes Schaffen üblich ist zu denken, finden sich hier nicht vertreten. Unter allen dem Plane und der Ausstattung nach ähnlichen Büchern ist aber das Heinemannsche das beste: es ist nicht das berüchtigte „trockne Schwärmen" darin, sondern Liebe, die warm ist, aber nicht blind. Dabei ist die Darstellung leicht und

geschickt, freundlich und unterhaltend, ohne etwa durch Hervorhebung des Aeußerlichen und Anekdotischen das eigentlich Wichtige zu kurz kommen zu lassen. — Wer eine k l e i n e Goethe-Biographie sucht, sei nochmals an die bei Reclam erschienene von H a a r-h a u s erinnert.

Theater.

* „Die Agrarkommission", Komödie in drei Akten von Kurt Aram, wurde im Münchner Schauspielhause zur Gründung eines Fonds für die Münchner Freie Volksbühne von dem akademisch-dramatischen Vereine" gegeben.

Eine Agrarkommission soll das hessische Dörfchen Hungerichenhain heimsuchen, um die dort herrschende Notlage festzustellen und den Staat zur Hilfeleistung zu veranlassen. Die Bauern wittern Unheil in der unheimlich langen und fremdartigen Benennung der Kommission, mißtrauen den Absichten der Stadtherren von vornherein und kommen schließlich auf die Idee, sie hätten's nur mit einer geschickt gestellten Falle der Regierung zu thun: sie sollten veranlaßt werden, recht über ihre Not zu klagen, damit jeder Grund wegfalle, ihnen die längst ersehnte Eisenbahn zu bauen, da in einem solchen Hungerort von Import und Export keine Rede sein könne. Daraufhin beschließen sie denn die Regierungsherren tüchtig anzulügen und ihnen was von ihrem Wohlstand vorzumachen. Das geschieht im zweiten Aufzug zum Entsetzen der Kommission, die nun Reise und Arbeit umsonst unternommen zu haben meint. Im dritten Akt gibt's ein großes Trinkgelage der Bauern auf Kosten der Angelogenen, die in ihrer Abwesenheit von den Berauschten verspottet werden. Zum Schluß der unvermeidliche

* Die Münchner Leser des Kunstwarts seien bei dieser Gelegenheit nochmals auf diese im Herbst ins Leben tretende Bühne aufmerksam gemacht. Ich habe von ihrer Organisation hier schon gesprochen, als sie im vorigen Winter mit Aufführungen herauskommen wollte, was damals leider durch den Brand im Orpheum, dem Theaterlokal, unmöglich gemacht wurde. Nunmehr ist eine Abmachung mit Direktor Stolberg getroffen worden; im September werden wohl die Vorstellungen im Münchner Schauspielhause anfangen können. IV.

Krach. In der Besoffenheit lassen die Bauern verdächtige Redensarten gegenüber den im Uebermut wieder hereingerufenen Herren fallen, und endlich erscheint der alte Lehrer Zimmer mit seiner Erklärung des wahren Sachverhalts. Auf den Entrüstungsschrei des Geh. Oberregierungsrats von Kripper aber tritt ihm der Gemeindevertreter Blau zornbebend mit den Worten entgegen: „Sie heiße uns Ligner und Betriger? Sie? Wie könne Sie verlange, daß wir Ihne glaube solle? Denn warum? Ei wann hawe Sie sich je bisher um uns gekimmert, wann hawe Sie emal mit uns geschwätzt, wie mer mit Mensche schwätzt? Für Sie sein mir die dummbreckige Bauern. Und da verlange Sie, daß wir auch nur ein Wort von Ihne glaube? Bloß weil Ihne des uff einmal in Ihrn Kram paßt!..." Um dieses Verhältnis, die hilflose Stellung der Bauern in ihrer natürlichen Einfalt, Derbheit und auch Roheit gegenüber der lebensabgewandten Regierungsweisheit der hochmütigen Beamtengesellschaft dreht sich die ganze scharfe Satire. Wie aus den von mir zitierten Worten hervorgeht, will dabei der Verfasser mehr, als bloß ein geniales, neuerdings so beliebtes Gelächter über die Narrheiten der Welt aufschlagen. Und dazu zeugen Kurt Arams Gestalten und namentlich seine Bauerngestalten von einer beträchtlichen Kraft der Charakteristik, die schonungslos ihres Amtes waltet. Auszusetzen an dem Stück ist nur, daß es, abgesehn von technischen Ungeschicklichkeiten, sehr häufig arg possenhafte Einfälle und Darstellungen enthält, die in die sonst von dichterischem Geist belebte Satire nicht hineinpassen. L. Weber.

Musik.

* Der letzte Musikwinter in Leipzig.

Leipzig verdankt seinen Ruf als Musikstadt vor allen Dingen seinen alten ständigen Instituten, dem Gewandhaus, dem Thomaskirchenchore, dem Konservatorium. Es gab eine Zeit, wo es thatsächlich als „die Musikstadt" galt. Davon kann jetzt nicht mehr die Rede sein, nicht weil die Verhältnisse hier sich geändert hätten, sondern weil in den anderen Städten die öffentliche Musikpflege in gleicher Weise sich entwickelt hat. Von einem Primat Leipzigs zu reden, kann dem Ansehen der Leipziger Kunstpflege nur schaden; es darf stolz sein, im ersten Gliede mit zu marschieren; die „Führung" hat überhaupt keine Stadt. Man soll sich auch nicht darum bemühen. Es nützt ebensowenig, ein Kunstinstitut „Allerhöchst mit der Führung zu beauftragen", wie aus eigener Initiative den Ton für das Reich angeben zu wollen. Das geht in Paris; in Deutschland nirgends. Und ich meine, das ist ein Glück. Unsere großen Kunststädte sollten jede in ihrer Art einzig und unvergleichlich sein; ein großer Bund von Gleichberechtigten. Daß das in der Kunst möglich sei, zeigen uns die Maler. In der Musik gibts leider kein Karlsruhe, München, Dresden, Worpswede. Da ist alles Uniform, alles Berlin. Auch von Leipziger Kunst kann man also in der Musik nicht reden. Ich meine, es wäre eine dankbare Aufgabe, das, was die Maler bereits haben, eine lokal und individuell gefärbte Kunstpflege auch in der Musik zu haben. Bis dahin ist noch ein weiter Weg, Leipzig mit seinen alten berühmten Instituten wäre wohl imstande, ihn zuerst zu gehen, wenn nicht — —. Das, was im letzten Winter hier geschehen, hätte sich im allgemeinen auch anderswo zutragen können.

Das erste Institut, das Gewandhaus, mit seinen 22 großen Konzerten und 8 Kammer-Musiken, steht im Mittelpunkt der gesamten musikalischen Interessen. Die Leistungen des Orchesters unter der Direktion von Arthur Nikisch wie die Namen der Solisten sorgen dafür, daß der alte Ruf gewahrt bleibt. Es ist bekannt, daß das Gewandhaus an den Mendelssohn-Traditionen sehr fest gehalten hat und erst jetzt mit der bei einer derartigen Anstalt ja in der That gebotenen Vorsicht der modernen Kunst breiteren Raum gönnt. Es ist zu erwarten, daß mit den Jahren das richtige Verhältnis gewonnen wird. Alle die Neuen wurden glänzend aufgenommen; als das Ereignis darunter gilt mir der Erfolg von Draeseke. Man ist gewöhnt, seiner kontrapunktischen Kunst Leben abzusprechen, vor seiner „Gedankenarbeit" sich zu fürchten; seine Zeit wird erst noch kommen. Alltagsgefühle gibts allerdings nicht, und die tiefen Empfindungen finden bei ihm, scheu und keusch, nur schwere Worte. Aber wer diese Sprache versteht, weiß, daß Draeseke einer unserer vornehmsten Künstler ist. Für das Publikum war das Ereignis Wüllners „Manfred"-Deklamation. Noch jetzt schimmern die Thränen; es war ein Erfolg selbst bei den ältesten Leuten. In der Zusammenstellung der Programme waren noch verschiedene Härten. Ein Institut wie das Gewandhaus, das auf die Kaviar-Gaumen der oberen Zehntausend angewiesen ist, muß leider, um ungestört mit dem Orchester Kunst pflegen und bestehen zu können, durch „Sterne" die Sinne bethören. Diese Solisten bringen nun natürlich selbst gute Programme in Unordnung, denn jeder von ihnen singt, was ihm liegt. So konnte ein so herrliches Programm: Beethovens „Eroica" und „Coriolan-Ouvertüre", Wagners Trauermusik aus der „Götterdämmerung" durch Ihro Gnaden Frau Marcella Sembrich mit der „Casta diva"-Arie aus Bellinis „Norma" geschändet werden. Ob sich das bessern läßt? Wer ein Schwärmer ist, glaubt's. Am guten Willen fehlt's gewiß oft nicht. Aber die elegante Welt, die Gott dankt, wenn die Eroica überstanden ist und die Operngläser sich auf die Diva und ihre Toilette richten dürfen — man sei nachsichtig und breche nicht den Stab über Dinge, von denen man nichts versteht! Unser ganzes Konzertwesen größten Stils gedeiht jetzt nur unter dem Schutze von Konzessionen an das große Publikum des guten Tons, an die „Sterne" und ihre Verwalter. Etwas mehr Stileinheit, abgesehen von den Solisten, ließe sich vielleicht noch erreichen. Mozarts „Nachtmusik" darf nicht wieder mit Liszts „Idealen" auf ein Programm kommen. Auch Arrangements, wie Essers Bearbeitung von Bachs F-dur-Toccata, gehören nicht in die Programme eines der ersten Kunstinstitute der Welt. Leider wird durch die Solisten, die meistens internationale Berühmtheiten sind, dem Gewandhause der Weg zu einem „Leipziger Kunstinstitut" mit kräftiger Lokalfarbe verwehrt. Eine derartige Spezialität waren schon Kretzschmars „Akademische Orchesterkonzerte". Dafür bestanden sie aber auch lange.

Leipzig hat an großen Konzerten Ueberfluß. Neben den 22 Gewandhaus-Konzerten sollen 10 philharmonische Orchesterkonzerte des Winderstein-Orchesters den mittleren Schichten der Bevölkerung Gelegenheit geben, große Orchesterwerke und berühmte Solisten für billiges Geld zu hören. Daß das Bedürfnis da ist, beweist der glänzende

Erfolg des Unternehmens. Auch hier wird klassische und moderne Musik neben einander gepflegt. Das Ereignis war hier Strauß, der seinen „Zarathustra" dirigierte. Ich bin der Ansicht, daß kaum die allerersten Orchester jetzt schon diesen neuen Aufgaben gewachsen sind, und daß vor allen Dingen ein fremder Dirigent, und wäre es der Komponist selbst, hier nie von Segen sein kann. Man müßte es mit den Sachen so machen, wie Habeneck in Paris mit der „Neunten": drei Jahre lang studieren. Die „Neunte" gab's außer im Gewandhaus auch in den philharmonischen Konzerten und im Lißt-Verein. Dieser veranstaltete ebenfalls zwölf große Abonnementkonzerte (man sieht, Leipzig hat einen guten Magen), in der Hauptsache mit auswärtigen Orchestern. In einer anderen Stadt wäre das nicht möglich; Leipzig liebt das, und wäre es auch nur, um sich selbst desto lieber zu gewinnen. Es ist gewiß, daß auf diese Weise mancherlei Anregung gegeben wird; nur ist es sehr schwierig, eine einheitliche Tendenz festzuhalten, und die Entwicklung eines spezifisch lokalen Musiklebens wird dadurch erschwert. Es ist aber andererseits nicht zu vergessen, daß auf diese Weise sehr viele interessante Novitäten hier eingeführt werden, daß vorzügliche künstlerische Leistungen geboten wurden und daß die Konkurrenz vor allen Dingen die Kräfte stählt und niemanden zu sicherem Besitz kommen läßt. Aber ich bezweifle, ob Leipzig auf die Dauer diese Massen von Musik aushalten wird. Kunstgenuß ist nicht mehr möglich, wenn der Sport beginnt.   Georg Göhler.
(Schluß folgt.)

Bildende Kunst.

* Deutsche Kunstausstellung zu Dresden. II.

Von den Bildern, die in deutschen Kunstausstellungen vors Publikum treten, in einiger Vollzähligkeit auch nur die „guten" zu registrieren und zu zensieren, hätte für den Kunstwart herzlich wenig Zweck, schon deßhalb, weil es bei dem Reiseleben der meisten Ausstellungsbilder bald zu unerträglichen Wiederholungen führte. Wir können im Einzelnen nur besprechen, was aus irgend einem inneren Grunde besprochen werden muß. Die Dresdner Ausstellung nun zeigt, wenn wir von Klinger absehen, wenige Werke, von denen das gilt. Das läßt sich sagen in unzweifelhaft gutem Sinne: die Berliner Kunstgenossenschaft hat zwar einen echten Anton von Werner mutvoll ans Tageslicht dieser Auslese-Ausstellung gehängt, und auch Arthur Kampfs „1812" muß, obgleich es doch immerhin besser ist, hier genannt werden, sonst aber fehlen so gut wie ganz die Schlager. Das Gesagte gilt aber auch in einem Sinne, der ärgerlich erscheint. Keine Gabe eines bisher unbekannten Talentes und keine neue eines schon anerkannten fordert zu leidenschaftlicher Auseinandersetzung mit sich heraus. Indessen es öffnet nun einmal nicht in jeglichem Jahre ein Genie seine Knospe und es blüht nun einmal seines in jedem Jahre mit einem Hauptwerk — man wird die Thatsache hinnehmen müssen als etwas unserm Wollen und Können Entrücktes. Und vielleicht lernt man als Entgelt eine gewisse Ruhe schätzen, die dafür über dem Ganzen liegt. Die diesjährige Dresdner Ausstellung ist, auf die Bilder allein betrachtet, vornehm und verhältnismäßig friedlich und gemütlich. Sie hat wenige überragende Gipfel, aber auch wenig dürres Sandland, sie ist reich an schönen Höhen, reich an fruchtbaren Geländen, reich an stillen Winkeln, bei denen sich's wohlig träumen läßt.

Was dann erfreulich berührt: es scheint, als ob von Jahr zu Jahr auch bei den Malern die falsche Genialität in der Wertschätzung sänke. Wir sind noch nicht frei davon, und auch diese Ausstellung hat Bilder, die uns Theaterkulissenarrangements als Phantasiegesichte aufreden wollen, ja, sogar Nachahmungen solcher gemalten Versatzstücke zu Zauberopern. Im Allgemeinen aber hat das Mordskerlspielen, das nach Bartels an unsern Schriftstellern immer noch vielen imponiert, in der Malerei nicht mehr viele in weitem Ring respektierte Vertreter. Man beginnt, die Kraft weniger nach dem kühnen Arm- und Beineschlendern von Freiübungen und dafür mehr nach dem Auf- und Vorwärtsbewegen von Lasten zu schätzen. Ein Jonglieren mit möglichst ungewöhnlich gefärbten Gegenständen in möglichst ungewöhnlichen Linienwürfen bedeutet ja auch wirklich nicht gar so viel. Das, jedenfalls, besagt z. B. mehr: mit einem lesenden Mädchen unter einem Baume, wie das Herterich gethan hat, eine große Seelenstimmung zu erreichen, oder mit einem

Reiter auf dem Feld und einem Wolkenhimmel, wie das wunderschön Kalckreuth und in ganz anderer Weise Schultze-Naumburg erreicht hat. Eine ganze Anzahl von Malern ist jetzt imstande, seelische Wirkungen in der That mit Mitteln der bildenden Kunst zu schaffen, also nicht durch novellistische oder anekdotische Zugaben, sondern durch zeichnerische und malerische Charakteristik und vor allem dadurch, daß man gelernt hat, mit den koloristischen Stimmen zugleich seelisch zu stimmen. Gerade dieses letzterwähnte, das freilich leichtempfängliche Beschauer voraussetzt, gilt augenscheinlich manchem der Jüngeren als das eigentliche Problem ihrer Kunst. Eines der interessantesten ist es gewiß. Aber die Einseitigkeiten sind vorbei, man läßt auch anderes, man läßt zumal bei den gescheiten Köpfen unter den Jungen heut in der That der Gattung nach alles gelten. Daß unter den Künstlern selbst die Frage nach dem Technischen, dem Können als solchem als diejenige Frage empfunden wird, auf welche sich die Vertreter der verschiedensten Richtungen am leichtesten einigen, ist ja selbstverständlich. Aber es gibt doch schon auch Junge genug, die sich z. B. selbst vor einer Haiderschen „altmodischen" Landschaft trotz der „Explosion" am Himmel, welche die Sonne hinter Wolken bedeuten soll, der Liebe freuen können, die ehrlich und innig aus ihr heraussieht.

Sehr nummernreich ist in Dresden die Plastik vertreten. Von der Klingerschen haben wir schon gesprochen, neben Klinger ist vor allem Adolf Hildebrand zu nennen. Sein Hauptwerk ist hier die „Luna", in der das sinnlich Weiche der Mondennacht und das Schwebende des stillen Gestirns mit höchstem Kunstgeschmack verkörpert ist. Ein Viertelhundert weiterer Werke zeigt den Meister von all seinen wesentlichen Seiten. Eine andere Sonderausstellung hat Karl Seffner, kein Nummerninkmann, aber ein sehr tüchtiger Porträtist, der in Sachsen vielleicht ein wenig überschätzt wird, überraschend gutes aber diesmal von einem Gebiete bringt, das ganz abseits von seinen Büsten liegt, nämlich mit einer Evastatue, die selbst einer gewissen inneren Größe nicht entbehrt. Sonst sind die umfänglichen Skulpturen der Ausstellung nicht die besten. Maisons Brunnen wirkt schon durch die verschiedene Größe der Gestalten unruhig und künstlich, so

viel Schönes im einzelnen da ist, Begas' „elektrischer Funke" reicht für eine Varietébühne, aber nicht für die Vorhalle zu dieser Ausstellung aus. Tuaillons „Siegesreiter" steht im Schatten der verwandten, aber doch noch schöneren Amazone. Wie vieles gute noch unter den Bildhauerwerken zu finden ist, die Jury hat hier doch augenscheinlich weit milder gewaltet, als bei den Bildern. Sie mußte es wohl, denn das ist sicher: die deutsche Bildhauerkunst steht noch lange nicht auf der Höhe des Könnens, die unsre Malerei nun erreicht hat. Aber ein frisches Leben atmet und regt sich allenthalben auch hier.

* Goethe-Plakette.

Die erste Gabe der bildenden Kunst zum Goethe-Feste ist schlimm. Weiß der Himmel, woher man den Mut genommen hat, zur Empfehlung von Joseph Kowarzits „Plakette zu Goethes 150stem Geburtstage" Lichtwarks „Wiedererweckung der Medaille" zu zitieren und damit hohe Ansprüche wachzurufen. „Die Vorderseite der Medaille stellt das ideale Goethe-Denkmal dar, wie es sich in der Phantasie des Künstlers aufgebaut hat." Das „ideale Goethe-Denkmal" der Plakette erinnert täuschend an den Faßnachtsscherz, sich in einen riesengroßen Pappkopf zu stecken, der nun ohne Leib herumläuft — oder auch an einen Topf, auf den man einen Kopf gestellt hat, Topf und Kopf von gleicher Größe. Das „Architektonische" ist entsprechend. Auf der Rückseite sitzt Goethe auf einer Bank. Er ist augenscheinlich sehr mißgestimmt. Aber keiner kann ihm das verdenken, denn seine ehemaligen Schätze umschweben ihn, und er muß sich nun sagen: also so saßt ihr aus, und ich fiel doch auf euch hinein? Kurz: die Plakette ist von einer geradezu kläglichen Äußerlichkeit. Sie verdiente kein Wort der Erwähnung, wenn nicht selbst für sie eine Zeitungsreklame gemacht würde und vor dieser gewarnt werden müßte.

Vermischtes.

* Mehr Licht!

An einer Stätte, die jedem Deutschen teuer ist, an keiner geringeren, als im Goethe-Hause zu Weimar, trifft des Besuchers erstauntes Auge auf ein großes Bild von Fritz Fleischer. Es heißt „Mehr Licht!" und stellt den sterbenden Goethe dar, wie Fritz Fleischer seine Bilder eben macht, trocken, erflügelt und zurecht gestellt, kleinlich durchgepimpelt, aber mit dem äußerlichen Geschick des erfahrenen Sensationsmalers, mit einer theatermäßigen Regiekunst, die weiß, was beim großen Publikum „zieht". Wer diese Charakteristik des Mannes zu schlimm findet, der erkundige sich bei irgend einem der anerkannten Kunst- und Künstlerkenner, ob er bei Fritz Fleischer irgendwann etwas anderes, als spekulierende äußerliche Mache gefunden habe.

Nun geht das Gerücht, Herr Fritz Fleischer habe dieses Bild dem Großherzoge geschenkt und sei sehr bald darauf zum „Professor" ernannt worden.

Ich erlaube mir zu fragen:

Erstens: entspricht dieses Gerücht der Wahrheit?

Zweitens: wenn dem so ist, war dann niemand in Weimar, der Seiner Königl. Hoheit das Folgende zur Erwägung gegeben hat:

„Es liegt nahe, daß zwischen der Schenkung des Bildes und der Verleihung des Professortitels im Publikum irrtümlich ein Zusammenhang konstruiert wird, der in seinen Folgerungen darauf führt: ein begüterter Maler könne sich durch Hergabe eines großen Bildes den Professortitel gleichsam erwerben, also auf eine Weise, die dem begüterten sehr leicht, dem unbegüterten unmöglich ist, — daß im letzten Grunde Entscheidende bei solch einer Verleihung sei demnach das Geld. Abgesehen hiervon: es kann einem Maler gar keine größere Ehrung werden, als daß sein Bild im Goethe-Haus hange, eine Ehrung zudem, die auch nüchtern geschäftlich, nämlich als außerordentliche Reklame, einen Geldwert darstelle, der mit dem Bilde selbst schwerlich zu hoch bezahlt sei und, vorausetzlich irrtümlich, vom Publikum neben der Erstrebung des Professortitels als

Motiv der Schenkung betrachtet werden könne. Sei dem aber wie ihm wolle und angenommen selbst, das Bild sei nicht so schlecht, wie es nach Ansicht vieler Menschen ist, so sei es jedenfalls ein Bild von heute: ein so modernes Bild aber wirke in diesen auf die Zeit von Goethes Tod gestimmten Räumen wie eine große Stillosigkeit. Und nach seinen besonderen Eigenschaften wirke es zudem wie eine Aufdringlichkeit, welche die hier waltende Weihefülle taktlos stört."

Es ist niemand in Weimar gewesen, der dem Großherzog diese Erwägungen unterbreitet hat, sondern es haben, ich weiß nicht welche, Herren ihm die Sache aus anderer Richtung her beleuchtet. Wäre es nicht so, der Großherzog billigte unzweifelhaft selbst unsern Wunsch: weg mit dem Fleischerschen Panoptikumsbild aus unserm Nationalheiligtum! A.

* Wenn die Redakteure verreist sind, haben die Druckfehler gut tanzen — zwei von ihnen thun das in den letzten beiden Heften auf so ungebührliche Weise, daß wir sie strafend ausstellen müssen. Wo, in Heft 20, von unsern Bildern nach Dobler die Rede ist, was soll das da heißen: „die Mittelgestalt, die des Schläfers, den der Alb quält, ist nur ein zeichnerischer Aufbau, die wichtigste"? Geschrieben stand: „ist nur im zeichnerischen Aufbau die wichtigste". Dann steht im Begleittext zu Tizians „Ueberredender Venus" (Heft 21, Zeile 7 v. o. auf der letzten Seite): die richtige Deutung des Bildes liege so nahe, daß der Unbekannte sie ganz mühelos in sich selber erzeuge. Der Unbefangene soll's natürlich heißen. Diese Druckfehler sind im Zusammenhange recht sinnstörend, wir bitten freundlichst, sie zu verbessern.

Unsre Beilagen.

Unsere Notenbeilage schließt sich an den Aufsatz „Goethische Lieder in der Musik" an und soll ihm zur Erläuterung dienen. Das erste Stück gibt eine Probe der Tonlyrik zu Goethes Zeit: die Zeltersche Melodie, ursprünglich zu einem Gedichte von Friederike Brunn gesetzt, ergriff Goethe mit ihrem „unendlichen Reiz" so sehr, daß er einen neuen Text dazu verfaßte. Die weiteren Lieder von Schubert „An Schwager Kronos" und

Schumanns „Freisinn" bedürfen wohl keines Kommentars. Zu den letzten von Wolf sei bemerkt: Gewiß hätte ein anderes Lied dieses Meisters, etwa „Anakreons Grab" oder „Frühling übers Jahr" ihn bei unsern Lesern rascher in Gunst gesetzt, aber sie sind in billigen Einzelausgaben zu haben und mögen darum lieber vom Verlag F. Heckel, Hofmusikalienhandlung in Mannheim, bezogen werden, dessen besonderer Erlaubnis wir die vorliegende Probe verdanken. Das gewählte zweite „Cophtische Lied" gibt ein interessantes Beispiel, wie die Musik auch die Wirkung eines lehrhaften Gedichtes steigern kann. Der Eingang ist rein deklamatorisch; aber bei „du mußt steigen oder sinken" bereitet sich in der Begleitung das Motiv des Nachspiels vor, saugt sich vermöge der Assoziation gewissermaßen voll des poetischen Sinns und bekräftigt ihn dann schließlich mit erhöhter Ausdruckskraft — rein musikalisch — als ein Weltgesetz von eherner Notwendigkeit. Die ästhetischen Ausblicke, die sich dabei auf die Wechselbeziehungen der Schwesterkünste eröffnen, verfolgen wir vielleicht ein ander Mal.

Unsere diesmaligen Bilder geben selbstverständlich Goethe-Bildnisse. Nicht als Kunstwerke an sich unterbreiten wir sie unsern Lesern, nicht zur „Uebung im Betrachten von Bildwerken" auf ihren künstlerischen Wert hin, sondern wir wählten aus den weniger bekannten Goethe-Bildnissen einige zur Erinnerung an den Teuren, dem unser ganzes Heft gewidmet ist, und an seine Zeit. Darauf hin also wolle man sie, als Ergänzung der bekannten Goethe-Bildnisse, die jeder im Hause hat, betrachten. Das Jugendportrait gibt mit seinen Bleistiftrissen, wie Friedrich Zarncke sagt, „die älteste sicher datierbare Zeichnung von Goethe". Sie ist am 25. Juni 1774 in Frankfurt von Lavaters künftigem Schwiegersohne Schmoll gezeichnet worden (nicht also von Lavater selbst, wie der Vermerk in Nicolais Handschrift besagt) und sie liegt dem ersten Goethe-Bildnis zu Grunde, das als selbständiges Kunstblatt erschien. „Hier endlich einmal Goethe", schrieb Lavater über den Stich, „zwar nur so wahr, als wahr ein Gesicht, wie das seinige, auf Kupfer zu bringen möglich ist. — Nein! auch das nicht, denn zu kraftlos unbestimmt ist doch der Schatten am Backenbein, um ein Haar zu kleinlich das Aug und der Mund, und dennoch so wahr, als irgend ein Portrait von ihm, oder von irgend einem interessanten Kopf in Kupfer gebracht worden ist." Das zweite Bildnis zeigt uns Goethe im späteren Mannesalter, es ist als Miniatur mit Deckfarben auf Elfenbein von Hauptmann Raabe 1811 gleichzeitig mit Seitenstücken nach Christiane und August von Goethe gemalt worden — das Bild ist vielleicht gerade deshalb neben anderen kennenswert, weil es Goethe ohne das geringste Streben, das Bedeutende herauszuheben, wiedergibt. Wundersam berührt das Bild von Sebbers, Goethe der Greis; seine Sprache gewinnt bei längerem Betrachten erstaunlich an Ausdruckskraft — es ist ein Werk, das kein großer Künstler, aber einer gemacht hat, der sich mit herzlicher Ehrfurcht vor der Natur in seine Aufgabe versenkte.

Verantwortl.: der Herausgeber Ferdinand Avenarius in Dresden-Blasewitz. Mitredakteure: für Musik: Dr. Richard Batka in Prag-Weinberge, für bildende Kunst: Paul Schulze-Naumburg in Berlin. Sendungen für den Text an den Herausgeber, über Musik an Dr. Batka. Verlag von Georg D. W. Callwey. — Kgl. Hofbuchdruckerei Kastner & Callwey, beide in München. Bestellungen, Anzeigen und Geldsendungen an den Verlag: Georg D. W. Callwey in München.

BEILAGE zum KUNSTWART

C. F. ZELTER.
(1794.)

„ICH DENKE DEIN"

Ich den - ke dein, wenn mir der Son - ne

Schim - mer vom Mee - re strahlt; ich den - ke

dein, wenn sich des Mon-des Flim - mer in Quel - len malt.

Verlag von GEORG D. W. CALLWEY, München.
Alle Rechte vorbehalten.

46380

Franz Schubert.
(1817.)

AN SCHWAGER KRONOS

Nicht zu schnell.

Spu - te dich.

Kro - nos! fort den ras-seln-den Trott! Berg-ab glei-tet der

Weg, berg-ab glei-tet der Weg; ek - les Schwin-deln

zö - gert mir vor die Stir - ne dein Zau - dern.

Frisch, hol-pert es gleich, ü-ber Stock und Stei-ne den

Trott rasch in's Le-ben hin-ein, rasch in's Le-ben hin-ein!

Nun schon wie-der den er-ath-menden Schritt, nun schon

wie-der müh-sam Berg hin-auf! Auf dem, nicht

trä-ge dem, stre-bend und hof-fend hin-an! Welt,

46380

hoch, herr-lich rings den Blick in's Le - ben hin-ein,
vom Ge - birg zum Ge - birg schwebet der e - wi - ge Geist,
e - wi - gen Le - bens ahn - de - voll.
Seit - wärts des Ü - ber - dachs Schat - ten zieht dich an,
zieht dich an, und ein Fri - schung ver - hei - ssen - der

46380

Blick auf der Schwel - le des Mäd - chens da.
La - be dich, la - be dich! Mir auch,
Mäd-chen, die-sen schäu-men-den Trank, die-sen fri - schen Ge - sund - heits-
blick! Ab dem, ra-scher hin - ab! Sieh, die Son - ne
cresc.
ff
sinkt! Eh' sie sinkt, eh' mich Grei - sen er -

greift im Moo - re Ne - bel-duft, ent - zahn-te Kie-fer schnattern und das

schlot-tern-de Ge - bein; Trunk' - nen vom letz-ten Strahl

reiss' mich, ein Feu - er-meer mir im schäumenden Aug',

mich ge-blendeten Taumelnden In der Höl - le nächt - li - ches

Thor! Tö - ne, Schwager, in's Horn,

rass'-le den schallenden Trab, tö - ne, Schwager, in's Horn,
rass'-le den schallenden Trab, dass der Or - kus ver - neh - me: Wir
kom - men, dass gleich an der Thür der Wirth uns
freund - lich em - pfan - - ge.
sf

ROBERT SCHUMANN.
(1840.)

FREISINN

Frisch.

Lasst mich nur auf meinem Sattel gel - ten!

Bleibt in eu - ren Hütten, eu - ren Zel - ten! und ich

rei - te froh in al - le Fer - ne, ü - ber mei-ner Mütze nur die Ster-ne.

Fine.

Er hat euch die Ge - stir - ne gesetzt als Lei - ter zu Land und See;

da-mit ihr euch da - ran er - götzt, stets blickend in die Höh'.

D.S. al Fine.

HUGO WOLF.
(1889.)

COPHTISCHES LIED II.*)

Gemessen.

Geh! ge-hor-che mei-nen Win-ken, nut-ze dei-

ein wenig zurückhaltend

- ne jun-gen Ta - ge, ler - ne zei-tig klü-ger sein.

a tempo

Auf des Glük-kes gro-sser Wa-ge steht die

Zun-ge sel-ten ein;

*)Mit besonderer Bewilligung des Verlegers K. F. Heckel in Mannheim.

46980

du musst stei - gen o - der sin - ken, du musst

herr - schen und ge - win - nen o - der die - nen und ver -

lie - ren, lei - den o - der tri - um - phie - ren, Am - bos o - der

Ham - mer sein.

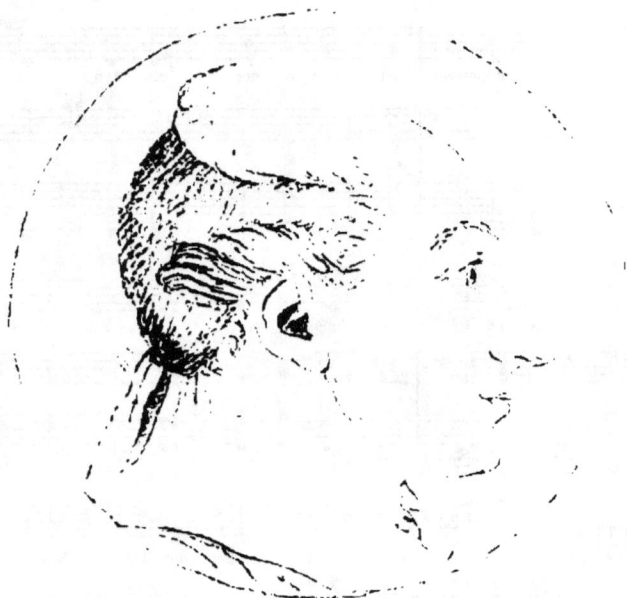

C. Lavater del.

Johann Wolfgang Göthe
d. Weimarischer Geheimrath
2. 1749.

LUDWIG SEBBERS

KW

RAABE

12. Jahrg.   Erstes Septemberheft 1899.   Heft 23.

DER KUNSTWART

Wer? Wie? Was?

Kommt man zur Zeit unserer Konzerthochflut in ein Gespräch mit
musikalisch interessierten Leuten, so kann man sicher sein, daß die Er-
kundigungen nach irgend einem dieser Kunstabende sich in diesen Geleisen
bewegen: „Wer hat gespielt? Wie hat er denn gespielt? Und was?“
oder „Wer hat gesungen? Wie denn? Was?“ oder „Wer hat dirigiert?
Wie? Was?“ Die Reihenfolge der Fragen ist typisch für unsere Konzertbesucher und gibt das sicherste Kennzeichen für den Geist, der die öffentliche Musikpflege gegenwärtig beherrscht. Es läßt sich nicht bestreiten,
daß bei dieser nicht die Kunst, sondern der Künstler, nicht das Werk,
sondern seine Wiedergabe den Ausschlag gibt, daß die ganze Musik-
begeisterung unser Tage weit mehr als noch vor einigen Jahren Kultus
von Persönlichkeiten ist. Das ist ein Zustand, der für die Entwicklung
der Kunst keinen Segen bringt, trotz der großen Vorteile, die daraus
bereits gewonnen sind, und die zu verkennen Ungerechtigkeit wäre. Denn
es ist nicht zu leugnen, daß die Musik wohl noch mehr als die Poesie
auf den Geist und die Gestaltungskraft des reproduzierenden Künstlers
angewiesen ist, um der richtigen Wirkung auf den Kunstfreund zu
sein. Und es darf ebensowenig verkannt werden, daß zu der „kongenialen“ Auffassung und Wiedergabe, so viel Unfug damit getrieben
wird, thatsächlich eine ungewöhnliche Phantasie gehört. Die enorme
Steigerung der Leistungen im Konzert ist in der Hauptsache dem Einflusse der großen reproduzierenden Talente zu verdanken, die im „Nachschaffen“ der Meisterwerke der Musik ihre Lebensaufgabe erblickten; sie
öffneten dem Publikum die Augen darüber, von welcher Tragweite die
Kraft dieser nachschaffenden Phantasie ist. Was hier Liszt, Wagner und
Bülow durch schriftstellerische Anregung und durch ihr Beispiel gewirkt
haben, hat der neuen Auffassung vom Wesen und von der Wichtigkeit
eines bis dahin arg vernachlässigten Faktors in der Kunstpflege für immer
Bahn gebrochen. Das Publikum ist heutzutage bereits so daran gewöhnt,
daß es sich von den alten Zuständen kaum noch den rechten Begriff

machen kann. Auch der kunstverständige Dilettant besseren Schlages geht jetzt mit ganz anderen Absichten an seine häusliche Kunstpflege heran; die Anregung, die hier die großen Muster im Vortrage geben, weist ihn auf ganz neue Pfade. Vor allen Dingen aber wird sein Geschmack nach und nach doch so gebildet, daß er das Unkünstlerische einer geistlosen Reproduktion sofort zu fühlen und abzulehnen vermag. Dadurch ist erfreulicher Weise dem Handwerk in der Kunst seine Fleischerarbeit bedeutend erschwert worden. Die Mittelmäßigkeit und das Professionistentum der sich redlich nährenden Zunftmusiker mag klagen, daß man jetzt nur noch „Sternenkult" betreibe; es sollte auch bedenken, daß man trotz alledem schon recht viel Licht und Wärme haben und mancherlei können muß, um ein „Star" zu werden.

Aber nun zur Kehrseite der Münze! Sie, von der wir heute sprechen wollen, ist unerfreulich im höchsten Maß. Es ist eine alte Klage, daß ein Zuviel persönlichen Interesses stets der Sache schadet, daß unter dem Ueberschwang der Begeisterung für den wechselnden Wiedergebenden das Verständnis für das bleibende Kunstwerk leidet. In früheren Jahren richtete sich die Spitze der Angriffe von Seiten der wahren Kunstliebhaber gegen das Akrobatentum der Virtuosen. Manches ist da jetzt schon besser geworden, aber starke Dinge kommen trotzdem in den Konzerten vornehmster Institute von der Maas bis an die Memel auch jetzt noch vor. Es hat für einen Menschen, dem ein Konzert mehr ist, als eine Hungerkur fürs Abendessen, etwas Beleidigendes, im Programm unter den größten Geistern einen Hanswurst wandeln zu sehen, der auf die Weisheitslehren jener die Plattheiten seiner Tiraden ohne Witz und Phantasie folgen läßt. Und wie freut sich das Publikum dabei! Daß man später einmal eine grenzenlose Unkultur und Beschränktheit des künstlerischen Horizontes darin erblicken wird, daß man zwischen einem Bach und Beethoven irgend ein dekadentes Virtuosengigerl seine alamodischen musikalischen Auf= und Abschwünge und Arm= und Kniewellen machen ließ, das stört nur wenige.

Engel im Vergleich zu diesen leider eben immer noch lebenden Vertretern des gewöhnlichsten Seiltänzertums in der Kunst sind die neuen Götter und Göttinnen in den Konzertsälen, Virtuosen des Vortrags im Gegensatz zu den Virtuosen der Technik, denen sie unbedingt den Rang bereits abgelaufen haben. Sie sind um eine Spezialität reicher, die es bei den Technikern nicht geben konnte, die Dirigenten. Alle diese Meister des Vortrags sind jetzt die Wonne und das Entzücken der Konzertbesucher, und wenn auf die oben gestellte Frage „Wer?" der Name eines solchen Lieblings ertönt, mag er nun Taktstock oder Bogen führen, Finger oder Kehlkopf rühren, — ist stets eitel Freude. Nicht bloß der alte Herr, der schon seit vierzig Jahren Konzerte besucht und noch den seligen So und So gehört hat, nicht bloß die unvermeidliche Musiktante (die übrigens in vielen Fällen eine sehr verständige und unterrichtete Kunstfreundin ist); auch der junge und elegante Lebemann die noch jüngere und elegantere Tochter des Hauses ist „orientiert", daß die Größe dieses Sängers seine Deklamation, die jenes dagegen sein feuriges Temperament „ist", daß der besonders Schubert „kolossal geistvoll" singt, jener aber den Loewe, daß Fräulein A. mit dem Esprit ihrer Chansons alle Rivalinnen schlägt, daß die B. die beste Schumann=Sängerin ist, daß

man das Beethoven-Konzert von diesem Geiger hören „muß", während
keiner Spohr so süß spielt wie jener dort, daß es nur einen Chopin-
Spieler gibt und der heißt C., ganz anders wie D., den wieder niemand
erreicht, wenns Lißzt gilt. Und in der Spezialität der Dirigenten, da
ist man erst recht zu Hause. Der nimmt „die Fünfte" so und nicht
wie der Andere, dem sie gar nicht „liegt", der aber dafür die „Siebente"
bisher am besten gebracht hat, besonders den letzten Satz. „Mozart"
können nur wenige, am besten C.; wenn man „Brahms" gut hören will,
muß man schon einmal da und da hin fahren; wo's auf Grazie und
Eleganz ankommt, da ist F. das Muster, in der Energie und Präzision
thuts keiner dem G. über. Alles das muß heutzutage ein richtiggehender
Konzertbesucher wissen, und auf eben dies lenkt sich das Augenmerk
aller berer, die es werden wollen. Die am weitesten sind, wissen schon
ganz genau, wie der und der das „nimmt"; das plötzliche ritardando, das
Herr H. „kreiert" hat, wirkt fast ebenso sehr wie das folgende stringendo,
das man allerdings noch nie so gehört hat, wie bei K. Und wie der
dort im fünfzehnten Takt die Trompete heraushollt! „Alles weiß ich!
Alles ward mir nun frei!" Wenn wir überlegen, daß gerade die musikalischen Konzertbesucher jetzt vollständig im Banne des reproduzierenden
Künstlers stehen, daß ihr Interesse fast ausschließlich darauf gerichtet ist
zu beobachten, was er mit dem Kunstwerk anfängt, so müssen wir zu
dem Ergebnis kommen, daß die Frucht eines derartigen Kunstgenusses
eigentlich nur die Befriedigung einer Sensation, eine Art psychologischen
Genusses einer künstlerischen Natur ist, aber keine künstlerische Erhebung.
Es ist echt modern schön-, aber kleingeistiger Nervkitzel, es ist die fin
de siècle-Freude, kleinste Sensationen immer weiter zu differenzieren.
        Wenn nur nicht dabei das Bewußtsein des Großen und der
Sinn für die Kraft verloren ginge! Man höre sich nur einmal die
Unterhaltungen moderner Konzertbesucher an, wohlgemerkt geistig hoch-
stehender, führender Kunstfreunde. Stets ist die Wiedergabe das Thema:
herrliche neue Auffassung, feine Nuance, wundervolle Detailarbeit,
gewaltiger Vortrag, überreiche Stimmung — tausend solch klingender
Worte schwirren in üppigen Modulationen durch die Luft. „O es war
herrlich!" „Was spielte er denn?" „Was? Als ob's darauf ankäme!"
Es ist wie bei Euren Diners. „Wie der den Lachs zubereitet hat, kaum
merkt man noch, daß es welcher ist." „Und hier die pikante Sauce!"
„Und wie entzückend serviert!" Daß das Essen ehemals diente, dem
Körper Kräfte zuzuführen, ist Großmutterweisheit. Reiz, Gaumenzauber,
Zungenwonne, das macht den Witz. — „Das ist die Es-Dur von Haydn!
Die Trüffeln dazu machen sich pompös!" Am Ende der Saison ist der
Musikmagen freilich ruiniert. Was thuts? Den leiblichen schleppen sie
nach Karlsbad oder Kissingen, den musikalischen in die Kurparkkonzerte,
zu Offenbach und ins Tingel-Tangel. Letzteres besonders wirkt radikal.
Später schmeckt dann im Abonnement-Konzert die erste Symphonie auf
die Varicté-Konzerte wie der erste Bissen geräucherten Aals nach der
langen Karlsbader Diätzeit. Uebrigens, wenn der gute Ton nicht wäre,
ließe sich ohne diese musikalischen Delikatessen recht gut leben. Aber man
muß ja, schandehalber. Und so geht die Musikschlemmerei wieder los.
        Nach der Arbeit des Tages im Beruf eine erholende Befreiung
von der Person des Lebens durch freudige Hingabe an den Genuß von

Meisterwerken; — ist nicht eigentlich das die Absicht beim Konzertbesuch? Sollte es nicht eine Aufgabe der Kunst sein: dem Geiste Kraft und Schwung, den Alltagsgedanken ein Ewigkeitsgefühl, dem ganzen Leben mehr Größe zu schaffen? Wie kann sie das, wenn der Genießende, statt ihr selber ans Herz zu streben, über dem Vermittler die Göttin vergißt?

Das ist es: wir verlernen es mehr und mehr, am Kunstwerk selbst unsern Geist zu läutern. Wir regen uns psychologisch-raffiniert an dem subtilen Nervenleben des Interpreten auf, wir vergessen, daß zur Vermittelung der Musik nur sozusagen "leider" ein Mensch gehört, daß es also vor allem gilt, über den hinweg in die Seele des Komponisten zu kommen. An die Stelle der Frage: wer spielt, muß wieder als erste die treten: was wird gespielt? So groß unsere reproduzierenden Talente sind, man vergesse doch nicht, daß alles, was sie geben können, Gaben aus zweiter Hand sind, daß hoch über dem, der fremde Gedanken noch einmal denkt, der steht, der eigene schafft. Und das bringt uns auf das zweite leider schon nicht mehr abzuwendende Unheil, das durch den modernen Musikbetrieb über die Kunst hereingebrochen ist, auf den Mangel an Teilnahme für die Weiterentwicklung der Kunst, das heißt: für das Schaffen der Mitlebenden.

Werfen wir zum Vergleich einen Blick auf die bildende Kunst. Man wird zugeben, daß hier gegenwärtig unter lebhafter Teilnahme des Publikums weit mehr Neues gewollt und geschaffen wird, als in der Musik. Man weiß im allgemeinen, worum es sich handelt, man ist über die Tendenz neuer Richtungen wenigstens ungefähr im Bilde, läuft auch noch so viel falsches Urteil und blinde Meinung mit unter. Um diese Dinge jedoch bekümmert sich selbst das gebildetste Konzertpublikum in seiner Mehrheit nicht. Neue Musikwerke werden nicht zu begreifen versucht, sie werden nur angestaunt. Man wende nicht ein, daß alle großen Konzert-Institute jetzt z. B. Richard Strauß aufführen. Der ist für die neue Kunst nicht zu entbehren, aber Werken wie seinen großen symphonischen Stücken sieht man nicht auf Anhieb ins Kernholz: läge unserem Publikum an dem Kunstwerk selbst, es würde immer neue Wiederholungen solcher Werke fordern, um dem Meister auf seinen Wegen folgen zu können. Denn Erweiterung und Vertiefung der Empfindungsfähigkeit, das bleibt eben doch — die Kunstwart-Leser wissen das am besten — das Hauptgeschenk der Kunst. Aber hier sieht man, was unsere Sternenkunst für ein Publikum erzogen hat: beschert ihm der Konzertvater einen seiner Lieblinge zwei Mal, so bleibt's bei ausverkauften Häusern. Setzt er, um ein kühl aufgenommenes Meisterwerk durchzudrücken, eine Wiederholung an, so gibt's Murren und Widerspruch. Auch die großen Novitäten sind nur einzuführen, wenn sich eine der Divas und ein Divo ihrer annimmt. Und auch die Kritiker dürfen nicht von Kunst reden. Dazu liest doch das Publikum sein Tages-, Wochen-, Abend- oder Morgenblättchen nicht. Es will's gar nicht, auch wenn's ein wirklicher Kunstfreund einmal versucht, über Kunst und nicht über Künstlerinnen zu schreiben. Wir erwähnten vorhin Strauß. Aber so weit ist ja die nachhinkende Musikpflege überhaupt noch nicht. Man denke bloß an Liszt! Das fast vollständige Ignorieren dieses Meisters wäre in der Poesie und Malerei ganz unmöglich gewesen. Man rede nicht von "Rhapsodien, Tasso und Préludes", die selbst Leuten, die musikalisch gebildet sein wollen, der Inbegriff des ganzen „Liszt" sind. Daß solche Leute in eine Kiste mit denen verpackt und vergraben werden müßten, die Goethe kennen, weil sie den „Werther" gelesen haben, das begreifen erst wenige. Man denke ferner an Hugo Wolf. Zusammenfassen läßt sich's vielleicht so: Dank der falschen Richtung, die das Interesse der Musikfreunde, durch kluge Geschäftsleute und ein natürliches Sensationsbedürfnis verleitet, genommen hat, sind wir so weit, daß das Publikum einzig für den Reiz der Neuheit in der Reproduktion von ihm bereits gekannter Werke Sinn hat, daß es dabei das Kunstwerk selbst vergißt und nicht einmal die oft so widerwärtige Entstellung der Kunstwerke durch die neuen Vortrags=Virtuosen merkt. Dieser Sport saugt die geistigen Kräfte, soweit sie vorhanden sind, derartig auf, daß mit neuen Kunsterscheinungen sich auseinanderzusetzen, kein Bedürfnis mehr übrig ist. Infolge dessen bleibt nicht nur sehr viel von dem bereits im neuen Geiste Erschaffenen unbekannt oder wenigstens unverstanden, sondern auch die weiterstrebende Produktion ungefördert.

Das Gesagte ergibt, daß wir von einer „Sezession", wie sie in der bildenden Kunst so viel Kampf und Leben geweckt hat, in der Musik noch nicht sprechen können. Hieraus erklärt es sich auch, daß in der Musik immer noch Werke „fabriziert, verlegt, gedruckt und aufgeführt" werden können, die um ein halbes Jahrhundert geistig rückständig, die totgeboren sind, ohne daß sich ein Widerspruch im Publikum oder in den üblichen Berichten regte. Man vergleiche die Kunstausstellungen mit den großen Abonnementkonzerten und Musikfesten. Werke, die ruhig auf einem Programm mit Beethoven und Mozart zusammenstehen, würde, gemalt, kein Kunsthändler in sein Schaufenster stellen; „Werke" machen die Runde durch alle großen Konzertsäle, deren malerische Seitenstücke der kleinste Kunstverein in der Provinz ablehnen würde.

Ließe sich vielleicht eine musikalische Sezession einrichten? Das große Publikum würde sie meiden, denn die Lieblinge, nach denen es lechzt, würden nicht dabei sein. In der Sezession würd' es ja vieles geben, aber keine Virtuosen. Und viele geistige Arbeit würde einem da zugemutet, denn manches Neue würde zunächst recht schwer in die Köpfe gehen. Freilich, bei den alten Meistern gäb' es dafür Erholung — aber um ihrer selbst willen, nicht weil „er" sie dirigiert und „sie" sie singt. Oben über dem Sezessions=Musik=Hause aber würde das Wort stehen: „Alles gute Alte wollen wir ehren nicht nur, sondern auch lieben, und mit dem Neuen zusammen wollen wir leben!"

Die in solchem Hause wohnten, kennten als erste Frage die: „Was gibt's heute?" Nach und nach kämen schüchtern auch andere, es gefiele ihnen, sie blieben da, ganz könnten sie ihr Wesen ja nicht verleugnen, aber sie sängen ihr „Frage=Motiv" nun per moto contrario: „Was? Wie? Wer?" — Ach, es wäre schön. Bis es aber so weit ist, müssen wir Musikanten zum Trost in die Kunstausstellungen laufen. Die Herren Kollegen mit Pinsel und Palette werden uns Armen erlauben, daß wir uns bei ihnen wohler fühlen, als in unseren Kunst=, ich wollte sagen: Künstler=Tempeln.

Georg Göhler.

∞∞∞

Volkslied und Kunstlied.

In dem Aufsatz von A. Bartels über Klaus Groth und die Volkskunst (im zweiten Aprilheft) habe ich bei aller Uebereinstimmung mit dem geschätzten Verfasser doch einiges mit Fragezeichen versehen müssen. Nicht das, worauf er hauptsächlich hinausgeht, denn damit bin ich durchaus einverstanden, aber das, was nebenbei über das Verhältnis der Volksdichtung zur Kunstdichtung gesagt wird. Ich weiß dabei recht wohl, daß mit wenigen Namen so viel Unfug getrieben worden ist und noch getrieben wird, wie mit dem des Volksliedes, daß von einer dichtenden Volksseele nicht gesprochen werden sollte, und daß noch heute die meisten jenen Namen anwenden, ohne eine klare Vorstellung damit zu verbinden. Ob aber nicht das Kind mit dem Bade ausgeschüttet wird, wenn nun der Unterschied ganz und gar weggeschafft werden soll? Ich meine doch, er läßt sich mit Thatsachen begründen, wenn auch die Grenze, wie immer in solchen Dingen, nicht haarscharf gezogen werden darf. Wenn das aber der Fall ist, so wird es nicht gut sein, eine geschichtlich so fest gewordene Bezeichnung einfach über Bord zu werfen, und wird es jedenfalls mehr fördern, den Begriffen Volkslied und Kunstlied genauere Auffassung und Verwendung zu verschaffen. Vielleicht gefällt es den Lesern des Kunstwarts, in solchen Fragen auch den Vertreter einer nicht immer gern gesehenen Zunft zu hören.

Bei dem Namen Volkspoesie denkt man wohl immer zu sehr an Poesie für das Volk, wenn man auch daneben das aus dem Volke betont. Das Volk selbst hat mit der Benennung schwerlich etwas zu thun gehabt; ein Begriff Volkslied ist ihm fremd, und es würde sich vollends dafür bedanken, daß seine Lieder „für das Volk" sein sollten als mund- und magengerechte Speise, es wird vielmehr jederzeit die vornehmere Kunstpoesie höher achten und für sie nur zu schnell hingeben, was ihm selbst auf der Zunge liegt. Es handelt sich um eine wissenschaftliche Bezeichnung, eine vom Sammler aufgeklebte Etikette. Und zwar soll der besondere Name hauptsächlich doch das treffen, wodurch sich das Volkslied in der That von jeder andern Dichtung unterscheidet: weniger bestimmte Eigenheiten des Inhalts und der Darstellung, als die wunderbare Vielgestaltigkeit, in der es an verschiedenen Orten zugleich lebt, nicht von einzelnen Personen getragen, sondern eben von dem Volk als solchem und in der Regel nicht auf einzelne, namhafte Dichter zurückzuführen. Der richtige Gegensatz dazu möchte Einzelpoesie oder Dichterpoesie heißen, wenn man den Namen Dichter so fassen will, daß sich einer als Dichter und damit als Angehöriger einer höheren Klasse fühlt. Jenes geheimnisvolle Ueberall und Nirgends ist es, wofür man auch in dem oben erwähnten, nach romantischer Art den Sachverhalt verschleiernden Bilde von der dichtenden Volksseele eine Veranschaulichung gesucht hat, nicht viel anders, als auch Storm in Immensee davon spricht, daß das Volkslied vom Himmel falle. Es liegt jenem Bilde doch etwas ganz Richtiges zu Grunde. Der eigentliche Vater läßt sich nicht nachweisen, aber die Volksgemeinschaft übt wirklich Vaterrechte aus. Es ist durchaus nicht gleichgiltig, daß der erste Dichter — ein solcher ist selbstverständlich für jedes Lied vorhanden — namenlos bleibt. Er verfolgt eben keine literarischen Zwecke, und der Nächste nimmt sein Lied nicht als ein Opus des Herrn So und So auf, sondern als sein Eigentum, schaltet denn auch damit wie mit seinem Eigentume, wirft weg, was ihm nicht paßt, und thut anderes dazu. So geht es von Mund zu Mund, ganz wie es Sallet in dem hübschen, von Bartels angezogenen Gedichte beschreibt, immer dasselbe und dabei doch unter Umständen recht gründlich umgestaltet,

auf die Dauer alles dessen beraubt, was von Anfang her etwa noch Persön=
liches daran war, und gerade darum erst recht geeignet, ein Besitztum der Ge=
samtheit zu sein; schließlich wird es vielleicht in gewissen Typen fest und bildet
eine mit zähester Lebensdauer im ganzen Sprachgebiet verbreitete Sippe von
lauter Varietäten, deren einzelne unter einander kaum noch Aehnlichkeit zeigen
und nur durch andere, vermittelnde als ursprünglich eines erwiesen werden.
Diesen Vorgang können wir an einer erdrückenden Fülle alter und neuer Lieder
aufweisen. Er bildet das wesentliche Kennzeichen des echten Volksliedes, und
man sollte streng genommen diesen Namen erst gebrauchen, wenn der Prozeß
auch wirklich stattgefunden hat, eher kann man ja von einer Vaterschaft des
Volkes nicht reden. Auch ein literarisch bestimmbares, benanntes und be=
kanntes Lied kann auf demselben Wege zum Volksliede werden, z. B. Kuglers
„An der Saale hellem Strande" und andere mehr. Aber es bleibt dabei
niemals ganz unverändert und muß stets seinen ursprünglichen Erzeuger auf=
geben, um vom Volk adoptiert zu werden. — Kurzum: das Vorkommen im
Volke macht noch kein Volkslied, es kommt sehr viel auf die Art des Vor=
kommens an.

Es wurde eben gesagt, daß das Volkslied nicht notwendig von einem
namenlosen, unliterarischen Verfasser herrühren müsse. Aber in den weitaus
meisten Fällen ist es doch so, und das ist auch ganz begreiflich. Damit kommen
wir auf eine zweite von Bartels berührte Frage: ist zwischen dem Volksdichter
(der Ausdruck ist zwar wenig treffend) und dem Kunstdichter wirklich kein
Unterschied? In der ursprünglichen Begabung, dem Vermögen innerer An=
schauung und einer gewissen Leichtigkeit des Ausdrucks gewiß nicht. Aber
was wir als Bestes bei der reifen Kunstdichtung anzusehen pflegen, die scharf
ausgeprägte Eigenart der Anschauung und im Ausdruck, grade das würde ein
Lied zum Volksbesitz untauglich machen. Ein wahrhafter Kunstdichter wird es
nur durch Entäußerung der eignen Persönlichkeit dahin bringen, sein Kind vom
Volke adoptiert zu sehen. Manchmal wird diese Entäußerung durch das Volk
selbst besorgt, wie es oben angedeutet wurde, aber allzu viel Persönliches darf
wohl von vorn herein nicht darin liegen. Je mehr die ausgesprochenen Em=
pfindungen einem breiten Durchschnitt entsprechen, umso mehr haben sie Aus=
sicht, vom breiten Durchschnitt als sein Eigentum anerkannt zu werden. Geibel
ist näher daran als Mörike. Nicht persönlichen Charakter darf man also ge=
rechterweise vom Volksliede verlangen, wohl aber ehrlichen Ausdruck allge=
mein geteilter Empfindungen. Daher der beschränkte Kreis des Dargestellten,
daher auch, bei aller nationalen Verschiedenheit, in jeder Volksdichtung die=
selben Grundzüge.

Hieraus ergibt sich inhaltlich die Objektivität des Volksliedes in dem
Sinne, daß das dichtende Subjekt wenig eigenartig entwickelt ist. In keinem
anderen Sinne, denn in Wirklichkeit ist das Volkslied im höchsten Grade sub=
jektiv. Das zeigt sich namentlich in den Liedern erzählenden Inhalts. Ohne
irgendwelche Rücksicht auf künstlerische Wirkung verfügt der eigentliche Volks=
dichter mit höchster Willkür über seinen Stoff, nur was ihn selbst daran packt
und anzieht, bringt er zum Ausdruck, so daß grade das Gegenständliche dabei
oft zu kurz kommt und wichtige Glieder in der Handlung manchmal vollständig
fehlen. Daraus können sich künstlerische Wirkungen ganz besonderer Art er=
geben, sie sind jedoch stets unbeabsichtigt. Da nun aber Anschauungs= und
Ausdrucksweise, Geschmack und Kunstmittel des Dichters von tausenden geteilt
werden, da er ferner sein eignes Innenleben nicht als Objekt zu behandeln

pflegt, sondern rein aus ihm heraus schafft, so ist keine Gefahr vorhanden, daß er von seinesgleichen nicht verstanden werden könnte. Wo es doch einmal geschieht, da zeigt sich auch bei den Weitergebenden eine gewisse Gleichgiltigkeit gegen den Inhalt: solche Stellen werden ohne Rücksicht auf den Zusammenhang ausgebessert, und oft genug tritt ganz oder nahezu Sinnloses an die Stelle des Un= oder Mißverstandenen. — Für die Form und den Stil ergibt sich etwas Aehnliches: sie sind ebenso wenig persönlich entwickelt, bleiben also traditionell, ja formelhaft. Wir haben Volkslieder, die geradezu aus Gemeinplätzen zusammengesetzt sind und doch, wegen ihrer inneren Ehrlichkeit, ihre Wirkung nicht verfehlen. Traditionell ist ja auch der Inhalt; im ganzen stellt sich die Volkspoesie als ein großes Sammelbecken dar, worin sich alle Strömungen, die einmal durch unsere literarische Dichtung gegangen sind, vereinigen, soweit sie eben auf breitere Volksschichten Einfluß gewonnen haben.

Ueber den echten und rechten Volksdichter läßt sich demnach soviel sagen, daß er sowohl in der Wahl seiner Stoffe wie auch in der Behandlung durchaus von der Tradition und vom Durchschnitt abhängig ist. Die schöpferische That ist ihm versagt. Er braucht deshalb auch kein „gelernter“ Dichter zu sein, im Gegenteil, je mehr er sich seiner Kunst bewußt geworden ist und seine Stoffe und Darstellungsmittel nach künstlerischen Gesichtspunkten auswählt, umso mehr entfernt er sich von der Weise des Volksliedes. Seine Kunst (im engsten, etymologischen Sinne des Wortes) ist nicht größer als die seiner Verkehrsgenossen, er zehrt in dieser Hinsicht von dem im Laufe der Zeit aufgespeicherten Kapital, das mehr oder weniger allen im Blute steckt; größer ist nur seine Anschauungsfähigkeit und seine natürliche Beredsamkeit. Heute haben sich ja alle Verhältnisse verschoben, namentlich auch durch die leichte Zugänglichkeit der Kunstdichtung, aber in den eigentlich produktiven Zeiten der Volkspoesie waren es in der That „der reisende Handwerksbursch, der Reuter, der Jäger u. s. w.“, die ihre Lieder dichteten, und zwar ohne literarische Absichten. Soweit hat Sallet wieder ganz richtig aufgefaßt. Daß diese Fähigkeit früher weiter verbreitet war als jetzt, braucht nicht wunder zu nehmen: mit der zunehmenden Arbeitsteilung sinkt auch hier das durchschnittliche Können. Aber ausgestorben ist sie bei weitem nicht: wir können die Volksdichtung noch in vollster Frische beobachten, wo man sie zu geselligen Zwecken aus dem Stegreif betreibt, wie bei Schnaderhüpfeln und ähnlichem. Im großen und ganzen freilich scheint die produktive Zeit vorüber zu sein, man zehrt der Hauptsache nach vom alten Gute; dafür bringen Schule und Gesangverein eine Menge neuer, meist süßlich=sentimentaler Kunstlieder und freilich auch echte, alte Volkslieder in annähernd ebenso breite, aber doch nicht recht organische Aufnahme, und daneben machen sich die Operetten= und Tingeltangelmelodien in einem Umfange geltend, daß man insofern fast von einem großstädtischen Volksliede sprechen kann. Ueberhaupt läßt sich, wie ich schon einmal erwähnte, keine ganz scharfe Grenze ziehen, vollends heute nicht; vielmehr gibt es eine ziemlich breite Uebergangszone, zu der die große Menge unserer mehr oder weniger volkstümlichen Gesellschaftslieder gehört.

Ist es nun noch nötig, von dieser Auffassung des Volksliedes aus die Anwendung auf Klaus Groth zu machen? Daß seine Lieder in solchem Sinne Volkseigentum geworden sind, glaube ich nicht. Daß sie Eingang ins Volk gefunden haben, wahrscheinlich doch immer als „Gedichte von Klaus Groth“, ist kaum anders zu beurteilen, als wenn durch die Schule Gedichte von Schiller und Uhland zu großer Volkstümlichkeit gelangen. Sie sind auch weder innerlich

noch äußerlich dazu angethan, Volkslieder im eigentlichen Sinne des Wortes
zu werden. Wir finden in ihnen keine Durchschnittskunst, sondern eine sehr
reife und zwar eine durchaus persönlich gediehene Kunst. Hier kann man zwar
einwenden, Groths Persönlichkeit sei eben wurzelecht niedersächsisch. Gewiß,
aber er kann doch immer nur als Blüte seines Volkstumes aufgefaßt werden;
so fein wie er, ist der durchschnittliche Niedersachse sicherlich nicht, und die Dithmarscher Volkslieder, die ich kenne, lassen sich mit seinen Gedichten nicht vergleichen. Ich muß es mir versagen, mich hier auf einzelnes zu beziehen, ob-
obwohl es fesselnd und lehrreich sein möchte, etwa Groths Balladen mit echt
volkstümlichen zu vergleichen. Fremd ist vor allem dem Volkslied auch eines
sehr nachdenklichen und sinnigen Volkes die andachtsvolle Versenkung ins eigne
Innere; auch die durchgebildete Form, die Kunst, Stimmung zu erzeugen.
Und wenn Bartels hervorhebt, daß sich Groth seinen dichterischen Ausdruck
mit heißem Bemühn erst habe schaffen müssen, so kennzeichnet er ihn eben
damit als rechten Kunstdichter. Bezeichnend ist es auch, daß seine Lieder,
wenn auch sangbar, doch kaum jemals zum Gesange herausfordern, oft aber
eine so vollendete Musik der Sprache enthalten, daß die Komposition ihre
Wirkung nur beeinträchtigen könnte. Im ganzen würde ein Kenner des Volksliedes kaum in Versuchung kommen, eins von Groths Liedern für ein Volkslied anzusprechen.

Damit ist selbstverständlich nicht gemeint, daß Groths Dichtung nicht
volksmäßig sei, auf breite Schichten wenigstens seiner Stammesgenossen nicht
wirken könne. Das thut sie gewiß, weil sich die Persönlichkeit ihres Urhebers
zwar hoch über ihre Umgebung erhebt, aber doch fest und tief im heimatlichen
Boden wurzelt. Es ist Dichtung für das Volk im besten Sinne des Wortes.
Sie wird sogar in höherem Maße wirken als das Volkslied, weil sie dem
Volk als etwas zugleich Verwandtes und doch höher Geartetes erscheinen muß.
Nun wird man mich auch nicht mißverstehen, als wollte ich den Dichter irgendwie herabsetzen. Im Gegenteil, was er geleistet hat, steht höher als das Volkslied. Auf ihn, nicht aber auf den gewöhnlichen Volksdichter, lassen sich in der
That Schillers Ausführungen anwenden, und in dieser Hinsicht will ich gern
alles unterschreiben, was Bartels sagt. Wollte ein kunstgeübter Dichter sich
darauf werfen, Lieder zu verfassen, die von echten Volksliedern nicht zu unterscheiden sein sollten, so wäre das eine Stillosigkeit im schlimmsten Sinne,
bestenfalls eine Spielerei. Etwas anderes ist es, mit Bewußtsein und Geschmack
das, worauf die Wirkung so vieler Volkslieder beruht, als Kunstmittel verwenden, seinen eigenen Stil damit durchtränken und so die Kunstdichtung be-
reichern. Will man Groth in diesem höheren Sinn einen Volksdichter nennen,
so habe ich nichts dagegen. Nur kann ich es nicht gutheißen, wenn man darauf
ausgeht, einen nicht allein geschichtlich, sondern auch sachlich wohlbegründeten
Unterschied zu verwischen.   G e o r g S c h l ä g e r.

Die vorstehenden Ausführungen kann ich durchweg gutheißen. M i r
kam es nur darauf an, die ursprüngliche Schöpfung auch des Volksliedes durch
einen D i c h t e r festzustellen. Wenn Herr Schläger zugibt, daß sich dieser Dichter
von seinen Volksgenossen durch größere Anschauungsfähigkeit und natürliche
Beredsamkeit (darin liegt auch ein bestimmtes Beherrschen der dichterischen
Technik) unterscheidet, so ist mir das durchaus genug; es folgt aus dem Besitz
dieser wesentlichen Dichtereigenschaften allerdings, daß ihm die schöpferische
That nicht versagt ist (sonst entstände ja auch kein Gedicht!), mag sie immerhin

unter der Tradition stehen. Der Umbildungsprozeß, der mit dem Volksliede vorgeht, konnte mich bei der Absicht meines Aufsatzes nicht kümmern; in dem Sinne von Volkseigentum mag der Ausdruck Volkslied ruhig weiter gebraucht und zur Kunstpoesie als Privateigentum in Gegensatz gestellt werden. So ganz unpersönlich nach Gehalt und Form, wie Herr Schläger meint, ist das Volkslied übrigens nicht immer (ich erinnere beispielsweise nur an den armen Schwarten= hals: „Da mußt' ich armer Schwartenhals meines Unglücks selber lachen"), und was Gewalt und Tiefe der Empfindung anlangt, eben nicht Durchschnitt; hier findet sich meiner Ansicht nach der Uebergang zu der Dichtung Klaus Groths, auch Uhlands, Mörikes, nur nicht Geibels. Daß Klaus Groth als Künstler höher steht, als die alten namenlosen Volksdichter, bestreite ich selbstverständlich nicht, aber i m W e s e n steht er ihnen doch nahe, und darauf kommt es an. An be= wußte Volksliederproduktion u. dgl. habe ich selbstverständlich nicht im Traume gedacht (Geibel [„Wenn sich zwei Herzen scheiden"] und Dahn haben sie versucht), ebensowenig aber glaube ich an die von Herrn Schläger für möglich gehaltene Verwendung volkstümlicher Wirkungen als Kunstmittel „m i t B e w u ß t s e i n u n d G e s c h m a c k" — nur das völlige Aufgehen im Volkstum, das freilich nur dem Genie wie Goethe und dem Talente „aus dem Volke" möglich ist, kann da helfen, und das finde ich eben bei Klaus Groth. So k a n n seine Dich= tung als Fortsetzung der Volksdichtung, meinetwegen als eine höhere Entwick= lungsstufe angesehen werden und an die Stelle des wirklichen Volksliedes treten — ob das bisher geschehen ist, und was dann die Folge sein würde, ist eine zweite Sache. Daß Klaus Groth andersartig auf sein Volk gewirkt hat, als Schiller und selbst Uhland weiß ich jedoch.   Adolf Bartels.

„Jngwelde" von Max Schillings.

„Zwerghafte Epigonen werden nur Lächerliches zu Tage fördern." So schrieb vor nunmehr 16 Jahren der Jesuitenpater Theodor Schmid in seinem Werke über Richard Wagner, und er hat Recht behalten. Abgesehen von ihrer schöpferischen Minderwertigkeit bestand der Hauptfehler der Epigonen darin, daß sie alles, was Wagner als M i t t e l gebrauchte, zum Z w e c k erhoben. Die tollsten Modulationen, die unglaublichsten Instrumentaleffekte wurden aus= geheckt, nicht weil sie an der betreffenden Stelle nötig, sondern weil sie neu und ungewohnt waren. Sie, die wähnten, in den Geist Wagners eingedrungen zu sein, vergaßen, daß der große Bayreuther einmal gesagt hatte: wer ohne Not und hinreichenden Grund in eine andere Tonart moduliert, ist ein Stümper. Weil die Epigonenwerke langweilig und unbedeutend, überdies noch in der haar= sträubendsten Weise aus den zehn großen Werken des Meisters zusammenge= stohlen waren, so erscheint es sehr natürlich, daß die Musik der „Wagner=Schule" in starken Mißkredit kam. Da ging vor fünf Jahren die Notiz durch die Zeitungen, daß an der Karlsruher Hofbühne ein Werk namens „Jngwelde" von einem 23jährigen Komponisten, Schillings, einen ungeheuren künstlerischen Er= folg errungen hätte. Seit der Zeit ist es von dem Werke nicht mehr ruhig ge= worden. Die Kritik hat es als das beste seit Wagner bezeichnet, und manche glaubten sogar, daß es noch über Wagner hinaus gehe, und daß man von dem jungen Rheinländer, der sich auf der Universität München von dem

Studium des Jus zu dem der Musik gewandt hatte, das Allerhöchste erwarten dürfe.

Der Text zu diesem meisterhaften Erstlingswerke stammte vom Grafen
Ferdinand Sporck. Dieser hatte, angeregt durch „altnordische Bilder" von
Zedlitz, den epischen Stoff der Svarfdälasaga zu einer stabgereimten dramatischen Dichtung umgestaltet, die äußerst spannend und wirksam ist, in ihrem
raschen und energischen Fortschreiten den Zuhörer beständig anregt und ihm
eine ganze Reihe sehr schöner Bühnenbilder vorzaubert. Weit über alles, was
man Libretto nennt, geht die Dichtung Sporcks hinaus, und Stellen von so
großer poetischer Schönheit, wie der Liebesgesang Brans im zweiten Akt oder
der große Zwiegesang Ingweldens und Brans im dritten Akte, finden sich außer
bei Wagner in keinem anderen Operntextbuche wieder. Die Vorzüge der Dichtung werden allerdings reichlich aufgewogen durch ihre Fehler! Vor allem fehlt
der „Ingwelde" eine große, beherrschende Idee, welche durch die Dichtung, wie
im „Ring" und im „Tristan" verkörpert würde. Es wird ja freilich in philosophisch angehauchter Weise allerhand über den Frieden geredet, und schließlich
sogar im großen Stil schopenhauerisch-wagnerisch erlöst, aber das kann uns
über den Mangel einer tieferen Idee nicht hinwegtäuschen. Sodann hat sich
Sporck nicht völlig in den Geist seiner heidnischen Wikinger einleben können
und läßt sich manche Gefühls- und Ausdrucksanachronismen zu Schulden
kommen. „Ich war dein Knecht als du noch Knospe, blind ergeben dient ich
der Blume" ist von romantischer Sentimentalität eingegeben; wenn aber Gest
gar sagt: „wohl sehnt' ich, du sängest ein Kindlein süß in Schlummer ein",
so muß man über diesen zart und mild sich ausdrückenden Wikinger schier
lachen; nein, in der stabreimenden Zeit „für liebseligen Ehestand man
andere Wort' und Weise fand". Wenn der Dichter seine harten und rauhen
Wikinger im Stabreim, allerdings nicht immer philologisch richtig reden
läßt, so kann man dagegen, abgesehen von zahlreichen wohl zu ver-
meidenden Anklängen an Wagnersche Verse, nichts einwenden. Nicht zum
Tadel rechne ich ihm desgleichen die große Anzahl ähnlicher Situationen
in der „Ingwelde" und den Wagnerschen Werken an; der Stoff brachte das
eben mit sich. Die Schwäche des Gedichtes liegt vielmehr in der Zeichnung der Charaktere, mit Ausnahme etwa Brans. Am verkehrtesten erscheint
die Heldin selbst. Wir sollen sie uns als hehres, reines, lichtes Weib vorstellen; thatsächlich ist sie aber ein ganz raffiniertes, meineidiges und blut-
dürstiges Frauenzimmer. Mit Worten jammert sie wohl nach dem „holden
Fremdling Friede", aber schon fünf Zeilen später sehnt sie sich „wild erregt"
nach „des Wilden Fall" und fordert ihren Geliebten auf, Blutrache zu
nehmen an dem Stamm, der den Frieden stört; eine echte Frauenzimmer-
logik! Wie sie von langer Hand die Ermordung ihres Gatten vorbereitet und
mit Gest verabredet, ist eine wahre Niederträchtigkeit, und daß sie mit schmeich-
lerischen Worten den nichts ahnenden Bran die verräterische Fackel entzünden
heißt, die seinem eigenen Bruder zum Tode leuchtet, wäre einer Merovingerin
würdig. Den Gatten liefert sie ihrem Geliebten ans Messer, und als dieser
schließlich auch ermordet wird, empfindet sie plötzlich eine ganz merkwürdige
schwesterliche Liebe für — dessen Mörder! „Das Kleinod ist durch manche Hand
gegangen", möchte man nun mit Faust, zweiten Teil, sagen, wenn man Ingwelde
in jedem Akte einem anderen Manne in die Arme sinken sieht! Wirkt Ingwelde
manchmal abstoßend, so berührt einen Klause stellenweise geradezu komisch.
Schon im ersten Akt wird er erschlagen; an seiner Leiche werden die unglaub-

lichsten und unwahrscheinlichsten Eide geschworen; da plötzlich erhebt Held Klause sich wieder und erklärt, daß der Schlag Gests ihn nur betäubt, nicht getötet habe. Im zweiten Akt wird er dann zwar unwiderruflich umgebracht, gegen Schluß dieses Aktes aber erscheint er, Rache fordernd, als Geist auf der Bühne, um dann im dritten Akte zunächst nur seine Geister st i m m e hören zu lassen, zuletzt aber doch zu Schiff sich noch einmal in corpore zu präsentieren. Der Beschwörer von Geistererscheinungen dürfte sich ja auf Richard III., Hamlet, Macbeth berufen; aber Shakespere verstand es eben doch ganz anders, seine Geister mit Grabesgrausen zu umgeben. Die feinfühligen Franzosen sagen ganz richtig: ce n'est que le ridicule qui tue, und wenn uns das in der „Ingwelde" gleichwohl nicht allzu kraß ins Bewußtsein kommt, so ist das ein Verdienst des Komponisten, der uns mit seiner wunderbaren Musik völlig im Banne hält.

Drei Eigenschaften drängen sich beim Anhören der „Ingwelde" sofort auf: die fabelhafte Kenntnis alles musikalisch Technischen und aller Errungenschaften Wagners, dann die große quellende Melodik, und drittens die Fähigkeit, für jede Art von Empfindung den richtigen prägnanten Ausdruck zu finden. Schillings arbeitet als echter Jünger Wagners mit sogenannten Leitmotiven — Symbole nennt sie Rodnagel in seiner vortrefflichen Erklärung des Werkes —, aber Schillings arbeitet damit nicht äußerlich, wie das Heer der Epigonen, sondern versteht es, aus dem Innern der Situationen heraus die Leitmotive von Grund aus umzugestalten, ihnen im Laufe des Dramas völlig neue Bedeutung beizulegen und sie in der geistreichsten Weise zu kombinieren. Diese Verbindung der Motive miteinander scheint jedoch eine gefährliche Klippe für Schillings zu sein; selbstverständlich nicht im technischen Sinne — da überwindet er alles mit souveräner Sicherheit — wohl aber im künstlerischen. Vier Motive autonom übereinander aufzubauen ist bei Schillings etwas ganz Gewöhnliches. Im Klavierauszug* sieht und hört sich das alles prachtvoll an, man bewundert immer wieder die Geschicklichkeit des Komponisten, der uns so tief in die Seelen seiner handelnden Personen blicken läßt, und vertieft sich mit größter Ruhe in die hohe Schönheit des Werkes. Bei der Aufführung liegt die Sache aber anders! Da spielt sich das Ganze viel schneller ab; wir haben kaum Ohren genug, um die Unmasse der Motivverbindungen zu hören, dazu soll nun unser Gefühl und unser Verstand sich die psychologische Verbindung herstellen, und unter Auge soll die Bühnenbilder festhalten. Man wird einwerfen: ja, das ist aber doch bei Wagner gerade so! Nein, das ist eben n i c h t der Fall! Wagner baut gewiß auch drei bis vier Motive selbständig übereinander auf, aber diese Stellen bilden Ausnahmen; in den meisten Fällen begnügt er sich mit zwei Motiven, die allerdings so harmonisiert und instrumentiert sind, daß wir uns über die subtilsten jeweiligen Seelenzustände klar werden. Jene vier- und fünffache Polyphonie wendet Wagner nur auf Höhepunkten an; er ermüdet nie durch seinen Kontrapunkt, er huldigt auch in dieser Beziehung dem Horazischen Satze: est modus in rebus. Schillings aber geht weiter als Wagner, vielleicht weil er noch nicht die Erfahrungen Wagners hat. Er glaubt, sein Publikum auf alles mit der Nase stoßen zu müssen, er traut ihm zu wenig selbständiges Denken und Fühlen zu, und aus diesem Grunde ruft er mit seinen Motiven bei den einfachsten Sachen: denk hieran und daran und vergiß auch das und jenes nicht! Das Publikum, wird

---

* Klavierauszug vom Komponisten bei J. Schuberth & Co. (F. Siegel), Leipzig.

man sagen, ist eben so dumm und dickfühlig, daß es diese tausend Gängel=
bänder nötig hat. Das gebe ich sehr gerne zu. Aber in all' diesen Gängel=
bändern verstrickt es sich und weiß schließlich nicht mehr aus noch ein. Wer
zum künstlerischen Verständnis des Werkes diese ungeheure Polyphonie
nötig hat, der vermag sich doch in dem Polyphoniegewebe nicht zurecht
zu finden, und wer die Polyphonie der „Ingwelde" versteht, der ist künstlerisch
meist soweit vorgeschritten, daß es dieses embarras de richesse an Motivkom=
binationen nicht bedarf. Bei der symphonischen Dichtung ist natürlich die
Grenze des Erlaubten hinsichtlich der Polyphonie viel weiter gezogen. In der
symphonischen Dichtung bin ich zum Verständnis der tondichterischen Absicht völlig
auf die erklärenden Motive angewiesen; ein Zuviel an Motiven kann dort wohl
einmal zu einem technischen Fehler, nicht aber zu einem künstlerischen
Fehler führen. Beim Musikdrama verhilft uns aber zum Verständnis der
Absicht des Tondichters nicht nur das plastische Bühnenbild, sondern vor allem
das gesungene Wort; das erklärende Orchestermotiv ist stets nur eine Ergänzung,
darf niemals die Hauptsache werden. Man sehe doch Wagner. In den Szenen,
in welchen das Wort uns nicht belehrt, also in den symphonischen, entwickelt
er die reichste Polyphonie, ich erinnere nur an die Szene im Siegfried, wo der
Held dem Vöglein zum Felsen folgt, an die Rheinfahrt und an den Schluß der
Götterdämmerung. Ich bin indessen weit entfernt, Schillings aus seiner
überreichen Arbeit einen großen Vorwurf zu machen. Es ergeht uns hier,
wie mit den lieben alten deutschen Malern, die uns mit rührendster Liebe jedes
Blümchen, das auf der Flur wuchs, jeden Kiesel, über den der Bach lustig
plätscherte, in ihre farbenfrohen Bilder hineinmalten.

Betrachten wir die Motivarbeit in dem Klavierauszug, so fällt uns zu=
nächst ihre große Klarheit und Einfachheit in die Augen; man kann die ein=
zelnen Motive gut „herausholen", sie verschlingen sich nicht so sehr, wie man
vielleicht befürchtet hatte. Anders liegt die Sache im Orchester! Man wird
von keiner einzigen Stelle in der ganzen „Ingwelde" sagen, daß sie unschön
oder nicht charakteristisch instrumentiert wäre, aber in nicht wenigen Fällen
deckt ein Instrument das andere so stark, daß man ein diesem anvertrautes
Motiv nicht heraushören kann. Es ist z. B. bei größter Aufmerksamkeit un=
möglich, im sechsten und siebenten Takte des Vorspiels die im doppelten Kontra=
punkt in Violinen, Flöten, Oboen bezw. Hörnern und Posaunen auftretenden
Motive des Kampfes und Klaufes herauszuhören; man vernimmt nur den
ersten Teil des Klaufethemas: Andere Stellen weisen den gleichen Fehler auf,
aber es bedeutet fürwahr keinen Tadel für ein Erstlingswerk, wenn man, um
Fehler zu entdecken, gezwungen ist, sich auf die Suche nach solchen Ausnahmen
zu begeben. Im übrigen ist die Instrumentation der „Ingwelde" durchweg
von hervorragender Schönheit und scharfer Charakteristik. Der Komponist ver=
meidet unnötige Kakophonien und des Neuen wegen zusammengesuchte Effekte;
von den gestopften Posaunen bei der Geistererscheinung scheint er sich eine
gruselige Wirkung versprochen zu haben, hat sich aber darin wohl getäuscht;
ganz eigenartig dagegen ist im Geistermotiv die Klangfarbe der Kontrabässe
mit Sordine. Von dem Triller in den Hörnern bei dem Zusammenstoß der
Schiffe kann man im allgemeinen Getöse nichts hören und daher über seine
Wirkung nicht urteilen. Daß in dem ganzen Werke die glänzende Instrumen=
tierung niemals Selbstzweck ist, sondern stets der Handlung untergeordnet,
angepaßt, sei noch besonders hervorgehoben. Solche Selbstbeschränkung bei
höchstem technischen Können zeugt von künstlerischer Reife und Vornehmheit.

1. Septemberheft 1899

Worüber man in unserer nachwagnerschen melodischen Fastenzeit sich wirklich freut, das ist der ruhige, große melodische Strom, der durch die sehr verständig geschriebenen Singstimmen dahinfließt. Arien und dergleichen hört man natürlich nicht, aber die Deklamation ist in wirklich schöne Melodik getaucht. Aus dem ersten Akte führe ich besonders die Worte Gests an: „Nur dir, du Holde, gehört mein Leben"; auch Klaufes Gesang: „O, laß Dank dir zollen" ist von innigster Wärme. Kräftige, sprudelnde Heiterkeit atmet die Melodie zu den Worten: „es kreifte das Trinkhorn bei traulichem Sang". Eine Perle der Partitur ist dann jener große Monolog Brans: „es stieg ein Stern im dunklen Heim". Die Stimmung des Träumers wird hier in wunderbarer Weise getroffen; es ist ein Gesang von tristanscher Dämmerschwüle. Trotz der hervorragenden Schönheit dieses Monologes möchte ich aber doch dem Schleiflicde, wegen seiner großen Originalität und seines eigenartig zart — ganz dem Träumer Bran entsprechend — abgedämpften grimmigen Humors, den Vorzug geben; die Melodie dieses Axtschleifliedes ist wirklich genial.

Das ganze Ingwelde-Drama hat Schillings in dem nur 45 Takte langen Vorspiel kurz wiedergegeben. Wir lernen in ihm die Hauptmotive des Musikdramas, in dramatischer Weise gleich mit einander verbunden, kennen. Ein Orgelpunkt auf der großen Trommel macht den Beginn, dann hallt das charakteristische Fehdemotiv durch Hörner, Celli, Oboen und Klarinetten, um dem Kampf= und Klaufemotiv freies Feld zu geben, die nun kurze Zeit im doppelten Kontrapunkt ihren Platz behaupten; dann ein strahlend schöner A-dur-Akkord in Trompeten und Posaunen, zwei kurze rhythmische Paukenschläge — und in stolzer Kraft eilt das Heldenthema Klaufes

zur Höhe; von den zahlreichen schönen Motiven der „Ingwelde" ist dieses wohl eines der besten; rhythmisch ungeheuer scharf profiliert, melodisch leichtfaßbar, ist es von einer proteusartigen Wandlungsfähigkeit, Eigenschaften, die übrigens bei weitem die meisten Motive bei Schillings haben; nur selten wird man ein Motiv finden, mit dem, wie mit dem Brautraubmotiv, nichts anzufangen ist. Wie pompös erglänzt das Klaufemotiv nicht unter der Trompete, wenn es bei der Eroberung der Burg zum erstenmal im stolzen 4/4 Takte kraftvoll daherschreitet, und wie berückend zart, weiblich und liebeflehend singt es nicht die Sologeige, wenn Klaufe Ingwelde aus der brennenden Burg in seinen Armen zum Burghof trägt. Die Verbindung mit dem Ingweldemotiv in der traurig klingenden Bratsche ist einer jener feinen genialen Einfälle, wie wir sie bei Schillings so vielfach finden. Ich erinnere nur an jene rührend poetische Stelle am Schluß, wo das Axtschleiflied ganz leise von der Trompete hingehaucht wird; man glaubt, eine jener überschlanken Frauengestalten Khnopffs mit den geheimnisvollen großen Träumeraugen vor sich zu sehen, so ruhig und ätherisch erscheint das Symbol an dieser Stelle. Das Ingweldemotiv

selbst ist vielleicht das allerschönste des Werkes; in seinem Empfindungsausdrucke erinnert es an das Erlösungsmotiv aus der Götterdämmerung, ohne aber

mit biefem irgend etwas gemein zu habeh. Es ist überhaupt unglaublich, wie
selbständig und frei von jeder Wagnerschen Reminiszenz Schillings arbeitet,
obwohl er doch bei den vielfachen textlichen Erinnerungen an Wagner sehr
leicht zu „Nachempfindungen" hätte verleitet werden können. Die einzige Reminiszenz an Wagner ist das Rächermotiv, das allerdings beinahe identisch
mit dem Siegfriedmotiv ist. Zeigt uns der erste Akt im großen und ganzen
ein rauhes dramatisches Kampfbild, so kommt in den folgenden die Lyrik zu
ihrem Rechte, und hier ist Schillings in seinem eigentlichen Elemente. Alle
jene Ausdrucksmittel überschwänglicher Lyrik, wie sie uns zum ersten Male, und
in wohl nie zu übertreffender Weise, im Tristan entgegentraten, stellt Schillings
in seinen Dienst; trotzdem wird man nie sagen können, daß er „tristant". Das
Vorspiel des zweiten Aktes ist dem Sänger Bran gewidmet. Verschwommen
wie ein Morgentraum, so erklingt aus weichen Akkorden der dämmerig abgedämpften Streicher das Thema des Träumers. Leise Harfengliffandl bereiten
den Liebeszauber in den Geigen vor, den uns die Solovioline mit dem Ingweldemotiv näher erklärt; Ingwelde ist das Weib, dem der junge Skalbe nach-
träumt, und so ertönt dann im Horn, von duftigen Flötenpassagen umspielt,
das wunderbare Skalbenthema:

        Noch nicht genug mit diesen drei neuen Motiven, von denen eines
schöner als das andere ist, bringen die Klarinetten und Violinen noch
eine sinnlich schmachtende Melodie, und mit diesen vier Themen führt der
Komponist seine prachtvolle Steigerung herbei, auf deren Höhepunkt das
gesamte Orchester das Skalbenmotiv anstimmt, während Trompeten und
Posaunen das Träumerthema in der Vergrößerung erschallen lassen. Der
Gegensatz dieses schwülen Vorspiels zu der ersten Szene mit der frischen Melodie: „es kreiste das Trinkhorn" und dem lustigen Motiv des Thorsteinbootes,
ist gut getroffen. Ganz im Sinne des Vorspiels ist dann Brans großer Monolog gehalten. Dem Komponisten fällt da unglaublich viel ein. Vorzüglich
ist ihm der Uebergang des Träumers Bran in den ahnenden Wisser Bran gelungen. Gegen Ende des Aktes hat sich auch die Umwandlung des Träumers
in den Helden vollzogen, und dementsprechend hat ihm Schillings noch ein
Heldenthema zugeteilt, das namentlich am Schlusse zu prachtvollster Entfaltung
kommt. Als Ganzes sowohl, wie in seinen Einzelheiten ist der zweite Akt der
bedeutendste des Werkes. Seit Wagner wußte ich nichts, was sich auf dem
pathetischen Gebiete des Musikdramas auch nur annähernd mit ihm vergleichen ließe!
        Dagegen meine ich, daß der dritte Akt nicht auf der Höhe seines Vor-
gängers steht. Namentlich das im Anfang beständig wiederkehrende Geister-
und Angstmotiv scheint mir in der stereotypen Vereinigung nicht völlig künstlerisch gerechtfertigt zu sein. Das Motiv der Angst halte ich für unnötig, weil
ja die leiseste Erinnerung an Klaufes Geist bei den handelnden Personen gar
kein anderes Gefühl als das der Angst aufkommen läßt, mithin Geistererinnerung
und Angstempfinden zusammenfallen, und also gar nicht erst durch zwei verschiedene Motive ausgedrückt zu werden brauchen. Wir finden hier die sehr
seltene Erscheinung, daß ein Komponist mehr Erfindung und Ideen besitzt, als

für den jeweiligen Fall nötig sind. Aber „in der Beschränkung zeigt sich erst der Meister". Meister Wagner ist auch hier unser Lehrmeister; die wunderschönen Schlußworte der Götterdämmerung strich er bei der Komposition, weil sie nicht unbedingt nötig waren, ihr Sinn sich vielmehr durch schon früher Gebrachtes verstehen ließ. — An herrlichen Einzelheiten leidet der dritte Akt keinen Mangel. So ist die lange Unterredung zwischen Gest und Ingwelde wahrhaft durchtränkt von Melodieschönheit. Die Kombination des prächtigen, aus dem ersten Akte bekannten Liebes- und Gestthemas mit dem ausdrucksvollen Thema der Gattenliebe und seiner charakteristischen Begleitung in Synkopen, ist von bestrickender Schönheit und innigster Wärme. Ganz im Sinne Wagnerscher Kunst hat Schillings auch die stumme Szene erfunden, in der Gest und Ingwelde dem Hügel zuschreiten. Die Motive der Liebe, Gests, Ingweldens, der Gattenliebe und Gladgards vereinigen sich dort unter der glücklichsten Instrumentierung zu einem musikalischen Spitzengewebe von auserlesener Kunst. Die Szene zwischen Bran und Ingwelde erwärmt zwar den Zuhörer mit ihrer überschwänglichen Lyrik, die sie völlig der Stimmung und den Motiven des zweiten Aktes entnimmt, aber mich will bedünken, daß die Phrasen der Dichtung nicht ohne Einfluß auf die Musik geblieben sind. Der Komponist weiß manchmal mit Redensarten, wie „im Tod allein tagt ewige Lust", nichts zu machen — ein minus, das ich ihm als künstlerisches plus anrechne. Die ganze Wunderkraft seines Orchesters verbindet Schillings dann wieder mit herrlichster Gesangsmelodie bei den Worten: „Bran, du liebreicher Bruder, löse das Rätsel der leidvollen Frau". Den Schluß des Werkes, bei dem Seegötter, Nornen, Mannen, Frauen und weiß Gott was alles aufgeboten wird, möchte ich als „Effekt" — also als künstlerisch unerlaubt bezeichnen; die musikalische Arbeit dieses Schlusses ist jedoch von großem Interesse und zeigt Schillings auf der vollen Höhe seines Könnens.

Schillings soll, so wird von manchen gesagt, ein Nachtreter und Nachbeter Wagners sein. Das ist einfach nicht wahr. Wir haben bereits auf die offenbare Selbständigkeit, den Erfindungsreichtum, den völligen Mangel an geistigem Diebstahl seitens des Komponisten hingewiesen. Daß er völlig auf dem Boden Wagnerscher Kunstauffassung steht, daß er die Technik des Meisters hinsichtlich der Leitmotive und Instrumentierung sich zu eigen gemacht hat, — das ist noch kein unselbständiges Nachbeten; sonst müßte man ja auch z. B. alle die großen Baumeister unserer gotischen Dome in Freiburg und Ulm, in Straßburg und Köln als unselbständige Nachbeter der französischen Baumeister in der Normandie und der Ile de France bezeichnen, weil sie von diesen die Kreuzgewölbe, die Strebepfeiler, die Schwibbögen, das Prinzip der Auflösung der Masse u. s. w. übernommen haben. Ja, wenn Schillings für die technischen Aeußerlichkeiten nicht das einende geistige Band gefunden hätte! So aber kann man ihm aus der Verwendung Wagnerscher technischer Errungenschaften unmöglich einen Vorwurf machen, denn, um mit einem Worte des Jesuiten Theodor Schmid auch zu schließen: „Wagner hat im musikalischen Schaffen Gedanken und Kräfte wachgerufen, die nicht mehr gebannt werden können, weil sie wahr und fruchtbar sind."   Arnold Bischoff.

Justis „Velazquez"
als Kompendium praktischer Aesthetik. 5. (Schluß.)

Ueberblickt man nun die Gesamtleistung des Velazquez, im besondern im Bildnisfach, so zeigt es sich, daß ihm, dem zu Hause der unheimlichste aller Ministerköpfe, der uninteressanteste aller Fürstentypen beschieden war, wunderlicher Weise auch in Rom der abstoßendste Kopf unter den Nachfolgern des Menschenfischers zugefallen war (II, 182 fg.). Aber in seiner Begabung stand der Charakteristiker so sehr im Vordergrund, daß das Glück in der Darstellung fast in umgekehrtem Verhältnis stand zum ästhetischen Wert des Gegenstandes (360). Als Kammermaler hatte er freilich den enormen Vorteil, daß er Leute malte, bei denen er zu Hause war (4). Und seine Tugend der Wahrhaftigkeit hat auch am Hof nicht Schaden gelitten. Nicht Schmeichelei hat er dort gelernt; eher scheint er etwas von der trockenen Skepsis und Kälte des Hofmannes angenommen zu haben. Nicht viele Fürsten und Höfe würden selbst heute einen solchen Darsteller vertragen. In diesem Realismus, nicht anders erscheinen zu wollen als man ist, war auch der Hof der Verfallzeit echt- und altspanisch.

Velazquez muß ein großer Verächter des Banalen, der Wiederholung anderer und seiner selbst gewesen sein. Das Bild mußte so ausschließlich ihm gehören, wie seine Nase und seine Frau. Nicht als wenn er Originalität gesucht hätte. Er hat überhaupt seine Erfindungen nicht gesucht, sie haben ihn überrascht, der Zufall hat sie ihm in die Hand gespielt (II, 333 fg.). Er bringt die Sache auf die Leinwand wie es ihm beliebt, ohne sich zu bedenken, wie sie zu den Vorstellungen der Leute und den Gepflogenheiten der Schule paßt. Darin ist er ganz Spanier. Wenn man dort auf etwas ganz Unerhörtes und wie es scheint Absurdes trifft, so pflegt auf die triftigsten Gründe und die Berufung, daß je die ganze zivilisierte Welt, und selbst das ganze übrige Spanien anders mache, die ruhige Antwort zu ergehen: Und hier macht man es so! — Jedenfalls bestätigte er durchaus den Ausspruch des Lionardo, wonach der Adel der Malerei in ihrer Unübertragbarkeit liegt (II, 261).

Als Mensch wie als Künstler steht er einzig und unantastbar da. Mit Rücksicht auf ihn kann daher das Buch also schließen: In der Kunst ist ein unvergängliches Licht festgebannt, wie ein Strahl schon erloschener Sonnen durch die Nacht des Weltraums in unser Auge dringt; nur sie ist es, welche die Menschheit noch aufhält, solche Geschlechter und Zeiten dem endlichen Vergessen zu übergeben.

Erst im späten 18. Jahrhundert hat ein deutscher Maler zuerst ihm Platz und Provinz in der Universalkarte der neueren Malerei gegeben: Mengs sah sich da Einem gegenüber, der von allen, die ihm bisher vorgekommen, ihm selbst am unähnlichsten war. Er nennt seine Werke „die besten Muster des natürlichen Stils" (I, 3 fgg.). — Charles Blanc äußert von ihm: „Wenn die Malerei nur eine zweite Geburt der Schöpfung wäre, Velazquez würde ohne Widerspruch der größte Maler sein"; W. Burger nennt ihn le peintre le plus peintre qui fût jamais; und Justi: den spanischsten unter allen spanischen Malern.

Die Gemälde des Velazquez üben eine nie versagende Anziehungskraft aus (I, 9). Von Keinem kann man so viel beisammen sehen ohne Ueberdruß. Denn er ist fast in jedem Bilde neu. Er hat nicht wenige Bilder gemalt, beren jebes sui generis ist, auf bessen Variationen anberwärts ganze Existenzen gegründet worden wären. Der Zauber des Lebens, ben sie ausüben, liegt im äußerlichsten unb im innerlichsten: im Schimmer ber Hautoberfläche unb im Ausstrahlen bes Willens, im Schein bes atmenben pulsierenben Augenblicks unb in ber Tiefe bes Charakters. — Freilich: während bei kaum einem Maler so viel wie bei Raphael, geht bei keinem so wenig wie bei Velazquez in eine farblose Wiebergabe ihrer Gemälbe über (II, 176).

Verschiebenes.

Die einbringenben Schilberungen ber Menschen unb Orte, zu benen Velazquez in Beziehung stanb, geben Anlaß zu einer Reihe ber feinsten Bemerkungen.

Ueber ben König heißt es (I, 194 sgg.): Philipp IV. hatte die höchsten Begriffe vom Beruf bes spanischen Königs, er war ein Musterkönig ber Form nach, aber die Enthaltung von ber ersten königlichen Pflicht hatte er sich zu einer Art Gewissenssache gemacht. Ein fast unumschränkter Monarch, ber vierzig Jahre am ersten Ressort ber Staatsmaschine steht, ben erschütternbsten Wechselfällen zusieht, erfüllt vom Gefühl seiner Verantwortlichkeit, seiner Würbe, unb ber sich dabei versagt, selbst einzugreifen, bas ist gewiß eine erstaunliche Erscheinung. — Unb weiter: man glaube nicht, baß ein schlechter Regent noch immer gut genug ist für einen großen Patron ber Kunst. Wem in seinem Beruf, ber Regierung, Wille unb Initiative fehlen, ber wirb auch ber Kunst nicht viel nützen. Die Künstler bebürfen eines Herrschergeistes zum Empfang großer Impulse — wenn ein großes Zeitalter aufgehen soll. Eine Herrschernatur, selbst wenn ihr bas ästhetische Organ versagt ist, wirb ihnen größere Dienste leisten können, als ber genußsüchtige unb eingebildete Dilettant ober psychopathische Phantast. Niemanb wirb sich ben Einbruck verschließen, baß sich mit Malern, wie sie Spanien bamals hervorgebracht, ganz anbere Dinge hätten erreichen lassen, als bas, was sie in Castilien hinterlassen haben. In ben Hänben ber Ratgeber bes Königs befanb sich die Kunst indeß nicht viel schlimmer, als bei ben Galerie- unb Parlamentskommissionen nach moberner Schablone, die oft nur in ber Boßschen Kunst, how not to do it, hervorragenbes zu leisten pflegen.

Unter ben spanischen Künstlern interessieren namentlich Zurbaran unb Murillo in ihrem Verhältnis zu Velazquez. Die Geringschätzung ber Phantasie war bei Zurbaran noch auffallenber als bei Velazquez, seine Gebundenheit an bas Mobell, seine realistische Ehrlichkeit pebantisch. Bei allebem ist er ein Künstler, ber aus ganzem Holze schneibet, ber bas Ganze im Auge hat, im großen Stil zeichnet unb mobelliert (I, 154). — Unb im Gegenstanb war er kein Naturalist. Keine Szene aus bem gemeinen Leben hat er je zu malen sich herabgelassen, kaum ein Porträt. Sie würben ihn ebenso gelangweilt haben, wie seine Heiligen die Beschäftigung mit weltlichen Dingen. Er lebte nur in ben Actis Sanctorum. — Dagegen war Velazquez zwar als Künstler von Anfang an ungleich freier, er sah sich in bas Bildungsgesetz, ja in bas Innere seiner Menschen hinein, so baß er sie nachzuschaffen scheint. Aber er sehnte sich die Zeitgenossen zu malen, in ihrer eigenen Rolle, nicht bloß als Spieler in Mysterien, nach bem Programm ber Theologen. Velazquez änberte seine Manier gar balb, Zurbaran beharrte fast sein ganzes Leben bei bem, was man bei anbern ben „ersten Stil" nennt. Er war aus härterem Stoff als sie alle unb besaß ben richtigen Prinzipienfanatismus ber Romanen.

Murillos geistiger Gehalt ist nach Justi (I, 3) vergleichbar dem von Devotionsmalern wie Guido, Carlo Dolce, Sassoferrato; was ihn weit über diese hinausrückt, ist aber die glückliche Einführung heimatlicher Volkstypen, Farben und Lichter in die überlieferten Stoffe, sein Naturalismus, sein kindlich-liebenswürdiger Charakter. — Murillo, dem nur in seiner Provinz wohl war, der nur für seine Nachbarn arbeitete, aus ihnen seine Ideale holte, der am wenigsten nichtspanisches in sich aufnahm, er ist der internationalste Maler seiner Nation geworden (I, 414). — Seine Gassenbuben verspotten mit ihrer ungenierten Natürlichkeit alles, was es sonst ihresgleichen gibt, obwohl sie an der Luft und Sonne Andalusiens geformt und gefärbt und in ihrer natürlichen, man möchte sagen, animalischen Grazie unerreicht sind. Von diesen Melonen, Weintrauben, Krügen und Kesseln kann jeder Stillebenmaler lernen; sein Pinsel scheint da in denselben Teig getaucht, aus dem die Natur die Dinge knetete (411). — Er entdeckte aber auch in den Gestalten seines Volkes zuerst das, was dauernd und überall geliebt werden kann; er nahm dem Wunder das Widernatürliche und der Schwärmerei das Krankhafte; unter seiner anmutigen Hand wurde aus den Gesichten, den Verzückungen und Mönchsgrillen etwas, das wie allgemein menschlich aussieht. In einer Zeit der Lüge und Verschrobenheit ist er stets wahr geblieben; in einem Jahrhundert verschnörkelten Ungeschmacks hat er uns Gestalten reiner ungekünstelter Natur gezeigt, Bewohner glücklicher arkadischer Gefilde, die uns von seinem Hispanien ein ganz anderes Bild geben, als das den traurigen Annalen seiner Geschichte entnommene.

Man hat wohl behauptet, Velazquez sei durch Rubens beeinflußt worden. Das weist Justi in einer geistvoll eingehenden Abhandlung mit Entschiedenheit zurück (I, 246 sgg.). Die Faktur des Rubens ist frei und die des Velazquez ist frei, aber die Freiheit beider hat nicht die mindeste Verwandtschaft. Der Ton des Rubens ist hell und der des Velazquez ist hell, aber dieser ist der kühle Silberton des allverbreiteten Tageslichts mit möglichster Zurückstellung der Farbe, jener ein harmonischer Farbenlärm, mittelst gesättigter, lichtgetränkter Tinten und durchleuchteter Schatten; dort hervorgebracht mit der größten Einfachheit, hier mit Verschwendung der Mittel. — Vergleicht man die Bildnisse von Personen des spanischen Hofes, die beide gemacht haben, so ist der Ausspruch immer: hier ist die Natur und das Leben sans phrase; dort die Manier. Auch Leben freilich, aber das Leben des Malers, sein Geist. — Velazquez hat die Erscheinung seiner Menschen aufgefaßt nach jener individuellen Gesetzmäßigkeit, die selbst dem Mißgeformten etwas Notwendiges leiht. In Rubens vermißt man die Achtung vor der Besonderheit: er paßt die Züge, je nachdem verschönernd oder herabziehend, dem seine Phantasie beherrschenden Formentypus an; er erteilt ihnen dieselbe physische Konstitution, denselben Ausdruck sinnlichen Wohlbefindens und gutmütiger Offenheit. Was Velazquez schätzte, war Verdad, no pintura. Hier sah er nur pintura, eine blendende, berauschende freilich, aber wie man damals sagte, eine Malerei de pratica. Eine Kunst, die in allen Stücken auf die stärksten Wirkungen aus war, immer etwas die Grenzen der natürlichen Wahrheit überschreitend, in Farbe, Licht, Charakter und Mimik.

Endlich können wir uns nicht versagen, noch die Worte hinzuzusetzen, die Justi einem sonst allzu schlecht gemachten Künstler jener Zeit, dem Bernin — als Porträtbildhauer — widmet (II, 174): Bernini glaubte nicht, daß es eine Grazie gäbe, die der Natur fehle und von der Kunst hinzugethan werden müsse: die Natur wisse ihren Teilen alle Schönheit zu geben, die ihnen zukommt: die Frage sei, sie im gegebenen Fall zu erkennen. Er suchte die jedem eigentümlichen Eigenschaften herauszufinden, welche die Natur keinem andern geschenkt hat. Er veranlaßte sein Modell, sich zu bewegen, weil in der Bewegung die Individualität hervortrete, und weil ein Stillstehender sich selbst nie so ähnlich ist, wie ein Wandelnder. Deshalb machte er mehrere Modelle nach dem Leben; aber wenn er den Marmor angriff, that er sie bei Seite. Sie dienten ihm, der Züge Herr zu werden; bei der Ausführung dünkten sie ihm hinderlich, weil das Kunstwerk der Wahrheit, nicht dem Modell ähnlich sehen darf.

Aus den gegebenen Auszügen wird hoffentlich nicht bloß die Reichhaltigkeit, sondern auch der eindringende Ernst des Buches hervorleuchten. Um dieser letzteren Eigenschaft willen wird man schon über die Schärfe hinwegsehen müssen, die sich in manchen der angeführten Urteile auf verletzende Weise äußert. Der Mangel an Ruhe scheint nun einmal zu den Merkmalen unserer Zeit zu gehören.   S. S.

Lose Blätter.
Aus Adolf Pichlers Dichtungen.

Vorbemerkung. Zu Adolf Pichlers Ehrentage geben wir die folgenden Stücke, die den Poeten und den Mann von verschiedenen Seiten beleuchten. Pichlers sämtliche Schriften sind bei Georg Heinrich Meyer in Leipzig erschienen; wir empfehlen sie allen unsern Lesern warm.

Frau Elsa.

Jeremias Tupfer! — Der Sohn eines kleinen Beamten, den man wegen Kränklichkeit mit 200 fl. Pension kalt gestellt hatte, war er als armes Studentlein nach Innsbruck gekommen; Wohlthäter gaben ihm Kosttage, fiel einer aus, so erhielt er an einer Klosterpforte ein Stücklein Brot, bei den Kapuzinern war es allerdings sehr rauh, aber das „G'segn's Gott!" des Pförtners klang so gut gemeint, daß er es an einem Brunnen hinunterwürgte... Das Gymnasium wurde durchgefrettet. Er kam an die Universität, man vertraute ihm jüngere Knaben zum Unterricht an, ein Stipendium half nach, so daß seine Zehen nicht mehr neugierig aus den Schuhen guckten und er schon im ersten Winter einen Ueberzieher aus grobem Loden trug! Nach so viel Elend wurde er fast stolz und trank nur hier und da ein Krüglein Bier mit doppeltem Behagen, weil ihn jetzt die Kellnerin mit „Herr" anrede. Als Praktikant bei der Finanz kämpfte er sich mit Ehren durch; vielleicht weil er als armer Student die Pfennige klieben gelernt hatte, und so war er endlich noch verhältnismäßig jung in einem Amt so weit emporgestiegen, daß ihn vornehmere Kandidaten, die einst hochmütig auf ihn herabsahen, beneiden mußten. Steht so ein Häuter einmal auf einer gewissen Höhe, interessiert er auch die Frauen, insbesondere die Mütter, wenn auch die Töchter gewöhnlich das Portepee und die Sternchen am Halse jedem goldenen Kragen mit Rosetten vorziehen — bis sie in ein gewisses Alter vorrücken. Jeremias, denn mit diesem unromantischen, aber vorbeutenden Namen hatte man ihn einem Oheim zuliebe getauft, tappte auch

richtig hinein. Nachdem er soviel Geringschätzung erfahren hatte, that es ihm
gar wohl, sich in einem guten Hause mit Auszeichnung behandelt zu sehen
und bei der Damenwahl, obschon er eigentlich nur trampelte und nicht tanzte,
von dem allerdings nicht mehr jungen Fräulein erkoren zu werden. Wie oft
hatte ich ihn gewarnt — vergebens! Zum Dank dafür schnipste er mir die
schönsten Blümlein, an denen ich meinen Schülern Staubfäden und Stempel
erklären wollte, aus der Botanisierbüchse, um der Braut ein Sträußchen zu
bringen, stolz darauf, wenn sie es an den Busen steckte. Er war etwas
schüchtern, als ich ihm den Verdacht äußerte, er habe den ersten Kuß erhalten,
ohne darum zu bitten, wurde er rot und knurrte wie ein Dachs. Wahrschein=
lich lud er mich deswegen nicht zur Hochzeit; wenn es ihm nicht etwa Elsa
verbot, die sich öfters über meine losen Worte beklagte. Das war mir eigent=
lich recht, weil ich meine, man solle erst dreißig Jahre nach der Trauung
ein Fest feiern, denn da sieht man endlich, wie die Sache sich angelassen hat.
Das erste Jahr ging der Karren ganz gut; ich besuchte ihn einmal, er hieß
mich jedoch nicht einmal niedersitzen und das salzige Gesicht des Weibchens
ließ sich nur durch die Spalte einer Thür, die dann barsch zugeschlagen wurde,
bewundern. Nun, er wollte sein Glück allein genießen, warum nicht? — Sie
rekognoszierte klug und weise vorher das Schlachtfeld, wo sie siegen wollte,
und so begann im zweiten Jahre das Knarren und das Quietschen. Es galt
den Kampf um die Herrschaft und die seinige wäre doch so leicht zu ertragen
gewesen, sie machte sich ja kaum bemerkbar? — Wenn er etwas verlangte,
wurde ihm bedeutet, er sei unhöflich, er solle bitten, da versagte er sich dann
manches oder besorgte es selbst. Die Dienstboten merken so etwas gleich und
folgen dem Beispiel der Frau; sie behandelten ihn gleichgültig, wenn sie ihn
nicht gar vernachlässigten. Die paar Groschen, die die Gnädige von den Eltern
empfing, reichten für ihre Bedürfnisse bei weitem nicht aus, da kamen allerlei
Rechnungen von Putzmacherinnen, Schneidern und Zuckerbäckern; er bezahlte
erst schweigend, als es sich wiederholte, machte er einige bescheidene Einwen=
dungen. Sie zog die Nase in die Höhe und antwortete schnippisch: „Meinst
du, ich habe dich geheiratet, um ein Haustier zu werden?" Die Schwieger=
mutter machte ihn gelegentlich auf die Ehre aufmerksam, daß ihm Fräulein
Ypsilon die Hand gereicht habe — aus dummer Liebe, denn sonst wäre sie
längst Hofrätin. Diese erinnerte sich rechtzeitig an ihr Schnupftuch und that,
als ob sie eine Thräne trockne. Jeremias schlich kleinlaut davon; er versäumte
den Augenblick, wo er Spitz und Knopf auf Biegen oder Brechen zusammen=
setzen sollte, weil er sie in seiner arglosen Gutmütigkeit nicht durchschaute. Und
dann! Aus leisen Andeutungen konnte er schließen, daß ihm ein Vaterglück
blühen werde. Da wußte er kaum noch, was er thun, welche Rücksichten er
nehmen sollte, um sie stets heiter zu erhalten. Es war aber nichts; wohl aber
nahte der Fasching des dritten Jahres. Wenn er hoffte, sich an der Seite der
Gattin abends von der Mühe des Amtes zu erholen, wie täuschte er sich!
Freundlich grüßte er beim Eintritt in das Zimmer, sie stand nicht auf,
ihm entgegenzugehen, sondern nickte mit dem Kopf; wenn er nun von den
Erlebnissen des Tages sprach, erwiderte sie, ohne ihren Roman aus der
Hand zu legen: „Das geht mich ja nichts an, das langweilt mich." Schon
wollte er sich, wie einst als Junggeselle, wieder in das Wirtshaus flüchten,
bis ihn endlich die Schwiegermutter aufmerksam machte, er werde doch begreifen,
daß er eine junge Frau auf Bälle und Gesellschaft führen müsse. Wie gern
hätte er seine Abende in stiller Häuslichkeit hingebracht, so mußte er als Rot=

1. Septemberheft 1899

nagel in den glänzenden Sälen, bei der rauschenden Musik aushalten bis zum
Hahnenschrei und durfte ihr höchstens ein Glas Limonade oder eine Schale
Himbeereis oder Vanillecrème bieten, wenn es nicht bereits vor ihm ein galanter
Herr gethan hatte. Und dann die Kosten. Sie überstiegen bereits seine Ein=
nahme; um sie zu decken, blieb ihm nichts anderes übrig, als Nebenarbeiten.
Er hoffte auf die Sommerfrische, in der Einsamkeit des Landlebens werde alles
wieder ins Gleichgewicht kommen; seine Gemahlin hatte sich jedoch überreizt
und bedurfte zur Beruhigung der gespannten Nerven eines Bades. — Gut!
Nun wurde er jedoch allmählich ungemütlich, er begann zu knurren, Hader und
Zwietracht zogen ein, und weil er sich trotz seiner Leidenschaftlichkeit nicht zur
Gewalt fortreißen ließ, so setzte sie ihm jeden Tag die bekannten Kifferbsen auf.
Nach der Heimkehr wollte er Ordnung schaffen; die gnädige Frau hatte aber
unterdes allerlei Bekanntschaften gemacht und dabei weniger auf gute als auf
vornehme Ware geschaut. Wenn sich in einem Felsen eine Spalte bildet, so
bringen die Wurzeln des Unkrautes hinein, wachsen tiefer und tiefer, bis sie
ihn endlich zersprengen; zeigt sich zwischen Eheleuten ein Riß, dann wittern es
gleich die Schmarotzer, die Ohrenbläser, die das Vertrauen erschleichen und
den Bruch unheilbar machen. Das war ein Fräulein Mali, etwas übertragen,
mit einem Gesichte aus Juchtenleder; sie hatte sich in manchen hohen Häusern
abgerieben und wußte daher Schick und Manier. Sie ward das Orakel: „Du
mußt das thun, er muß jenes lassen, besteh' darauf." So wurde endlich ein
jour fix festgestellt, wo Frau Urian obenan thronte und die Huldigungen der
Schmeichler empfing, für welche die Delikatessen aus dem Sacke des armen
Jeremias bezahlt wurden. Er that Einsprache, sie blickte ihn verächtlich an,
denn er hatte sich bis jetzt alles gefallen lassen, und kehrte ihm stolz den
Rücken. Da jubelte denn im hellen Salon die bunte Gesellschaft, er saß finster
schmollend im abgelegenen Kämmerlein, bis ihm die Magd einige Brocken zum
Nachtessen brachte. Dann sprang er auf, nahm Hut und Stock und warf die
Thür zu, daß das Haus zitterte; als er spät, spät heimkehrte, war der Lärm
noch toller. — „Die Hundspeitsche!" Er griff zur Thürklinke, doch besann er
sich, sollte er in seiner Stellung einen öffentlichen Skandal machen? —
„Scheiben!" rief er dumpf und warf sich auf das Sofa, wo er heute über=
nachtete. Er gehörte zu den Männern, denen man lang, lang alles bieten
darf, bis sie endlich gereizten, aber dann tauen sie auch nicht mehr auf. In
der Früh kam er nicht mehr zum Kaffee, seine Frau schickte eine schnippische
Botschaft und spöttelte: so möge er im Winkel nüchtern bleiben und dann zur
Kommunion gehen! — Als er sie von nun an, mit eisiger Kälte thun und
machen ließ, was sie wollte, wurde ihr ein bißchen bang, der Lieutenant, ein
junger Kavalier, der als Hausfreund sich bisweilen auch Geld zu borgen sich
herabließ, scherzte jedoch die üble Laune bald weg und so ging es mit eigen=
sinnigem Trotz im angefahrenen Geleise fort. Jeremias beobachtete mit dem
kalten Auge des Hasses, er sah alles, wenn er auch nichts zu sehen schien, bis
er endlich die Zeugnisse hatte, die er brauchte, um vor Gericht aufzutreten.
Als Jurist gewissenhaft in jeder Beziehung, wollte er sie auch noch dadurch
ins Unrecht setzen, daß er ihr noch Gelegenheit zur Umkehr gab, obschon er
zum vornhinein von der Vergeblichkeit jedes Versuches überzeugt war. Er
sann hin und her: „Wie, wo, wann?" — Da bot sich unerwartet eine Gelegen=
heit. Zu Kufstein war bei der Ablösung der Gilten Streit zwischen den Be=
teiligten entstanden, nun sollte eine Kommission, wie es das Gesetz in solchen
Fällen fordert, darüber entscheiden. Jeremias hatte den Vorsitz zu führen.

Er wollte eben den Ueberrock anziehen, den ihm die Magd unwillig ausgebürstet hatte, da polterte seine Frau herein:

„Warum sagst du denn nichts, daß du verreisest?"

„Nun, dir liegt wohl nicht so viel daran, wo ich mich aufhalte?"

„Man könnte wenigstens fragen, ob im Hause etwas nötig sei."

„Was du willst, forderst du ja stets ohne Einleitung."

„Nur das Notwendige! Hier ist eine Rechnung der Nähterin."

„Wozu? In anderen Familien besorgt das die Frau mit den Dienstboten."

„Ich bin keine Magd!"

„Auch gut."

„Wie lange bleibst du aus?"

„Vielleicht vierzehn Tage."

„Da könnte ich indes mit Mali eine kleine Reise machen." Ich bin lang nicht mehr von Innsbruck fortgekommen; die Diäten für die Kommission bringen dir gewiß viel Geld."

„Du bleibst zu Hause!"

„Ahhh!"

Er lächelte spöttisch und das wirkte, daß sie eine Ohnmacht unterließ. Nun trat er vor sie hin; seine Stimme war streng, sein Blick ernst, wie noch nie. „Wir müssen unsere Wirtschaft einschränken, so geht es nicht mehr fort; soll ich dir mit Ziffern nachweisen, daß sich der Aufwand nicht mehr erschwingen läßt?"

„Ziffern? Ich bin kein Rechnungsrat!"

„Das Addieren und Multiplizieren scheinst du allerdings seit der Schule vergessen zu haben, umsomehr muß ich rechnen. Du hast mich an meinem eigenen Herde fast wieder zum Bettelstudenten herabgedrückt, ich bin aber der Herr!"

„Und ich die Frau!"

„Ich, der Herr, verbiete dir von jetzt an den jour fix und die kostbaren Gesellschaften."

„Du bist wohl gar eifersüchtig?"

Er lachte hell auf. „Ich habe wahrlich nie gedacht, dir in dieser Beziehung einen Vorwurf zu machen; du bist ja aus einem vornehmen Hause, wo man auf Ehre hält, und dann hast du dich vor dem Spiegel gewiß längst darauf besonnen, was dir die Pflicht in jedem Falle gebeut."

Sie blickte ihn mit den schwarzen Aeuglein an wie eine Viper und zischte: „Grobian!"

„Es thut mir leid, daß ich so reden muß; aber ich muß es, nicht etwa bloß meinetwegen, sondern auch zu deinem Wohle. Vielleicht blüht in keiner Stadt der Klatsch so wie in Innsbruck, hüte dich vor übler Nachrede, wenn du auch schuldlos bist."

„Der biet' ich Trotz", rief sie und richtete sich in stolzer Erhabenheit auf; „ich bleibe, wie ich bin!" Sie ballte die Faust und stampfte mit dem Fuß.

Er seufzte tief. „Dann sind wir fertig!" Als er zur Thür hinaus ging, stieg etwas wie eine Thräne in seinem Aug' ohne über das Lid zu fließen, oder war es eine Perle von Eis.

Bald danach kam die Freundin Mali; in heftiger Erregung erzählte sie dieser den ganzen Auftritt und fragte, was sie meine? Diese klatschte lebhaft in die Hände! „Vortrefflich, daß du fest geblieben bist, jetzt hast du gewonnen für immer!" — Das Duett unterbrach der Lieutenant; obwohl die Gnädige abwehrte, erzählte ihm das Fräulein doch sogleich die ganze Szene; als er jedoch den „alten Bären" in Ton, Gang und Haltung spottend nachäffte, schüttelte Elsa den Kopf, ja sie lehnte sogar die Einladung zu einem Ausflug auf die Lanserköpfe ab, weil sie ein gewisses unheimliches Gefühl nicht ersticken konnte.

Jetzt wird die Geschichte pikant, wie man es von einer modernen Novelle erwarten darf und das bis jetzt Mitgeteilte ist wohl nur die Ouverture? — Die Frauen mögen ruhig weiter lesen, wir haben vom sechsten Gebot, das man als Wahlspruch für den größten Teil der neuen Literatur benützen könnte, nichts zu erzählen. Das wäre im Grund genommen nicht so schwer und sogar unsere Blaustrümpfe kennen schon das Rezept, nach dem man jetzt kochen muß, um Beifall zu erhalten, allein wir bleiben bei der glatten Alltäglichkeit, die ewig alt und ewig neu, aber eben deswegen ewig wahr ist und vielleicht sind wir gar so schlau, eine Karte auf den Realismus zu setzen, der ja gegenwärtig alles übertrumpft, was je dagewesen ist und kommen wird.

Die Gnädige hat schlecht geschlafen, als es morgens an der Thür läutet, öffnete sie selbst, um einen Brief zu empfangen.

Er trägt die Aufschrift von Jeremias, feiner und zierlicher als je; sie erbricht das Siegel und beginnt zu lesen — atemlos bis zum Ende. Kein unfreundliches Wort, kein Vorwurf, nur eine kurze Darstellung ihres bisherigen Verhaltens mit dem Hinweis auf so und so viel unanfechtbare Zeugen. Zum Schluß die trockene Frage: „Ob sie es auf die gerichtliche Scheidungsklage ankommen lasse, obschon sie einsehen müsse, daß das Urteil gegen sie ausfallen werde, dann würde sie freilich nichts mehr von ihm erhalten. Oder ob es ihr beliebe, noch vor seiner Ankunft die Wohnung zu räumen und Innsbruck zu verlassen — unter was immer für einem Vorwand, das sei ihm gleichgültig, dann setzte er ihr jährlich fünfhundert Gulden aus, welche sie wo immer verzehren möge. Auf Erörterungen lasse er sich durchaus nicht ein: Hier gelte nur Ja oder Nein! das sie hier auf einer offenen Korrespondenzkarte schreiben möge."

Kaum hatte sich Elsa vom ersten Schrecken erholt, so schickte sie eine Magd zu Mali, um mit ihr zu beraten. Es war nicht mehr weit zum Mittagstisch, sie kam daher schleunig. Schluchzend teilte ihr die Unglückliche alles mit, Mali aber sagte achselzuckend: „Ich habe mir immer gedacht, daß es so enden werde, du hast es zu weit getrieben, warum warst du nicht klüger. Die Sache ist allerdings unangenehm, du erhältst jedoch jährlich fünfhundert Gulden, und wenn du nebenbei fleißig arbeiten willst, kannst du ganz gut leben." — Nach einigen gleichgültigen Worten entfernte sie sich. Auch der Lieutenant kam nicht mehr, er mied sogar die Gasse, und soll im Wirtshaus gelegentlich mit tugendhafter Entrüstung Jeremias bedauert haben, daß er an ein so böses Weib geraten sei. Er werde jedenfalls einmal eine klügere Wahl treffen.

Kein jour fix mehr; die Gäste schauten, wenn sie vorübergingen, höchstens gleichgültig zum Fenster empor, hinter dem sie so gut gespeist und getrunken hatten.

Die Frau schrieb mit zitternder Hand das „Ja." Ihr Vater konnte als Pensionist einen beliebigen Aufenthalt wählen, es wurde gepackt und die ganze Familie reiste nach dem Süden, denn Elsa war plötzlich von einem Brustleiden befallen, das schnelle Hilfe forderte. Daß der wahre Sachverhalt in allen Winkeln bekannt wurde, dafür sorgte schon Mali.

Nach der Rückkehr fand Jeremias alle Schlüssel an den Kästen stecken; auf seinem Bette lag neben dem Trauring eine Visitenkarte: Elsa Tupfer, geb. Strada. Sein Name war durchstrichen, sie bestätigte dadurch die That-

sache der Trennung voll und ohne Rückhalt. Nun zog auch er seinen Ring
vom Finger und legte beide sorgfältig in ein zierliches Etui. Am ersten
jedes Monates sandte er ihr durch Postanweisung das Geld, jeder Verkehr
blieb für immer abgebrochen. Zu ihrer Ehre müssen wir sagen, daß nie eine
Klage über ihn aus ihrem Munde kam; sie hatte das Bewußtsein der Schuld
und war stolz genug, sie allein und ganz zu tragen. Nach zwei Jahren erhielt
er ihren Totenschein, darauf folgte ein Brief des Priesters, der ihr die Sterbe-
sakramente gereicht hatte, sie bat ihn am Thore der Ewigkeit um Vergebung
für das Herzeleid, das sie ihm angethan. Eine Thräne quoll aus seinem
Auge und floß über die Wange nieder, er holte das Etui und steckte beide
Ringe an den Finger, wie es Witwer zu thun pflegen; er hatte vergeben,
werden die Frauen auch ihm vergeben?

Dann kaufte er abseits von der Stadt auf dem Höttingerried ein Gütchen
mit einem kleinen Garten und etlichen Obstbäumen; er lebte dort einsam und
zurückgezogen, für seine Bedürfnisse sorgte eine alte, treue Magd. Nur mit
Studenten verkehrte er gern, man sah ihn sogar hie und da mit den jungen
Leuten am Wirtshaustische; er erinnerte sich an das Elend, aus dem er sich
emporgerungen und stellte manchen wackeren Jungen, der ins Schwanken geriet,
wieder auf die Füße, so daß er ihm seine ganze Zukunft verdankte. Als ich
zur Ergänzung meiner geologischen Vorträge Ausflüge veranstaltete, schloß er
sich bisweilen an; ich erinnere mich gar wohl, wie er auf der Veranda zu
Torbole unter den fröhlichen Jünglingen saß und leise mitsang, wenn sie ein
Lied von Uhland anstimmten, wie sie zu seiner Zeit beliebt waren. Dann
kamen wohl auch die neuen Gesänge von Scheffel, da sagte er endlich: „Das
ist ja frisch, schön, trefflich; aber, meine Herren, vergessen Sie ja nicht, daß
es auch eine höhere Tonart der Lyrik gibt, als das — Kremplem!" — Er las
gern und viel, meist ältere Werke; Walter Scott und Manzoni waren ihm
noch immer teuer, auf die neue Litteratur ließ er sich nicht mehr ein: „Diese
Schriftsteller in Blechharnisch oder mit dem ägyptischen Pschent auf dem Schädel
kommen mir vor wie eine Maskerade am Aschermittwoch. Ihre Romane
werden nur für den Müßiggang aus dem Müßiggang geschrieben. Gäbe es
keine Damen, so würden diese Blasen nicht aus dem Sumpfe steigen. Das Weib,
das nach dem alten Spruch der Bibel des Mannes Gehilfin sein soll, hat
kaum Zeit für all den gefirnisten Unflat. Ja, die Damen! Vor mir gilt nur
das Ideal der echten deutschen Frau; wie gern gedenk' ich der edlen Gräfin
Therese Sarnthein oder ihrer Freundin Cornelie!" — Wenn er ins Morali-
sieren kam, war er schwer zu hemmen; hätt' er lieber manches, was er gesehen und erfahren, aufgeschrieben! — Um ihn zu versuchen, brachte ich ihm
einmal Diderots Briefe an die Voland. Er gab mir nach einigen Wochen das
Buch zurück: „Das ist ein Franzose in der Wolle, hab' mich daran nicht erbaut,
aber gewärmt."

Ich stieg wohl hie und da zu seinem Häuschen empor. Er wurde
immer betagter, da saß er dann auf der Bank in der Sonne und lüftete, wenn
ich eintrat, das schwarze Käppchen, denn sein braunes Haar war weiß und
schütter geworden, und ich nahm Platz neben ihm, um ein bißchen zu rasten,
zu schwätzen. Wir schauten auf die Stadt, die sich immer mehr ausbreitete,
zeigten da und dort auf ein altes Gebäude und redeten von einer Vergangenheit,
die weit hinter uns lag: im späten Herbste von einem Frühling, der nie
wiederkehren sollte. Zum Abschied schenkte er mir immer eine oder die andere

Blume und lud mich ein, bald wieder zu kommen: bis dort werde dieser oder jener Stock neue Blüten erschließen.

Von seinem Unglück sprach er nie, nur einmal deutete er darauf hin. Es war am Allerseelentag. Der volle Glanz des Spätherbstes mit seiner milden Wärme ruhte still und friedlich auf dem Thal; die Stadt umhüllte ein leichter bläulicher Rauch; rechts schimmerten die Mauern des Friedhofes mitten im grünen Felde. Da klangen alle Glocken und verkündeten den Beginn der Prozession. Er atmete tief und sagte dann: „Sie kennen die harmonia praestabilite von Leibniz? Vielleicht gilt sie für die Menschen, so daß sie, wie Klopstock meinte, für einander geschaffen werden. Die Frau, die zu mir gehört, hat entweder vor meiner Geburt gelebt, oder sie wird erst geboren, wenn ich tot bin. Ja wohl; die Ewigkeit jedoch gleicht das alles aus. Warten wir also!"

Der Winter war hart und streng. Im Januar erhielt ich eine Todes= anzeige: „Jeremias Tupfer . . .", ich las nicht weiter. Am nächsten Tag stieg ich nach Hötting empor, um seine Leiche zu begleiten. Hinter der Bahre humpelte die alte treue Urschel; eine Thräne holte die andere ein, und als die gefrorenen Schollen auf den Sarg niederkollerten, schluchzte sie laut in den Totenchoral: „Er war ein guter, guter Herr!"

Für die sorgfältige Pflege, die sie ihm durch so viele Jahre gewidmet hatte er ihr den Nutzgenuß des Gütchens vermacht, nach ihrem Tode sollte es verkauft und der Ertrag dem Akademischen Unterstützungsverein zugewendet werden. Zu Hause machte ich in meinem Kalender wieder ein Totenkreuzlein . . . das wie vielte!

Ich bin zu Ende. Ihr mögt diese Geschichten nennen, wie ihr wollt; es wird sich wohl ein ästhetisches Schubfach finden, wo man sie hinstecken kann, — vielleicht: Sittenbilder, nur soll man mir nicht die Absicht unterschieben, als wollte ich belehren. Das wäre verlorene Liebesmüh, wie ich nur zu oft er= fahren. Auf meiner Palette liegen noch manche Farben; soll ich das nächste Mal das moderne Anilinrot wählen? Warten wir!

•   •   •

Meine Lampe.

Wert als hätt' dich geschaffen ein Künstler, bleibst du mir, Lampe,
   Die der Klempner nur trieb aus dem bescheidenen Blech.
Hast viel Nächte geflammt und geleuchtet dem strebenden Jüngling,
   Der mit schüchternem Laut schüchterne Lieder begann.
Oftmals spendete Licht mir der Docht in traulicher Stube,
   Wenn das Gemüt qualvoll düsterer Kummer bezwang,
Oft auch sahst du den Blick auflodern begeisterten Glanzes,
   Wenn Shakspere und Homer füllten mit Bildern den Raum,
Leuchten sollst du auch jetzt, wo mir zur Seite geschäftig
   Sitzt ein liebliches Weib, hebend den freundlichen Blick
Bald zu dem Kind, das lallend die ersten Laute gestammelt,
   Bald zu dem Mann, der ernst denkt an des Tages Erwerb.
Grüßen die Musen mich doch wie früher und meiden das Haus nicht,
   Legen den vollsten Kranz treu auf den heimischen Herd.
Mögen die Aehren sie stets umflechten mit buntem Gewinde,
   Weil mir der Jugend Reiz, ach der zu flüchtige, schwand,

Möge noch hell dein Licht auf Kinder und Enkelchen strahlen,
  Wenn mein Strahl schon erlosch, ruhig wie deiner erlischt;
Fromm des Ahnen gedenk' noch, vergönnen sie gerne den Platz dir,
  Wenn du auch wertlos bist, neben dem Silbergerät,
Bis in der Zeiten Strom entschwinden die Lieder des Dichters,
  Bis in der Zeiten Nacht dunkel der Name verlischt.

Dem Kritiker.

„Sind die Lieder erlebt? — geschah's, wie du es geschildert?" —
  Deutscher Kritiker, ja! leider nie wörtlich genau!
Schlürfst du den Wein, so frage den Schenken nicht nach den Beeren,
  Die dir schäumend den Kelch Tropfen zu Tropfen gefüllt.

Dichter.

Danke dem Himmel für das, was er voll Huld dir gewährte,
  Danke für das noch mehr, was er dir weise versagt.

Im Unendlichen ist das Endliche immer enthalten,
  Wenn es sich selber verneint, ist es Unendlichem gleich.

Daß es ein Troja gab, das müßt ihr zuvor uns beweisen,
  Eh' den trojanischen Krieg ihr zu besingen versucht.

Dich verachten? — O nein! — Dich hat ja die Bibel verkündet
  Als die schmutzige Sau mit dem Geschmeide von Gold.

Freilich; berühmt bist du: dich hören, dich schauen sie alle! —
  Beim Literatenkonzert schlägst du die Trommel mit Wucht.

Buk man früher das Brot, so mischte Gewürz man zum Mehle,
  Nun vergißt man das Mehl, knetet den Teig aus Gewürz.

Volk? Ihr wäret das Volk, das große gewaltige deutsche?
  Ihr ein Publikum nur, elend wie keines noch war!

Reicht der Gedanke hinab zum tiefsten Abgrund des Todes,
  Führt der Genius nur dich in das Leben zurück.

Deutsch.

Zwei Milliarden versauft, verraucht ihr lustig im Jahre,
  Freilich die Kunst setzt ihr stets auf die Hungerdiät.

Gedanken und Ideen.

„Was geschieht, es geschieht und muß von ewig geschehen!"
  Ist dir dieses ein Trost, wenn dich ein Wagen zermalmt?

„Trenne, so viel du willst, den Stoff von der Form in Gedanken,
  Leben, so lang es lebt, setzet doch beide zugleich.

Was von selbst sich versteht, versteht sich leider am schwersten, —
  Ach, Jahrtausende braucht's, Ströme von Thränen und Blut.

Schön und kräftig erschuf die griechische Kunst den Kentauren:
  Oben ein Mann voll Mut, unten ein flüchtiges Roß.
Ihr auch zeiget vereint mit menschlichem tierisches Wesen, —
  Leider ist scheußlich der Mensch, leider ist gräulich das Tier.

1. Septemberheft 1899

„Still und groß ist der Mann!" — Erlaubt, daß wir es bezweifeln.
Hat er als Knäblein nicht öfters die Hosen beschmutzt?

Bismarck.

Einheit wollen wir stets und immer! doch fürchterlich, was wir
Nicht zusammengeschwätzt, hat er zusammengeschweißt.

Reaktion.

Sagt, wir bitten euch drum, o sagt uns endlich die Wahrheit,
Aber die Wahrheit sei, wie man sie gerne vernimmt.

*

Sprüche.

All die Himmelssterne senden
Dir ihr Licht hernieder,
Arme, dunkle Erde gibst du
Ihnen etwas wieder?

Dem Tier sei nicht das Tier verdacht,
Zum Dieh hat's nur der Mensch gebracht.

Mitten durch paßt auch nicht stets,
Nicht mit Worten, Taten,
Kannst du einen Sumpf umgeh'n,
Warum ihn durchwaten?

„Eine Welle bist du nur
In dem Strom der Zeiten!"
Nur in Wellen fließt der Strom,
Willst du das bestreiten?

Sei schweigend, was du bist,
Gib schweigend, was du hast,
Zermalmt das Schicksal dich,
Trag' schweigend deine Last.

Wir schätzen dich, du edler Greis!
Es sank ins Grab ja das Geschlecht,
Das du bestohlen und entehrt,
Dem du gebrochen Pflicht und Recht.

Vielleicht trägt jeder Kopf den Zopf,
Doch gibt es Zöpfe ohne Kopf.

Stimmung leihen Wind und Wetter,
Frische Blüten, welke Blätter,
Aber Stimmung, armer Wicht,
Ist noch lange kein Gedicht,
Wie das Salz in seiner Lauge
Als Kristall nicht glänzt dem Auge.
Stimmung soll im Liede walten,
Phantasie nur kann's gestalten.

Dein Witz und die Zote
Reichen sich die Pfote.

Kunstwart

Damendichter, Damenschneider, —
Einer wie der andre — leider!

Kunstausstellung! wo die Kunst
Hintritt vor die Welt,
Wie Pilatus Christum einst
Vor das Volk gestellt.

Im Anfang war das Wort,
Nun schwemmt's die Tinte fort.

Ein Sein, das die Unendlichkeit erfüllt,
Und niemals sich in Zeit und Raum verhüllt!

Ein Sein, das ewig sich in sich gefällt,
Und dennoch setzt nach außen eine Welt.

Ein Sein, das weder gut noch böse kennt,
Wenn in der Welt sich gut und böse trennt.

Ein Sein, als wie die Ewigkeit so stille
Und seit der Ewigkeit doch Kraft und Wille.

Wo fängt sie an, wo endet sie — die Kraft,
Die sich ihr Wesen aus sich selber schafft?

„Geht mir aus dem Licht,
Denn ich brauch' euch nicht!"
Hast du das erreicht,
Ist dein Haar gebleicht!

Rundschau.

Literatur.

* Zu Adolf Pichlers Geburts=
tag. „Ihr Stück (»Die Tarquinier«)
ist so vortrefflich angelegt und mit
solcher Kraft und Wahrheit durch=
geführt, daß es sein Schicksal in sich
selbst trägt und sich früher oder später
auf der Bühne wie in der Literatur
Bahn brechen muß. Man wohnt
nur sicher in der eigenen That,
überall sonst sitzt man zur Miete und
wird ausgejagt, ehe mans denkt. Das
hab' ich in meinen vierzig Jahren, die
mich durch Berg und Thal führten,
gründlich erfahren, das eine an mir
selbst, das zweite an andern, und der
Satz wird sich auch an Ihnen bestäti=
gen. Wo sind sie geblieben, all die
Papierkronen, die links und rechts um
mich herum verteilt wurden, was hat
die große Lob=Assekuranz genützt, zu
der die edlen Mitglieder so reichlich
beisteuerten? Banquerotte an allen
Ecken und Enden waren das Ende

vom Liede. Werden Sie nur nicht
ungeduldig; ehe man sichs versieht,
springt die Pforte, an die man so oft
vergebens klopfte, von selbst auf."
Also schrieb anno 1852 Friedrich Hebbel
an Adolf Pichler, dem Heinrich Laube
eben seine »Tarquinier«, eines unserer
markigsten Römerdramen, zurückgesandt
hatte, und er hat recht behalten. Spät
zwar ist die Pforte aufgesprungen, aber
sie ist es doch; durch das Verdienst
des Buchhändlers G. H. Meyer sind
die Werke des Tiroler Dichters im
letzten Jahrzehnt auch in reichsdeutsche
Kreise gedrungen, und der 4. Septem=
ber d. J., der 80. Geburtstag Pichlers,
wird ein lebhafteres Echo erwecken, als
das pomphafte „Jubiläum" so mancher
vermeintlicher Literaturgröße, der die
Papierkronen während ihres ganzen
Lebens nicht gefehlt haben.

Dem Namen nach war mir Pichler
seit Jahrzehnten bekannt, ist er doch

— 373 —

auch eine „historische" Persönlichkeit, da er anno 1848 an der Spitze einer Freischar die Italiener mit aus Tirol hinauswarf; als Dichter habe auch ich ihn erst neuerdings kennen gelernt und meine nun, daß man wohltuende einige Ursache hat, neben Anzengruber und Rosegger auch ihn hochzuhalten. Er gehört einer älteren Generation an als diese, aber im großen Ganzen hat er für sein Heimatland Tirol dasselbe geleistet wie Anzengruber für die Erzherzogtümer und Rosegger für Steiermark, er ist der Tiroler Erzähler κατ᾽ ἐξοχήν. An Talent steht er wohl unter den beiden, aber als Persönlichkeit mindestens so hoch, und seine sich meist als Erlebnis gebenden, doch aber außer auf genauester Kenntnis von Land und Leuten wohl durchweg auf Erfindung beruhenden, sehr sorgfältig ausgeführten Erzählungen („Allerlei Geschichten aus Tirol", „Jochrauten", „Letzte Alpenrosen") werden noch sehr lange Liebhaber finden, schlicht, gesund, charaktervoll, wie sie sind. Fast eben so hoch wie die erzählenden Bände stelle ich die Wanderbücher Pichlers, „Aus den Tiroler Bergen" und „Kreuz und quer"; hier erquickt man sich immer aufs neue an der frischen Mannhaftigkeit des Dichters. Auch Pichlers Lyrik haftet zum Teil am Heimatboden, seiner Natur, seinem Volksleben, gewinnt aber doch auch zur großen deutschen Literatur Beziehung. Ein unerschütterlicher Verehrer der Antike und Goethes, tritt Pichler gewissermaßen an die Seite Rückerts und Platens, schafft Pindarische Hymnen, nicht nachahmend, sondern durch den Inhalt seiner Empfindungen, ja man kann direkt sagen, durch die Größe der Alpennatur getrieben, schafft zahlreiche Elegien und Epigramme, die ihn unsern besten Didaktikern anreihen; im Liede findet man bei ihm dann wohl den Ton Lenaus, in der Ballade aus dem Volksleben ist er bemerkenswert selbständig. Im ganzen hat ihn schon Hebbel richtig charakterisiert, wenn er ihm Kernhaftigkeit und Gediegenheit, die immer auf das Wesen ausgeht und lieber trocken erscheint, als sich nach falschem Prunk= und Flitterland umsieht, nachrühmt. Außer den „Hymnen", auf die ich unsere Modernen wegen ihrer verwandten Bestrebungen aufmerksam mache, hat er noch drei Sammlungen, „Marksteine", „In Lieb und Haß", „Spätfrüchte" herausgegeben. Ich stehe nicht an, seine

besten „Sprüche" mit denen Goethes zu vergleichen.   A. Bartels.

* Ueber die Presse sagte auf dem deutschen Journalistentage zu Zürich der Landammann Curti, früher selbst ein Journalist, in einer schönen Rede unter anderm: „Man spricht viel von der gewaltigen Entwickelung, welche das Preßwesen seit zwanzig oder dreißig Jahren gewonnen hat. Es tauchen freilich auch Zweifel auf, ob die Bedeutung der Presse — ihre innere Bedeutung, ihr kultureller Wert — sich wirklich gesteigert habe, ob über einem so raschen und fast schrankenlosen Wachstum nicht ihr Gehalt sich verflüchtige, nicht die Verflachung ihre wie des Publikums Gefahr sei. Die alten Klassen besaßen wie ein Privilegium Geschmack, Formensinn, Feinheit. Die Demokratie des Jahrhunderts aber und also auch die Presse, ihr wichtigstes Instrument, wendet sich an die Massen. Jeder kann Journalist werden und der Journalist spricht zu Allen. Hat die Sprache dadurch gewonnen oder nicht? Genau besehen, glaube ich: ja! Der Journalismus zumeist setzte an die Stelle des schweren Balkenwerkes der Perioden einen leichteren, bequemeren, gefälligeren Bau. Doch hat der Journalist vor sich selbst auf der Hut zu sein, daß die Hast des Zeitalters sich ihm nicht mitteile. Im Kampfe mit ihr sollte er eine antike Seele besitzen und einen klassischen Geist, in Form und Stil wahren, sich nicht verzetteln und ausgeben, das Eilige mit Sinn und das Gefährliche mit Grazie sagen. Diese Aufgabe gehört zu den schwierigsten, heischt eine fortwährende Bereicherung des Wissensschatzes, heischt neben der stetigen Ausbreitung stetige Vertiefung. Wenn man Kollegien der Journalistik einrichten, wenn man eine Journalistenschule gründen wird, so ist mein Wunsch, daß darin nicht bloß die Mache gelehrt werde, von der ich wahrlich nicht übel reden will — sie macht den Journalisten, nur nicht ganz! — sondern man muß auch, ich darf sagen von den priesterlichen Pflichten sprechen, welche der Journalist hat, Pflichten gegen den Genius der Sprache seines Volkes wie gegen die ganze nationale Kultur."

Theater.

* Paul Schlenther, auf den die Berliner „Modernen" und alle Männer ihres Banners in deutschen Landen schworen, so lange er noch redete,

sinkt mehr und mehr in Ungnade auch bei den Neuesten, nun er als Direktor des Burgtheaters zu handeln hat. Kürzlich hat die Wiener „Wage" die „Bilanz des Burgtheaters" gezogen. Shakespere, heißt es darin u. A., der noch 1895/96 mit 20 Werken und 45 Aufführungen (in der vorigen Saison mit 18 Werken und 46 Aufführungen) im Repertoire vertreten war, zählte in der eben abgelaufenen Saison nur 11 Werke mit 22 Aufführungen. „Julius Cäsar", „Antonius und Kleopatra", „Kaufmann von Venedig", „Othello", „Der Widerspenstigen Zähmung", sämtliche Königsdramen (mit Ausnahme von Heinrich V. und Richard III.) fehlen im Schlentherschen Spielplan. Goethe, der früher 12—17 Aufführungen im Jahre zählte, mußte sich heuer mit 5 begnügen (im Vorjahre 9). Grillparzer, der noch 1889/90 26 Aufführungen von 8 Werken (in der vorigen Saison 17 Aufführungen von 8 Werken) hatte, ist auf 6 Aufführungen (von 6 Werken) gesunken. „Das goldene Vlies", „Die Jüdin von Toledo", „Des Meeres und der Liebe Wellen", „Esther", „Der treue Diener seines Herrn" sind heuer aus dem Repertoire verschwunden. Kleist, Hebbel, Molière schienen für Schenther überhaupt nicht zu existieren. Kein einziges ihrer Werke, ich sage kein einziges steht im Repertoire. Die „Standard works" der Modernen aber, jene Werke, deren Musteraufführung eine heilige Pflicht des Burgtheaters der Gegenwart gegenüber bedeuten müßte, jene Werke, die Burckhardt mit harter Mühe ins Burgtheater gebracht hat, vernachlässigt Schlenther in der schlimmsten Weise. Ibsen mußte sich während der ganzen Saison mit 2 Aufführungen (eines Werkes) begnügen! Anzengruber hat es — Ibsen, dem Ausländer, zum Troste — auch nur zu 2 Vorstellungen gebracht.

In dieser Saison gab Schlenther 10 Novitäten. Davon hatten nur zwei „Fuhrmann Henschel" mit 19 Aufführungen dank Sonnenthal und „Das Erbe" (!) mit 19 Aufführungen dank Baumeister großen Erfolg. Schnitzlers „Vermächtnis" (11 Aufführungen) und sein „Einakterabend" (8mal) waren literarisch interessante und wertvolle Darbietungen; alles Andere mißriet. „Der Vielgeprüfte" von Meyer-Förster war ein schauerlicher Durchfall, „Peter Kron" von der Frau Rossmer eine böse Niete. Die frühere Direktion hatte dieses Stück der Frau Rossmer bereits

zurückgewiesen, aber Schlenther wollte einmal beweisen, daß er es besser verstünde. „Ewige Liebe" von Faber, „Herostrat" von Fulda, Hofmannsthals Gedichte aufzuführen, lag keinerlei dringende Veranlassung vor. Auf Rostands „Cyrano von Bergerac" wollte Schlenther das ganze Winterrepertoire aufbauen. Es wurde für die Ausstattung eine sehr beträchtliche Summe ausgegeben. „Cyrano" enttäuschte und der großen Liebe Mühe war umsonst gewesen. Dabei hat Schlenther noch 50000 Gulden Defizit mehr als sein Vorgänger bei 200000 Gulden kaiserlicher Subvention! Wird man endlich einmal einsehen, daß es mit dieser „modernen" Theaterwirtschaft, mit den Fulda, Faber, Rossmer, Philippi ebensowenig weiter geht, wie mit der Bewunderungssprudelei in der „modernen" Kritik?

Musik.

* Ueber die Bayreuther Festspiele haben wir nichts zu berichten; der Kunstwart schließt, wie bekannt, Kritiken über Aufführungen aus, soweit nicht etwa Grundsätzliches dadurch erläutert werden kann. Wohl aber darf hier die Frage erhoben werden, ob die fachmännische Kritik den Bayreuther Festspielen gegenüber durchschnittlich auf der Höhe ihrer Aufgabe stand, und da muß die Antwort lauten: leider nicht. Bayreuth will als ein Ausnahmefall im allgemeinen Kunstbetriebe gelten, und die Kritik verrichtet dort ihr Amt nach der Schablone des Alltags. In Bayreuth erstrebt man die Unterordnung des singenden und mimenden Virtuosen unter die Bedingungen einer Gesamtwirkung: die Kritik aber verweilt immerzu bei den Einzelleistungen, streicht dies heraus und tadelt jenes, ganz wie gewöhnlich, statt einmal einen neuen Maßstab anzulegen und das Verdienst des Einzelnen darnach zu bemessen, wie viel er zum Zustandekommen eines einheitlichen Gesamteindruckes beigetragen hat. In Bayreuth soll sich „um die Kunst allein" handeln; die Kritik bestärkt das Publikum im Star- und Personenkultus. Bayreuth ist — die ausländische Presse hebt das hervor — eine Einrichtung, auf der die Deutsche mit berechtigtem Stolze blicken kann; die Kritik aber bringt ihm die Vorstellung bei, es sei doch eigentlich mehr für die Engländer und Franzosen da. Bayreuth, die stille,

charakterhafte, kleine, alte Frankenstadt
soll der Einkehr und Sammlung des
Geistes dienen; die Kritik beklagt das
Fehlen moderner Hotel-, Trambahn-
u. dergl. Anlagen. Und was das
Komischste ist: alle jene Vorsätze werden
wenigstens in der freundlich gesinnten
Kritik zugegeben: aber die Folgerungen daraus zu ziehen, fällt ihr
nicht ein. Ueberall Phrasen, kein frucht-
barer Gedanke. Statt brauchbarer Vorschläge ideologische Wünsche ins Blaue
hinein. Jetzt heißt es wieder: führt auch
Mozart, führt auch Weber, führt auch
Richard Strauß im Festspielhause auf!
Sehr schön, aber das Defizit dann —
wer trägt es? Kommt man in Bayreuth doch bei dem ungeheuren Zulauf
nicht ganz auf die Kosten, da die
Künstler sehr hohe Honorare verlangen.
Zu Wagners Zeiten spielten sie —
um die Ehre. Wer hat sie zu der
jetzigen, enormen Begehrsamkeit auf-
geschmeichelt? Doch wieder nur die
Kritik. So verkettet sich Schuld und
Uebel. Die deutsche Tageskritik hat
das Kunstleben nie wahrhaft gefördert.
Wenn sie Wagner jetzt in den Himmel
hebt, so thut sie das ebenso blind, wie
sie ihn seinerzeit lästerte und schmähte.
So sagte der Meister: „Wollen jetzt
Sie, dann haben wir eine deutsche
Kunst."   R. B.

* Der letzte Musikwinter in
Leipzig. (Schluß.)
Unter den Chor-Aufführungen
seien nur die erwähnt, die neue Anregungen geben wollten. Im Gewandhause wurden die beiden geistlichen
Stücke für Chor und Orchester von
Verdi zusammen mit dem Triumph-
lied von Brahms aufgeführt. Man
thut Verdi unrecht, wenn man die
Stücke überschätzt. Ist das nicht mit
aufgeführte Quartett „Ave Maria" ein
Experiment, so sind diese beiden Chorwerke ernst zu nehmende Arbeiten, die
vor allen Dingen das Gute haben,
daß sie Verdischen Geist atmen. Sie
verdienen die Beachtung, die sie finden; aber sie sollten nicht in den Himmel
gehoben werden. — Der Riedel-
Verein gehört zu den Chor-Insti-
tuten, die bei den Händel-Aufführ-
ungen der Bearbeitung Chrysanders
sich bedienen, in diesem Winter wurden „Esther" und der „Messias" gesungen. Es hat mich einmal sehr betrübt, als hier im Kunstwart mit
Recht das Wort „Hurra-Chrysandris-
mus" fallen mußte. Nichts ist widerlicher und so direkt gegen den Willen

des großen Händel-Forschers als diese
Marktschreierei. Aber gegen die neue
Weise sollte niemand kämpfen, der
nicht ganz vertraut mit ihr ist und
ihren Erfolg aus der Praxis kennt.
Hier in Leipzig hat der „neue Händel"
sofort Verständnis, Liebe und Treue
gefunden. In zwei Konzerten hat dann
der Riedel-Verein den Versuch gemacht,
Liszts „Christus" einzuführen. Der
äußere Erfolg blieb aus; die Sache
Liszts aber hat neue, feste Freunde
gefunden und die Anregung draußen
im Reiche ist erfreulich groß.
Die Solisten-Konzerte blühen
hier und bringen den Großen Geld und
Ruhm, den Kleinen keines von beiden.
Neben Schubert, von dem endlich auch
die herrlichen unbekannten Stücke gesungen werden — auszuschöpfen ist ja
dieser Reichtum überhaupt nicht —,
herrscht Brahms. Mendelssohn ist
ganz verschwunden; Schumann bleibt,
ist aber allmählich auf den richtigen
Platz, nicht in einer Linie mit Schubert,
gerückt. Von Neueren gibts ganz wenig.
Bezeichnend ist, daß Einer einmal fünf
„Woelfe" im Programm hatte, daß
aber die, so ihn liebten, sich veranlaßt
sahen, zu sagen: „das darf er nicht
wieder machen, deswegen kommen wir
nicht in seine Konzerte, um »so was«
zu hören?!"
In der Oper sind jetzt unge-
strichene Wagner-Aufführungen eingeführt, von den Novitäten der letzten
Jahre starben die meisten früh eines
leichten Todes; der „Bärenhäuter"
allein hat sich dauernd auf dem Re-
pertoir erhalten. Sonst ist der Spielplan gleichmäßig, ohne besondere Physiognomie. Daß Göt' „Bezähmte
Widerspänstige" hier immer freundliche Beachtung findet, könnte vielen
Theatern lehrreich sein.
Jetzt beginnen schon wieder die
Vorarbeiten für die neuen Thaten des
nächsten Winters. Die Wünsche, die
im Interesse einer segensreichen Kunstpflege zu äußern wären, sind bereits
erwähnt worden: Beschränkung der
Zahl der Konzerte, künstlerische Gestaltung der Programme, weniger Zer-
splitterung, mehr Leipziger Lokalfarbe.
Die meisten der erwähnten Punkte
gelten ja entsprechend für alle unsre
Musikzentren. Es wäre ein großes
Verdienst, wenn Leipzig zuerst mit
dem Schlendrian brechen wollte. Freilich ist da „zur Kunst die Lieb'" das
Erste. Das feste Zusammenhalten um
der Sache willen, das die Maler kennen,

gibt's leider bei ben ewig sich zanken=
den Musikanten nicht. Was ließe sich
erreichen, wenn unsere Musikpflege von
großen Gesichtspunkten aus geleitet
würde. Jetzt herrscht im ganzen Reich
in der öffentlichen Musikpflege zu viel
Geschäfts= und zu wenig Kunstgeist.
Die Hauptsache bleibt ja auch in der
Kunst die feste, treue Liebe, die Hinder=
nisse bald im Sturm nimmt, bald
durch Ausdauer besiegt.

Georg Göhler.

Bildende Kunst.

* Der Katalog der Ausstellung
im Münchner Glaspalaste weist
allein an Oelgemälden 1232 Nummern
auf. Prüfen wir auch hier mit dem
strengsten Maßstabe, den wir dies=
mal bei der Sezession angelegt haben,
auf die höchsten, die seelischen
Werte hin, so werden wir von wirklichen
Kunstwerken solcher Art nur eine ganz
kleine Anzahl finden. Das Meiste ist ja
überhaupt blanke Marktware. Einen er=
freulichen Anblick bieten nur die Säle
der Luitpoldgruppe und einige wenige
Kabinette, in denen kleinere Künstler=
vereinigungen geschlossen ausgestellt
haben. Sind aber in diesem Jahre
die beiden Münchner Ausstellungen
am besten für die kleine Ueberschau
über neue Bilder geeignet, die der
Kunstwart zur Vermeidung überflüs=
siger Wiederholungen nur aus je einer
Kunststadt brauchen kann, so muß man
den Glaspalast zur Ergänzung der
Sezessionsausstellung heranziehen.

In der Luitpoldgruppe fällt vor
allem Exter auf. Ueber die Vorzüge
des glänzenden Koloristen sind wohl
alle einig. Für seine Phantasie sehr
bezeichnend ist das breitteilige Bild
„Der verwunschene Wald". Ein junger
frischleibiger Bauer ruft unter der vor=
gehaltenen Hand in den schattigen
Abend hinein. In der Ferne flammt
der letzte Abendsonnenschein vor dem
Wald auf, und in der Lichtflut er=
scheint ein Gewimmel von glänzenden
Weibergestalten. Enthielte das Bild
weiter nichts, es könnte „echt", könnte
überzeugend wirken, aber leider ist
Exters Phantasie nicht disziplinert
genug, um sich streng an den Kern
der Sache, die organische Ausgestaltung
einer ihm aufgegangenen Vision zu
halten, und siehe: da erscheinen
nicht nur im Lichtfleck glänzende
Gestalten, sondern der ganze Wald
beginnt von nackten Nymphen zu wim=
meln, die in dem kühlen, tiefen, ruhigen

Schatten des Waldes in wildem Tanze
herumrasen. Die Phantasievorstellung
ist nicht einheitlich aus der Waldstim=
mung hervorgegangen, aus dem Natur=
eindrucke herausgeschaut, sondern ein
Einfall des Malers hat daneben
auch die kühlen Waldgründe will=
kürlich belebt. Exter kann eben wie
so viele andere zwischen Einfall und
Phantasie nicht unterscheiden und
nimmt damit seinen Bildern die
geschlossene und starke Wirkung, die
sie sonst entschieden üben würden.
Reine Wirklichkeitsvorgänge dagegen
arbeitet Exter oft mit so kraft=
voller Auffassung und bei souveräner
Beherrschung des Kolorits so prächtig
plastisch heraus, daß man vor solchen
seiner Werke an Kunst ersten Ranges
denken darf.

Sehr sympathisch wirken auf mich
die Bilder des Schweizers Albert
Welti, vor allem durch den treu=
herzigen, kerndeutschen Zug, den sie
enthalten. Welti ist Phantasiekünstler
in jener unsrem besten Volkstum eigen=
tümlichen Weise, die sich nicht in
Wellenlinien und Schnörkeln symbo=
listisch austobt oder in lebensabge=
wandtem Selbstgenuß der Persönlich=
keit ausschwelgt, sondern die auch ihre
Traumwelt mit kräftigem Behagen
nach den Gesetzen unsrer thatsächlich
bestehenden aufbaut und so mit den
Eigentümlichkeiten wirklichen Lebens
versieht. Freilich läßt die Geschlossen=
heit der Stimmung, sowie die tech=
nische Durchbildung des Formalen
bei Welti manchmal zu wünschen
übrig, dagegen kann ich seine Farben=
gebung bei aller lichten Buntheit keines=
wegs zersahren nennen. Merkwürdig
ist nur, wie Welti trotz seiner unver=
kennbar kräftigen Eigenart gern auf
den Wegen andrer, zumal unsrer alten
Meister, wenn auch mit selbständigen
Schritten, wandelt. Auf seinem dies=
jährigen Bilde stellt er einen Hoch=
zeitszug dar, der gerade auf einer
Brücke angelangt ist. Links vorn hüpft
ein rothaariger Geigersmann in hohem
grauen Zylinderhut ab, ganz in seinen
Bogenstrich vertieft; ihm nach tanzt
ein derbnackiger Knecht mit prallsitzen=
den Hosen, die Dirn im Arm; oben
auf der Brücke nimmt das junge Paar
Abschied von der Mutter der Frau.
Hinten, vom sonnenbeschienenen Ge=
birgsdorf her, kommt eine junge Bäuerin
mit dem Korb am Arm auf schmalem
Pfade geschritten. Echt Weltisch sind
die Berglandschaft mit dem schmucken,

traulichen Dorf, die mit betrachtendem Blick ihres Weges ziehende Bäuerin, die tiefernste Mutter und die drollige Brückenfigur des kurzen Herkules mit der Keule.

Für Corinths Akt- und Verbrecherdarstellungen, die er als "Kreuzigung" in die Welt schickt, kann ich keine Begeisterung aufbringen, wenn auch diese Schilderungen allgemein als sehr "ernste" belobt werden. Mir kommt's mehr vor, als könnt' ich da ein gewaltsames Augenrollen des Künstlers gewahren, mir scheinen sie erzwungen. Einen viel natürlicheren Eindruck macht Corinth auf mich mit dem, was er heuer ausstellt. Ein drittes nacktes Weibsstück voll Siegeslachens im Blick zieht sich zum Karneval an, während einige altersfahrene Damen derweil mit Kennermienen die triumphverheißenden Nuditäten taxieren. Ein derber Humor hält alles ekelhaft lüsterne von diesem Bilde fern.

Ich habe allen Respekt vor Urban als Landschaftsmaler, wenn er sich wie bei seinen Schilderungen des Nemi-Sees selbständig gibt, und auch den Fischdarsteller Urban liebe ich; denn er versteht's, uns diese stummen Geschöpfe in ihrem eigentümlichen Wesen, in ihren Individualitäten nahezubringen, während noch bis jetzt die Stillebenmaler meist darauf beschränkt haben, die Schuppen der Fische blinken zu lassen. Aber wenn Urban sich an Medusenhäupter heranmacht, will er über die Grenzen seiner Begabung hinaus. Ein herkömmlich griechischer Frauentypus mit ängstlich gespanntem Ausdruck und nichts von der lähmenden Gewalt eines leichenhaften, gespenstischen Gesichts. Koloristisch freilich ist die Sache sehr gut behandelt.

Mit der Selbständigkeit Walther Firles war es ja nie weit her, aber er strebte früher doch "rühmlicheren Vorbildern" nach. Jetzt geht er auf Wegen, daß man sagen darf: er hat nun gegründete Hoffnung, ein "Liebling des deutschen Volkes" zu werden. Maria und die Engel. Entzückte, vollgesichtige und blühende junge Damen um eine süßlächelnde Madonna versammelt. Die ersteren sollen wir für flugfähige Engelwesen halten.

Unter den Porträts der Luitpoldgruppe ist wohl das bedeutendste Exters Bildnis seiner Mutter. Trotz des richtig herausspringenden Blicks der lebensvollen Augen und des starken Drängens in allen Zügen, wirkt der Ausdruck der Porträtierten auf mich durchaus nicht übertrieben. Hier ist nicht, wie bei Samberger so oft, in einen einzelnen Teil des Gesichts ein gewaltsamer Zug hineingepreßt, sondern das hastige Leben pulst gleichmäßig durchs Ganze. Die Bildnisse Raffael Schuster-Wolbans sind sicherlich mehr als Schmuckstücke gedacht und haben als solche in der feinen weichen Art ihrer Farbengebung und Körperdarstellung ihre Vorzüge; aber Schuster-Wolban sollte nicht soweit gehn, wie mit manchem seiner Porträts: Ausdruck und Form des Menschengesichtes so zu vernachlässigen, daß nur noch eine Schablone mit Korinthen als Augen übrig bleibt. Oder: er sollte nicht als Bildnismaler beurteilt werden wollen.

In einem eigenen Kabinette des Glaspalastes haben einige als "Illustratoren der »Jugend«" bekannte Künstler ihre Oelgemälde und Aquarelle ausgestellt. Ein Münchner Kunstkritiker meint: diese Künstler seien berufen, eine neue Romantik heraufzuführen, und der alte Schwind selber, ein so böser Kritiker er gewesen sei, würde an den jungen Leuten vielleicht seine Freude gehabt haben. Ich muß bekennen, daß ich die Frage nicht zu entscheiden wage, was Schwind vielleicht von den jungen Leuten gedacht haben würde, das aber weiß ich dafür um so gewisser: Schwinds ganze Künstlerart, seine Romantik war von unserer modernen Romantik in Grund und Wesen verschieden. Schwind lebte mit vollster Unbefangenheit in seiner Anschauungswelt, sie war ihm der natürliche Ausdruck seines Seelenlebens; den Werken unsrer Neuromantiker aber haftet das Künstliche, die Gesuchtheit unverkennbar an. Man betrachte sich einmal R. M. Eichlers "ein Beethovenquartett". Die vier fetten, gutgesichtigen Biermänner kommen in ihrem Leben nicht dazu, Beethoven zu spielen, sondern sie stellen die richtige Schunkelwalzerkapelle vor. Aber nehmen wir selbst das Unmögliche an, daß diese blöde Gesellschaft sich Zeit und Mühe nehme, Beethoven zu studieren, so wird sie ihn doch jedenfalls so seelenlos vortragen, daß der schlanke junge Mann im Hintergrund keineswegs tieferschüttert in sich zusammen zu sinken braucht. 's ist eben ein Spielen mit allerhand bekannten "Reizen": Biedermaierzeit, dicke Philister, Hausmusik, Beethoven, "seelische Er-

schütterung" — das wird zusammen-
getragen, ohne jede Rücksicht auf innere
Verträglichkeit. In A. Münzers „Ein
Faustgedanke" wieder tritt alles mögliche Gute, nur leider keine wirkliche
Seelentiefe zu Tag. Die nämlich ergibt sich noch nicht, wenn man einen
jungen breitstirnigen Gelehrten mit
grünlich schillernden Augen und Totenkopf in der Hand und ein nacktes Weib
mit zuchtlosem Blicke zusammenstellt
— die ergäbe sich erst, wenn aus den
grünen Augen des Faustulus wirklich
ein bedeutender Mensch schaute, und
aus dem Blicke des Weibes nicht bloß
verderbte Sinnlichkeit, sondern eine
die Welt verzehrende Sinnenglut. Also
auch hier kein eigentliches Leben des
Künstlers im Dargestellten, vielmehr
ein Streben nach den Effekten des Ungewöhnlichen. Noch weniger fast vermögen mich Walther Püttners
Bilder zu ergreifen. Da sehen wir
eine hübsche Landschaft mit Friedhof,
die ganz gut anzunehmen wäre, wenn
nicht Püttner mit dem Titel: „In
meinem Reiche ist es schattig und kühl"
die Aufmerksamkeit auf den unter einem
Marienbilde seine Sense dengelnden
Tod gelenkt hätte. Denn diesen Tod
umwittert auch nicht ein Hauch dämonischen Wesens; trotz seines Knochen-
gesichts macht er einfach den Eindruck
eines fleißigen Arbeiters. Daß die drei
genannten Künstler im Landschaftlichen
Hübsches leisten und sich überhaupt in
ihren technisch-künstlerischen Bestrebungen als geschmackbegabte Leute
darstellen, weiß ich wohl; auch entwickeln Eichler und Püttner als Illustratoren entschieden Humor; aber
das ist wieder eine Sache für sich.
Einen bedeutenden Eindruck macht
Erler als Porträtmaler; mit großer
Einfachheit und Gelassenheit weiß
er im Technischen wie im Seelischen
das Wesentliche plastisch heraus-
zustellen. Dabei wirken die Sachen
auch in der Farbenstimmung trotz
des vielen Schwarz in den Schatten
durchaus nicht uninteressant.

Leopold Weber.

(Schluß folgt.)

* Den jungen Künstlern hat
kürzlich ein Franzose Worte gesagt,
durch die man unwillkürlich zu einem
Vergleiche mit dem herausgefordert
wird, welche Anton von Werner in
regelmäßigen Zwischenräumen an die
Berliner Kunstakademie zu richten
pflegt. Man messe einmal die Höhe
des Standpunktes hier und dort. Bei

der Preisverteilung im Pariser Salon
sagte der alte J. P. Laurens: „Der
Künstler muß gütig sein. Güte und
ehrliches Streben sind die beiden
tiefsten Quellen des Kunstwerks. Die
Werke, welche dauern, sammeln aus
ihnen ihre Hauptkraft. Freilich, eine
andere Schwester folgt ihnen nach: die
Unruhe, jener ängstigende Schmerz,
der im Künstler wühlt, ohne daß es
ein Mittel gäbe, das fähig wäre, ihn
zu stillen. Darum rufe ich den Jungen
zu: Arbeitet! Arbeitet! Arbeitet! Wenn
eure Stunde spät kommt, so müßt ihr
euch drein finden. Wenn sie so spät
kommt, daß ihr sie überhaupt nicht
mehr erlebt, so mögt ihr wenigstens
den Trost behalten, daß ihr im Laufe
eines Lebens, das ganz dem ehrlichen
Streben gewidmet war, euren Stein
zu einem Gebäude herbeigetragen habt,
das für andere sich erheben wird, das
aber ohne euch vielleicht nicht zu stande
gekommen wäre!" Wir wiederholen:
Laurens sagte das bei einer Preisverteilung.

* In Sachen des Bücherluxus
machte kürzlich Victor Ottmann sehr
beherzigenswerte Bemerkungen in der
„Zeitschrift für Bücherfreunde". Nach
einem freudigen Bericht über die zu-
nehmende Altersschwäche des berühmten „Prachtwerks", das bald verscheiden
möge, um nie mehr lebendig zu werden, spricht Ottmann davon, daß wir
leider trotzdem Äußerliches genug in
der Buchindustrie noch immer haben.
Dann fährt er fort:

Auch bei jenen speziell für die Bib-
liophilen bestimmten Büchern macht
sich häufig ein übertriebener Prunk bemerkbar, der, wenn auch in seinen Einzelheiten künstlerisch vielleicht recht bedeutend, doch nicht mit dem Wesen
des Buches harmoniert. Ungewöhnliche und unhandliche Formate, über-
empfindliches Papier, allerlei Mätzchen
in der typographischen Anordnung und
und dergleichen Absonderlichkeiten kennzeichnen diese Spezies. Die Sucht,
originell an sein selbst auf Kosten des
guten Geschmacks, treibt da oft merkwürdige Blüten und entspringt jenem

Snobismus, dem wir in Literatur, Kunst und Kunstgewerbe heute so häufig zu begegnen das zweifelhafte Vergnügen haben.

Ausgeflügelter und gekünstelter Prunk steht einem Buch noch viel schlechter zu Gesicht als jedem anderen Gegenstande, schlichte Schönheit dagegen und Zweckmäßigkeit machen es doppelt reizvoll. Gerade die Zweckmäßigkeit sollte bei der Buchausstattung in erster Linie ins Auge gefaßt werden, Sache des Schönheitsgefühls, des sicheren Geschmacks ist es dann, dem Zweckmäßigen die Nüchternheit zu nehmen und edle Formen zu geben. Nun ist aber doch unzweifelhaft der vornehmste Zweck des Buches der, gelesen und möglichst oft gelesen zu werden. Das scheinen manche, lediglich aufs Dekorative hin arbeitende Buchkünstler vollständig zu übersehen. Sie erniedrigen die Geistesprodukte zu effektvollen Schaustücken mit der Devise: ansehen, aber nicht anfassen. Inwiefern sie damit den Schriftsteller ehren, mag dahingestellt bleiben. Bücher, die man kaum anzufassen wagt, weil auch die sorgfältigste Behandlung ihre Spuren hinterläßt, bilden ein würdiges Seitenstück zu jenen bizarren Sitzmöbeln, die zu allem anderen taugen, nur nicht zum Sitzen. Da gibt es Papiere von so mimosenhafter Empfindlichkeit, daß sie förmlich schon durch das Ansehen verdorben werden, und Einbände, die man nur mit Glacéhandschuhen berühren darf, weil jeder Fingerdruck das feine, zarte Leder verletzt. O dieses unpraktische, glatte Leder, welcher Bücherfreund hätte es nicht schon oft verwünscht! Kommt es mit dem Fingernagel in Berührung, so haben wir gleich den schönsten Kratzer, das Buch ist verschandelt, der Ärger fertig. Es sollten ausschließlich nur die widerstandsfähigen, genarbten und gefärbten Ledersorten zur Verwendung gelangen.

Doppelt unangenehm wirken die mit übertriebenem Luxus ausgestatteten Bücher, wenn sie einen literarisch wenig bedeutenden oder gar wertlosen Inhalt umschließen. Der Kontrast zwischen dem schmacklosen Kern und der goldenen Schale, die Anmaßung, womit sich ein literarischer Bettler in gleißenden Gewändern spreizt, hat ebensoviel Komisches wie Abstoßendes. Einen platten Gedanken in einem Vierzeiler läßt man sich wohl noch gefallen, aber wenn der Vierzeiler mit splen-

biben Lettern eine ganze Seite brettstarken Whatmanpapiers für sich in Anspruch nimmt, gleichsam für alle Ewigkeit gebucht, so weiß man nicht recht, ob man über diese plumpe Großmannssucht lachen oder sich ärgern soll.

Die Buchästhetik stellt ein paar höchst einfache Forderungen auf. Das Format soll handlich sein, der Umfang nicht zu stark, lieber zwei dünnere Teile als einen zu dickleibigen. Das Papier griffig und zäh, die Typen von klarem, gefälligen Schnitt, nicht größer als Korpus und nicht kleiner als Petit, breiter Rand, aber nicht so übertrieben groß, daß das Papier die Hauptsache zu sein scheint. Bei broschierten und kartonierten Einbänden müssen unter allen Umständen die zu dünnen Papiere vermieden werden, ebenso die hellfarbigen und glatten, am besten eignen sich dunkelgetönte, etwas rauhe Stoffe. Besondere Aufmerksamkeit verdient der Rücken, von dessen Solidität die Haltbarkeit des ganzen Buches abhängt.

Wie Bücher schön sein können, ohne übertrieben luxuriös und damit entsprechend teuer zu sein, das haben wir jetzt auch in Deutschland glücklicher Weise oft Gelegenheit zu sehen. Die Hauptsache ist und wird immer bleiben ein geschmackvolles typographisches Arrangement, das für den mit feinem Stilgefühl ausgerüsteten Leser ebenso gut ein Interpretationsmittel darstellt wie die Illustration. Wie delikat sind bei aller Einfachheit manche Erzeugnisse der Druckulinischen Offizin, z. B. die Grisebachschen Kataloge! Lieber zehn schöne Bücher für dasselbe Geld, was ein einziges Luxusbuch kostet! Wir wollen nicht in die Fußtapfen der französischen Sammler treten, die mit ihrem rein aufs Äußerliche gerichteten Eifer für weiter nichts Interesse bekunden als für Pomp und kniffliche Finessen und es darin zu einem Grade der Narrheit gebracht haben, dem ein gewisser pathologischer Beigeschmack kaum abzustreiten ist. Bibliophilie, nicht Bibliomanie!

Vermischtes.

* **Die Goethe-Feier des deutschen Volkes?** Ja, wer hätte vor zwanzig Jahren an den heutigen Tag gedacht und dann vielleicht gehofft, so allgemein würde der Jubel nun schallen von den Alpen zur See und über Berge und Meere hinweg, wo Deutsche wohnen, daß man von einer

einzigen allgemeinen, von der Goethe=
feier des deutschen Volkes wirklich
reden dürfte? Das wußten wir frei=
lich: an ein paar armen dunkeln
Flecken im Reich würde selbst heute
kein Lichtlein brennen, das wußten
wir, doch das that nicht viel. Mit
hellem Staunen aber und mit wirk=
lichem Schmerze beobachten wir jetzt,
daß man selbst an Höhenstellen des
Lebens, wo Leuchtfeuer geistigen Lichts
hinausflammen sollten, dieses großen
Freudentages dürftig wie mit schläf=
rigen Gratulantenphrasen gedenkt.

Wie, vor allem, steht's in Berlin?
Eine Studentenfeier soll dort später
stattfinden, das ist wahr. Aber die
Bürgerschaft? Reden wir nicht selbst,
lassen wir ein Berliner Blatt, die „Tägl.
Rundschau", sprechen. „In Berlin,
der Hauptstadt des deutschen Reiches,
dem angeblichen Sammelpunkt seiner
geistigen Interessen, hört man nichts
von irgend einer größeren Veranstal=
tung zur Feier des Goethetages. Im
Königlichen Schauspielhaus und im
Berliner Theater spielt man zwar den
»Faust«, wie er alljährlich auf dem
Spielplan erscheint; einige Kunsthand=
lungen werden vermutlich irgend eine
Gipsbüste Goethes in ihr Schaufenster
stellen und Verehrer des Dichters an
seinem Denkmal im Tiergarten einen
Lorbeerkranz niederlegen. Das aber
ist auch alles, alles! Doch nein, eine
festliche Veranstaltung haben wir zu
nennen vergessen: die Berliner Arbeiter=
schaft will eine Gedächtnisfeier in
Szene setzen. Ein die Interessen des
Großkapitals vertretendes Blatt hat
sich über die Feier lustig gemacht und
gemeint, das Pichelsdorfer Bier werde
bei ihr wohl die Hauptrolle spielen.
Uns erscheint dieser billige Spott sehr
wenig am Platze. Jeder feiert Feste
auf seine Weise; die sozialdemokratischen
Redner werden bei der Goethefeier
höchst wahrscheinlich sogar der Wahr=
heit Gewalt anthun und den großen
Toten als einen frühen Propheten
ihrer Ideen bezeichnen. Aber sie feiern
den Tag doch wenigstens, den wir
Deutsche als einen unserer glücklichsten
zu preisen, alle Ursache haben."

Blicken wir auf die zweitgrößte
preußische Stadt, auf Breslau. Dort
war eine allgemeine studentische Goethe=
feier geplant und angeregt. Auf der
Versammlung pries der Vertreter des
Litterarischen Vereins Goethe als
Vorkämpfer der nationalen Sache.
Da erhob sich der Vertreter einer

Burschenschaft und meinte, im Gegen=
teil, er habe nichts für die nationale
Sache gethan u. s. w. Und statt daß
man den Herrn sich individuell bla=
mieren ließ, blamierte man sich that=
sächlich in corpore, indem man nach
so tiefsinnigen Erwägungen auf eine
allgemeine studentische Goethefeier
verzichtete.

Je nun, die preußischen Schulen
sind doch wenigstens bei der Sache!
Ja freilich, die ministerielle Korrespon=
denz schreibt ihnen allen vor, daß
„unsres größten Dichters in würdiger
Weise gedacht" werde. Was versteht
man, fragen wir, unter „würdiger
Weise"? „Die Schüler und Schülerinnen
wenigstens der oberen Klassen werden
in den deutschen Stunden dieses
Tages oder der letzten ihm vor=
hergehenden darauf hingewiesen
werden, was das deutsche Volk den
unsterblichen Werken Goethischer Dicht=
kunst zu verdanken hat." Kein Aktus
also, keine gemeinsame Feier, der Herr
Lehrer wird in derjenigen lektions=
planmäßigen deutschen Stunde, die
gerade in der Nähe des Festtags liegt,
darauf „hinweisen", daß Goethe
Goethe war. Dann wird Grammatik,
oder was sonst „dran" ist, eben bran=
kommen.

Bekanntlich hat's eine Zeit gegeben,
da waren wir Deutschen Schnorrer
auf dieser Erde, aber eine Sonne stand
über uns allen, Goethe. Die erhellte
uns die Welt!, nach der richteten wir
unsern Weg, bei der erkannten wir
unsre Heimat, erkannten wir, was ge=
meinsam in uns allen ist, fühlten wir
uns als Brüder, als Nation. Sie
hat uns den großen Stolz gegeben,
der dann allmählich auch zu politischen
Thaten führte. Nun gehört ja mehr
Kopf dazu, die Bedeutung eines geisti=
gen Welteroberers zu erfassen, als die
eines politischen Schlachtengewinners,
und wer nur von heute bis gestern
sieht, wird sehr leicht den Schnitter
für den Geber der Ernte halten. Aber
eine politische Ernte kann von der
Zeit verbraucht werden, eine Geistes=
kultur, gleich der deutschen, die Goethe
gesät hat, vielleicht niemals. Nicht
Alexander hat Griechenland überlebt,
sondern Homer, und Homer war nur
Dichter, Goethe ein gewaltiger Anre=
ger schier überall, wo Menschenge=
hirne arbeiten. Der ist ein Philister,
dem's keine Wonne ist, einen Riesen
wie Bismarck zu bewundern, selbst
der Sozialdemokrat muß es thun mitten

zwischen dem politischen Haß hindurch. Aber die Parteiphrase von Bismarck als schlechthin dem „größten Deutschen" sollte uns am Goethetage nicht in die Quere kommen.   U.

• „Die Grundlagen des 19. Jahrhunderts" nennt sich das neueste Werk von Houston Stewart Chamberlain, von dem bei Bruckmann in München die beiden ersten Lieferungen, zwei stattliche Bände, herausgekommen sind. Das ist ein Buch, das man eben schon benötigt hat und das nur eine so universale Natur, eine so starke Persönlichkeit wie Chamberlain uns schenken konnte. Man war verwundert, als der Verfasser des großen Wagnerbuches sich vor zwei Jahren in einer Schrift „Ueber den aufsteigenden Saft" plötzlich als geschulter Botaniker entpuppte; man staunt nun fast offenen Mundes, mit welcher unheimlichen Belesenheit und spielenden Beherrschung des gewaltigen Stoffes unter großen Gesichtspunkten er hier die Bedeutung der hellenischen Kunst und Philosophie, des römischen Rechtes, der Erscheinung Christi, darlegt und das Völkerchaos des niedergehenden römischen Reiches veranschaulicht. Der zweite Band behandelt den Eintritt der Juden und der Germanen in die Weltgeschichte und erörtert das Problem der Religion. Der Kunstwart wird sich erst mit der dritten Lieferung, die im Herbst erscheinen soll, und „die Germanen als Schöpfer einer neuen Kultur" zum Inhalt hat, eingehender zu beschäftigen haben, weil dann die Kunst in einem besondern Kapitel zur Sprache kommt. Aber schon jetzt müssen wir auf das Vorliegende aufmerksam machen: der Leser wird mit größter Ueberraschung wahrnehmen, wie ihm ohne dialektische Hexenkünste und Originalitätshascherei, sondern kraft persönlicher Anschauung Fragen und Gegenstände, die im Mittelpunkte des Tagesinteresses stehen, plötzlich in einem ganz neuen Lichte scheinen. Man wird mit dem Werk auch nicht fertig, indem man einzelne Thatsachen etwa widerlegt. Es wirkt eben als Ganzes, als das Bekenntnis eines bedeutenden Menschen; es ist kein zusammengestoppeltes, wie der Verfasser eingangs bemerkt, in der That ein erlebtes Buch. Dabei schreibt Chamberlain äußerst klar und fesselnd, zuweilen geradezu im vertraulichen Plauderton. Kurzum ein Buch, das jeder gelesen haben muß, den es verlangt die Grundlagen zu kennen, auf

denen die geistige und materielle Kultur der Gegenwart sich aufbaut, und das heißt soviel wie: jeder Gebildete. R.B.

• Ueberall drängt der sinnliche Geist der Kunst zur sinnlichen Fülle; überall entfernt sich der betrachtende (erkennende, denkende) von der Sinnenfülle. Der Zeichner nimmt wenigstens zwei Stifte; der Kupferstecher deutet Lichtmomente der Farbe an; der Quartettist hat pizzicato und arco. Der Denker aber zieht sich aus der Farbenfülle auf die Zeichnung, den Umriß, den Klavierauszug zurück.

Kein Mensch sieht und liest und zeichnet u. s. w., was nicht in seinem Bewußtsein schon vorhanden ist. Die Byzantiner und altdeutschen Maler haben Natur vor sich so gut wie Raffael und Dürer. Aber sie sehen sie nicht, ja sie sehen eins, aber das andere nicht; sie zeichnen falsche oder schlechte Glieder zu richtigen und schönen Gesichtern (die Deutschen), weil ihre Idee sich am frommen Ausdruck der Gesichter erfüllt sieht. Die Alten fanden die Perspektive nicht und Horace Vernet in seinen großen afrikanischen Bildern versäumt sie wieder, weil ihre Gedanken an den einzelnen Figuren hängen.

Der vom Genie gegebene Inhalt zersetzt sich in den Talenten, wie der Körper in der Verwesung. Wie jedes Element da seinen Anteil, nämlich sein Gleichartiges an sich zieht, so nimmt jedes der einseitigen Talente das ihm Zugekehrte und Gemäße. Dies bildet es dann als sein eigenes weiter aus, als es beim Genie in seiner Vielseitigkeit hat gelten können.   (Marg.)

• Wie's gemacht wird.

In Berliner Zeitungen lesen wir die folgende Geschäftsempfehlung: „Die bekannte dramatische Künstlerin Gertrud Giers hat sich in diesen Tagen in der Schweiz mit dem Redakteur Dr. Richard Hamel verheiratet. An dem Akte haben viele hochgestellte Persönlichkeiten, darunter die Königinnen von Rumänien (Carmen Sylva) und Schweden, die Kronprinzessinnen von Oesterreich und Dänemark, der Herzog und die Herzogin von Cumberland ihr Interesse bezeigt. Frau Giers wird ihrem Berufe treu bleiben und auch im nächsten Winter Vorlesungen und Gastspiele veranstalten.

• Gegen den Luxus in Offizierkorps sprach kürzlich wieder „ein alter Soldat" in der „Kreuzzeitung". Die Warnung an die Armee davor, mit der Börse in Luxus zu wetteifern, ist ja nicht neu, und wir hätten keinen Grund, an dieser Stelle darauf zurückzukommen, wenn nicht eine besondere Erscheinung in diesem Schriftstück aufmerken ließe. Es ist die dem Sinne nach dreimal wiederholte Zusammenstellung von Pracht und Stil, eine Zusammenstellung, die einem weitverbreiteten schädlichen Mißverständnisse entspricht. Wir möchten dem alten Soldaten sagen, daß seine Gesinnungsgenossen gerade bei den begeisterten Kunstfreunden in ihrem Kampf gegen den Luxus unbedingte Zustimmung finden. Denn künstlerischer Stil hat mit Luxus gar nichts zu thun, im Gegenteil, der Luxus ist zumeist sein entschiedener Feind, er wächst weitaus am klarsten und wahrsten auf dem Boden der Einfachheit. Je mehr sich unsre Offiziere mit künstlerischen Dingen beschäftigen, je höher ihre „ästhetische Kultur" gedeiht, je mehr werden sie auch das Künstlerische in ihren Wohnungseinrichtungen durchaus beim Einfachen suchen.

* „Bekanntes" im Kunstwart. Neulich beschwerte sich bei uns ein Leser darüber (einer allerdings nur, und wir haben jetzt recht viele), daß der Kunstwart nicht nur Neues, sondern mitunter auch „Bekanntes" bringe. Es ist mit dem Bekanntsein so eine Sache, meistens bringen wir „Bekanntes", weil wir vollauf zureichende Gründe zu der Annahme haben, daß es der großen Mehrzahl unserer Leser vielleicht „bekannt", aber nicht vertraut ist, während es verdient, ihnen das zu sein. Absehend davon dürfen wir aber unsre Leser anläßlich solch einer kleinen Reklamation wohl einmal in aller Bescheidenheit darauf hinweisen, daß der Kunstwart sowohl an Text, wie an Bildern und Noten weit mehr bringt, als er versprochen hat. Wer also über „Bekanntes" darin verstimmt ist, weil er unsre Ansichten über Wiederholung von sogenanntem Bekannten nicht teilt, der vergleiche, rein äußerlich nach Umfang und Gewicht, was wir versprochen und was wir geboten haben. Er wird dann bemerken, daß alle die Wiedergaben von „Bekanntem" bei uns sozusagen unberechnete Zugaben sind.

Unsre Beilagen.

Unsre Musikbeilage wird durch Bischoffs Aufsatz über das Schillingssche Musikdrama „Ingwelde" erläutert und dient ihm hinwieder zur Erläuterung.

Von unseren Bildern ist das erste, das Frauenbildnis von Craig-Annan, abermals ein Beitrag „zur Kunstphotographie", wie wir sie grundsätzlich des öftern bringen, um auf diese Weise ein größeres Publikum zum Widerspruch gegen die üblichen „Photographen-Photographien" anzuregen.

Wenn wir mit dem zweiten wieder einmal ein Blatt Max Klingers geben, so geschieht das aus zwei sehr verschiedenen Gründen. Der erste: Das Blatt ist ein wahrhaft wundervolles Beispiel von symbolschaffender Phantasie im Gegensatze zu allegorisierendem Klügeln. Es ist das Vorblatt des Böcklin gewidmeten Zyklus „Eine Liebe", jener gewaltigen Griffeldichtung von der sinnlichen Leidenschaft, die über den Rausch hinweg zum Tode führt. Zu ihr ist es die Ouvertüre, die gleichsam das Ethos des ganzen Werks zusammenfaßt. Wie im Innern der Erde das unerloschene Feuer, glüht in den Tiefen des Menschen die Leidenschaft. Ueber eine schöne Landschaft blicken wir hin, auf eine Küste, wie die um den Aetna in Sizilien, aber ein lebenvernichtender Lavastrom war's, der sie gebildet hat, als er zu den Klippen am Meer erstarrte. Vulkanische Dämpfe stiegen vor uns empor. Und wie unser Blick mit ihnen sich hebt, verwandeln sie uns das Bild: auf einen Kraterrand selber sehen wir, wie die ganze Welt übertragt, wie der Aetna das eine Inselland, und verkörpert harren auf ihm die Naturmächte der Leidenschaft. Der blöde Geschlechtsdrang lagert da, ein vielbusiges Kentaurenweib, menschlichen Angesichts und doch nur Tier, zu zeugen und zu gebären. Aber hinaus spähen eringenhafte Weiber, die Stricke bereit zum Fangen, Fesseln, Erwürgen, nach Beute gierig wie die kreisenden Geier dort, die bald hinabstürzen werden zur Jagd. In der Mitte die Göttin der Liebe, aber nicht die anmutig zarte, sondern die harte, gewaltthätige, düstre. Sie steht ein Ziel, sie zeigt dem, der der vergifteten Pfeile waltet, wie er den Bogen richten muß, es sicher zu treffen. — Das nächste Blatt des Werkes führt uns dann ganz realistisch zu diesem Ziel: im Parke der Großstadt fährt in modischer Karosse die junge Dame, der eben der weltmännische Herr dort die Rose zugeworfen hat.

Aber nicht nur um seiner symbolischen Ausdruckskraft willen, überhaupt nicht nur um seiner selbst willen führen wir diese tiefe Schöpfung heute vor, von deren wundervoller zeichnerischer Schönheit und Klarheit unsre Reproduktion leider kaum eine Ahnung geben kann. Nein, wir zeigen sie auch, um wieder einmal an einem Beispiele darauf hinzuweisen, was bei uns ein „Fachgelehrter" über bildende Kunst wieder und wieder ungestraft zusammenschreiben kann. Ueber dieses nämliche Blatt sagt nämlich Franz Hermann Meißner, der Spezialist in Max Klinger=Schriften das Folgende: „Unten in duftender Frische das um ein Riff sich kräuselnde Meer, oben aus wirbelnder Wolke entragend ein Hochgebirgskamm, auf dem starke Adler bei einander rasten, herüberspähend zu kraftvollen Nymphengestalten, in deren Mitte ein Mann den Knaben (Böcklin und Klinger?) das Bogenzielen mit scharfem Auge lehrt, so angeordnet, als wäre der gefiederte Pfeil gerade auf unser Gesicht gerichtet. Trotzige, schönheitsvolle Stärke, Naturgewalt, adlerkühner Geist huldigt hier dem genialen Meister in seiner ganzen Art, huldigt ihm in seinem ganzen Werk." Dem Geiste des Herrn Verfassers ist also gar keine Ahnung von der symbolischen Bedeutung dieses Praeludiums aufgegangen! Aber er konnte auch so wenig sehen, daß er zudem fast alles Einzelne falsch und schließlich das Weib gar im Mittelpunkte für einen Mann ansah. Endlich in seinem neuesten Buch, dem Klinger gewidmeten zweiten Bande des bei Schuster & Löffler erschienenen „Künstlerbuchs" hat er seine Deutung nach Avenarius' Schrift „Max Klingers Griffelkunst" berichtigt, ohne Quellenangabe zwar, aber dafür mit einer Zubemerkung. „In meinem Text zum Hanfstänglschen Klinger=Prachtwerk ist mir infolge sehr ungünstiger Umstände bei den Notizen für meine Arbeit ein Versehen in der Deutung dieses Blattes untergelaufen." Ach ja, um ein Versehen handelt sich hier wirklich. Aber gewiß: warum sollte z. B. ein Raffael=Spezialist infolge ungünstiger Umstände bei seinen Notizen eine Madonna nicht 'mal für einen heiligen Joseph halten? Nur darin irrt sich unser Kunstforscher, daß er meint, das „Versehen in der Deutung" sei ihm bloß beim Hanfstänglschen Klinger=Werke „untergelaufen". Die sehr ungünstigen Umstände bei den Notizen haben den beklagenswerten Herrn Franz Hermann Meißner vor diesem Blatte innerhalb fünf Jahren schon drei Mal betroffen ehe daß ihm ein Licht drüber kam. Denn in „Westermanns Monatsheften" (1891), in der „Kunst unserer Zeit" (1894) und im Hanfstänglschen Werke (1896) findet sich diese nämliche, seine Originaldeutung.

Verantwortl.: der Herausgeber Ferdinand Avenarius in Dresden-Blasewitz. Mitredakteure: für Musik: Dr. Richard Batka in Prag-Weinberge, für bildende Kunst: Paul Schulze-Naumburg in Berlin. Sendungen für den Text an den Herausgeber, über Musik an Dr. Batka.
Verlag von Georg D. W. Callwey. — Kgl. Hofbuchdruckerei Kastner & Lossen, beide in München.
Bestellungen, Anzeigen und Geldsendungen an den Verlag: Georg D. W. Callwey in München.

BEILAGE ZUM KUNSTWART

MAX SCHILLINGS.

Aus „INGWELDE."

1. Aus dem Vorspiel zum II. Aufzug.

Mit Bewilligung der Verleger Schuberth & Co. (Felix Siegel) in Leipzig.
Verlag von GEORG D. W. CALLWEY, München.
Alle Rechte vorbehalten.

46475

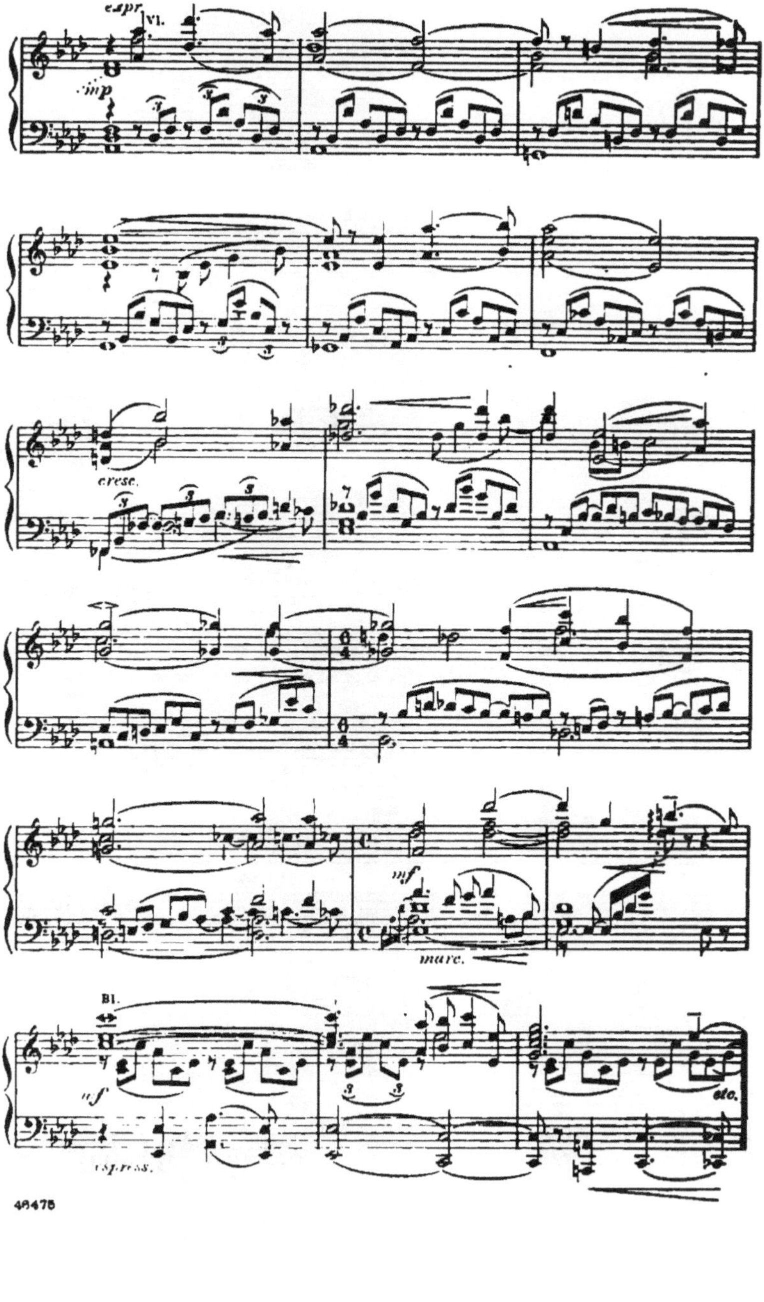
espr.
Vl.
mp
cresc.
mf
marc.
Bl.
mf
espress.
etc.

2. Brans Schleiflied.

Belebt.
Steigernd im Tempo bis

p (Vc., Pkc.)   *cresc.*

Ziemlich lebhaft.
Bran (mit erzwungener, unheimlicher Lustigkeit)

Sa! Sa! Plum - pes Ge-stein, nun

mf   *p* (Str.)

plau-dern wir heim - lich mit-sam - men! Ein

(ob.)

(Hrn.)

Held ist ge-fal - len in fin - strer Nacht, ein wil-des Weib, ein

p   *sf*

träumen-der Sän - ger, die ha - ben dem Tapf' ren den

p   *cresc.*

Tod ge-bracht! Was sagst Du mir drauf, was
(ob.)
drehst Du Dich um und windest Dich kreischend im Weh?
(Fl.)
To - tenkla - ge sing und sa - ge: Ei-ner noch starb an der
Statt, der Sän - ger träu - mend ver -
stummt Ra - cheschrei
(Bl.)
etc.

J. CRAIG-ANNAN
PHOT.

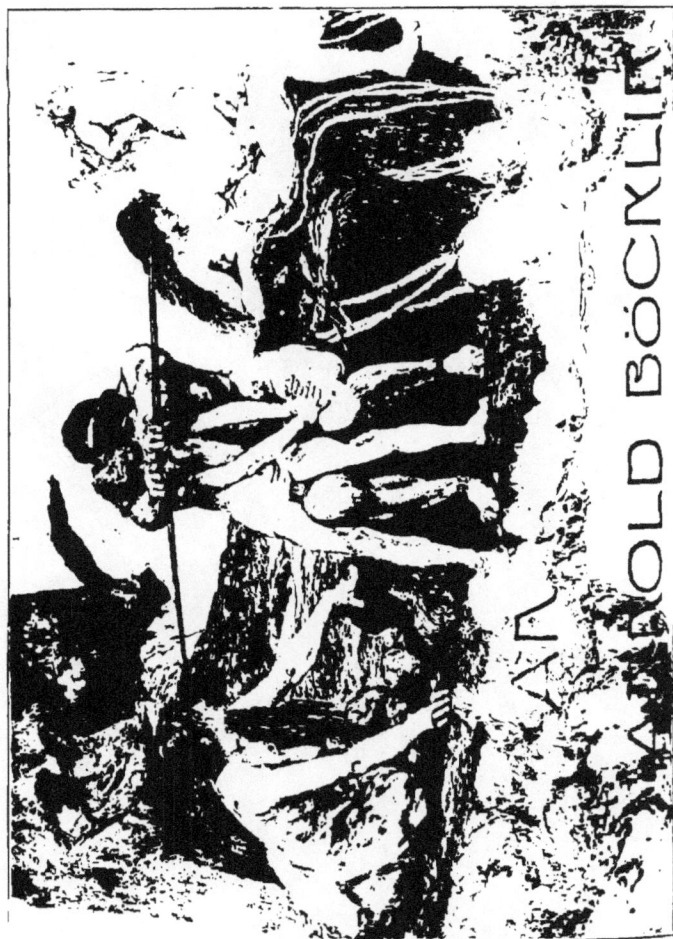

MAX KLINGER

DER KUNSTWART

Der Kunstwart wird weiter ausgebildet

— das ist es, was wir am Schlusse das zwölften Jahrgangs unsern Lesern zu sagen haben. Er wird fortan auf noch wesentlich besserem Papier mit klarerer Schrift vor sie treten. Das neue Papier wird erlauben, kleine Bilder- und Notenbeispiele gelegentlich auch zwischen den Text zu streuen. Bei den musikalischen und bildnerischen Beilagen werden auch Verbesserungen in Druck und Papier kommen. Schließlich wird, wo sich's nötig zeigt, der Umfang der Hefte erweitert werden.

Oho, fragen unsre Leser, dieweil doch alle diese Dinge bar Geld kosten und viel, woher kommt euch solch „große Kühnheit"? Wir antworten ihnen vergnügt: weil eure Zahl sich im letzten Jahre wieder verdoppelt, seit zwei Jahren also versechsfacht hat. Der Kunstwart ist jetzt, was er sich wirklich recht lange nicht träumen ließ, auch das verbreitetste Blatt seiner Art geworden.

Ist unsre Kühnheit trotzdem groß — weil wir trotz dieser Versechsfachung die Leser um eine kleine Zugabe zu ihrer bisherigen Kunstwart-Steuer bitten? Die Sache liegt nämlich so: die Freude über den endlichen Erfolg hat uns verführt, mehr und immer noch mehr an unser Blatt zu wenden, um immer mehr den Lesern auch bieten zu können — und nun könnten wir nicht auf die Kosten kommen, selbst wenn die treuesten Leser der Gartenlaube, was kaum zu erwarten, statt ihrer den Kunstwart bestellten. Wir bitten unsre Freunde, sich einmal sechs Kunstwarthefte mit ihren Noten und Bildern rein auf die Herstellungskosten hin, die klar ersichtlich darin stecken, mit irgend einem selbst auf größten Massenabsatz berechneten Buchunternehmen des nämlichen Preises zu vergleichen. Sie werden dann verstehen, daß der Bestellpreis des Kunstwarts trotz seiner hohen Auflage von Sachverständigen als „ein kleines buchhändlerisches Wunder" bezeichnet worden ist. Immerhin, wir ließen's dabei, bliebe alles beim alten. Nun aber wollen wir, was doch entschuldbar ist, wieder verbessern. Das geht

dann wirklich nicht mehr zum alten Preis; wir müssen das Bestellgeld
von 2¹/₂ auf 3 Mark erhöhen. Der Kunstwart wird trotzdem so billig
bleiben, wie eben nur eine Zeitschrift sein kann, mit welcher der Verleger keine „Geschäfte" machen will.

Wir grüßen unsre Leser aufs Wiedersehn! Die neue Rüstung,
die der Kunstwart das nächste Mal trägt, ähnlich der bisherigen, doch
solider, praktischer und schöner gemacht, soll ihnen schon recht sein.
Der drinsteckt aber wird der alte sein, nur frischer, denn Erfolg erfrischt.
So wollen wir Schulter an Schulter, wir Sprecher und wir Leser, in
gutem Mute den neuen Jahresgang antreten, den neuen Kampfgang
für eine gesunde, starke, reine, für eine deutsche Kunst, die man
lieben kann.

Sommerfrischen.

Die Ferien sind vorbei, man fährt wieder einmal nach Hause.
Während man in der Eisenbahn sitzt, fragt man sich, falls man kein
„schlechter Mann" ist, „der nie bedacht, was er vollbringt": nun also,
war's der Reise wert? Und man stellt auch über seinen eigenen Fall
hinaus so seine Betrachtungen an über Sommerfrischen und was damit
zusammenhängt.

Ein Reisegefährte hat den Prospekt über Sylt, nunmehr erledigten
Ballast, beiseite geworfen. Ich nehm' ihn auf und blättre darin. „Aus
dem unscheinbaren Dörfchen", heißt es dort von Westerland, „ist im
Laufe der Zeit ein blühender, mit allem Komfort der Neuzeit ausgestat-
teter Badeort geworden, welcher mit seinen geraden Straßen, seinen
saubern, meist in Ziegelrohbau ausgeführten Häusern, seinen stattlichen
Hotels und seinen schönen öffentlichen Gebäuden, und namentlich dem
neuerbauten Kurhause, einen imposanten, fast großstädtischen Eindruck
macht." Westerland, mein Westerland, so siehst du jetzt aus? Ach, es
ist ja ein Vierteljahrhundert her, seit ich dort war — und diese ganze
Zeit ist an dir „gehoben" worden! „Gerade Straßen" hast du jetzt,
„schöne öffentliche Gebäude", und ein Kurhaus, und du machst „einen
imposanten, fast großstädtischen Eindruck". Man weiß bloß nicht recht,
warum man dann aus der imposanten Langenweile der geradstraßigen
Großstadt erst hinreisen soll.

Zwar, die Sinnesart, die nach „imposanten" Gebäuden und „großstädtischen" Straßenbildern strebt, herrscht bei den Besitzern unsrer
Sommerfrischen augenscheinlich so sehr, wie bei den französischen Pro-
vinzlern das Paris=Nachmachen. Jede französische Provinzstadt langweilt, behauptet man, weil sie immer nur aussieht, wie eine mehr oder
weniger gelungene Imitation — und doch handelt sich's um Städte
auch von mehreren Hunderttausenden. Was mag da heraus kommen,
wenn unsre Sommerfrischen mit ihren einigen Hunderten die Großstädte
imitieren? Wenn alles glückt: ein Stückchen Vorstadt, an Berg und
See versetzt. Und wenn es nicht glückt, etwas, das weniger dumm=
traurig und mehr lächerlich ist.

Kunstwart

Wie ist es möglich, daß solche Thorheit, wie das Anstreben „großstädtischer Eindrücke" durch Sommerfrischen dutzende und hundert Male unausgelacht auftreten kann? Es ist es deshalb, weil bekanntlich wir Deutschen bei der Erbteilung die Luft bekommen haben. Wie viel Aesthetiker z. B. schweben da um die höchsten Probleme der Kunst herum in allerluftigsten Regionen, und wie wenige würdigen die niedrigen Grundlagen der Kunst, die derb im praktischen Leben stehen, einer Beachtung. Hätte aber der tausendste Teil der Leute, die uns Schönes über „die ewigen Gesetze der Kunst" gesagt haben, uns Gescheites darüber gesagt, wie man vernünftig und erfreulich Tische und Stühle, Treppen und Stuben macht, der Kunstbau selber stände fester begründet im Land und ragte stolzer gen Himmel. Auch an dem Thema „Kunst und Sommerfrische" pflegt unsre Kunstschriftstellerei erhabenen Ganges vorüberzuziehn. Und doch braucht man nur zu bedenken, für wie viele Menschen ihr Hauptverkehr oder ihr ganzer Verkehr mit der Natur in die paar Ferienwochen fällt, um seine Wichtigkeit für unser Kunstleben einzusehn.

Freilich darf man die Frage nicht mit jenen Leuten erörtern wollen, die auf der Sommerreise eine Erholung von der Vergnügungskampagne des Winters verlangen, die nach aller Möglichkeit verwandter Art ist wie diese, nur eben in gesündere Luft verlegt. Wir haben es anzuerkennen, so schwer es zu glauben ist: es gibt so und so viel Tausend Menschen, die unsre winterliche Gesellschaftsödelei thatsächlich so außerordentlich vergnügt, daß sie später für ihre armen blutleeren Hirne an Alpenbach und Meeresstrand noch ein Surrogat dafür haben müssen. Da sitzen sie denn in ihren Bädern ums Kurhaus oder die Strandpromenade zu Tausenden auf einer einzigen Stelle, wie die Fliegen, wo's was zu schlecken gibt, schwätzen, schwänzeln, putzen, protzen sich, und halten einen vanity-fair, dem zuzuschaun, wenn man erst mal den Ekel überwunden hat, zwei Tage lang ganz unterhaltsam ist. Selbstverständlich ist für solche Herrschaften ein „großstädtischer Charakter des Badelebens" mit allem Drum und Dran vollkommen das Richtige. Es gibt Bäder, die ihnen verfallen sind, greuliche Nester für Unsereinen, Paradiese für sie. Diese Modebäder ästhetisch zu entseuchen, geht nicht an, so lange die betreffenden Wesen in Menschenform gedeihen — wünschen wir ihnen vielmehr alles Gute, damit sie ihre Besucher nach dem System des Kasernements recht dauerhaft fest und von unsern Sommerfrischen fernhalten. Vielleicht, daß wir dann aus diesen was machen können.

Wir können nämlich aus unsern Sommerfrischen was machen, wir, das Publikum. Das wollen wir ja nicht vergessen, wir können es, denn wir sind es, die bezahlen. Wir sollten nur mehr fordern, uns gleichsam im Fordern üben. Und wir müssen, allerdings, wissen, was wir fordern sollen. Es läßt sich leicht auf eine Formel bringen: wir wollen keine Stadt-Imitationen, wir wollen auf dem Lande das Land.

Nun heißt das freilich nicht etwa: wir verzichten auf jede Bequemlichkeit, auf jeden „Komfort". In dieser Beziehung muß Spielraum bleiben. Denn die Lebenshaltung der Verschiedenen ist eben verschieden, und der Sommeraufenthalt soll nicht ohne weiteres kasteien und zu Asketen machen, auch wem die Askese nicht paßt. Aber auf dem Lande leben ja nicht nur Tagelöhner und Kossäthen, sondern auch Guts- und Rittergutsbesitzer, die nicht so sehr für Askese sind. Schmackhafte und bekömmliche Verpflegung, behagliches und gesundes Wohnen, das sind vielmehr Dinge, die wir auch für unsre Art Sommerfrischen sehr entschieden wünschen; wir hätten gar nichts dagegen, wenn die allgemeine Kultur in dieser Beziehung sich noch ein wenig verfeinerte. Von einem Tiefstande dabei kann man, immerhin, kaum reden, einen Tiefstand hat auch in der Sommerfrische nur die ästhetische Kultur. Da liegt's: bei den Neu-Anlagen und Neu-Bauten treffen wir fast überall nur ein Uebertragen von Vorstadts-Idealen aufs Land, wünschen aber ein Entwickeln aus dem Heimatsboden heraus.

Dann und wann findet man ja etwas wie einen Ansatz dazu. Man findet in einigen Badeorten Villen, die Motive aus dem Gau künstlerisch weiterbilden. Aber es sind vereinzelte Bauten meist fremder Architekten von Geschmack. Auch der Bauer schätzt ja häufig am meisten, was „weit her" ist, hält es wenigstens für das „Feinere", und der „Bauunternehmer" aus der Stadt, der im Badeort spekuliert, taxiert die Bedürfnisse derer, die er einfangen will, nach seinen eigenen ab: so begegnen sich beide Sorten von Sommerfrischen-Bauherren beim „Zinsvilla"-Stil. Nun blicke man z. B. auf ein Nest wie Göhren, das noch vor zwanzig Jahren ganz wunderschön gewesen sein muß. Die alten Fischer- und Bauernhäuser entzückend malerisch: farbiger oder weißer Verputz oder Rohziegel mit Fachwerk, weiße Läden, blaue Thüren mit weißen Auszeichnungen, Epheu bis hoch übers Strohdach, bunte Bauerngärten davor mit umwachsenen Lauben. Jedes eine friedenatmende Idylle. Aber man muß diese Häuser suchen, denn sie werden erdrückt vom neuen Göhren: einem gräulichen Haufen von Vorstadt-Zinsvillen ohne jeden Charakter, mißfarben und langweilig. Ich weiß sehr wohl, daß man zur Fremdenbegastung nicht ohne weiteres Hunderte von neuen Häusern ganz nach Art der alten Bauernhütten hinstellen kann, daß diese auf andre Bedürfnisse zugeschnitten, daß sie überhaupt nicht so eins, zwei, drei für eine kurze Saison zu machen sind, daß sie werden wollen. Aber weshalb knüpfte man nicht an das Vorhandene an, weshalb entwickelte man nicht aus ihm heraus das Sommergast-Haus, wie es hierher gehört? Konnte man nicht das Fachwerk, die malerischen farbigen Läden und Thüren, die Berankung und so manches eigenartige Motiv beibehalten auch bei größeren Bauten, wo das Strohdach fiel? Konnte man nicht den Lauben und Veranden schlicht-kräftige Formen und ehrlich einbeutige Farben geben, wie wir sie im alten Göhren und überhaupt aller Orten finden, wo noch volksmäßig gesund gearbeitet wird? Man sehe sich mal die kleine Seemannsherberge am Südstrand an: wie wird diese allerbescheidenste getheerte Holzbude durch die grünen Thüren und Fenster mit den roten Latten darauf heiter und heimelig! Ferner: Mußte man gerade Straßen erzwingen, wo es so kinderleicht war, das gegebene malerische Durcheinander der Grundstücke zu erhalten oder, sozusagen, zu organisieren? So liegt die Frage. Ich wenigstens kenne aber keine einzige Sommerfrische im deutschen Reich, bei der das „Heben" nicht mit der Anlage von geraden Straßen und dem Import von vorstädtischen Hauskisten betrieben würde. Es ist überall dasselbe: Leute, „die was davon erkannt", entdecken sozusagen ein schönes Nest, freuen sich seiner, besuchen es, empfehlen es. Kommt es aber in Aufnahme, so werden eben die Vorzüge, die zu seiner „Entdeckung" geführt haben,

schnellstmöglich ausgerottet, soweit sie sich nur mit Menschenhand aus=
rotten lassen. d. h. nicht die Natur, sondern den Ort selber betreffen:
man legt über seine Persönlichkeit und Eigenart diese eine einzige Schablone
der Sommerfrischen=Bauerei, welche dieselbe ist vom Fels zum Meer.

Machen wir also in den Sommerfrischen den Bauern wie den Spe=
kulanten klar, daß sie uns, um Westerland=Syltisch zu sprechen, mit
„graden Straßen" und „großstädtischen Bauten" nicht imponieren,
wirken wir darauf hin, daß man erhalte und ausbilde, was Eigenart,
was Charakter hat. In jeder Gegend, die von Sommergästen besucht
wird, tritt zu den alten Verhältnissen und Bedürfnissen ein neues Be=
dürfnis: das, solche Gäste unterzubringen und zu verpflegen — das Erzeug=
nis dieses neuen Bedürfnisses zusammen mit den alten, angepaßt also
an den genius loci hat die Sommerfrische zu sein, nicht ein Fremd=
körper im Organismus der Landschaft. Ein in besseren Sinne „mo=
bernes" Sommergast=Haus läßt sich auf der Grundlage des heimischen
Brauches entwickeln, um kein wenig minder zweckmäßig oder bequem,
um keinen Groschen teurer, aber sehr viel schöner, behaglicher, und da=
mit auch besser geeignet, die Gäste anzulocken und festzuhalten. Wer
aber noch nicht vertraut mit dem Ortsheimischen ist, kann trotzdem der
guten Sache schon dienen, wenn er nur die wenigen allgemeinen For=
derungen des vernünftigen Bauens und Einrichtens den Leuten gegen=
über vertritt. Uns imponiert kein Schönheitsmaßstab, den man in Form
eines Lineals beim Krämer kauft, uns gähnen über grade Straßen
schon in den Städten genug — sagen wir ihnen das. Uns im=
poniert keine Art von bloßem Schein, kein unsolides Gipsorna=
ment, keine „imitiert eichengemalte" Thür, — sagen wir ihnen das.
Uns imponiert das „Pimpeln" nicht, das kleinliche Ornamenteln und
Verzieren, wir haben unverzierte, aber gefällig geformte und gefärbte
Flächen viel lieber, sagen wir ihnen das. Uns imponieren all die
schmachtlappig schwachen Färbchengebräu nicht, welche die Stuben=
maler andächtig zusammenrühren: viel lieber, als all dies „lehmfarben",
„eisenfarben" „steinfarben", „resebafarben" u. s. w. ist uns ein biderbes
Rot, Blau, Grün, Weiß, unsertwegen, „wie es aus der Düte kommt",
— sagen wir ihnen das. Bekämpfen wir überhaupt die Furcht vor
der kräftigen Form, wie vor der kräftigen Farbe, sagen wir ihnen z. B.,
wie famos ein ganz frech gelb oder blau verputztes Haus mit rotem
Ziegeldach in grüner Natur darinstehen kann. Viel lieber mal ein derber
Hieb daneben, als dieses Zieren und Zimperlichsein mit Farb und Form,
das unsere Zinsvillen so oft über den Garten bis an den Zaun heran
als Gebilde ästhetischer Rohheit kennzeichnet, die konventionell lackiert ist.
Warnen wir schließlich, wo sich's um hübsch oder häßlich handelt, über=
all vor der Fabrikware, sagen wir den Leuten z. B., daß der Hand=
strichziegel und die glatte Kachel etwas besseres sind, als die in der
Maschine bepreßten und bedruckten, daß uns ein bunter Lattenzaun lieber
ist, als einer aus gegossenen Stäben, daß wir einen schlichten Wand=
anstrich im Zimmer einer schlechten Dutzendtapete vorziehen u. s. w.
Machen wir überhaupt unsern Wirten klar, daß das Zusammengesetztere
und Teurere keineswegs ohne weiteres für das Bessere, Feinere,
Vornehmere gilt. Stärken wir ihnen den Respekt vor ihren alten Heim=
stätten, indem wir ihnen sagen, daß diese alten Hütten uns gefallen,

2. Septemberheft 1899

daß wir sie schön finden, schöner, als diese ihre neumobischen „städtischen“ Häuser, und daß wir Stadtleute überhaupt mehr Freude an allem haben, was im Boden selber wurzelt, als für noch so teuer hertransportierte Kübelpflanzen.

Es liegt ja zunächst in unserem, der Sommerfrischler, Interesse, daß die schönen Dörfer nicht verhäßlicht werden, auf denen wir der Frau Natur unsren alljährlichen Besuch machen. Aber die Sommerfrischen sind wichtige „Infektionszentren“ für das umgebende Land, weil in ihnen mehr gebaut wird, als anderswo, und sind es im guten, wie im schlechten Sinne. Und schließlich: gewännen wir schlicht-schöne Sommerhäuser, werden sie in manchem ihrer Gäste auch wieder den Sinn für einfache Vornehmheit stärken, und diese werden den so gestärkten Sinn zum Herbst in die Klabberatatsch-Zinshäuser der Großstädte tragen. Es hängt eben alles zusammen in solchen Dingen. Und wir müssen an allen Enden anfassen, wollen wir die „ästhetische Kultur“ unsres Volkes wirklich „heben“.   A.

Wilhelm Weigands Renaissancedramen.

Wilhelm Weigand hat vor einiger Zeit einen Dramenzyklus „Die Renaissance“ veröffentlicht (München, Hermann Lukaschik, G. Franzsche Hofbuchhandlung). Ich entschloß mich, als ich ihn empfing, ihn zugleich mit Gobineaus berühmtem gleichnamigen Werke zu lesen.

Gobineaus „Renaissance“ ist, wie im Kunstwart auch seiner Zeit angezeigt wurde, bei Reclam in einer Uebersetzung von Ludwig Schemann erschienen und von dem Uebersetzer ganz begeistert eingeleitet worden. Ich meinerseits bin zu einem etwas anderen Ergebnisse gekommen, als er und auch als der Kritiker des Kunstwarts, der Gobineau auch als Dichter anerkannte. Zwar erscheint auch mir die „Renaissance“ ohne Zweifel als ein sehr bedeutendes Werk, aber sie ist meines Erachtens mehr dichterisch, als es ein hervorragendes Geschichtswerk auch sein muß. Gobineau schafft mit einem sehr feinen Verstande auf Grund historischer Anschauung, aber er schafft nicht wie der Dichter, aus dichterischer Phantasie gebärend. So werden seine Gestalten weder vollindividuell noch erhält seine Darstellung den Hauch und den Reiz unmittelbaren Lebens; überall setzt sie geschichtliche Kenntnisse voraus, immer empfindet man die Berechnung, die den Dialog so oder so leitete. Das Werk ist das Ergebnis ausgebreiteter erfolgreicher Studien und einer hohen schriftstellerischen Formbegabung, glücklicher Reflexion und eines starken Kombinationsvermögens, aber nicht eine Schöpfung großen dichterischen Talents oder gar Genies. Vergleichen wir's also lieber nicht mit Shakespere! Es hat einmal ein gewisser Walter Savage Landor gelebt, der in den zwanziger Jahren „Imaginary conversations between litterary men and statesmen“ herausgegeben hat — mit dem ließe sich Gobineau recht wohl vergleichen. Und weiter hätte ich auch nichts dagegen, ihn mit Ludovic Vitet zusammenzustellen, der, ebenfalls in den zwanziger Jahren, in seinen „Scènes historiques“ die Liga behandelnd, als erster in der französischen Literatur den Versuch machte, Zeitbilder aus der vaterländischen Geschichte dramatisch darzustellen, ohne zur

Geschichte etwas hinzuzudichten. Ja, man könnte auch den Vergleich mit unsrem Grabbe freigeben, dessen oft grandiose historische Kombination in „Marius und Sulla" u. s. w. ich doch nicht für volle Poesie zu halten mir erlaube. Um es kurz zu sagen: Gobineaus Gestalten fehlt das Blut, seiner Darstellung das Elementare, und darum ist die „Renaissance", so großartig sie komponiert, so vollendet sie im Einzelnen ist, kein eigentliches Dichterwerk, wenn sie auch Menschen, die Blut und Leben aus Eigenem drein zu geben vermögen, als Ersatz für ein solches dienen kann. Diese meine Behauptungen im Einzelnen zu beweisen fehlt mir der Raum, aber auf eine charakteristische Stelle will ich doch aufmerksam machen. Da heißt es bei der Beschreibung des Studierzimmers eines Humanisten: „Manuskripte, Papiere mit Tintenflecken, bedeckt mit seinen engen Schriftzügen, ein großes bleiernes Tintenfaß, Federn mit straubigen Bärten." Hat das ein Dichter gesehen?

Die Dichter brauchen sich also durch Gobineaus Werk nicht abhalten zu lassen, Renaissancedramen zu schreiben. Sie thun's auch nicht, sie lassen sich eher dadurch anregen. Diese Anregung scheint bei Wilhelm Weigand sogar recht stark gewesen zu sein, wenigstens bei einem seiner vier Renaissancedramen, bei „Cesare Borgia". Das erste, „Tessa", um 1490 in Siena spielend, ist, wie der Dichter selbst angibt, ein Jugendwerk und steht stark unter dem Einflusse Shakesperes, namentlich „Romeo und Julies", so daß ich es mit Heyses „Francesca von Rimini" zusammenstellen möchte. Als Drama besagt es nicht viel. Tessa Salimbene wird von dem Tyrannen von Siena, Pandolfo Petrucci zur Gattin begehrt, liebt aber den jungen Verschwörer Sandro Tuldi, obgleich er nicht von Adel ist. Beim Ausbruch der Verschwörung wird Sandro gefangen genommen, Tessa heiratet, um ihn zu retten, den Tyrannen, aber ihre Aufopferung ist vergebens, sie stirbt mit dem Geliebten. Das ist weder tragisch noch besonders neu, der Geist eherner Notwendigkeit geht nicht durch das Stück, aber es hat einen gewissen anziehenden Jugendreiz und verspricht durch das Einzelwerk etwas, so abhängig dieses auch zum Teil von Shakespere ist. — Weniger, als von „Tessa" halte ich von dem zweiten Stück, einem „Savonarola", der in gereimten „Faust"-Versen geschrieben ist. Die Verse sind größtenteils schlecht; will man nicht konventionelle, glatte, sondern rauhe, charakteristische Verse schreiben, so muß man einen bedeutenden Gehalt für sie haben, und der fehlt, trotzdem Weigand bedeutende Personen genug eingeführt hat. So erhält man nur den Eindruck der Unbeholfenheit. Vor allem aber steht der „Savonarola" als Drama tief; der Titelheld tritt nie wirklich in dramatischer Aktion, und ein Nebenheld bleibt blaß und schwankend. In den Reden, die u. a. Machiavelli führt, zeigt sich wohl schon ein Einfluß Gobineaus. — Der tritt, wie gesagt, besonders stark im „Cesare Borgia" auf. Weigand scheint von diesem seinem Drama viel zu halten; „im übrigen brauche ich wohl nicht zu bemerken", meint er, „daß der Held meiner Dichtung nichts mit den romantischen Popanzen zu thun hat, die ihrem Urbild nur darin glichen, daß sie, lange nach seinem Tode, einige Provinzen des Reiches der Dichter unsicher machten." Nein, das hat er nicht, dank Gobineau, aber wenn Weigand glaubt, eine wirklich individuelle Persönlichkeit in Cäsar Borgia hingestellt zu haben, so täuscht er sich, er kommt nicht weiter als der Franzose, er macht den Papstsohn eher noch blässer und unbestimmter. Was will das sagen, daß er seinen Untergang damit motiviert, daß Cäsar sich selber, nicht seiner großen Sache, der Einigung Italiens diente! Daß er ihm eine bestimmte Redseligkeit beilegte, halte ich sogar für falsch. Manche Züge, durch die er Cäsar charakteri-

2. Septemberheft 1899

fiert, hat er, von Gobineau ganz abgesehen, andern Dichtern entnommen, so
das Aufhängen der Schildwache im zweiten Akte dem Holofernes Hebbels.
Stark ist es doch, daß er dem Cäsar auch ein Käthchen von Heilbronn beigegeben hat, wie Hauptmann dem Florian Geyer. Gibt es denn keine neuen Einfälle mehr? Kurz, er hat meiner Empfindung nach die Gestalt nicht aus eigener
Kraft zu schaffen vermocht. Gebaut ist das Stück nicht übel, manche Szenen
sind gelungen, aber sehr oft ziehe ich doch die Gobineauschen Parallelszenen vor.
Alles in allem haben die alten Münchner solche Stücke auch fertig gebracht,
nur daß sie vielleicht ein bischen konventioneller im Ausdruck waren. — Ende
gut, alles gut, heißt es; hier gilt das wirklich: Der „Lorenzino“ Weigands ist
ein gutes Stück. Er gibt selber an, daß er A. de Mussets „Lorenzaccio“ viel
verdankt, vor allem wohl die Gesamtauffassung des Helden, aber wenn auch
nur die Hälfte des Stückes sein eigen wäre, so verdiente er noch immer Lob
und Preis. Lorenzino ist eine Dekadenznatur, ein bischen Hamlet, ein bischen
Herostrat — kein Wunder, daß er Weigand „lag“, der der feinste Empfinder
des Dekadenten in Deutschland ist und zu seiner Gestaltung die nötige Kraft
hat. Auch dramatisch muß ich das Stück relativ hoch halten; wenn wir gesunde Bühnenverhältnisse hätten, würde es ohne Zweifel überall gegeben werden.
So gibt man lieber Fuldas „Herostrat“, der doch dagegen, mit Verlaub zu
sagen, die reine Wurst ist.

Als Dramenzyklus, so lautet also meine persönliche Meinung, ist Weigands
„Renaissance“ nicht von Bedeutung, sie ist wesentlich Experiment. Gebet den
Shakesperen, was der Shakespere ist! Ich glaube, daß die großen Aufgaben
der zusammenhängenden Renaissance- und auch der französischen Revolutions-
dramen nur von einem dramatischen Genie zu lösen sind — und unsere Zeit
hat keins, so viel ich weiß. Aber ein Künstler, wie Weigand ist, bringt doch
unter Umständen etwas gutes zu stande und widerlegt wenigstens das Vorurteil, daß wir auf dem Wege seien, Barbaren zu werden.

Adolf Bartels.

Von altdeutscher Volksmusik.

Der christliche, aus altgriechischer Wurzel entsprossene Choral kam zu
den germanischen Völkern als ein in jeder Hinsicht fremdes Element. Fremd
war ihnen seine Sprache, fremd der Mollcharakter seiner Kirchentonarten
gegenüber dem vorwaltenden Dur ihrer Nationalweisen, welche wiederum,
weil verknüpft mit heidnischen Texten und Vorstellungen, den Bekehrern als
durchaus verwerflich und ausrottenswert erscheinen mußten. Der heftige Kampf,
der sich zwischen den beiden Mächten, dem Volkstum und der kirchlichen
Autorität, entspann, schloß zunächst mit einem äußeren Siege der letzteren.
Sie versagte dem Volksgesange die Beachtung bei theoretischen Studien und
überließ ihn der mündlichen Ueberlieferung. Es gelang ihr sogar, ihn mannigfach zu beeinflussen. Doch eben bei der Berührung mit ihm mußte die Kirche
sich ihrerseits zu steigen, obschon allmählichen Konzessionen verstehen, und da
es ihr nicht gelang, die immer fortfließende Quelle des Volksliedes zu ver-
stopfen, ward sie von ihr bald im eigenen Hause bedrängt.

Ueber das germanische Volkslied der ältesten Zeit sind wir sehr mangelhaft unterrichtet. Es pflanzt sich nur durch mündliche Ueberlieferung fort. Wir

wissen allerdings, daß es reich und mannigfaltig war, denn zu tazitischen und anderen Zeugnissen von Götter-, Schlacht-, Trauer- und Liebesliedern tritt als mittelbare Quelle der Sprach= und Sagenschatz. Das Wort „Leich", welches zugleich „Tanz", „Lied" und „Opfer" bedeutet, verbürgt z. B. das Dasein von rituellen Reigengesängen. Wir vermuten, daß sie dem ausgesprochenen Dursinn des Germanen entsprachen, chromatische Tonfolgen nicht scheuten und in der bewußten Beziehung der Melodik auf Tonika und Dominante die Anlage zu harmonischer Behandlung in sich trugen. Mittelalterliche Schriftsteller berichten von einer „uralten", in England gebräuchlichen zweistimmigen Singart „Gimel" (d. i. Zusammengesang), in der Ober= oder Unterterz zur Hauptmelodie, aus ober neben der sich eine dreistimmige in Terzen und Sexten (Fauxbourdon) entwickelte. Aehnlich begleiten ja die Kärntner heute noch den „Ansinger" der Melodie mit einem „Ueberschlag" in der höheren Terz, und in Tirol stützt ihn — man beachte die schöne deutsche Terminologie — überdies der Baß, der „Aushalter" der Quintdominante. Ob der germanische Volksgesang schon die Form der Nachahmung, den Kanon, kannte, ist zweifelhaft. Tanz= und Marschlieder u. dgl. wurden natürlich im Takte gesungen. Sonst war der Vortrag freie Deklamation. Der Tanz bestand aus einem langsamen Reigen im geraden Zeitmaß, und diesem gravitätischen „umme gehenden Tanz" (später Pavane oder Allemande genannt) folgte meist ein Springtanz in rascherem Tripeltakt (Galiarde). Dazu sang einer ein Tanzlied, meist erzählenden Inhalts (woraus ja die romanische „Ballade" sich erklärt), und der Chor der Tanzenden stimmte in den Kehrvers ein. Noch heute singen die Bewohner der Fär=öer Lieder von Sigurd und Brynhild zu ihren Tänzen.

Der Begleitung dienten verschiedene Instrumente. Für Hornbläser und Pfeifer fand schon Wulfila im gotischen Sprachschatz Ausdrücke, und die dreieckige Harfe tauschten die Germanen noch in vorgeschichtlicher Zeit mit den Kelten um deren viereckige „Rotta" aus. Streichinstrumente waren die bei den Germanen heimische Geige und die aus den romanischen Ländern stammende Fiedel. Sie hatten keinen Steg, so daß der Bogen gleichmäßig über ihre drei Saiten strich, auf der obersten die Melodie spielte und zugleich auf den untern die leere Quinte mitnahm, wofür der Walzer in Wagners „Meistersingern" ein allbekanntes Beispiel bietet. So erzielten sie eine ähnliche Wirkung wie Instrumente mit fortklingendem Brummton (Bourdon) z. B. die Drehleier und der bei Schotten, Süditalienern und Slaven noch immer übliche Dudelsack.

Trotz der innigen Verbindung von Wort und Ton war den Germanen die elementare, sinnliche Wirkung der vom Gedichte losgelösten Weise gar wohl bekannt. Sie dünkte ihnen dämonischen, elbischen Ursprungs, und manche schöne Sage umwob die Macht der Tonkunst mit tief gefühlvoller Mystik. Die dänischen Balladen von „Röd" und „Elverhöh" sind ja in den herrlichen deutschen Bearbeitungen ihrer Kompositionen durch Loewe jedem Musiker gegenwärtig. Sie finden eine merkwürdige Parallele im sechsten Abenteuer der „Gudrun" wo beschrieben wird, „wie süß Horand sang". Der Hort seiner Kunst war die geheimnisvolle „Weise von Amilé", die nie ein Christenmensch gehört, es sei denn draußen auf der wilden Flut. Daneben, heißt es, wurde einem der Chorgesang der Pfaffen gleichgiltig. So kommt der Gegensatz des unterdrückten nationalen Liedes zum gregorianischen Kirchengesang in diesem kleinen Zuge zum Ausdruck.

Der Träger des Volksliedes ist der fahrende Spielmann, der zum Tanze „aufstreicht", der Journalist des Mittelalters, der die „neue Märe" von Burg zu Burg, von Dorf zu Dorfe singt. Seine soziale Stellung ist, wie die der Jongleurs oder Minstrels in Frankreich und England, sehr verschieden. Vom kosmopolitischen Landstreicher, der neben Sang und Geigen= oder Flötenspiel auch Possenreißerei und Gauklerkünste treibt, den die Rechtsbücher ehrlos nennen und dem sie, wenn ihn jemand verletzt, nur erlauben, den Schatten seines Beleidigers zu schlagen, von diesem durch verbummelte Intelligenzen aus dem Klerikerstande (Vaganten, Goliarden) verstärkten Troß bis zu den aus dem Kleinadel hervorgegangenen Sängern, in deren Kreise die einstroph= igen trûtliet des Kürenbergers, Meinlohs von Söflingen und Dietmars von Aist sowie die Lieder von Gudrun und der Nibelungen Not aufkamen, liegt ein weiter, durch manche Uebergangsstufen vermittelter Abstand.

Die ritterbürtigen Sänger und Spielleute haben sich in den Idealge= stalten Horand und Volker ein unvergängliches Denkmal gesetzt. Die berühmte Stelle, wo Volker seine sorgenvollen Freunde in Schlummer geigt, ist, nebenbei bemerkt, ein wichtiges Zeugnis für absolutes Instrumentalspiel. Die volks= tümliche Richtung wurde bald von der höfischen, von ausländischen Mustern herkommenden Mode verdrängt. In ihrem Gefolge kam die von dem starken Formensinn der Romanen geprägte, breitteilige Gliederung der Strophe in zwei ebenmäßige Verskomplexe (Stollen) mit darauffolgendem „Abgesang". Die höfische Lyrik gipfelt, was Stilreinheit anlangt, in Reinmar. Aber schon sein Schüler Walter von der Vogelweide ließ durch die feinziselierten Formen einen frischen Volkston durchklingen, ja, sein jüngerer Zeitgenosse Neithart von Reuenthal führte gar das Tanzlied des bajuwarischen Land= volkes, die „Dörperweise" in die höfische Sphäre ein. Der edle Walter schalt freilich ob diesen „ungefügen Tönen" und blieb „der alten Lehre" treu. Wir aber freuen uns der gesunden Melodik, die aus Neitharts überlieferten Weisen spricht. Aus der Reihe begabter Epigonen sei der elegante Fürst Wizlaw von Rügen (von dem Albert Becker mehrere Lieder mit Klavierbegleitung bei Breitkopf und Härtel herausgegeben hat), der lockere Abenteurer Tannhäuser und als verspäteter Nachzügler Graf Oswald von Wolkenstein genannt. Letz= terer bringt in seinen Liedern schon allerhand Allotria, Nachahmung von Vogel= stimmen (Kuckuck, Zaunkönig, Meise, Rabe) an und verrät schon die Technik einer neuen Zeit.

In dem Maße, wie die Lyrik der Ritter versiegte, traten die Spielleute wieder hervor, und ihre besseren Elemente begannen sich zunftweise zu organi= sieren. Die aufstrebenden Städte boten ihnen feste Anstellungen für Repräsen= tationszwecke aller Art. Stundenblasen vom Turm, Empfangsfanfaren (In= traden), Platzmusik, Aufspielen bei öffentlichen Aufzügen, zu Hochzeiten und Trauerfeiern, zum Tanz auf grünem Anger und in geschlossenen Räumen forderte die Kunst der Spielleute täglich heraus. Von ihnen, die mitten im Volke, stammen wohl die meisten all der ernsten und heiteren, meist tief gemütvollen und naiven Natur=, Tanz=, Liebes=, Wander=, Scheide=, Jäger=, Landsknecht=, Trink= und Spottlieder aus dem 14. bis 16. Jahrhundert und ihre kernigen Melodien. Die Ballade, die bei Engländern, Dänen und Skandinaviern so reichlich blüht, ist in Deutschland auffallenderweise spärlicher, dafür aber durch einige sehr schöne Stücke vertreten, wiewohl die Lieder sonst von epischen Elementen erfüllt sind. Gelänge es, auch nur einen Teil davon neu zu beleben und dem Kunst= und Volksleben wieder dienstbar zu machen, wie das Böhme als Forscher, Plüddemann und Brahms als praktische Musiker in Angriff nahmen, so wäre uns fürwahr ein kostbarer Schatz gewonnen. R. B.

Neue Klaviermusik.

Die Klaviermusik steht gegenwärtig nicht im Zeichen reger Weiterentwicke=
lung. Franz Liszt hat keinen selbständigen Erben hinterlassen, wer von be=
achtenswerten Geistern auf diesem Gebiete Neues schafft, kann sich vorläufig
noch nicht von seinem gewaltigen Einfluß freimachen. Wer aber solchem Kunst=
vasallentum nicht angehören will, der gerät nur allzuleicht in die mehr breit
als tief dahinfließende nachschumannsche Strömung, die vielleicht gerade, weil
ihr Einfluß auf die große Form der Symphonie endgiltig überwunden ist,
umso nachhaltiger auf dem engen, aber fleißig bebauten Gebiet kleiner Instru=
mentalformen nachwirkt. Ich sehe darin kein Uebel, denn allezeit wird es
neben der Minderzahl derer, die für die Gesamtentwickelung der Tonkunst
Verständnis haben, auch einen weiten Kreis solcher Musikfreunde geben, die eine
stetige und anständige Deckung eines anspruchsloseren musikalischen Hausbedarfs
für wünschenswert und ersprießlich halten, ohne viel von den revolutionären
Thaten etwa eines Strauß oder Mahler zu wissen und zu begreifen. Der Kunst=
wart hat die Aufgabe, jene erstgenannte Minderzahl zu stärken und zu ver=
größern, aber er wird dann und wann auch einige vorurteilslose Blicke über
das werfen müssen, was der zweitgenannten Mehrzahl geboten wird und
ihre Teilnahme erregt.

Solchen Freunden solider Hausmusik seien die Namen Max Meyer=
Olbersleben und Nikolai von Wilm mit allem Nachdruck genannt. Von
beiden Tonsetzern liegen mir zahlreiche Klavierwerke vor (Verlag von C. F.
Leuckart, Otto Forberg und Robert Forberg), deren eingehende Besprechung
viel zu weit führen würde und besser durch den Versuch einer allgemeinen
Charakteristik ersetzt wird. Meyer=Olbersleben ist der feinere Kopf,
der manchmal eine wirkliche Eigenart verrät; sein Satz ist nicht neu,
aber meist von einer gewissen Eleganz, das Zierliche ist seine eigentliche
Domäne; auch seine Harmonik weiß alles Triviale zu meiden. Seinen Stücken
fehlt aber vielfach die formelle Abrundung, man hat gar häufig den Eindruck,
als werde ein vorzeitiges Ende erreicht. Der Zusammenhang zwischen einzelnen
Partien ist oft locker, oft gesucht. Nicolai von Wilm läßt sich dagegen
eine nie versagende formelle Glätte nachrühmen, indessen seine Erfindung zwar
bieder und ehrlich, im übrigen aber recht konventionell ist. Er hat einen viel
geringeren eigenen Fond als Meyer=Olbersleben, aber er zieht sich mit seinem
Wenigen doch überlegener aus der Sache. Sein zweiklaviriger Walzer und
die Variationen weisen zudem ein ganz respektables Können auf. Alles in
allem zwei Tonsetzer, die imstande sind, auch verwöhnten Kunstfreunden auf
anständige Art eine müßige Stunde zu vertreiben. Verfügen letztere über jugend=
lichen musikalischen Nachwuchs, so sei das artige Sammelwerk von Charles
Morley „Der kleine Virtuos" (Otto Forberg) empfohlen. Musikschüler ersten
und zweiten Stadiums, für welche Stephan Heller auch in seinem leichtesten
noch zu sein, die alten Diabelli und Czerny aber zu verstaubt scheinen, werden
daran manche kleine Freude haben.

Ein weit höheres Streben als die Vorerwähnten bekundet Karl Göpfart
mit seinen bei Hans Licht erschienenen Sachen. Sein Allegro scherzando be=
sonders steht auf einem frischen, keck hingeworfenen Hauptthema und schwächt
sich nur im Mittelsatz etwas ab, und das Scherzo rollt ungestüm und in leiden=
schaftlichem Uebermut hin. Weniger gelungen ist (in den lyrischen Skizzen)
der Versuch, die Dichter Lenau, Rückert und Hoffmann von Fallersleben musi=

2. Septemberheft 1889

kalisch zu charakterisieren. Hier fehlts an unmittelbarem Impuls und an Gestaltungskraft, für die in solchen Fällen berechnende Ueberlegung ein unzulängliches Surrogat bildet. Die vierhändigen Stücke sind frisch und volkstümlich, aber nicht recht klangvoll im Satz. Doch bleibt dem Komponisten auch hier der seine Reiz einer "Persönlichkeit", auf den Hermann Vetter sicher verzichtete, als er (bei Hofmeister) seine "Musikalischen Antipoden" herausgab. Er hat einige Stücke aus Schumanns Kinderszenen und Jugendalbum melodisch umgedreht und ihren Titel (Landmanns Freud' und Leid, Traurige Begebenheit) ebenso geschmackvoll geändert. Ob es Vetter mit dieser umgekrempelten Schumannbegeisterung ernst war, oder ob die Stücke ein zu lang geratener Witz sind, habe ich bei der völligen Zwecklosigkeit des merkwürdigen Opus nicht recht herausfinden können.

Der Gattung besserer Salonmusik gehören die "Bagatelles de Concert" von Severin Berson (bei F. E. C. Leuckart) an, deren Titel nur in seiner ersten Hälfte den Thatsachen entspricht, da die Stücke für den Konzertgebrauch nach jeder Richtung hin zu zahm sind. Auch Albert Biehl, der verdiente Klavierpädagoge, gibt in seinen "Poetischen Studien" op. 189 (Otto Forberg) nichts, was einen herzhaft ärgern oder freuen könnte, sondern begnügt sich damit, eine höchst solide deutsche Musik zu schreiben. F. G. Isleys Gavotte (Dresden, W. Bock) berührt viel angenehmer in ihrer liebenswürdigen Ungezwungenheit.

Robert Fischhof ließ bei Robert Forberg zwei Barcarolen (op. 67) und "Zwei Stücke" (op. 68) erscheinen. Es ist nachdenkliche Musik, etwa nach dem Genre Henselt's, nur noch blasser und ausdrucksloser. Mit der ersten der Bacarolen werden weichfingrige Pianisten sich leicht in die Herzen empfindsamer Damen spielen. Eine alte Novität sei hier erwähnt, weil sie sicher noch nicht die verdiente Bekanntheit erreicht hat: W. A. Remys, des jüngst verstorbenen Lehrers von Kienzl, Weingartner, Reznicek und Busoni, "Drei Klavierstücke op. 19" (Graz, Franz Pechel). Die Stücke haben in ihrer Gesamtwirkung allerdings etwas Femininnes, es fehlt ihnen ein kräftiges Rückgrat; doch schreibt Remy einen so besonderen Klaviersatz und geht erfinderisch und technisch so sicher seinen eigenen Weg, daß die Stücke einer Wiedererweckung wohl würdig wären. An musikalischem Wert steht ihnen Robert Kahns Elegie und Cappriccio op. 11 (F. E. C. Leuckart) zur Seite. Erstere namentlich gefällt mir wegen ihres kräftigen, trotzig-ernsten Hauptthemas und dessen vielseitiger, aber wohlmotivierter Verwertung.

Es ist wohl auch eines der Verdienste Liszts, durch seine Bearbeitungen Bachischer Orgelwerke die Aufmerksamkeit auf die Altmeister des Klavierspiels wieder nachdrücklich hingelenkt zu haben. Sein Beispiel hat manche dankenswerte Nachahmung gefunden. So hat Dr. Johannes Merkel eine Klaviersuite des alten Gottlieb Muffat (1683—1770), für das moderne Pianoforte bearbeitet, bei Robert Forberg erscheinen lassen. Ist das Werk auch zu lang, um nicht die zum Teil veraltete Manier kräftig und auf Kosten des rein musikalischen Elementes hervortreten zu lassen, so werden einzelne Sätze, vor allem die Phantasie und Fuge, noch heute bedeutenden Eindruck machen. Merkels Bearbeitung ist von peinlichster Genauigkeit. Höher, weil selbstschöpferisch nachbildend, steht August Strabals Bearbeitung des Orgelkonzerts von Wilhelm Friedemann Bach, dem die Verlagsfirma Breitkopf & Härtel eine wunderschöne typographische Ausstattung (der Titel nach Art ihrer Flugblätter, den Charakter des Werkes hervorhebend) zuteil werden ließ. Und urgewaltig wie ein

Frühlingssturm mag auch dieses Präludium wie aus weiter Ferne heranstürmen, breit und mächtig mag sich die Fuge aufbauen, wenn sie unter den Händen etwa eines Busoni zum Leben ersteht — denn eiserne Muskeln gehören dazu, diesen Forderungen an vollgriffiger, namentlich Oktaven-Technik Stand zu halten. Hinsichtlich des pianistischen Wertes kann man das Konzert getrost neben die gleichartigen Uebertragungen Liszts stellen.

Auch die Bearbeitung der Mozartschen Variationen in F für zwei Klaviere von Rheinberger (bei Leuckart) erfüllt ihren Zweck und ergibt Kombinationen, die eine derartige Uebertragung vollauf rechtfertigen.

Nach den echten ein Pseudo-Klassiker: bei Robert Forberg erschien die vierte Serenade für Pianoforte in 12 Kanons von S. Jadassohn, op. 125. Es ist bekannt, mit welch müheloser Leichtigkeit Jadassohn diese spekulativste aller Kunstformen meistert, die jedweden wärmeren Impuls ausschließt und deßhalb meist nur Kunststücke gezeitigt hat. Warm kann man denn auch beim Durchspielen dieser „kniffigen" Musik nicht werden. Die Teilnahme für derartige Verkörperungen amtlicher Konservatoriums-Kontrapunktik ist ja überhaupt bedenklich geschwunden, seit neben ihr eine in Freiheit erwachsene Tonsatzkunst entstanden ist, die nicht nur dem Kopf, sondern auch dem Herzen zu dienen vermag. Ich denke dabei an Strauß und Bruckner, aber einen Beweis in nuce kann auch Ernst Heusers Präludium und Fuge, op. 26 (Breitkopf & Härtel) abgeben, denn er hat es trefflich verstanden, neben der strengen Kunstform auch freie Stimmungen walten zu lassen und sowohl dem denkenden wie dem fühlenden Hörer seinen Teil zuzumessen, ohne daß dem Werk Mangel an Einheitlichkeit vorzuwerfen wäre.

Von Theodor Kirchner, dem Nimmermüden, liegen mir zwei Hefte vor: Erinnerungsblätter (op. 101) und vierhändige Walzer (op. 104, wie die folgenden Hefte, bei Leuckart erschienen). Es ist nicht zu leugnen, daß Kirchners beste Werke bereits vor vielen, vielen Jahren geschaffen wurden; man wird von dem Greis, der mit beiden Füßen auf dem Boden einer längst vergangenen Periode steht, die für ihn goldene Erinnerungen birgt, nicht reges Mitschreiten mit den „Jungen" erwarten dürfen. Es liegt etwas wie melancholischer Abendsonnenglanz auf dieser Musik. Die schroffe Ablehnung Kirchners als „Vielschreiber" rechtfertigt sie sicherlich nicht.

Aus Bußmeyers op. 17 „In der Dämmerung", fünf etwas ungleichwertigen Stücken, halte ich eine straff ausgebaute Passacaglia und den anmutig beschwingten „Reigen" für die besten Nummern. Unverdaulich und trocken ist die Fuge. Durchweg Frisches bietet hingegen in ganz ausgezeichnetem vierhändigen Satz Otto Singer in seinen „Musikalischen Plaudereien, op. 7". Sie seien besonders allen Lehrern als durchaus gesunde Kost für begabte, heranwachsende Schüler bestens empfohlen.

Zwei Klavier-Variationen op. 77 von Hermann Scholz, den Brüdern Thern gewidmet, und eine Sonate H-dur op. 76 „An Edouard Risler" von Wilhelm Berger (Otto Forberg) leiden an dem gleichen Uebel: daß die Eigenart der durch die Widmung ausgezeichneten einen zu offenen äußerlichen Einfluß auf ihr Entstehen nahm. Immerhin treten die Feinheiten in Scholzens frei ausgeführten Variationen mehr zurück als in Bergers Sonate, deren wilde, zwecklose Aufgeregtheit in gar keinem Verhältnis zu den hübschen, aber wahrlich nicht großen Gedanken des Komponisten zu bringen ist.

Scharf ausgeprägte Gesichtszüge zeigen „Drei Phantasiestücke, op. 1, von Friedrich Niggli" (Leuckart). Das stolzgepanzerte Moderato in 5/8 Takt,

das aus einem Kontinuo aufgebaute Intermezzo, und vor allem das dritte
Stück, eine Art Nachtstück Schumannscher Art, das wie ein unheimlicher Traum
vorüberjagt — sie bezeugen eine von innen heraus arbeitende Eigenart, die
ihrem Schöpfer erhalten bleiben möge als ein heutzutage gar seltenes Gut.
Wie er, so gehört auch ein junger deutschböhmischer Tonsetzer, Camillo Horn,
zu den Hoffnungsvollen; von letzterem liegen mir drei Klavierhefte vor: op. 3,
zwei Stücke, op. 15, Sonate, und op. 25, Konzertetüde (alles bei F. Rörich in
Wien). Ein Brausekopf ist nun zwar Horn nicht, wenigstens vergißt er nie
künstlerisch Maß zu halten, und er stellt seiner Subjektivität eine objektive
Kühle entgegen, die einen vielleicht weniger eindringlichen, aber sicher abge-
klärten Eindruck seiner Werke zur Folge hat. Die Chopinschen Geist verratende
Etüde sowohl, wie die August Stradal gewidmete Sonate sind Werke von
fortreißendem Schwung, dem aber nie ein gewisses besonnenes Einhalten, ein
stilles Sinnen als Widerspiel fehlt. Die Sonate steigert sich zudem in ihrem
Wert von Satz zu Satz, der erste Satz ist etwas zurückhaltend, das Andante
zu klein in Idee und Form; dann aber gehts mit prachtvollem „Elan" in ein
knappes, aber blendendes Scherzo, und im Finale stehen wir vor einem ganzen
Könner, der mit fester Hand und überlegenem Sinn durchs Gewoge zum Ufer
steuert. Der Sonate gegenüber kommen die Stücke op. 3 nur als hübsche
Belege für den Werdegang des Künstlers in Betracht.

    Auch einige neue Werke „nationaler" Tonsetzer habe ich zu erwähnen;
so drei Miniaturen von T. Antipow op. 9 (Belaieff), zart abgestimmte Ton-
sätze, aus denen die delikate Mazurka und eine leichtgeschwungene Fughette
besonders hervorzuheben sind. Einen kräftigeren spezifisch jungrussischen Ein-
schlag zeigen die „Pastels", 5 Stücke op. 3 von A. Gretchaninow (Belaieff),
ohne aber je in jenem Schwelgen in Mißklängen aufzugehen, das aus Ruß-
land so oft als angebliche „Musik" herübergebracht wird. Die Stücke sind alle
so eigenartig schön, daß ich keinem den Vorzug geben kann. Wer die Stimmung
der ersten „Plainte", nachgefühlt hat, der wird auch die ernste „Meditation",
den zart-melancholischen „Herbstsang" und den mit neuen Farben gezeichneten
„Sturm" auf sich einwirken lassen und in dem feierlichen, verklärten Ausklingen
des „Nocturno" wieder Beruhigung finden. Und noch eine Novität schließt sich
gleichwertig an: „Auf der Wanderung", 6 Stücke von Emil Sjögren op. 15
(Leuckart), frische, warmblütige Musik, von keinem Hauch norwegischer Manier
angekränkelt, stets vornehm und herzlich zugleich. Hervorgehoben sei die
träumerische Barcarole „Auf dem See", das derbe Genrebild „In der Dorf-
schenke" mit seiner zum Greifen dargestellten Streitszene (Fugato) und dem
von der Tafelrunde angestimmten biederen Chorlied, und endlich die Abend-
stimmung, welche die zarten Klänge der Sankt-Valentinsglocken geheimnisvoll
durchtönen.   Hermann Teibler

Musterstücke in Kunstgewerbe-Museen.

    Das war einmal für unsere p. t. Kunstgewerbetreibenden an allen Orten
eine bequeme Zeit, die Siebziger und Achtziger Jahre unseres Jahrhundertes,
als man in dem oder jenem gegebenen Falle nur in das nächstgelegene Museum
zu gehen brauchte, um für eine bestimmte Bestellung das entsprechende alte

Vorbild herauszugreifen und recht oder schlecht zu wiederholen. Mittelalter, Renaissance, Barock, Rokoko, Empire, — alles war nach Herzenslust vorhanden, auch der Orient, und man brauchte nur ohne sonderliche Mühe sich nach dem Spruche zu richten:

„Greift nur hinein ins volle Menschenleben!
Und wo ihr's packt, da ist's interessant."

Jetzt aber kommen die „unseligen" Sezessionisten und verderben den geehrten Herren das Konzept. Die ganze „Rekapitulation" der historischen Stilarten, die bei Licht besehen nur den pädagogischen Zweck hatte, an Stelle vielfacher Geschmacksverirrungen der vormärzlichen Zeit eine solidere ästhetische Grundlage zu schaffen, ist abgethan; man will — wenigstens bei uns im Norden, von wo aus im Gegensatz zum konservativen Italien alle oppositionellen Regungen, wie die Gotik und das Rokoko, ausgegangen sind — etwas Neues, Selbständiges und läßt die Autorität der klassischen und ehrwürdigen Vorbilder nicht mehr unbedingt gelten.

Nun wird von kurzsichtigen Leuten die Frage aufgeworfen, ob sich die Institution der Kunstgewerbe-Museen nicht etwa schon überlebt hätte, da man nicht mehr für jede Lebenslage Motive „entnehmen", d. h. „stehlen" könne; es werden schon Stimmen laut, welche die zur Erhaltung der Museen erforderlichen Mittel lieber geradewegs unter die Produzenten verteilt wissen wollen. — Solche Einfälle können allerdings nur jemanden beikommen, dem jeder höhere Gesichtspunkt, infolgedessen auch jeder Ueberblick fehlt. Wenn Museen je unentbehrlich waren, so sind sie es in unseren Tagen. Die Verwirrung, die entgegengesetzte Schlagworte bald hier, bald dort erzeugen, ist zu keiner Zeit größer, als während eines Stilüberganges, und niemals benötigt man das feste Rückgrat mehr. Der einzig „ruhende Pol in der Erscheinungen Flucht" ist die Resultierende aus dem, was die Kulturvölker zu allen Zeiten in konstruktiver Beziehung Zweckmäßiges, in dekorativer Hinsicht Schönes geschaffen. Und eben dies findet man in einem guten Museum vereinigt.

Aber die Einfalt vom Lande kommt einmal — leider nur zu selten und meist nur durch ein besonderes Reizmittel angelockt — wirklich ins Museum, bleibt vor einem chinesischen „Hund des Fo" stehen, schüttelt den Kopf und sagt: „Das soll schön sein?" Dann sieht sie z. B. irgend eine Palissyschüssel und meint: „Das soll praktisch sein?" — Und skeptisch, wie bis zu einem gewissen Grade ein jeder ist, glaubt man ein absprechendes Urteil fällen zu dürfen. — Verzeihung, der „Hund des Fo" ist kein „Musterstück" in dem Sinne, daß er von allen Fabriken nachgebildet und von jedermann in seiner Behausung aufgestellt werden sollte. Gewisse Vorzüge in der altchinesischen Farbenglasur sollen daran zur Nacheiferung gezeigt werden. Aehnlich steht's bei der Palissyschüssel, die ihr Verfertiger durchaus nicht für den praktischen Gebrauch, sondern als Zierstück gemacht hat.

Wer der Anschauung ist, daß ein kunstgewerbliches Museum nur „Musterstücke", d. h. ohne weiteres nachzubildende Gegenstände enthalten soll, befindet sich auf einem Holzwege. Jedes Museum hat je zwei Aufgaben zu erfüllen, wodurch sich gar manches von selbst erklärt; es hat nicht nur den praktischen Anforderungen der einzelnen Gesuchsteller zu entsprechen, sondern auch den höheren theoretischen Gesichtspunkten zu genügen. Und diese verlangen von der Anstalt ein möglichst zusammenhängendes und instruktives Bild des Kunstschaffens früherer Zeiten und entlegener Völker oder der ganzen technisch geordneten Gruppen, aus denen die betreffende Wissenschaft neue Nahrung ſchöpfen kann. Der Kunſtgewerbtreibende ſelbſt ſoll durch die Vorführung der beſten Arbeiten ſeiner Fachvorgänger einen allgemeinen Ueberblick über die Geſchichte und Schickſale ſeines Berufes erhalten und auf dieſem Wege neue Liebe zu ſeiner Lebensſtellung gewinnen; er ſoll durch die wiederholte Beſchäftigung mit den Muſeumsobjekten lernen, wie ſeine Vorgänger bemüht waren, den Bedürfniſſen ihrer Zeit zu entſprechen. Thut er das, ſo wird er nicht ſklaviſch irgend etwas kopieren, was den veränderten Zeitverhältniſſen nicht angepaßt iſt, ſondern ſich beſtreben, mit ähnlicher Sorgfalt die ihm zufallenden Aufgaben zu erledigen, wie es die guten alten Meiſter bei ihren Aufträgen gethan haben.

Aber bei näherem Studium wird man — namentlich, wenn man von ſachkundiger Leitung unterſtützt iſt — zu der Erkenntnis kommen, daß man auch Muſterſtücke mit einer gewiſſen Vorſicht genießen ſoll. Das wäre ja ein Tröbler- und kein Muſeumsſtandpunkt, wollte man alles Alte, bloß darum weil es alt iſt, als ſchön bezeichnen. Es gibt auch überall ſchlechte Muſeumsſtücke, die von irgend einem geſchichtswiſſenſchaftlichen Standpunkt von Intereſſe ſein mögen, aber als Muſterſtücke für den Kunſtgewerbetreibenden unbedingt nicht aufgeſaßt werden dürfen. Und doch wird ſie kein Muſeum beſeitigen, denn auch ſie haben einen unmittelbaren praktiſchen Zweck. Gewöhnlich kommt ihnen — vom äſthetiſchen Standpunkte — ein unbedeutender abſoluter, aber ein doch nicht gering zu ſchätzender relativer Wert zu, da ſie die natürlichen Vorſtufen zu gelungeneren Leiſtungen ihrer Art bilden und den Beſchauer mit dem alten Grundſatz vertraut machen, daß die Götter vor den Preis den Schweiß geſetzt haben, und daß der Schaffende auch bei der Verfolgung ſeiner Pläne vor umſtändlichen Verſuchen und vor der mühevollen Entwickelung nicht zurückſchrecken möge.

Gibt es etwa unter den modernen und modernſten Schöpfungen, die die Kunſtgewerbe-Muſeen mit vollſtem Rechte in ihr Ankaufsprogramm aufgenommen haben, nur Einwandfreies, nur in allen Teilen Nachahmenswertes? Keineswegs. Manches wird der „aparten“ Form wegen vorgeführt, manches wegen der neuen Farbenſtimmung; dies zeigt uns einen originellen Aufbau, jenes eine ungewohnte Stiliſierung oder ein anderes Dekorationselement. Alles ſchön zu finden, weil's juſt eine „Nouveauté“, etwas ganz Modernes iſt, wäre der Standpunkt eines Gecken, aber nicht der einer vernünftigen Muſeumsleitung. Ja, unter dem Modernen das wirklich Gute herauszufinden, iſt noch ungleich ſchwieriger als unter den kunſtgewerblichen Altſachen. Wohl ſchüttelt jeder den Kopf, wenn er einer gar zu exzentriſchen und verrückten Uebertreibung gegenüberſteht, die nur den, allerdings nicht eingeſtandenen, Zweck verfolgt, aufzufallen und von ſich reden zu machen. Aber die ſo viel verläſterte „Sezeſſion“ bringt nicht nur Tolles, mitunter Haarſträubendes, ſondern auch Geniales. Hier die Grenze zwiſchen gut und böſe genau zu ziehen, iſt im allgemeinen für den Zeitgenoſſen unmöglich, da er noch nicht entſprechend weit zurücktreten kann, um das ganze Gebiet in ſein Geſichtsfeld zu bekommen. Der alleinſtehende Laie kann ſich gar kein Urteil bilden, und wenn er doch ſo kühn iſt — ſelbſtverſtändlich ohne Angabe von Gründen — ſeine „unfehlbare“ Meinung auf Grund des ihm „inſtinktiv innewohnenden guten Geſchmackes“ geäußert zu haben, dann iſt er meiſt gründlich aufgeſeſſen und würde ſeine Anſchauung, wenn man ſie ihm in zehn oder zwanzig Jahren vorhielte, ſicher dementieren wollen. Nur eine geſunde äſthetiſche und hiſtoriſche Schulung gibt auch dem Zeitgenoſſen einige Handhaben, einen Wahrſcheinlichkeitsſchluß ſich zu

erlauben, ob dieses oder jenes Moment glücklich und verheißungsvoll ist oder
nicht; es ist eine Art von Trigonometrie erforderlich, mit der wir mittelbar
ausrechnen können, an welcher Stelle sich ein für uns unzugänglicher Punkt
befindet. Und trotzdem sind gerade die einzig verläßlichen Ratgeber ungemein
vorsichtig und zurückhaltend in ihrem Urteil, während der Unberufene sein
„scheußlich" oder „großartig" kühn, als ein unumstößliches Urteil, und mitunter noch früher äußert, als er einen Gegenstand näher angesehen hat.

Unverstandene Schlagworte, aufgeschnappte und unverdaute Brocken
können auf so abstrakten Gebieten, wie es die Aesthetik ist, eine unheilvolle
Verwirrung hervorbringen und haben dies leider schon allzu sehr gethan.
Wenn die Oberflächlichkeit und Halbbildung sich breitspurig vordrängt und die
mahnende oder warnende Stimme der Auserwählten und Verantwortlichen
erstickt, mag man sich nicht wundern, daß das Publikum im Nebel herumtappt
und unschlüssig ist, ob es jauchzen oder verdammen soll. Hat sich einmal ein
ausgesprochener Stil eingebürgert, dann ist das Weiterschreiten auf dem ge-
bahnten Wege nicht so schwer, da die Pfadsucher in der gegebenen Richtung
den Weg für den ganzen Troß markieren; im Bedarfsfall wird auch an einer
gefährlichen Stelle für nicht schwindelfreie Nachzügler ein Geländer errichtet,
das sie vor dem Absturze bewahrt. Ungleich verwickelter wird die Lage, wenn
der über Berg und Thal führende Weg in der Abenddämmerung unkenntlich
wird, wenn wir aus einem Gebiet in ein unbekanntes anderes schreiten wollen,
und Irrlichter uns in der Dunkelheit abzulenken suchen. Die Zeit eines Stilüberganges, zu welcher der größte Teil des 19. Jahrhunderts gehört, ist die
kritischste, und bevor die Sonne eines neuen Stiles wieder erstrahlt, kann
man sich längst im Dickicht verlaufen, oder an einer abschüssigen Stelle den
Untergang gefunden haben. Ein guter Kompaß ist hier unerläßlich.

Als solcher aber dient in gefahrvollen Zeitläufen gerade ein gutge-
leitetes Museum, und zwar weniger eines der aus alten Schatzkammern
entstandenen Luxusmuseen, die dem Publikum vor allem die überlieferte Kunstpflege dieses oder jenes Fürstengeschlechtes vorzuführen haben und deren be-
neidenswerte Hüter meist ihren theoretischen Neigungen nachgehen und mit den
Hochschulprofessoren in der Veröffentlichung wissenschaftlicher Werke wetteifern
können, — sondern eines der bescheideneren Arbeitsmuseen, die ja mit
Rücksicht auf die praktischen Bedürfnisse ins Leben gerufen worden sind. Allerdings müssen diese kunstgewerblichen Anstalten ganz auf der Höhe der Zeit
stehen und die Aufgaben, deren Lösung man von ihnen erwartet, im Auge
behalten. Schon die Anordnung der Sammlungen zeigt aber ab und zu, daß man
mitunter dem pedantisch streng-wissenschaftlichen Standpunkt huldigt, der beim
Laien die Gefahr der raschen Ermüdung im Gefolge hat, oder, häufiger, gerade
dem Gegenteil, der „rein malerischen" Aufstellung, die in das Museum entweder das Durcheinander des Trödlerladens oder aber die raffinierte Unordnung eines Malerateliers trägt. Dies ist nun gar unerträglich, es amüsiert
höchstens das ganz ungebildete Publikum, läßt aber eine positive, nachhaltige
Anregung weder beim Produzenten noch beim Konsumenten zurück. Vernünftiger
Gesichtspunkte gibt es hier nur zwei; der eine, ältere, teilt die ganze Sammlung in technische Gruppen auf, der andere faßt die einzelnen Gegenstände zu
instruktiven sittengeschichtlichen Bildern zusammen. Am rätlichsten ist eine
sorgfältige Verbindung nach beiden Gesichtspunkten; innerhalb ihrer wird sich
dann die malerische Gruppierung ganz wirkungsvoll einführen lassen, ohne den
Zweck des Museums zu stören.

2. Septemberheft 1899

Möglichst viele Aufschriften und Erläuterungen* aller Art sind überall anzubringen, da auch den allerbesten „Führer" oder „Katalog" erfahrungs= gemäß meist nur der wissenschaftliche Forscher studiert, während der Kunst= gewerbetreibende und das Publikum, auf welche beide man ja hauptsächlich einzuwirken hat, im allerbesten Falle ein solches Büchlein kaufen und die etwaigen Illustrationen anschauen. Der Katalog mag daher im allgemeinen eine wissenschaftliche Leistung bleiben, die die fernstehenden Fachgenossen oder den gelehrten Beirat der Oberbehörde darüber informieren kann, ob der Leiter einer Anstalt die grundlegenden Kenntnisse besitzt. Für den in der Praxis stehenden Kunsthandwerker aber und für die Allgemeinheit überhaupt empfiehlt sich eine andere Art, die Sammlungen zu popularisieren und bei den wichtigeren Stücken auf das Wesentliche aufmerksam zu machen, — nämlich die häufigere Veranstaltung von guten Vorträgen, mit denen stets ein Anschauungs= unterricht verbunden sein möge, und die Einrichtung regelmäßiger Führungen. Um hier einen vollen Erfolg zu erzielen, hat man die Einladungen so abzu= fassen, daß immer eine möglichst gleichartige Gruppe von Interessenten an einer Führung teilnimmt und daß alle Aufklärungen mit der Nutzanwendung einerseits dem betreffenden Berufszweige, andererseits dem beiläufigen Fassungs= vermögen angepaßt sind. Am Schlusse des Rundganges ist dann ein Besuch der gewöhnlich mit dem Museum verbundenen Bibliothek ersprießlich, wo inzwischen die hauptsächlichsten einschlägigen Werke aufgelegt worden sind. Hier wird sich jedermann noch mehr Rats erholen können. Keine Anstalt der Welt, und wäre es die reichstdotierte, kann alle hervorragenden Musterstücke im Original besitzen, dagegen ist es verhältnismäßig ein Leichtes, sie bei der großen Vollkommenheit der Reproduktionsverfahren in sehr guten Abbildungen vorführen zu können, so daß der Bibliothek und der noch bequemeren Vor= bildersammlung der Löwenanteil an der ästhetischen Erziehung zukommt. Auch hier thut aber namentlich bei dem weniger Geübten eine möglichst eingehende Anleitung not, damit nicht irgend etwas, was „schwarz auf weiß" steht, kritiklos aufgenommen werde. An dem allerbesten Musterbeispiele wird vielleicht diese oder jene Einzelheit bemängelnswert sein, und andererseits gibt es kaum etwas Schlechtes, an dem man nicht doch etwas lernen könnte, und sei dies nur eine handgreifliche Lehre, wie man irgend etwas nicht machen sollte.

Ueberall möchte nun ein Beamter, natürlich einer der ersten Beamten der Anstalt, mit seinen Aufklärungen zur Seite stehen. Da dies aber mit Rücksicht auf die zahlreichen anderweitigen Musealgeschäfte denn doch wohl schwer ausführbar wäre und da sich nur die wenigsten Anstalten den Luxus erlauben dürfen, eigene Beamten von hervorragender Eignung bloß für die immerwährenden Führungen anzustellen, muß man auf ein anderes pädago= gisches Mittel bedacht sein, den richtigen Geschmack der anvertrauten Kreise zu heben.

Und zu diesem Zwecke empfehle ich die ständige Angliederung einer Folterkammer an jedes Arbeitsmuseum. Natürlich darf man sich darunter keinen schauerlichen Raum hinter schweren Eisenthüren vorstellen, in welchem etwa der hilfesuchende Kunsthandwerker so lange von den Stacheln der „eisernen Jungfrau" gequält würde, bis ihm die Erkenntnis eines Zukunftstiles von selbst käme. Und doch wäre es für jeden feinfühligen Menschen ein furchtbares

---

* Vgl. den Aufsatz „Die Sammlungen und das Publikum", Kw. XII, 18.

Extrakabinet, in welchem dem äfthetischen Dickhäuter die — negativen Musterstücke, die abschreckenden Beispiele in überfichtlichen Gruppen mit den entsprechenden Erläuterungsaufschriften vorgeführt würden. Sowohl aus früheren Zeiten, wie auch namentlich aus der Gegenwart und jüngeren Vergangenheit wären da die himmelschreiendften Sünden zusammenzustellen, deren es wahrlich nicht wenige gibt. In einem Schaukaften könnten alle unmöglichen und doch ausgeführten vernunftwidrigen Formen beisammen sein, an einer anderen Wand die häßlichen und abstoßenden Farbenzusammenstellungen; hier wären schlechte Ornamentskompositionen oder deren Anbringung an der unpassendften Stelle zu sehen, dort furchtbare Materialwidrigkeiten und scheußliche Surrogate u. dgl. — Mit verhältnismäßig sehr mäßigen Kosten ließe sich dieses Marterzimmer zusammenbringen und ftetig erneuern, das mit seiner ftarken „Pferdekur" manche heilsamen Folgen zeitigen müßte. Schon aus Furcht, — im Wiederholungsfalle etwa mit dem vollen Namen — an denselben Pranger zu kommen, würden unsere Produzenten manche der sonft alltäglichen Geschmacklosigkeiten meiden, und auch die Konsumenten würden an handgreiflichen Beispielen sehen, wovor sie sich zu hüten haben. Im entsprechenden Gegensatze würden dann auch die wahren Musterftücke der Sammlungen besser gewürdigt und verftanden. Hoffentlich entschließt sich bald irgend eine größere Anftalt zu einer ausgiebigen Verwirklichung dieser Abschreckungstheorie.*

Guftav E. Pazaurek.

Lose Blätter.

An die großen Toten.

Ihr großen Toten, also opfr' ich euch
In dieser Morgenfrühe frischem Glanz:
Ich winde ernft um eure Schläfen bleich
Feuriger Rosen rotlebendgen Kranz.

Und eure Mäntel leg ich euch zurecht
Und eure Schwerter, und ich bete dann,
Und bete, wie aus finkendem Geschlecht
Die letzte Angft verzweifelnd beten kann.

---

* Die Einrichtung von kunftgewerblichen „Schreckenskammern", von Sammlungen abschreckender Stücke wurde schon vor Jahren in dem damaligen Beiblatte des Kunftwarts, dem „Kunftgewerbe", von Dr. Paul Schumann empfohlen. Wie wir nachträglich hörten, ift aber solche Schreckenskammer bereits vorher einmal in London thatsächlich eingerichtet gewesen. Sie soll den gewünschten Zweck nicht erreicht haben: das Publikum habe über den Schund gelacht und gerade die als Abschreckungsmittel ausgeftellten Gegenftände mit Vorliebe gekauft. Man würde daraus ersehen, das man bei der Anlage einer solchen Schreckenskammer mit großer Vorsicht vorzugehen hätte. Daß man beim Guten im Sinne dieses Aufsatzes damit erreichen könnte, bezweifeln wir durchaus nicht, weil vor Jahren ein vielleicht mangelhafter Versuch mißglückt ift. Wir freuen uns vielmehr, daß mit Herrn Dr. Pazaurek gerade ein Museumsdirektor die Sache aufnimmt. K.·L.

2. Septemberheft 1899

Ein Wunder bet' ich: daß ihr auferſteht,
Daß ihr uns helft, daß euer ewger Geiſt,
Der wie ein Harfen durch die Zeiten weht,
Lebendig mächtig aus der Nacht uns reißt.

Die Lagerfeuer zünd' ich, ſtoß ins Horn
Und rüttle, Feldherrn, euer Heer empor,
Ich ſchrei die Angſt, den Schmerz, den Fluch, den Zorn
In ihrer Seelen aufgeſchmettert Chor . . .

Nun ſteh'n ſie da. Ihr laßt ſie nicht allein
Wie Lämmer, die des Wolfes Gier umkreiſt:
Die eurer Schmerzen Erben müſſen ſein,
Die ſegnet auch mit eurer Schmerzen Geiſt.

Guſtav Schüler.

Aus „Dietrich Sebrandt" von Adolf Bartels.

Vorbemerkung. Werke unſerer ſtändigen Mitarbeiter beſprechen wir im Kunſtwart grundſätzlich nicht, auch Adolf Bartels' kürzlich bei Lipſius und Tiſcher in Kiel erſchienener „Dietrich Sebrandt" kann alſo bei uns nicht beurteilt werden. Zum Verſtändnis des folgenden Bruchſtückes daraus genügt weniges. Der Roman ſpielt während der ſchleswig-holſteiniſchen Erhebung, zu der Zeit, da unſre Epiſode einſetzt, fühlen wir ſchon die erregte Schwüle vor dem Sturm. Sebrandt, der Held des Romans, der manches mit Friedrich Hebbel gemein hat, iſt Sekretär des ihm feinblichen Kirchſpielvogtes zu Weſterhuſen.

•

Vor dem erſten Wiederſehn mit dem Kirchſpielvogt fürchtete er ſich etwas; denn er wußte wohl, daß auch ſeine Geduld eine Grenze habe. Da war er ganz froh, als er am andern Morgen von Doſe hörte, der Herr ſei nach Heide gefahren. Wahrſcheinlich will er dem Landvogt Bericht erſtatten, ſich vielleicht auch nach einem neuen Schreiber umſehen, ſagte er ſich. Dann machte er ſich eifrig an ſeine Arbeit. Es war ein grauer Tag, einer von denen, wo das Himmel auf die Marſch zu drücken ſcheint, ſo daß man ſelbſt den Regen als Erlöſung betrachtet. Aber der ſchien ausbleiben zu wollen.

So war's gegen zehn Uhr geworden. Da kam ein Reiter die Oeſterſtraße herabgeritten und hielt vor der Kirchſpielvogtei. Doſe, der in des Kirchſpielvogts Privatkontor herumſtöberte — er wußte immer Vorwände dafür — ging hinaus. Sehr aufgeregt und dabei doch ungeheuer wichtig thuend kam er zurück:

„Es iſt ein Mord geſchehen, in Südergroven. Der Junge will's aber nur dem Kirchſpielvogt ſagen."

„Ein Mord!" Sebrandt eilte hinaus.

Da ſaß auf einem unruhigen Pferde ein Junge von etwa ſechzehn Jahren mit ganz verſtörtem Geſicht.

„Wo iſt der Mord geſchehen, Junge?"

„Das ſoll ich nur —"

„Ach was! Komm herunter! Doſe, halten Sie das Pferd!"

Das that dieſer, wie man ſah, höchſt ungern; Sebrandt nahm den Jungen mit ins Kontor.

Kunſtwart

„Der Herr Kirchspielvogt ist nach Heide — was hat's also gegeben? Wo ist der Mord geschehen?"

„Bei Peter Hinrichs", brachte der Junge zögernd heraus.

„Bei des Kirchspielvogts Schwager! Wer ist ermordet?"

„Johann Hansen."

„Wer ist das?"

„Unser früherer Großknecht."

„Und wer hat's gethan?"

Der Junge schwieg erst.

„Das soll ich nur dem Kirchspielvogt sagen", wiederholte er dann.

„Ach was, dummer Junge! Ich bin jetzt die Obrigkeit, verstehst du! Wer hat's also gethan?"

„Uns Fru", sagte darauf der Junge leise.

Sebrandt fuhr zusammen, als träfe ihn ein Keulenschlag.

„Eure Frau? Des Kirchspielvogts Schwester?" Unmöglich, er mußte sich verhört haben.

„Jawohl", sprach der Junge.

Der Schreiber mußte sich vor Erregung setzen. Er sah die düstern, begehrenden Augen, das leidenschaftliche Antlitz der Frau vor sich, wie er sie am Abend der Pfingstharmonie gesehen. Sie jetzt eine Mörderin —

Aber es galt zu handeln. Wie es geschehen, würde er am Orte der That besser erfahren, als von diesem Jungen. Also hinaus! Aber der Kirchspielvogt! Dem mußte selbstverständlich sofort Botschaft gesandt werden. Seine Frau — Sebrandt rief das Dienstmädchen:

„Ist die Frau Kirchspielvogt zu sprechen, Lise?"

„Sie ist nicht wohl, sie liegt zu Bett."

„Gott sei Dank!" murmelte Sebrandt.

„Dose!"

„Herr Sekretär!"

„Können Sie reiten?"

„Na —" Es kam sehr zögernd heraus.

„Nehmen Sie also einen Wagen, einerlei, was es kostet, und fahren Sie sofort nach Heide zum Kirchspielvogt. Sie werden ihn wohl beim Landvogt treffen. Und dann sagen Sie ihm weiter nichts als: Auf dem Hofe seines Schwagers Hinrichs sei ein Mord geschehen, er müsse sofort hinkommen. Machen Sie schnell!"

„Schön! Aber wenn —"

„Machen Sie, Dose", mahnte Sebrandt ernst, „es handelt sich auch für Sie um alles."

Nun trabte der Polizeidiener davon, Sebrandt wandte sich zu dem Jungen.

„Ich reite mit dir zurück. Das Pferd trägt uns beide." Er vergaß nicht, Schreibmaterial einzustecken, und schwang sich dann auf das Roß, der Junge setzte sich hinter ihn, und so ging es durch das neugierig aufblickende Westerhusen Sübergroven zu.

Gleich außerhalb des Fleckens fragte er den Jungen:

„Hast du den Mord gesehen?"

„Nein, ich war im Stalle."

„Ist der Knecht denn auch wirklich tot?"

„Ja, der ganze Kopf ist entzwei."

Nun fiel es Sebrandt ein, daß er doch einen Arzt hinzuziehen müsse. Er hielt an.

„Junge, du mußt zurücklaufen und Doktor Rohwer Bescheid sagen, daß er hinauskommt. Laufe schnell! Du kannst ja mit dem Doktor hinausfahren."

Der Junge sprang vom Pferde, Sebrandt trieb das Pferd an. Ihm graute davor, die Frau wiederzusehen, aber hier gebot die Pflicht. Bald war das nächste Dorf, Weddingbüttel, erreicht. Hier wußte man noch nichts, sonst wäre doch am Kruge oder an der Schmiede eine lebhaft redende Gruppe zu erblicken gewesen, während jetzt kein Mensch auf der Dorfstraße war. Da lag nun Südergroven, in einer Viertelstunde mußte er da sein. Und er trieb das Pferd an, um der That je eher, desto besser ins Auge zu sehen.

Auch in Südergroven war es merkwürdigerweise still. Es war jetzt freilich elf Uhr, die Zeit des Mittagessens für diese Dörfer, aber Sebrand hätte doch gedacht, das ganze Dorf in Aufruhr zu finden. Vielleicht hatte sie aber das Ungeheure der That, nachdem die erste Aufregung verflogen, gerade in ihre Wohnungen gescheucht. Nur ein altes Weib hexenartigen Aussehens bemerkte der Schreiber auf der Dorfstraße, an der drei oder vier stattliche Höfe lagen; Sebrandt fragte es, welcher Peter Hinrichs Hof sei, und erhielt Bescheid. Es war ohne Zweifel der stattlichste des Dorfs, über weißgekalkten Mauern mit freundlichen Fenstern erhob sich ein mächtiges, moosbewachsenes Strohdach, das außer dem Wohnhause auch einen langgestreckten Stall deckte. Vorne an der Graft, die den Hof von der Landstraße abschloß, standen alte Eschen und Silberpappeln, rechts vom Hause in ziemlicher Entfernung war ein großer Obstgarten, links der Landwirtschaft dienende Hofraum. Drei Uebergänge führten über die Graft, Sebrandt ritt durch das nächste offene Thor einer Hinterthür zu, an der er eine weibliche Gestalt bemerkte. Als er vom Pferde sprang, erblickte er unfern der Thür, dem Garten zu, einen Blutfleck.

Das Mädchen, eine große, derbe Bauernmagd mit intelligentem, aber jetzt allerdings verstörtem Gesicht, erwartete Sebrandt, der das Pferd nach sich zog — sie erkannte dieses selbstverständlich.

„Ist Reimer nicht wieder mitgekommen?" fragte sie.

„Nein, der ist noch zum Doktor."

„Ach, Doktor! Den brauchen wir nicht mehr."

„Dort ist es wohl geschehen?" fragte Sebrandt, auf den blutigen Fleck im Grase deutend.

„Ja, dort ist er hingefallen."

„Womit hat sie es gethan?"

„Mit einem von den Knüppeln da!" Sie zeigte auf einen Haufen Knüppelholz, der am Gartenstacket aufgestapelt war.

„Wo ist der Knüppel?"

„Den hat der Bauer hinten in den Graben gestochen. Da war ja noch Fleisch und Blut dran."

„Wo ist der Bauer?"

„Er ißt was."

„Und die Frau?"

„Die sitzt in der Schlafstube und sagt nichts."

„So will ich erst zum Bauern gehn." Er trat durch die Thür, die in die Küche führte, und dann auf eine dunkle Hinterdiele. Das Mädchen zeigte ihm die Wohnstube. Nach hastigem Klopfen trat er ein. Peter Hinrichs sprang von einem wohlbesetzten Tische mit beiden Backen kauend auf.

Kunstwart

„Ah, der Herr Sekretär!" antwortete er nach einer Weile auf Sebrandts Gruß. „'Ne böse Sache, 'ne böse Sache! Warum ist mein Schwager nicht gleich mitgekommen?"

„Der ist in Heide. Aber er kann in einigen Stunden hier sein. — Essen Sie übrigens ruhig weiter. Wo liegt der Tote?"

„Auf der großen Diele."

„Gut, so will ich mir ihn erst ansehn."

Sebrandt ging wieder zur Küche und ließ sich von dem Mädchen auf die große Diele führen. Man hatte den Toten auf ein paar Bund Stroh gebettet und eine Pferdedecke über ihn gelegt. Sebrandt hob diese zu Häupten empor — und ließ sie schleunigst wieder fallen. Das Antlitz kannte er doch. Herr Gott, das war ja der blonde Knecht von gestern, der den Angriff auf den Kirchspielvogt gemacht, und den er selbst zurückgeschleudert hatte.

„Was war dieser Johann Hansen?" fragte er die Magd.

„Nun, er war hier früher Knecht, und man sagt", — dies sagte sie leise, sich ängstlich umblickend — „zwischen ihm und der Frau sei es nicht richtig gewesen. Und dann mußte er fort und trieb sich immer rum und fing zu trinken an. Heute Morgen —"

„Sie haben den Mord gesehen?"

„Ja, das habe ich —"

„Wer ist hier Vollmacht im Dorfe?"

„Wir haben hier jetzt keinen."

„Dann gehen Sie mal zum Schulmeister und bringen ihn sofort mit, verstanden? Das Verhör sollte stattfinden, und er müßte dabei sein."

Das Mädchen ging. Sebrandt überlegte, ob er nicht eigenmächtig handle, aber es schien ihm doch am besten so. Später, wenn der Kirchspielvogt angelangt, mochte das Protokoll vorgelesen und verifiziert werden. Der würde doch ein Grauen haben, sich näher mit der Angelegenheit zu befassen.

Jetzt erschien der Bauer auf der Diele und zog den Schreiber langsam aus dem Thor.

„Nun will ich Ihnen mal sagen, mein lieber Sebrandt — so heißen Sie doch? — wie die Sache gekommen ist. Sehen Sie, dieser Johann Hansen war ja früher mein Knecht und der unverschämteste, muß ich sagen, den ich je gehabt habe. Darum jagte ich ihn fort. Und da kommt dieser freche Mensch heute Morgen, als ich mein Feld bin, zu meiner Frau und verlangt Geld von ihr, und als sie ihm das nicht geben will, packt er sie an. Da nimmt sie einen Knüppel und haut ihn übern Kopf, und er fällt todt nieder. Sie hat ja Kräfte, meine Frau. Sehn Sie, so war's. Na, so schlimm kann die Sache wohl nicht werden, wie?"

Sebrandt mußte sich von dem widerwärtig-listigen Gesicht des kleinen Bauern abwenden. Dann sagte er:

„Kann ich wohl Ihre Frau sprechen?"

„Versuchen können Sie's ja, aber sie steht und hört nichts."

Obgleich er dies glauben mußte, ging Sebrandt doch. Seine Hand zitterte, als er an die Stubenthür klopfte. Kein Herein erschallte, er wartete noch eine Weile, dann trat er — die Thür war sonderbarerweise nicht verriegelt — leise ein. Da sah er die hohe Gestalt der Verbrecherin mit zur Erde gekehrtem Gesicht auf einem Schemel sitzen. Er wollte sprechen, aber er vermochte es nicht. Plötzlich hob sie, die Gegenwart eines Menschen merkend, die starren, leeren Augen empor, nun erkannte sie den Schreiber — ein wilder

2. Septemberheft 1899

Schmerz ging über ihre Züge, ein Beben durch die ganze Gestalt, sie winkte mit der Hand: fort, fort! Gebrandt ging auf der Stelle, er war tief erschüttert.

Inzwischen war die Magd mit dem Lehrer zurückgekommen. Auch die alte Frau, die Gebrandt auf dem Wege getroffen, war erschienen und ein junges Mädchen. Man sagte dem Schreiber, daß auch diese Personen den Mord gesehen hätten. Gebrandt ließ alle in die Wohnstube eintreten, legte sein Papier zurecht und begann das Verhör, zunächst mit der Magd. Sie habe in der Küche gearbeitet, berichtete sie, da sei ein kleiner Junge gekommen und habe nach der Frau gefragt. Bald darauf sei die Frau, etwas aufgeregt, durch die Küche dem Garten zugeschritten. Aus diesem, am Stacket, sei ihr Johann Hansen entgegengetreten. Sie hätten ziemlich lange mit einander gesprochen, aus den Bewegungen des Knechts habe sie, die Magd, gemerkt, daß er angetrunken sei. Die Frau habe sehr streng und zornig dagestanden; da sei ihr der Knecht ganz nahe gekommen und habe, indem er seinen Arm um ihren Leib zu legen versucht, etwas geflüstert. Sie habe darauf in wilder Wut zu dem Knüppel gegriffen und auf ihn losgeschlagen. Er sei dem Hause zuge= flüchtet, wo er sie, die Magd, bemerkt haben mochte, aber er sei hingefallen, von einem Streich über den Kopf getroffen.

„Und da sagte er: Um Gott, Frau Hinrichs, Sie schlagen mich ja tot.. Sterben sollst du Hund auch, sagte sie da, und schlug weiter, bis er tot war. Ich stand jetzt in der Thür, aber ich bebte am ganzen Leibe und konnte kein Wort sagen. Und dann warf sie den Knüppel hin, und ich lief in den Stall und versteckte mich, als ich sie kommen sah. Da fand ich nachher unsern Jungen, der nichts gemerkt hatte. Der Bauer und die Knechte waren auf dem Felde."

„Sie ließen dann den Bauern holen?"

„Ja. Es waren jetzt schon viele Leute da, die bei der Leiche standen. Gravetsche", — sie wies auf das alte Weib — „und auch Emma Korbt hatten ja auch alles gesehen."

Gebrandt verhörte nun diese. Sie stellen die That genau so dar, doch von dem, was der Getötete und die Bauernfrau zulezt noch gesagt, hatten sie nicht gehört.

Der Bauer, der die ganze Zeit mißmutig seine Pfeifenspize zerkauend herumgestanden, erzählte mürrisch, daß er, als er erschienen, die Leute aus dem Dorfe nach Hause gejagt und die Leiche herein tragen lassen.

„Meine Frau saß schon in der Schlafstube, hatte ein schwarzes Kleid angezogen und sagte nichts. Darauf schickte ich nach Westerhusen."

Weiter ließ sich Thatsächliches nicht feststellen, doch berichtete der Lehrer noch, daß Johann Hansen gestern stark angetrunken von Westerhusen gekommen, daß er die Nacht bei den Eltern seiner „Braut", der ehemaligen Großmagd auf dem Hinrichsschen Hofe verbracht habe und früh am Morgen schon wieder im Wirtshause gewesen sei. Da habe er auch allerlei Reden geführt.

„Ja, er war ein unverschämter Mensch", sagte der Bauer.

„Früher ist er ganz ordentlich gewesen", bemerkte der Lehrer dazu.

Soweit war man gekommen, als der Arzt erschien. Der Junge hatte ihn sofort zu der Leiche geführt, nun gab er kurz sein Urteil ab: „Sofortiger Tod infolge vollständiger Schädelzertrümmerung und tötlicher Gehirnverletzung."

„Wollen Sie nicht mal nach meiner Frau sehen, Herr Doktor?" fragte der Bauer. „Mich dünkt, sie ist nicht richtig im Kopf. Sie sagt kein Wort."

Der Doktor ging mit dem Bauern. Bald erschienen beide wieder:

„Sie will Sie sprechen, Herr Sebrandt, allein", erklärte der Arzt.

Also sollte der Kelch doch nicht an ihm vorübergehen; der junge Mann gehorchte sofort. Die Verbrecherin war jetzt aufgestanden und schritt in dem engen Zimmer auf und ab. Ihr Blick, düster, aber nicht mehr leer, bohrte sich gleichsam in das Gesicht des Schreibers ein.

„Ihnen will ich's sagen", begann sie, „warum ich den Knecht getötet habe, Sie verstehn es vielleicht. Ich hab' ihn einmal gern gehabt, zu gern; er betrog mich. Nun kam er, um fünfhundert Thaler von mir zu erpressen, damit er mit der Dirne, mit der er mich betrogen, nach Amerika gehen könne. Wer weiß, ob ich sie ihm nicht gegeben hätte, aber er drohte von Anfang an, meinem Manne alles zu verraten, alles, jede Heimlichkeit, die wir miteinander gehabt. Ich bin eine Sünderin, aber als ich den Menschen mit den gemeinsten Worten von der alten Zeit sprechen hörte, da fühlte ich, daß ich besser sei als er, daß ich mich an ihn weggeworfen — und Zorn und Wut überkam mich, und ich hielt mich nicht länger. Als er mich anzufassen wagte, da griff ich zum Knüppel und schlug ihn tot, wie man einen Wurm zertritt. Und ich thät's wieder, thät's wieder —"

Eine gewaltige Erregung erschütterte ihre ganze Gestalt. Sebrandt empfand zum erstenmal in seinem Leben, was Leidenschaft sei, und fast wollte ihn Mitleid überschleichen. Aber da entsann er sich, was der Lehrer von dem Knecht gesagt, daß er früher ein ordentlicher Mensch gewesen sei und es kam ihm der Gedanke, daß das unmoralische Verhältnis zu der Frau seines Brotherrn den Menschen ruiniert habe. So sagte er nichts, obgleich die Frau darauf zu warten schien.

„Mögen sie mich jetzt für ewig einkerkern, selbst hinrichten — was habe ich von meinem Leben gehabt? Keinen Mann, kein Kind — so 'n Ekel, wie Peter Hinrichs."

Sie setzte sich wieder, der Gedanke an ihr eigenes Los schien sie weich zu machen. Sebrandt empfand es peinlich, daß er ihr kein Wort sagen konnte. Endlich brachte er mit Mühe hervor:

„Ihr Herr Bruder wird nun bald hier sein."

„Ja, mein Herr Bruder", lachte sie auf. Und dann trat sie plötzlich auf Sebrandt zu und schaute ihm tief in die Augen:

„Sie sind noch jung und gut. Lassen Sie sich nie mit den Weibern ein! Sie töten alle, so oder so! Und nun gehen Sie!"

Aufatmend stand er vor der Thür. Wie kam die Frau dazu, ihm das zu sagen? „Sie töten alle" — das kann sie einmal irgendwo gelesen haben, und die schreckliche Stunde zeigt's ihr als Wahrheit. — Er ging zu den übrigen zurück.

Und da kam's die Landstraße einhergeflogen und mit kühner Wendung auf den Hof. Zitternd standen die schweißbedeckten Pferde, der Kirchspielvogt sprang aus dem Wagen.

„Wo ist meine Schwester?" Kein Gruß, kein Wort weiter. Peter Hinrichs schritt voran.

Stumm harrten die Anwesenden auf sein Wiedererscheinen.

Nach einer Viertelstunde etwa erschien er in der Wohnstube, bleich, aber mit eherner Stirn. Sebrandt erhob sich.

„Ich habe ein vorläufiges Verhör angestellt, da ich dachte, Sie thäten es nicht gern.

Ein böser Blick flog zu dem Schreiber hinüber, doch nahm der Beamte den gefüllten Bogen und fing an zu lesen. Plötzlich fuhr er auf.

2. Septemberheft 1899

„Wo ift die Magd? Was will fie gehört haben, fie dummes Ding?"
Dann befann er fich. „Na, es ift gut, wir werden ja fehen. — Sie können
nach Wefterhufen zurückgehen, Sebrandt."

Sebrandt verbeugte fich und ging. Noch immer lag die Welt grau und
ftill, aber in den Dörfern war nun große Aufregung, auch in Wefterhufen,
wohin die Nachricht von dem Morde inzwifchen gedrungen war. Man ftellte
hier Anfragen an den Schreiber, aber er fchüttelte den Kopf und ging weiter.

Auf feinem Kontor fetzte er fich nachdenkend hin, um feinen Herrn zu
erwarten. Es ward fieben, acht Uhr. Sebrandt wartete immer noch.

Draußen begann es endlich zu regnen, der Schreiber laufchte hinaus,
aber feine Phantafie ließ nicht ab, ihn durch Bild auf Bild in Bann zu halten
Als es völlig dunkel war, ward ihm unheimlich, er zündete eine Kerze an.

Da fuhr endlich ein Wagen vor, Schritte wurden laut, der Kirchfpielvogt
trat ins Kontor.

„Ich bedarf Ihrer nicht mehr, überhaupt nicht mehr, Sie find entlaffen.
Das Gehalt für dies Quartal werde ich Ihnen morgen fchicken."

Und während der Schreiber wie erftarrt baftand, nahm der Kirchfpielvogt einen Bogen aus der Tafche und zündete ihn an der Kerze an. Sebrandt
erkannte feine eigene Handfchrift und fchritt ohne einen Gruß in die Nacht hinaus.

„Neues von Hebbel".

Vorbemerkung. Unter diefer Ueberfchrift hat kürzlich Richard Maria
Werner eine Anzahl noch unbekannter Gedichte Friedrich Hebbels aus feinem
Nachlaffe zufammen mit intereffanten Mitteilungen in der „Zukunft" (Heft 44)
drucken laffen. Uns erfcheinen die folgenden vier Gedichte als die wertvollften
davon und in der That der nachträglichen Einfügung in feinen Gedichtband
würdig.

Ein Gebet.

Sie hielt mich feft und inniglich umfangen,
Sie freute fich und nannte fich beglückt,
Dann hat fie ftumm zum Himmel aufgeblickt . . .
Da faßte mich ein feltfames Verlangen.

Sie war mir rein und göttlich aufgegangen,
Sie fchien dem Kreis des Lebens ftill entrückt,
Und menfchlich weinend, aber doch entzückt,
Als fanfte Mittlerin des Herrn zu prangen.

Ich fagte: bitt' für mich in diefer Stunde!
Da fühlte ich mich glühender umwunden
Und heiß, wie nie, geküßt von ihrem Munde,
Indes ihr Auge himmlifch fich verklärte.
Und was fie betete und Gott gewährte,
Das hab' ich tief an ihrem Kuß empfunden!

An mein Herz.

Ach, Herz, mein Herz, du kannft noch fchlagen,
Und doch ift hin, für was du fchlugft?
Ach Herz, mein Herz, was kannft du tragen,
Da du des Freundes Tod ertrugft.

Wohl fühl' ichs, bricht ein Leid dich nimmer,
    So stärkt es dich, du armes Herz!
Der Freund ist tot; du schlägst noch immer,
    Weh! nun erträgst du jeden Schmerz!

Wachse nicht!

Wachse nicht!
Ueber deinem Haupte
Hängt ein spitzes Schwert.
Wachse nicht!
Dir an jeder Seite
Starrt ein spitzer Dolch.
Wachse nicht!
Wüchsest du nach oben,
Dringt das spitze Schwert dir
Ins Gehirn
Wachse nicht!
Wächst du in die Breite
Dringen beide Dolche
In die Seite dir!

Stille! Stille!

Freue dich! doch jauchze nicht!
    Ist der finstre Geist bezwungen?
    Ach, er ist nur eingesungen!
Tiefste Stille sei dir Pflicht.

Deinen Seufzern hört' er zu,
    Deinen halb erstickten Klagen,
    Sieh, da nickt' er mit Behagen
Endlich ein und ließ dir Ruh.

Und dein guter Genius
    Drückt nun schnell auf jede Blüte,
    Die im Knospenschoß erglühte,
Weckend den Erlösungskuß.

Schau nun, wie das Leben quillt,
    Wie zu Luft und Sonne drängend,
    Jede, ihre Hülle sprengend,
In die Frucht hinüber schwillt.

Doch umtanze nicht den Baum,
    Daß der Dämon nicht, erwachend,
    All das junge Leben lachend
Knickt; er thut es schon im Traum!

Rundschau.

* Von der Zyklensucht.

In magnis et voluisse sat est heißt sehr bekanntlich ein lateinisches Sprichwort, man darf's aber nicht ohne Salz genießen. In der Kunst zumal, käm' es da auf das Wollen allein an, lieber Gott, was hätten wir für Genies unter unseren Dichtern! So ist es z. B. doch sicher noch niemals dagewesen, daß jemand die gesamte Menschheitsentwicklung in 24 Epen zu besingen unternimmt; — fertig sind aber erst drei, und man kann schon jetzt mit einiger Sicherheit aussagen, daß das groß geplante Werk ein Torso bleiben wird. Handelt es sich hier immerhin um das Unternehmen eines schon erprobten Dichters, so berührt es um so sonderbarer, wenn nun auch ganz junge Poeten, wenn sogar Lyriker von der „Zyklensucht", wie man diese moderne Dichterkrankheit wohl nennen könnte, ergriffen werden, indem sie nicht die Gedichte, sondern die Gedichtbände zu Zyklen aneinanderreihen. Ich schlage das Titelblatt einer neuen, von Schuster & Löffler verlegten Gedichtsammlung auf: „Lenz. Ein Buch von Kraft und Schönheit" und lese gegenüber die folgende Ankündigung:

Andachten.
Drei Bücher
von
Max Bruns.

*

I.
Lenz.
Ein Buch von Kraft und Schönheit.

*

II.
Wir Narren!
Ein Andachtbuch für Narren und Solche, die es werden möchten.

*

III.
Zwei=Einheit.
Ein Andachtbuch für Menschen.

*

Es ist ja möglich, daß Max Bruns die drei Andachtswerke fertig dichtet. Er ist einer der gewandten modernen Eklektiker, die geistig ganz von Dehmel abhängig sind, — die „schwülen" Jungfrauen, die ihren Körper begucken, und die Damen, die sich mit den zugehörigen Mannsleuten in göttlicher Nacktheit im Grase wälzen, kennen wir doch, wie diese ganze Lüsternheit überhaupt, die sich nicht natürlich gibt, als das was sie ist, sondern die als Kraft= und

Schönheitsliebe herumpost. Formell ist Bruns auch von andern Dichtern beeinflußt, sein „Dornröschen" z. B. erstrebt etwas, wie Greifs „Klagendes Lied". Aber müssen die Thaten denn schon verkündigt werden, bevor sie geschehen sind? Sollen wir künftig Geburtsanzeigen machen, ehe der Weltbürger da ist? A. B.

* Lebende Worte. *

Man sollte auf Mode=Köpfe so wenig als auf Mode=Kleider Satiren machen, da an beiden die Individualität so schnell verfliegt und nichts besteht als die allgemeine Narrheit; sonst schreibt man Ephemeriden der Ephemeren. —

Ohne innere Notwendigkeit ist die Poesie ein Fieber, ja ein Fiebertraum.

Wer hat mehr die Wirklichkeit bis in ihre tiefsten Thäler und bis auf das Würmchen darin verfolgt und beleuchtet als das Zwillingsgestirn der Poesie, Homer und Shakspere? Wie die bildende und zeichnende Kunst ewig in der Schule der Natur arbeitet: so waren die reichsten Dichter von jeher die anhänglichsten, fleißigsten Kinder, um das Bildnis der Mutter Natur anderen Kindern mit neuen Aehnlichkeiten zu übergeben. —

Das Genie unterscheidet sich eben dadurch, daß die Natur reicher und vollständiger sieht, so wie der Mensch vom halbblinden und halbtauben Tiere. Mit jedem Genie wird uns eine neue Natur erschaffen, indem es die alte weiter enthüllt. —

Jünglinge finden ihrer Lage gemäß in der Nachahmung der Natur eine mißliche Aufgabe — daher werfen sie sich entweder ins Unbekannte und Unbenannte, in fremde Länder und Zeiten ohne Individualität, nach Griechenland und Morgenland, oder vorzüglich auf das Lyrische, denn in diesem ist keine Natur nachzuahmen, als die mitgebrachte. Daher suchen dichtende Jünglinge sich gern einen Dichter oder Maler oder anderen Künstler zum darstellenden Helden aus, weil sie in dessen weitem, alle Darstellungen umfassenden Künstlerbusen und Künstlertraum, alles, ihr eigenes Herz, jede eigene Ansicht und Empfindung kunstgerecht niederlegen können; sie liefern

---

* Wir führen mit dieser Ueberschrift eine kleine Rubrik ein, die dann und wann wiederkehren soll.

daher lieber einen Dichter als ein Gedicht.

Kommt nun vollends zur Schwäche der Lage die Schmeichelei des Wahns und kann der leere Jüngling seine angeborene Lyrik sich selber für eine höhere Romantik ausgeben; so wird er mit Versäumung aller Wirklichkeit sich immer weicher und dünner ins gesetzlose Wüste verflattern: und wie die Atmosphäre wird er sich gerade in der höchsten Höhe ins kraft- und formenlose Leere verlieren.

Jean Paul.

Theater.

* Ueber „die Bühne ein Feld der Frauen" gab es, nach einem Bericht der „Allgem. Ztg.", auf dem Internationalen Frauenkongreß zu London „eine der interessantesten Erörterungen". „Den Einfluß der Bühne konnte man jedenfalls dem ganzen Wesen der Versammlung anmerken: heiter, gefällig, ideal belebt und anregend! In klarer, schöner Vortragsweise führte die Amerikanerin Frln. Mary Shaw u. a. aus, wie in früheren Jahrhunderten die fahrenden Künstler verfehmt gewesen seien — ein Schicksal, für weibliche Wesen doppelt schwer zu ertragen. Gleichwohl widmeten sich schon damals Frauen mit Willenskraft, Begeisterung und mit Opferwilligkeit diesem Berufe. Heute sei der Beruf ein geachteter, der in Amerika allen Frauen, sogar ohne bedeutende Vorschule, offen stände, und den ungefähr 3000 Amerikanerinnen ergriffen hätten. Von jeher habe das Drama, indem es Spiegelbilder des Lebens gab, im Dienste der Fortbildung und Moral gestanden, was die Kirche sich anfangs selbst zunutze gemacht, später aber völlig mißverstanden habe. Sobald statt Feindschaft zwischen Kirche und Bühne (wohl nur in Amerika und England?) wirkliches Verstehen herrsche, werde der sittliche Einfluß des Dramas gewinnen. Als eine tadelnswerte Richtung bezeichnete die Rednerin die beinahe ausschließliche Schilderung sittlich gebrechlicher Frauen im neuzeitigen Drama, und sie appellierte an alle die dramatische Dichtkunst liebenden Frauen, ihren Schwestern auf der Bühne dadurch zu helfen, daß sie sich gegen derartige von den Bühnenleitungen angenommene Stücke ablehnend verhielten (!) Die Vorsitzende schloß sich der Rednerin an, indem sie diese Punkte wiederholte und Nachdruck darauf legte,

daß es das Publikum sei, welches das Drama schaffe, und daß gerade die Frauen verpflichtet seien, hier ihren Einfluß geltend zu machen. Dann sprach als deutsche Vertreterin der Bühne in sehr geläufigem Englisch und mit ehrlich deutscher Begeisterung eine reizende, außerordentlich geschmackvoll gekleidete junge Dame — Frl. Nina Marbon. Sie erwähnte in knapper Form, daß ungefähr noch 30 Jahre vor dem englischen — im 17. Jahrhundert — ein deutsches Theater bestanden habe, das von einer Frau geleitet wurde. Die erste durchgreifende Reform der Bühne habe gleichfalls eine Frau geschaffen — Karoline Neuberin. In der heutigen Zeit sei die Bühnenwelt in zwei große Verbände geschieden. Im Verbande der Darsteller, der Bühnengenossenschaft, sei den weiblichen Mitgliedern zwar eine Stimme zugestanden, indessen nur insoweit, als sie einen Abgeordneten ihrer Standesinteressen mitwählen dürfen, der aber stets dem herrschenden Geschlecht angehören müsse. Weiter rügte Frl. Marbon den sogenannten Heiratparagraphen, wonach eine Dame, die sich verheiratet, innerhalb acht Tagen entlassen werden kann, ohne daß sie jedoch selbst das Recht hat, in einem solchen Falle ihrerseits den Vertrag zu lösen. Hohngelächter der Zuhörerinnen richtete diese tyrannische Bestimmung. Der in Deutschland nur zu bekannte Mißstand der bedeutend geringeren Bezahlung weiblicher Künstler gegenüber den männlichen, der so oft körperliches und sittliches Elend zur Folge hat, war den Engländern ebenfalls neu. Man sah recht verwunderte Gesichter über diese Nichtachtung einer Thätigkeit, die, wie Frl. Marbon hervorhob, darum im allgemeinen für minderwertig gilt, weil eben Frauen sie ausüben. Trotzdem bilden gerade die Frauen im Bühnenberuf in Deutschland die überwiegende Mehrzahl, wahrscheinlich, weil noch so wenig Raum zu anderweitiger Bethätigung für begabte Frauen sei. »Erziehen wir uns selbst zu Individualitäten, und wir werden uns diesen Raum schaffen«, so lautete ungefähr der Schluß der Rede, die einen Sturm von Beifall entfesselte. Nachdem noch Frau Chéliga im Galopptempo über französische Bühnenverhältnisse gesprochen hatte, forderte die Vorsitzende die Anwesenden zur Besprechung und zur Kritik auf. Darauf blieb es mäuschenstill. »Ach«, sagte Frau Kendal in

— 413 —

launigem Ton, »Sie alle leiden an
der Krankheit junger Schauspielerinnen
— Nervosität.«"

Hoffen wir, daß der Eindruck von
der Tiefgründigkeit dieser Erörterungen
mehr auf das Konto des Referenten
kommt, als auf das des Kongresses.
Auch eine Auffassung, das muß man
sagen, welche die Ablehnung der Stücke
verlangt, wenn die Frauen darin keine
Engelsflügel haben, und die das Publikum als eigentlichen „Schöpfer" des
Dramas haben will! Die „reizende,
außerordentlich geschmackvoll gekleidete
junge Dame", die Deutschland vertrat,
hat wenigstens ernsthafte Dinge berührt.
Aber der deutsche Sündenparagraph
über die Beschaffung aller Frauen-
Garderobe-Gegenstände aus eigenen
Mitteln — unter welchem Kongreßtisch
fiel denn der? „Interessant erörtern"
hätte auch er sich lassen. Wer außer
dem „heitern, gefälligen, ideal belebten
und anregenden" Wesen der Bühne
auch ihr Unwesen mit offenen Augen
sieht und damit „ehrlicher Begeisterung"
bessern möchte, kann einen Frauenkongreß nicht ernst nehmen, wenn er
für diese wunde Stelle wenigstens des
deutschen Theaters nicht ein Wort
übrig hatte.

Musik.

* Erstaufführungen.

Nietzsche bezeichnet einmal als das
beste deutsche Buch Eckermanns Gespräche mit Goethe. Schließlich bleibt
das verständlich trotz aller Gegen-
gründe. Ein Lebensbrevier, das in
allen Fällen eine weise Antwort, oft
auch jetzt noch die weiseste gibt!
Wenn man nur danach handeln wollte.

„Ich habe in meiner langen Praxis
als Hauptsache gefunden, daß man
nie ein Stück oder eine Oper einstudieren lassen solle, wovon man
nicht einen guten Succes auf Jahre
hin mit einiger Bestimmtheit voraus-
sieht. Niemand bedenkt hinreichend das
Aufgebot von Kräften, die das Einstudieren eines fünfaktigen Stückes oder
gar einer Oper von gleicher Länge in
Anspruch nimmt. Ja, ihr Lieben, es
gehört viel dazu, ehe ein Sänger eine
Partie durch alle Szenen und Akte
durchaus inne habe, und sehr viel,
ehe die Chöre gehen, wie sie gehen
müssen. Es kann mich gelegentlich ein
Grauen überfallen, wie leichtsinnig
man oft den Befehl zum Einstudieren
einer Oper gibt!" Ist das nicht, als
ob Goethe den deutschen Bühnenspiel-

plan von 1890 bis 99 vor sich gehabt
hätte? — Die Künstler an unseren
Bühnen sind zu abhängig, um Protest
einzulegen, die Kritik ist zu interesselos
oder ebenfalls abhängig. Das kunst-
sinnige Publikum selbst muß zeigen,
daß ihm an dieser Vorführung von
Eintagsfliegen nichts liegt, es muß
verlangen, daß die Fülle von Kraft,
die man da lediglich in ganz persönlichem Kliqueninteresse oder aus niedrigsten Gründen verschwendet, lieber
dazu verwandt wird, Meisterwerke
älterer Zeit gut neu einzustudieren.
Wenn man weiß, an welchem Schund
jetzt vielfach unsere besten Künstler
ihre Kraft verschwenden müssen, so
begreift man, wie allmählich in ihr
ganzes Wirken etwas Mechanisches
hineinkommt. Es gehört eine Kunst-
und Theaterliebe heißester Natur dazu,
um durch solche Sklavenarbeit nicht
einen Ekel vor dem ganzen Treiben
zu erhalten. Schließlich ist wirklich
diese geistige, künstlerische Abhängigkeit
doch das Schlimmste. Da jammerte
man immer davon, daß unsere hübschen Schauspielerinnen usw. doch mehr
in den Händen von Intendanten 2c.
seien, als nötig wäre. Als obs nicht
auch schlimm wäre, wenn Unsummen
von geistiger Kraft an ein Nichts verschwendet werden, bloß weil der Herr
Intendant einem Freunde oder einer
Freundin oder seinem Knopfloche einen
Gefallen thun will. Das ist eine Ausnutzung geistiger Arbeitskraft, die
schlimmer ist, als Fabrikanten-Ter-
rorismus.

Verbrechen gegen den Geist haben
kein Strafgesetzbuch, sie werden allmählich an der Menschheit gesühnt.
Aber erst muß man wissen, daß ein
Verbrechen begangen wird. Goethes
Werke beweisen, daß diese Sünde alt
ist. Sie wird noch lange jung bleiben,
aber für jetzt wäre folgendes Gegen-
mittel da:

Die Hauptkraft muß bei einem Institut, wie das Theater ist, bei dem
jede Aufführung ein Apparat und eine
geistige Vorarbeit erfordert, von deren
Größe ein Laie kaum eine Ahnung hat,
der Aufführung anerkannter Meisterwerke jeder Gattung gewidmet sein.
Das Studium dieser Werke hat für
den Künstler bleibenden Wert, selbst
wenn die Stücke selten gegeben werden.
Aber daneben brauchen die Theater unbedingt sogenannte Zugstücke — das
Theater ist einmal ohne Konzession
nicht denkbar, wenn es nicht Millionen

koften foll. Durch dieje Stücke wird dem Perfonal Ruhe und Zeit, der Verwaltung Geld geschaffen: man muß die Dummheit der großen Theater-besucher-Mehrzahl für höhere Zwecke ausnuhen. Bei diesen Stücken alfo muß nun eben dieser Erfolg so gut wie garantiert sein, und je mehr sie Arbeit machen, um so mehr. Das ist die einzige Rechtfertigung der Aufführung minderwertiger Novitäten. Die Zeit, die dann bei den vielen Wieder-holungen gewonnen wird, kann sich nur auf eine letzte Klasse von Stücken wenden, die Novitäten sind, denen aber kein Erfolg erblühen wird. Das sind die Kunstwerke späterer Jahrzehnte, für die dem Publikum heute noch das Verständnis und die Empfindungsfähigkeit fehlt. Solche Stücke verlangen oft Riefen-Arbeit, und bringens zu zwei Wiederholungen. Aber dann war doch nichts umsonst, denn die wirklichen Künstler auf der Bühne haben unmerklich viel gelernt, sie haben vor allen Dingen geistige Aufgaben löfen dürfen. Und die füh-renden Kreise unter den Zuhörern sind mit einem neuen Kunstwerk bekannt geworden.

Alfo: 1) Meisterwerke der Ver-gangenheit, die den inneren Halt, 2) zugkräftige minderwertige Novi-täten, die den äußeren Halt geben, 3) neue künstlerisch wertvolle Werke, ohne Erfolg, als Buße oder Sühne für die Konzession unter 2). So reichen sich eine große Vergangenheit, eine Durchschnitts-Gegenwart und eine hoffnungsreiche Zukunft die Hand. — Welche von den Novitäten der letzten Jahre 2. oder 3. Klasse fahren müssen, mag Jeder für „sein" Theater zu-sammenstellen: Nomina sunt odiosa. Hier sitzen die meisten in den weichen Polstern und fahren von Stadt zu Stadt, ganz wenige auf den harten Bänken der dritten Klasse. Der Trost ist: Das sind Schnell- und Durch-gangszüge, die keine dritte Klasse führen.
G. G.

* Ein „Guitarristen-Kon-greß" findet in diesen Tagen zu Mün-chen statt, um zu beraten, wodurch „das längst mit Unrecht vernachläffigte Lautenspiel noch vor Schluß dieses Jahrhunderts zu neuem Leben zu er-wecken sei." Hoffentlich verfallen die Freunde der Guitarre nicht in den Fehler der Zitherfreunde und versuchen nicht, ihr zur Begleitung eines Ge-sanges dienendes und ohne diesen nur

stellvertretend, also ausnahmsweise, nur für kleinere Räume, also für Haus-musik zuläffiges Instrument durch ein Maffenaufgebot und virtuofe Finger-künste selbständig und „konzertfähig" zu machen. Wenn nicht, so kann ihrem Stre-ben immerhin „was Gut's erblühn". Wir besitzen eine alte, sehr wertvolle Lauten-literatur, die dadurch wieder als Faktor ins Kunstleben der Gegenwart einge-führt würde. Und die Komponisten der Gegenwart würden, falls sie Lieder für die Guitarre schreiben, durch deren technische Beschränktheit genötigt sein, ihren ganzen Ausdruck in die Kantilene zu verlegen. Der melodische Sinn er-führe eine Kräftigung. Ueberall dort, wo ein Klavier nicht zu erschwingen oder nicht praktikabel ist, würde die Guitarre als gefällige Begleiterin ge-meinsamen Singens eintreten und der Musik wieder Raum im gefelligen Leben unserer Zeit schaffen. Nur darf sie und ihr Stil natürlich nicht vom Uebereifer für ein alleinseligmachendes Mittel ausgegeben werden, es darf nur ihre Daseinsberechtigung neben dem kom-plizierteren Klavierliebe verfochten wer-den. R. B.

* Kärntnerlieder. Haben die Leser Koschats Kärntner-lieder gehört? Selbstverständlich. Zu-mal sein Name auch auf der kaifer-lichen Männergesang-Preis-Ehrenkette zu finden ist. Ward ihnen die weich-liche, weinerliche Salon-Sentimenta-lität dieser „weltberühmten" Gefänge nicht im tiefsten Herzen zuwider? Wenn nicht, so wollen sie die vom Wiener Volksgefangverein in handlichem For-mat herausgegebene Rechheimsche Sammlung von 222 echten Kärntner-liedern zur Hand nehmen; sie werden mit Genugthuung daraus erfehen, daß das kernige südbeutfche Bergvolk von Koschatscher Greinerei recht weit ent-fernt ist. Man vergleiche das „Verlaffen", das unsere diesmalige Mufikbeilage zur Probe bringt, mit Koschats allbe-kannter Komposition in der „füßlichen Schmachtweif'". Ueber den Vortrag der Kärntnerlieder gibt der Auffah „Altbeutsche Volksmufik" in diesem Hefte einige Andeutungen. Der „An-fänger" ist in der Regel ein Bariton; den „Ueberschlag" singt ein anderer Bariton in weichem Falfett, aber mit geringerer Tonstärke dazu. Dies ist die ursprüngliche Singart. Neuestens singt man die Lieder auch vierstimmig, durch Hinzufügung stützender Bässe, die aber ebenso wie der Ueberschlag

nur „begleiten" dürfen. Führend ist, wie in der alten Musik bis zum Ende des 16. Jahrhunderts, die zweite Stimme als Tenor.

Bildende Kunst.

Ausstellung im Glaspalast. (Schluß.)

Sehr seine Landschaften bringt Walther Georgi, namentlich seine Mittagsstunde, Schloß und blühender Kastanienpark, die sich klar im Teich spiegeln, hat in Motiv und Stimmung etwas sehr Poetisches. Aber auch bei Walther Georgi vermiß ich, in voller Stärke wenigstens, was ich bei den meisten grade unsrer begabteren Landschafter vermisse: das unmittelbare Naturgefühl. Unsre Künstler und Laien haben, gottlob, allmählich gelernt, ihre Augen vor der Natur weiter aufzuthun, als sie lange Zeit für nötig gehalten; sie haben Linienrhythmus und Farbenwirkungen draußen zu beobachten und zu genießen gelernt; aber wie viele sind über das bewußte Beobachten und Genießen der äußeren Reize der Natur hinausgekommen zu einer Bekanntschaft mit der durch diese äußeren Reize sich manifestierenden Naturseele, zum innigen absichtslosen Sichdareinversenken, zum Erfassen der Umwelt als eines selbständigen Belebten? Adolf Stäbli hat einmal mit seinen schwermutsvoll bewegten Baumgruppen und überschwemmten Gebieten sehr starke Stimmungen zu erzielen gewußt. Er macht freilich nicht mehr den frischen Eindruck wie früher. Aber schon bei den Sachen des begabten Franz Hoch von der Luitpoldgruppe wird für mich, obwohl Hoch durchaus typische Landschaftsmotive zu finden weiß, ein Ueberwiegen der dekorativen Absicht spürbar, das seine Bilder von der Gruppe derer entfernt, die allein aus dem Drange entstanden scheinen, das Schauen und Fühlen des Künstlers vor der Natur festzuhalten und zu vermitteln.

Die Worpsweder sind heuer im Glaspalast nicht grade hervorragend vertreten. Den Worpswedern will ich Naturgefühl gewiß nicht absprechen, aber es scheint mir, auf ihren Oelbildern wenigstens, durch das gedämpft, was man im Kolorit als ihre hervorstechendste Eigenart, als Kennzeichen der ganzen Genossenschaft zu betrachten gewohnt ist. Ich kann den Verdacht nicht ganz los werden, daß

gerade diese Eigenart eine etwas gesuchte sei, als strebte man in Worpswede zu einem gewissen Stil und streifte dabei mitunter nahe an Manierismus.

Größer ist natürlich die Zahl der Künstler, die zwar einen stärkeren Zusammenhang mit der Natur zeigen, dabei aber weniger Persönlichkeit mitzuteilen haben.

Das Genrebildmalen steht gegenwärtig in Verruf. Gerade deswegen möcht' ich mir erlauben, auf ein paar tüchtige Genremaler aufmerksam zu machen. Denn es ist doch für einsichtige Leute ganz ohne weiteres klar, daß es nicht an sich unkünstlerisch sein kann, Vorgänge aus dem Familien- oder dem Kleinleben der Menschheit zu schildern, wenn sich nur der Maler ernsthaft an seine Sache hält und nicht mit tendenziösen Süßmeiereien oder witzigen Lieblichkeiten auf das Wohlwollen spekuliert, das der Durchschnittsmensch dem Pointierten entgegenbringt. Defregger allerdings ist eigentlich seinem Besten nach mehr ein bloßer Genremaler selbst da, wo er sich äußerlich als solcher gibt. Wollte man vorurteilslos auf eben dieses Beste bei Defregger sein Augenmerk richten und sich nicht den Blick durch seine minderwertigen Sachen trüben lassen für das, was er bei Entfaltung seiner vollen Kraft kann, man würde bald dahinter kommen, daß es ein ganz eigner Menschenschlag ist, den er uns nahe bringt. Kein unmöglicher, kein idealer in schlechtem Sinn, aber ein stolzerer, ein kräftigerer und, bei aller echt menschlichen Leidenschaftlichkeit und individuellen Verschiedenheit, ein edlerer als der, der dem Alltagsauge in den Bergen sich zeigt. Man würde erstaunt einsehen, wie stark die ethische Persönlichkeit Defreggers und wie selbständig seine gestaltenbildende Phantasie ist. Und auch den bedeutenden Psychologen würde man alsdann hinter dem angeblichen Idylliker erkennen. Sein diesjähriges Werk kann man durchaus zu seinen guten rechnen. Der Eifersüchtige — ein zornbebender Bursch — droht eine in härtestem Eigensinn verstockte Dirn ein. Aus dem Wirtshausgewühl hinten blicken einige neugierig, andre erschrocken herüber. Ein glänzender Kolorist ist Defregger freilich auch auf diesem neuesten Bilde nicht. Durch und durch Idylliker ist der Schweizer Konrad Grob, ein Mann, der viel enger an die Wirklichkeit gebunden ist als Defregger, der aber seine ländlichen Szenen mit einem schlichten und kern= echten bäuerlichen Empfinden belebt, wie es nur ganz wenige haben. „Auf Bergeshöhn"; an einer Halde im Sonnenschein liegt ein kleines Ding, hält mit gestrecktem Arm eine Alpen= rose vor sich in die Luft und betrachtet sie prüfend mit ruhigem Behagen. Als ein tüchtiger Charakteristiker und seiner Humorist, der alle unkünstlerischen Mätzchen vermeidet, zeigt sich der Düsseldorfer Peter Philippi in seiner „Winkelweisheit". In einem gut gemalten, gar heimelig ausge= statteten alten Zimmer sitzen zwei höchst ernsthafte Philistermänner in bedeuten= dem Gespräch. Hinter ihnen am Tisch ein alter dürrer Herr mit sehr strengem Gesichtsausdruck, in sein Tageblatt vertieft. Ueber das Genre hinaus weist die Kunst des Amsterdamers Koetser im „Kritischen Augen= blick". Die schweigsame, gelbhaarige, langgliedrige Dirn, die mit ihrer Näharbeit im Stall sitzt; der Bursch ihr gegenüber mit den runden Hol= länderaugen, die scheinbar gleichgültig ins Leere schauen und denen man die Erwartung doch deutlich abfühlt, beide stellen sich uns als vollkommene Vertreter tüchtiger Menschentypen vor.

Zum Schluß ein paar Worte über Lenbach.

Daß Lenbach ein sehr bedeutender Porträtmaler mit einem besonders begabten Auge für seine Farbenstim= mungen und dekorative Wirkungen und daß er ein Künstler ist, der auf seinen Kopieen den Intentionen der großen Meister wunderbar zu folgen versteht, das wissen wir ja nachgerade, und kein Mensch bestreitet's. Leider aber verlernt Lenbach von Jahr zu Jahr mehr den Respekt vor der Natur; er sucht, wie aus vielen seiner Werke unwiderleglich hervorgeht, die Aufgabe des Künstlers nicht mehr darin, den gewonnenen Natureindruck in treuer Weise wiederzugeben, sondern meint, der Porträtist solle mit Absicht stilisieren, solle die Natur sich zurecht= rücken. Dabei aber begeht auch er den bekannten, verhängnisvollen Fehler all der „Idealisten", die da meinen, das mit bewußter Ueberlegung thun zu müssen, was die Natur selber im Künstler unbewußt vermöge seiner Phantasie vollzieht. Infolgedessen zeigen uns die Lenbachschen Bildnisse so häufig den Menschen, nicht wie er

sich der künstlerischen Persönlichkeit Lenbachs unwillkürlich dargestellt, wie er vom Wesen Lenbachs aufgenommen wurde, sondern vielmehr, wie sich Len= bach gedacht, daß der Mann eigentlich aussehen müßte. Immerhin fallen selbst solche Bilder noch erfreulich aus, wenn der geistreiche Mensch Lenbach grad seine gute Stunde hat, nicht all= zuviel „Bedeutsamkeit" der Natur ab= zuzwingen versucht und das Wesen der Porträtierten derart ist, daß Len= bach es überschauen kann. Anders verhält es sich, wenn Lenbach einem Bismarck gegenübertritt. Ich weiß nicht, wie es kommt, daß bis jetzt noch keine Stimme öffentlich laut ge= worden ist, die auf das gänzlich Un= genügende der Bismarckbilder Lenbachs inbezug auf Charakteristik und tieferes Erfassen aufmerksam gemacht hat. Ja: das gänzlich Ungenügende der Bis= marckbildnisse Lenbachs als Charakter= bilder, ich muß es nochmals wieder= holen. Sie sind n i c h t naturgetreu, sie sind „verschönt", und jeder kann sich davon überzeugen, wenn er eine bessere, mit Maß retouchierte Bismarckphoto= graphie zur Hand nimmt. Wo ist auf den Lenbachschen Bildern das willens= gewaltige Kinn mit dem ergreifenden Schmerzenszuge? Wo sind die wilden, dunkeln Gesichtsfurchen, die dem Antlitz das Hochcharakteristische, grandios Häß= liche gaben? Und nach welcher Rich= tung hin ist Bismarck p o s i t i v ideali= siert? Auf den meisten Bildnissen, und grade auf den bekanntesten, belieb= testen, ist er zu einem, ich geb' es zu, sehr geistreichen Manne gemacht, der seine großen Augen bedeutsam heraus= drückt. Bismarck aber pflegte seine Augen gar nicht bedeutsam heran= zudrücken, er hatte es nicht nötig; denn aus seinen Augen blickte gänzlich unge= zwungen und manchmal wahrlich wider Willen unheimlich, was unendlich mehr ist als aller reiche Geist: eine elemen= tare Gewalt. Gerade das zu fassen aber ist Lenbach mißlungen. Worte geben da wenig, man müßte auch Bilder vorlegen, besprechen und ver= gleichen können. Geht das heute im Kunstwart nicht an, läßt sich's doch vielleicht ein ander Mal machen.

Leopold Weber.

* O b e r b ü r g e r m e i s t e r = D e n k = mäler. Eine neue Mode beginnt: Jede Stadt, die „das" Kaiser Wilhelm= und „das" Bismarck=Denkmal hat, soll, scheint es, ein oder mehrere Ober= bürgermeister=Denkmäler bekommen.

Das Geld dafür dekretiert die Stadt-vertretung. Es handelt sich dabei ge-wöhnlich um kleine Denkmäler in Marmor. Sind sie Durchschnitts-arbeiten, so ist's schade ums Geld, sind sie Kunstwerke, so ist's schade um das Denkmal, es hält sich trotz des Blechkastens im Winter nicht. Wenn einmal geehrt werden soll, dann stelle man doch eine Büste im Rathaus oder Museum auf oder man lasse ein Gemälde des verehrten Mannes eben-dort aufhängen. Häufig wird das noch besser sein, denn gerade bei diesen Häuptern der Städte ist oft die Hal-tung, die ganze Figur das, was sich unauslöschlich einprägt, es gibt da welche, die als Büste gar nicht wirken können. Uns scheint nötig, daß auf der-artig ausschlaggebende künstlerische Faktoren endlich Rücksicht genommen wird. Die gebildeten Einwohner in den Städten müssen dazu erzogen werden, energisch einzuschreiten, wenn die maß-gebenden Kreise künstlerische Fragen glauben in der bequemen Geschäfts-Manier mit Beschluß und Protokoll am grünen Tische lösen zu können. Denn noch immer leidet ja die Kunst darunter, daß die Bedingungen, unter denen sie mit dem öffentlichen Leben in Berührung kommt, meist unkünst-lerisch und widersinnig sind.   G. G.

• Zur Hebung der Sittlich-keit.

In Berlin hat die Zensur der Firma „Schuster & Löffler" wieder ein paar Bücher aus Sittlichkeitsbedenken wegkonfisziert. Auf die ganze Lächer-lichkeit der Beurteilung sittlicher Werte durch Polizeibeamte wirft aber nicht diese Thatsache an sich das schönste Licht, sondern die Aeußerung eines der mit der Untersuchung betrauten Herren. Der Mann sagte, er würde heute Goethes „Gott und die Bajadere" ebenfalls mit Beschlag belegen, wenn das Buch inner-halb der letzten Jahre erschienen wäre.

„Es freut sich die Gottheit der reuigen
                        Sünder;
Unsterbliche heben verlorene Kinder
Auf feurigen Armen zum Himmel
                        empor" —

also Goethes wahrhaft erhaben sitt-liche Dichtung wäre heute nicht mehr unbedingt davor sicher, wegen „sittlicher Bedenken" irgend eines Schwachkopfes unterdrückt zu werden! Und das noch ohne lex Heinze. — In Karlsruhe wurde auf obrigkeitlichen Wunsch Hal-bes „Jugend" vom Spielplan des Stadtgartentheaters abgesetzt, und man gab dafür als einwandfrei sittliches Stück — den „Schlafwagenkontroleur".

Unsre Beilagen.

Unsre Musikbeilage illustriert zunächst den Aufsatz über altdeutsche Volksmusik. Die Weise des alten Neithart von Reuenthal zeigt eine Melodie, die zu uns Deutschen auch nach siebenhundert Jahren spricht. Es ist darum sehr verdienstlich, daß Hugo Riemann eine Anzahl seiner Lieder im Satz für Männerchor zugänglich gemacht hat. Auch einen hübschen Marsch hat er aus Neithartschen Melodien zusammengesetzt, und daraus ist die mitgeteilte Probe entnommen. Beide Veröffentlichungen erschienen im Steingräberschen Verlage. Je nachdem man mehr Sänger oder mehr Klavierspieler ist, wird man die eine oder die andere seiner Bibliothek einverleiben. — Die altdeutsche Volks-ballade ist von Martin Plüddemann gesetzt, und zwar oft in Konzerten ge-sungen (besonders von Franz Harres), aber bisher nur handschriftlich ver-breitet worden. Der Text der weiteren Strophen lautet:

„Ick sach minen Heren van Valkensteen   God gröte¹ ju⁵ Heren van Valkensteen
To siner Burch uprieden¹;   Sin ji⁶ des Landes ein Here,
Enen Schild hadde he² in siner Hand,   Ei so gebet mir weder den Gefangen min,
Blank Swert an siner Sieden³.   Um aller Jungfrouen Ere.'

---

¹ aufreiten. ² er. ³ Seiten. ⁴ grüße. ⁵ Euch. ⁶ Ihr.

„De Gefangene, den ick gefangen hebb,
De is mir worden suer[1];
He ligt tom Valkensteen in dem torn[2],
Darin sal he verfulen."

‚Ei so wolt ick, dat ick enen Zelter hett
Un alle Jungfroun rieden,
So wolt ick mit Heren van Valkensteen
Um min sten Leffen[3] strieden!'

„O nee, o nee. mine Jungfrou zart!
Des möst ick dregen Schanne[4];
Nemt ji jue Leffen wal bi de Hand,
Creft[5] ju met ut dem Lanne!"

‚Da ick it nu nich hen[6] seggen kan
Da will ick to hen singen:
Dat ick de Heren van Valkensteen
Mit minen Word kont twingen.'

Wir bringen das Stück, das einen gut nüancierten Vortrag verlangt (der rauhe aber ritterliche Herr und das beherzte Mädchen müssen im Ton wohl auseinandergehalten werden) nicht nur um seiner selbst willen, sondern auch, um die Freude an mundartlichem Sang zu beleben und die Teilnahme für den allzufrüh geschiedenen Martin Plüddemann, aus dessen Nachlaß kürzlich drei noch zu besprechende Hefte Balladen herauskamen, wach zu halten. — Zu dem Kärntner Liede vergleiche man auch noch den besonderen Hinweis in unserer Rundschau. — Das Schubertsche Menuett endlich möge unsere musikalischen Leser mit Nachdruck auf die im allgemeinen so wenig gewürdigten Sonaten dieses Meisters aufmerksam machen. Es gehört zu jenen Stücken, die in mancher „Auswahl" Schubertscher Klavierwerke mit Unrecht übergangen werden. (Eine neue vollständige instruktive Ausgabe von Germer erschien soeben im Litolffschen Verlage zu Braunschweig.) Der „Aufgesang" ist recht „klassisch", das Trio aber mutet ganz meistersingerlich oder tannhäuserig an; dort „tönend bewegte Form", hier „Ausdruck". Und so mag dieses zwei verschiedene Welten der Kunst in sich schließende köstliche Gebilde zum freundlichen Abschluß dieses Jahrgangs und als gutes Vorzeichen für den kommenden dienen.

Nun ist der erste Jahrgang herum, seit der Kunstwart auch Bilder mit auf den Tisch legt. Die Leser werden sich manchmal gefreut, manchmal verwundert und manchmal wohl auch verstimmt oder gar entrüstet haben, wenn sie diese Bilder einzeln besahen. Jetzt aber, wo eine hübsche Zahl beisammen liegt, werden sie uns mindestens das Zeugnis ausstellen: die Bilder sind nicht vom Zufall ausgesucht worden. Unser Bilder=Redakteur nun, der nicht der Zufall war, hat sich schon lange darauf gefreut, zum Jahrgangsabschluß nur ein Blatt beizulegen, aber dafür dieses Wunderwerk der deutschen Kunst, das eine der edelsten Perlen in Frankreichs stolzem Louvre ist: Hans Holbeins Erasmus=Bildnis. Nur ein Blatt geben wir also heut, denn was „hielte" sich neben diesem und, anderseits, störte nicht? Den Ausfall aber wird schon das nächste Heft ausgleichen.

Das Bildnis also eines Gelehrten. Es ist gar kein überflüssiges Beiwerk darauf, um es als solches zu kennzeichnen: von Aeußerlichem genügt dazu die Gelehrtentracht und Papier und Feder, wie von Aeußerlichem der Vorhang im Hintergrunde und die vornehmen Ringe am Finger zum Hinweise darauf genügen, daß dieser Gelehrte ein Freund des Schönen ist. Tiefste Ruhe in der Komposition des Bildes, wie tiefste Ruhe im Gemach des Schreibenden weilt. Aber wie scheint es von seinem Hirne her durchs Angesicht heraus, obgleich auch da vor dem ersten Blick alles nur tiefste Ruhe ist! Wetterleuchtet's nicht aus der kecklichen Nase des „feinen Männleins" Erasmus mit unter=

---

[1] sauer; Sinn: der hat mir viele Mühe gemacht. [2] Turm. [3] Feinsliebchen. [4] Drob müßt ich tragen Schande. [5] zieht. [6] ihm.

nehmungsluftigem Nüfterblähen? Taften und koften feine Lippen diefe Worte nicht gleichfam durch, vollbefriedigt von ihrem Wohlgefchmack, welche die feinen, wohlgenährten Hände läffig ficher auftifchen? Lächelt aus den Augen nicht trotz der gefenkten Lider die ironifche Ueberlegenheit über den Gegner hervor, über diefen Armen, den beim Lefen der klaffifchen Eleganz der eben verfaßten Wendung das ganze humaniftifche Europa auslachen wird mit unfterblichem Gelächter? Wahrlich, wenn wir alle Schriften und alle Daten des Erasmus hätten, wir kennten ihn doch nur halb ohne diefes Bild! An ihm können wir unfre Schlüffe auf fein Wefen nachprüfen, wie an der Kenntnis der körperlich lebenden Perfönlichkeit.

Ja, es ift ein Wunderwerk der Kunft. Ich will von feinen eigentlich malerifchen Vorzügen fchweigen, weil die ja doch vor einer Reproduktion ohne Farbe nicht zu würdigen find. Zu würdigen ift aber fchon hier zunächft einmal die klare Einfachheit, die höchfte Sachlichkeit der Kompofition. Auch die Technik tritt ganz zurück; der Dargeftellte fteht fo fehr vor dem Maler, daß wir des Künftlers erft gewahr werden, wenn uns einfällt, daß jener Dargeftellte ja nicht er felber, fondern nur ein Bildnis ift — dann freilich mit um fo höherer Bewunderung. Nicht das Ohr, nicht den Schädel, nicht einmal die Stirn hat Holbein zu diefer Schilderung eines Kopfarbeiters gebraucht, die fich aus der tiefften Erfaffung der Perfon heraus ausgewachfen hat zu einem vollkommenen Typus. Auch die befonderen (und zum Teil unerquicklichen) Charaktereigen-fchaften gerade diefes einen Erasmus find im Bild, aber fie verhindern nicht die im höchften Sinne fymbolifche Darftellung des feingeiftigen Ar-beitens überhaupt.

Und das ift der eigentliche Grund, warum wir vor unfere Lefer, Männer und Frauen alfo, denen folcherlei Arbeit gleichfalls das Leben würzt, zum Ab-fchluß des Jahrgangs diefes Holbeinfche Werk ftellen. Freilich, Erasmus war kein ftarker Willensmenfch, und der Feingeift braucht zur Ergänzung den Mann der That. Dann erft gibt's den richtige Deutfche, wie wir's wünfchen. Mög' es uns allen, die wir Denkensgenoffen find, vergönnt fein, auf den Rund-gängen des neuen Kunftwart-Jahrs das Feine wie das Starke zu finden!

Die beigelegte Karte,

fie ift ja den meiften unferer Lefer wohlbekannt. Wenn wir heute an diefer Stelle ausdrücklich auf fie deuten, fo gefchieht es um der Wichtig-keit willen, die eine recht allfeitige Erfüllung unferer

Bitte um Damen

jetzt, vor Beginn des neuen Jahrgangs, für uns hat. Die Mühe des Einzelnen ift minutenlang; das Ergebnis Aller kann taufendfach fein und hundertfältige Frucht an neuen Lefern bringen. Und das wünfchen wir — für Alle. **Der Kunftwart-Verlag.**

Verantwortl.: der Herausgeber Ferdinand Avenarius in Dresden-Blafewitz. Mitredakteure: für Mufik: Dr. Richard Batka in Prag-Weinberge, für bildende Kunft: Paul Schulze-Naumburg in Berlin. Sendungen für den Text an den Herausgeber, über Mufik an Dr. Batka. Verlag von Georg D. W. Callwey. — Kgl. Hofbuchdruckerei Kaftner & Coffen, beide in München. Beftellungen, Anzeigen und Geldfendungen an den Verlag: Georg D. W. Callwey in München.

BEILAGE ZUM KUNSTWART

NEITHART VON REUENTAL.
(1225).

MAILIED.
Gesetzt von H. Riemann.

Mai - en - zeit ban - net Leid, Fröh-lich-keit ist ge - breit't
Auf dem Rain Blü - me - lein gross und klein neu er - schein'n,

ü - ber Feld und Wald und grü - ne Au - en.
wei - sse, ro - te, gel - be, samt den blau - en;

rings im Gras sind hoch sie auf - ge - sprun - gen!

Durch den Wald man - nig - falt Sang er - schallt, dass es hallt:

wahr - lich, bes - ser ward er nie be - sun - gen!

Mit Bewilligung des Steingräber'schen Verlags in Leipzig.
Verlag von GEORG D. W. CALLWEY, München.
Alle Rechte vorbehalten.

46523

Altdeutsche Volksballade.

Gesetzt von
M. Plüddemann.

f Ick sach minen Heren van Val-ken-steen to si-ner Burch up- rie - - den; enen Schild hadde he in si-ner Hand, blank Swert an si-ner Sie-den, ja Sie - - den.

Kärntner Lied.

Aus der
Neckheim'schen Sammlung.*)

Va- las- s'n, va- las-s'n, va- las-s'n bin i, wia da Stan auf da Stra-ss'n, ka Dian dle han i, wia da Stan auf da Stra-ss'n, ka Dian-dle han i.

*) Mit Bewilligung des Wiener Deutschen Volksgesangvereins (als Verleger.)
46529

Franz Schubert.

MENUETT.

Allegretto.

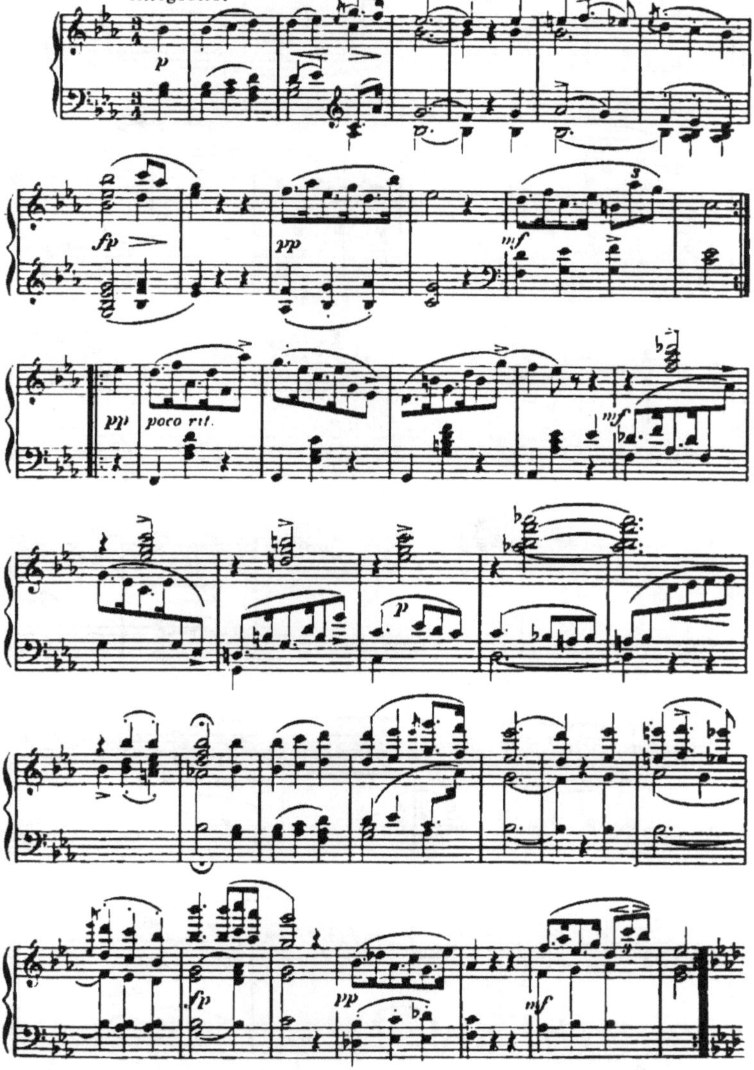

Stich u. Druck v. Oscar Brandstetter, vorm. F.W. Garbrecht, Leipzig.

NACH EINER PHOTOGRAPHIE V. BRAUN, CLEMENT & CIE. IN DORNACH I. ELS., PARIS U. NEW YORK

KW

HANS HOLBEIN D. J.